약속의 땅
이스라엘

MY PROMISED LAND
THE TRIUMPH AND TRAGEDY OF ISRAEL

약속의 땅
이스라엘

고난에 찬 유대 민족 100년의 부흥 분투기

아리 샤비트 지음 │ 최로미 옮김

글항아리

내 사랑 팀나에게
—

도저히 떨쳐버릴 수 없는 기억이 있다. 그것은 공포다. 실존적 공포. 내가 자란 1960년대에 이스라엘은 왕성한 생명력을 내뿜었고, 희망에 차 있었다. 내가 살았던 그리 넓지 않은 대학가 주변에도 잔디밭 딸린 부유한 집들이 즐비했다. 그러나 내게는 그 너머로 음침한 대양이 스멀거리는 듯했다. 그 음침한 대양이 일렁거리다 우리를 한꺼번에 삼켜버리지나 않을까 하는 공포가 엄습한 날도 있었다. 종말의 해일이 이스라엘 해안을 강타해 쓸어버릴 것만 같았다. 그러면 또 하나의 아틀란티스가 되어 저 해저의 심연으로 영영 사라져버리겠지.

1967년 6월 어느 아침, 6일 전쟁[1] 며칠 전이었다. 내 나이 아홉이던 해, 기억하기로 아버지는 욕실에서 면도를 하고 계셨다. 나는 아랍국이 이길지를 물었다. 아랍국이 우리 이스라엘을 정복할까? 우리를 정말 심연으로 처박아버릴까?

1973년 10월, 긴급 재난을 알리는 경보가 유장하게 울부짖기 시작했다. 정숙한 속죄일[2]이던 그날 아침 난 독감에 걸려 늦게까지 누워 있었다. F-4 전투기들이 하늘을 난도질했다. 기습 침공한 이집트군을 저지하려던 전투기들은 지상 150미터 상공을 가르며 수에즈 운하를 향하고 있었다. 전투기 대부분은 끝내 돌아오지 못했다. 당시 나는 열여섯 살이었는데, 시나이 사막과 골란 고원에서 우리 방어군이 무너졌다는 소식에 등골이 오싹했다. 끔찍한 열흘 동안 나의 원초적 공포가 정당화되는 듯했다. 일촉즉발의 위기였다. 유대 제3성전聖殿[3]의 벽이 요동치고 있었다.

1991년 1월, 제1차 걸프전이 발발했다. 텔아비브에는 이라크 스커드 미사일이 쏟아졌다. 생화학 공격이 가해질지 모른다는 우려도 있었다. 이스라엘 사람들은 몇 주 동안이나 어딜 가든 방독면을 들고 다녔다. 간혹 미사일이 이쪽을 향하고 있다는 경보가 울릴 때면, 우리는 방독면을 쓰고 밀폐된 공간에 숨었다. 결국 경보가 오보였다 하더라도, 이런 일에는 무언가 초현실적인 공포가 실재했다. 경보음에 신경을 곤두

1 1967년 6월 5~10일 발생한 아랍과 이스라엘 간 제3차 중동전쟁. 시리아 등 아랍 측 지지를 받는 팔레스타인의 게릴라 공격에 분노한 이스라엘이 그 보복으로 전면전을 추진해 전 시나이 반도를 점령했지만, 전쟁 개시 6일 만에 유엔(UN, 국제연합)의 중재로 정전이 성립됐다. 이스라엘은 점령 지역 반환을 조건으로 이득을 챙기려 했지만, 아랍 측은 선제공격을 이유로 이스라엘군이 무조건 철수하고 유엔의 결정에 따르기를 요구했다. 결국 이스라엘을 지지했던 미국은 아랍 국가에서의 지지 기반을 상실했다. 반면 아랍 측을 지원한 소련의 영향력은 거세졌으며, PLO(팔레스타인 해방기구)의 활동도 더욱 격렬해졌고, 아랍 측은 치욕적인 패배를 설욕해야 한다는 앙심을 품게 되었다.
2 Yom Kippur, 유대교 축일로 9월이나 10월 중 하루이며, 단식하며 자신의 잘못을 뉘우치고 용서를 구하는 날이다.
3 제3성전 또는 에스겔 성전(the Third Temple 또는 Ezekiel's Temple). 성전산의 다른 명칭으로, 유대교 성서에 따르면 제1, 제2성전은 지어졌다가 이교도들에게 파괴되었다. 제3성전은 아직 존재하지 않는 최후의 성전이자 이스라엘 하느님의 최후의 거처로, 이 성전이 지어지는 시기는 최후 심판의 날과 관련된다.

세우던 나는 사랑하는 사람들이 독일제 방독면에 갇혀 겁에 질린 눈을 끔뻑거리는 모습을 보았다. 경악할 노릇이었다.

2002년 3월, 이스라엘은 공포의 물결로 출렁였다. 팔레스타인 자살폭탄 테러로 버스나 나이트클럽, 쇼핑몰에서 수백 명이 죽었다. 예루살렘 집 서재에서 글을 쓰던 어느 날 밤, 요란한 폭음이 들렸다. 근처 선술집이 틀림없었다. 공책을 집어 들고 거리로 뛰쳐나갔다. 훤칠한 청년 셋이 반쯤 남은 맥주잔을 앞에 놓고 앉아 있었다. 죽은 채였다. 자그마한 아가씨는 구석에 누워 있었다. 생명은 이미 빠져나가고 없었다. 상처 입고 살아남은 자들은 비명을 지르며 울부짖었다. 폭탄으로 산산조각 난 선술집은 작열하는 불길로 빛났고, 난 거기서 지옥을 보았다. 그때 나는 언론인으로서 자문했다. 어떻게 되려고 이러는가? 이 광란을 얼마나 버틸 수 있을 것인가? 이스라엘인의 그 유명한 생명력이 우리를 몰살하려는 죽음의 세력에 무릎을 꿇을 때가 왔단 말인가?

1967년 확승은 전쟁 전의 우려를 가시게 했다. 1970년대에 이루어진 복구 작업은 1973년의 깊은 상처를 치유했다. 1990년대의 평화 협상 과정은 1991년의 충격으로부터 벗어나게 해주었다. 2000년대 후반의 번영은 2002년의 공포를 희석시켰다. 그래, 맞다. 우리는 불확실한 상황에 둘러싸여 있으므로 더욱이 우리 자신과 우리 민족의 국가, 우리의 미래를 믿어야 한다. 그러나 이 숱한 세월, 공포는 내 내면에 숨죽인 채 자리 잡고서 결코 떠나지 않았다. 어딜 가든 나와 동행했지만, 논하거나 표현해서는 안 되는 금기였다. 어쩌면 나 혼자만의 느낌은 아니었을지도 모른다. 우리 대부분이 미래에 대한 두려움을 밑바닥에 깔고 다녔을지도 모른다. 이스라엘 도시는 모래 위에 세워진 듯 보였다.

집들은 안정되어 보이는 법이 없었다. 나라가 부강해지는 동안에도 근본은 취약하다고 느꼈다. 우리가 얼마나 위험에 노출되어 있는지, 얼마나 지속적으로 위협받고 있는지 실감했다. 맞다. 우리 삶은 지치지 않는 강인함으로 점점 더 윤택해지며 또한 여러 면에서 행복해지고 있다. 이스라엘은 물질적, 경제적, 군사적 성공을 통해 안전을 과시하려 한다. 우리 일상은 믿기 어려울 정도로 활기차다. 그럼에도 공포 또한 늘 존재한다. 언젠가 폼페이의 일상처럼 멈춰버릴지 모른다는 공포. 내 사랑하는 조국은 막대한 아랍 집단이나 강력한 이슬람 세력을 끝내 방어하지 못하고 절멸해버릴 것인가.

도저히 떨쳐버릴 수 없는 기억이 있다. 그것은 점령이다. 아버지에게 아랍국이 이스라엘을 점령할지 물어본 날로부터 일주일 후, 이스라엘은 아랍인 거주지역인 웨스트뱅크와 가자지구를 점령했다. 한 달 후, 부모님과 형을 따라 점령 도시인 라말라와 베들레헴, 헤브론으로 가족 여행을 떠났다. 가는 곳마다 요르단 지프와 트럭, 군용차들의 불탄 잔해가 널려 있었다. 집에는 대부분 백기白旗가 걸려 있었다. 이스라엘 전차가 밟고 지나간 고급 차들이, 뭉개지고 그을린 사체가 되어 길을 가로막기도 했다. 내 또래로 보이는 팔레스타인 아이들 눈에는 공포가 서려 있었다. 아이들 부모는 충격과 굴욕감에 휩싸인 듯 보였다. 불과 몇 주 만에 강력한 아랍 집단은 희생자로 변했고, 위태롭던 이스라엘은 정복자가 되었다. 유대 국가는 이제 승리와 자부심으로 의기양양 권력에 취해 있었다.

십대에 이르러서도 평온은 여전했다. 이스라엘의 군사 점령은 호의

적이라는 세평이었다. 현대화된 이스라엘은 팔레스타인 지역에 진보와 번영을 가져왔다. 우리보다 뒤처졌던 이웃들은 이제 전에 없던 수도와 전기, 의료서비스를 누렸다. 이웃들은 우리가 선물한 물건 하나하나에 감사해 마지않았다. 이스라엘은 평화가 도래하면 점령지 대부분을 돌려줄 것처럼 보였다. 하지만 점령이 지속되는 동안에도 이스라엘 땅은 평화로웠다. 아랍인과 유대인은 국토 전역에 공존했고, 평온과 풍요를 누렸다.

군인이 되고 나서야 나는 무언가가 어긋났음을 감지했다. 이스라엘 방위군IDF 정예 낙하산 부대에 입대하고 6개월 후, 10년 전 부모님 손을 잡고 여행했던 바로 그 점령 도시에 배치되었다. 임무는 추잡했다. 검문검색, 가택 연금, 시위대 폭력 해산. 가장 큰 충격을 받은 것은 한밤중 가택에 무력으로 침입해 곤히 자고 있는 젊은이들을 침대에서 끌어내어 심문소로 끌고 갔을 때였다. 대체 뭐가 어떻게 돌아가는 건지 자문했다. 이미 자신의 권리와 자유를 박탈당한 시민들이건만, 어째서 이들을 탄압하는 행위가 내 조국을 지키는 일이 되었는가? 왜 나의 이스라엘이 다른 민족을 장악해 억압하고 있는가?

그래서 나는 평화주의자가 되었다. 처음엔 청년 운동가로서, 그다음엔 언론인으로서 열성껏 점령에 항의했다. 1980년대에는 팔레스타인 영토에 이스라엘인 정착촌을 설립하는 데 반대했다. 1990년대에는 팔레스타인 해방기구PLO 주도의 팔레스타인 국가 건설을 지지했다. 21세기 첫 10년 동안에는 가자지구에서의 이스라엘 단독 철수에 찬성했다. 하지만 내가 몸담았던 반反점령운동은 결국 실패했다. 부모님을 따라 점령지 웨스트뱅크를 여행하고 거의 반세기가 흘렀으나, 웨스트뱅크는 여전히 점령 상태다. 그 자체로 악의가 느껴지는 점령은 유대 국가라는 존재에서 뗄 수 없는 일부가 되었다. 또한 이스라엘인으로서의 내 삶에서도 점령은 뗄 수 없는 일부가 되었다. 점령에 반대했다고 해서 점령의 책임으로부터 자유로울 수는 없다. 내 조국이 점령국이라는 사실을 부정할 수도, 회피할 수도 없다.

불과 몇 년 전이었다. 이스라엘의 미래에 대한 실존적 공포와 이스라엘의 점령 정책에 대한 윤리적 분노가 서로 분리되어 있다는 생각이 뇌리를 스쳐 지나갔다. 한편으로 우리는 서구에서 유일하게 다른 민족을 장악하고 있는 국가다. 다른 한편으로 우리는 서구에서 실존을 위협받고 있는 유일한 국가다. 이러한 점령과 위협은 이스라엘의 실정을 유일무이하게 만드는 두 요인이요, 이 나라의 실정을 지탱하는 두 기둥이 되었다.

평론가와 분석가 대부분은 이러한 이중성을 부정한다. 좌파에서는 점령을 중요하게 다루지만 위협은 도외시한다. 반면 우파에서는 위협을 중요하게 다루면서도 점령은 묵살한다. 그러나 이 두 요소를 하나의 세계관으로 합하지 않고서는 이스라엘 또는 이스라엘-팔레스타인 분쟁을 온전히 파악할 수 없다. 이 두 근본 요인 사이의 연관성을 진지하게 모색하지 않는다면 어떤 학파도 오점과 무익함에서 자유로울 수 없다. 위협과 점령을 공히 소화하는 제3의 접근법만이 현실과 윤리에 부합할 수 있으며 그러한 접근법을 통해서만이 이스라엘 이야기를 올바로 파악할 수 있다.

나는 1957년, 대학가인 레호보트에서 태어났다. 아버지는 과학자,

어머니는 예술가였고, 조상 중 몇 분은 시온주의 활동의 창시자였다. 여느 이스라엘인처럼 열여덟 살에 징집되어 낙하산병으로 복무했으며, 복무를 마친 뒤엔 히브리 대학에서 철학을 공부했다. 평화운동에 동참한 것은 대학에서였다. 이는 이후 인권운동으로 이어졌다. 1995년부터는 이스라엘의 선도적 자유주의 신문인 『하아레츠』에 기고하고 있다. 줄곧 평화의 편에 서서 두 국가가 공존하자는 해결안을 지지했지만, 점차 평화운동의 결함과 왜곡을 인식하게 되었다. 점령과 위협을 모두 인식하면서 내 주장은 언론 매체를 탄 여느 사람들의 주장과는 사뭇 달라졌다. 칼럼니스트로서 나는 우익과 좌익 모두의 신조에 맞선다. 그동안 나는 중동 문제에 어떤 단순한 해답도 없으며, 이스라엘-팔레스타인 분쟁에 어떤 속결책도 없음을 배웠다. 이스라엘의 상황은 극히 복잡하며 어쩌면 비극에 가깝다는 점을 실감했다.

21세기 첫 10년 동안 이스라엘은 순항했다. 테러는 잠잠해졌고, 첨단 기술이 발달했으며, 일상은 활기찼다. 경제적으로 이스라엘은 큰손임을 입증했다. 이스라엘이란 존재는 활력과 창의력, 물욕의 집결체를 의미했다. 그러나 이례적인 성공 신화의 광휘 저변에는 불안이 들끓고 있었다. 사람들은 내가 내내 숨죽여 물었던 질문을 소리 내어 묻기 시작했다. 불안이란 사안은 더 이상 좌/우익 정치만의 문제가 아니었다. 속세 대 종교의 문제만도 아니었다. 더 심오한 무언가가 일어나고 있었다. 이스라엘인 대부분은 새롭게 부상하는 이스라엘의 모습에 불안을 느꼈다. 자신들이 여전히 유대 국가에 속해 있는지 자문했다. 이스라엘의 지구력을 더 이상 믿지 못했다. 외국 여권을 취득하는 사람도, 자녀를 외국에 보내는 사람도 있었다. 상류층은 이스라엘인으로 살아가는 동시에 또 하나의 대안을 확보하려 했다. 사람들은 여전히 이스라엘을 사랑하며 신이 내려준 은총을 찬양했지만, 그 미래가 창창하리라는 굳건한 믿음을 잃었다.

21세기 두 번째 10년이 펼쳐지면서 이스라엘의 삶에 대한 왕성한 욕구에는 불안의 그림자가 드리워졌다. 불안은 다섯 가지다. 이스라엘-팔레스타인 분쟁이 언제 끝날는지는 결코 내다볼 수 없을 듯하다. 이스라엘의 전략적 지역 장악력이 도전받고 있다. 유대 국가의 정통성이 침식되고 있다. 이스라엘 사회는 심하게 변모해 이제는 분열과 양극화 현상마저 보인다. 자유민주주의의 기반이 허물어지고 있다는 의미다. 이스라엘 정부는 기능 장애 상태로 점령이나 사회 분열 같은 심각한 난제를 진지하게 다룰 능력이 없다. 이들 각각은 중차대한 위협을 내포하고 있지만, 전부 합쳐져 하나의 거대한 위협이 되면 더욱 극적인 효과를 발휘한다. 평화를 실현할 수 없다면, 전략적 우월성은 위태롭고 국가 정당성은 희미해져가며 민주적 정체성에는 금이 가고 내부 분열이 우리를 찢어놓는 상황에서 어떻게 한 세대를 끌어온 분쟁을 이겨내겠는가? 아무리 혁신적이고 매력적이며 활력 넘친다 해도, 이스라엘은 불확실한 국가다. 언제 터질지 모르는 화산이 드리운 거대한 그림자처럼 불안은 이 땅 위를 맴돈다.

그것이 내가 이 여정을 감행한 이유다. 국가 설립 65년 만에 이스라엘은 근본적 질문으로 되돌아왔다. 시발한 지 115년 만에 시온주의는 근본적 모순에 직면해 있다. 이제 난제는 점령의 문제를 넘어서며, 평화라는 문제보다도 훨씬 더 깊다. 우리는 이스라엘의 세 가지 질문과 마주하고 있다. 왜 이스라엘이어야 하는가? 무엇이 이스라엘인가? 이스라엘은 존속할 것인가?

　이스라엘 문제는 논쟁으로 해결될 수 없다. 그만큼 복잡하며, 논쟁과 반박에 항복할 문제가 아니라는 의미다. 이 문제와 싸우는 유일한 방법은 이스라엘 이야기를 풀어놓는 것이다. 이 책에는 그런 내 노력이 담겨 있다. 이 책에서 나는 나만의 방식과 시각을 통해 내가 이해하는 하나의 전일全一로서 우리 존재를 다룰 것이다. 이 책은 이스라엘인으로서 한 개인의 오디세이다. 혹은 조국을 집어삼키고 있는 역사적 드라마에 당황한 한 인간의 오디세이다. 이 책에서 이스라엘 태생의 한 개인은 자신의 조국을 좀더 넓은 시각에서 서술하고자 노력하는 가운데 시공의 여정을 이어갈 터다. 가족사, 개인사와 더불어 심층 면담을 통해 이스라엘 이야기를 더 넓게, 이스라엘 문제를 더 깊게 파고들고자 애쓸 터다. 우리를 현재에 이르게 만든 100년 동안 이스라엘에는 무슨 일이 일어났는가? 이 시점에 무엇이 성취되었고 무엇이 잘못되었으며, 우리는 어디로 향하고 있는가? 나의 깊은 공포심에는 충분한 근거가 있는가? 유대 국가가 처한 위험은 실재하는가? 이스라엘인들은 비극적인 절망에 사로잡혀 있을 것인가, 아니면 그럼에도 우리 자신을 되살리고, 그토록 사랑하는 이 땅을 구원할 수 있을 것인가?

하나

1897년,
첫인상

1897년 4월 15일 밤, 아담한 증기선 한 척이 이집트 포트사이드 항港에서 출발해 팔레스타인 야파로 항해하고 있었다. 승객 30명 가운데 21명은 시온주의 순례자들로, 런던에서 출발해 파리와 마르세유, 알렉산드리아를 경유해 왔다. 지도자는 허버트 벤트위치 경卿으로 내 증조부였다.

　벤트위치는 남다른 시온주의자였다. 19세기 말, 시온주의자 대부분은 동유럽인이고 가난했다. 반면 벤트위치는 영국 국적에 유산有産 신사였다. 시온주의자 대부분은 세속적이었지만 그는 신앙인이었다. 이 시기 그들 대부분에게 시온주의란 선택의 여지가 없는 유일한 대안이었으나, 증조부는 자유 의지로 시온주의를 택했다. 1890년대 초 증조부는 유대인이 고대 조상의 땅인 유대 지방에 다시 정착해야 한다는 신념을 굳혔다.

이번 순례 역시 유달랐다. 영국 중상류층 유대인들이 이스라엘 땅으로 향하는 여정은 처음인 까닭이었다. 정치적 시온주의의 창시자 테오도어 헤르츨이 이 여행자 21명을 중요하게 여긴 까닭이기도 했다. 헤르츨은 벤트위치와 그 동료들이 유대 땅에 대해 광범위한 보고서를 작성하리라 기대했다. 특히 팔레스타인 거주자와 그 지역의 식민화 가능성에 각별한 관심을 보였다. 그는 늦여름 바젤에서 열릴 제1차 시온주의 대회에 이 보고서가 제출되기를 바랐다. 그러나 증조부에게는 열의가 없었다. 벤트위치의 시온주의는 헤르츨보다 먼저 시작되었으나, 근본부터 낭만적이었다. 하지만 증조부는 헤르츨이 작성한 예언적 선언문 「유대인의 국가」에 마음이 휘둘렸다. 자신이 다니는 명문 클럽에 헤르츨을 사사로이 초대했고, 그때 이 통찰력 있는 지도자의 카리스마에 탄복하기도 했다. 헤르츨과 마찬가지로 증조부 역시 유대인은 팔레스타인으로 돌아가야 한다고 여겼다. 그러나 평저증기선 옥서스호가 지중해의 검은 물결을 가르며 나아가는 동안만 해도, 벤트위치는 여전히 결백했다. 타국을 빼앗아 국가를 세우려는 바람은 없었다. 단지 신과 마주하고 싶었을 뿐.

잠시 그 갑판에 머물고 싶다. 옥서스호가 무슨 목적으로 바다를 가로질렀는지 이해하고 싶다. 증조부는 정확히 어떤 사람이었고, 이 땅에 왜 왔을까?

20세기가 시작될 무렵 전 세계 유대인은 1120만 명이었다. 그중 390만 명은 동유럽, 480만 명은 중서 유럽, 150만 명은 북미나 아시아, 북아프리카에 거주했다. 중동 유대인은 89만 명에 지나지 않았다. 이스라엘 본토 유대인은 5만 명에 불과했다.

북미와 서유럽 유대인들만이 해방되었다. 러시아에서는 박해받았고, 폴란드에서는 차별당했다. 이슬람 국가에서는 하층민들처럼 "보호 대상"이었다. 미국과 프랑스, 영국에서조차 해방이란 단지 법률상의 보장일 뿐이었다. 반유대주의가 부상했다. 1897년, 그리스도교 세계는 아직 이 궁극적인 타자와 불화했다. 대다수는 유대인이 자유롭고 당당하며 자신들과 동등하다고 여기기를 꺼렸다.

유럽 동부에서 유대인들의 고충은 극에 달했다. 민족주의를 바탕으로 한 새로운 유형의 반유대주의가 오랜 기간 이어져온 종교 기반의 반유대주의를 대신하고 있었다. 유대인 학살의 물결이 러시아와 벨라루스, 몰도바, 루마니아, 폴란드에 있는 유대인 마을과 거주구를 휩쓸었다. 슈테틀[1] 거주자 대부분은 이곳에 더 이상 미래가 없다는 사실을 실감했다. 수십만 명이 엘리스 섬으로 피난했다. 유대인 디아스포라는 또다시 대거 이주라는 격변 현상으로 경험되었다.

이제 과거보다는 미래가 더 심각했다. 다음 반세기 안에 전체 유대인의 3분의 1이 살육당할 터였다. 유대인 역사상 최악의 참사가 발생할 차례였다. 그러니 옥서스호가 이 성지 팔레스타인 해안에 다가갈수록, 이 땅을 유대인 손에 넣고 싶다는 욕망은 거의 판연해졌다. 여기 상륙하지 않는다면 미래는 없을 터였다. 지금 모습을 드러내고 있는 저 해안선이 유일한 살길이지 싶었다.

---

1 홀로코스트 전 중동부 유럽에 있던 소규모 유대인촌.

또 다른 필요도 있었다. 1897년에 앞선 1000년 동안 유대인의 생존은 거대한 두 존재, 곧 신과 게토가 보장해주었다. 다시 말해 신과의 긴밀한 유대 그리고 주변 이교도들과의 분리가 유대인의 정체성과 문명을 유지해주었다. 유대인에게는 영토가, 왕국이 없었다. 자유도, 주권도 없었다. 유대인을 하나의 민족으로 결집한 요인은 비유대인들이 세운 높은 벽에 둘러싸여 고립된 채 살아온 환경과 더불어 종교적 신념과 실천, 막강한 종교적 서사 곧 성경이었다. 그러나 1897년 이전의 100년 동안 신은 떠내려갔고 게토의 벽은 무너졌다. 요컨대 두 가지로 한정한다면, 세속화와 해방이 유대인의 오랜 생존 공식을 침식했다. 타민족에 섞여 살아가는 유대인을 하나의 민족으로 결집할 요인은 사라졌다. 유대인들이 러시아 코사크족에게 살육당하고 프랑스 반유대주의자들에게 박해받지 않았다 해도, 이미 집단은 치명적 위험에 처해 있었다. 이 디아스포라에서 신앙의 정통을 상실한 유대인이 과연 그 문명을 유지할 수 있을지는 의문이었다.

　변화, 곧 혁명의 요구가 일었다. 유대 민족이 살아남으려면 디아스포라 민족에서 주권 민족으로 거듭나야 했다. 이런 의미에서라면 1897년에 부상한 시온주의는 가히 신의 한 수였다. 헤르츨 박사가 이끄는 이 창시자들은 예언자이자 영웅이었다. 19세기는 전반적으로 서유럽 유대인의 황금시대였다. 그러나 헤르츨을 비롯한 시온주의자들은 다가올 일을 전망했다. 사실 그들 역시 20세기에 아우슈비츠나 트레블링카 같은 강제수용소가 출현하리라고는 예상치 못했지만, 이미 1890년대에 자기네만의 방식으로 1940년대의 참사를 예방하려 한 셈이었다. 그들은 근본적 문제에 맞닥뜨렸다는 사실을 실감했다. 유대인 절멸이 다가오고 있었다. 근본적 문제에는 근본적 해법이 필요하다는 점을 깨달았다. 유대인의 탈바꿈, 이 탈바꿈은 오직 팔레스타인, 곧 유대인의 고대 조국에서 일어날 수 있었다.

허버트 벤트위치는 테오도어 헤르츨처럼 돌아가는 상황을 냉철하게 파악하지는 못했다. 다시 말해 이제 막 시작되려는 한 세기가 유대 역사상 가장 극적인 시기가 되리라는 사실을 알지 못했다. 하지만 근본적 조치가 필요한 때라는 건 직관적으로 알았다. 동유럽에서의 고난이 참을 수 없는 지경이라는 사실, 서구사회와의 동화가 불가피하다는 사실을 알았다. 동방에서 유대인은 위험한 처지에 놓여 있었고, 서방에서 유대주의는 배타당하고 있었다. 증조부는 유대인이 새로운 장소, 새로운 출발점, 새로운 존재 방식을 필요로 할 수밖에 없는 절박한 상황을 이해했다. 살아남으려면, 유대인에게는 성지 팔레스타인이 필요했다.

벤트위치는 1856년 런던 화이트채플에서 태어났다. 아버지는 러시아계 유대 이주자로 버밍엄과 케임브리지에서 보석 외판원으로 생계를 유지했다. 그러나 사랑하는 아들은 자신보다 더 잘살기를 원했기에 명문 중등학교에 입학시켰고, 아들 또한 공부를 잘했다. 부모님 모두 자신에게 희망을 걸고 있다는 사실을 알았던 이 착실한 아이는 열심히 공부했다. 30대에 접어들어서는 이미 성공한 변호사가 되어 부촌인 세인트존스우드에 살고 있었다.

팔레스타인으로 순례를 떠나기 전, 증조부는 영국계 유대인 공동체

중진에 속했다. 변호사로서 전문 분야는 저작권법이었다. 사회활동으로 보면, 정찬과 토론이 오가는 고급 사교장인 마카베오 클럽의 설립자 가운데 한 명이었다. 사생활에서는 아름답고 예술적인 아내와 아홉 자녀를 두고 위풍당당한 저택에 살고 있었다. 이후에도 두 자녀가 더 태어날 터였다.

자수성가한 사내 허버트 벤트위치는 엄격하며 규칙에 얽매이는 사람이었다. 거만함과 결단력, 자기과신, 독립심, 비국교주의가 두드러졌지만, 신비주의에 빠져든 매우 낭만적인 인물이기도 했다. 그는 빅토리아 여왕 시대 사람으로, 자신과 같은 이주자 아들에게 문을 열어준 대영제국에 깊이 감사했다. 두 살 땐 영국에서 최초의 유대인 국회의원이 선출되었다. 열다섯 살이 되자 유대인으로서는 최초로 옥스퍼드 대학 입학자가 나왔으며, 서른네 살에는 최초의 유대인 상원의원이 나왔다. 이러한 사건들은 벤트위치에게 기적과 같았다. 증조부에게 해방이란 기본권의 뒤늦은 성취가 아니라 빅토리아 여왕 치하의 대영제국이 베푼 특전이었다.

벤트위치의 외모는 웨일스 왕자를 닮았다. 쇳빛을 띤 검푸른 눈동자와 풍성하고 잘 손질된 수염이, 또 강인해 보이는 턱이 돋보였다. 태도 역시 귀족처럼 고상했다. 태생한 환경은 궁핍했으나, 허버트 벤트위치는 대양의 지배자인 제국의 가치관과 관습을 정열적으로 수용했다. 진정한 신사답게 여행과 시, 극장을 사랑했다. 영국인처럼 셰익스피어를 알았으며, 호반 지방 같은 영국 휴양지에서 편안함을 느꼈다. 그렇지만 유대주의를 굽히는 법은 없었다. 아내 수전과 함께 영국인과 유대인의 조화를 누리며 화목한 가정을 꾸려나갔다. 유대교의 아침 기도와 영국의 실내음악, 영국 시인 테니슨과 유대교 신학자 마이모니데스, 유대교 안식일과 옥스브리지[2] 교육의 조화. 벤트위치는 이 세계에 대영제국의 임무가 있듯이, 유대 민족에게도 고유한 임무가 있다고 믿었다. 동방에서 박해받는 유대인들을 돌보는 일이 서방의 해방된 유대인들에게 주어진 의무라고 느꼈다. 증조부는 대영제국이 자신을 구원해주었듯이 자신의 교우들 역시 구원해주리라고 절대적으로 확신했다. 제국을 향한 충성심과 유대인으로서의 소명의식이 서로 뒤얽혀 있었다. 이러한 요소들이 증조부로 하여금 팔레스타인에 가도록 부추겼으며, 성지 팔레스타인으로 향하는 여행에서 영국계 유대인 대표단의 수장을 맡게 했다.

허버트 벤트위치를 실제로 만났다면 아마 좋아하지 않았을 것 같다. 만약 내가 그 아들이었다면 틀림없이 아버지에게 반항했으리라. 벤트위치의 세계는 왕정주의에 종교적·가부장적·제국주의적 색채로 가득해서 내 세계와는 동떨어져 있었다. 그러나 한 세기가 넘는 먼발치에서 증조부를 연구하는 사이, 우리 두 사람이 서로 **빼닮았다**는 사실을 발견했다. 놀랍게도 이 유별난 증조부와 나는 너무도 많이 닮아 있었다.

그래서 나는 재차 묻는다. 사내는 왜 여기 있는가? 왜 이 증기선에 있는가? 개인으로서 안전한 생활을 영위하고 있었건만. 런던에서의 삶은 유복하며 만족스러웠다. 기어이 야파까지 항해해 온 이유는 무엇이었나?

---

2 영국 옥스퍼드 대학과 케임브리지 대학을 함께 일컫는 말.

한 가지 대답은 낭만주의다. 1897년, 팔레스타인은 아직 영국령이 아니었지만 그 세력 범위 안에 있었다. 19세기 후반, 시온 산[3]으로 대표되는 팔레스타인을 동경하는 마음은 영국인도 유대인 못지않았다. 조지 엘리엇의 『대니얼 디론다』[4]가 초석을 놓았고, 로런스 올리펀트[5]가 이를 심화했다. 이제 식민 시대 영국 낭만주의자들에게 시온 산은 다른 무엇보다도 매력 있는 대상이었다. 증조부 역시 낭만주의자이자 유대인, 그리고 빅토리아 시대 신사로서 이 유혹을 뿌리칠 수는 없었다. 시온 산에 대한 동경은 증조부를 규정하는 데 빠뜨릴 수 없는 부분이었고, 증조부의 정체성을 특징짓는 요소였다.

두 번째 대답은 더 중요하고도 관련이 깊다. 허버트 벤트위치는 자신의 시대를 한참 앞서갔다. 19세기 후반 화이트채플에서 세인트존스우드로 떠난 증조부의 여정은 20세기에 유대인들이 미국의 로어이스트사이드에서 리버사이드 드라이브로 떠난 여정과 흡사했다. 1900년이 다가오자 증조부는 미국 유대인들이 20세기에 직면한 난제와 마주쳤다. 개방된 세계에서 어떻게 유대 정체성을 지킬 셈이며, 더 이상 게토의 벽이 보호해주지 않는 유대주의를 어떻게 보존할 셈인가. 또 유대인들이 신新서구, 곧 미국의 자유와 번영 속으로 흩어져버리지 않도록 어떻게 막을 셈인가.

맞다. 허버트 벤트위치가 채링크로스에서 야파로 여행을 떠난 까닭은 동방 유대인의 비참함을 종식시키고 싶어서였다. 하지만 주된 이유

---

3 예루살렘에 있는 언덕으로, 제1, 제2성전이 위치했던 곳이다. 유대인에게는 신과 인간을 연결하는 장소로 유대 신앙의 중심지다.
4 영국 작가 조지 엘리엇의 소설로 시온주의와 유대교 신비주의에 공감하는 내용을 담고 있다.
5 영국 작가이자 정치가로 유대인의 팔레스타인 정착을 지지했다.

는 서방에서의 유대인 삶이 무의미하다는 현실을 이해한 데 있었다. 상류층 생활을 누렸던 그는 반유대주의 뒤에 따라올 난제를, 홀로코스트 뒤에 따라올 참사를 이미 내다본 셈이었다. 영국인과 유대인이 조화를 이룬 자신의 세상이 이지러지고 있음을 깨달았다. 그것이 그가 지중해를 가로지른 이유였다.

벤트위치는 4월 16일 고대 항구인 야파 입구에 도착했다. 나는 지금 새벽 5시 일등 객실에서 깨어난 증조부를 본다. 증조부는 가벼운 옷차림에 코르크 모자[6]를 쓰고 옥서스호 나무 갑판으로 이어지는 층계를 오른다. 나는 갑판에서 증조부가 바라보는 풍경을 본다. 야파 항의 아치형 통로와 망루들 위로 태양이 떠오른다. 증조부가 바라보는 이 땅은 바라던 모습 그대로다. 고운 서광으로 빛나며 아른거리는 희망의 빛으로 뒤덮인.

나는 벤트위치가 배에서 내려 이 땅을 밟기를 원하는가? 아직 모르겠다.

영국은 나를 온통 사로잡는다. 벤트위치가 그랬듯, 나는 랜즈엔드와 스노다운, 레이크 디스트릭트[7]를 사랑한다. 영국의 오두막과 선술집, 전원 풍경을 사랑한다. 아침 식사나 차를 마시는 의례와 데본 응고 크림을 사랑한다. 스코틀랜드 고원과 헤브리디스 제도, 영국 서남부 도싯에 펼쳐진 보드라운 녹색 언덕들에 매료된다. 영국의 뿌리 깊고 분명

---

6 코르크 마개들이 매달린 챙이 둘러진 해충 퇴치용 모자.
7 랜즈엔드Land's End는 잉글랜드 최서단 지역을, 스노다운Snowdown은 영국 동남부 항구 도시 도버 부근을, 레이크 디스트릭트Lake District는 영국 서북부 휴양지를 말한다.

한 정체성에 감탄한다. 800년 동안 정복당한 적 없는 섬의 고요, 그 단절 없이 이어진 고유한 삶의 방식에 이끌린다. 매사를 주관하는 세련된 예절에 사로잡힌다.

허버트 벤트위치의 상륙은 이 모두와의 작별을 의미하리라. 전全 유대인이 대대손손 이 황량한 중동 땅에 정착할 수 있도록 짙은 녹색의 땅, 매력적인 영국에서 자신과 아이들, 손주, 증손들까지 전부 거둬들인다는 의미였다. 바보 같은 일 아닌가? 미친 짓 아닌가?

그러나 그리 단순한 문제가 아니었다. 영국 제도는 진정한 우리 땅이 아니었다. 우리는 스쳐 지나가는 존재일 뿐이었다. 가야 할 길은 한참 멀었고, 크나큰 고통이 도사리고 있었다. 이 짙은 녹색 땅은 다만 우아하며 일시적인 피난처, 잠시 쉬었다 가는 휴식처에 불과했다. 인구통계를 보면 분명히 알 수 있었다. 허버트 벤트위치는 보지 못할 미래지만, 20세기 후반에 영국계 유대인은 3분의 1로 줄어들 터였다. 1947년에서 1997년 사이에 영국 제도諸島 내 유대인 수는 45만 명에서 30만 명으로 줄어들었다. 유대인 학교와 회당은 문을 닫을 터였다. 브라이턴이나 본머스 같은 도시에서 유대인 공동체는 차츰 감소할 터였다. 타민족 출신과의 결혼은 50퍼센트 이상 늘어날 터였다. 젊은 비정통파 유대인들은 자신들이 유대인이어야 할 이유가 있는지 의문을 품을 터였다. 여기서 골자는 무엇인가?

서유럽 국가들에서도 비슷한 일이 발생할 터였다. 덴마크와 네덜란드, 벨기에 비정통파 유대인 공동체는 거의 사라질 터였다. 멘델스존, 마르크스, 프로이트, 말러, 카프카, 아인슈타인을 떠올려보라. 근대 유럽이 형성되는 데 200년이 넘도록 결정적인 역할을 맡았던 유대인들은 시나브로 무대의 중심에서 떠날 터였다. 유럽 유대인의 황금시대는 막을 내릴 터였다. 유럽 유대인의 존재를 규정하던 질긴 생존력과 넘치는 활력, 뛰어난 창의성은 의문시될 터였다. 이곳에서 과거의 영광은 다시 오지 않으리라.

50년 후에는 미국의 기세등등한 유대인 공동체조차 이와 동일한 문제에 부딪힐 터였다. 미국에서 비유대인 대 유대인의 비율은 극적으로 하락하며, 타민족과의 결혼이 성행할 터였다. 유대인의 옛 체제는 퇴물로 전락할 터였고, 비정통파 유대인 가운데 유대인답게 살아가는 사람은 거의 없을 터였다. 미국의 유대인은 그럼에도 여전히 유럽의 유대인보다는 혈기왕성하겠지만, 대양 건너 유럽과 영국의 동포들을 보며 21세기는 결코 장밋빛 미래가 아님을 예견할 수 있을 터였다.

그러니 증조부는 상륙해야 하는가? 그가 그대로 배를 돌린다면, 한 개인으로서의 나는 영국에서 풍족하고 보람 있게 살아가겠지. 가자지구 해변에서든 어디서든 군 복무를 할 필요도 없으리라. 긴박한 위험이나 쓰라린 윤리적 딜레마와 마주칠 일도 없으리라. 주말이면 도싯에 있는 이엉지붕의 시골풍 가족 별장에서 지내고, 여름은 스코틀랜드 고원에서 보내리라.

그러나 증조부가 상륙을 택하지 않는다면, 내 아이들은 반쪽 유대인이 될 공산이 크겠지. 아니면 더 이상 유대인이라 할 수 없게 되는지도 모른다. 영국은 유대인의 정체성을 희석시킬 터다. 고古영국의 초록 목초지에서 그리고 신新영국의 울창한 삼림에서, 유대 문명은 세속에 물들어 증발하리라. 대서양 양쪽 기슭에서 비정통파 유대인은 비유대인 속으로 시나브로 사라져버릴지도 모른다.

벤트위치 대표단이 하선할 때쯤 지중해는 마치 호수처럼 고요했다. 아랍 부두꾼들이 옥서스호 승객들을 거친 목조 카페리에 실어 날랐다. 야파 항은 예상외로 충격적이지 않았다. 그러나 야파 도시에는 장이 서 있었다. 유럽 여행객 가운데 몇몇은 매달려 있는 동물 사체와 악취가 진동하는 생선, 썩어가는 채소에 아연했다. 마을 여인들의 병든 눈동자와 깡마른 아이들이 시선을 끌어당겼다. 그리고 분주함, 소음, 불결함이. 이어 신사 16명과 숙녀 4명, 하녀 1명을 시내 호텔로 데려다 줄 토머스쿡 사[8]의 우아한 마차가 도착했다. 이 유럽인들은 혼돈스런 아랍인들의 도시 야파를 빠져나오자마자 평정을 되찾았다. 4월의 오렌지 과수원에서 풍기는 달콤한 내음을 맡고, 이글거리는 붉은빛과 수줍은 보랏빛의 야생화가 만발한 들판을 보며 행복을 만끽했다.

여행객 21명은 힐렐 요프 박사의 환영을 받았다. 박사는 인상 좋은 의사였다. 박사 역시 6년 전 야파 항에 내려 똑같은 부두꾼의 카페리를 탔고, 이후 많은 일을 이뤄냈다. 특히 말라리아 근절을 위해 애쓴 업적은 지금도 유명하다. 공적인 업적으로는 팔레스타인 시온주의위원회 의장으로서의 활동을 들 수 있으며 이 또한 탁월했다. 이제 막 도착한 영국 순례자들과 마찬가지로, 박사 역시 서방의 성공한 유대인들은 동방의 힘없는 유대인들을 도와야 한다는 신념에 차 있었다. 단순히 미개한 코사크족으로부터 이들을 구하는 문제만이 아니었다. 자신의 의무는 이들에게 과학을 알려주고 계몽으로 이끄는 일이었다. 이곳 머나먼 오스만 지방의 열악한 환경에서 요프 박사는 진보의 투사였다.

---

8 1845년 설립된 영국 여행사로, 최초의 근대적 여행사다.

박사의 임무는 환자들과 더불어 자신의 민족을 치유하는 일이었다.

요프 박사의 안내로, 벤트위치 일행은 프랑스식 농업학교인 미크베 이스라엘[9]을 방문했다. 학생들은 유월절을 지내러 가고 없었지만, 교사와 직원들이 감동을 주었다. 미크베 이스라엘은 진보의 오아시스였다. 교양 있는 직원들이 팔레스타인의 유대인 청소년들에게 현대식 농법을 가르쳤다. 학교의 임무는 다음 세기 농학자와 감귤 재배자를 육성하는 데 있었다. 여기서 교육한 프랑스식 농업은 결국 팔레스타인 전체로 퍼질 터였다. 벤트위치 일행은 황홀했다. 앞으로 싹 틔울 씨앗을 보는 듯했다. 그들이 바라는 미래상은 바로 이런 모습이었다.

이어 미크베 이스라엘 농업학교를 떠나 리숀레지온[10] 유대인 식민정착촌으로 향했다. 에드몽 드 로스차일드 남작[11]이 이곳의 후원자였다. 이곳의 시장직 또한 맡고 있는 남작은 정착촌 자택에서 존경하는 순례자들을 대접했다. 영국에서 온 순례자들은 이 프랑스 남작이 마음에 들었다. 이런 벽지에서 이처럼 훌륭한 건축물과 가재家財, 고급 음식을 접하니 마음이 놓였다. 그러나 유럽 여행자들을 무엇보다 즐겁게 한 건 고작 15년밖에 안 된 식민정착촌 중심에 남작이 만들어놓은 방대하고도 발달한 포도주 양조장이었다. 그들은 팔레스타인을 동양의 프

---

9 Mikveh Yisrael, "Hope of Israel", 곧 이스라엘의 희망이라는 의미로, 1870년 이스라엘에 세워진 최초의 유대인 농업학교다.
10 Rishon Lezion, 1882년 이스라엘 시온주의 단체가 오스만제국으로부터 사들인 유대인 정착지. 텔아비브 남쪽 8킬로미터쯤에 위치한다. 명칭은 "First to Zion", 곧 시온 산 선착자라는 의미로, 유대 성경 구절에서 유래한다. "First to Zion are they, and I shall give herald to Jerusalem."(내가 비로소 이 소식을 시온에 알렸다. 내가 예루살렘에 희소식을 전할 자를 보냈다.(이사야서 41:27))
11 Baron Edmond de Rothschild(1845~1934). 부호 로스차일드 은행 가문의 프랑스인으로, 시온주의의 열렬한 지지자다.

랑스로 변모시킨다는 개념에 현혹되었다. 빨간 지붕을 인 정착촌 주택들의 광경은 믿을 수 없을 지경이었다. 진녹색의 포도원이며, 유대인의 고국에서 1800년 만에 처음으로 히브리 포도주가 풍기는 자극적인 향을 맡고 있다는 사실 또한 믿기지 않았다.

정오, 이스라엘 중심에 위치한 라믈레에 도착할 때쯤 벤트위치 일행은 확신에 차 있었다. 팔레스타인 땅에 발을 디디고 7시간 후, 이들 사이에 의혹은 거의 사라졌다. 팔레스타인 남부의 고대 유대는 러시아와 폴란드, 루마니아에서 박해받는 유대인 집단이 정착해야 할 곳이었다. 팔레스타인은 전全 유대인의 집이 되어야 했다. 일행은 곧 리다에서 예루살렘으로 가는 기차를 탈 터였다. 그러나 허버트 벤트위치는 단 30분도 낭비하지 않을 인물이었다. 지쳐버린 나머지 일행은 기차를 기다리며 쉬기로 했다. 이제까지의 인상과 감정들을 되새기면서. 증조부는 지치는 법이 없었다. 흰 정장에 하얀 코르크 모자를 쓰고서 라믈레 중심에 망루처럼 솟아 있는 하얀 탑을 올랐다. 웅장한 흰색 탑에서 증조부는 이 땅을 바라보았다.

1897년의 텅 빈 땅을 마주한 벤트위치는 고요와 공허, 약속을 보았다. 이곳은 무대였다. 이곳을 무대로 과거의 영화榮華가 펼쳐졌으며, 이제 미래의 이상이 전개되리라. 야생화가 만발한 들판, 고대 올리브나무가 무성한 과수원, 유대 구릉지의 연보랏빛 윤곽이 펼쳐진 이 무대 위에서. 그리고 저 너머에 예루살렘이 있었다. 철저한 우연으로, 증조부는 이 서사극의 중심에 서 있는 셈이었다. 이 시점에서 결단을 내려야 했다. 둘 중 하나였다. 전진하거나 후퇴하거나. 팔레스타인을 택하거나 거부하거나.

증조부는 이런 중대한 결정에 걸맞은 인물이 아니었다. 증조부는 이 땅을 있는 그대로 바라보지 못했다. 야파에서 미크베 이스라엘까지 우아한 마차로 여행하며, 아부카비르 같은 팔레스타인 변두리는 놓쳤다. 미크베 이스라엘에서 리숀레지온까지 여행하면서도 야주르 같은 팔레스타인 마을 또한 놓쳤다. 리숀레지온에서 라믈레까지 여행하는 내내 사라판드 같은 팔레스타인 마을을 놓친 것도 사실이다. 라믈레에서조차 라믈레가 팔레스타인 마을이라는 사실을 전혀 인식하지 못했다. 지금 하얀 탑 꼭대기에 서 있는 증조부는 바로 가까이 있는 리다라는 팔레스타인 마을조차 알아보지 못했다. 하디타, 김주, 엘쿠바브라는 팔레스타인 마을도 마찬가지였다. 게제르 산등성이에 있는 팔레스타인 마을 아부슈샤도 증조부는 보지 못했다.

어떻게 이럴 수 있을까. 새 천 년에 사는 나는 자문한다. 어째서 증조부는 현실을 바로 보지 못했을까?

1897년 팔레스타인에는 아랍인과 베두인족, 드루즈족을 합쳐 60만 명이 살고 있었다. 도시와 소도시가 15곳, 마을이 500곳 있었다. 세세한 규칙까지 따지길 좋아했던 벤트위치가 어떻게 이런 사실들을 놓칠 수 있었을까? 매처럼 눈이 예리했던 사내 벤트위치가 이 땅이 훤히 내려다보이는 라믈레의 탑에서 어떻게 보지 못할 수 있었을까? 이제는 다른 민족이 조상의 땅을 점유하고 있다는 사실을 어떻게 파악하지 못할 수 있었을까?

비판하거나 재단하려는 게 아니다. 오히려 그 반대로, 증조부 마음속에서 이스라엘 땅은 10만 제곱킬로미터에 달하는 광대한 영토로 오늘날의 요르단까지 포함하고 있었으리라 생각한다. 그런데 이 광대한 땅에 100만 명도 안 되는 사람들이 거주하고 있으니, 반유대주의 유럽에서 살아남은 유대인들을 위한 자리는 충분했다. 증조부의 마음속 팔레스타인은 실제보다 훨씬 더 넓었으니, 유대인과 아랍인 모두에게 보금자리가 될 수 있었던 셈이다.

하지만 나는 또한 벤트위치가 주시했던 땅은 베두인 유목민들로 북적였다는 사실을 안다. 이곳에 사는 타민족 대부분은 어떤 재산권도 없는 농노들이었다. 1897년 팔레스타인 사람 대부분은 초라한 마을이며 촌락에 살았다. 집이라고 해봐야 흙으로 대충 지은 오두막에 지나지 않았다. 가난과 질병으로 등골이 휠 지경이었던 이들은 그러나 이 대영제국 신사의 주목을 끌지 못했다.

어쩌면 빅토리아 여왕 시대의 백인이기에 허버트 벤트위치는 유색인을 동등한 인간이라 여기지 않았는지도 모른다. 유럽 출신 유대인은 토착민보다 당연히 우월하므로, 이들을 치유하고 교육하며 교양 있는 인간으로 지도하리라고 스스로를 손쉽게 납득시켰을 수도 있다. 명예와 위엄을 지키며 토착민들과 사이좋게 살리라고.

그러나 이보다 훨씬 더 설득력 있는 주장이 있다. 1897년 4월에는 말 그대로 팔레스타인 민족이란 존재하지 않았다. 팔레스타인 사람이라는 민족자결의식 자체가 없었으며 논할 만한 팔레스타인 민족운동도 없었다. 아랍 민족주의는 다마스쿠스나 베이루트, 아라비아 반도와 같은 먼 곳에서 이제 막 깨어나는 중이었다. 그러나 팔레스타인에는 내세울 만한 국가 정체성이 없었다. 성숙한 정치 문화도 없었다. 오스만 제국의 이 변방에는 자치도, 팔레스타인 자치권도 없었다. 대영제국의 자부심 강한 국민이라면 이 땅을 주인 없는 땅, 유대인이 정당하게 물려받을 땅이라 여길 이유가 충분했던 셈이다.

그럼에도 나는 여전히 자문한다. 벤트위치는 왜 현실을 바로 보지 못했느냐고. 어쨌든 아랍 부두꾼들은 새벽에 사내를 깨워 거친 목조 카페리로 해안까지 실어다주었다. 야파 시장에서는 아랍 인부들이 스쳐갔다. 야파 호텔에서는 아랍 직원들이 시중을 들었다. 기차에서는 창을 통해 줄곧 아랍 주민들을 보았다. 라믈레와 리다에서도 아랍 거주자들을 보았다. 토머스쿡 마차에도 아랍인 일색이었다. 안내원과 마부, 시종들. 베데커 여행 안내 책자는 팔레스타인을 소개하면서 라믈레는 아랍인들이 세운 도시이며, 라믈레의 하얀 탑은 아랍 탑이라고 강조했다.

탑 꼭대기에서 이 땅을 조망하면서도 실은 맹목 상태였다는 사실을 알고 나서야 비로소 나는 벤트위치를 온전히 이해한다. 증조부는 보지 말아야 할 필요에 이끌려 보지 못했던 셈이다. 제대로 본다면 되돌아가야 하기 때문에 보지 못했던 셈이다. 하지만 증조부는 되돌아갈 수 없었다. 그대로 전진할 수 있도록, 증조부는 보지 말아야 할 것은 보지 않기로 결정했다.

결국 전진해나갔다. 동료 순례자들을 모아 예루살렘으로 가는 기차에 올랐다. 야파와 예루살렘을 잇는 철도는 불과 몇 년 전에 프랑스 회사가 놓은 것이었으며, 덮개를 씌운 안락한 의자들과 최신 기관을 갖추고 있었다. 이 신식 기차가 풍기는 진보의 냄새에 흥분하기도 했지만, 정작 더 큰 감격은 풍경으로부터 왔다. 프랑스제 기차의 넓은 창을 통해 고대 히브리 도시 게제르의 흔적을 보았다(그러나 근처 팔레스타인 마을 아부슈샤는 보지 못했다). 모비인에서 유대 영웅 마카베오 왕가[12]의 무덤을 보았다(그러나 팔레스타인 마을 미디아는 보지 못했다). 삼손의 무덤을 보았다(그러나 아르투프[13]는 놓쳤다). 디르엘하와는 보았으나, 사리스도 에인카렘도 보지 못했다. 예루살렘으로 이어지는 구불구불한 협곡 틈에서 고대의 영광은 찾아냈지만, 울퉁불퉁한 계단식 논밭을 일구느라 비지땀을 흘리는 팔레스타인 농부들은 놓쳤다.

허버트 벤트위치를 움직이는 동력은 두 가지였다. 진보에 대한 신념과 결합된 생생한 역사적 기억, 그리고 과거의 영광을 향한 갈망. 특히 후자는 이 땅에 근대화의 초석을 다지겠다는 결심을 낳았다. 맞다. 벤트위치의 머릿속은 황제의 압제 아래에서 신음하는 러시아 유대인들로 가득했다. 1881~1882년 우크라이나에서 있었던 유대인 학살과 최근 루마니아에서 발생한 박해의 희생자들을 결코 잊을 수 없었다. 그러나 가장 강한 동인은 성서와 근대화, 곧 성서의 예언을 실현하고 전신주를 놓는 일이었다. 신화적 과거와 기술적 미래 사이에 현재가 설 자리는 없었다. 기억과 꿈 사이에 여기—그리고—지금이란 없었다. 증조부의 의식에, 있는 그대로의 이 땅을 위한 자리는 없었다. 올리브와 무화과나무 곁에서 세련된 리넨 정장을 차려입은 이 영국 신사들에게 반가이 손을 흔드는 팔레스타인 농부들을 위한 자리란 없었다. 오직 기차

---

12 서기전 2~서기전 1세기경 헬레니즘 국가인 셀레우코스 왕국(시리아 왕국)의 지배에 저항해 유대인들을 이끌고 승리한다.
13 아르투프Artouf란 1883년 영국 선교회 주도로 조성된 유대인 정착촌을 말한다. 정착민들은 현지의 열악한 조건과 영국의 원조 부족으로 결국 정착에 실패한다.

창을 통해 보이는 성서 속 풍경에 몰입해 있었을 뿐.

예루살렘으로 오르는 일행의 기차를 따라가면서, 나는 페르디낭 마리 레셉스를 생각한다. 인공 수로를 건설해 지중해와 인도양을 연결하겠다는 구체적 계획을 고안해낸 이집트 주재 프랑스 총영사. 이어 레셉스는 이상을 실현하고자 주식회사를 설립해 자금을 끌어모았다. 참혹한 인적 대가를 치르며 10년 만에 수에즈 운하를 파는 데 성공했고, 19세기에 이루지 못할 일은 없음을 증명했다. 이 이성의 시대에 해결하지 못할 문제는 없었다. 이성의 진보를 가로막을 산은 없었다.

허버트 벤트위치는 프랑스인이 아닌 영국인이었으며, 성격 또한 데카르트의 합리성이 아닌 토리당의 보수성이 짙었으나, 역시 레셉스 정신으로부터 영향을 받았다. 유대인 문제에는 합리적 해답이 있으리라 믿었다. 벤트위치에게 테오도어 헤르츨은 유대인 문제를 해결할 레셉스였다. 헤르츨은 허가를 받아 계획을 세우고 주식회사를 설립해 자금을 모을 터였다. 위대한 인공 국가를 세워 동방과 서방을 이을 터였다. 과거와 미래를 잇고, 이 황무지를 굉장한 사건과 위대한 행위가 펼쳐지는 무대로 탈바꿈시킬 터였다.

동료 여행자들 또한 감정이 북받쳤다. 동이 트고 나서 너무 많은 것을 보았다. 야파, 미크베 이스라엘, 리숀레지온, 라믈레, 유대 평원, 유대 언덕, 예루살렘으로 가는 길목의 협곡. 기관차 여행은 느렸다. 이동하는 동안 여행자들은 갖가지 여행 안내 책자와 참고서를 읽으며 알찬 시간을 보냈다. 베데커, 스미스, 톰프슨, 올리펀트, 콘도어 같은 여행 안내 책자들. 아얄론 계곡을 지나면서는 이곳에서 벌어진 성서 속 전쟁을 머릿속에 재현해보았다. 놀랍게도, 하스몬 왕가가 베트호론 전투에서 영웅적 승리를 쟁취한 장소가 어디쯤인지 알 수 있었다. 시간을 거슬러 여행하는 기분이었다. 이스라엘 자손들의 눈부신 역사가 전개되던 시대 사이사이를 가로지르며.

나는 일행을 유심히 바라본다. 남자 16명과 여자 5명. 영국인 16명과 미국인 3명, 유럽 대륙인 2명. 한 명을 제외하고 모두 유대인이었다. 한 명을 제외하고 모두 유복했다. 거의 다 박식하고 풍족하며 해방된 당대 유대인이었다. 물론 옷차림은 기이하고도 고지식했지만 속에 악의는 없었다. 절박함이 이 땅으로 데려왔을 뿐이다. 절박함은 결의를 낳았다. 그들은 자신을 꿰뚫는 거대한 세력에 대해서는 알지 못했다. 제국주의와 자본주의, 과학과 기술은 이들을 매개로 이 땅을 부지불식간에 탈바꿈시킬 터였다. 그리고 제국주의와 자본주의, 과학과 기술이 이들의 결단과 함께 번성할 때, 그 무엇으로도 가로막을 수 없을 터였다. 이 세력은 산을 깎고 마을을 묻어버릴 터였다. 이 사람을 저 사람으로 바꿔놓을 터였다. 그렇게 기차가 베데커 여행 안내 책자를 읽는 승객들을 태우고 움직이면서, 변화는 피할 수 없는 것이 되고 만다.

여행자 21명 가운데 한 명만은 생각이 트여 있었다. 이스라엘 쟁월은 유명한 소설가로, 그의 소설 『게토의 아이들』은 세계적인 베스트셀러였다. 독설가이자 예리하고 무자비한 정신의 소유자였던 쟁월은 증조부의 박애적 보수주의와 인간적 낭만주의에 동조하지 않았다. 자기 자신을 기만할 필요도, 보고 싶은 것만 볼 필요도 없었다. 허버트 벤트위치가 놓친 것들이 이스라엘 쟁월에게는 적나라하게 보였다. 그는 야파, 리다, 라믈레 같은 팔레스타인 도시들, 아부카비르, 사라판드, 리다, 하디타, 아부슈샤 같은 팔레스타인 마을들을 똑바로 보았다. 예루살렘으로 가는 길목에 있는 초라한 마을과 비참한 흙집들을 똑똑히 보았다. 힘겹게 논밭을 일구던 팔레스타인 농부들이 지나가는 프랑스제 기차를 향해 손을 흔드는 모습을 보았다.

쟁월은 7년이라는 시간이 흐른 후, 지금 보고 있는 온갖 장면을 쏟아낼 터였다. 뉴욕에서의 기념비적 연설에서 이 세계적 명성을 지닌 작가는 팔레스타인에 토착민이 살고 있다고 말함으로써 청중을 충격에 빠뜨릴 터였다. 예루살렘군에서 이 지역의 인구 밀도는 미국의 두 배라고 주장할 터였다. 그러나 도발적인 시온주의자이기도 한 쟁월은 정착민 정책을 뒤집을 만한 인구 자료를 쏟아낼 뿐만 아니라, 토착민이 거주한다면 무력을 사용해서라도 강탈해야 한다고 주장할 터였다. 한술 더 떠 타민족이 이스라엘 땅을 점유하고 있는 셈이므로, 이스라엘 후손들은 강경하게 행동할 태세를 갖춰야 한다고 단정할 터였다. "우리 조상들이 그랬던 것처럼, 이스라엘 땅을 차지하고 있는 종족들을 창검으로 몰아내야 마땅하다."

쟁월의 연설은 시온주의 운동에서는 불미스러운 이단으로 취급당할 터였다. 1897년, 그리고 1904년에조차 쟁월을 제외하고는 그 어떤 시온주의자도 이처럼 현실을 적나라하게 분석해 또박또박 드러내지 않았으며, 이처럼 잔인한 결론에 도달하지도 않았다. 연설 이후 이 반항적인 작가는 시온주의 운동에서 축출되지만 몇 년 후에 귀환할 터며, 그때가 되면 20세기의 두 번째 10년으로, 어떤 시온주의자도 스스로에게조차 감히 속삭이지 못할 속내를 쟁월은 공공연히 외칠 터였다. "아랍인들이 고작 이 몇 킬로미터를 고수할 근거는 어디에도 없다. '천막을 걷고 몰래 떠나라.' 이것이 저들의 속담에도 나오는 습성 아닌가. 이제 저들은 속담대로 실천할 때다……. 우리가 할 일은 저들이 떠나도록 잘 구슬리는 것이다."

그러나 이 모두는 훨씬 더 후에야 일어날 일이었다. 아직은 일렀다. 1897년 4월 16일 금요일 늦은 오후 4시간의 열차 여행 후, 벤트위치 순례 일행은 새로 지어진 예루살렘 역에 내렸다. 증조부는 흥분에 휩싸여 있었다. 마침내 예루살렘에 도착했다.

시간은 짧았다. 마침 유월절이었다. 몇 시간 후면 자유의 명절이 시작되어 유대인들은 출애굽의 역사를 경축할 터였다. 순례 일행은 예루살렘의 오랜 유대 공동체 인사들의 환영을 뒤로하고, 역을 떠나 서둘러 구시가지 안쪽으로 향했다. 그리고 또다시 동양의 비참한 광경과 마주쳤다. 어두침침하고 구불구불한 골목, 지저분한 시장, 굶주린 대중. 빈곤한 아랍인과 이미 수 세대 전부터 이 성스러운 도시에 정착해 살아왔던 토착 유대인들은 자선과 기도를 생활의 방편 삼아 근근이 연명해가고 있었다. 참혹한 광경이었다. 마침내 통곡의 벽[14]에 도착했을 땐 숭배자들의 헌신에 압도되었다. 노인들이 표현하는 진정한 비통함에 감동받았다. 수염을 기른 이 나이 든 유대인들은 잔해뿐인 사원 곁에

---

14 예루살렘 구시가 성전산Temple Mount의 무너진 서쪽 벽 일부. 유대 민족의 기구한 역사를 묵상하며 슬픔을 표하는 장소로, 유대교 제일의 성소聖所다. 성전산 제1성전은 서기전 10세기경 솔로몬 왕에 의해 지어져 서기전 6세기경 바빌로니아에 의해 파괴되었고, 제2성전은 서기 1세기경 로마제국에 의해 파괴되었다. 유대인들은 지구의 종말을 알리는 최후의 성전인 제3성전이 세워질 것이라 믿는다.

서 1800년 전의 재앙에 애통함을 표했다.

영국 숙녀와 신사들도, 함께 온 미국 및 유럽 일행도, 자신들 역시 주체할 수 없는 갈망과 애통에 빠져들고 있다는 데에 놀랐다. 이 성벽 聖壁의 틈에 자신들의 열망을 휘갈겨 남겼다.[15] 그러나 지체할 시간이 없었다. 벤트위치는 숨 돌릴 틈 없이 순례자들을 다시 재촉해 어둡고 굽이진 골목골목을 지나 카미니츠 호텔로 향했다. 유월절 초야의 축제가 열릴 곳이었다. 다음 날 아침 일정은 다윗의 성과 무덤이었다. 그다음은 기막힌 장관의 올리브 산[16]이었다. 그러나 어딜 가든 상충하는 광경이 이들을 충격에 빠뜨렸다. 영광스런 과거를 담은 장소는 현재의 누추한 지경과 공존했다. 고도古都 예루살렘의 숨 막히는 아름다움 속에서 아랍과 유대인 모두 가난에 찌들어 있었다. 어린 소년들은 노인네처럼 보였다. 질병과 절망이 사방에 널려 있었다.

유월절 다음 날, 순례 일행은 북쪽으로 향했다. 이제 토머스쿡 형제들이 걸출한 솜씨를 선보일 때였다. 한 명당 54기니[약 56파운드] 정도만 부담하면 최고급 여행사가 당장 말과 당나귀 100필을 대령하는 데다, 영국제 안장과 덮개 씌운 여성용 곁안장은 무료였다. 거기에 최상급의 흰색 인디언 천막도 제공했다. 푸주한과 요리사, 능숙한 급사를 포함해 최소 48명의 시종이 도착했다. 영국식 아침 식사가 매일 아침 차려졌다. 점심은 손으로 엮은 소풍 바구니에 포장해줄 터였다. 저녁에는 미식의 만찬이 제공되었다. 따끈한 수프, 육류 또는 조류 두 가지,

---

15 통곡의 벽 틈에 소망을 써서 끼워 놓는 풍습이 있다. 이 성聖벽에 신이 임해 있다는 믿음 때문이며, 18세기 초부터 시작됐다는 기록이 있다.
16 3000년 이상 된 공동묘지로, 고대 유대 왕국의 중요 인물들이 묻혀 있다. 성경에 따르면 이 산에서 예수의 승천이 이루어졌다(사도행전 1:9-12).

후식 세 가지.

1897년 4월 20일에서 27일 사이, 허버트 벤트위치는 식민연회호송대 일단을 이끌고 이 땅을 가로질렀다. 예루살렘에서 베이트엘, 베이트엘에서 실로, 실로에서 나블루스, 나블루스에서 도탄 계곡을 통과해 예닌으로 이어지는 여정이었다. 예닌에서는 이즈라엘 계곡을 경유해 타보르 산을 향하며, 여기서 다시 사화산인 하틴의 뿔 언덕을 거쳐 갈릴리 호 서쪽 연안에 위치한 티베리아스로 갔다. 갈릴리 호 서쪽 연안에서 이틀간 머문 후, 배를 타고 가버나움으로 여정을 이어갔다. 다시 가버나움에서 로시피나로 향하고, 로시피나에서 강을 따라 그 수원인 요르단으로 갔다. 그다음 목적지는 헤르몬 산, 다마스쿠스, 그리고 베이루트였다.

이것은 식민주의인가? 만약 오리처럼 생긴 어떤 것이 오리처럼 걷고 오리처럼 꽥꽥댄다면, 아마 오리일 터다. 사진은 유죄의 증거처럼 보인다. 흰색 사파리 슈트, 코르크 모자, 토머스쿡 천막. 증조부가 일기에 쓴 문장들 역시 그렇다. 이 미개척지에 대해 어떤 망설임도 양심의 가책도 없었다. 벤트위치가 이끄는 이 런던 무리의 목적은 팔레스타인을 식민화하는 것이었다. 헤르츨 시온주의자들은 제국이 자신들의 과업을 지원해주길 바랐다. 영국과 독일, 오스트리아, 프랑스의 환심을 사려고 끈질기게 애를 썼다. 주요 유럽 열강이 힘을 써서 시온주의 사업을 이 땅에 강제해주기를 바랐다. 서방세계가 이 동양 땅을 굴복시켜주기를 바랐다. 유럽이 이 아랍 땅을 몰수해서 유럽 문제가 유럽의 테두리 밖에서 해결되기를 바랐다.

그러나 벤트위치 대표단이 지구상에 땅 한 조각을 차지하고자 하는 까닭은 영국의 영광을 위해서가 아니라 박해받는 군중을 위해서였다. 대표단은 제국을 대표하지 않았다. 이들은 제국 열강의 도움을 구하는 불우한 민족을 대표했다. 억압하려는 것이 아니라 해방시키려는 것이었다. 갈취하려는 것이 아니라 이 땅에 투자하려는 것이었다. 이스라엘 쟁월을 제외한 대표단 중 누구도 자신들의 임무가 정복이나 강탈, 추방이라 여기지 않았다.

그러니 나는 영국제 고급 안장에 올라탄 이 신사들과 곁안장에 걸터앉은 숙녀들에게서 그 어떠한 악의도 보지 못한다. 가난한 자의 양을 빼앗으려는 위선적인 시도를 보지 못한다. 상황도, 하는 행동도, 식민주의를 추구하는 듯 보이지만 순례 일행은 식민 세력의 대리인이 아니었다. 이들의 외모와 사고, 태도는 유럽식일지언정 유럽을 대표하지 않았다. 오히려 그 반대였다. 이들은 유럽의 희생자였다. 또한 유럽의 궁극적인 희생자들을 대신해 이곳에 있었다.

끔찍한 이야기다. 벤트위치 세대는 유럽과 사랑에 빠져 그곳에 자신들의 운명을 맡긴 해방 유대인에 속했다. 수 세기 동안 자신들을 가두어 온 감옥 같은 게토에서 풀려난 후, 대륙과 그들 자신에게 풍요를 안겨준 계몽화된 유럽을 발 벗고 나서서 포용했다. 그랬던 유대인들은 19세기가 막을 내리면서 유럽을 향한 자신들의 사랑이 일방적이라는 사실을 깨달았다. 이 새로이 해방된 유럽 유대인들에게 유럽은 대리모와 같았다. 이들은 어머니를 우러러 숭배하며 제 전부를 내어주었다. 그러다 불쑥, 유럽의 이 헌신적인 아들들은 자기네 어머니가 친모가 아님을 알아차렸다. 유럽은 이들에게서 악취를 맡을 뿐이었다. 하룻밤 사이, 어머니 유럽의 눈에서 낯설고 이상한 기운을 느꼈다. 당장이라도 미칠 태세였다. 어머니의 눈동자에서 춤추는 광기를 보았다. 그리고 깨달았다. 살기 위해서는 달아나야 한다고.

이것이 테오도어 헤르츨이 그해 늦여름 시온주의 대회를 소집하려 한 이유이며, 허버트 벤트위치와 그 대표단이 이제 말을 타고 고국 이스라엘을 누비는 까닭이었다. 어쩌면 피로 때문이었는지 모른다. 혹은 지나치게 흥분했기 때문인지도. 벤트위치는 그 지역 선인장 위로 쓰러져 자잘한 가시들에 찔렸고, 그 고통이 벤트위치에게서 마음의 평화를 앗아갔다고 주장하는 이도 있었다. 그러나 다른 순례자들의 기록을 보면, 벤트위치를 무엇보다 감동시킨 광경은 출발 직전 스코푸스 산에서 바라본 황혼녘의 예루살렘이었다고 한다. 이튿날에는 세바스티아 유적을 둘러싼 괴이한 고대의 정적에 넋을 잃었다. 성경에 묘사된 바와 똑같은 사마리아의 경치가 심금을 울렸다. 계단식 언덕과 올리브 과수원, 나른한 계곡들. 길보아 산은 신비했다. 살라딘 군대가 1187년 십자군을 물리쳤던 장소인 하틴의 뿔 언덕은 하나의 징조로 보였다. 그러나 벤트위치에게 가장 강렬한 인상을 남긴 건 붉은빛으로 작열하는 산들로 둘러싸인 석양의 갈릴리 호와, 이른 아침 이 염호의 고요에서 배를 탄 경험이었다.

나는 증조부가 말 100필의 호송대를 이끌고 갈릴리 호에서 기노사르 계곡의 훌라 호로 오르는 모습을 지켜본다. 훌라 호에서 바니아스 샘으로 오르는 모습을 본다. 그 위로는 헤르몬 산의 눈 덮인 정상이 하늘을 맴돌고 있다. 20세기 또한 이들 무리 위를 맴돌고 있다. 증조부는 아직 알지 못하지만, 다음 반세기는 유대인 역사상 최악의 시기가 될 터다. 뒤이은 반세기 동안 유대인은 자주권을 되찾겠지만, 거기에는 참혹한 대가가 따를 터다. 그러나 지금, 만물은 고요하고 이 땅은 평화롭다. 헤르몬 산비탈을 오르는 말들의 발굽 소리가 들린다. 신사들의 사색이, 숙녀들의 침묵까지도 들린다. 증조부가 뒤를 돌아본다. 사내가 보는 건 이 땅의 마지막 모습이다. 자신이 시작한 미래 과업으로부터 아직 영향을 받기 전, 유대인들의 필요와 절망으로 변모되기 전 이 땅의 마지막 모습. 갈릴리 호의 평온을 바라본다. 이 염호의 신비를, 그리고 하틴의 뿔 언덕이 내뿜는 경이로운 징조를.

허버트 벤트위치는 바젤에서 열리는 제1차 시온주의 대회에 참석하지 않을 터였다. 그 후에 있을 시온주의 대회들에는 참석하겠지만, 헤르츨 박사가 큰 기대를 걸고 있다 해도 1897년의 역사적 여정에서 수집한 자료들을 보고하지는 않을 터였다. 런던에 돌아온 후 벤트위치는 나름의 방식으로 제 경험을 이야기하고 써내려갈 터였다. 어딜 가든 증조부는 의연할 터였다. "팔레스타인 땅이 다른 민족을 백성으로 용인한 적은 결코 없다." 한결같은 주장이리라. 시온주의를 비판하는 사람들과의 논쟁에서도 마찬가지이리라. "유럽 동쪽에는 고통받는 유대인이 수백만이며 이들을 위해 마땅히 고난을 최소화하고 희망을 극대화하는 보금자리를 찾아주어야 한다." 팔레스타인은 바로 이들을 위한 보금자리라 주장할 터였다.

증조부는 향후 있을 논쟁에서도 우세할 터였다. 친구, 동료들과 함께 유럽 심장부에 건전한 시온주의 세력을 형성할 터였다. 팔레스타인으로 순례 여정을 떠나고 정확히 20년 후, 허버트 벤트위치는 팔레스타인과 관련해 시온주의 지도부와 영국 정부 사이에 열린 최초의 회의들에 참석할 터였다. 그때쯤이면 이 위엄 있는 노老변호사는 지나간 시대의 유물이 되어 있겠지만, 초기 단계에 이루어졌던 극적인 협상들에 존경과 우대의 대상으로서 참석할 권리가 주어질 터였다. 그리고 반년 후인 1917년 11월 2일, 협상을 통해 유명한 67단어의 공약이 타결되며, 영국 외무장관인 밸푸어 경은 이를 편지에 담아 로스차일드 경에게 보낼 터였다.

외무부
1917년 11월 2일

친애하는 로스차일드 경께

영국 정부를 대신해 이 소식을 귀하께 전달하게 되어 큰 기쁨으로 생각합니다. 유대 시온주의의 열망에 공감한 다음의 선언문은 내각에 제출되어 승인받았음을 알려드리는 바입니다.

영국 정부는 팔레스타인에 유대 민족을 위한 국가를 설립하는 데 호의적인 입장이며 이 목적의 달성을 용이하게 하고자 최선의 노력을 다할 터다. 어떤 것도 팔레스타인에 거주하고 있는 비유대인 공동체의 시민권과 종교권에 해를 입히지 않으며, 여타 국가에서 유대인이 누리던 권리와 정치적 지위도 해하지 않으리라고 분명히 이해된 바다.

귀하께서 이 선언문을 시온주의 연합에 통보해주시면 감사하겠습니다.

아서 제임스 밸푸어 배상

팔레스타인에서 벤트위치의 여정은 짧고 분주했으며 다소 허황되기도 했다. 그러나 여정은 증조부의 삶을 변모시켰다. 영국으로 돌아가면 더 이상 빅토리아풍 신사의 일상을 재개할 수 없으리라. 변호사로 활동하며 실내음악을 즐기고 셰익스피어를 읽는 일, 아홉 딸과 두 아들을 영국의 신사 숙녀로 기르는 일에 만족할 수 없으리라. 이스라엘 땅에서 12일을 보낸 후, 벤트위치는 바다 근처 휴양지의 가족 소유지에서 누리는 안락한 삶에 더 이상 안주할 수 없으리라. 휴양지 켄트 해안 너머로 이제는 등대를 바라보게 되리라. 벤트위치 가족은 이제 그 신호등과 끊임없이 대화하며 살게 되리라.

팔레스타인에 대한 신비스러운 끌림은 가족 모두의 영혼에 둥지를 틀 터였다. 1913년, 허버트 벤트위치의 딸과 사위는 포도주 생산 식민 정착촌인 지크론야아코브에 근사한 저택을 지을 터였다. 1920년, 허버트 벤트위치의 아들은 팔레스타인 위임통치 기간 중 최초의 법무장관으로 임명될 터였다. 1923년, 허버트 벤트위치 자신은 텔게제르 언저리와 팔레스타인 마을 아부슈샤 내에 최초의 영국계 유대인 식민정착촌을 건설할 터였다. 1929년, 노년의 벤트위치는 마침내 이스라엘 땅에 정착해 3년 후 이곳에서 생을 마감할 터였다. 이 시온주의 창시자는 스코푸스 산비탈에 묻힐 터였다. 새로 건립된 히브리 대학 근처, 1897년 4월 예루살렘의 그 잊지 못할 석양 풍경을 바라본 장소에서 그리 멀지 않은 곳에.

그러나 지금 벤트위치 대표단은 증기선을 타고 팔레스타인에서 콘스탄티노플로 이어지는 컴컴한 바다를 가로질러 런던을 향해 가고 있었다. 5월의 밤은 덥다. 증조부는 갑판에 서서 하얗게 이는 포말과 검은 파도를 바라보았다. 그는 이제까지 한 일들이 무엇을 의미하는지 막연히 이해할 뿐이었으며, 이스라엘 땅에 일어날 변화를 막연히 조망할 뿐이었다. 이 땅에 대한 증조부의 이해는 그처럼 제한적이었다. 그러나 하나만은 분명했다. 한 시대가 종언을 고하고 새 시대가 막을 올리려 했다. 옥서스호가 야파 항에 모습을 드러내 싣고 온 이들을 해안에 내려놓았을 때, 원대하고도 끔찍한 무언가가 몸을 일으켰다.

둘

1921년,
계곡 속으로

나는 북쪽을 향한다. 텔아비브에서 하데라까지는 온통 아스팔트에, 주유소와 쇼핑몰이 늘비하다. 품위라곤 없는 혼잡한 도시들이 나타났다 사라지지만, 서로 비슷비슷해 구분조차 하기 힘들다. 도시들이 빼곡히 들어찬 이스라엘 해안지대는 치열한 인상을 준다. 소비자들에게는 천국일지언정 기후는 후텁지근하다. 그러나 동쪽으로 방향을 틀어 이스라엘 내 아랍인 마을인 바르토아와 움엘파헴을 지나 이즈라엘 계곡에 도착해보니, 1897년 벤트위치가 이 황무지를 가로지르고 한 분기가 지난 지금, 계곡은 경작을 마친 황토색 들판의 비옥한 분지로 변해 있다. 계속해서 동쪽으로 향하자, 찰흙 내음이 주위를 감싸는 동안 내가 좋아하는 장소에 다다른다. 이스라엘 땅이 훤히 내려다보이는 전망이 기막힌 장소. 이즈라엘이라 불리는 이 키부츠[1]를 지나자마자 풍경이 홀연히 펼쳐진다. 내 앞에는 하롯 계곡과 길보아 산의 바위투성이 등성이가 있으며, 이사차르 고원을 두른 완만한 녹색 비탈이 보인다. 고원에는 키부츠가 수다하다. 이곳은 몹시 한적하다. 새 시대의 주문呪文은 그러나 이 하롯 계곡에도 서려 있다.

이 계곡 최초의 키부츠인 에인하롯의 허물어진 기록보관소에서 나는 지도며 계획서, 의정서, 기사, 서한, 일기를 조사한다. 1920년대의 흑백사진들은 이 계곡에서 펼쳐진 우리의 시작을 이야기한다. 내 앞에는 시온주의 모험의 기원이 있다.

하롯 계곡은 길고 좁은 땅덩이로 남쪽의 가파른 산등성이와 북쪽의 완만한 고원 사이에 있다. 동쪽으로는 베이트셰안이라는 도시가 있고, 서쪽으로는 분수령이 있다. 1920년대 이곳에는 팔레스타인 마을 세 곳과 촌락 두 곳이 있었다. 3000두남* 면적의 땅은 알렉산드리아 사르수크 가문 소유였다. 지역 주민 대부분은 가문의 농노였다.

지역의 역사는 유구한 유혈의 역사다. 길보아 산 정상에서는 사울왕과 그 아들이 죽었다. 이스라엘 군대가 필리스틴인들에게 대패했을 때의 일이다. 왕과 왕자의 시신은 유린당했다. 길보아 산 아래 잔잔한 수원은 이스라엘 용사 기드온이 미디안인을 무찌르기 전 전사를 이끌고 온 장소였다. 기드온은 하롯 샘 옆에서 용사와 겁쟁이를 갈랐다. 국가를 섬길 수 있는 자와 그렇지 못한 자를.

1904년, 튀르크 제국은 이 좁고 긴 땅덩이 한가운데에 독일이 설계

---

1 농업을 기반으로 하는 이스라엘인 생활공동체.
* 두남dunam이란 하루에 경작할 수 있는 면적을 나타내는 전통적 토지 측정 단위를 말한다. 대략 4분의 1에이커(약 1제곱킬로미터)다.

한 철도를 놓았다. 그러나 계곡의 지둔遲鈍함은 진보의 힘보다 강했다. 증기기관차가 기적을 울리며 하루 두 차례 정적을 갈랐지만 결국 정적이 승리했다. 1920년이 되어서도 계곡은 전례도 없을뿐더러 으뜸가는 야생 들판들의 쪽모이 모양새여서, 경작을 방해하는 둥글둥글한 바위와 억척스런 덤불로 얼룩져 있었다. 들판 곳곳에는 치명적인 습지가 깔려 있었는데, 팔레스타인 지역민들에게 말라리아를 퍼트리는 학질모기의 서식지였다. 하롯 샘에서 내려오는 길에는 아직까지도 맨발에 긴 검정 드레스 차림의 마을 소녀들이 머리에 물을 한가득 실은 질동이를 인 채 걷고 있었다. 비쩍 마른 어린 양치기들은 수척한 양 떼를 이리저리 몰고 다니며 풀을 뜯게 하고 있었다. 튀르크와 독일의 합작 철도 양편으로는 토착 생물이 수백 년간의 버릇대로 떠돌고 있었다. 그러나 여전히 대기에는 죽음이 스며 있었다. 죽음은 몸을 낮추고 독기 품은 녹색 습지에 숨어 팔레스타인으로 기어들었으며, 유럽 유대인들 위를 맴돌았다.

1903년 4월, 몰도바 수도 키시네프(현재는 키시너우)에서 유대인 학살이 자행됐다. 유대인 50명이 살해되었고 수백 명이 잔혹하게 가해당했다. 전 세계 유대인이 혼란에 빠졌다. 테오도어 헤르츨 역시 충격에 빠졌다. 키시네프 만행에서 받은 충격이 너무나 커서 유럽 반유대주의 희생자들을 이주시킨다며 팔레스타인에 있는 사르수크 가문 소유지를 매입하려고까지 했다. 하지만 헤르츨의 의뢰로 이 계획을 검토한 자문은, 하롯 계곡 땅은 훌륭하지만 그곳 농노들을 떠나게 하려면 무력을 사용해야 한다는 결론을 내렸다.

1903년 당시 헤르츨의 시온주의에서는 무력 사용을 용납하지 않았다. 그러나 17년 후, 시온주의는 더 이상 까다롭지 않았다. 제1차 세계대전과 러시아혁명으로 마음이 단단해졌다. 결국 사르수크 거래는 성사되었다. 1920년 여름, 관련자 전원은 무엇이 필요한지 분명히 깨달았다. 단호하고 신속한 행동, 이는 새로운 유형의 유대인들이 취해야 할 행동이었다.

키시네프 학살이 일어난 지 10년, 100만 명에 가까운 유대인이 동유럽을 떠났지만 3만 명만이 팔레스타인으로 이주할 터였다. 선택은 분명했다. 삶을 원했던 다수는 아프리카를 택했고, 유토피아를 원했던 소수는 이스라엘 땅으로 알리야[2]를 떠났다. 증조부가 1897년 식민정착촌에서 만났던 전통적 농민들과 달리, 키시네프 학살 사건 이후의 이주자들은 세속적이며 유토피아를 지향했다. 이들은 톨스토이식 이상주의자였는데, 인간과 환경에 두루 친화적인 사회주의를 채택해 국가와 개인 모두의 구원을 모색하겠다며 팔레스타인을 찾았다.

이 이상주의자들의 위대한 창조물은 생활공동체 코뮌이었다. 1909년 이들은 최초의 코뮌인 데가니아를 조성했다. 데가니아는 가족적 분위기의 소규모 코뮌으로, 개인의 욕구와 자유를 존중하자는 주의였다. 데가니아는 살아남았으나 유토피아는 실패했다. 사람들은 황량하고 척박한 땅에서 외로움을 느꼈다. 일부는 우울 속에 잠겼다. 자살

---

2 aliyah, "상승 행위the act of going up" 또는 예루살렘을 향해 나아감을 의미하며, 흩어진 유대인들이 이스라엘 땅으로 이주하는 것을 가리킨다. 시온주의의 가장 근본적인 신조 가운데 하나다.

하는 사람들도 있었다. 대부분은 포기하고 미국으로 떠났다.

그러는 사이 유럽에서는 커다란 사건들이 터지고 있었다. 1914~1918년 전쟁은 유대인 대다수에게 아마겟돈[3]으로 인식되었다. 1917년 10월 혁명은 구세주가 도래할 사건으로 여겨졌다. 그러나 전쟁과 혁명, 혁명 후의 내전에도 불구하고 박해는 그 어느 때보다 더 심했다. 유대인 학살은 도처에서 자행되었다.

팔레스타인에서 사회주의적 유토피아 건설이 실패하고 동유럽 유대인들의 고통이 극심해지자 시온주의는 새로운 행동 방침을 모색해야 했다. 데가니아처럼 가족적이며 유토피아를 지향하는 소규모 코뮌이 아닌, 규모가 크고 엄격하며 과격한 공산주의 식민지를 건설하자는 새로운 취지의 이념이었다. 거의 볼셰비키 혁명과도 같았다. 이 이념으로 이제 거칠고 단호하며 군인과 다름없는 노동여단을 편성해 이 땅을 차지할 차례였다.

1920년 초, 노동여단이 창단되었다. 이듬해 여단은 1000명의 동지 집단으로 커졌다. 이들은 마치 유대 민족의 전위자前衛者라도 된 양 느끼고 말했다. 마치 자신들이 해방시킬 군중에 앞서 진군하는 혁명 엘리트라도 된 양 행동했다. 이들이 하는 일이라면 어떤 것도 무가치하지 않으며 어떤 임무도 불가능하지 않았다. 시온주의 혁명을 위해서라면 무엇이든 할 태세였다.

난 이들의 사진을 자세히 살펴본다. 젊은 사내들은 정말 신新유대인

---

3 신약성서 요한묵시록에서는 아마겟돈을 지구 종말 전쟁을 치를 군대들이 집결할 장소로 언급한다. "그 세 악령은 히브리어로 하르마게돈이라 부르는 곳으로 왕들을 모았습니다."(요한묵시록 16:16) 일반적으로 지구 종말 상황을 일컬음.

이다. 이들은 강하고 건장하며 확신에 차 있다. 동유럽에 남겨두고 온 부모가 유대인촌 상인이거나 게토의 학자였다는 사실을 믿기 어려울 정도다. 짧은 시간 동안 이 젊은이들 사이에 일어난 변화는 성전환만큼이나 극적이다. 이제 이들은 일제히 평등주의를 표방한 군모나 제모를 쓰고, 카키색 바지에 민소매 상의를 입거나 혹은 아무것도 입지 않고 듬직한 웃통을 자랑스럽게 드러낸다. 햇볕에 그을린 근육질 몸을. 마치 혁명의 정력을 상징하는 모델처럼 보인다. 앞선 세대들의 수치스런 휴식을 깨고 이제 남자다운 정력이 분출하고 있다.

앳된 처녀들은 놀랍도록 선정적이다. 그러나 아직 유럽 최신 유행의 흔적에서 벗어나지 못한 처녀들도 있다. 팔레스타인 해안에 발을 디디지 않았다면 이들은 포효하는 20세기의 음악에 맞춰 찰스턴[4]을 추고 있을 터였다. 스파르타식 카키 군복을 입은 사내들도 애간장 타게 하기는 마찬가지였다. 팔레스타인에는 신도 아버지도 없으므로 모두 자유다. 종교도 가족도 없으므로 전부 열려 있다. 이 텅 빈 창공에 자비란 없다. 제약도 없다. 20세기 혁명 가운데 가장 야심차고 대담한 이 혁명을 멈출 수 있는 건 아무것도 없었다.

1921년 여름, 하롯 계곡에는 고요가 깔려 있었다. 철도를 제외하면, 당시 이곳은 수백 년 동안 여기 있어온 그대로였다. 미국인 여행가 존 리지웨이가 19세기 말 묘사한 모습을 20세기 초에도 여전히 볼 수 있었다. "계곡은 수확하고 채집하며 수확물을 꾸리는 사람들로 가득하

---

4 1920년대에 유행한 빠른 춤.

다. 당나귀들은 곡물 자루를 무겁게 진 채 지나가고, 아낙네들은 들판에 남은 것이면 무엇이든 줍느라 바쁘다. 종종 농부들이 낟가리에 몸을 구부리며 부르는 노랫소리가 들리는데, 그럴 때면 그들의 몸은 해묵은 노래의 박자에 맞춰 이리저리 흔들린다."

산비탈 마을인 누리스 아래로는 사르수크 가문이 에인얄룻 농노들을 위해 지은 석조가옥들이 있었다. 유대인 생활공동체인 이즈라엘이 세워질 곳에는 조용한 마을 자린이 있었고 언덕들 중 하나에는 텔피르의 움막들이 자리하고 있었다. 저 아래로는 샤타의 집들이 여기저기 흩어져 숨어 있었다. 그리고 북쪽 고원 너머로는 코마이라는 마을이 계곡을 굽어보고 있었다.

물은 생기 넘치는 하롯 샘에서 해묵은 방앗간을 거쳐 사네 못으로 느릿느릿 흘렀다. 수천 년의 모습 그대로. 물은 종종 농부들이 빈약한 작물을 위해 파놓은 배수로로 흘러들기도 했다. 그러나 이 물은 늪 같은 습지를 조성하기도 했다. 습지는 말라리아의 독기가 뿜어져 나오는 곳으로, 구래의 마을 리아냐를 유령 동네로 뒤바꾼 주범이었다. 이곳의 모든 것은 특히 이슬람교 지도자 셰이크[5] 하산의 무덤 옆과 하산 샘 주위에 이르러서는 더욱 나른했다. 무기력에 젖은 고대의 땅은 태곳적 잠에 빠져 있었다.

그러나 이 평온한 계곡에 들이닥치려는 세력이 있었다. 키시네프 학살과 제1차 세계대전, 러시아혁명, 여타 유대인 학살극이 일으킨 에너지. 밸푸어 선언과 영국의 위임통치, 사르수크 거래가 만들어낸 기회.

---

5 셰이크Sheikh란 이슬람교 지도자를 부르는 호칭이다.

이 계곡으로 달아날 수밖에 없도록 만든 동유럽 유대인의 극심한 고통. 그리고 새로운 정체성의 새로운 유대인. 이들은 자신들이 타민족 계곡에 발을 들여놔도 된다고, 이곳에서 자신들을 일으켜 새로운 모습으로 거듭나도 된다고 스스로를 용납하고 있었다.

1921년 9월 21일, 수상한 군대 행렬이 하롯 계곡에 침입했다. 자동차 두 대와 말 네 필, 그리고 시골 마차 여러 대. 이 행렬에는 노동여단 개척자 74명이 있었다. 자신들이 이제 곧 역사를 뒤엎으리라는 사실을 충분히 알고 있다는 듯 들뜬 상태였다.

74명 가운데 한 명은 일기에 이렇게 적었다.

길 같은 건 없다. 철도를 따라 걷고 있는데, Z.가 우리 앞에 말을 타고 간다. 그 뒤로 자동차 두 대와 마차들을 비롯해 전조 소대가 따른다. 열기를 견딜 수 없다. 벌써 정오가 지나 더 이상 전진이 불가능할 정도다. 멈췄다, 나아갔다……의 반복.

이제 우리는 길보아 산을 향해 오른쪽으로 돌아야 한다. 산자락에는 하롯 샘이 흐른다. 샘은 이 계곡의 수원이다. 우리는 샘을 차지해야 한다. 샘은 계곡 정복의 열쇠다. 이제 곧 장악할 참이다. Z.는 여전히 선두에서 기품 있는 아랍 말을 탄 채 샘을 향해 간다. 연못과 눅눅한 습지들 사이로 길보아 산비탈에 이를 때까지 사내를 따라간다. 여기가 그곳이다. 물이 솟아나는 동굴 입구. 하롯의 샘.

시간은 네 시 반. 이스라엘을 구하려 기드온을 따랐던 조상들처럼, 우리는 샘가에 무릎을 꿇고 흥에 겨워 들이킨다. 샘의 동쪽은 작은 마을 알룻이다. 그 오른쪽 옆, 샘의 서쪽에 막사를 세운다. 천막은 35채다. 흙에 쇠기둥을 박고 막사 주변에 철조망을 두른다. 참호를 판다. 몇 시간 만에 온갖 시설을 갖춘 막사가 완성된다. 정식 군대의 연대처럼 우린 필요한 모든 걸 갖추고 있다. 이제 야외 주방도 생겨서 여성 동지들이 식사를 준비한다. 해질녘, 에인하롯에서 우리의 첫날 노동이 끝난다. 빵을 쪼개 바치고서, 이곳 최초의 개척자들은 춤[6]을 추며 계곡을 축복한다.

에인하롯의 공동체는 이스라엘인 저마다의 정신에 각인되어 있다. 어떤 의미에서 이곳은 우리의 근원이자 출발점이다. 그러나 에인하롯은 나 자신에게도 중요하다. 나는 이곳에 가족이 있는 셈이다. 어린 시절 내내 여름휴가 때면 이곳을 찾곤 했다. 이 신화적 키부츠가 풍기는 오묘한 기운에 늘 애착을 느꼈고, 이곳의 응달진 오솔길을 즐겨 걸었으며, 이 유토피아적 코뮌의 평화로운 오후에 밀려드는 달콤한 나른함을 누렸다. 공동 식당의 현관에 서서 인상적인 길보아 산을 가로질러 초록으로 뒤덮인 계곡을 내려다보곤 했다.

지금 나는 에인하롯의 허물어진 기록보관소에 앉아 있다. 그리고 개척자들이 도착한 첫날의 기록들을 찬찬히 살피며 그 형성 요소들을 꼼꼼히 찾아본다. 무더위, 샘, 아랍인, 천막, 철조망. 자신들이 앞으로 하고자 하는 일에는 폭력이 필요하리라는 인식. 이 계곡을 정복하리라는 결단. 무슨 일이 있어도.

6 hora, 발칸 반도 및 이스라엘 등지의 전통 민속 원무.

난 심판자가 아니다. 일개 관찰자일 뿐이다. 그리고 이 결정적 순간에 나는 유대와 아랍, 우리와 그들, 이스라엘과 타민족이라는 한 차원만을 확대하지 않기로 한다. 시야를 넓혀, 시온주의라는 이야기를 구성하는 여러 차원이 하롯 계곡에서 어떻게 상호작용하는지 살펴볼 터다.

1921년에 이르러 비사회주의적 시온주의로는 팔레스타인을 식민화할 수 없으리라는 점이 분명해졌다. 부르주아인 로스차일드의 식민정착촌은 허버트 벤트위치가 1897년 방문했던 그 모습이 전부였다. 부르주아 식민정착촌은 자유주의 가치와 중산층 생활 방식에 토대를 두고 있으며, 시장의 힘은 이 식민화라는 과업에 태만했다. 데가니아 같은 유토피아적 코뮌도 마찬가지였다. 자유나 친밀감, 개인주의는 식민화라는 임무와 공존할 수 없었다. 시온주의가 승리하려면 이제 잘 조직되고 통제된 사회주의적 구조가 필요했다. 사르수크가로부터 구입한 2만 9000두남의 땅은 이런 구조가 자리 잡을 토지로서의 기반이었다. 시온주의는 이 커다란 땅덩이를 장악해 그 위에 대규모 공산주의적 식민정착촌을 최초로 세웠다. 이것이 키부츠였다.

키부츠 사회주의는 이제 여러모로 중요했다. 시온주의 식민자들은 집단적 노력 없이는 식민화 과정이 수반하는 고난을 견뎌낼 수 없을 터였다. 시온주의는 키부츠 사회주의라는 이상주의 없이는 식민화 과정이 성공하는 데 필수적인 윤리적 우월의식을 갖추지 못할 터였다. 키부츠에 코뮌적 성격이 없다면, 사회주의적 시온주의는 정통성을 인정받지 못하며 부당한 식민주의 운동으로 간주될 터였다. 키부츠 사회주의만이 시온주의에 혁명 단계가 성공하는 데 필요한 사회적 결속력과 정신적 결단력, 윤리적 책무를 심어줄 수 있었다. 그리고 오직 키부츠 사회주의적 노동여단 정신만이 시온주의가 이 계곡을 차지할 수 있게, 나아가 팔레스타인 땅을 차지할 수 있게 해줄 터였다.

명석할 뿐 아니라 용감한 움직임이었다. 하롯 계곡에 자리 잡은 청년노동여단 동지들은 1921년 팔레스타인에 살고 있는 8만 유대인이 어떻게 80만 아랍인을 다룰 것인지 자문하지 않았다. 이들은 이처럼 대담한 역사적 모험에서, 1만 명에 불과한 팔레스타인 사회주의자라는 조그마한 전위 집단이 어떻게 사방에 흩어져 있는 1500만 유대인을 이끌 것인지 자문하지 않았다. 허버트 벤트위치와 마찬가지로, 이 74명의 맹목 상태는 축복인 동시에 저주였다. 이들은 아랍인을 보면서도 보지 못했다. 습지를 보면서도 무시했다. 역사적 상황이 불리하다는 사실을 알고 있었지만, 극복하리라 믿었다. 이들의 정신은 무쇠 같은 저항정신이었다. 온갖 역경에 맞서 이 계곡에 막사를 치고 에인하롯을 이뤘다.

물론 반역자들이었지만, 이들의 혁명에는 최소 여섯 가지 측면이 있었다. 에인하롯을 세우고 있는 이 약관의 74명은 박해와 방랑이라는 유대 민족의 의기소침한 과거에 저항했다. 타민족의 자비에 기대어 비생산적으로 살아가는 민족이라는 유대인의 썩은 내 나는 과거에 저항했다. 기독교 유럽에 저항했다. 자본주의 세계 질서에 저항했다. 팔레스타인의 습지와 바위에 저항했다. 팔레스타인 토착민에 저항했다. 이 노동여단 개척자들은 하롯 샘 옆에 천막을 치면서, 20세기 유대인의 실존을 위협하는 모든 세력에 저항한 셈이었다.

나는 야영지가 성장하는 모습을 지켜본다. 우선 계곡 수원을 완전히 통제할 수 있도록, 청년노동여단은 샘 옆에 자리를 정했다. 몇 주 후, 에인얄룻 팔레스타인 농노들이 포기하고 떠나자 야영지는 산비탈로 옮겨졌다. 농노들이 버리고 간 석조가옥 바로 오른편이었다. 이즈음 노동여단 키부츠인 에인하롯에는 150명의 동지가 있었다. 원뿔 모양의 흰색 천막 70채를 메운 상태였다.

각 천막 중앙에 세워진 붉은 쇠기둥이 남포등을 걸 자리가 되어주었다. 기둥 주위에는 철제 침대 셋이 회갈색 군용 담요로 덮여 있었다. 책상이나 걸상은 없었으나 침대마다 옆에 낡은 목제 과일상자로 급조한 수납장이 있어서 그 안에 각자 소지품을 넣을 수 있었다. 각 천막에는 또한 약간의 탄약과 함께 소총이 한 정씩 있었다. 척박한 토양은 흰 자갈로 덮여 있고, 곧 내릴 성싶은 비가 천막을 침범하지 못하도록 천막 주위마다 깊은 참호가 파여 있었다. 쇠말뚝이 팽팽한 군용 밧줄과 함께 천막을 단단히 고정시켰다.

에인하롯의 청년 창립자들은 황홀경에 빠져 있었다. "기막힌 광경이다", 그중 한 명이 적었다. "이스라엘의 아들들이 사방이 사막으로 에워싸인 천막 속에 있다고 생각할 수밖에 없다. 여기가 우리의 종착역이다. 이곳에서 우리의 방랑은 끝난다." 흥분은 개개인에게 국한되지 않고 집단 전체로 퍼져나갔다. 여단은 남녀를 불문하고 어깨에 어깨를 맞대어 이 땅을 건설할 터였다. 집단은 춤추고 노래했다. 청년들의 다리가 공기를 갈랐다. 손들은 서로서로 맞잡고 있었다. 얼굴에선 빛이 났으며, 눈동자는 반짝였다. 춤이 기도라도 되는 양, 모닥불을 돌며 원무를 추었다. 계곡에 자리 잡은 행위가 성서 속 예언의 실현이기라도 한 양, 춤을 추었다. 축하의 총성이 대기를 찔렀다.

칠흑 같은 밤은 이제 불꽃으로 상기되었다. 짓밟힌 마을 주민들은 노래하고 춤추고 허공에 총을 쏴대는 이 낯선 자들이 누군지 궁금했다. 대경한 계곡은 이 유목민들이 대체 어디에서 와서 이렇게 천막을 치고 밤이 깊도록 격렬하게 춤추며 천년의 잠을 깨우는지 궁금했다. 그러나 춤의 흥겨움에는 기만의 함정이 있었다. 기진맥진한 채 각자의 천막으로 돌아가 철제 침대에서 곯아떨어진 이 청년 창립자들은 모두 고아였다. 스스로의 뿌리를 잘라내고 부모에게서 등을 돌렸다. 이제 이들에게는 아비어미도, 신神도 없었다. 길보아 산비탈에 있는 이들의 야영지는 고아원이나 다름없었다.

결국 시온주의는 고아들의 운동, 유럽 고아들이 벌인 절박한 십자군 운동이었다. 기독교 대륙이 원치 않았던 아들딸들이 대리모의 증오로부터 달아나면서, 자신들은 세상천지 혈혈단신이라는 사실을 깨달았다. 신도, 부모도, 집도 없지만 살아남아야 했다. 한 문명을 상실했으니, 다른 문명을 건설해야 했다. 국가를 잃었으니, 다른 국가를 만들어내야 했다. 이것이 팔레스타인에 온 까닭이며, 이처럼 절박한 다짐으로 이 땅에 매달리는 까닭이었다.

그러나 에인하롯에서 고아의식은 더욱 깊어만 갔다. 고아의식은 개척자 저마다의 가슴에 사무치고 밤이면 꿈을 메웠다. "이 땅에 이주하는 순간", 한 젊은이는 적었다.

우리는 혼자다. 과거는 뒤로했다. 과거의 우리와 철저히 절연했다. 이전의 정체성으로부터, 그리고 사랑해 마지않는 것들로부터 떨어졌다. 우리는 하룻밤 사이에 수천 년 역사로 풍성하고 비옥했던 부모 문화로부터 뿌리째 뽑혔다. 뿌리가 덜렁거리는 채, 어떤 피할 수 없는 손에 의해 이 척박한 땅으로 무자비하게 내던져졌다. 내리쬐는 햇볕에 바싹 마른 들판에서, 우리는 이제 벌거벗은 바위를 마주하며 불타는 태양 아래 서 있다. 악천후와 잔혹한 실존을 마주하고 있지만 우리를 보호해줄 것이라고는 아무것도 없다. 이 황량한 계곡에서 우리는 우리 삶을 조각해내야 한다. 이 바위들을 깎아 새로운 기반을 조성해야 한다. 에인하롯 계곡에서 우리는 파내려가야 한다. 우리 새 삶에 양분을 주고 영감을 줄 숨어 있는 샘을 찾아 깊이 파내려가야 한다.

고아 신세는 이 고아들을 약하게 하지 않았다. 오히려 그 반대였다. 에인하롯의 비상한 점은 이 동지들의 외로움과 절망을, 놀랄 만큼 많은 에너지를 생산해내는 독특한 발전기로 변모시켰다는 데 있었다. 아버지가 없으므로, 아무런 경계도 제약도 없었다. 어머니가 없으므로, 아무런 안락함도 편안함도 없었다. 신이 없으므로, 아무런 자비도 없었다. 두 번째 기회란 없었다. 기적이 있으리라는 희망도 없었다.

에인하롯은 애초부터 인정사정없이 현실적이었다. 이제 기진맥진한 나머지 흰색 천막에서 잠든 청년 개척자들은 자신들을 위한 피신처란 없음을 알았다. 태양을 피할 그늘도, 그 뒤에 숨을 나무도 없었다. 전부 잔인한 역사에 가차 없이 노출되어 있었다. 앞으로 있을 시험은 궁극의 시험이었다. 사느냐 죽느냐. 이 모두가, 소년 소녀나 다름없는 지친 청년들에게 달려 있었다. 이들은 이 과업을 감당할 수 있을까? 그에 필요한 정력과 끈기가 있을까?

유대의 청춘이 남아 있는 전부였다. 유대 민족의 마지막 의지가지였다. 그리고 유대 청년들로 구성된 이 전위대는 역사의 최전선에 있었다. 남은 시간은 거의 없었다. 20년 내에, 유럽 유대인은 말살될 터였다.

에인하롯이 절대적으로 필요한 이유였다. 이제 갓 태어난 이 키부츠에는 어떤 동정도 없었다. 관용도, 용인도, 자기연민도 없었다. 개개인의 권리와 욕구, 욕심도 없었다. 한 명도 빠짐없이 시험대에 올라 있었다. 외지고 황량한 이 계곡은 유대인이 고대 조국에 새로운 세속 문명을 이룩할는지 판가름하게 될 사건들을 목격하게 되리라. 바로 이곳에서 이 야심찬 전위대가 자신의 박탈당한 민족을 약속된 땅으로, 그리고 새로운 지평으로 제대로 이끌고 있는지 밝혀지리라. 아니면, 이 야영지는 보강해줄 군중도 비축물도 없는 또 하나의 가망 없는 교두보, 또 다른 죽음의 계곡으로 이어지는 절망의 교두보에 불과한지 밝혀지리라.

동이 트면서, 펼쳐지는 광경이 숨을 멎게 했다. 흰색 천막들이 찍는 하얀 점들이 가파른 산등성이에 열을 짓고 있었다. 잠에서 깬 청년 한 명은 이를 두고, 외딴섬 바위투성이 비탈에 날아든 새 떼 같다고 묘사했다. 이곳에서 쉬면서 기력을 회복하겠다며 먼 땅에서 날아온 새 떼 같다고.

청년 개척자들은 자신들이 하고 있는 일의 대담함을 스스로도 믿을 수 없을 지경이었다. 마치 이 순간 새로운 구약성서가 쓰이고 있는 듯했다. 그러나 명상에 잠길 시간이 없었다. 구식 미제 트랙터 두 대가 도착했다. 텔아비브 노동운동 단체가 보내온 것이었다. 혈통 좋은 헝가리산 말 12필도 도착했다. 갈릴리 지방 어디선가 데려온 것이었다. 이제 청년들은 일을 시작할 수 있었다. 우선, 크고 작은 바위들로 가득한 들판을 정리했다. 그다음, 첫 번째 숲을 조성했다(유칼립투스와 소나무). 그다음 키부츠와 기차역을 연결하는 자갈길을 놓았다. 처녀들은 작은 채소밭을 일구었다. 에인얄룻의 버려진 석조 건물들에서, 청년들은 목공소와 제화점, 용접소, 제혁소를 차렸다. 첫 말라리아 환자들을 위해 의원이 열렸다. 공동 식당이 세워졌는데, 이곳에서 모든 식사가 제공될 터였다. 마을 빵집이 문을 열고 임시 도서관이 건립되었다. 어디에서 어떻게 왔는지 모르지만 피아노 한 대가 나타났다.

몇 주 후, 모두가 기다려온 그날이 왔다. 동이 트자 새로 지은 식당은 부산했다. 일찍 일어난 사람들이 모여 핫초코를 마시며 올리브 오일이나 잼을 바른 두툼한 빵을 먹었다. 아침 식사가 끝나자 장정들은 들판으로 행진했다. 군대식으로 박자를 맞추어 한 줄로 노래를 부르며 행진했다.

들판에선 이미 바위며 야생 덤불, 가시 돋친 토착 식물이 치워졌고, 이제 웅대한 장관이 펼쳐질 차례였다. 헝가리산 말 두 쌍이 신식 철제 쟁기를 메고 행진을 이끌었다. 녀석들 뒤로 아랍산 노새 네 쌍이 시골 쟁기를 두르고 따랐다. 무리가 들판으로 천천히 나아가면서, 쇳날이 땅을 가르며 연달아 고랑을 냈다. 햇살이 흙을 뒤집는 쟁깃날에 반사되었다. 고대 계곡의 두꺼운 흙 표면을 뚫고 들어가는 쟁기. 그렇게 쟁기가 제 할 일을 시작하는 동안, 유대인들은 역사로 회귀해 남성성男性性을 되찾았다. 땅을 가는 육체노동에 몰두하면서, 스스로를 객체에서 주체로 뒤바꾸었다. 수동적인 상태에서 능동적인 상태로, 피해의식에서 자기 신뢰로.

며칠 후, 이제는 씨를 뿌릴 차례였다. 청년들 사이에 굉장한 흥분이 일었다. 파종을 맡은 여섯 명이 씨앗 반 포대를 어깨에 짊어지고 들판에 뿌릴 참이었다. 한 발짝 내딛으며, 포대에 커다란 손을 집어넣어 씨앗을 한 주먹 가득 집어 올렸다. 그리고 널따란 호를 그리며 경작을 마친 들판에 흩뿌렸다. 한 발짝 한 발짝, 밀과 보리를 파종했다. 일과를 마치고 야영지로 돌아오자, 너나없이 흥분해 파종꾼들 주위로 몰려들었다. 1800년 만에, 유대인들은 이 계곡에 씨를 뿌리겠다고 돌아왔다. 공동 식당에서는 다 함께 기쁨에 겨워 노래를 부른다. 밤이 새도록 춤을 추었다. 새벽이 밝아올 때까지.

진전은 빨랐다. 불과 몇 달 만에, 에인하롯 개척자들은 토지 1900두남을 갈고 900두남에 씨를 뿌렸다. 점점 더 많은 들판을 매고 고르게했다. 산을 폭파해 채석장을 만들었다. 낙농장에는 젖소가, 닭장에는알을 낳는 암탉이 있었다. 6개월 된 키부츠에는 동지들 수가 점점 늘어갔다. 180명, 200명, 220명. 그러나 이보다 더 감격적인 사실은 동지들이 이제 키부츠에서 만든 신발을 신고 다닌다는 것이었다. 이들은 키부츠에서 구운 빵을 즐겼다. 진한 키부츠 우유를 마시고 키부츠 닭이낳은 달걀을 먹었다. 키부츠에서의 첫 토마토 수확을 축하했다.

지도자 가운데 한 명이 주위를 둘러보며 이제까지 이뤄낸 성과에 경탄했다. 동지들은 마치 보트가 난파한 후 해변으로 쓸려온 로빈슨 크루소처럼 보였다. 크루소처럼, 자신과 동지들은 비참한 운명에 흐느끼지도 애통해하지도 않았다고 생각했다. 크루소처럼, 이들은 황량한 땅을 둘러보고 여기서 무엇을 할 수 있을지 궁리했다. 크루소처럼, 발견한 것은 무엇이든 최대한 활용했다. 크루소처럼, 이들은 실천적이고 창의적이며 혁신적이었다. 이들은 용감했다. 그리고 크루소처럼, 인간의 손으로 초현실적인 기적을 이뤄냈다.

1921년 겨울은 가혹했다. 계곡 바람은 야영지 사이를 휘몰아치며 파괴의 씨앗을 뿌렸다. 쏟아지는 비는 산비탈 아래로 폭포처럼 흘러내렸다. 하얀 천막들은 연거푸 땅에 곤두박질쳤다. 이 임시 난민 야영지는 더 이상 피신처가 아니었다. 더 이상 집 잃은 사람들을 위한 고향이 아니었다.

비극 역시 강타했다. 에인하롯이 세워지고 불과 다섯 달 만에, 창립자 가운데 한 사람은 이 사태를 더 이상 감당하지 못했다. 스물네 살의 이 사내는 엽총을 쏴 스스로 생을 마감했다. 한 달 후, 아침의 고요는 세 발의 공허한 총성으로 다시 한번 깨졌다. 금발의 아리따운 스무 살 여인이 자신이 흘린 피 웅덩이에서 죽은 채 발견되었다. 옆에는 스물다섯 살 먹은 남편이 역시 생명 없는 몸을 누이고 있었다. 야영지에는 욕정, 절망, 질투가 만연했다. 상황은 극한으로 치달았고, 감정도 이를 따랐다.

개척자 가운데 비교적 자성自省 있는 한 사람이 문제가 무엇인지 정의해보려 했다. "우리는 우주에 발가벗고 서 있다", 그는 써내려갔다.

우리는 완전히 노출되어 있다. 이렇게 곧 폭발할 성싶은 상황에서 삶의 방식을 새롭게 매만져보려 한다. 그러나 우리의 삶 역시 적나라하게 드러나 있으며 그 자체로 가혹하다. 우리에겐 이전 세대들에게 있던 미묘함이 없다. 우리에겐 황혼의 자비로운 모호함이 없다. 여기선 낮 아니면 밤이다. 정오의 고된 노동과 한밤의 이념적 논쟁이 있을 뿐이다. 사랑하는 가족, 부드럽게 애무하는 어머니의 손길, 사랑하는 아버지의 엄격하지만 용기를 북돋는 눈길, 삶을 견딜 만하게 하는 이 모두가 이곳엔 없다. 젊은 남녀 사이의 친밀해야 할 접촉마저 누가 볼세라 사무적인 분위기에다 은밀한 구석이란 없으며 거의 무뚝뚝하기까지 하다. 그렇게 우리는 까발려지고 노출된 우리 자신을 마주해야 한다. 발가벗겨진, 실오라기 하나 안 걸친 맨몸뚱이의 우리 자신을. 한 가닥의 빛살도 놓치지 않고 우리 가슴에 스며들게 하고 우리 영혼의 원천에서 솟아나는 생명력을 한 방울도 놓치지 않고 흡수해야 하건만, 그럴 수 있는 힘은 어디서 찾아야 한단 말인가? 더 이상 어떻게 지속할 터며, 더이상 어떻게 하루하루를 이겨낼 수 있단 말인가? 어디서 힘을 얻어야 하는가? 대체 어디서?

아직 키부츠는 해체되지 않았다. 비가 내리고 폭풍이 몰아쳐도 야영지의 사기는 높았다. 자살과 살인이 잠시 그림자를 던졌어도 극복되고, 부정되고, 거의 망각되었다. 외로움이 사무쳐왔지만, 그럴수록 개척 공동체를 하나로 뭉쳐 그 취약한 연대감에 의지하게 했다. 기나긴 겨울 밤, 춤은 줄어들고 노래가 시간을 채워갔다. 민요, 혁명가, 하시디즘[7] 성가. 헛소리, 조롱, 풍자적 소묘 따위의 못된 짓도 있었다. 최초의 연극이 상연되었다. 도서관에서는 점점 더 많은 책이 읽혔다(마르크스, 도스토옙스키, 크로폿킨, 함순). 연애가 성행했고, 아이들이 태어났다. 미래를 고민하고 천막에서 사랑을 나누는 동안, 에인하롯의 젊은 개척자

---

7 Hasidism, 하시딕은 '연민'이란 의미로, 정통 유대교 지파다. 유대 신비주의를 근본 신념으로 하여 대중화와 내면화를 통한 영성靈性의 촉진을 꾀한다.

들은 바이올린의 외로운 선율을 들었다. 채석장에서 긴 하루를 마치고 천막으로 돌아온 후리후리한 바이올린 주자의 연주를. 남포등 불빛 옆에서, 연주는 질식시킬 듯한 외로움의 선율로 들렸다.

1921년 겨울 이츠하크 타벤킨[8]이 에인하롯에 합류하자, 노동여단 동지 대부분이 충격에 휩싸였다. 타벤킨은 34세로 자신들보다 나이가 많았다. 게다가 이미 부인과 두 아들을 둔 가장이었다. 시온주의 혁명에서 동지들은 대개 익명이나 다름없는 병졸들인 데 반해 타벤킨은 유명 인사였다. 그는 폴란드에서 팔레스타인으로 이주하고 9년 만에 노동운동의 두드러진 지도자 가운데 한 명으로 부상했다. 친구이자 경쟁자인 다비드 벤구리온이 텔아비브에서 사회주의 정치를 펴기로 결심하는 동안, 타벤킨은 이미 유대 군중의 마음을 사로잡고 있는 이 새로운 키부츠에 합류하기로 했다. 끝내 집단에 직접 소속되지 않은 외부인으로 남을 터였지만, 그의 존재만으로도, 에인하롯은 키부츠 운동의 메카로 돌변했다.

타벤킨은 1887년 벨라루스에서 태어나 바르샤바에서 자랐다. 부친은 젊은 시절 종교에 등을 돌리고 급진적인 정치를 받아들였으며, 어머니는 폴란드 혁명 지식층의 활동가였다. 아버지는 정치범으로 복역한 후 사망했고 어머니는 장래가 촉망되는 아들에게 헌신했다. 타벤킨은 열여덟 살에 이미 사회주의적 시온주의 집단에서 유명 인사였다. 스물다섯 살에는 하이파[9] 항에 도착했고, 이 계곡을 통과해 텔아비브에 정

8　시온주의 운동가이자 이스라엘 정치가. 키부츠 운동의 제창자 가운데 한 명이다.
9　Haifa, 이스라엘 북부에 위치한 도시로, 지중해를 면한 항구도시다.

착했다. 노동을 신봉하며 설파했지만, 젊은 타벤킨은 노동에 능숙하지
못했다. 쟁기질보다는 말하기를 더 좋아했다. 자신이 설파한 일을 실천
하지 못하는 무능함이 그를 괴롭혔고 종종 우울증으로 몰아가기도 했
다. 때로는 자살을 생각했다.

그런 그에게 이 계곡 최초의 키부츠에 합류한다는 건 치료제와도 같
았다. 이제 그는 적어도 참노동을 하는 참일꾼들과 있는 셈이었고, 적
어도 위대한 시온주의 혁명의 선두에 있는 셈이었다. 분석력을 타고나
지도, 웅변을 잘하지도, 명석하지도 못했지만, 타벤킨에게는 카리스마
가 있었다. 이 젊고 열광적인 동지들은 타벤킨을 아버지상像 혹은 스승
으로 우러러보았다. 그는 얼마 지나지 않아 키부츠의 구루,[10] 다시 말
해 에인하롯의 세속적 랍비[11]가 될 터였다.

기질로 보나 신념으로 보나, 타벤킨은 진정한 무정부주의자였다. 크
로폿킨과 바쿠닌에게서 깊은 영향을 받은 그는 국가라는 제도에 반대
하며, 제도를 혐오했다. 군대 조직과 계급, 제복을 불신했다. 그렇지만
자유주의자나 파시스트는 아니었다. 무력을 사용할 필요가 있다고 인
정했다. 볼셰비키식 지도력을 지니고 있었으며 정치관은 투쟁적이었다.
타벤킨은 개인적인 어쩌고저쩌고하는 것들은 전혀 존중하지 않았다.
사내에게 개인이란 그저 대의명분을 위한 원료에 불과했다. 사내의 신
조에 따르면, 에인하롯의 성원 한 명 한 명은 사회주의적 시온주의 이
상의 달성을 위협할 수 있는 모든 개인적 특질을 초월해 스스로를 개

---

10 산스크리트어로 교사·지도자·스승이란 의미이며, 힌두교의 지적·경험적·영적 스승을 일
컫는다. 일반적으로는 지도자를 뜻한다.
11 히브리어로 나의 스승이란 의미이며, 유대교 율법인 토라를 중심으로 유대 율법과 교리를
가르치고 이에 따라 지도하는 스승을 일컫는다.

조해야 했다.

그러면 그 이상이란 무엇인가? 에인하롯의 꿈은 무엇인가? 답은 분명했다. 계속해서 커나가는 대규모 키부츠가 되는 것이었다. 타벤킨과 그 무리는 헤르츨의 정치적 시온주의를 거부했다. 이들은 유대 국가를 원하지 않으며 외교를 통한 해결을 믿지 않았다. 이들의 접근법은 사회주의와 실용주의, 현실주의였다. 열강에는 어떤 기대도 품지 않았다. 벤트위치의 빅토리아주의도, 헤르츨의 상류 부르주아 엘리트주의도 경멸했다. 이들은 팔레스타인 식민화를 위해 공산주의를 원했다. 가능하다면, 이들은 모든 지방을 하나의 시온주의 노동계급 코뮌으로 탈바꿈시키고 싶었다.

이 목적을 향한 길은 에인하롯으로부터 시작됐다. 에인하롯이 가능한 한 빨리 성장하도록 하라. 점점 더 많은 들판을 차지하고, 점점 더 많은 계곡을 장악하도록 하라. 공예나 경공업, 중공업 같은 수익성 있는 분야로 투자를 다각화하라. 눈에 보이는 땅은 모조리 정복하며, 인간 활동의 모든 분야를 공략하라. 사회경제 체제는 자립적이며 침착한 대안으로, 이로써 유대 사회주의의 욕구를 충족시키며 이스라엘 땅에 유대 사회주의라는 꿈을 실현할 수 있다. 이 계곡을 그런 사회경제 체제에 복속시키도록 하라.

봄이 도래하자 계곡에 배수시설을 하기 시작했다. 도착한 기술자는 차분하고 정직했다. 잿빛 옷을 입은 이 사내는 어느 오후 어리둥절해 있는 개척자들 앞에 서서 이후에 할 일을 설명했다. 그는 계곡 지도 위에 표시된 파란 선을 보여주었다. 굵은 선은 주±수로이고 얇은 선은

부副수로였다. 부수로는 주수로로 이어지며, 주수로의 목적은 계곡에서 필요 없는 물을 빼내는 것이었다. 얇고 두꺼운 선들로 이루어진 수로망은 어부의 그물처럼 계곡을 촘촘히 메워야 했다. 수로는 천년 묵은 습지이자 오물 웅덩이, 학질모기 서식처에서 물을 빠져나가게 할 터였다. 개발을 위한 계곡 청소인 셈이었다.

어느 날 아침엔 낯선 사내들이 나타났다. 카키색 반바지와 묘하게 생긴 길쭉한 고무장화를 신고 왔는데, 측량사인 이들은 선사시대 양서류 같았다. 그리고 이제 저주받은 늪지대를 낑낑거리며 돌아다녔다. 주수로와 부수로가 파일 자리를 따라 말뚝을 박고 밧줄을 묶었다. 어느 날 밤, 장화와 밧줄, 온갖 종류의 삽이 야영지에 도착했다. 노동여단 개척자들은 엉겁결에 계곡 습지를 향해 출발했다. 열기는 견디기 힘들었고 모기는 더더욱 못 견딜 지경이었다. 귀와 눈, 심지어 은밀한 부위에서까지 윙윙거리며 건장한 청년들 몸에서 신선한 피를 빨아댔다. 늪의 악취가 코를 찔렀다. 키 큰 갈대밭은 뱀으로 득실거렸다. 그러나 수로는 반드시 파야 했다.

청년들은 다섯 명이 한 팀이 되어 일했다. 한 팀이 진흙 한 층을 파내고 이동해 다음 팀이 파들어갈 수 있게 했다. 개척자들은 각자 2미터 정도 너비의 배수로 안에 상체를 드러내고 서 있었으며, 이제 물이 뚝뚝 떨어지는 수로 벽 사이로 삽을 찔러넣어 오물을 퍼내야 했다. 마침내 천년 묵은 습지 아래에 숨어 있던 단단한 흙이 드러나자, 축제의 함성이 격렬히 터져나왔다. 이젠 흰 자갈을 채운 바구니를 든 처녀들이 걸어 들어왔다. 아침부터 시작해 작지만 이런 일엔 안성맞춤인 끌로 만들어낸 것들이었다. 청년들이 파놓은 수로에 처녀들의 자갈이 깔리는 지금, 점심이 왔으면 좋을 참이었다. 얼마나 허기가 졌던지 쇠고기 통조림과 빵을 허겁지겁 먹어치웠다.

불과 몇 달 전만 해도 배수로 사업은 터무니없어 보였다. 수에즈 운하 사업만큼이나 야심차며 파나마 운하 사업만큼이나 위험해 보일 정도로. 그러나 지금, 늪은 하루가 다르게 후퇴하고 있었다. 자갈을 잘 깔아 마무리한 수로에 토관이 놓여 치명적인 지하수를 흡수했다. 나머지는 7월의 태양이 해결해줄 문제였다. 수로를 파나갈수록 습지는 비옥한 땅으로 변신했다. 시온주의의 기획, 시온주의의 비결, 시온주의의 노동이 수 세기 동안 이 계곡에 저주를 내려왔던 늪지를 밀어냈다. 말라리아는 급감했다. 남아 있는 아랍 이웃들도 이 기적 같은 사업으로 혜택을 누렸다. 황량했던 하롯 계곡은 시나브로 녹음이 짙어갔다.

향후 역사가들은 이 과업에서 더욱 두드러진 특징이 무엇인지 판단하려 애쓸 터였다. 사회주의인가 민족주의인가. 일부는, 이 결정적 단계에서 사회주의를 택한다면 그건 이 땅을 정복하는 시온주의의 교활한 술책이라 주장할 터였다. 사회주의는 이 뒤늦은 식민화 사업을 정의롭고 정통성 있어 보이게 했다. 사회주의를 표방하는 하롯 계곡의 식민자들은 알제리를 지배한 프랑스인이나 로디지아의 영국인 농장주와는 달랐다. 이들은 무죄였다. 손수 땅을 일구고 가난 속에 생활하며 대담하게 전례 없는 사회 실험을 감행하는 방법으로, 자신들의 것이 아닌 땅을 장악하려 한다는 혐의를 부인했다. 그러나 이상적 사회주의는 속속들이 속임수에 불과하다며, 미래의 비평가들은 죄를 물을 터였다. 사회주의는 과격한 민족운동의 식민주의와 팽창주의적 본성을 교묘하게 가려 도덕적 과업인 양 위장하는 것이었다.

진실일 수도 아닐 수도 있었다. 1922년 노동절 직전, 에인하롯에 살던 한 젊은 시인이 국제사회주의 찬가를 히브리어로 번역했다. 전 세계 노동계급을 가리키던 기존 가사가 히브리어 찬가에서는 애달픈 의미로 해석되었다. 그것은 이제 세상의 가난한 자만이 아니라 가장 억압받는 자들에 대한 이야기가 되었다. 에인하롯이 스스로 택한 사명에 대한 이야기였다. 굽은 등골에서 무거운 짐을 내려주기 위해서는 낡은 세계를 부수고 새로운 세계를 지어야 한다는 사명. 신도, 왕도, 영웅도 없으므로, 오로지 우리 스스로 빛을 향한 돌파구를 뚫어야 한다. 우리는 끊임없는 전쟁을 종식시킬 최후의 전투에서 승리해야 한다. 어제는 미미했으나, 내일의 우리는 장대하리라.

타벤킨은 이런 시온주의와 사회주의 사이의 공생을 보여주는 진정한 화신이었다. 30대 중반이지만, 관능적인 입술과 훤한 이마가 돋보이는 여전히 매력적인 남자였다. 심오한 지성은 없지만 역사에 대한 애수와 강한 신념이 있었다. 글을 많이 쓰지는 않지만 장황한 연설을 열정적으로 소화해냈다. 타벤킨에게는 진정한 소비에트적인 무언가가 있었다. 유대인이 아니었다면 지금쯤 레닌이나 스탈린 옆에 서 있을 인물이었다. 소련의 외딴 집단농장이나 노보시비르스크에 군집한 프롤레타리아 집회에서.

그러나 타벤킨은 유대인이었다. 20세기 유대 민족은 재앙을 향해 가고 있다고 믿는 유대인. 홀로코스트가 일어나기 20년 전에도 타벤킨은 홀로코스트를 매일 느끼고 그 기운을 들이켰다. 이것이 곁에 있거나 함께 살 수 없는 인물이 된 까닭이었다. 오직 유대 젊은이들에게서만 그 해결책을 찾을 수 있으며, 오직 유대 젊은이들만이 다가오는 재앙에서 유대 민족을 구할 수 있다고 믿었다. 그러나 시간이 없다는 사실 또한 알았다. 지금 완수되고 있는 정도로는 충분하지 않았다. 팔레스타인은 적시에 준비를 마치지 못할 수도 있었다. 계곡은 적시에 우리 것이 되지 않을 수도 있었다. 그래서 타벤킨은 그토록 만족을 몰랐다. 타인에게 혹독한 만큼 자신에게도 혹독했다. 설교를 일삼고 엄격하며 훈계를 멈추지 않았다. 사회주의적 시온주의는 더 많은, 더욱더 많은 일을 해내야 한다고 말하고 또 말했다. 젊은 개척자들은 한 명도 빠짐없이 더 많은, 더욱더 많은 일을 이뤄내야 한다고 설교하고 또 설교했다. 에인하롯의 전위대는 능력의 한계를 초월해야 했다. 에인하롯은 불가능한 임무를 완수해야 했다. 타벤킨은 이론가가 아니었다. 여느 혁명가들과 달리, 종합적이고 체계적인 이념이 없었다. 그러나 에인하롯의 랍비인 그에게는 강력한 사상이 있었다. 바로 행동주의였다.

이념적으로, 행동주의는 일상에서 혁명 가치를 실천한다는 의미였다. 사회적으로, 행동주의는 인간 본성과 씨름하며 사회의 부당한 규율을 바로잡는 것이었다. 정치적으로, 행동주의는 주도권을 장악해 아랍인에 무력으로 맞서는 것이었다. 그러나 행동주의의 종합적 의미는 이보다 훨씬 더 깊었다. 행동주의는 자신들의 수동적 과거에 대한 유대인의 반란이었다. 비극적 운명과 비극적 운명의 수용에 대한 저항이었다. 이것은 하나의 특정한 목적이나 목표가 아니라 추진력이었다. 수행하는, 전진하는 추진력. 행동주의는 흔적마저 없는 소멸에 저항하려는 유대인의 마지막 노력이었다. 유대의 죽음에 저항하는 유대 생명의 절박한 반란이었다.

벤트위치와 마찬가지로, 타벤킨은 기꺼이 동행하고 싶어지는 유형의 신사가 아니었다. 나로서도 소비에트식 정치인이나, 독단적인 혁명가, 설교만 하고 실천하지 않는 지도자는 견딜 수 없다. 그러나 에인하롯의 기록보관소에서 타벤킨의 오래된 사진을 살펴보니, 너그러운 시선을 보내게 된다. 그에게는 사람을 매료시키는 무언가가 있었다. 벤구리온 같은 정치적 천재성은 없었다. 시온주의의 여타 시조에게 있는 지적인 깊이도 없었다. 에인하롯의 병졸 동지들에게 있는 인상적인 노동 윤리나 도덕적 청렴성도 없었다. 그러나 해내고 말겠다는 열의가 있었다. 팔레스타인의 어떤 지도자보다도 디아스포라를 이해하며 가슴 아파했다. 사회주의적 시온주의 지도자 누구보다도 더 유대인이었다. 유대주의를 비난할 때조차, 한 명의 유대인으로서 비난했다. 종교에 반대해 분기할 때조차, 경건한 태도를 잃지 않았다. 신을 공격하고 무시하며 신이 없는, 무신론적 세상을 창조하려고 노력하는 이 무신론자 타벤킨 안에는 그만큼의 신이 있는 셈이었다.

이것이 1920년대 초, 타벤킨이 하롯 계곡의 사건과 동유럽에서의 사건 사이의 연결 고리인 까닭이었다. 타벤킨이 디아스포라로 분산된 유대인들을 대변해 계곡의 젊은이들에게 설교하는 까닭이며, 젊은이들을 대변해 디아스포라 유대인들을 향해 설교하는 까닭이었다. 계곡에서 현재 수행되고 있는 일들로 충분할는지, 이 계곡의 청년들에게 이 치명적 대양에서 익사하고 있는 유럽 유대인들을 구해낼 만한 충분한 잠재력이 있을는지 하루도 빠짐없이 고민하는 까닭이었다.

일주년이 되자, 에인하롯의 개척자들은 자신들의 성공을 축하했다. 이제 1년이 된 키부츠는 경작지 8390두남을 지배했다. 곡물이 7000두남을 차지하며, 올리브 과수원과 포도밭이 450두남, 채소밭이 200두남이었다. 600두남이 넘는 숲이 조성되었으며, 여기에는 유칼립투스 4만1000그루와, 소나무 2000그루, 사이프러스 1000그루가 있었다. 길보아 산비탈은 희망을 상징하는 최초의 초록 순筍들로 덮였다.

1922년 여름, 에인하롯의 동지는 거의 300명에 달했다. 타벤킨과 일부를 제외하면 연령층은 열아홉 살에서 스물다섯 살 사이였다. 하얀 원뿔형 천막 200채는 계곡과 그곳 거주자들의 삶을 변화시키고 있는 이 젊고 번성하며 활력 넘치는 공동체에게 집이 되어주었다. 계곡에는 키부츠 네 곳이 새롭게 융성하고 있었다. 추진력은 빠르고 강했다. 이를 멈출 힘은 보이지 않았다.

뭇 사람이 이 경이를 보러 찾아왔다. 에인하롯 실험이 세계적으로 유명해지면서, 유대인 공동체와 전 세계 진보 집단의 관심을 끌어당겼다. 이곳의 혁명 방식과 젊은 소련에서 시도한 방식을 비교하는 사람도 있었다. 이곳이 민주적 사회주의로서 유일한 성공 사례라 보는 견해도 있었다. 시온주의의 중진 가운데 한 명인 아하드 하암이 이곳을 하루 일정으로 방문했는데, 하암의 표현은 달랐다. 깊게 감동받은 민족의 윤리적 지도자는 다음과 같이 말했다.

민족의 죽음이라는 계곡에서 새 세대가 일어났다. 이 세대는 조상의 땅을 일구고 조상의 언어를 되살리는 데서 삶의 의미를 찾는다. 민족이 강제로 추방당한 후 줄곧 이 땅을 덮었던 하롯 늪지에 배수시설을 한 일은 진정한 경이다. 그러나 이 경이는 2000년의 추방생활 동안 민족이 빠져 있던 늪에 배수시설을 했다는 상징이다. 하롯 개척자 여러분은 새 세대의 영웅이다. 여러분이 하고 있는 일은 이 땅을 치유하고 민족을 치유하는 일이다. 여러분은 우리를 근원으로 데려오고 있다.

그러나 이를 경청하고 있는 동지들은 영웅이 아니었다. 이들에게서 주목할 만한 건 영웅주의가 없다는 점이었다. 실천적이고 현실적이며 필요한 일은 무엇이든 해내야 한다는 사실을 알지만, 자신의 권력을 강화하겠다는 욕심이 없으며, 감상에 빠지는 법도 없고, 교만하지도 않았다. 자기 자신을 초월하는 드라마에 사로잡혀, 그대로 나아갈 뿐이었다. 또 다른 고랑과 늪, 더 넓은 면적과 계곡이 전부 진정한 우리 차지가 될 때까지. 이 땅이 다시 한번 이스라엘의 땅이 될 때까지.

그러나 이 풍경에서 아직 후퇴하지 않은 한 측면이 있었다. 에인얄룻의 농노는 갔지만 샤타의 농노들은 남아 계곡 중앙에서 오른쪽에 있는 철도역 옆에 살고 있었다. 그리고 누리스 주민들은 산 정상에서 에인하롯을 위협적으로 내려다보았다. 자린 주민들은 계곡이 번성하면서 사실상 잘 지내고 있었다. 텔피르의 호의적인 이웃들과 코마이 주민들은 이제 그 수가 크게 증가하고 있었다. 이곳에는 더 이상 어린아이들의 생명을 앗아가는 학질모기가 없는 까닭이었다. 베두인족에게도 계곡은 이제 한결 매력적이었다. 여름이 정점에 달하면서 베두인족은 계곡 북쪽에 검은 천막을 쳤다. 이들의 양 떼는 들판을 습격하며, 무장한 젊은 기병들은 키부츠의 앳된 처녀들에게 두려움의 대상이었다. 그러니 임무는 아직 완수되지 못한 셈이었다. 계곡에 견고한 유대인 기지가 있는 건 사실이었다. 키부츠 다섯 곳이 유대인의 영토로 연결된 최초의 지구 가운데 하나로 완성되기 시작했다. 그러나 이 과업이 완수된 건 아니었다. 하롯 계곡의 아랍인들은 자신들을 계곡에서 근절하고 싶어하는 유대 해방운동의 길목에 여전히 버티고 있었다.

1926년 4월 정오, 계곡에서의 작업이 갑자기 중단되고 채석장에서 마지막 폭발음이 들렸다. 한 시간 후 들판에서는 수확이 일제히 멈췄다. 에인하롯 청년 동지들이 야영지로 소집되었다. 이웃해 있는 텔요세프, 그바트, 베이트알파, 헤프지바 동지들도 마찬가지였다. 계곡 일대의 키부츠 성원들은 몸을 씻고, 수염을 깎고, 흰색 안식일 의복을 갖추고 있었다. 채석장에는 목조 무대가 설치되었다. 4시가 되자 준비가 끝났다. 무대 위에는 오래된 피아노가 종려나무 초록 잎으로 장식된 채 자리 잡고 있었다. 말이나 노새, 각종 마차를 타거나 걸어서 개척자 수천 명이 원형극장으로 탈바꿈한 계곡 채석장에 군집했다.

첫날부터 에인하롯 노동여단의 거친 개척자들은 음악과 관련해서는 무엇에든 물렸다. 이중 한 명이 그 까닭을 설명해놓았다. "고전 음악은 우리 삶의 공허를 채운다", 청년의 설명이었다.

음악이 흐르는 시간은 우리 공동 식당이 예배소를 닮는 유일한 시간이다. 그럴 만한 이유가 있다. 신을 떠난다는 건 우리에게는 끔찍한 충격이었다. 신을 떠나면서 유대인으로서 우리 삶의 토대는 허물어졌다. 이것은 우리 새 삶의 비극적 모순이 되었다. 우리는 무無에서 시작해야 했으며 문명의 기초부터 세워야 했다. 그러나 우리에겐 기초를 세울 토대가 없었다. 우리에겐 근본이자 궁극인 존재, 곧 신이 없었다. 우리 위에는 푸른 하늘과 빛나는 태양이 있지만, 신은 없다. 예나 지금이나 이것은 우리가 단 한순간도 무시할 수 없는 진실이다. 이것이 공허다. 그리고 우리에게 음악은 이 공허를 채우려는 발버둥이다. 바이올린 선율이 식당을 채울 때, 우리는 삶의 다른 차원을 다시 알게 된다. 바이올린 선율은 우리 모두의 내면에 파묻혀 가장 깊은 곳에 망각되어 있는 감정들을 끌어올린다. 우린 눈을 감고 내면으로 침잠하는데, 그때 신성함에 가까운 기운이 우리를 송두리째 휘감는다.

불과 몇 달 전 늦가을, 첫 번째 채석장 연주회가 열렸다. 지역 합창단과 사중주단이 연주하는 베토벤과 바흐, 멘델스존을 듣겠다고 온 계곡에서 수천 명이 모여들었다. 지역 교사는 이 위대한 날 길보아의 산들이 되살아났다고 말했다. 앳된 처녀 한 명이 에제키엘의 묵시 가운데 마른 뼈들의 골짜기[12] 부분을 읽었다. 에린하롯의 후리후리한 바이올린 주자가 채석장 벽에 친 장막을 배경으로 바흐를 연주하는 동안 침묵이 흘렀다.

그러나 이날은 달랐다. 이날은 야샤 하이페츠[13]가 연주할 터였다.

하이페츠는 1901년 리투아니아 수도 빌나에서 태어났다. 세 살에 바이올린을 시작했으며, 일곱 살이 되어서는 대중 앞에서 멘델스존 협주곡을 훌륭하게 연주해냈다. 열두 살이 되자 유럽의 음악 신동으로 인정받았으며, 열일곱 살에는 뉴욕 카네기홀에서 전설적인 미국 데뷔가 이루어졌다. 밸푸어 선언문이 발표되기 한 주 전이었다. 이제는 미국 시민이자 스타로, 코미디계의 채플린이나 물리학계의 아인슈타인처

---

12 구약성서 에제키엘서 37:1–14.
13 Jascha Heifetz. 현대 바이올린 거장 중 한 명으로 인정받는 바이올린 주자. 러시아계 유대인으로 1925년 미국 시민이 됐다.

럼 20세기 음악계에는 하이페츠가 있는 셈이었다. 기막힌 재능의 소유자였다. 비범한, 거의 신이 내렸다고 할 만한 재능의 보기 드문 화신이었다.

하롯 계곡 개척자들이 그리도 흥분한 까닭이 여기 있었다. 음악에 고마워하며 음악을 거의 신성하다고까지 인정하기 때문만은 아니었다. 음악만이 감정을 해방시켜서 억눌린 고통과 갈망이 눈시울을 적시도록 하기 때문만은 아니었다. 세계에서 가장 유명한 이 바이올린 주자가 이처럼 외딴 채석장에서 연주해준다는 건, 자신들의 과업이 그만큼 중요하다는 사실을 인정한다는 증거이기 때문이기도 했다. 세속적 유대의 디아스포라 문명이 산출해낸 최고의 존재가, 이 계곡에 또 하나의 새로운 세속적 유대 문명을 창조하려는 자신들의 대담한 시도에 경의를 표하려 한다는 사실 때문이기도 했다. 하이페츠는 하이페츠였다. 그러나 그는 또한 야샤, 그러니까 우리와 다름없는 유대인이기도 했다. 유대 민족을 짓누른 과거와 현재의 처참한 불행과 절망을 딛고 일어나 그것들로부터 자신의 천재성을 정제해낸 유대인. 북유럽에서의 절망으로부터 탈출해 미국을 택한 유대인. 따라서 이 빼어난 형제가, 자신이 탈출한 환경을 전혀 다른 방법으로써 전혀 다른 장소로 탈출한 젊은 유대 동료들의 가치를 인정하기로 한 이상, 노동여단 가운데 가장 거친 동지들조차 흥분을 가눌 수 없게 된 셈이었다. 곧 기적이라도 일어날 듯한 기분에 사로잡혔다.

무수한 동지가 이 자리를 메우며 의자라도 삼으려고 딱딱한 잿빛 바위를 챙기고 있었다. 드디어 하이페츠가 도착하자, 나는 이들을 지켜본다. 거장과 거장에게 열광하는 관중 모두를. 바이올린 거장과 개척자 모두 한 세기를 겪었다. 둘 다 세기의 우상이 될 터다. 이들은 곧 이 한 세기의 이야기 그 자체다. 그리고 하롯의 젊은 남녀가 일어나 박수를 치고 환호를 보내자, 이 빌나 출신 청년은 청중이 잠잠해질 때까지 기다리며 뭉클한 감동에 사로잡힌다. 완벽주의적이고 냉정한 연주자건만, 지금의 하이페츠는 압도되어 있다. 가설무대 위에 서 있는 청년과 가설원형극장에 서 있는 젊은 군중 사이에, 불현듯 은밀한 대화가 오간다. 현대 유대인의 절골지통折骨之痛으로부터 분출해, 20세기 유대 민족이 택한 두 가지 위대한 갈래를 대표하는 두 위대한 힘, 두 종류의 창조적 에너지가 서로를 마주하고 있다. 마치 각자 자신이 택하지 않은 길에 경의를 표하며 상대에게 고개 숙여 인사하는 것처럼.

그러나 하이페츠가 현을 켜려고 팔을 뻗는 순간, 나는 앞으로 이 계곡에 발생할 모든 일을 생각한다.

3년 후, 에인하롯의 첫 자손들은 아랍 이웃들의 총격을 피해 최초의 시멘트 낙농장 바닥에 몇 날 며칠을 웅크리고 있을 터다.

9년 후, 샤타의 아랍 주민들은 철도역 옆 보금자리에서 쫓겨나며 새로운 키부츠가 이들의 자리를 차지할 터다.

10년 후, 그리고 오늘날까지, 이 계곡의 들판은 아랍인들이 놓은 화마에 휩싸일 터다. 유대인의 침략이 얼마나 심각한지 불현듯 깨달은 셈이다. 불타는 들판을 지켜보며, 에인하롯의 첫 자손들은 마음을 다잡을 터다.

12년 후, 에인하롯에는 최초의 엘리트 영국계 유대인 특공대가 창설될 터다. 특공대는 밤에 아랍 마을들을 습격해, 주민 몇몇을 죽일 터다.

그 몇 달 후, 에인하롯에 기념비적인 유대인 병장 양성과정이 개설된다. 이 과정으로 이스라엘의 미래 군대를 위한 첫 번째 포석이 놓일 터다.

20년 후, 에인하롯은, 그리고 에인하롯이 낳은 군대는 진정한 군사력을 갖출 터다. 22년 후, 이 군사력으로 누리스와 자린, 코마이 같은 마을을 공격할 터다. 이로써 계곡에서 팔레스타인 주민을 모조리 몰아낼 터다.

하이페츠가 연주하고 그 선율이 숨죽인 채석장에 울려 퍼지면서, 나는 에인하롯의 믿기 힘든 위업에 경탄한다. 벌거벗은 땅에서 벌거벗은 운명을 마주해 보여준 이 벌거숭이들의 놀라운 회복력을 생각한다. 어떤 고난이 닥쳐도, 스스로의 힘으로 모국을 만들겠다는 이 고아들의 기함할 다짐을 생각한다. 이 계곡의 위대한 불길을 생각한다. 이 불길이 없었다면 이 계곡이 개간될 수도, 이 땅이 정복될 수도, 유대 국가가 설립될 수도 없었으리라. 그러나 결국 스스로를 소진할 불길, 그 연기 나는 재가 에인하롯의 감탄사를 의문 부호로 뒤바꿔놓을 그런 불길이었다.

나는 하이페츠의 기록을 덮고 에인하롯의 허물어진 기록보관소에서 초저녁 대기 속으로 나간다. 사랑하는 친척 어른들과 저녁을 먹는다. 점점 더 망가져가는 키부츠의 오솔길을 헤맨다. 지난 30년은 키부츠가 길을 잃어가는 과정이었다. 에인하롯의 경제 기반은 무너졌으며 사회 구조는 요절났다. 젊은이 대다수가 떠났으며 연장자 대부분은 절망 속에 늙어간다. 공동 식당은 텅텅 비었으며 집단 어린이집은 문을 닫았다. 공동체 정신은 사라졌다. 저 아래 샘을, 그리고 그림자를 던지는 산등성이를 바라본다. 이것은 샘이냐 산이냐의 문제다. 아니 승리자 기드온이냐 패배자 사울 왕이냐의 문제라고 해야 하나? 하롯의 어두워져가는 계곡을 어루만지는 이 꺼져가는 등불은 대답이 없다.

셋

1936년,
오렌지 과수원

오렌지는 수 세기 동안 팔레스타인의 상징이었다. 1850년대에는 야파 감귤과수원에서 신품종의 오렌지가 발견되었으며, 1890년 즈음이면 과즙이 풍부한 큼직한 달걀형의 신종 샤무티 오렌지가 빅토리아 여왕의 수라상에 오르기에 이른다. 허버트 벤트위치가 저 먼 야파 항에 상륙한 1897년에는 이미, 백발이 성성한 부두꾼들이 겨울마다 지금은 야파 오렌지라 부르는 샤무티 오렌지 수천 상자를 리버풀행 배에 실어 나르고 있었다. 제1차 세계대전 이후 비타민C의 효능을 새롭게 인식하게 되면서 유럽 전역에서 감귤류 수요가 급증했다. 1925년, 팔레스타인의 감귤과수원은 3만 두남에 불과했으나 2년 후에는 거의 두 배로 늘어나며, 그로부터 2년 후인 1927년에 이르면 또다시 두 배로 늘어 8만 두남에 달했다. 1935년 팔레스타인 감귤과수원의 면적은 28만 두남이었다. 10년 만에, 팔레스타인에서 재배되는 감귤류는 거의 열 배

에 육박했다. 1935년 영국에서 수입한 오렌지의 3분의 1이 야파 오렌
지였을 정도로, 영국의 위임통치 하에 있는 이 작은 지역은 감귤 수출
강국이 되었다.

식민정착촌 레호보트에서는 1920년대에 이르러서야 감귤의 효능을
깨달았다. 레호보트는 1890년 두란가家의 오스만 제국 봉건 영토 위에
세워진 도시로, 면적은 1만6000두남이며 야파에서 동남쪽으로 24킬로
미터 정도에 위치해 있었다. 이스라엘에서 평화와 풍요를 찾고자 했던
러시아와 폴란드계 유대인들은 이 척박한 땅을 구해서 입때껏 점유하
고 있던 베두인족을 몰아내 장악했다. 정착민들의 삶은 성공적이었다.
레호보트는 정통파와 세속파, 부자와 빈자, 아슈케나지[1]와 예멘인이
비교적 조화롭게 사는 곳이었다. 이곳의 유대인 거주자들은 또한 아랍
이웃들과도 평화롭게 지냈다. 1935년이 되자, 레호보트는 급속히 성장
하는 식민정착촌으로 감귤산업을 주도하며 팔레스타인의 유대인 식민
정착촌 가운데 가장 번창하는 곳이 되었다. 감귤 산업은 이후 팔레스
타인 전체에 전례 없는 호황을 가져왔다.

레호보트와 오렌지 과수원은 완벽한 궁합이었다. 레호보트의 함라[2]
라 불리는 양질의 적토는 감귤류에 적합했는데, 이 토양에는 모래와
실트, 점토가 독특하게 조합되어 습기가 풍부하면서도 배수가 잘되었
기 때문에 감귤나무의 섬세한 뿌리까지 공기가 충분히 도달하게 해주
었다. 레호보트의 온화한 기후 역시 감귤나무와 잘 맞았다. 개화 시기
인 봄에 지나치게 덥지도 않았고 열매를 맺는 겨울엔 너무 춥거나 바

---

1 중동부 유럽 유대인의 후손을 말한다.
2 hamra, 아랍어로 '붉은색'을 의미한다.

람이 세지도 않았다. 레호보트는 감귤나무에 절실히 필요한 물이 풍부했으며, 야파 항에서도 가까웠다. 자유시장 원칙을 수용해 민간 기업이 융성했으며, 이웃 아랍 마을에서 값싸고 능률적인 인력을 공급받았다. 또한 새로 설립된 지역 농업 기관에서 일하고 있는, 대부분 독일계인 유대인 농학자들의 최첨단 과학 지식에 힘입은 바도 있었다. 농학자들은 캘리포니아의 효율적 재배법을 도입했다. 레호보트는 서구의 비결과 아랍의 노동력, 자유방임경제가 결합해 야파 오렌지를 세계적 명성을 지닌 상품으로 만든 곳이었다. 그랬던 까닭에 유럽과 미국이 여전히 경제대공황의 손아귀에 잡혀 있을 적에도, 야파 오렌지와 더불어 팔레스타인으로의 가속화된 이주는 레호보트에 번영을 안겨주었다. 또한 수만 명의 갈 곳 잃은 유대인들이 유럽이나 미국에서는 집 한 채 구할 수 없을 적에도, 레호보트를 선택한 사람들은 번창하고 있었다. 1930년대 초 레호보트에서, 팔레스타인이 품은 최적의 환경은 현대 시온주의의 온화한 열망과 성혼한 셈이었다.

내가 이야기할 오렌지 과수원은 1931년에 조성되었다. 영국계 유대인 아버지로부터 물려받은 약간의 재산으로 농장 주인은 레호보트를 굽어보는 언덕지대에 있는 듀 계곡의 쿠베이베 마을 주민들로부터 토지 70두남을 살 수 있었다. 철도 북쪽이었다. 사내는 먼저 척박한 땅을 일구었다. 그다음 베레모의 사회주의 유대인과 카피에[3]의 팔레스타인 아랍인들을 고용해 집요한 독초들을 제거했다. 우물을 파며 돌아다니

3 아랍 남성의 두건을 말한다.

는 무리 중 한 명에게 의뢰해 우물 하나를 파도록 했다. 그러나 이 땅이 식재植栽에 적합하다는 확신이 든 건, 인부들이 물을 발견했다며 흥분해 소리쳤을 때다. 사내는 흰 밧줄과 나무 말뚝으로 땅에 세심하게 표시했다. 4미터마다 0.5미터의 구멍을 파서 그 안에 부근 묘목장에서 가져온 레몬 근경을 심었다. 그 위로 흙을 덮어 다지고 물을 주었다. 그다음 영국 태생으로 햇빛을 꺼리는 섬약한 여인인 아내와 함께 육중한 코닥 카메라 앞에 서서 희망의 사진을 남겼다.

몇 달 후, 샤무티 가지를 레몬 근경에 접붙였다. 샤무티를 레몬에 조심스레 고정한 후, 흙을 토닥토닥 다시 다지고 물과 비료를 주며, 바람이 들이치지 않기를, 우박이 망쳐놓지 않기를 기도했다. 우려 속에 기나긴 1년이 지난 후에야, 접목이 잘된 오렌지를 확인했다. 샤무티와 레몬은 하나가 되었으며 연약한 묘목들은 적토의 환영을 받았다. 그러자 그는 우아한 영국 여인인 아내와 함께 죽 늘어선 맹아의 과수들 사이에 서서 코닥 카메라로 또 한 장의 사진을 남겼다. 이번엔 자신自信 없는 시작의 사진이었다. 매끈하게 다림질한 카키색 정장에 코르크 모자를 쓴 남편과 사선으로 재단한 실크 드레스를 입은 아내, 이 젊은 부부가 황무지에 솟은 앞날이 불확실한 오렌지 묘목들 옆에 서 있는 모습의.

오렌지 재배자는 다른 오렌지 과수원에서 수년간 일한 경험이 있는 레호보트의 유대인 토착민으로, 자제력이 강하며 까다로운 성격을 지닌 사내였다. 그는 과수에 제때 물을 주는지, 비료는 적절하게 주고 있는지 확인했다. 가지치기는 경제적으로, 제초는 냉혹하게 하도록 했다. 우물벽은 시멘트로 두르고 꼭대기에는 디젤 엔진의 강력한 바퀴식 펌프를 올렸으며, 우물에서 끌어올린 물을 모아두는 넓은 개방형 사각 웅덩이를 만들었다. 이 물을 나르기 위해 시멘트 수로망을 놓고 수로에서 물을 받기 위해 과수원 사토에 고랑을 팠다. 샤무티 묘목마다 주위에 넓은 모래 홈을 파서 과수가 목마르는 법이 없도록 했다. 그다음 네모난 창과 붉은 타일 지붕을 인 직사각형의 현대식 포장공장을 세우고 아랍인 과수원 관리인을 위해 2층짜리 망루 집을 지었다. 과수원 입구에는 화려한 장식이 인상적인 철문을 세워두고 4년의 세월을 인내하며 과수에 열매가 맺히기를 기다렸다.

1935년 봄 오렌지 과수원에 열매가 맺히려 할 때, 시온주의도 결실의 기미를 보였다. 이제 유대 민족 해방운동은 더 이상 1897년 4월 말 허버트 벤트위치가 말에 올라 레호보트를 지나갈 당시처럼 터무니없는 환상이 아니었다. 1921년 9월 하롯 계곡의 스파르타식 혁명 과업과도 달랐다. 1935년 시온주의는 이곳 개척자들에게 초인적인 노력과 전적인 희생을 요구하지 않았다. 시온주의에는 이미 편안하고 여유롭게 사는 중산층이 있었다. 도시와 소도시, 식민정착촌과 마을이 있었다. 팔레스타인의 유대인 인구는 이제 팔레스타인 전체의 3분의 1에 육박했으며, 팔레스타인의 유대인 수는 매년 15퍼센트씩 상승했다. 예루살렘에는 이미 히브리 대학이 있었으며 하이파에는 기술학교가 있었다. 텔아비브는 이제 스물다섯 살로, 극장과 식당, 찻집, 수다한 출판사로 북적거리는 주요 소도시였다. 맞다. 아직 할 일은 많았으며, 이 과제에는 여전히 영웅적인 노력이 요구됐다. 그러나 국토 전역에선 성공의 신호가 감지되었다. 시온주의의 모험은 시온주의의 현실이 되어가고 있었다. 레호보트의 파릇파릇한 오렌지 과수원 너머로 푸른 봄하늘은 미래가 있으리라는 약속을 실어오는 듯했다.

거기에는 성공했다는 의식뿐 아니라 정당한 일이었다는 의식도 있었다. 1935년 봄, 시온주의는 다만 민족운동일 뿐이었다. 독일이 나치즘을 택하고 2년 후, 유대인에게는 누가 보더라도 집이 필요했다. 이젠 더 이상 미래를 전망하는 데 헤르츨의 예언적 천재성이나 타벤킨의 파국적 성향은 필요 없었다. 이성적인 사람이라면 누구나 유럽이 유대인들에게 죽음의 덫이 되어가고 있음을 알아볼 수 있었다. 미국 역시 유럽에서 박해받는 유대인들의 절박한 처지에 딱 맞춰 문을 열어줄 리는 없었다. 1935년, 시온주의의 정당성은 절대적이며 보편적이어서 반박의 대상이 될 수 없었다.

당시 토착 아랍인들에게 가해진 시온주의 사업의 부정不正은 아직 제한적이었다. 물론 팔레스타인 소작농들은 이미 자신들의 땅에서, 하롯 계곡에서, 레호보트에서, 그리고 팔레스타인의 여타 수다한 지역에서 쫓겨난 상태였다. 그러나 아랍 지주 밑에서 이들 농부의 삶은 대부분 유대 식민자를 위한 농장 일꾼으로서의 삶보다 열악했다. 이들 가운데 대다수는 아랍 지주 밑에서 확실한 소유권이 없었지만, 유대인이 땅을 인수하자 대부분 현금 또는 토지로 보상받았다. 더욱이 팔레스타인 사람 일부는 고통을 겪었지만, 다수는 시온주의가 발전하면서 상당한 혜택을 입었다. 쿠베이베와 자르누가를 비롯해 레호보트 주위의 여타 아랍 마을에서 유대 자본과 유대 기술, 유대 의술은 토착민에게 축복이었으며 절박한 팔레스타인 공동체에 진보를 가져다주었다. 따라서 레호보트의 시온주의자들은 여전히 이 두 민족 간의 충돌을 피할 수 있다고 믿었다. 목전에 닥친 불가피한 비극은 아직 예측할 수 없었다.

어린 오렌지 과수원의 첫 절기는 매우 중요했다. 오렌지 재배자는 깊은 우물에서 물을 끌어올리기 위해 강력한 펌프에 시동을 걸어야 했다. 겨울에 덜 익은 열매가 떨어져 있어 관개수로를 청소해야 했다. 고랑과 홈을 다시 파야 했고, 잡초를 뽑고 주변을 치우며, 가시 돋친 마른 가지들을 처리해야 했다. 여름 첫비에 대비해 모든 준비를 마치도록 단단히 점검했다.

1935년 4월 말, 재앙은 열파의 형태로 들이닥쳤다. 4월 27일, 수은주는 섭씨 35도로 올라갔다. 4월 30일엔 38도를 기록했다. 10일 연속 건조한 사막풍이 감귤의 연약한 백화白花에 재앙을 가져왔다. 즉각 조치를 취하지 않는다면 오렌지 수확량의 절반을 잃고 1935~1936년의 감귤 절기는 실패할 터였다. 어린 레호보트 과수원의 첫 급수는 따라서 일종의 긴급 조치였다. 펌프로 못에서 깨끗한 물을 퍼올렸고, 이 물은 모래 고랑으로 이어지는 점토망으로 된 원형 입구가 나올 때까지 개방형 시멘트 수로를 흘러갔다. 아랍 관리인은 바지를 무릎까지 추어올리고 맨발은 진흙 범벅이 된 채, 괭이를 가지고 과수에서 과수로 물길을 잡아주었다. 흙더미를 쌓아 각 과수 옆으로 재빨리 물을 가두어 과수들이 치명적인 사막풍을 견딜 수 있도록 했다.

열파는 공황을 동반했다. 더 많은 물이 빠르게 요구되었다. 구제할 수 있는 건 구제해야 했다. 오렌지 재배자와 아랍 관리인은 가족을 동원했고, 가족들은 숨이 턱턱 막히는 열기 속에서 함께 일했다. 공황 한가운데서도 여전히 아이들의 유쾌한 소리를 들을 수 있었다. 아이들은 히브리어와 아랍어로 소리 지르며 콸콸 쏟아지는 물을 구경하러 달려왔다. 이 엄청난 공동 작업에 고사리손을 보태는가 싶더니, 네모난 웅덩이로 슬쩍 빠져나가 시원한 물속으로 신나게 뛰어들었다. 어른들이 열기와 다가오는 재난에 대한 불안감에 맞서 힘겹게 싸우고 있을 동안, 꼬맹이들은 인간이 만든 에덴동산에서 금지되고, 신기하며, 흥미로운 온갖 것을 발견했다.

열파가 수그러들고 긴급 급수 작업이 완료되자 5월과 6월, 7월에 걸쳐 아이들은 몇 번이고 오렌지 과수원을 찾았다. 그 웅덩이에서 멱을 감고 수로에 종이배를 띄우고 굵어지는 과수들 사이에서 숨바꼭질을 했다. 7월 말을 향해 가면서 남쪽 멀리서 긴 낙타 행렬이 양분¥糞을 가득 실은 황마 포대를 지고 과수원을 향해 다가오자 아이들은 눈이 휘둥그레져 지켜보았다. 여름이 끝날 때쯤 레호보트의 풍성하고 비옥한 적토는 훌륭한 샤무티 과수원을 낳았다. 반짝반짝 윤이 나는 앳된 오렌지들이 가지에 모습을 드러내기 시작했다.

1935년 7월 말, 알프레드 드레퓌스[4]가 사망했다. 1935년 9월 중순, 나치 독일은 뉘른베르크 인종차별법을 시행했다. 시온주의 시각에서 이 두 사건 사이에는 연결 고리가 있었다. 드레퓌스는 프랑스계 유대인 군장교로, 헤르츨은 박해받는 드레퓌스를 보며 20세기 유럽 유대인을 기다리고 있는 악몽을 두려워했다. 아우슈비츠는 아직 상상할 수조차

4 프랑스 포병장교로, 유대인이다. 독일에 협력했다는 반역죄로 1894년 유죄 선고를 받은 후 수감을 비롯해 여러 고초를 겪지만 결국 1906년에 무죄를 인정받는다. 이는 유대인에 대한 심각한 편견 및 차별을 극명히 보여준 사례로, 당시 지성계의 각성을 불러일으켰다. 이를 일컬어 드레퓌스 사건이라고 한다.

없었지만 뉘른베르크 인종차별법은 헤르츨이 옳았음을 증명했다. 10년 안에 유대인 수백만 명이 가스실에서 죽음을 맞으리라고 어찌 상상할 수 있었으랴. 그러나 1935년 여름, 베를린 유대인들은 100년간 잠잠했던 무언가를 경험하고 있었다. 그것은 유대인 학살이었다. 1935년 레호보트에 전해오는 소식은 어떤 의심의 여지도 없었다. 대규모 난민 사태沙汰가 시작되었다. 유럽 유대인에게 대량 살상이 임박했다.

동시에 성지 팔레스타인 유대인들의 운은 전례 없이 좋았다. 1935년 2월, 3층 신조新造 선박 텔아비브호가 하이파–트리에스테 항로를 개설했다. 호화 유람선 여행은 이 시기 유행이었다. 1935년 3월, 텔아비브에서는 유대 봄 축제인 푸림 축제의 아들로야다 가장 행렬이 펼쳐졌다. 사흘 밤낮으로 1만 5000명이 이 첫 번째 히브리 도시의 거리에서 시끌벅적한 축하 잔치를 벌였다. 1935년 4월, 제2회 마카비아 대회[5]가 열렸다. 28개국에서 온 유대인 운동선수 1350명이 수십만 관중 앞에서 근력을 뽐내며 대회에 참가했다. 1935년 5월, 1934~1935년 감귤 절기와 관련해 기록적인 수치들이 발표되었다. 이는 팔레스타인이 700만 상자가 넘는 오렌지와 그레이프프루트, 레몬을 수출했다는 실적을 보여주었다. 전년도 수치는 550만 상자였다. 1935년 6월, 영화 「약속의 땅」이 바로 그 약속받은 땅에서 촬영되고 있었다. 독일인 촬영 기사로 이루어진 엄청난 팀이 자신들의 고대 땅에서 기적을 실현하고 있는 개척자들을 필름에 담았다. 1935년 7월, 시온주의 대회에서 선거가 실시되었으며, 한 달 후에는 스위스 루체른에서 회의가 소집되었다. 선거와 대회

---

5 이스라엘에서 4년마다 열리는 유대인 스포츠 대회. 세계에서 두 번째 규모의 국제 스포츠 대회로 1932년 처음 개최되었다.

모두 시온주의 운동이 이제 세련되고 질서정연하며 민주적인 방식으로 운영되는 성숙하고 유력한 정치체로 성장했음을 입증했다.

1935년의 레호보트는 시온주의의 전반적인 성공을 잘 반영했다. 1890년 설립되었을 당시만 해도, 이 식민정착촌 인구는 280명에 불과했지만 1935년 6월에 이르면 남자와 여자, 아이들을 합쳐 5500명이 이곳에 살았다. 레호보트는 계속 성장해나갔다. 다가올 1월이면 주민은 6500명이 될 터였다. 독일에서 도망 온 의사와 과학자, 농학자, 건축가, 기술자, 음악가들이 하루가 멀다 하고 이 시골의 식민정착촌에 도착했다. 새로운 차원의 높은 학식과 교양, 문화를 전해줌으로써 이들은 시나브로 이곳을 변모시켜나갔다. 1935년 6월, 앵글로-팔레스타인 은행6의 첫 공식 지사가 그 우아한 문을 열었다. 직사각형 지붕을 인 현대적인 신新시청에서는 일주일에 두 편의 영화를 상영했으며 매월 음악회를 열었다. 이제 레호보트에는 얼음 창고와 소규모 제약 공장, 대규모 감귤 주스 공장이 하나씩 있었다. 농업연구소와 과학원, 그리고 젊은이들이 축구와 테니스, 핸드볼을 즐길 수 있는 경기장도 하나씩 있었다. 레호보트는 더 이상 농사만 짓는 고장이 아니었다. 과학과 경제, 산업, 문화, 스포츠가 있었다. 그리고 올해는 언제나 작년보다 한결 나았다.

가을은 차분했다. 시나브로 레호보트 사람들은 1935년 9월 15일 독

6 앵글로-팔레스타인 은행은 현재 레우미 은행Bank Leumi의 전신인 유대 식민 신탁the Jewish Colonial Trust의 자회사로 1902년 설립되었다. 유대 식민 신탁은 시온주의 조직에 자금을 지원할 목적으로 제2차 시온주의 대회에서 창설되었으며 1899년 런던에 법인으로 등록했다. 팔레스타인 내 은행활동은 앵글로-팔레스타인 은행이 전담하며, 1903년 야파에 첫 지사를 열었다.

일에서 발효된 새로운 법이 의미하는 바를 완전히 이해하게 되었다. 유대인들이 폭행당한 독일 37개 도시와 관련된 정보가 점점 더 많이 흘러나왔다. 그러나 팔레스타인의 날씨는 좋았다. 8월은 비교적 선선했고 9월도 그랬다. 이른 아침, 과수원에 이슬이 굵게 맺혔다. 오렌지 재배자는 4월의 열파가 물러가자 그제야 비로소 안심했다. 이제 데코빌식 협궤 선로를 놓아야 했다. 몇 달 후, 납작한 테레지나 화물열차는 이 선로를 타고 과수원에서 포장 공장으로 이동할 수 있을 터였다. 가장 부지런한 일꾼들을 골라 오렌지를 분류하고 싸는 기술을 배우도록 보내야 할 때였다. 그 유명한 남미산 유기비료인 구아노페루로 어린 팔레스타인 감귤나무에 영양을 공급할 때이기도 했다. 하지만 서두르는 기색은 없었다. 가을 노동은 느긋했다. 일은 오렌지 과수원과 그 미래에 대해 깊어가는 신뢰로 진행되었다.

1935년 10월, 레호보트의 널따란 집 테라스에 앉아 있는 동안 오렌지 재배자는 멀리 물 펌프가 가만히 똑딱거리는 소리를 들을 수 있었다. 지역 주간지를 대강 훑어보던 참이었다. 주간지는 포드 자동차 광고와 웨스팅하우스 냉장고, RCA 라디오, 맥스웰하우스 커피, 캐드베리 초콜릿 광고 삽화로 도배되어 있었다. 이번 주 영국에서 시작된 야파 오렌지 광고를 다룬 기사를 보니 흡족했다. 영국의 영화관과 백화점들이 이제 야파 오렌지 홍보를 시작했다는 소식을 읽고 반가웠다. 주간지를 다 읽고 테라스의 흔들의자에 앉아 휴식을 취하려고 눈을 감으니, 오렌지 과수원에서 똑딱거리며 작동하고 있는 펌프 소리를 들을 수 있었다. 끊임없이 똑딱거리는 펌프 소리는 마음을 안심시키며 세상 무엇보다 달콤하게 들렸다. 그것은 평온과 평화, 풍요의 소리였다.

1800년 동안 유대인들에게 이처럼 좋은 시절은 없었다. 1800년 동안 유대인들이 그것도 자신들 고유의 땅에서 이처럼 안전하고 이처럼 풍요롭게 그리고 이처럼 깊은 차분함 속에 살았던 적은 없었다.

그러나 레호보트 주위에는 아랍인이라는 불안한 문제가 도사리고 있었다. 그렇더라도 오렌지 재배자는 이스라엘 토박이로 아랍인과 그들의 언어, 그들의 방식을 알았다. 아랍인을 다루는 요령은 존경하고 존경받는 것, 곧 존경을 표하며 존경을 요구하는 것이라는 점을 알고 있었다. 식민농장주로서 그는, 단호해야 할 때와 공손하고 관대해야 할 때를 안다고 생각했다. 그래서 쿠베이베와 자르누가 마을 일꾼들이 새벽에 과수원에 도착할 때면 매우 엄격하게 굴었다. 한 줄로 세우고, 자신의 훌륭한 과수에 오물이라도 퍼트릴세라 손이 더럽지는 않은지 일일이 확인했으며, 자신의 귀한 열매에 흠집이라도 낼까 손톱은 깎았는지 점검했다. 일꾼 한 명이 당나귀를 훔쳤다고 의심받았을 적에는, 공개적으로 망신을 주는 대신 조심스럽게 마을 원로를 찾았고 당나귀 역시 조용히 돌려받을 수 있었다. 이들에게 의료적, 재정적인 도움도 주었다. 과수원에서 일하는 아랍 마을 주민들은 이 오렌지 재배자를 존경했다. 그의 지식을 우러러보았고, 공정함에 감사했으며, 주인으로서의 권위를 경외했다. 농노가 자애로운 봉건 영주를 대하듯 그를 대했다. 동시에, 오렌지 재배자가 자신의 토착 일꾼들을 바라보는 시각은 여느 식민농장주와 다름없었다. 나약해지는 법은 없으되 아량이 있어야 한다는 점을 알았다. 품위와 연민, 그리고 철권의 지배가 있어야 한다는 점을 알았다. 자신의 일꾼들은 최고 가운데 최고여야 한다는 점을 알았다. 곧 강하고, 악착같으며, 기강이 올바로 잡혀 있어야 했다. 일꾼들은 자신들 일에 전념했으며 주인에게 헌신했다. 그러나 오렌지 재배자는 알고 있었다. 언젠가는, 언젠가는…….

아랍인 한 명은 달랐다. 이름은 아베드였다. 아베드는 오렌지 과수원의 관리인으로, 주인에게 전적으로 충성했으며 주인 또한 아베드를 전적으로 신뢰했다. 늘씬한 아내와 장대한 아들들, 아름다운 어린 딸과 함께 과수원에 살도록 허락받은 이유였다. 오렌지 재배자가 자리를 비울 적엔 아베드가 책임자였다. 쌀쌀한 아침이면 강력한 펌프를 시동하는 사람도, 아직 이슬이 마르지 않은 땅을 걸으며 살펴보는 사람도 아베드였다. 여름이면 물을 대었으며 가을이면 비료를 주고, 겨울이 다가오면 포장 공장을 싹싹 문질러가며 청소했다. 흰색 편물모자에 항아리 같은 동양 바지를 갖춘, 거만한 검은 콧수염의 사내는 엄격한 위엄으로 동료 일꾼들을 호령했다. 자신의 까다로운 주인보다 오히려 더 까다로운 이 사람은, 모든 것이 흐트러짐 없으며 오렌지 과수원이 꼼꼼히 관리되고 있는지 철저히 확인했다.

다른 일꾼들 대부분이 그렇듯, 아베드는 이웃 마을 자르누가에서 태어나 자랐다. 레호보트 인력의 거의 절반을 공급하는 마을이었다. 따라서 오렌지 재배자는 마을과 깊이 얽혀 있었던 셈이다. 그는 최근 추세에 대해서도 잘 알고 있었다. 지난 10년 동안 자르누가 인구는 2400명으로 늘어났으며, 지난 5년 동안 이곳 오렌지 과수원 면적은 2555두남으로 늘어났다. 부동산 가격은 10년 만에 1000퍼센트나 치솟았다. 레호보트처럼, 자르누가는 전력으로 질주하고 있었다. 자르누가 주민 대다수는 레호보트에서 일하며 여러 시간을 보낸 까닭에 이곳에서 많은 것을 배워갔다. 이들은 이제 트랙터를 몰 줄 알았고 펌프도 잘 작동시켰으며 현대식 오렌지 과수원을 운영할 줄도 알았다. 이들이 짓는 석조가옥은 레호보트의 집을 닮았으며, 갈수록 현대화되었다. 레호보트에서는 서구식 옷옷과 서구식 가구, 각종 냄비, 가축, 통조림 제품, 의약품, 유아식을 사갔다. 그래서 1935년 가을, 오렌지 재배자는 아랍인 문제는 문제가 아니라고 결론 내릴 수 있었다. 오렌지 농장에서 일하는 아랍인들은 문제가 아니었다. 아베드와 그 가족은 더욱이 아무 문제도 아니었다. 이웃 마을 자르누가조차 문제가 아니었다. 레호보트가 성장하면서, 자르누가도 성장했다. 레호보트가 번영하면서, 자르누가 역시 번영했다. 일꾼들이 매일 아침 자르누가에서 오렌지 과수원 입구에 도착할 때면, 만사는 순조로워 보였다. 꼬맹이 열두 명이 매일 자전거를 타고 레호보트로 올 때면 만사는 순조로워 보였다. 유대인과 아랍인이 이곳에서 평화롭게 공존할 수 없다고 믿을 만한 근거는 없었다.

그러나 오렌지 농장과 한참 떨어진 먼 북쪽에서는 다른 목소리가 들리기 시작했다. 아직 구체적인 건 아무것도 없었다. 오렌지 재배자가 자신의 말끔한 테라스에서 알 수 있을 만한 일은 정녕 없었지만, 몇 년 전 모습을 갖추기 시작한 움직임이 물밑에서 이제 막 수면으로 떠오르고 있었다.

이즈 아브드 알카데르 무스타파 유수프 아드딘 알카삼은 1882년 서 西시리아에서 태어났다. 알카삼은 카이로에서 이슬람교를 공부했으며, 다마스쿠스로 돌아와 근본주의 혁명가가 되었다. 1918~1920년 프랑스의 시리아 지배에 항거해 민족 종교 반란을 주도했다. 반란이 진압된 후, 북쪽 연안 소도시 하이파로 달아나 교사로 일하며 이스티클랄 회교 사원의 전도자가 되었다. 카리스마와 더불어 의식적 아랍 애국주의, 아랍 빈민들을 향한 헌신으로 알카삼은 금세 지역의 영웅이 되었다. 때 묻고 부패한 팔레스타인 지도자들과는 달리, 알카삼은 민족에 헌신하며 민족의 사랑을 받는 민족의 사람이었다. 카삼은 위선자가 아니었다. 문맹, 무지와의 전쟁과 지하드[7]를 설득력 있게 합성해냈다. 종교적 급진주의와 사회적 급진주의를 동시에 제시했다. 사회주의적 시온주의처럼, 카삼의 목적은 사회를 안팎으로 개조하는 일이었다. 카삼은 민족적, 정치적, 정신적, 경제적 차원을 아우르게 될 혁명을 추진했다.

1925년, 알카삼은 5단계 계획을 구축했다. 혁명을 위한 정신 무장과 비밀 혁명 조직 수립, 무기와 자금과 지성의 결집, 유대인 살해, 종합적인 무장투쟁 실시. 계획은 1930년에 이르러 실행되었으며 팔레스타인 북쪽에 비밀 조직망이 형성되었다. 각 조직의 성원은 다섯 명으로, 모두 이슬람교에 헌신하며 비밀을 엄수하고 유대인과의 전쟁에 전심하기로 다짐한 사람들이었다. 알카삼은 밤이면 하이파를 굽어보는 카르멜 산비탈 채석장에서 부하들을 훈련시켰다. 종교와 윤리를 설파하고 소총과 수제 폭탄에 대해 가르쳤다. 1931년 4월, 알카삼 추종자들은 들판에서 건초 수레를 타고 돌아오던 키부츠 성원 세 명을 살해했다. 1932년 1월, 문간에 서 있던 농부 한 명을 죽였다. 1932년 3월, 농부 한 명을 더 죽였다. 1932년 12월, 이즈라엘 계곡에 있던 농가에 폭

---

7 jihad, 이슬람교 수호를 위한 성전聖戰.

탄을 던져 농부 한 명과 여덟 살 된 아들을 죽였다.

경찰이 뒤쫓자, 비밀 조직은 지하 깊숙이 숨어들었다. 지도자는 끊임없이 설교했다. 지하드가 답이라고, 유대인 이주는 팔레스타인 사람들 소유의 땅을 훔치는 행위이므로 유대인 이주자는 하나도 빠짐없이 적이라고 강조했다. 그러나 아직 때가 오지 않았다. 인내심을 가져야 했다. 연습하고 준비하고 신호를 기다려야 했다.

1935년 10월 18일, 오렌지 재배자가 첫 수확을 준비하던 시각, 야파 항에는 벨기에산 시멘트 통을 선적한 배가 도착했다. 그 가운데 한 통이 떨어져 부서지자 수천 발의 소총 탄알이 굴러나왔다. 항구는 공황에 빠졌다. 불법 탄약은 불법 유대방위조직인 하가나로 향하고 있음이 틀림없었다. 몇 시간 만에 온 나라가 공황에 빠졌다. 이제 팔레스타인 사람들은 유대인 이주자뿐 아니라 유대인의 군사력 증강도 위협이라고 느꼈다. 총파업이 선언된 후, 알카삼은 행동의 그날이 왔다고 단정했다. 그는 레호보트 오렌지 과수원 북쪽으로 12킬로미터가량 떨어진 곳에서 마지막 연설을 했다. "나는 여러분에게 종교를 가르쳤으며 국민정신을 가르쳤다. 이제 지하드 수행은 여러분의 의무다. 자, 이슬람주의자여, 지하드로 나가자." 추종자들에게 외쳤다.

이 전도사가 자신의 설교를 끝내자 군중은 눈물 바다였다. 신도들은 사내의 손에 입을 맞추며, 알라를 위해 죽으리라 다짐했다. 그러나 한밤중이 되자 남자 열여섯 명만이 알카삼을 따랐다. 팔레스타인의 위대한 반란에 불을 지피겠다고 하이파를 떠나 사마리아 북쪽을 향하던 순간이었다. 반란에서 성취한 일이라곤 하롯 계곡에서 그리 멀지 않은 곳에서 경찰인 모셰 로젠펠드를 쏜 것이 전부였다. 이튿날 영국 병력은 이미 알카삼 무리를 추격하고 있었다. 무리는 에인하롯의 윗마을 누리스에서도, 에인하롯 옆 마을 자린에서도 피신처를 찾지 못했다. 이어 도탄 계곡으로 탈출했지만 결국 영국 비행기에 적발당했다. 대영제국과 절박한 반란 무리 사이의 전투는 세 시간 동안 이어졌다. 팔레스타인 사람 다섯 명이 잡혔고, 다섯 명은 총에 맞아 죽었다. 그러나 1935년 11월 20일, 첫 사망자는 이즈 아브드 알카데르 무스타파 유수프 아드딘 알카삼이었다. 따라서 아랍 일꾼들이 첫 수확에 필요한 나무 사다리와 소쿠리, 전지가위를 들고 오렌지 과수원에 도착했을 때, 레호보트 오렌지 재배자는 평정을 되찾은 상태였다. 알카삼이 죽고 한 주가 지나 다비드 벤구리온이 알아차린 사실을, 오렌지 재배자는 알아채지 못한 셈이었다. 알카삼은 시작에 불과했다. 고인이 된 알카삼의 신화는 이 반란자의 생전 업적보다 훨씬 더 위험할 터였다. 알카삼은 최초의 팔레스타인 순교자가 될 터였다. 이후로도 얼마간, 오렌지 재배자는 북쪽에서 일어난 사건들의 중요성을 이해하지 못했다. 영국은 어찌 됐든 길보아 산에 느닷없이 나타난 이 독초를 뿌리 뽑는 데 성공했으며 더 이상 우려할 까닭이 없다고 믿었다. 이젠 감귤나무에 뻗은 무성한 초록 가지들 위에서 오렌지로 변하고 있는 이 큼직하고 과즙이 풍부한 달걀형 열매에 집중할 때였다.

11월엔 강수일이 13일로, 몹시 습했다. 3일 동안 오렌지 과수원에는 112밀리미터의 비가 내렸다. 하룻밤이 지날 적마다 오렌지 재배자는 우박이 쏟아질까 염려하며 자신의 널찍한 저택 홀을 서성였다. 봄 열파에 이어 겨울 우박과 함께 폭풍이 몰아친다면 첫 절기는 무위로 끝날 터였다. 그러나 폭풍이 물러나고 하늘이 개어 확인해보니 열매는 무사했다. 이제 오렌지로 묵직해진 과수 옆에 서 있자 희망이 느껴졌다. 어쩌면 11월 비의 축복이 4월 캠신 열풍[8]의 저주를 만회할는지 모른다. 어쩌면 모든 역경을 딛고 어린 오렌지 과수원의 첫 절기는 풍작일는지 모른다.

오렌지 재배자는 축복이 공짜로 주어진다고 믿는 유의 인간은 아니었다. 이 땅에 요구되는 건 땀과 헌신과 세심함이었다. 1935년 12월 초, 오렌지 재배자는 과수원으로 들어오는 길과 과수원 내 통로들을 정리했다. 과수에서 마른 가지들을 제거해 수확할 때 열매가 상처 입지 않도록 했다. 그다음 포장 공장의 묵직한 자물쇠를 열었다. 공장에는 사다리와 가위, 가방, 소쿠리를 보관해두었다. 사다리는 튼튼한지, 가위의 기다란 날은 잘 드는지 확인했다. 거친 소쿠리는 열매에 흠이 나지 않도록 부드러운 황마로 테를 둘렀다.

12월 후반, 이른 수확이 시작됐다. 민감한 초록 열매를 보호하기 위해 작업은 손으로만 진행했다. 이어 1936년 1월, 황금빛 태양이 레호보트의 하늘을 푸르게 물들이며 샤무티의 수확이 본격적으로 시작됐다. 아랍 수확꾼들은 짝을 지어 일했다. 한 명이 삼각 사다리를 타고 가지에 올라 높은 곳에 맺힌 열매를 따기 시작하는 사이, 다른 한 명은 아래쪽에 맺힌 열매를 따느라 덤불 속에 가려졌다. 저마다 열매를 따려고 연약한 샤무티를 왼손 바닥으로 부드럽게 감싸 쥐고, 잎 꼭지에 둥근 가윗날을 고정시켜 가지에서 열매를 분리했다. 그다음 열매를

8 khamsin, 국지풍으로 건조하고 습한 모래바람이다. 발원지는 남쪽이며, 북아프리카와 아라비아 반도에 인다.

가방에 조심스레 담았다.

오렌지 재배자는 짝지어 일하는 일꾼들 옆에 서서 혹여 사다리가 오렌지를 치지는 않는지, 가윗날이 껍질에 흠을 내지는 않는지, 오렌지가 금세 가득해지는 가방에 부드럽게 안착하는지를 확인했다. 캘리포니아제 가방이 가득 차면 베두인 소녀를 불렀고, 일꾼들로 하여금 소녀가 들고 온 소쿠리에 열매를 조심조심 옮겨 담도록 했다. 이어 소쿠리가 가득 차면 소녀가 소쿠리를 머리에 이게 도와주도록 했다. 꽉 찬 소쿠리가 얹히고 나면 소녀를 과수원 다른 부분에서 오고 있는 베두인 소녀들과 합류하게 했고, 눈부신 샤무티 오렌지가 수북한 소쿠리를 머리에 이고 기다란 검정 드레스를 입은 채 감귤나무들을 따라 걷고 있는 베두인 소녀들의 행렬을 흐뭇하게 지켜보았다.

1936년이 시작되면서 오렌지 재배자는 조금 걱정스러웠다. 불안한 소문이 나돌고 있었다. 아랍 민족지도부와 아랍 민족언론은 유대인에 대한 반감을 선동하고 있었다. 레호보트의 친구 몇몇은 끔찍한 무언가가 다가오고 있다는 두려움에 사로잡혀 있었다. 그러나 지역 주간지에서는 1936년 1월 12일까지 팔레스타인이 279만4165상자의 감귤을 수출했다고 보도했다. 1월 19일에는 292만3571상자에 이르렀다. 1월 26일에 이르자 325만9609상자가 되었다. 오렌지 농장의 작황은 훌륭했고, 시장 상황은 우호적이었으며, 시온주의는 올바른 방향으로 가고 있었다. 작가인 모셰 스밀란스키는 레호보트의 오렌지 재배자 대표로 지역 주간지에 강하고 단호한 어조의 글을 발표했다.

우리가 우리 나라에 들어온 건 역사상 전무한 상황으로, 어떤 민족도 하지 않은 일이다. 여기엔 두 가지 근거가 있다. 우리는 황무지 상태로 우리를 기다려온 조국으로 돌아오고 있을 뿐, 우리 나라가 아닌 낯선 곳에 들어오는 것이 아니다. 우리는 고대 문화가 있는 민족으로, 오랜 추방생활 동안 구래의 문화에 신新문명의 위대한 가치들을 덧붙여왔다. 우리는 이 모든 부를, 우리 고국과, 우리가 떠나 있는 동안 이 땅에 정착한 민족과, 여타 주변의 동양 민족들을 위한 선물로 품고 오는 셈이다……

어떤 식민주의 사업도 우리 사업처럼 그 나라와 주민들에게 이토록 큰 축복을 가져온 적은 없었다. 우리가 밟는 땅 한 뼘 한 뼘마다 멋지게 변했다. 우리는 스스로를 이롭게 했으며 우리와 함께 있는 사람들 또한 모두 이롭게 했다. 이것이 우리의 자부심이다. 정의로운 과업의 자부심이다. 한 나라를 겨냥한 식민주의 과업이 이처럼 그 나라를 위한 역사적 필연이었던 적은 없었다. 우리는 이 나라 없이는 회복되지 못하며, 이 나라 역시 우리 없이는 회복되지 못할 터다. 이는 곧 역사적 책무로, 우리는 어떤 인간의 손도 우리의 위대한 행위를 좌절시키지 않도록 해야 한다. 우리의 행위는 정의, 곧 절대적 정의의 행위다. 품위와 사랑의 결집이다.

한겨울 나른한 비가 포장 공장의 붉은 타일 지붕 위로 떨어졌다. 보드라운 빗속에서 베두인 소녀들은 머리에 소쿠리를 인 채 공장 안 홀쭉하게 뻗은 침침한 홀로 걸어 들어갔다. 베두인 수장은 소녀들의 머리에서 소쿠리를 내려주고, 비우도록 도와주었다. 꺼낸 오렌지들은 짚을

깐 바닥에 굴려 1미터 높이로 더미더미 모아두었다. 잿빛 2월, 오렌지 재배자는 새로 지어진 현대식 포장 공장 바닥 위에 오렌지가 한 알 한 알 쌓이는 모습을 볼 수 있었다.

오렌지 선별꾼들이 제일 먼저 팔을 걷었다. 열매 위를 훑는 날카롭고 분별 있는 눈과 손으로, 예멘 일꾼들은 수출용 오렌지들을 추려냈다. 그다음 개별 포장꾼들이 와서 고운 박엽지로 열매를 한 알 한 알 감쌌다. 마치 귀한 진주라도 되는 양.

이제 상자 포장꾼 차례. 노동자 베레모와 카키색 제복을 입은 이들은 포장 공장 인부 가운데 엘리트에 속했다. 기함할 속도와 정확성으로 팔레스타인의 자랑인 반짝반짝 신선한 열매들을 상자에 열 맞춰 채웠다.

마지막 순서는 목수로, 공장 현관에서 작업했다. 무디고 녹슨 못을 상자 뚜껑에 조심스레 박았다. 오렌지가 상처 입지 않고 오랜 해외 여정에 견딜 수 있도록 선택한 못이었다.

오렌지 상자는 포장 공장 부근에 차곡차곡 쌓아두었다. 얼마 전까지만 해도 항구까지 낙타로 옮겼겠지만 이제는 소형 트럭이 자갈길과 레호보트의 간선도로를 타고 실어 나를 터였다. 상자들은 야파 항에서 리버풀행 선박에 실릴 터였다. 리버풀에서 오렌지들은 런던, 코번트가든 도매시장으로 향하며, 이들의 여정은 여기서 다시 첼시, 벨그레이비어, 햄스테드, 앵초 언덕, 세인트존스우드로, 심지어 버킹엄 궁전까지 이어질 터였다.

오렌지 재배자는 감상에 빠지는 인물이 아니었다. 행동하는 남자였다. 하지만 포장 공장 위로 빗방울이 떨어지자, 선별꾼과 개별 포장꾼, 상자 포장꾼, 목수들을 관찰하며 긴 홀을 이리저리 서성였다. 집중하느라 오므라든 그들의 입술을 보았다. 작업에서 침착함, 질서, 신성함이 느껴졌다. 마치 일하는 이들 스스로 자기 자신을 초월한 어떤 사건에 동참하고 있음을 깨닫고 있기라도 하듯. 오렌지 재배자는 스밀란스키의 글을 생각했다. 거기엔 자신이 느끼는 감정이 정확히 표현되어 있었다. 유대 장사꾼의 아들딸들은 훌륭한 오렌지 재배자가 되었다. 이들은 감귤나무를 사랑하며 다른 어떤 땅에서보다 잘 자라게 하는 법을 배웠다. 한 세대 만에 이 유대인들은 스스로를 완전히 바꿔놓았다. 이제 미국 농무부에서는 팔레스타인 감귤류의 급격한 성장이 국제 감귤 시장을 불안정하게 하지 않을까 우려할 지경이었다.

밖에선 트럭 엔진 소리가 요란했다. 현관에서도 목수들이 망치로 오렌지 상자를 못으로 봉하고 있었다. 그러나 안은 완전한 침묵이었다. 오렌지마다 고운 디페닐[9] 종이에 싸서 다시 하나하나 정성을 다해 정확하고도 효율적으로 상자에 조심조심 자리를 맞춰 넣었다. 이곳엔 조화가 있었다. 남자와 여자, 예멘인과 아슈케나지, 유대인과 아랍인 등 이 땅의 두 민족이 나란히 일하며 황금빛 열매를 생산하고 있었다.

몇 년 후, 스밀라스키의 조카이자 훗날 이스라엘의 선도적 작가 가운데 한 명이 될 이즈하르는 1930년대 레호보트의 신비를 포착하려 애쓸 터였다. "서두르는 사람은 아무도 없었다", 사내는 적었다.

---

9 특히 감귤류 등의 방부에 사용하는 물질. 디페닐을 침윤시킨 종이로 포장하면 수송 중 디페닐이 승화하여 껍질에 흡착해 곰팡이류 발생을 억제한다. 인체에 유해하여 유럽 연합에서는 현재 사용을 금지하고 있다.

모두 당나귀와 말을 타고 다니며 중용 속에 편안하게 살았다. 모두가 열려 있는, 진정 열려 있는 마음으로 너그러우며, 선한 농부의 순전한 심정으로 가득 차 있었다. 말썽은 결코 적지 않고 공포와 긴장의 날들 또한 다가올 터였지만, 레호보트에 온다는 건 체제를 갖춘 곳, 모종의 느림과 온건穩健함 그리고 인망 있는 사람들이 있는 곳에 온다는 의미였다.

이곳에는 평정이 있고 안전이 있었으며, 만물은 크게 변하지 않았다. 마치 인간들 삶의 방식과 오렌지 과수원의 충만함과 유칼립투스 꼭대기에 도도하게 내려앉는 까마귀의 느릿한 비행 사이에 어떤 비밀 조약이라도 있는 양. 저녁이면 고요가 그득했으며, 그 자리를 빼앗는 건 오로지 물 펌프가 똑딱거리는 소리와 피안에서 울려오는 듯한 현의 선율뿐이었다. 그리고 자칼이 있었으며, 고요 속에서는 먼 바다의 파도 소리마저 들을 수 있었다.

작가는 등불 옆에서 밤이 깊도록 수필을 쓰고, 수탉은 꼬끼오 울어대고, 당나귀는 뱃속 깊은 곳에서부터 목청을 돋우었다. 무슨 일이 있어도 걱정할 필요가 없으며, 세상은 순조롭게 돌아간다고 말해주고 있었다.

레호보트에 온다는 건 표정이 있는 곳에 온다는 의미였다. 심각함이 있었고, 그늘이 있었으며, 진지함과 정직함이 있었다. 가장 중요한 일과 전혀 중요하지 않은 일에 대해 이야기를 나눌 누군가가 있었다. 오렌지 과수원은 비옥하며, 짙은 초록은 푸르름에 가까웠다. 아카시아 생울타리는 향기로우며, 마치 황금 오솔길 위로 금빛 별들이 떠 있는 모습이었다. 낙타는 무거운 감귤상자를 나르고, 관개용 웅덩이는 꿈 같았으며, 무모한 소년들은 여기서 무모하게 헤엄쳤다. 이곳에는 부절히 고동치며 멈추지 않는 심장을 지닌 펌프가 있었고, 펌프는 돌고 돌아 오렌지로 그늘진 사토의 땅 깊은 곳에서 낮이고 밤이고 물을 끌어올렸다.

그러나 나는 때마침 뒤로 돌아서고, 오렌지 재배자가 포장 공장을 나가 1936년 3월 중순 달콤하고 나른한 오후 자신의 말에 오르고 있는 모습을 본다. 하지만 내게는 그보다 훨씬 더 많은 일이 보인다. 오렌지 재배자는 아직 모르지만, 새로 생긴 제에브과학원이 자리한 철도 남쪽 2층짜리 석조 건물에서 앞으로 있을 이스라엘의 과학적 기량이 모습을 드러낼 터였다. 농업연구소 경내에 위치한 추마시가家의 실험 농장에서, 앞으로 있을 이스라엘의 현대 농업이 싹틀 터였다. 밀러 지구에 새로 지은 바우하우스식 주택에 거주하는 농학자와 독일계 유대인 과학자들이 지닌 재능과 지식은 이 식민지와 이 나라를 송두리째 뒤바꿀 터였다. 1936년 레호보트는 조용하고 평온하며 조화로운 분위기이지만, 이미 그 안에 상상을 초월하는 미래의 씨앗을 품고 있었다.

레호보트에 있는 자신의 집으로 향하는 길, 오렌지 재배자의 말이 얼음 공장과 소규모 제약 공장, 새로 놓은 헤르츨 하이스트리트의 새로 생긴 찻집을 지나갔다. 앵글로-팔레스타인 은행과 제과점, 미용실, 새로 생긴 버스 정류장을 지나갔다. 얼마 전 이주한 오스트리아 사진작가가 개업한 사진관과 새로 생긴 전파상들을 지나갔다. 체력 단련을 위해 운동 경기장에 모인 탄탄한 어린 녀석들을 지나갔다. 그리고 지주 클럽에 모인 존경받는 지역 지주 어르신들을 지나갔다. 말은 이어 새로 개원한 산부인과 옆 언덕을 올라 레호보트를 굽어보는 웅장한 유대교 회당에 이르렀다. 서쪽으로는 노동자 지구를 볼 수 있었다. 동쪽으로는 부유한 오렌지 과수원 주인들의 으리으리한 식민지 저택을, 남쪽으로는 예멘인 거주지를, 북쪽으로는 유명 건축가 에리히 멘델존이 시온주의 지도자 차임 바이츠만을 위해 지은 궁전 같은 현대식 대저택을 볼 수 있었다. 2000년 동안 유대인들에겐 땅이 없었다. 이제는 레호보트에 민족의 땅이 있었다.

1936년 레호보트의 만사는 순조로워 보였다. 시온주의 혁명과 혁명을 이끄는 진보 사이에는 균형이 있었다. 빠르게 성장할 필요와 천천히 성장하겠다는 다짐 사이에 균형이 있었다. 노동계급 사회민주주의자와 지주계급 자유주의자 사이에는 차근차근 발전하는 것이 성장하는 길이라는 합의가 있었다. 하지만 두 계급 모두 시온주의가 이 땅에 뿌리내려 점진적이고 자연스럽게 자라나기를 원했다. 이 땅을 무력으로 취하겠다는 논의는 없었다. 각자 나름의 방식으로 시온주의가 민족 정체성을 수립하는 과정이 되기를 원했다. 민족의 치유와 땅의 경작이 융합되기를 원했다. 1936년 3월, 레호보트에서 전체주의란 찾아볼 수 없었다. 볼셰비즘도, 파시즘도, 군국주의도 없었다. 레호보트의 시온주의는 인도적이고, 실용적이며, 온건하고, 균형적이었다. 레호보트는 19세기 말 이곳에 심긴 씨앗을 살아 있는 현실로 싹틔우고 있었다.

1936년 4월 초, 절기 말 파티가 열렸다. 오렌지 재배자는 파티를 즐기는 유가 아니었지만, 텔아비브 친구들에게 거절은 통하지 않았다. 친구들은 샤론과 유대와 레호보트에 있는 오렌지 농장들 사이에서 요즘의 유행은 광란의 봄 파티라며 포장 공장이 딱 맞는 장소라고 고집했고, 자기네 멋대로 덩치 큰 발전기를 가져다놓았다. 인기 재즈밴드를 고용하고 부상하는 이 중심 도시의 베트남식 찻집에 소문을 퍼뜨렸다. 날씬한 베를린 소녀와 밍크코트를 걸친 폴란드 숙녀들을 초청했다. 손님들은 텔아비브의 로스차일드 대로에서부터 미국산 고급 자동차의 기분 좋은 호송을 받으며 도착했다. 눈부신 전조등에다 떠들썩한 경적과 함께.

오렌지 재배자는 파티에 섞이지 않았다. 술도 마시지 않았고, 춤도 추지 않았다. 왁자지껄한 손님들이 술잔을 들어 사내에게 경의를 표했지만 그들을 그저 바라보기만 했다. 나이트클럽으로 변한 자신의 포장 공장 구석에 선 사내는, 텔아비브의 젊은 사업가들과 레호보트 오렌지 과수원의 젊은 주인들이 레호보트에 사는 예멘 소녀와 텔아비브에 거주하는 도회적이며 세련된 유럽 이주자들에게 잔이 비워질세라 술을 따라주는 모습에 어안이 벙벙했다. 급조한 무도장 위에서 번드르르한 수출입 대리상들이 야한 드레스 차림에 거나하게 취한 처녀들을 리드하는 모습에 경악했다. 밴드가 연주하는 음악은 점점 더 활기를 띠었다. 처음엔 왈츠, 그다음엔 탱고, 그다음엔 폭스트롯. 가관은 폭스트롯이었다. 미스 무도회를 뽑는 요란한 미인대회와, 무도회에서 가장 대담한 커플을 뽑는 외설적인 대회가 있은 후, 쌍쌍이 불빛을 등지고 오렌지 과수원의 어둠 속으로 사라졌다.

동이 트자 도시 군중은 사라지고 오렌지 재배자는 다시 혼자였다. 관리인 아베드와 그 아들들이 포장 공장에서 탁자와 의자를 치웠다. 자르누가 일꾼들은 안뜰을 쓸고 우물집을 씻었다. 관개용 웅덩이 옆에 남겨진 실크 브래지어를 집어올릴 적엔 당황스러움을 금치 못했다. 오렌지 재배자는 이 모든 것으로부터 등을 돌린 채 장화를 신고 굵은 아침 이슬 속으로 걸어 들어갔다.

오렌지 재배자는 유대인과 오렌지 사이의 신비한 유대가 궁금해졌다. 이 둘 다 거의 동시에 팔레스타인에 도착했다. 같은 해안 평야에 뿌리를 내렸다. 둘 다 이 비옥한 적토를 필요로 했고, 이곳의 태양과 파란 하늘을 필요로 했다. 온화한 날씨와 바다 곁의 삶을. 영국인들이 팔레스타인을 지배하지 않았다면 유대인도 오렌지도 번성하지 못했으리라. 그리고 1936년 4월 초, 이제 이스라엘 땅의 유대인과 오렌지는 더불어 번창하고 있었다.

오렌지 재배자가 과수원으로 걸어 들어가자 꿩 한 떼가 후다닥 날아가버렸다. 토끼 한 마리가 냅다 도망쳤다. 여우는 덤불에 숨어 엿보고 있었다. 벌들은 하늘을 빙빙 돌며 윙윙거리다 꽃망울에 내려앉아 꿀을 빨아먹었다. 오렌지 재배자는 몽구스가 지나간 선명한 흔적을 알아보았다. 자칼의 흔적도 생생했다. 과수원은 그 자체로 하나의 소우주였다.

오렌지 재배자에게는 이 모두가 믿겨지지 않았다. 쿠베이베 마을 주민들에게서 한때 불모지였던 듀 계곡의 땅 70두남을 구입하고 불과 6년이 흘렀을 뿐이다. 땅에서 독초를 제거하고 발렌시아 묘목 1000그루와 샤무티 묘목 4000그루를 심고 불과 5년이 흘렀다. 눈 깜짝할 사이, 이 5000그루의 묘목은 이제 숲으로 변해 있었다. 잿빛의 메마른 황무지는 은풍한 식물상, 동물상의 서식지로 변신했다. 마치 예전부터 줄곧 이곳에 자리 잡아온 듯했다. 오렌지 재배자가 둘러보고 있는 모든 것은 인간이 만든 자연이었다.

오렌지 재배자는 유대인의 회춘과 이 나라의 회춘에 대해 생각했다. 이제 감귤과수원 30만 두남이 있으며 절반 이상이 유대인 소유였다. 다음 해 수출은 감귤 열매 1000만 상자에 이르리라 기대되었고, 1939년에 이르면 수출은 1500만 상자에 이르리라 기대되었다. 재해가 없다면, 1940년대에 팔레스타인은 2000만 상자 이상의 오렌지를 수출해 세계를 주도하는 오렌지 강국에 오를 터였다. 유대인들이 이 지역 과수원에서 성취해낸 일로, 이 땅에서 산출할 수 있는 오렌지라는 금덩어리의 양은 무제한이라는 사실이 입증되었다. 이 땅의 후함에는 끝이 없었다. 팔레스타인이 유대인을 흡수하고 구하는 능력에도 한계가 없었다.

오렌지 재배자는 과수원 정상에 이르러 주위를 둘러보았다. 과수원 남쪽에는 레호보트의 희붉은 집들이 있었다. 서쪽에는 쿠베이베와 자르누가 마을의 생기 없는 석조가옥이 있었다. 자신들 한가운데에 이식된 식민정착촌과 평화롭게 사는 법을 배운 마을들이었다. 과수원 북쪽은 팔레스타인 지주들의 과장된 동양식 저택들이 채웠다. 이들은 번성하는 유대인들이며 번성하는 오렌지 과수원과 나란히 번성해왔다. 동쪽으로는 키 큰 종려나무들이 라믈레까지 이어지며, 그 너머로는 예루살렘 등줄기의 푸르스름한 윤곽이 있었다. 오렌지 재배자는 세상 물정 모르는 순진배가 아니었다. 그는 독일에서 전해지는 뉴스를 따랐다. 아랍 도시와 마을들에서 나오는 불길한 소문에 귀를 기울였다. 1936년 레호보트는, 유럽 유대인들을 뒤흔들고 아랍 팔레스타인을 변모시키는 거대한 세력들로부터 위협받고 있다는 사실을 인식했다. 그러나 바로 이 순간만큼은 자신의 오렌지 과수원 꼭대기에 서서, 남쪽의 오렌지 과수원과 서쪽의 오렌지 과수원, 북쪽의 오렌지 과수원과 동쪽의 오렌지 과수원을 바라보았다. 어딜 보든 오렌지 과수원이었다. 그리고 이 과수원들은 젊고 성숙하며, 유대인과 아랍인 모두의 것이었다. 이 모두는 텍사스 땅에서 기름이 터져나오듯, 이 땅에서 터져나오고 있었다. 오렌지 재배자는 이 땅에 축복이 내려져 있음을 알았다. 이 땅에는 희망이 있었다. 식민정착촌 레호보트는, 유대 민족이 유대 광야에서의 2000년 방랑을 끝낼 권리가 있다고 말하는 산 증거였다. 유대인들은 이곳에 와 집을 짓고 나무를 심으며 뿌리를 내릴 권리가 있었다. 무에서 유를 창조하며, "평화와 풍요와 고향"이라고 속삭이는 오렌지 과수원이라는 이 초록 대양을 창조하며.

넷

1942년,
마사다

1936년 4월 15일 수요일 저녁, 첫 번째 총성이 들렸다. 어둠이 내리고 얼마 지나지 않은 시각, 사마리아 구릉지의 툴카렘 로路 위에 세워진 사암 타르통 더미로 만든 임시 불법검문소 옆에 자동차 20대가량이 정지 신호를 받고 멈춰 서 있었다. 복면을 쓰고 무장한 사내들이 운전자와 승객 한 명 한 명에게 아랍의 대의명분을 위해 소총과 탄약 살 돈을 내놓으라고 요구하는 상황이었다. 그러나 쉰다섯 살인 즈비 다넨베르그와 일흔 살인 이스라엘 하잔이 닭을 가득 실은 트럭을 타고 텔아비브 시장에 가던 길, 무장 강도들은 이들이 유대인이라는 사실을 알아차리고는 밖으로 끌어내 쏘았다. 다넨베르그는 즉사했다. 하잔은 트럭에 버려진 채 과다 출혈로 사망했다.

이튿날, 카키색 복장의 유대인 2명이 양철 헛간에 도착했다. 샤론평원에 있는 에플바움 바나나 농장의 아부 라스 소유였다. 때는 거의 한

밤중으로 아부 라스는 문 두드리는 소리를 듣고 이 뜻밖의 손님들에게 문을 열어주었다. 권총 11발이 그와 이집트인 룸메이트에게 발사되었다. 아부 라스는 현장에서 사망했고, 이집트인은 칠흑 같은 밤에 안간힘을 쓰며 기어가다 채 100미터도 가지 못하고 죽었다.

이튿날, 텔아비브 도심에서 이스라엘 하잔의 장례식이 치러졌다. 장례 행렬은 걷잡을 수 없이 불어나 분노의 시위로 번졌다. 수천 명이 복수를 외치며 거리에 결집했다. 몇몇 패거리는 하루 품을 위해 도시로 나온 아랍 짐수레꾼과 구두닦이를 제멋대로 죽이려 했다. "피와 불에 유대인 떨어졌으나, 피와 불에서 유대인 일으켜질지어다."[1] 젊은 민족주의자들은 외쳤다.

이틀 뒤, 이웃 텔아비브에서 아랍인 4명이 살해되었다는 소문이 야파를 휩쓸었다. 아랍인 수백 명이 거리에 군집해 경찰소와 정부 청사로 행진했다. 사망했다고 추정되는 아랍인들의 시신을 요구하고 있었다. 이어 먹잇감을 기다리며 길모퉁이에 삼삼오오 모였다. 유대인 버스며 택시, 자동차에 돌팔매질을 했다. 아무 죄 없는 유대 행인을 뒤쫓았다.

하임 파시고다는 스물세 살 된 법률사무소 직원으로 야파 등기소에 가던 길이었다. 돌과 망치, 칼로 무장한 팔레스타인 무리가 사내를 덮쳐 살해했다. 엘리에제르 비소즈키는 이디시어를 쓰는 유대 노인으로 분노에 휩싸인 야파를 탈출하려 했다. 텔아비브로 향하던 마차에 뛰어오르는 데 거의 성공하는가 싶더니 떨어져서 무리의 손에 들어갔고, 죽

---

1 유대 민족주의 지하 조직 하비르요님의 혁명가 가사.

도록 얻어맞아 사망했다. 하임 코른펠드는 서른 살, 빅토르 쿠퍼민츠는 서른네 살 된 미장공으로 아랍인들만 거주하는 야발리야에서 웅장한 아랍 주택을 개보수하고 있었다. 감귤 항구[2]에서 내려온 무리가 이들을 때려죽였다. 이츠하크 프렝켈과 예후다 시만토브도 같은 방식으로 살해되었다. 전기 기사 다비드 샴바달이 조명 시설을 새로 설치하려고 찻집에 도착하자, 한 무리의 젊은 아랍인들이 샴바달을 난도질해 죽였다. 젤리그 레빈손은 자파 변두리에서 소총 세례를 받고 쓰러졌다.

이튿날 유대인 5명이 더 살해되었다. 투비아와 요세프 프로사크 형제, 슐로모 모리슨, 이츠하크 자이틀린, 샬롬 하다드. 3일 동안, 텔아비브에서는 아랍 폭력 희생자 열여섯을 묻었다. 부상자 80명은 시내 병원에서 치료받았다. 혈액이 부족해 수혈이 촉구되었다.

이튿날, 팔레스타인 민족주의 지도부는 총파업을 외쳤다. 이제 폭력은 새로운 양상을 띠었다. 예루살렘과 키부츠인 크파르메나헴과 북쪽 밸푸어 숲은 방화로 물들었다. 하롯 계곡의 들판들은 화마에 휩싸였고, 과수들의 뿌리가 뽑히거나 쓰러진 오렌지 과수원은 수백 두남이었다.

3주 후인 5월 13일, 유대인 2명이 예루살렘 구시가에서 살해되었다. 5월 16일, 유대인 3명이 예루살렘 에디슨 극장에서 군중 속으로 나오다 저격수들에게 쓰러졌다. 8월 13일, 패거리 하나가 사펫에 있는 유대교 초정통파 가족의 집에 침입해 침대에 있던 아버지와 열여섯 살 아들, 아홉 살과 일곱 살 된 딸을 살해했다. 이튿날 매복해 있던 아랍인

---

2 야파 항을 가리킨다.

들이 카르멜 숲의 조용한 산장을 향해 운전해가던 유대인 넷을 습격했다. 하루 뒤 레호보트에서 얼마 떨어지지 않은 마을 사라판드에서 유대인 한 명이 살해당했다. 사라판드 희생자의 장례가 치러지는 동안, 텔아비브의 분주한 거리 헤르츨 가를 지나던 기차에 폭탄 하나가 던져졌다. 유대인 19명이 다치고 여덟 살 유대 소년 한 명이 죽었다. 이튿날, 젊은 유대인 간호사 두 명이 총살되었다. 야파 국립병원에 막 출근했을 때였다. 사흘 후, 예루살렘의 허름한 자택 서재에서 고대 이슬람 필사본을 읽고 있던 학자의 두개골에 소총 탄알 하나가 관통했다. 이튿날, 크파르사바 오렌지 과수원에서 일을 마치고 돌아오던 길, 여자 일꾼 한 명과 남자 일꾼 둘이 살해되었다. 모두 유대인이었다.

유대인 공동체는 황겁했다. 사실, 폭력은 전부터 있어왔다. 1920년 3월에는, 북갈릴리에서 아랍인과 유대인이 처음으로 대전했다. 1920년 4월에는, 예루살렘에서 수차례 폭동이 있었다. 1929년 8월에는, 헤브론과 사펫에서 대학살이 있었다. 그러나 이 사건들은 전부 짧고 산발적인 폭력 사태였다. 갑자기 왔다 갑자기 사라져버리는. 한 영국 장교의 묘사는 정확했다. 장교의 표현대로, 이 사건들은 팔레스타인 남쪽 사막인 네게브에 발생한 돌발적인 홍수를 닮았다. 1936년의 폭력은 이와 달리 지속적이었다. 팔레스타인을 전례 없는 분쟁으로 에워쌌다. 팔레스타인 사람들의 총파업은 팔레스타인 민족 기관 설립운동과 맞물려, 반란이라고밖에 해석할 수 없었다. 아랍 팔레스타인 민족운동의 집단 반란이었다.

1936년 늦봄과 초여름, 시온주의자들의 반응은 절제되어 있었다. 아랍 테러가 있고 4개월 후인 8월 하순이 되어서야 유대인은 첫 번째 복수를 감행했다. 그러나 1936년 여름에 발생한 80명의 사망과 400명의 부상은 유대인의 집단정신을 탈바꿈시켰다. 그을린 들판과 오렌지 과수원의 뿌리 뽑힌 과수, 길섶 매복, 계속되는 야간 사격도 마찬가지 몫을 했다. 1936년 4월에서 8월 사이에 발생한 잔혹한 사건들은 유토피아적 지복 상태에 있던 시온주의를 디스토피아적 분쟁 상태로 밀어냈다. 팔레스타인 민족주의가 이제 목소리를 높여 유대인 이주를 당장 멈추라고 요구하면서, 유대인들은 이곳에 살고 있는 아랍인들도, 아랍인들이 시온주의 사업을 매도한다는 사실도 더 이상 무시할 수 없었다. 유대 민족 해방운동은 아랍 해방운동에 직면해 있다는 사실을 인정해야 했다. 아랍 해방운동은 자신들이 정착해온 땅에서 유대인을 게워내기를 원했다.

신문은 하루가 다르게 불어나는 사망자 명단으로 채워졌다. 이름들은 집단 장례식을 알리는 검은 테두리의 공지란과 안내란을 메웠으며, 장례식은 결국 시위로 번졌다. 그러나 유대인 공동체에 공황이나 절망의 정서는 없었다. 오히려 그 반대였다. 하루하루 사람들은 더 결연해지는 듯 보였다. 새로운 종류의 결의가 부상했다. 의지가 약해지기는커녕, 비극적 현실을 인정함으로써 오히려 대담해졌다. 이로써 1936년 팔레스타인에 살고 있는 40만 유대인은 전투 공동체로 변했다.

11월, 필 卿을 수장으로 한 왕립조사위원회가 팔레스타인에 도착했다. 몇 주가 지나자 그들은 전개되는 상황이 묵과할 수 없는 수준임을 파악했다. 8개월 후인 1937년 7월, 필 위원회는 영국 정부에 보고서를 제출했다. 이 땅을 두 개의 민족국가, 즉 유대국과 아랍국으로 분할하라고 권고하는 내용이었다. 또한 유대국에 거주하는 아랍인들은 다른 곳으로 "이주시키라고" 권고했다. 바로 이 순간부터 "이주"라는 개념, 곧 아랍 민족의 퇴거라는 개념이 시온주의의 주된 사고 가운데 하나로 자리 잡았다. 1936년에는 터무니없었던 일이 1937년에는 용납되었다. 시온주의가 발족할 당시 절대적 이단이었던 생각이 경쟁적 민족운동과 얼굴을 맞대자 여론이 되었다.

베를 카츠넬손은 노동운동의 정신적 지도자로, 1937년 11월 다음과 같이 연설했다. "이 문제와 관련해 내 양심은 단연코 결백하다. 가까이 있는 적보다는 멀리 있는 이웃이 낫다. 저들은 이주로 잃을 것이 없으며 우리 또한 아무것도 잃지 않을 터다. 요점은 이 개혁이 두 민족 모두에게 이로우리라는 사실이다. 한동안 나는 이를 최선책이라 생각해 왔으나, 폭동이 일어나는 동안 불가피하다는 확신을 얻었다. 그러나 이주 지역이 나블루스일 수 있다는 생각은 단 한순간도 내 머리를 스쳐간 적이 없다. 과거에도 그랬듯 현재도 마찬가지로 아랍인들은 시리아와 이라크로 이주시켜야 한다는 생각이다." 팔레스타인 유대인 기구 책임자인 다비드 벤구리온은 1938년 6월 말했다. "유대 국가에 사는 아랍인 문제를 해결하는 방법은 이들을 아랍 국가로 이주시키는 것이다." 그다음 해에 벤구리온은 이렇게 주장했다. "강제 이주가 이루어진다면 방대한 영토가 우리 차지가 될 터다. 나는 강제 이주를 지지한다. 여기서 비윤리적인 점은 전혀 찾아볼 수 없다." 메나헴 우시슈킨은 유대 민족기금 대표로, 1939년 봄에 말했다. "아랍인 6만 가구의 이주는 극도로 윤리적인 조치다."

1940년 12월, 유대 민족기금 삼림부 수장인 요세프 바이츠는 일기에 다음과 같이 적었다. 텔게제르의 허버트 벤트위치 소유지를 방문한 직후였다.

둘만의 이야기였지만, 이 땅에 두 민족을 수용할 공간이 없다는 사실
엔 의심의 여지가 없다. 이 상태로는 아무리 발전한다 해도 이 작은 땅
에 하나의 독립국가를 세우겠다는 우리의 목적을 달성하지 못할 터
다. 아랍인들이 떠난다면, 이 나라는 우리에게 충분히 넓은 공간이 될 터
다. 아랍인들이 남는다면, 이 땅도 좁고 가난한 상태로 남을 것이다. 유
일한 해법은 이스라엘의 땅, 적어도 아랍인들이 없는 이스라엘만의 서
쪽 땅이다. 여기에 타협의 여지는 없다. 시온주의의 과업은 이제까지
는…… 바람직했다……. 그러나 이런 식으로는 이스라엘 민족에게 국
가가 생길 수 없으리라. 주변국들로 아랍인들을 이주시키는 것 외엔 방
법이 없다. 전부 이주시키는 것 외엔. 어쩌면 베들레헴이나 나자렛, 예
루살렘 구시가는 제외하더라도. 단 한 마을도, 단 한 부족도 남아서는
안 된다. 이주 목적지는 이라크와 시리아, 트랜스요르단까지도 포함한
다. 그렇게 하려면, 재정 지원이 있어야 한다. 그것도 많이. 이러한 이주
만이 이 땅에 수백만 형제들을 흡수시킬 방도이며 유대인이 처한 문제
를 해결할 방법이다. 다른 도리는 없다.

1930년대 후반, 팔레스타인 유대인 공동체에는 아랍 인구를 이전할
만한 영향력이 없었다. 그러나 이 새로운 개념은 시온주의 지도부의
심리 상태의 많은 부분을 시사했다. 1897년 허버트 벤트위치가 야파
항에 상륙한 이후 억제되고 부인되어온 모든 문제가 수면 위로 떠올랐
다. 이스라엘 쟁월의 충격적인 통찰은 이제 예사로운 생각에 속했다.

1년 만에 무자비한 현실 인식이 뿌리내렸다. 우리냐 저들이냐, 사느냐 죽느냐.

의식의 변화는 지도부만의 문제가 아니었다. 유대인 공동체 의식 전체가 변했다. 1936년 폭력의 결과, 팔레스타인 유대인들은 탈바꿈했다. 결백과 자기기만, 윤리적 금기는 사라졌다. 현실에 대한 무자비한 새로운 인식과 더불어 무자비한 새로운 결의가 찾아왔다. 우리에게 후퇴는 없을지니, 우리는 양보하지 않으리라. 시온주의를 지키는 데 필요한 일은 무엇이든 하리라.

폭력의 소강은 1936년 가을에서 1937년 가을까지 이어졌다. 그러나 필 위원회가 떠나자 아랍 반란은 다시 터졌다. 1937년 10월이었다. 증조부의 절친한 친구인 아비노암 얄린이 예루살렘 교육위원회 사무실에서 총살당하자 유대인들은 보복으로 아랍 행인과 미국인 사진작가를 살해했다. 유대 구릉지에 소나무를 심으려던 개척자 5명이 매복해 있던 무리에게 습격당하자 예루살렘 유대인들은 아랍인 한 명을 살해하고 다시 또 한 명을 살해했다. 이어 아랍 여성 2명이 불에 타 죽었다. 그들이 타고 있던 차가 예루살렘의 번잡한 시장에서 폭발했을 때였다. 불과 한 달 만에, 무고한 아랍인 희생자 수(12명)는 무고한 유대인 희생자 수(9명)를 넘어섰다.

1938년 대규모 아랍 반란으로 반란은 절정에 달해, 나라 대부분을 장악할지도 모른다는 우려를 낳았다. 경찰서는 불탔고, 산악지역은 혼돈 상태였다. 아랍 해방운동과 대영제국 사이의 충돌은 잔혹한 양상으로 변했다. 1년 사이 2000명 가까이 되는 사람이 죽었다. 대부분은 영국 대 아랍, 아랍 대 아랍의 대결로 인한 피해자였지만, 유대인과 아랍인 사이의 적대감으로 인한 피해자 수 또한 늘어났다. 이 피의 무도舞蹈에서, 아랍인이 유대인에게 저지르는 잔혹 행위와 유대인이 아랍인에게 저지르는 잔혹 행위는 갈수록 섬뜩해졌다.

1938년 3월, 아랍인들이 하이파에서 사펫으로 향하던 자동차 한 대를 공격했다. 안에 타고 있던 유대인 6명을 살해했다. 그 가운데에는 여성 둘, 어린 소녀 한 명, 소년 한 명이 있었다. 소녀는 강간한 뒤 죽여서 토막을 냈다. 이 사건으로 촉발된 격노의 물결은 갈릴리에서 아랍 버스에 대한 유대 과격주의자들의 공격으로 이어졌지만 실패로 끝났다. 6월 말 유대 테러분자 가운데 한 명이 목매달려 죽자 유대 민족주의자들은 광기에 휩싸였다. 7월 3일과 4일, 예루살렘과 텔아비브에서 몇 건의 암살이 발생했다. 7월 6일, 유대인들은 하이파의 아랍 시장에 시한폭탄을 터트려 아랍인 21명을 죽게 했다. 7월 15일, 유대인들은 예루살렘 구시가 시장에 시한폭탄을 터트려 아랍인 10명을 죽게 했다. 7월 25일, 하이파 붐비는 시장에 가공할 화력의 폭탄을 터트려 아랍인 50명을 죽게 했다. 8월 26일엔, 감귤로 유명한 야파 항 시장에 교묘히 숨겨놓은 폭탄으로 24명을 죽게 했다.

아랍인도 게으르지 않았다. 7월 5일, 에인베렛 마을 일꾼들을 겨냥한 살인 공격(4명 사망). 7월 10일, 식민정착촌 지바트아다 맹습(3명 사망). 7월 21일, 하층 노동자 구역인 키르야트하로셰트에 대한 교묘한 공격(5명 사망). 8월 4일, 키부츠인 라마트하코베시 흙길에 지뢰 매설(8명 사망). 8월 28일, 키부츠인 에인셰메르 공격(2명 사망). 9월 10일, 마스시 교차로에서 전기 회사 직원들 사매질(7명 사망). 9월 14일, 하롯 계곡 동쪽 변두리에 지뢰 매설(3명 사망). 10월 2일, 티베리아스에서 성인

8명과 아동 11명 학살.

1938년 하반기 유대인과 아랍인이 저지른 잔혹 행위에는 의미심장한 차이가 있었다. 유대 시민에 대한 공격은 아랍 민족주의 지도부와 아랍 대중 다수의 지지를 받았던 반면, 아랍 시민에 대한 공격은 주류 시온주의로부터 맹렬한 비난을 받았다. 살인자 유대인 대부분은 팔레스타인 유대인 공동체의 선출 지도부가 제시하는 정책과 지침에 반항하는 비주류 테러 집단 성원들이었다. 다른 한편, 유대인들의 행동 가운데 일부는 아랍인들의 행동보다 훨씬 더 치명적이었다. 1938년 여름은 1936년 여름과 달랐다. 1938년 여름에 살해된 아랍인 희생자 수는 살해된 유대인 수를 훌쩍 뛰어넘었다.

대학살의 여름은 또 다른 극적 전환을 초래했다. 하롯 계곡에서, 인습타파주의자인 스코틀랜드 특공대 용사 오드 윈게이트 대령은 특수야간반 다섯 부대를 창설했다. 1938년 7월 13일, 키부츠 에인하롯에서 첫 번째 군서약이 이뤄졌다. 공식적으로 이 다섯 반의 과제는 계곡을 통과하는 이라크-하이파 간 송유관을 보호하는 일이었으나, 실제 임무는 아랍인들의 테러에 대응해, 영국계 유대인들의 보복성 테러를 이용한 대對반란 운동을 일으키는 일이었다. 처음에 특수야간반은 계곡에 매복해 있다가, 무장한 아랍 패거리들과 싸웠다. 얼마 지나지 않아 이들은 아랍인 마을을 습격해 주민들을 위협하기 시작했다.

점점 더 많은 건수의 약탈과 포로 처형이 보고되었다. 1938년 가을, 특수야간반의 잔혹성은 도를 더해갔다. 에인하롯의 지역 영웅, 이츠하크 스투르만이 자동차 지뢰 사고로 사망하자, 이 영국계 유대인 게릴라 부대는 파쿠아와 길보아 산비탈을 미친 듯이 휘젓고 돌아다녔다.

이어 티베리아스에서 유대인 19명이 학살된 후엔 사펫으로 가는 도로와 다부리야, 하틴 같은 마을을 무차별적으로 공격해 복수했다. 아랍인 15명이 사펫 도로에서 살해되었고, 15명은 다부리야에서 살해되었으며, 하틴에서는 숱한 아랍인이 목숨을 잃었다.

영국 장교들이 윈게이트 특수반을 지휘했다. 일반적으로는 특수반 영국 병사들이 한층 더 무자비한 용사들이었으나, 하가나[불법 유대방위조직] 투사들은 자발적인 협력자였다. 새로운 전투정신을 지지하면서, 하가나 투사들은 팔레스타인의 젊은 히브리인들에게 영웅시되었다. 9월 13일, 윈게이트는 키부츠 에인하롯의 원형극장에서 병장 양성과정 발족을 선언했다. 이 신심 깊은 특공대 지휘관은 이 발족 선언이 중요하다는 데 일말의 의구심도 없었다. "우리는 여기서 시온의 군대를 창설하려 한다", 그 앞에 정렬한 젊은이 100명에게 외쳤다.

1938년 겨울과 1939년 봄, 영국은 아랍 대반란을 철권으로 제압했다. 그러나 유대인의 테러리즘은 줄어들지 않았다. 1939년 2월, 하이파 기차역과 하이파 시장, 예루살렘 시장 폭탄 테러로 40명 이상의 무고한 아랍인이 살해되었다. 5월 29일, 비르아다스에서 아랍 여성 4명이 살해되었다. 6월 20일, 하이파 아랍인 시장에서 폭탄이 터져 무고한 아랍인들이 숱하게 목숨을 잃었다. 6월 29일, 이른 아침 레호보트행 마차를 타고 있던 아랍 주민 5명이 총살되었다. 7월 20일, 레호보트 오렌지 과수원에서 아랍인 3명이 더 살해되었다.

1939년 9월 19일, 하가나에 참모본부가 창설되었다. 유대 국가가 설립되기 훨씬 전, 잘 조직된 유대 군대가 양성된 셈이었다. 아랍인의 반란은 끝났으나, 팔레스타인 유대인 공동체 사이에는 민족주의 군 조직을 편성해야 한다는 결의가 형성되었다. 20개월 후인 1941년 5월 15일, 팔마흐 기동타격대가 조직되었다. 그사이, 하가나의 군수산업은 성장하고 분화됐다. 젊은 운동 성원들은 준군사적 훈련을 받았다.

이제 시온주의에는 어떠한 환상도 없었다. 1936~1939년 잔혹한 내전은 단지 시작에 불과했음을 깨달았다. 유대 민족운동은 새로운 국면의 폭력을 맞이할 각오를 다지고 있었다. 언제가 될지, 어떤 환경에서 일어날지는 아무도 몰랐으나 분쟁이 다시 맹렬한 기세로 벌어지리라는 사실은 누구도 의심하지 않았다. 1936년 여름의 트라우마는 마음 깊은 곳으로 타들어갔고, 교훈이 각인되었다. 1936년 4월 19일 아침 야파에서, 하임 파시고다와 엘리에제르 비소즈키, 하임 코른펠드, 빅토르 쿠퍼민츠, 이츠하크 프렝켈, 예후다 시만토브, 다비드 샴바달이라는 유대인들이 살해된 후, 시온주의는 결코 그 이전으로 돌아갈 수 없을 터였다.

마사다는 해발 63미터에 불과하다. 그러나 그 동쪽에 위치한 사해는 해수면 아래가 400미터이므로, 탁상대지인 마사다는 사해의 무겁고 짠 바닷물 위로 460미터 올라와 있는 셈이다. 서쪽에는 유대 사막이, 남쪽으로는 소돔이, 북쪽으로는 에인게디와 에인페슈차, 예리코가 있다. 아주 청명한 날이면 멀리 예루살렘의 희미한 윤곽이 드러난다.

경사는 수직에 가까울 만치 가파르다. 정상은 편평한 편릉형偏菱形으로 세로 645미터, 가로 315미터다. 이 사막 절벽은 퇴적암층으로 구성되어 있는데, 맨 꼭대기 층은 백운암과 석회암으로 이루어진 호박돌로 덮여 있다. 멀리서 보면 마사다는 사막의 외로운 성처럼 우뚝 서서 장엄함을 과시하며 경외심을 불러일으킨다.

하스몬 왕가는 천혜의 보루인 마사다 위에 최초로 요새를 세웠다. 서기전 2세기에 왕가는 성 한 채를 지었는데, 100년 후 사람들은 이를 최강의 성이라 묘사했다. 그러나 마사다를 건축적 경이로 뒤바꾼 인물은 헤롯 왕이었다. 서기전 36~서기전 30년, 헤롯 왕은 이 바위를 포곽砲廓으로 두르고 망루와 병영을 세웠으며, 웅장한 저택과 너른 창고들을 짓고 돌에는 저수지를 파고, 이 모든 것 위에 기막힌 궁전 한 채를 올렸다.

서기 66년 로마제국에 대항한 유대 대大반란이 시작되었을 때, 마사다는 반란군이 제일 먼저 장악한 요새였다. 서기 70년, 로마군은 반란을 진압해 예루살렘을 정복했으며 성전산을 파괴했다. 그 후, 유대교 열성 당원이라는 작은 집단이 마사다를 부질없는 반란의 마지막 보루로 삼았다. 서기 72년, 제10로마군단[3]이 마사다로 접근했고, 서기 73년 봄, 군단은 요새에 침입할 태세를 취했다. 공격 예정일 전날 밤, 마사다를 고수하던 남자와 여자, 아이들 960명은 로마의 지배에 무릎을 꿇는 대신 자살을 택했다.

수 세기 동안 유대사에서 마사다는 대체로 무시되었다. 열성 당원의 일화는 극단적 자살극으로 인식되었으며, 마사다 유적은 1000년 넘게 방치되었다. 미국인 여행가인 에드워드 로빈슨과 엘리 스미스는 마사다를 발견한 최초의 근대인이었다. 1838년 5월이었다. 1842년 3월, 미국인 선교사 새뮤얼 월콧과 영국인 화가 티핑은 최초로 마사다에 올랐

---

3 로마 황제 아우구스투스 카이사르가 설치했으며, 서기 410년대까지 존속했다.

다. 1875년 3월, 저명한 영국인 선장 클로드 리그니어 콘더는 최초로 정확한 마사다 지도를 그렸다. 1932년, 독일인 학자 아돌프 슐텐은 마사다에서 포괄적으로 고고학 발굴을 진행했다.

1923년, 마사다 이야기의 유일한 역사 자료로 서기 75년경에 쓰인 플라비우스 요세푸스의 『유대 전쟁』이 히브리어로 번역되었다. 1925년, 시온주의 역사가 요세프 클라우스너는 마사다 열성 당원들을 극히 애정 어린 시각으로 서술했다. 2년 후, 이츠하크 람단은 비극 시 「마사다」를 발표했다. 유대 민족주의가 되살아나면서, 이 궁벽하고 망각된 유적과 이곳이 내포하고 있는 모든 것에 대한 관심도 되살아났다. 텔아비브와 예루살렘의 고등학교 학생들은 1920년대에 마사다로 수차례 수학여행을 갔으나 한 여행이 치명적 사고로 이어지자 중단되기도 했다. 그러나 1939년 아랍 반란이 종결되고 제2차 세계대전이 시작되기 전까지만 해도 마사다가 주류 시온주의의 정신을 온전히 사로잡지는 못했다. 비주류 민족주의 집단만이 이 자살 열성 당원들을 우러렀다.

1942년 1월 당시, 슈마르야후 구트만은 정력적이고 활기차며 카리스마 넘치는 남자였다. 체구는 땅딸막했으나, 서른세 살의 몸은 날렵하며 움직임은 재빨랐다. 사막 도보여행과 등산에서 그를 따를 자는 없다. 그는 1909년 스코틀랜드 글래스고에서 태어났으며, 세 살 때 부모와 함께 팔레스타인으로 이주해 하롯 계곡 변두리 메르하비아에 정착했다. 십대에는 농업고등학교 미크베 이스라엘에서 수학했으며 청년노동운동 지도자 가운데 한 명으로 부상했다. 스물다섯 살 때는 키부츠인 나안을 설립했다. 그러나 아마추어 동양학자이자 지리학자, 사학자, 고고학자로서 이 정력적인 젊은 시온주의자에게는 키부츠에서의 삶이 충분치 못했다. 구트만은 젊은이들을 이끌어 도보여행을 하며 팔레스타인 땅을 걸었다. 그는 예디아트 하아레츠(이 땅에 대한 지식) 운동의 지주였다. 운동은 이 땅을 연구하고 이 땅을 사랑하며 이 땅과 하나가 되자는 이념을 담고 있었다. 그와 동시에, 구트만은 시온주의 노동당 지도자인 베를 카츠넬손과 이츠하크 타벤킨과도 긴밀하게 협력하고 있었다. 절친한 친구인 이스라엘 갈릴리는 군사 조직 하가나의 전략가였다.

공식 지위는 없었지만 1940년대 초 구트만은 사실상 시온주의 핵심 지도부에 속했다. 도덕적 권위가 탄탄했기에, 구트만은 시온주의의 가장 내밀한 부분에까지 관여하고 있었다. 스스로 생각하는 자신의 역할은 히브리 젊은이들의 정신을 앞으로 발생할 일들에 집중시키는 것이었다.

1942년 1월, 구트만은 젊은 개척자 엘리트들을 마사다에 데려가기로 했다. 여느 여행과는 달랐다. 스스로가 열성 당원인 구트만은 집단 정신을 탈바꿈시키고 싶었다. 히브리 젊은이들을 강력하고 구체적인 상징을 중심으로 결집하고 싶었다. 구트만에게 그 상징은 마사다였다. 1941년 10월, 텔아비브에서 마사다 연구를 위한 예비연구회를 연 데 이어 청년 지도자 46명을 뽑았다. 그는 이들을 이끌고 1월에 마사다로 갈 터였다. 변화를 위해 손수 뽑은 이 젊은 요원들은 마사다의 새로운 전도사가 될 터였다. 이들은 마사다를 시온주의의 정체성을 상징하는 새로운 중심지로 만들 터였다.

1942년 1월 23일 금요일, 구트만과 구트만의 사도使徒 46명은 예루살렘을 떠났다. 이른 아침, 아랍 버스가 이들을 헤브론 남쪽 팔레스타인 마을 야타로 데려갔다. 천막과 장비, 식량, 물이 팔레스타인 지역민에게 빌린 낙타 세 마리에 실려 있었다. 길잡이는 팔레스타인 베두인족이었다. 구트만의 사도인 젊은 남녀들은 반바지 차림에 긴 장화를 신고 둥글게 말린 군용 담요를 인 배낭을 메고 있었다. 일부는 지팡이를 들고 일부는 목에 아랍 카피에를 묶었으며 제가끔 휴대용 물통을 들고 있었다. 흰색 구릉지를 내려가 유다 사막으로 들어가면서, 무한한 열정으로 목청껏 노래를 불렀다.

구트만은 이런 이스라엘 토착 청년들과 달리 생각에 잠겨 있었다. 사실 거의 침울해 있었다. 50년 후 내게 털어놓을 이야기지만, 구트만은 이 열일곱 살 청년들이 낙천적인 이유를 더할 나위 없이 잘 알고 있었다. 최근 몇 년 동안은 팔레스타인 유대인들에게 전례 없이 좋았다. 아랍 반란이 진압되고 아랍 민족운동이 해체된 이후, 나라는 내내 평화로웠다. 1940년 초, 유대 경제는 빠르게 발전했으며 유대 조직들은 권력과 권위를 집결했다. 사실상의 산업혁명이 진행되어왔다. 에이티에이 사社는 영국군 병사를 위한 제복을 생산하기 시작했으며, 엘리트사와 리버 사, 지디 사는 병사들을 위한 초콜릿 바를 생산하고 있었다. 테바는 제국군을 위한 약물과 의료 장비를 생산하고, 아시스 사는 마멀레이드와 잼을 생산하고 있었으며, 사회주의 거대 기업인 소렐 보네는 팔레스타인과 이집트, 이라크, 이란 정부를 위해 교량과 철도, 군사기지를 건설해왔다. 감귤 산업은 위기에 빠졌으나, 대신 다이아몬드 산업이 팔레스타인을 이끄는 수출 산업으로 자리 잡았다. 이제 이스라엘 땅에서는 야파 오렌지뿐 아니라 천막과 밧줄, 위장망, 낙하산, 장화, 휴대용 물통, 기중기, 오븐, 면도날, 타이어, 측정 장비, 플라스틱 제품,

광학 장비, 의약용품, 드라이아이스, 아세톤, 에테르, 맥주, 모피, 전화선, 전선, 지뢰를 수출했다. 이러한 산업 분야에 고용된 유대인 수는 3년 만에 세 배 상승했다. 산업 생산은 5년 동안 다섯 배 상승했다. 수출은 2년 동안 배로 늘었다. 팔레스타인 내 유대인과 아랍인의 산업 생산 비율은 이제 6 대 1이었다. 완전 고용 상태여서 임금은 극적으로 상승해왔으며 공장마다 하루 3교대로 밤낮없이 돌아가고 있었다. 노동조합 소유의 기업과 사기업이 다 같이 번성하고 있었다. 극장은 만원에다 찻집은 문전성시를 이루었다. 구트만이 젊은이들을 사막으로 이끌고 오는 동안에도, 텔아비브에서는 네 번째이면서 가장 성공적인 패션 위크가 진행되고 있었다. 매력 있는 찻집 필츠에서는 화려한 무도회로 이를 축하하고 있었다. 이스라엘 태생의 이 토박이 유대 청년들이 그토록 자신감에 차 있는 이유였다. 이들은 자기 충족적 환상의 아들딸이었다. 인생 경험은 자립과 혁신을 토대로 한 놀라운 집단적 성공의 경험에 다름 아니었다.

그러나 슈마르야후 구트만은 시온주의가 난국에 처해 있다는 사실을 알았다. 1930년대에 아랍 반란을 막아내고 1940년대에 경제 기적을 낳았으나, 역사는 유대인들의 이 대담한 민족주의적 과업을 궁지로 몰아넣고 있었다. 아랍의 위협은 사라지지 않았다. 제2차 세계대전이 막을 내리면, 팔레스타인의 운명을 두고 잔혹한 분쟁이 재개되리라는 사실을 시온주의 지도자들은 분명히 알고 있었다.

그러나 아랍의 위협이 다가 아니었다. 로멜의 아프리카 원정군[4]은 리

---

4 제2차 세계대전 북아프리카 전쟁 당시 활약한 독일 원정군이다.

비아 뱅가지에서 멀지 않은 곳에 위치한 영국군 방어선을 어떻게든 뚫어보겠다며 계속해서 공격하고 있었다. 1941년 여름, 독일군은 팔레스타인 북쪽에서 공격해 들어올 듯 보였지만, 이제는 남쪽에서 금방이라도 쳐들어올 것 같았다. 아랍의 위협과 나치의 위협에 맞닥뜨린 지금, 무력을 사용하지 않는다면 시온주의는 승리할 수 없을 터였다. 언젠가는 또 하나의 허황된 메시아주의 운동으로 역사에 기록되고 말리라. 이스라엘 젊은이들이 반드시 준비되어 있어야 하는 까닭이었다. 시온의 아들딸만이 완전한 파괴로부터 시온주의를 구할 수 있었다.

팔레스타인 사람인 길잡이들이 길을 잃었다. 땅거미가 지고 있었다. 사막에 있는 샘에서 두 차례 짧게 멈춘 후, 대열은 베두인 야영지에 도착했다. 예정대로라면 정오에 도착했어야 했다. 여행자 일부는 이곳에서 밤을 보내고 싶어했다. 낙타는 탈진해서 더 이상 나아가기를 거부했다. 차질에도 불구하고, 구트만은 박차를 가하기로 했다. 결국 이것이 바로 간부 후보생들을 사막에 데려온 이유였다. 투지를 벼리고 결의를 굳게 하며 역경에 주춤하지 않도록 교육하고자 데려왔다. 해가 져도 걷기는 달빛을 벗 삼아 계속될 터였다. 낙타가 짐 지기를 거부한다면 장정들의 어깨가 그 일을 담당할 터였다.

이제 여정은 생판 다른 국면이 되었다. 경로 오류와 지체, 길잡이 베두인족에 대한 불신이 도보 여행자들의 사기를 꺾었다. 오전 3시부터 계속 길에 있었다. 전날 밤엔 잠도 제대로 못 잤다. 암흑과 불안, 피로…… 칠흑 같은 밤, 앞은 거의 보이지 않았다. 물이 부족해 목구멍은 타들어갔다. 무거운 배낭끈이 어깨를 파고들었다. 공기마저 짠맛이었다. 사막 바닥은 깊게 갈라진 틈과 협곡 투성이였다. 식물은 물론 새를 비롯해 동물도 보이지 않았다. 열 맞춰 행군하는 무거운 발자국들 뿐이었다.

구트만은 물론 지난 화요일인 1942년 1월 20일, 제3제국[5] 정부 부처 대표 15명이 유대인에 대한 최종 해법을 도출하려고 베를린 반제에 있는 대저택에 모였다는 사실을 알지 못했다. 유대인이 동쪽으로 추방되기 시작했다는 사실을 아직 알지 못했으며, 6주 안에 아우슈비츠 Ⅱ라 명명된 외딴 수용소 안 붉은 벽돌로 지은 작은 건물에 설치된 첫 번째 가스실에서 유대인들이 몰살당하기 시작하리라는 사실도 알지 못했다. 그래도 유럽 유대인들의 미래에 대한 시온주의의 암울한 전망이 현실로 다가오고 있다는 사실은 분명히 알고 있었다. 유대인이 어떤 나라를 택하든 독일은 유대인을 낙인찍고 골라내서 게토에 집결시키리라는 사실을 알았다.

역사를 깊이 이해하고 있는 인물이었기에, 구트만은 지금의 세계대전이 유대 민족에게 지난 대전보다 훨씬 더 의미심장하리라는 사실을 간파했다. 현재 발생하고 있는 일은 전형적인 유럽 전쟁에서 벌어진 습관적인 반유대 집단학살과는 다르다는 사실을 파악했다. 유대인 수만 명이 이미 살해되었으며, 곧 수십만 명이 될 수도 있었다. 소련 적군赤軍이 크림 반도와 레닌그라드에서 독일을 막아내지 못한다면, 재앙은 임박한 현실이 될 터였다. 그러므로 위태로운 건 시온주의만이 아니었다. 유대 민족에게 1942년은 제2성전이 파괴된 이후 최악의 해가 될 수도 있었다. 유대인 재앙의 역사 가운데 최악의 해가 될 수도 있었다.

---

5 나치 독일Nazi Germany이라고도 한다. 1933~1945년 아돌프 히틀러와 나치당 독재 하의 독일을 말한다.

도보 여행자들을 지켜보며, 구트만은 이들에게 이 여정이 얼마나 힘들지 이해했다. 이들은 사막에서 걷는 데 구트만 자신만큼 능숙하지 못했으며, 갈증과 피로를 경험한 적도 거의 없었다. 마사다 비탈은 무서울 정도로 가파른 까닭에 이곳을 오른다는 건 어려운 일이 될 터였다. 방금 하늘에 모습을 드러낸 조각달은 이 위협적인 어둠 속에서 길을 밝혀주기에는 턱없이 흐릿했다. 대부분 땀에 절어 있었고 숨 쉬기도 괴로운 상태였다. 휘청거리는 자도 있었고 간혹 쓰러지기도 했다. 16시간을 걸은 46명은 무너지기 직전이었다. 그러나 무너져버리기엔 그들은 더 강한 무언가가 되어 있었다. 팔레스타인의 스파르타적 20대에 태어나, 팔레스타인의 폭력적 30대에 모습을 갖춘 이들은 바위처럼 단단하게 성장했다. 새로운 히브리 문화의 정의定義라 할 수 있는 강인함과 불굴의 정신이라는 가치관을 토대로 양육된 이 간부 후보생들은 억세고 단호했다. 두 다리가 배신하더라도, 행군을 계속했다. 쓰러지더라도, 다시 일어섰다. 구트만은 이런 모습을 지켜보며 미소 지었다. 1990년대에 나눈 면담에서 내게 이야기했듯이, 구트만은 이들의 빛나는 눈동자에서 자신이 찾고자 했던 결의를 발견했다.

구트만은 순진배가 아니었다. 하롯 계곡 근처 말라리아가 들끓는 습지 옆에서 자란 까닭에, 시온주의란 곧 투쟁이라는 사실을 몰랐던 적이 없었다. 계곡 아랍인들의 적의에 찬 시선 아래 살아온 까닭에, 시온주의는 근본적으로 분쟁을 내포하고 있음을 몰랐던 적이 없었다. 시온주의의 정수는 추진력이라 믿었다. 시온주의는 결코 후퇴하는 법이 없으며, 결코 쉬는 법도 없었다. 오로지 계속해서 전진할 뿐이었다. 이 새로운 히브리인들은 유대인의 한계를 초월해 어떤 민족도 할 수 없는 일을 해내고 말리라. 반드시 운명을 거역해내고 말리라.

그러나 구트만은 지금 시온주의 에너지의 방향이 막다른 벽을 향해 있음을 알았다. 시온주의의 대담한 민족운동을 궁지에 몰아넣고 있는 세력들은 너무나 강할 따름이었다. 아랍 전선과 독일 전선, 유럽 유대 인들의 멸망. 자신이 뽑은 이 간부 후보생들은 전례 없는 난제에 직면 한 셈이었다. 이런 생각만으로도 몸서리쳐졌다. 하롯 계곡에 도착하고 20년 후, 시온주의는 다시 한번 추종자들의 전면적인 동원과 희생을 요구했다. 계곡과 오렌지 과수원, 도시 출신인 이 젊은 도보여행자들 은 자신들의 존재 자체가 위험에 처해 있음을 깨닫지 못했다. 시온주 의의 수십 년 성공을 흥겨워하기만도 벅찼다. 히브리인의 르네상스와 히브리인의 창조, 히브리인의 승리에 대한 경험으로 만취해 있었다. 그 러나 구트만은 이츠하크 타벤킨이 하는 말을 들었다. "우리는 깊은 구 렁텅이 위에 있다." 그리고 베를 카츠넬손은 말했다. "인간의 어떤 언어 로도 이 시기의 공포를 표현할 수 없다. 우리를 휩싸고 있는 이 거대한 두려움을." 따라서 구트만은 이 젊은이들을 탈바꿈시킬 시간이 짧다는 사실을 알았다. 결정적 시간이 도래했을 때 이들이 문에 버티고 서 있 을 수호자가 되도록 축성하는 일이 자신의 역할이었다.

구트만이 마사다를 택한 데에는 개인적 사유가 있었다. 열여섯 살 때 이른 아침부터 시작된 사해 도보여행에 따라나섰다가 도중에 쓰러 져 결국 마사다 정상에 이르지 못했다. 이 어린 사내는 다시 돌아와 시 도하겠노라고 맹세했다. 이 맹세를 지킨 건 7년 후였는데, 간신히 정상 에 올랐으나 거의 죽을 뻔했다. 정상에 머문 몇 시간은 그의 삶을 바 꿔놓았다. 이 지독한 장소와 모종의 끈으로 연결되어 있는 느낌이었다.

그 후 9년의 세월 동안 마사다는 한시도 그를 놓아준 적이 없었다. 꿈에 나타나는 일도 비일비재했으며, 깨어 있는 순간에도 마찬가지로 이 황량한 요새의 환영을 보았다. 결국 마사다는 이 땅의 진정한 심장, 그 이야기의 핵심이라고 믿기에 이르렀다. 그러나 자신의 정신에 각인된 것처럼, 유대인의 집단정신에 마사다를 새길 기회는 작년에야 포착됐다. 1941년 10월 초 여행 후, 구트만은 시온주의 지도부에 공식 제안을 했으며, 진한 막후교섭을 거쳐 필요한 기금을 조성했다. 그 결과 이제 자신이 꾸려온 삶의 갖가지 행로들을 서로 연결할 수 있었다. 교육자로서의 자신과 사학자 및 아마추어 고고학자로서의 자신을 하나로 통합할 수 있었다. 서기 73년의 끔찍한 행위와 1942년 영웅적 도전 사이에 직선을 그릴 수 있었다. 마사다에 다시 생명을 부여해 새로운 시온주의를 형성하는 현장으로 만들 수 있었다.

침몰한 거대한 선박의 그림자처럼 마사다 산의 그림자가 나타났다. 비극적인 유대인 자치 공동체의 마지막 요새가 윤곽을 드러낼수록 청년운동 지도자들에게 걷기는 더 이상 힘든 일이 아니었다. 산자락에서는 앞서 도착한 선두 안내자가 지펴놓은 불이 춤을 추고 있었다. 제2성전 반란군은 이런 불을 놓아 서로 신호를 주고받곤 했다. 람단의 마사다 시詩 역시 이런 불들로 가득했다. 그러나 이것은 새로운 마사다에서 피운 첫 불꽃이었다. 불에 다다르자 도보여행자 46명은 배낭을 벗어 담요를 펼치고 밤을 보낼 야영지를 꾸렸다.

새벽, 구트만은 사도들에게 마사다 등반은 위험하다고 경고했다. 등반하다 죽은 사람도 있었다. 이제부터 등반자 각자는 스스로 주의하면서 뒤따르는 등반자 또한 신경 써야 했다. 내딛는 걸음마다 위험이 도

사리고 있었다. 구트만은 람단의 가슴 저미는 시구를 읊었다. 마사다의 높은 벽을 오르는 "살육의 생존자들"에 대한 시구를.

마사다 산자락에 서 있는 젊은이들은 이 고전작품을 이루는, 죽음에 천착한 소름끼치는 시구에 무척 익숙해 있었다. 그리고 이제 자신들의 멘토가 이를 읊고 있었다. 이들은 이 시구의 정서를 깔고 양육되었으며 학교에서는 이 시구를 암기했고 대부분 지금까지도 외우고 있었다. 그러나 그 신화적 요새 바로 아래 서 있으니 시구는 새로운 의의로 다가왔다. 마지막 피난처를 찾으려 이 사막으로 오고 있는 필사적인 민족의 성가처럼 들렸다.

나는 몇 달에 걸쳐 마사다와 마사다 정신, 구트만의 마사다 여정에 대해 연구하고 있다. 관련 기록보관소와 도서관에서 찾을 수 있는 자료는 모조리 읽었다. 면담이 가능한 관련자라면 가리지 않고 만났다. 사망하기 얼마 전에 진행한 구트만과의 장황한 인터뷰 때 적어놓은 기록은 전부 다시 읽었다. 역사적 퍼즐을 하나하나 맞춰갔다. 그러나 연구를 다 마친 후에도, 온통 믿을 수 없는 일로 보인다. 20세기 네 번째 10년에 발생한 사건들은 합리적이고 현실적인 방식으로 착수되었건만 이미 신화적 기운에 잠겨버렸다. 이 사건들에 대해 알아갈수록 나와는 더더욱 동떨어진 일인 듯 보인다. 비판과 냉소, 자기 인식의 시대에 사는 나로선, 난생처음 마사다에 오르려 하는 이 간부 후보생들의 정신상태를 진정으로 이해하기란 쉽지 않다. 그러나 이러한 역설이 바로 시온주의 마사다의 정수나 다름없다는 사실을 깨닫는다. 이는 현대성과 세속주의를 초월하는 현대적, 세속적 상징이다. 그 자체의 인위성을 초월하는 인위적 상징이다. 구트만이 이 젊고 이상주의적인 무리를 사막의 유적에 데려와서 하고 있는 일은, 히브리의 현재에 깊이를 부여함으로써 히브리의 미래에 직면할 수 있도록 그 과거를 이용하는 것이었다. 구체적이고 현실적이며 민족주의적인 목표를 달성하고자 구트만은 이 요새에 역사를 토대로 한 인위적 신비주의를 불어넣었다.

등반은 서쪽에서 시작했다. 카키색 차림의 젊은이들로 이루어진 긴 열이 하얀 벽을 올랐다. 로마군이 이 열성 당원 요새의 방어벽을 공격하려고 세운 성벽이었다. 등반 열이 성벽과 정상 사이의 깊은 틈에 이르자 노력은 강도를 더해갔다. 맨 앞에 선 다섯 명이 곡괭이로 암벽을 치고 망치로 하켄을 박고 자일을 묶어, 뒤따른 일행에게 내려뜨렸다.

일을 특히 힘들게 하는 건 정상으로 들어올려야 하는 무거운 짐이었다. 천막과 담요, 통조림 제품, 물, 배낭, 무기, 탄약. 젊은이들은 인간 사슬을 만들어 손에 손을 거쳐 정상까지 짐을 옮길 수 있도록 했다. 구트만에게 인간 사슬이 펼치는 광경은 영감을 불러일으켰다. "사슬은 끊어지지 않았다." 람단 시의 한 구절이었다. 구트만은 이를 당대의 좌우명으로 삼으려 했다.

구트만은 간부 후보생들에게 뒤를 돌아보지도 아래를 내려다보지도 말라고 가르쳤다. 전진, 오로지 전진. 46명은 앞으로 위로 나아갔다. 벽에 도달해 벽을 올라 마침내 마사다에 입성했다.

구트만에게는 세 번째 정복이지만 9년 전 처음 이 자리에 서 있을 때만큼이나 흥분되었다. 사막 등줄기와 겹나는 협곡, 사해의 고요한 은빛 연파가 마음에 불가해한 통증을 일으켰다. 반백 년 후 회상하듯, 구트만은 이 고적한 산을 에워싼 여덟 곳의 로마군 진지를 보며 넋을 잃었다. 1869년 동안 방치되었건만, 광경은 질식시킬 듯 조여왔다. 마치 제10로마군단의 10만 로마군이 저항하는 유대인 1000명을 아직도 포위하고 있는 듯했다. 막강한 역사적 세력들이 팔레스타인 유대인들을 여전히 궁지에 몰아넣고 있다는 사실 역시 그처럼 분명해 보였다.

벽에서 잠시 협곡을 내려다본 후, 사색에 잠겨 있던 구트만은 망상을 떨쳐버리고 지도자로서 자신이 해야 할 일로 돌아갔다. 젊은이들은 구트만의 깊은 근심이나 무아경의 환영을 공유하지 못했다. 그러나 지는 해에 분홍으로 채색된 사막의 언덕들과 2000년 동안 이 정상에 살아남은 헤롯 왕의 건축물 잔재를 보며 흥분해 있었다. 구트만은 이런 치기어린 환희가 도를 넘지 않도록 해야 했다. 곧 어두워질 터라 어서 야영지를 꾸려야 했다. 구트만은 간부 후보생들을 몇 무리의 작업 집단으로 나누었다. 일부는 땔감을 모으고, 일부는 와디에서 물을 기르고, 몇몇은 요새 유적 안에 천막을 쳤다. 있는 재료들을 모아 탁자와 부엌, 교실을 만들었다. 해가 지면서 야영지는 마사다의 편평한 정상에 모습을 갖추었다. 그리고 모아브 산악에 어둠이 내리자 구트만은 유적 사이에 솟은 천막 야영지에 자부심을 느꼈다. 젊은이들은 모닥불을 피우고 춤추며 노래했다.

이어 구트만은 연설을 했다. 마사다와 그 영웅들에 대해 이야기했다. "우리의 천막 역시 이 깊은 수렁 위에 자리 잡았다." 그는 말했다. 연설을 마치자, 어둠 속으로 물러나 다시 시작되는 무도를 지켜보았다. 고무적인 장면이었다. 눈동자는 불타고 발은 공기처럼 가뿐했다. 이스라엘의 젊은 남녀들은 깊은 수렁 위에서 멋대로 춤추기 위해 마사다로 돌아왔다.

춤꾼은 아니어도 이 자발적 의식은 바로 구트만 자신이 원하던 바였다. 시온주의에는 교회도 신학도 신화도 없음을 알기 때문이었다. 시온주의는 벼랑 끝에 서 있었다. 교회와 신학, 신화를 대신할, 가슴에 사무치는 상징이 필요했다. 구트만은 마사다에서 그런 상징을 발견한 셈이었다. 시온주의 추종자들을 통합하고 이들에게 영감을 불어넣어 줄 상징을. 시온주의의 정체성을 위한 기둥을 발견했다. 이 기둥은 구체적이고 신화적이며 숭고했다. 그는 마사다에서 이야기와 심상을 발견했다. 이 둘은 히브리 청년들에게 부족한 깊이를 더해줄 터였다. 마사다는 이들의 마음을 사로잡고, 자율권을 부여하며, 앞으로 있을 난제에 대비해 자극을 줄 터였다. 이 춤추는 젊은 남녀들은 마사다의 이름으로 시온주의를 구하며 유대인을 구할 격동의 전쟁을 펼칠 터였다.

구트만은 자신의 사업에 논쟁의 여지가 있음을 알았다. 시온주의 지도부에조차 마사다 열성 당원들을 절도와 살인을 저지르고 마침내 자살하고 만 잔혹한 극단주의자로 간주하는 사람들이 있었다. 유대인 기구 의장인 다비드 벤구리온은 마사다 이야기를 불안하게 바라보았다. 죽음과 자기 파괴의 이야기인 까닭이었다. 하지만 구트만의 생각은 달랐다. 자신이 고취하는 것은 마사다 강박관념이 아닌 마사다 역설이라 믿었다. 히브리 청년들이 기꺼이 죽을 각오가 되어 있을 때라야, 스스로에게 안전하고 자주적인 삶을 보장할 수 있으리라. 기꺼이 끝까지 싸우겠다는 각오만이 이들의 종말을 막으리라.

우리가 정복해 오른 절벽

우리가 개척하고 치운 길

우리가 닦고 연 길—저 깊은 구렁에 이르는

구트만은 노래하는 무리에서 벗어났다. 손전등을 들고 고대 유적의 동남쪽 생활 구역으로 홀로 걸어갔다. 이곳에는 아직까지 모자이크 바닥의 잔재가 남아 있었다. 독일 고고학자 슐텐이 묘사했던 두 개의 앞뜰이 있는 건물을 향해 걷다가, 슐텐이 헤롯 왕 궁전이라 오해했던 서쪽의 웅장한 건물로 들어섰다. 슐텐이 소궁小宮이라 묘사한 정방형 건물을 통과해 산 북쪽 끝에 위치한 거대한 구조물에 들어가 여러 방을 오가며 머물렀다. 공중목욕탕과 탑을 찾아갔다. 기다란 복도들을 거닐었다.

이곳은 병영이었다. 구트만은 짐작했다. 이곳에 헤롯 왕의 장교들이 살았고 식량이 저장되었으며 동시에 무기가 보관되었다. 구트만은 정신이 혼미해졌다. 사내를 섬광처럼 때린 망상은 두터운 벽을 따라 방황했다. 손에는 조악한 끌질의 돌들이 느껴졌다. 구트만 자신에게 이 사막 요새는 이집트의 피라미드만큼이나 경이로웠다. 그러나 이 시온주의 혁명가의 마음을 사로잡은 건 헤롯의 천재성과 독창성이 아니었다. 이곳 황량한 성에서 피난처를 찾고 있는 반란군의 생각이었다. 이 아마추어 고고학자가 자신의 섬광에 기대어 찾고 있는 건 열성 당원들이 남기고 간 잔재였다. 어쩌면 대반란 4년 동안 주조한 셰켈[6]이나 최후의 기간 돌에 새긴 명문이, 어쩌면 물이나 밀, 대추야자, 건무화과를 모

---

6 고대 셈족의 주화이며 현재 이스라엘의 공식 통화다.

으기 위한 동이가, 바스러진 샌들, 해진 탈리트,[7] 점토 등잔이 있을 수도 있었다. 그러나 어둠 속에서 발견한 것이라고는 반란군이 로마군의 두개골을 부수기 위해 준비해놓은 둥근 노포석弩砲石과 로마군이 멀리서 반란군 요새를 향해 쏜 노포석이 전부였다. 그리고 이 돌들을 찬찬히 살펴보며, 구트만의 생각은 최후의 밤 최후의 몇 시간으로 끌려 들어갔다.

마음속으로 구트만은 서기 73년 최후의 무시무시한 밤을 재구성했다. 헤롯 왕의 포곽은 이미 돌파되었다. 반란군이 급조한 목벽木壁은 이미 불에 타고 없었다. 이튿날 새벽 로마군은 무슨 일이 있어도 마사다에 쳐들어올 터였다. 따라서 구트만이 숭배하는 엘라자르 벤야이르는 항복 대신 죽음을 택했다. 여기서, 바로 이 장소에서, 벤야이르는 열성 당원을 모아놓고 최후의 명연설을 남겼다. 그리고 연설은 살아남은 한 명을 통해 대대로 전해졌다.

이미 알고 있고 기록에도 나와 있는 바와 같이 내일은 우리가 죽는 날이 되겠지만, 영웅다운 죽음을 택하느냐 여부는 우리에게 달려 있다. 우리와 우리가 사랑하는 모든 사람에게…… 어쩌면 처음부터, 우리의 해방을 주장하려고 일어선 그 순간부터…… 신의 마음을 파악해서, 신은 당신이 일찍이 사랑했던 유대인이라는 인종의 운명을 이미 봉인하셨다는 사실을 깨달았어야 했다.

우리는 스스로의 영혼을 구원할 수 없다…… 그러니 우리 아내들이

7 Tallit, 유대교에서 아침 기도나 속죄일 기도 때 옷 위에 걸치는 숄. 주로 남성이 입는 것이다.

무참히 범해지기 전에 죽도록 하자, 우리 아들들이 노예의 삶을 맛보기 전에 죽도록 하자. 그러면 영웅의 축복으로 서로를 축복받게 할 터이니. 무덤에 자유를 안고 가는 죽음은 그 얼마나 좋으며 대단할 터인가.

구트만은 자신의 젊은이들이 모닥불 주위에서 춤추고 노래하는 모습을 먼발치에서 바라보았다. 이들을 지켜보며 얼마 전 자신의 멘토 타벤킨이 한 말을 되새겼다. "이 전쟁에서 우리 유대인들은 가장 외로운 민족이며 가장 버림받은 민족이자, 신 앞에 가장 의로운 민족이다." 멘토 카츠넬손이 유럽에서 전쟁이 발발하자 한 말도 상기했다. "우리는 세상천지에 고아 신세다. 그리고 세계가 무너지면서 신세는 더욱 가혹해지고 있다. 팔레스타인에 살아 있는 이스라엘 생존자들의 연약한 날개 위에는 육중한 짐이 얹혀 있다. 감당할 수 있는 수준 이상의. 유대 역사의 전全 미래는 이제 우리와 더불어 발생할 일들에 좌우된다 해도 과언이 아니다." 이어 구트만은 카츠넬손이 불과 몇 달 전에 덧붙인 말을 생각했다. "성전산 파괴 이후, 다시 말해 우리 땅과 자유를 잃은 이후 미결 상태였던 이스라엘의 운명이 이제 곧 결정되려 한다. 우리 역사는 지구상에 흩어진 우리 전 민족을 파괴의 불길이 일시에 휩쓸려 하는 작금과 같은 사태를 이제껏 경험한 바가 없다."

구트만은 이 말들이 공허한 수사가 아니라는 것을 알았다. 1940년 여름 이후, 주류 시온주의 지도부는 세계 종말의 가능성을 고려해왔다. "만약 우리가 무너져야 한다면 우리 여자와 아이들, 우리가 가진 모든 것과 더불어 이곳에서 무너져야 하리라." 그 여름 타벤킨은 말했다. 1941년 여름 이후, 주류 시온주의 지도부는 영국이 팔레스타인에서 철수하고 독일이 침공하며 나치에 물든 아랍의 봉기가 시온주의를 끝장내버리지 않을까 우려해왔다. "우리가 이 땅에 죽기를 바라고 오지는 않았다. 그러나 절대 떠밀려 나가는 처지가 되어서는 안 된다. 우리가 살아 있는 한 이 땅을 나가서는 안 된다." 1941년 11월 28일, 예루살렘 대★무프티,[8] 하이 아민 알후세이니[9]가 베를린에서 아돌프 히틀러를 만난 이후, 알후세이니가 이끄는 팔레스타인 아랍 민족운동과 제삼제국은 공식적인 동맹관계를 유지해왔다. 따라서 1942년 초겨울 당시, 텔아비브에서는 독일의 침공과 친親나치 팔레스타인 아랍인들의 공격이 한꺼번에 발생하리라는 우려가 점점 더 커지고 있었다. 이제 아득한 과거는 현재와 융합하며, 신화는 현실과 결합하고 있는 듯 보였다.

자정이 지나자 춤은 잦아들었다. 야영지는 고요해졌다. 깨어 있는 사람은 구트만뿐이었다. 그는 천막 안 등불 옆에서 다음 날 있을 교육과정을 준비했다. 그의 임무는 이를테면 교화와 재교육이었지만, 구트만 자신은 소련 공산당 같은 일차원적 정치위원이 아니었다. 목표는 이념적이어도 단세포적 선전가는 아니었다. 구트만은 자신의 간부 후보생들이 마사다를 진지하게 공부하기를 바랐다. 마사다의 지리와 역사, 고고학에 정통하기를 바랐다. 이 고분을 연구해서 이와 관련된 과학적 지식 체계에 이바지하기를 바라는 까닭이 여기에 있었다. 그래서 구트만은 콘더가 그린 꼼꼼한 지도를 거듭 살펴보았다. 슐텐이 발견한 사실

---

8 무프티Mufti는 이슬람 경전 학자를, 대무프티는 그 가운데서도 최고직을 말한다.
9 이름 앞에 붙은 하이Haj는 메카로 가는 연례 이슬람 순례를 뜻하며, 이를 마친 순례자에게 주는 명예의 칭호이기도 하다.

들을 읽었다. 이 가운데 일부는 잘못된 해석이었다. 플라비우스 요세푸스를 읽으며 이 영웅적 드라마를 묘사한 객관적이고 적확한 방식에 압도되었다. 끝으로 구트만은 람단의 길고 우울한 시를 다시 한번 읽었다. 러시아 유대인 대학살 때 가족을 잃은 이 이주 시인은 성공을 약속하지 않았다. 20세기 시온주의 마사다는 첫 세기 열성 당원들의 운명을 비껴가리라 장담하지 않았다. 람단은 마사다가 최종 기회라고 주장할 뿐이었다. 유대인에게 팔레스타인 외에 다른 땅은 없으며, 마사다 외에 다른 도리는 없었다.

구트만은 마사다에서 젊은이들과 5일 밤낮을 보냈다. 둘째 날에는 그들에게 한 쌍의 평행한 벽으로 이루어진 성곽을 보여주며 건축 방식에 대해 자세히 설명했고, 그곳에 남아 있는 30기基의 탑 잔재를 보여주었다. 셋째 날, 구트만은 간부 후보생들을 데리고 방벽을 따라 여덟 군데에 배치된 로마 포위군 진지로 향했다. 외지고 황량한 마사다 주위에 집결한 로마군의 규모는 이 강력한 제국이 이곳 반란군을 심각한 도전으로 받아들였다는 사실을 증명한다고 구트만은 주장했다.

넷째 날, 구트만은 마사다에서 아직 알려지지 않은 구역을 탐사하는 데 자신을 보좌할 요원을 선발했다. 모든 면에서 최고인 젊은이들로. 협곡을 서성이며 말 그대로 생명의 위협을 감수하던 중 결의에 찬 청년들은 앞선 탐사자들의 주목을 피해간, 소실消失된 사릿길 일부를 발견해냈다. 이어 이제까지 알려지지 않은 송수로를 발견했다. 동쪽으로부터 산성으로 물을 유도하는 수로였다.

다섯째 날, 구트만은 간부 후보생들을 데리고 성벽으로 돌아왔다. 수천 명이 오를 수 있도록 폭을 넓히려던 참이었다. 다른 젊은이들은 언덕 꼭대기 부근에 건목乾木을 쌓도록 보냈다. 첫 세기에 반란군이 야간 고별 의식 때 언덕에서 언덕으로 서로에게 신호했던 방식을 재현할 참이었다.

그러나 밤이 되자 폭풍우가 들이닥쳐, 계획했던 폐막 의식은 반란군의 동굴과 닮은 한 동굴에서 열렸다. 고대인 플라비우스와 현대인 람단에게서 발췌한 글이 소리 높여 낭독되었다. 과거와 현재를 결속하는 사슬을 주제로 여러 이야기가 오갔다. 마사다의 날들은 아직 끝나지 않았다. 이들은 말했다. 이스라엘 영웅들의 목소리는 침묵하지 않으리라. 우리의 자유를 위해서라면 어떤 희생도 과하지 않다. 두번 다시 노예가 되어서는 안 된다.

식사 시간이 되자 베두인 양 한 마리가 도축되었다. 마사다 벽이 돌파되고 반란군이 스스로 목숨을 끊기로 결정한 유월절 전야의 그 밤처럼. 무리는 이 정상에서 이루어진 벤야이르 사람들의 최후 행위를 묘사한 요세푸스의 글을 소리 높여 읽었다.

열성 당원들은 애정을 가득 담아 제 여인을 껴안았으며 아이들을 가슴에 끌어안고 진정 마지막이 될 입맞춤을 했다. 눈가엔 그렁그렁 눈물이 맺혀 있었다…… 서로 자신의 교우를 살육하고 나자 저마다 땅바닥에 누인 아내와 자식들을 붙안고 곁에 누웠다…… 이어 마지막 남은 한 명이 이 숱한 시신을 검사했다…… 모두 죽었음을 확인하자 왕궁 구석구석에 불을 지르고, 손에 든 검에 온 힘을 실어 제 살을 찌른 다음, 살육당해 누워 있는 사랑하는 이들의 시신 옆에 쓰러져 죽었다.

구트만은 이 글에 매혹되었다. 인도주의자로서 이 글이 담고 있는 공포를 실감했다. 그러나 시온주의자로서 1942년이 담고 있을 공포 역시 실감했다. 자살정신 배양에는 관심이 없었다. 다만 저항정신을 구축해야 한다는 의무감을 느낄 뿐이었다. 1942년에 있을 시험은 궁극의 시험이라는 생각이 들었다. 그렇지만 벤야이르의 마사다와 구트만의 마사다가 어딘가 분명히 닮아 있다 해도, 구트만은 자신의 마사다 이야기가 전적으로 다른 종결이기를 바랐다. 구트만의 신조는 이를 증명했다. "마사다가 또다시 무너져서는 안 되리니." 자신의 젊은이들에게 패배의 열성 당원이 아닌 승리의 열성 당원이 되라고 이야기하는 까닭이었다. 이 고대 요새의 결의를 수용하되 근본적으로 뒤엎어, 파괴의 정신을 승리의 정신으로 탈바꿈시키고 싶었다.

깊은 밤 동굴 입구에서 울부짖는 바람 속에 극적인 마사다 의식이 끝났다. 간부 후보생들은 노동 청년 마사다 명부에 서명하고 이를 유리병에 넣어 봉한 후 세워둔 묘비 아래에 묻었다. 사슬은 끊어지지 않았다고 외쳤다. 마사다는 이스라엘에 그 땅을 위해 싸울 것을 요청한다고 외쳤다. 사회주의 찬가를 불렀다. "이 땅을 건설하는 우리 형제들의 손이여 강해져라." 국가를 불렀다. "희망은 아직 사라지지 않았다." 이어 젊은이들은 천막을 거두고 배낭을 싸서 산을 내려왔다. 이제 자신들 의식에 각인된 산을.

벤야이르가 적었듯이 정말 신은 당신이 일찍이 사랑했던 유대인이라는 인종의 운명을 봉인해버리셨을까? 1월 말 구트만의 마사다 졸업생들이 예루살렘에 돌아온 바로 그날, 로멜 사령관은 리비아 벵가지를 돌파구로 정했다. 4개월 후, 나치군은 천재적인 전략으로 비르알하킴에서 영국을 물리치고 이집트에 도달했다. 1942년 6월, 로멜은 알렉산드리아에서 불과 서쪽으로 100킬로미터 떨어진 곳에 있었다. 텔아비브에서 시온주의 지도자들은, 만약 알렉산드리아가 무너지면 대영제국은 중동에서 철수해 병력을 인도로 재편성하리라 추정했다. 일부 보고서에서는 영국 장교들이 카이로 사무실에서 기밀문서를 태우고 있다고 주장했다. 일부는 영국이 이집트에서 정예부대를 빼내고 있다고 주장했다. 팔레스타인에선, 아랍인에게 재산을 매각하고 수도원에 은신처를 준비하며 기독교와 이슬람교 친구들에게 보호를 요청하는 유대인들이 있다는 이야기가 숱하게 오갔다. 외국 여권을 취득하는 사람도, 독약을 구입하는 사람도 있었다.

그러나 유럽에서 일어나고 있는 일은 이보다 훨씬 더 심각했다. 1941년 1월 30일 히틀러는 베를린 스포츠 전당에서, 전쟁 결과 유대인은 절멸하리라 선언했다. 1942년 3월, 아우슈비츠 강제수용소가 활기를 띠었다. 며칠 후, 벨제크와 소비보어 강제수용소가 유럽의 봄 하늘에 그 특유의 연기를 포효하듯 뿜어대기 시작했다. 1942년 3월 17일, 루블린 유대인들이 아우슈비츠로 이송되기 시작했다. 3월 24일, 슬로바키아 유대인들이 아우슈비츠로 이송되기 시작했다. 3월 27일에는 프랑스 유대인들이 아우슈비츠로 이송되기 시작했다. 3월 30일, 유대인을 실은 첫 번째 프랑스 열차가 아우슈비츠에 도착했다.

팔레스타인에는, 죽음의 수용소들 또는 히틀러의 대량 살상 계획을 알려주는 정보가 거의 없었다. 그러나 유럽에서 현재 엄청난 집단 학살이 일어나고 있다는 인식은 점차 번져가고 있었다. 마찬가지로 영국이 이집트를 잃는다면 집단 학살은 팔레스타인에서도 벌어지리라는 인식 또한 번져가고 있었다. 그런 까닭에 1942년 3월이 되자 카르멜 산에 현대판 마사다를 세우겠다는 구상이 진지하게 고려되었다. 카르멜 산에서 자살하겠다는 의도는 없었다. 이 극비 계획은 바다에 접해 있는 산악지역에 팔레스타인 유대 인구를 집결해 전쟁을 질질 끌어서 독일의 공격을 지연시키고 영국이 유대인들을 포기하지 않도록 설득하겠다는 의도였다. 그러나 1942년 여름 텔아비브 중심에 위치한 노동조합 건물 옥상에서 열린 시온주의 지도부 야간 토론에서는 최악의 시나리오를 배제하지 않았다.

구트만의 절친한 친구 이스라엘 갈릴리는 말했다. "후퇴할 곳은 없다……. 마지막까지 버티며, 최후의 순간까지 스스로를 방어하고, 절멸의 대가를 치르더라도 견뎌내야 한다는 결심을 절대 물러서는 안 된다."

구트만의 멘토 이츠하크 타벤킨은 말했다. "여기 50만 유대인은 후퇴해서는 안 된다. 그 가운데 한 명도 살아남아서는 안 된다. 미래의 권리와 자존감, 유대 민족 역사에 대한 충절을 위해 최후의 순간까지 이곳에서 버텨야 한다. 그렇게 마사다는 우리에게 간청하며, 아니 마사다 이전부터 이런 간청은 있어왔다. 파괴된 제2성전은 우리에게 그렇게 간청한다."

폴란드 시온주의 운동의 전前 지도자, 이츠하크 그루엔바움은 말했다. "디아스포라 유대인의 문제는 명예로운 죽음보다 차라리 두들겨 맞는 개가 되기를 선호한다는 데 있다. 일단 독일이 침략하면 생존할 가능성은 없다. 만약 신이 우리의 생존을 금하셔서 침략의 순간을 맞아야 한다면, 우리는 반드시 제2의 마사다 전설이 되어야 한다."

타베킨은 다시 말했다. "우리 유대인에게 후퇴와 철수의 여지는 없다. 여성과 아이들은 구해야 한다고 말하는 사람들도 있다. 이들을 구해줄 장소는 없다. 여성과 아이들을 구해야 한다는 요구에 정당성이란 없다……. 환상을 품어서는 안 된다. 우리는 절멸에 직면해 있다. 독일이 우리에게 야구르 키부츠나 에인하롯 키부츠, 아니면 데가니아 코뮌을 남겨주리라 생각하는가?"

분위기가 격해지면서 시온주의 정책은 심각한 변화를 겪었다. 1942년 11월 5일 뉴욕 빌트모어 호텔에서 시온주의 지도자들은 장기적이고 유기적인 성장이라는 해묵은 이상을 폐기하고 가능한 한 빨리 팔레스타인에 유대 공화국을 수립하자는 데 찬성했다. 빌트모어 모임 전후 몇 주 동안, 팔마흐 기동타격대는 최초로 폭발물 교육을 실시하고 이와 병행해 처음 창설된 다섯 부대를 훈련시켰다.

1942년 6월, 하가나 사령관들이 텔아비브에서 열린 긴급회의에 호출되었다. 여기서 카르멜-마사다 작전 초안이 발표되었다. 7월, 이 작전은 이즈라엘 계곡에서 진행된 특별 모임에서 철저히 논의되었다. 첫 준비는 하이파와 계곡 사이에 놓인 지역에 수만 명을 위한 무기와 물, 식량, 피신처를 숨길 장소를 표시하는 일이었다. 이제 카르멜 산이 마사다가 되게 하자는 명백한 결의가 나왔다.

1942년 2월과 7월 사이 구트만의 마사다 정신이 뿌리내린 건 전연 놀랄 일이 아닌 셈이었다. 청년운동 주간지는 마사다 도보여행과 세미나를 포괄적으로 보도하며 3월 31일자 일면에는 벤야이르의 마지막 연설을 실었다. 여타 노동 출판물에서도 역시 마사다를 기리며 찬양했다. 구트만은 한 기자회견에서 마사다를 홍보했는데, 이는 당시 여론에 강한 반향을 불러일으켰다. 젊은 지도자 46명은 마사다 메시지를 자신들의 청년운동 간부 후보들에게 전달하는 데 저마다 역할을 해, 첫 번째 마사다 도보여행 후 불과 세 달 만에 두 번째 도보여행이 진행되었으며, 200명 이상의 젊은이가 참여했다. 나라 전역에서 마사다를 주제로 유월절 청년 캠프와 청년활동이 진행되었다. 목전에 다가온 로멜과 유럽의 게토 유대인과 마사다 작전을 비밀리에 고려 중인 민족주의 지도부가 서로 맞물려, 구트만의 마사다 복음은 수풀에 붙은 불처럼 삽시간에 번졌다. 점점 더 많은 청년운동 단체가 마사다에 올랐다. 팔마흐 타격대가 마사다에 올랐다. 마사다는 대중의 논의를 점령했다. 몇 달 지나지 않아 마사다 정신은 이 젊은 국가를 형성하는 정신이 되었다. 마사다는 이제 시온주의 이야기의 심장에 자리 잡아 시온주의로부터 신생한 팔레스타인 세대를 규정했다.

여름이 끝날 즈음, 역사는 그러나 또 다른 전환점을 맞았다. 침공이 목전에 닥쳤다는 공포는 수그러들었다. 10월 23일 연합군 사령관인 육군 원수 버나드 몽고메리가 로멜에 맞서 역공에 들어가며, 11월 4일 알알라메인에서 로멜을 물리쳤다. 이스라엘 땅에 나치가 침공할 위험은 더 이상 없었다.

그러나 팔레스타인 유대인 공동체가 긴장을 풀며 전례 없던 경제 호황의 즐거움으로 되돌아온 순간, 유럽에서 전해지는 소식은 점점 더 암울해졌다. 1942년 12월 17일, 영국 외무장관 앤서니 이든은 웨스트민스터 사원에서 나치 독일이 유럽 유대인을 말살하고 있다고 공표했다. 이제 분명한 사실은, 히틀러가 품고 있는 계획이 단순히 엄청난 집단학살이 아닌 홀로코스트라는 것이었다. 매일같이 수천 명이 살해되었다. 1942년 100만 명 이상이 살해되었다. 전쟁이 끝날 즈음엔 유럽 유대인들이 완전히 사라지고 없을는지 몰랐다.

1943년이 시작되면서, 마사다 정신은 새로운 의미를 띠었다. 이제 마사다는 한낱 역사 속 전설만이 아니었다. 그 목적은 이제 이스라엘 땅 유대인들을 절박한 전쟁에 대비시키는 일 이상이 되었다. 마사다는 유대 민족의 외로움에 대한 신화적이며 거의 형이상학적인 암유였다. 늘 그렇듯, 이츠하크 타벤킨은 이 새로운 통찰을 가장 무자비하게 표현하는 인물이었다. "우리 감정은 궁극적인 외로움이나 다름없다…… . 유대인이 얼마나 살아남을지 알 도리는 없다…… . 나치가 유대인을 그야말로 100퍼센트 절멸하지 않으리라는 보장은 없다…… . 쓰라린 일이다. 우리가 고독하다는 사실을 안다는 것, 세상이 우리의 적이라는 사실을 안다는 것은."

타벤킨과 카츠넬손, 구트만 같은 정신적 지도자에게 홀로코스트는 세 가지 측면에서 의미 깊었다. 홀로코스트는 중세 이후 본 적 없는 규모의 인적 대참사였다. 제2성전 파괴 이후 경험한 적 없는 규모의 유대인 대참사였다. 무엇보다 시온주의 대참사였다. 홀로코스트가 시온주의에 암시하는 바는 충격 그 자체였다. 시온주의가 구하기로 되어 있던 위대한 유대 군중은 사라졌다. 시온주의의 존재 이유는 사라졌다. 히틀러가 패배한다손 쳐도, 히틀러가 뒤에 남기는 건 여전히 패배한 유대인일 수 있었다. 동유럽에 인적 기반이 없어진 시온주의는 증강 병력 하나 건널 수도, 보호하거나 고수할 수도 없는 교두보에 불과해질 터였다.

그러나 타벤킨과 카츠넬손, 구트만은 재앙을 임무로 바꿔놓았다. 이 셋을 비롯한 다른 숱한 이들은 이 새로운 재앙에 직면한 히브리 젊은 이들의 책임에 대해 소리 높여 말하기 시작했다. "이스라엘 땅 히브리 청년은 각자 열 명의 무게다. 우리가 잃은 유대인 공동체는 팔레스타인 유대인 공동체의 열 배인 까닭이다." 구트만은 적었다. 이 글에 영감을 준 사람은 타벤킨이었다. "이처럼 검은 그림자가 드리운 현실에서, 자네 들, 이스라엘의 젊은 노동 세대는 시온주의 창설자들의 과업을 이어받 아 우리 민족의 땅에 우리 민족국가를 부활시키는 데 길을 밝히는 선 두의 횃불이 되어야 한다."

결국, 1942년은 상상을 초월할 정도로 심각했다. 이해에 유대인 270만 명이 나치에 의해 살해되었다. 12개월 만에 전 세계 유대인 가 운데 6분의 1이 절멸했으며 유럽 유대인 3분의 1이 질병이나 기아, 총 살, 또는 가스로 절멸했다. 유대 민족은 이 타격에서 결코 회복되지 못 할 터였다. 시온주의는 이 손실을 결코 만회하지 못할 터였다.

그러나 마사다 정신은 계속 살아 있으리라. 구트만의 1942년 1월 세 미나가 벼려낸 정신은 1942년 공포가 모습을 드러냄에 따라 점점 더 강해졌다. 따라서 이 정신의 토대는 미신일 뿐이지 않느냐고 묻는 사람 은 질문을 잘못한 셈이다. 문제는 서기 73년 실제 발생했는지 여부도 모호한 역사적 변두리의 사건이 아니라 1942년 당시 역사의 현장에서 발생하는 사건이며, 이것이 마사다 정신을 규정했다. 구트만이 제기한 마사다 정신이 1948년의 운명을 결정했기 때문이다.

19세기 중반 프랑스 생리학자 클로드 베르나르는 생명이 환경에 순 응한다는 기존의 이해를 뒤집은 최초의 인물이었다. 주변 환경에 순응한다는 것은 곧 죽음이라고 베르나르는 주장했다. 생명 현상은 외부 환경에 대항해 내부 환경을 보존한다는 뜻이었다. 1936년 여름과 1942년 여름 사이, 시온주의도 비슷한 결론에 도달했다. 일련의 타격이 있었고 그중 일부는 거의 치명적이었다. 이는 청년 운동가들에게 주변 환경이 극히 무자비하다는 사실을 가르쳤다. 이와 관련된 역사적 상황 또한 치명적이었다. 이런 조건 하에서 순응이란 곧 죽음이었다. 생명을 유지할 유일한 길은 저항이었다. 이제 시온주의 정체성의 표상은 배수된 늪이나 열매 맺은 오렌지 과수원이 아니었다. 이제 시온주의를 규정하는 표상은 외로운 사막의 요새였다.

다섯

1948년,
리다

시온주의는 어떻게 리다 계곡에 들어섰을까? 팔레스타인의 여타 계곡이나 평원에 들어섰던 그런 방식으로?

1903년 가을 여섯 번째 시온주의 대회가 있은 후, 앵글로-팔레스타인 은행은 하디타 마을 땅 2330두남을 8만730프랑에 매입했다. 이 면적 가운데 1946두남은 고르고 기름졌지만 나머지 384두남은 언덕투성이에 메말라 있었다. 이 둘이 합쳐져서 아랍인 도시 리다의 은빛 올리브 과수원들로부터 리다 계곡의 잿빛 들판 위에서 예루살렘을 향해 솟아오르는 낮은 등성이의 언덕들로 이어지는 좁고 긴 땅덩이를 형성했다. 베이아리프 지구가 벤셰멘 지구가 되었다. 헤르츨 시온주의 운동이 팔레스타인에서 매입한 최초의 대지 가운데 하나였다.

2년 후 토목 기사 나훔 윌보시는 나라 곳곳을 돌아본 후 리다 계곡에 아티드(히브리어로 "미래") 공장을 세우기로 했다. 15만 프랑을 투자

해서 앵글로–팔레스타인 은행으로부터 땅 100두남을 구입하고, 올리브에서 기름을 짜고 그 찌꺼기로 고급 비누를 만드는 현대식 공장을 세웠다. 첫 4년은 실망스러웠다. 기름은 탁했고, 비누는 형편없었으며, 생산비는 높았다. 하지만 다섯째 해와 여섯째 해, 일곱째 해, 아티드는 번창했다. 공장 주주들에게는 상당한 이윤을, 노동자들에게는 남부럽지 않은 삶을 안겨주었다. 아랍 이웃들 역시 이 새로운 유대 산업 기업에 원재료를 판매해 부가 수입을 얻었다. 그러나 제1차 세계대전이 터진 후 아티드는 무너졌고, 리다 계곡에는 버려진 잔해가 우울하게 남았을 뿐이다.

월보시가 공장을 세우고 1년 후인 1906년 가을, 이스라엘 벨킨드라는 이름의 교사가 벤셰멘 지구 땅 50두남에 농업학교 키르야트 세페르를 설립했다. 3년 전 키시네프 학살에서 살아남은 고아들을 위한 학교였다. 벨킨드는 아티드 공장에서 멀지 않은 곳에 위치한 언덕 꼭대기에 2층짜리 건물들을 세웠다. 건물은 너른 뜰로 둘러싸였으며 이곳에서 학살 생존자들은 능숙한 농부가 되도록 훈련받을 터였다. 그러나 땅을 사고 교실과 기숙사를 짓는 데 4만3000프랑을 쓴 후, 벨킨드는 학교 운영에 필요한 자금이 달렸고, 키르야트 세페르는 좌절되었다.

테오도어 헤르츨이 사망하고 몇 년이 지난 1909년, 시온주의 운동은 리다 계곡에 올리브나무 수천 그루를 심어 이 시온주의 창설자를 기념하기로 했다. 헤르츨왈드 과수원을 위해 올리브나무를 택한 건 실용적이자 상징적인 의미였다. 이 새로운 유대인들도 리다 아랍인들의 과수원에 있는 고대 올리브나무에 필적하는 아름답고 뿌리 깊은 올리브나무를 심을 수 있다는 사실을 증명하고 싶었다. 1908년 아티드 공장과 키르야트 세페르 농업학교 사이에 묘목장 한 채가 지어졌는데, 예기치 못한 사건 하나가 발생했다. 하루는 유대인 일꾼들이 집결해 아랍 일꾼들이 심은 올리브나무들을 뽑아 자신들 손으로 다시 심었다. 유대 민족주의를 내세우려는 속셈이었다. 그러니 1909년 헤르츨왈드에 과수를 심을 때, 모든 작업은 오로지 유대인의 몫이었다. 팔레스타인의 이 새로운 유대인들은 리다 시(市)의 자잘한 첨탑들을 굽어보는 완만한 경사면에 2000그루 이상의 올리브나무를 심었다. 나무가 자라나면서 헤르츨왈드는 팔레스타인의 뿌리 깊은 올리브 과수원이 되어가는 듯 보였다. 그러나 전쟁과 메뚜기 떼, 절망이 찾아왔다. 헤르츨왈드 과수원은 실패했다. 올리브나무 일부는 병해를 입었다. 일부는 죽었으며, 일부는 뽑혀나갔다. 리다 계곡의 헤르츨 올리브나무 숲은 빠르게 등장해, 빠르게 사라졌다.

1910년, 예멘에서 시작된 이주 물결이 팔레스타인에 이른 후, 예술 교수이자 예루살렘의 유명한 교육 기관인 베잘렐 예술아카데미 창립자인 보리스 샤츠는 은세공 기술자인 예멘 장인들을 리다 계곡에 정착시키기로 했다. 거주자들이 20세기 농업과 전통 공예의 결합에 힘입어 생계를 꾸려갈 수 있는, 이를테면 장인들을 위한 소규모 식민정착촌을 세우자는 의도였다. 이를 위해 샤츠는 벤셰멘 뜰과 헤르츨왈드 숲 가까이에 소박한 집들로 이루어진 작은 구역을 만들고 풍부한 예술 전통을 지닌 가난한 예멘 유대인 가족 열두 가구를 데려왔다. 이들은 리다 계곡에 뿌리를 내리고자 3년 동안 분투했지만, 물 부족과 높은 유아사망률 같은 가혹한 환경에 결국 패배하고 말았다. 아티드와 키르야트 세페르, 올리브나무 숲과 마찬가지로 장인 식민정착촌 역시 사라졌다.

제1차 세계대전 전야, 애초엔 벤셰멘 올리브나무 묘목장에서 일하겠다고 왔던 농학자 이츠하크 빌칸스키가 벨킨드의 뜰을 모범적인 농업 사업장으로 변모시켰다. 빌칸스키는 팔레스타인 최초의 현대식 우사牛舍를 짓고, 여기서 기운 센 독일 황소와 끈질긴 다마스쿠스 암소를 교배했다. 빌칸스키는 양봉과 아몬드 재배, 밀 수확을 실험했다. 새로운 관개법을 개발하고 혼합농법을 고안했다. 이로써 유대인 정착 가족 모두가 1년 내내 한 떼기의 땅도 빠짐없이 최대한 활용하는 할당 체계에 따라 농장을 운영할 수 있도록 할 터였다. 빌칸스키는 숙련된 농부들로 이루어진 근로 집단을 훈련했다. 이 가운데 한 집단은 예멘인들이 남기고 간 폐가에 정착해서 작지만 번성하는 근로 마을을 형성했다. 17년 동안 빌칸스키는 리다 계곡에 경이를 일으켰다. 시온주의 지도자 차임 바이츠만의 지적처럼, 이스라엘 땅에서 히브리인들의 손이 기적을 행할 수 있다고 증명한 셈이었다.

그러나 1926년, 빌칸스키는 자신의 실험농장을 번성 중이던 레호보트 오렌지 과수원 식민정착촌으로 옮겼다. 다섯 번의 시도와 네 번의 실패 끝에, 시온주의는 23년 전 마주쳤던 질문과 다시 마주쳤다. 리다 계곡에 어떻게 정착할 것인가, 그리고 바위투성이 구릉지로부터 벤셰멘의 버려진 뜰과 아티드의 잔해를 지나 아랍 도시 리다에 솟은 자잘한 첨탑들로 이어지는 이 2330두남의 땅으로 무엇을 해야 할 것인가.

지크프리트 레흐만은 1892년 베를린에서 태어났다. 레흐만은 의학을 공부해 독일군에서 의사로 복무했다. 부유한 데다 동화된 독일 유대인 집안에서 태어났으나, 제1차 세계대전 중 유대인으로서 자신의 정체성을 재발견하고 유대주의의 회춘이라는 과업에서 의미를 찾았다. 1916년 동베를린 빈민가에 집 없는 유대인 아이들을 위한 보호시설을 설립했다. 1919년 리투아니아 도시 코브나에 유대인 전쟁고아들을 위한 쉼터를 열었다. 멘토인 마르틴 부버와 구스타프 란다우어, 알베르트 아인슈타인, 그리고 친형제인 알프레트로부터 영감을 얻은 레흐만은, 독일에 유대인을 위한 미래는 없으며 서부 유럽인들은 전통과 의식을 보존하고 있는 동부 유럽인 집단과의 유대를 재개해 스스로를 경신해야 한다고 믿었다.

1925년 교사가 된 이 의사는 반유대주의 물결의 부상으로 인해 코브나 아동쉼터를 유지할 수 없게 되리라는 사실을 깨달았다. 팔레스타인 외에는 갈 곳이 없었다. 우선 레흐만은 1921년 늦여름 하롯 계곡에 꾸려진 에인하롯의 하얀 천막 야영지가 있던 바로 그 자리에 자신만의 특별한 기관을 다시 세우려 했다. 그러나 습지의 말라리아모기들이 들끓는 늪지대는 학생들의 생명에 위협이 될 수도 있다는 사실을 알게 된 후, 이 아인슈타인의 추종자는 방향을 틀었다. 어느 비 내리는 겨울 날, 레흐만은 아내와 코브나 고아 12명을 데리고 20년 전쯤 이스라엘 벨킨드가 키시네프 고아들을 위해 지은 농업학교 뜰에 도착했다.

다른 사람들은 실패했던 이곳에서 레흐만은 성공했다. 1927년 레흐만의 청년 마을에는 학생이 15명뿐이었다. 1931년에는 200명이 되었다. 1949년에는 600명이 되었다. 10두남에 불과했던 마을의 경작지는 500두남 이상으로 늘었다. 이제는 번듯한 우사 한 채와 넓은 양 우리 하나, 외양간 한 채, 오렌지 과수원 하나, 채소밭 하나, 밀밭과 닭장과 양봉장들, 그리고 포도밭 하나가 있었다. 키르야트 세페르 뜰에서 아티드 공장 잔해로 이어지는 완만한 경사지 위에는 붉은 지붕의 기다란 기숙사들이 세워졌다. 학교가 하나 세워졌고, 수영장 하나와 운동경기장들이 조성되었다. 오솔길을 따라 꽃밭이 조성되었다. 아이들을 위해 고집한 밝은 주거지로 학교는 가족같이 따스한 분위기를 띠었다. 10년 만에, 이 독일계 유대인 인도주의자는 리다 계곡에 시온주의가 이룬 가장 사랑스러운 장소 가운데 하나를 개발하는 데 성공했다.

레흐만의 마을은 독특했다. 상당히 긴 기간, 창립자의 유토피아적 가치관을 실현했다. 이 베를린 의사는 베를린 개혁파 유대교도들의 지지를 받은 만큼, 편협한 시온주의자는 아니었다. 집 없는 유대 아동들을 구제하는 일에 삶을 헌신하기는 했어도, 인도주의적 임무에는 넓은 역사적 맥락에서 바라본 시각이 깔려 있었다. 유대 민족의 삶은 견딜 수 없는 지경이 되었다는 사실을 실감했다. 유대 민족이 경험한 강제 이주와 고립감이 유대인들을 육체적, 정신적, 영적으로 위협하고 있다는 사실을 인정했다. 그러나 레흐만은 20세기의 강제 이주와 고립감은 비단 유대인들만의 문제가 아니라고 믿었다. 뿌리가 없다는 느낌은 현대 서구 문명 역시 위협하고 있었다. 레흐만은 시온주의가 현대 유대 민족과 마찬가지로 현대인에게도 치료법을 제시해주기를 원했다. 민족의 시급한 과제가 온 인류에 이익을 주는 방식으로 수행되기를 원했다. 시온주의가 식민주의에 오염되지 않은 정착운동이 되기를, 극단적 애국주의에 흠집나지 않은 민족운동이 되기를, 도시의 소외적 삶으로 왜곡되지 않은 진보운동이 되기를 원했다. 시온주의는 주변과 이웃 토착민들을 무시하는 폐쇄적이고 젠체하는 식민정착촌을 수립해서는 안 된다고 믿었다. 동양을 호령하는 서양의 국경 요새가 되어서는 안 되었다. 반대로, 레흐만은 시온주의가 유대인을 고국 땅에 이식하는 방식은 유기적이어야 한다고 믿었다. 동양을 존중하며 동과 서를 잇는 교량이 되어야 했다. 이런 생각을 대놓고 말한 적은 없으나, 레흐만은 자신의 리다 계곡 청년 마을을 시온주의가 추구해야 하는 바람직한 모습이라 생각했다. 집 없는 사람들에게 집을 제공하고, 뿌리 뽑힌 사람들에게 뿌리를 주며, 삶의 의미를 회복하도록 해주는 구제사업. 레흐만의 벤셰멘은 아이들뿐만 아니라 조화를 상실한 시대에 조화를 제공할 터였다.

레흐만 박사는 시온주의가 중동과 통합해야만 성공할 수 있으리라고 믿었다. 1927년 7월, 이 젊은 의사는 번성하는 아랍 도시 리다로 달려왔다. 이 고도시 대부분을 파괴하고 무수한 주민을 죽게 한 엄청난 지진의 생존자들을 돌보기 위해서였다. 1930년대에 이르면, 재난 통에 지역사회에 미친 깊은 영향 덕에 레흐만은 리다 상류층을 비롯해 하디타와 다하리야, 김주, 다니얄, 데이르타리프, 바이트나발라와 같은 이웃 아랍 마을들의 여러 고관과 교우관계를 맺는다. 레흐만은 시온주의 청년 마을 문턱에 특별히 설계한 환영의 분수를 만들어놓고, 리다를 들어가거나 나오는 마을 주민들이 시원한 물과 상쾌한 그늘을 즐길 수 있도록 했다. 청년 마을 병원에는 찾아오는 팔레스타인 사람들에게 의료 지원을 하도록 지시했다. 벤셰멘 학생들은 이웃과 이웃 문화를 존중하도록 가르쳐야 한다고 주장했다. 거의 매주, 벤셰멘 청년들은 이웃 마을들로 여행을 떠났다. 리다와 리다 시장, 학교들 또한 자주 방문했다. 청년 마을 축제 때면 아랍 음악가와 무용수들이 초청되었다. 동양

박람회가 열려서 아랍 문화가 연구되고 전시되었으며, 칭송되었다.

1946년 할리우드 영화 「땅」이 레흐만의 청년 마을에서 촬영되었을 때, 영화가 담아낸 장면들은 인도주의 유토피아를 그려냈다. 흑백의 프레임마다, 헬머 래스키 감독과 촬영 기사들은 비현실적인 현실을 기록했다. 이곳에서는 독일을 간신히 탈출한 소년 소녀들이 진보적이고 민주적인 교육 시설에서 살고 있었다. 이곳은 성서의 땅에 뿌리 뽑힌 민족의 젊은이들을 위해 지은 일종의 요양원인 셈이었다. 젊은 히브리 양치기들은 하디타와 다하리야 사이에 있는 바위투성이의 험준한 고대 구릉지에서 양 떼를 몰고 있었다. 젊은 직공들은 이 땅에 대대로 살아온 프랑스나 독일 마을 주민이라도 된 양 물렛가락에 실을 잣고 있었다. 이 땅에 아연히 밀려든 고아들이라는 공동체는 이 땅과 완벽한 평화를 이루며 유럽풍 팔레스타인 마을 문화 속에 살고 있었다. 안식일 전야, 아이들은 하얀 상의를 입고 하얀 덮개를 씌운 탁자 주위에 모여 촛불을 밝혔다. 부모는 없었어도 이들에게는 신념이 있었다. 어떤 아이들은 바흐를 연주했고, 어떤 아이들은 찬송가를 부르거나 유대 전설과 톨스토이 작품을 이야기했다. 이처럼 벤셰멘 강당에 모인 8세부터 18세에 이르는 아이들은 전부 이 성스러운 땅의 신성함에 다다르려는 세속 젊은이들의 이례적 의식에 나름의 방식으로 참여했다.

리다는 아무것도 의심하지 않았다. 앞으로 일어날 일을 상상하지 않았다. 44년 동안, 리다는 자신의 계곡으로 들어오는 시온주의를 지켜보았다. 첫째는 아티드 공장, 그다음 키르야트 세페르 학교, 이어 올리브나무 숲, 장인 식민정착촌, 소규모 근로자 마을, 실험농장, 그리고 유별난 독일 의사가 이끄는 기이한 청년 마을에 이르도록. 더욱이 이색다른 의사는 리다 사람들에게 워낙 친절해서 아픈 주민들을 치료해주기까지 했다.

리다 시에는 회교사원 둘과 세인트 조지라는 큰 성당이 하나 있었다. 그러나 기독교 전통의 세인트 조지의 도시라고 해도, 리다 주민들은 시온주의가 현대판 용[1]으로 돌변하리라는 사실을 간파하지 못했다. 레흐만 박사가 평화를 설파하는 동안 전쟁을 설파하는 무리도 있다는 사실을 간파하지 못했다. 레흐만 박사가 자기 학생들을 이웃 팔레스타인 사람들 마을로 데려가는 동안 슈마르야후 구트만은 자신의 학생들을 마사다로 데려갔다. 청년 마을에서 인도주의와 형제애를 가르치는 동안 마을 뒤 소나무 숲에서는 벤셰멘 청년들에게 수류탄을 던지고, 기관단총을 조립하며, 대전차 박격포탄을 발포하는 법을 훈련시키는 군사 교육이 진행되고 있었다. 리다 주민들은 고아 민족에게 희망을 심어주기 위해 계곡에 들어왔던 시온주의가, 이 땅을 무력으로 탈취하리라 결의한 무자비한 운동이 되고 말았다는 사실을 간파하지 못했다.

시온주의의 접근을 지켜본 44년은 리다에게 번영의 시기였다. 1903년에서 1947년까지, 인구는 9000명에서 1만9000명으로 배 이상 뛰었다. 이런 약진은 양적이면서 동시에 질적이었다. 현대화는 도처에서 이루어졌다. 1911년과 1927년 지진으로 인한 파괴 후, 해묵은 흙집 대부분은 견고한 신식 석조가옥으로 대체되었다. 대大사원[회교사원]과 성당 옆에는 상업 시설 및 새로운 회교사원이 지어졌고, 마을 서측에

---

1 성서 「요한묵시록」에는 세계가 종말할 때 용이 출현한다고 쓰여 있다. 이 용은 하느님의 원수인 악, 곧 개인과 사회 집단을 일그러뜨리는 이기심과 교만, 자만심을 상징한다.

는 자를 대고 그은 듯 반듯한 도로를 갖춘 새로운 현대식 지구가 등장했다. 리다는 팔레스타인 철도 체계의 중심이었으며, 기차 회사 간부들은 이 도시의 자랑거리인 최신 영국식 전원주택지에 살았다. 일부 거리에는 전기가 들어왔으며 수돗물이 나오는 집도 있었다. 리다 아이들을 교육하는 남학교와 여학교도 하나씩 있었다. 의사 다섯 명과 약국 두 곳이 있어서 적절한 의료 서비스를 보장했다. 사망률은 1000명당 12명 꼴로 감소한 반면, 출생률은 1000명당 56명으로 상승했다. 두 수치 모두 20세기 전반 리다에서 진정한 사회혁명이 발생했음을 입증했다.

리다의 경제 또한 순조로웠다. 영국의 위임통치와 시온주의의 간접적인 영향, 유리한 입지는 질주를 가능케 했다. 팔레스타인 정중앙에 위치했기에, 리다는 영국 통치 기간에 주요 교통망의 중심이 되었다. 도시 남쪽의 기차역과 북쪽의 국제공항은 주민들에게 풍부한 취업 기회를 제공했다. 근처를 지나는 국토 횡단 도로들은 지역 상업에 기여했다. 게다가 오렌지 과수원들이 3200두남을 차지하고 있어서 리다는 감귤 호황의 덕마저 보았다. 이 구래의 도시에서 유압 프레스는 수작업을 대체했다. 공장 세 곳에서 아티드가 한때 생산했던 기름과 비누를 제조했다. 도시에는 성공한 무두질 공장 한 곳과 카피에와 아바야를 만드는 방적 공장 여러 곳이 있었다. 찻집들은 붐볐으며 상점들은 최상의 현대식 제품으로 가득했다. 월요일과 목요일마다, 사방팔방에서 리다의 유명한 가축시장과 상점가로 관광객 수천 명이 몰려들었다. 부유한 지주계층과 더불어 상업 중산층이 번성해 리다를 활기찬 번영의 도시로 바꾸었다.

그러나 1947년, 팔레스타인 문제는 결정적 순간을 맞이했다. 2월,

영국 정부는 결국 아랍인과 유대인 사이의 분쟁에 진저리를 치면서 이 성지를 떠나 국제연합에 운명을 맡기로 했다. 6월, 유엔심의위원회 위원 11명이 팔레스타인에 도착해 나라를 둘러보다가 벤셰멘과 리다 계곡을 방문했다. 8월, 위원회는 유대인과 아랍인이 팔레스타인에 공존할 가능성은 없다는 결론에 도달했고, 이에 따라 나라를 두 개의 민족국가로 분할하라고 제안했다. 11월, 유엔총회는 분할 계획을 승인하고 유대국과 아랍국을 제각기 수립하라고 요청했다. 아랍연맹과 팔레스타인 아랍인들이 유엔 결의안 181호를 거부하면서, 나라 전역에 폭력의 불길이 번져나갔다. 1947년 12월에서 1948년 5월까지, 유대인과 팔레스타인 공동체 사이에 격렬한 내전이 벌어졌다. 영국이 떠난 후 1948년 5월 15일 이스라엘이라는 국가가 설립되었다. 이튿날 이집트와 요르단, 이라크, 시리아, 레바논 군대가 침입해 전면전이 발발했다.

12월, 벤셰멘으로 오고 있던 수송 차량 7대에 맹렬한 공격이 퍼부어졌다. 타고 있던 유대인 승객 가운데 13명이 잔혹하게 살해되었다. 1948년 2월, 리다 계곡에서 청년 마을 학생 400명이 영국군 무장차량의 호위를 받으며 수송 버스로 비통하게 소개疏開되었다. 레흐만 박사의 가슴은 미어졌다. 4월, 청년 마을은 말하자면 농성 진지가 되어 있었다. 5월, 리다 시장은 벤셰멘에 항복을 권유했지만 거절당했다. 그럼에도 시장은 아랍군 사령관에게 리다에 위협이 되지 않는 한 이 고립된 농성 단지를 공격하지 말아달라고 애원했다. 벤셰멘에 인접한 아랍 들판들은 불길에 휩싸였고, 남아 있던 청년 마을 졸업생 몇몇은 불을 끄기 위해 달려나갔다. 전쟁이 팔레스타인 지역 대부분에서 맹위를 떨치던 순간에도, 아랍인과 유대인 모두 리다 계곡을 전쟁의 완충지대로 여겼다.

그러나 1948년 7월 4일, 리다를 정복하자는 라를라르 작전이 계획되어 이스라엘 초대 수상 다비드 벤구리온에게 제출되었다. 7월 10일, 이스라엘 방위군 제8여단이 리다 계곡 북쪽 지역을 점했다. 데이르타리프와 바이트나발라, 하디타 같은 마을과 국제공항이 속한 지역이었다. 동시에 이프타흐 정예여단이 계곡 남쪽을 점했다. 이나바와 김주, 다니얄, 다하리야 같은 마을들이 속한 지역이었다. 이스라엘군이 최초로 사단 규모의 공격을 감행하고 24시간 만에, 레흐만 박사가 그토록 사랑했던 그리고 사랑하는 학생들을 가르쳤던 마을들이 전부 정복되었다. 그리고 시온주의가 남쪽과 동쪽, 북쪽에서 리다 계곡을 포위해가면서, 이제 리다 시 자체를 정복할 태세를 갖추었다.

7월 11일, 제3연대 2개 소대가 정복 마을인 다니얄에서 벤셰멘과 리다를 가르는 올리브 과수원 지대로 진군했다. 리다 외곽에서 강력한 기관총이 발사되어 이들을 멈춰 세웠다. 그사이 모셰 다얀의 89연대가 벤셰멘에 도착했다. 레흐만 박사가 아랍 이웃을 위해 지은 분수 옆, 다얀은 연대를 무장시켜 일렬로 세웠다. 하나 뒤에 다른 하나, 줄지어 선 병사들은 준비가 완료되었다. 더불어 거대한 무장차량이 대포 한 문과 후부 무한궤도 군용차와 기관총이 장착된 지프 여러 대를 싣고 합세했다. 15시경, 대열은 벤셰멘을 떠나 가는 길마다 총격을 가하며 리다 시를 향해 빠르게 진군했다. 공습 47분 만에 여성과 아이, 노인 등 아랍 시민 100명 이상이 총에 맞아 죽었다. 89연대는 9명을 잃었다. 늦은 오후, 제3연대 2개 소대는 리다에 침투할 수 있었다. 수 시간 내에 병사들은 도심 요충지를 점령하고 대사원과 소사원, 세인트 조지 성당 안에 시민 수천 명을 가두었다. 저녁 무렵, 시온주의는 마침내 리다 시를 차지했다.

이튿날 요르단 무장차량 두 대가 실수로 이 점령 도시에 들어오는 바람에 새로운 폭력의 물결을 일으켰다. 요르단군은 동쪽으로 수 킬로미터 떨어진 곳에 있는 상황이었다. 이 두 대의 차량에 군사적 의도는 없었는데, 일부 리다 시민은 이들이 자신들을 구해주러 온 정찰대라고 오인했다. 3연대 병사 일부는 이들을 임박한 요르단 공격의 위험이라고 믿었다. 그러던 중 소사원 옆에서 이스라엘 병사들을 향해 총이 발사되었다. 근처 작은 못을 장악하고 있던 이 젊은 전투원들 가운데는 벤셰멘 졸업생도 있었는데 지금은 제복 차림이었다. 이스라엘 여단장역시 벤셰멘 졸업생이었다. 여단장은 발포를 명했다. 병사들은 사방에 총격을 가했다. 집 안으로 수류탄을 던졌다. 한 명이 소사원 안으로 대전차 박격포탄을 쏘았다. 30분 후인 정오, 시민 250명 이상이 죽었다. 시온주의는 리다 시에서 대학살을 자행한 셈이었다.

유혈 사태 소식이 점령 마을 야주르에 있는 라를라르 작전 본부에 이르자, 이갈 알론은 벤구리온에게 아랍인들을 어떻게 처리해야 좋겠느냐고 물었다. 벤구리온은 손사래를 쳤다. 추방하라는 의미였다. 리다 함락 몇 시간 후, 작전장교 이츠하크 라빈은 이프타흐 여단에 서면 명령을 내렸다. "리다 주민들은 나이를 불문하고 신속히 추방되어야 한다."

이튿날 내내, 세인트 조지 성당 사제관에서 협상이 진행되었다. 참석자는 이제 리다의 군정장관이 된 슈마르야후 구트만과 점령 도시 리다의 팔레스타인 고관들이었다. 당혹한 고관들은 자신들 무리의 생명을 구하려고 열심이었으나 교활한 구트만은 명시적 추방 명령 없이 이들을 전부 추방해버릴 수는 없을까 하고 고심했다. 1948년 7월 13일 정오가 다 되어 협상이 끝났고, 리다 주민들과 이곳에 거주하는 난민들은 즉시 리다를 떠나기로 합의되었다. 정오에 이르러 집단 철수가 진행되었다. 오후가 되자 팔레스타인 아랍인 3만 5000명이 긴 줄을 이루며 리다를 떠났다. 벤셰멘의 젊은 마을을 지나 남쪽으로 행진해 동쪽으로 사라져갔다. 시온주의는 리다 시를 흔적도 없이 지워버렸다.

리다는 우리의 블랙박스다. 그 안에는 시온주의의 어두운 비밀이 놓여 있다. 진실은 이랬다. 시온주의는 리다를 견딜 수 없었다. 애초부터 시온주의와 리다 사이에는 근본적인 모순이 있었다. 시온주의가 존재해야 한다면 리다는 존재할 수 없었다. 리다가 존재해야 한다면 시온주의는 존재할 수 없었다. 돌이켜봐도 역시 자명한 사실이었다. 1897년 4월 허버트 벤트위치가 라믈레의 하얀 탑에서 리다를 내려다보았을 때, 만약 팔레스타인에 유대국이 존재해야 한다면, 그 중심에 있는 아랍 마을 리다는 존재할 수 없으리라는 사실을 알아봤어야 했다. 리다는 유대국으로 가는 길에 버티고 있는 장애물이며, 언젠가 시온주의는 리다를 제거해야 할는지 모른다는 사실을 알았어야 했다. 그러나 허버트 벤트위치는 알아보지 못했고, 시온주의는 알기를 거부했다. 반백년 동안, 시온주의는 스스로에게 시온주의 민족운동과 리다 사이의 근본적 모순을 감추는 데 성공했다. 45년 동안, 시온주의는 아티드 공장과 올리브 숲과 벤셰멘 청년 마을이 리다와 평화롭게 사는 척했다. 그러던 1948년 여름, 격변의 3일 동안 모순이 습격했고 비극이 그 얼굴을 드러냈다. 리다는 더 이상 없었다.

20년 전, 나는 리다가 우리의 블랙박스라는 사실을 깨닫고 그 비밀을 풀어보고자 노력했다. 당시의 여단장을 찾아가 긴 시간을 함께 보냈다. 군정장관이 있는 곳을 알아내 그의 키부츠에서 몇 날 며칠을 함께 보냈다. 제3연대 병사들과 시간을 보냈고 청년 마을 학생들과 면담을 했다. 이 장을 쓰기 위해 이들과의 대화를 녹음한 카세트테이프들을 찾아내 리다의 죽음을 이야기한 부분을 유심히 들었다.

여단장은 1923년 리투아니아 코브나에서 태어났다. 부친이 레흐만 박사와 함께 일했던 곳이다. 이후 텔아비브로 이사해 사회주의적 가풍 아래 양육되었으나 15세가 되자 벤셰멘 청년 마을로 보내졌고, 도착하자마자 아버지의 오랜 벗인 레흐만 박사의 총애를 받았다. 여단장은 안식일 아침마다 레흐만 가족의 초대를 받았다. 그들과 함께 축음기로 희귀 음반을 감상했다. 하이든, 모차르트, 바흐. 휴일이면 이웃 마을들을 예방하는 레흐만 박사를 수행했다. 때로는 박사를 따라 리다에 있는 친구와 학교들을 방문하기도 했다. 여단장은 리다에, 리다의 시장과 올리브 압착기에, 리다의 해묵은 시내에 빠져들었다. 벤셰멘에서 여단장은 우사와 포도밭, 오렌지 과수원에서 일했다. 핸드볼을 즐겼고 예술에 대한 취향을 계발했다. 그러나 그 무엇보다도 음악을 사랑했다. 고전 음악, 대중 음악, 민속 음악. 벤셰멘에서의 좋은 기억 가운데 하나는 학생 수백 명이 너른 뜰의 침묵 속에 앉아 관현악단과 합창단이 연주하는 바흐의 농부 칸타타 공연을 감상하던 장면이었다.

그러나 이 17세 청년이 사는 세계에는 벤셰멘 세계의 인도주의적이며 음악을 사랑하는 면과 더불어, 다른 현실적인 면이 번갈아 존재했다. 여단장은 친구들과 함께 청년 마을 너머에 있는 숲에 가곤 했다. 그곳에서 영국제 소총을 조립하고 해체하는 법과 기관총을 쏘고 수류탄 던지는 법을 익혔다. 벤셰멘을 졸업하자 이 음악 애호가는 팔마흐 기동타격대의 첫 번째 소대에 입대했다. 1942년 겨울에는 마사다에 올랐다. 1942년 여름, 화염병을 들고 로멜의 나치군을 저지하고자 남쪽으로 갔다. 21세에 중대장이 되었고, 23세에 전국 규모 훈련과정의 지휘관이 되었다. 24세에 연대장이 되었다. 1947년 말, 전쟁이 터지자 이 벤셰멘 졸업생은 시온주의 정예부대 가운데 하나를 지휘했다.

여단장은 자신이 속한 두 세계 사이의 모순을 인식하고 있을까? 레흐만 사도로서의 자신과 전사로서의 자신을 결합할 수 있을까? 그에게 이 질문에 대한 명쾌한 답은 없다. 북쪽에서의 전투를 이야기하는 대목에서, 놀랍게도 여단장은 마음을 터놓는다. 녹음기에서 흘러나오는 그의 음성은 자신의 임무가 아랍군이 침공하기 전 갈릴리를 청소하는 일이었다고 털어놓는다. 먼저, 내부 위협인 아랍 주민을 전부 제거하지 않는다면, 이제 막 태어나려 하는 유대국은 외부와의 전투에서 살아남지 못할 터였다. 이에 따라 우선 티베리아스–사펫 지역에서 아랍인을 모조리 쓸어버렸다. 1948년 4월, 여단장은 티베리아스를 조용히 정복해야 하는 책임을 맡았다. 이 지역 아랍 주민은 우세한 이스라엘군의 압력을 받고 떠났다. 이어 이스라엘군은 사펫 인근 아랍 마을들을 정복해 파괴했다. 5월 사펫이 정복되면서, 그곳 아랍 주민들은 포화 속에서 달아났다. 이어 훌라의 주민들을 내몰았다. 1948년 5월 말 무렵, 훌라 계곡에서 아랍인들이 쓸려나갔다. 사펫–티베리아스 전역에서 아랍인들이 쓸려나갔다. 동갈릴리 전체에서 아랍인들이 쓸려나갔다. 이 벤셰멘 졸업생의 지휘 아래, 동갈릴리는 아랍인이 개무한 지대가 되며 신생 이스라엘국의 불가결한 일부가 되었다.

그러나 리다에 대해 이야기하는 대목에서 여단장의 음성이 변한다. 이제 목소리는 조용하다 못해 거의 고뇌에 차 있다. 신중하면서도 무언가 꺼리는 듯한 목소리로, 마치 리다에 대해 이야기하는 순간 불현듯 그 모순과 그 비극을 알아차리기라도 한 듯이. 연대장은 나에게 한때 레흐만 박사를 수행해 안식일 예방을 하던 마을들을 어떻게 정복했는지에 대해 천천히 이야기한다. 김주와 다하리야, 하디타 같은 마을을. 리다 계곡과 리다 시를 어떻게 정복했는지 이야기할 적에도 목소리는 조용하다. 요르단 무장차량이 시에 침입한 사실을 보고받고, 잠시 후 제3연대의 벤셰멘 졸업생 몇몇이 공격받았다는 사실을 알게 된 그날 아침을 묘사한다. 리다 시 거리를 배회하는 사람은 누구든 가리지 말고 사격하라는 명령을 내린 사람, 시를 비우라는 명령을 내린 사람은 자신이었다고 내게 말한다. 여단장과 군정장관이 리다 주민들에게 동쪽을 향하는 긴 열을 짓게 해 시 밖으로 내몬 당사자였다.

여단장은 분명 비탄에 잠겨 있다. 이제 녹음기에서 나오는 음성에는 자신이 없다. 나에게 무언가를 의도적으로 숨기고 있는 것이 아니다. 스스로도 무엇을 느끼는지 알지 못할 뿐이다. 리다에 대한 여단장의 이야기는 모호하다. 색깔도, 냄새도, 세부 묘사도 결핍되어 있다. 벤셰멘 시절은 생생하게 기억하면서도 리다 정복에 대한 기억만은 흐릿하다. 자신이 방문했던 학교들과 알았던 가족들, 그토록 좋아했던 이 공동체에 대해 언급하지 않는다. 자신이 사랑했으며 파괴한 이 도시에 대해 일언반구도 없다. 오직 소리 죽인 어조만이 감추고 있는 무언가를 대변할 뿐이다. 사내의 첫 번째 사과다. 우리는 포위되어 있었다. 두 번째 사과다. 우리는 안팎으로 위협에 임박해 있었다. 세 번째 사과다. 시간이 없었다, 나는 당장 결정을 내려야 했다. 네 번째 사과다. 전쟁에서는 끔찍한 일들이 일어나기 마련이다. 그러나 여단장의 사과 가운데 그 어느 것도 자기 자신을 납득시키지 못하는 듯하다. 리다를 사멸시킨 은폐된 3일에 대해 아무런 설명도 제시하지 못하는 듯하다.

불도저는 여단장과 다르다. 1948년 전쟁의 상이용사이기는 마찬가지라도, 정신적 상처는 같지 않다. 난폭하고 투박한 성향의 인물인 불도저는 언성을 지나치게 높이는 경향이 있다. 경직되고 급한 성격으로 침착하지 못하다. 이 망할 전쟁에서 마음의 평화를 잃었음을 인정한다. 이후 수년이 흘렀지만, 내면의 평정을 되찾을 수 없었다.

불도저 역시 동유럽에서 태어났으나 텔아비브에서 성장하지는 않았다. 분주한 헤르츨 거리를 지나는 열차 안으로 아랍인 한 명이 폭탄을 던져 10여 명에게 상처를 입히고 근처에 서 있던 여덟 살 남아를 죽게 한 사건이 있던 날, 당시 일곱 살이었던 불도저는 하교하던 참이었다. 이날 그에게는 곧 아랍인과의 전면전이 벌어지리라는 사실이 분명해졌다. 십대 나이에 아랍 야파까지 걸어가 아랍 친구들을 사귀었지만, 우리와 저들 사이에는 창검이 놓여 있음을 늘 의식했다. 이 땅은 전쟁으로 결딴나리라는 사실을 늘 인식했다.

불도저는 유달리 강했다. 권투와 승마를 하는 등 운동에 탁월했다. 크고 강한 신체로 말미암아 불도저란 별명이 붙었으며 남아들을 호령했고 여아들 마음을 사로잡았다. 14세에 비밀 조직 하가나의 일원이 되었다. 15세에 수류탄 훈련을 시작했다. 16세에 사격연습장에서 실탄 훈련을 했다. 17세에 마사다에 올랐다. 18세가 되어 불도저는 팔마흐에 입대했는데, 그 이유는 키부츠 유토피아 따위를 믿어서가 아닌, 전쟁이 들이닥쳤을 때 최고 고수들과 함께 있고 싶었기 때문이다.

1948년 처음 몇 달은 수월했다. 마을 습격과 길섶 매복이 전부였다. 하지만 대전차미사일 조작 훈련을 받은 후, 전투는 격렬해졌다. 제3연대는 대부분의 작전에서 그의 바주카포 같은 대전차무기를 필요로 했다. 4월과 5월, 6월은 믿기 어려울 정도로 무자비했다. 가까운 친구 하나가 죽었고, 이어서 한 명, 또 한 명이 죽었다. 고통은 분노가 되었고 분노는 무관심이 되었다. 이해할 시간도, 애도할 시간도, 눈물 흘릴 시간도 없었다. 아랍인들을 갈릴리에서 몰아내어 시리아와 레바논 침략 세력을 좌절시켜야 했다. 갈릴리를 정복해 일소하고 방어해야 했다. 갈릴리를 반드시 유대인 차지로 만들어야 했다.

에인제이툰 습격은 복수가 아닌 정복을 위해 아랍 마을로 내려간 첫 사례였다. 불도저는 한밤중의 기선 제압을 생생히 기억한다. 그날의 공격과 맹렬한 포화, 기습을 기억한다. 마을 하나 정복하는 게 이렇게 쉬울 수가. 제3연대 청년들이 석조가옥에 쳐들어가서 본 바는, 타고 있는 제등提燈과 온기가 남은 담요, 냄비에서 끓어 넘치고 있는 우유 따위였다. 겁먹은 집주인들은 어둠 속으로 달아났고, 청년들은 버려진 집 안으로 걸어들어갔다. 살아 있는 마을이 하룻밤 사이에 유령마을이 되는 장면을 목격하니 섬뜩해졌다.

불도저가 기억하는 최초의 잔혹한 행위는 전쟁 포로 심문이었다. 자신만만하던 목소리가 잠시 머뭇거린다. 이 사내가 말을 할까? 그러나 침묵도 잠시, 봇물이 터지고, 이야기해야 한다는 필요가 이야기하지 말아야 한다는 강제를 억누른다. 불도저는 크고 강하기에, 정보장교 보조로 배속되어 에인제이툰에서 생포한 사내 일곱 명을 심문했다. 겁에 질린 포로들을 한 명 한 명 낮고 긴 의자에 묶어, 한쪽 끝에선 이마가 땅에 닿고 반대쪽 끝에선 발이 땅에 닿도록 했다. 짧은 막대로 포로의 머리를 때리고 나면 이번엔 긴 막대로 다리를 때렸다. 일단 전쟁포로들을 패기 시작하자 그 일을 즐기게 되었다. 죽은 동료들을 대신하여 복수를 하는 기분이었고, 쓰러진 전우들이 이렇게 해주기를 바라는 듯했다. 포로 일곱이 알고 있는 사실을 정보장교에게 전부 불도록 했다. 피를 너무 많이 흘리게 한 탓에 포로들은 일어설 수조차 없었다.

다음은 사펫 정복인데, 제3연대가 한 도시를 통째로 점령한 건 처음이었다. 처음은 어렵다. 무장한 아랍 무리가 자신이 있는 건물을 급습하는 순간, 불도저는 근처에 아무도 없다는 사실을 알아차렸다. 무리는 외쳤다, "유대인들을 학살하라". 탄약이 떨어져가고 있었다. 죽음이 다가오는 듯한 서늘한 전율을 느꼈다. 그러나 아침 무렵, 사건은 극적으로 전환됐다. 유대군 보강 병력이 도착했다. 아랍인들은 후퇴했다. 불도저는 캐나다제 소총과 새로 수혈된 탄약들을 챙겨, 이 고도시의 해묵은 석조가옥들 사이에서 피신처를 찾는 아랍인들을 추적해 잡아냈다. 살인의 유희. 인간을 눕히는 거의 성적인 쾌락.

전투가 잦아든 후 불도저는 지역 병원에 갔다. 거기서 차가운 복도 바닥에 누워 있는 친구 셋을 발견했다. 죽음에 생경하고 공포에 얼어버린 얼굴들을. 강인한 그마저도 겁에 질렸다. 일주일 후, 불도저는 어느 아랍 마을에서 진행된 야밤 작전에서 마지막으로 복귀한 후, 역시 마지막 트럭을 타고 집결지로 향했다. 반시간 후, 그는 곁에 있는 소년들이 죽어 있다는 사실을 알아차렸다. 또다시 공포를 느꼈다. 불현듯 경험해보지 못한 순간이 닥쳤다. 그 순간 이 몇 달 동안 자신에게 무슨 일이 일어났으며 자신이 얼마나 지옥 같은 삶을 살고 있는지 이해하고 말았다.

6월, 불도저는 요르단 계곡에 있었다. 키부츠 데가니아에 접근하고 있던 시리아 전차들의 침략을 저지하기 위한 대전차 박격포 발사기와 함께 파견되었는데, 여기서 인생 최악의 순간 가운데 하나를 경험했다. 첫 번째 전차가 자신을 향해 오는 모습을 지켜보면서 홀로 서 있던 때였다. 그야말로 마지막 순간, 첫 번째 박격포를 발사해 다가오던 전차를 멈춰 세웠지만 그 자신도 부상을 입었다.

요르단 계곡 키부츠 두 곳에서, 잿더미가 된 집을 탈출해 살아남은 생존자들을 목격한 순간은 또 다른 악몽이었다. 이어 피난처로 돌아온 키부츠 성원들을 보고 충격을 받은 불도저는, 처음으로 패배할 수도 있다는 생각을 하게 되었다. 자신이 몸담고 있는 전쟁이 시온주의의 사멸로 귀결될 수도 있다는 사실을 깨달았다. 그리고 만일 시온주의가 사멸한다면, 이스라엘 땅에 장차 발생할 일은 유럽에서 누차 발생해왔던 일과 같으리라. 유대인은 다시 유대인이 될 터였다. 무기력한 유대인이.

리다 계곡에 도착할 즈음 불도저는 탈진 상태였다. 너무 많은 일을 보았고, 너무 많은 일을 저질렀으며, 그 이상으로 많은 사람을 죽였다. 이제는 총질에서 쾌감이 느껴지지 않았다. 단지 명령이 하달되면 복종할 따름이었다. 제3연대 소대들과 은빛 올리브 과수원들을 떠나 리다로 행군했다. 동이 트자 불도저는 약탈할 만한 사진기가 없나 두리번거리며 리다를 배회했다. 그는 사진기를 무척 사랑했다. 별안간 총소리가 울렸다. 무장차량이 침공하고 있으며, 소사원 부근 못에 친구들이 갇혀 있다는 소문이 돌았다. 소사원에 도착하자 불도저의 눈에 실제 총격이 보였다. 어디서 어떻게 던져졌는지 수류탄 수 발이 날아들었다. 불도저는 부하들에게 소사원 안으로 대전차포를 발사하라고 지시했다. 전쟁신경증이던 병사는 거절하며 자리를 떴고, 박격포는 불도저의 수중에 들어왔다. 이 좁은 골목에서 대전차포를 발사하면 자신도 다치리라는 사실을 알고 있었지만, 어찌됐든 발사하기로 했다. 좁은 골목에 위치한 공중화장실 문을 부수고, 화장실 안에 거구의 몸을 최대한 숨겼다. 수류탄은 분명 첨탑에서 던져졌을 테지만 겨냥하는 곳은 벽 뒤로 사람들 목소리를 들을 수 있는 소사원이었다. 그는 6미터 떨어진 거리에서 사원 벽을 향해 박격포를 쏴, 70명을 살해했다.

훈련 집단은 텔아비브와 예루살렘, 하이파 출신의 청년운동 졸업생 120명으로 이루어져 있었다. 이들의 임무는 에일라트에 인접한 홍해 해안에 새로운 키부츠를 세우는 일이었다. 1947년 여름, 18세 소년 소녀들이 갈릴리 호 부근에 있는 비교적 오래된 키부츠에서 키부츠 삶에 대비해 훈련을 받았다. 들판을 정리하고, 공동 주택을 짓고, 어망을 수리하고, 바나나 농장과 우사에서 일했으며, 양을 몰아 목초지에서 풀을 뜯겼다. 한 달에 열흘은 지형학과 항해술을 공부했으며, 기관단총 다루는 법과 폭발물 조립법을 배웠다. 그러나 나머지 시간에는 공동체

생활양식을 유지했다. 문학 수업과 예술 세미나, 정치경제 워크숍을 열고, 시온주의 사고를 주제로 강좌를 진행했다. 자본주의의 내재적 모순을 분석했다. 자본주의에는 인간의 존엄성을 짓밟는 속성이 있다는 판단에서였다. 이들은 또한 인간이 역사를 만드는가 아니면 역사가 인간을 만드는가에 의문을 품었다. 타고르와 츠바이크, 헤세, 로자 룩셈부르크를 읽었다. 케스틀러의 『대낮의 암흑』과 간디의 『나의 진리실험 이야기』, 부버의 『나와 그대』를 읽었다. 음악을 연주하고 감상했다. 멘델스존과 파가니니, 도메니코 치마로사 같은 음악가를 특히 좋아했다. 훈련 집단의 소년 소녀들은 갈릴리 호 옆에 자리잡은 숲속에서 축음기를 가운데 놓고 둘러앉아 치마로사의 비극적인 오보에를 듣고 또 들었다. 이 슬픈 선율은 유칼립투스의 바스락거리는 소리와 호수 물결의 찰랑거리는 소리에 공명했다.

1947년 12월, 훈련 집단 소년 일부가 상上갈릴리에 있는 작은 아랍 마을에서 첫 보복 작전을 펼쳤다. 뜻하지 않게 여성과 아이들을 죽인 소년들은 시신이 놓인 집 두 채는 마을에서 날려버리는 편이 좋겠다고 결정했다. 1948년 1월, 훈련 집단은 처음으로 소년 한 명을 잃었다. 소녀들이 시신 주위에 초를 밝혔고, 다들 그 옆에 앉아 밤을 지새웠다. 마치 불침번이라도 서듯이. 이어 또 한 소년이 전투 중에 죽었다. 그리고 또 하나가. 이어 둘이 더 죽었다. 소년들 가운데 일부는 냉소적이고 음울한 기분에 빠졌다. 소녀들에게 유서를 남기는 아이들도 있었다.

1월 중순, 소년 여덟 명이 처음으로 길섶 매복 공격을 실시했다. 아랍 택시 한 대에 기관총을 발사해 무고한 승객 전원을 죽였다. 2월 중순엔 처음으로 특공대식 습격을 실시했다. 소년 20명이 외딴 갈릴리 마을에서 석조가옥 20채를 폭파해 6명을 죽였다. 사고방식이 변했다. 가치관과 규범이 해체되었다. 저녁이면 여전히 축음기로 음악을 감상했지만, 대화 주제는 이제 복수였다. 문학 토론과 이념 논쟁이 여전히 오갔지만, 군사작전 전날이면 이제는 의례儀禮적인 출전 무도舞蹈가 벌어졌다. 얼굴에 물감을 칠한 인디언 전사들처럼, 욕정에 찬 아랍 암살자들처럼, 히브리 소년들은 이빨 사이에 칼을 물고 단검을 높이 쳐든 채 돌고 도는 원무를 췄다. 그리고 5월제 전야가 되자 마을 하나를 정복하겠다며 카안 산을 내려왔다. 최초의 정복전이었다. 주민 800명을 몰아내고 마을을 폭파시켰다. 지구상에서 마을을 지워버렸다.

책상 위 녹음기에서는 내가 아주 잘 아는 한 소녀의 목소리가 들린다. 훈련 집단 소녀 가운데 한 명이다. 소녀는 늦은 밤 청년들이 마을로 내려갈 때 느꼈던 불안을 기억한다. 그리고 동틀 녘 이들이 어떻게 돌아왔는지를 기억한다. 약탈한 당나귀를 타고, 약탈한 카피에를 두르고, 약탈한 이슬람 묵주를 들고 왔다. 몇 달간 느껴온 긴장감을 제치고 소년들 사이에는 극도의 희열 같은 것이 분출했다. 전쟁은 돌연 심각하고 음침한 것이 아니라 재미있는 무언가가 되었다. 소년들은 권력감과 해방감이라는 새로운 감정을 느꼈다. 카키색과 스파르타 정신과 자기 수양의 굴레에서 풀려나 윤리라는 멍에를 벗어던진 기분이었다. 본부로 삼겠다고 징발한 호텔 방들은 이제 온통 알록달록한 천과 이슬람 묵주, 구리 제품, 물담뱃대 천지였다. 방문 가운데 하나에는 손글씨로 이렇게 쓰여 있었다. 먹고, 마시고, 약탈하라, 내일 우리는 죽으므로. 5월제 때 정복된 아랍 마을만이 아니라 겸손히 처신하고 옳은 일을 하며 공공선에 봉사하라는 사회주의적 시온주의 명령에 담긴 정서까지 파괴된 듯했다.

일부 소년들은 마을 포로를 대상으로 한 잔혹한 심문에 참여했다.
일부는 심문이 끝나자 피 흘리는 포로들을 와디로 데려갔다. 포로들이
처형될 때 눈을 돌리는 소년들도 있었지만 일부는 고소하다는 듯 지켜
보았다. 그사이 사펫에서는 소년 하나가 명저격수로 부상했다. 카세트
테이프에서 들리는 소년의 목소리에 회한이란 없었다. 한번은 여자를
사살했고, 다음번엔 사제를, 그다음 번엔 아이를 사살했다. 아랍인을
쓰러뜨릴 적마다 소년은 자신의 캐나다제 저격소총 개머리판에 홈을
새겼다. 홈은 전부 50개였다. 소년의 말이었다.

이어 사펫에서 대전투가 벌어졌다. 사펫의 소탕, 잇따른 약탈. "우
리 마당은 마치 아랍 마을 마당 같다", 소녀 가운데 한 명이 편지에
적었다.

마당은 무척 소란스럽다. 암탉들이 사방을 돌아다니며 꼬꼬댁거린다.
소들은 가끔 마당에 함부로 들어온다⋯⋯. 하지만 흥겹게만 보이는 이
분위기에서, 나는 전부 약탈한 재산에 불과한 이것들에 묻어 있는 부
정不正을 본다. 결국엔 욕지기가 나고 넌더리가 쳐진다. 이곳 사내들의
정체를 더는 모르겠다. 너나없이 승리에 취해 전리품을 차지하려는 탐
욕에 휘둘린다. 각자 취할 수 있는 것을 전부 차지하고는 승리의 기쁨
으로 정신이 풀렸다. 증오와 복수의 감정을 표출하며 진짜 짐승으로 변
하고 있다. 길을 막는 건 무엇이든 박살내고, 파괴하고, 죽였다. 복수를
향한 갈증을 풀 샘을 찾았고, 동지들은 인간성을 완전히 잃었다. 인간
으로서 이런 일을 저지를 수 있다는 사실을 믿기 힘들다. 사람 수십 명

을 죽이는 그 냉혹함을. 아니, 이것은 냉혹함이라 말할 수 없다. 이것은 격정이다. 하루하루, 우리 내면의 인간적 감정은 점점 무뎌지고 있다.

1948년 7월 11일, 훈련 집단 소년들은 리다로 행군했다. 이들은 시 동쪽 외곽에서 날아오는 총격을 피해 벤셰멘 접경지대의 올리브 과수원 일대로 갔다. 주변엔 모기들이 윙윙거리고, 열기는 타는 듯하며, 새 철모는 머리통에서 지글거렸다. 몇몇은 다쳤고, 몇몇은 전쟁신경증이었다. 집단의 첫 주간晝間 전투는 순조롭지 못한 상황이었다. 하지만 89연대장 다얀의 기습 총격이 리다의 저항정신을 깨운 후, 훈련 집단 소년들은 리다에 침투하는 제3연대 병사들과 합류했다. 소년들은 머리에 손을 올린 리다 주민들로 이루어진 긴 행렬을 대사원으로 끌고 가 그곳에 가두었다. 젊은이와 늙은이가 뒤섞인 남자 수천 명이었다. 비명과 울부짖음, 흐느낌을 들었다. 여자와 아이들 눈에서 공포를 보았다.

이튿날 요르단 무장차량이 리다에 잠입한 후, 소사원에서 던진 듯 보이는 수류탄 하나가 터져 훈련 집단 지도자 가운데 한 명이 손 하나를 절단당하는 부상을 입었다. 이 사건에 자극받은 불도저는 사원 안으로 대전차 박격포를 발사했다. 그리고 이 박격포 조작자마저 부상당하자 복수심은 더욱 강해졌다. 제3연대 일부 병사가 소사원 안 부상자들을 향해 총격을 퍼부었다. 일부는 이웃 가옥들 안으로 수류탄을 던졌다. 이것도 모자라 일부는 도로에 기관총을 고정시켜놓고 움직이는 건 모조리 쐈다. 복수의 반시간이 흐른 뒤 거리에는 수십 구의 시신이, 사원에는 70구의 시신이 있었다. 사원에 놓인 시신들은 밤에 근처 아랍인들을 시켜 파게 한 깊은 구덩이에 묻혔고, 이 구덩이를 메우려고 동트기 전 트랙터 한 대가 마련되었다.

"우리는 잔인했다", 훈련 집단 소녀 가운데 다른 한 명이 적었다. "이 망할 전쟁은 인간을 짐승으로 바꿨다", 한 소년은 적었다. 두 번째 소년은 적었다, "피곤하다, 정말 피곤하다. 여러 면에서 피곤하지만, 무엇보다도 정신이 피곤하다. 이 모든 짐을 지기엔 내가 너무 어리다고 느낀다." 그러나 책상 위에 놓인 편지들 가운데서 내 마음을 가장 거스르는 하나는 다른 한 소년이 적은 것으로, 지금 그는 나의 멘토이자 벗이다.

하루하루, 나는 이 전쟁이 우리 세대에 일으킨 그리고 그다음 세대까지 이어질 참상을 본다. 하루하루, 이 세대가 국가를 세워 꿈을 실현한다는 짐을 어깨에 질 수 있을지 걱정이 커진다. 내겐 온통 불안과 우려뿐이다. 여기서 발생한 절도와 약탈, 강도, 무모함을 생각하면 이 사건들이 서로 무관하지 않다고 느낀다. 이 사건들은 한 덩어리로 뭉쳐져 결국 부패의 시대를 형성한다. 이 문제에는 정말 역사적 차원의 심각한 깊이가 있다. 우리 모두가 이 시대에 대한 책임을 추궁받으리라. 심판에 직면해야 하리라. 나는 정의가 우리 편에 서지 않으리라는 사실이 두렵다. 한 국가로의, 더욱이 히브리인이 지배하는 국가로의 성급한 이행이 사람들을 미치게 했다는 인상을 받는다. 그렇지 않다면 히브리 청년들, 특히 엘리트 청년들의 태도와 정신 상태, 행위를 설명할 길이 없다. 나약으로 정의되는 수천 년 역사에 걸쳐 주조된 민족의 도덕률은 급속하게 퇴화하고, 타락하며, 해체되고 있다.

점령 후 리다를 맡은 군정장관은 마사다의 그 인물이었다. 개인적으로는 세속적이며 이성적인 인물이지만, 시온주의에 대한 슈마르야후 구트만의 접근법은 신비주의에 가까웠다. 구트만은 이 혁명운동을, 멸종 직전에 처한 한 민족이 그 생명력을 뿜어내는 것이라 인식했다. 짓밟힌 민족이 메시아를 기다리는 대신 스스로 메시아의 임무를 떠맡기로 한 뒤 영감을 받아 착수한 과업이라 여겼다. 시온주의는 50년 동안 탁월한 성공을 거두어왔다고 믿었다. 이주 물결이 잠잠해진다 싶으면 새로운 이주 물결이 일었다. 한 세대가 약해진다 싶으면 다음 세대가 손아귀로 횃불을 받아 쥐었다. 그러나 1940년대에는 무언가가 변했다. 아랍 문제는 언제나 존재해왔지만, 돌연 미래라는 문제에 물음표를 던지고 있었다. 아랍 마을들은 나라 전역에서 점점 현대화되며 아랍 도시들은 번영을 더해갔다. 아랍의 신지식층은 강력한 민족의식을 발전시켰으며, 아랍-팔레스타인 특유의 위험천만한 정체성을 구체화하기 시작했다. 따라서 시온주의의 해묵은 일처리 방식은 더 이상 적절치 않았다. 점진적으로 땅을 매입해, 잘 훈련받은 이주자들을 점진적으로 들이고, 기초부터 차근차근 유대 국가를 건설한다는 것은 더 이상 선택 목록에 없었다. 다른 종류의 조치가 필요했다. 전쟁은 잔인했으나 평화 시에는 할 수 없었을 일들을 가능케 했다. 평화 시에는 해결할 수 없었던 문제들을 해결할 수 있게 했다.

구트만이 자신의 간부 후보생 46명을 마사다 정상에 데려간 지 6년 반이 흘렀다. 이후 수천 명을 더 데려갔으니 한 세대를 혼자 힘으로 변모시킨 셈이었다. 그러나 구트만의 작업은 젊은이들에게 영감을 주는 일 이상으로 확장되었다. 그사이, 구트만은 자신이 최고의 첩보원임을 보여주었다. 첫 마사다 세미나 후, 구트만은 아랍어 실력에다 약삭빠르고 날카로운 본능을 동원해 아랍 마을에 대한 자료철 준비를 돕기 시작했다. 각 서류철에는 항공사진과 지도, 주민에 대한 인구통계명세서 한 부씩과, 지도부와 강약점, 도로와 샛길, 요충지 정보가 포함되었다. 마을 자료철마다 해당 마을의 소멸이 담겨 있는 셈이었다.

수년 동안 구트만의 생각은 신중했다. 절친한 친구이자 하가나 참모장인 이스라엘 갈릴리에게만 솔직할 수 있었다. 드러낼 수 없으나 마음은 이해하는 것, 가슴이 속삭이는 것, 그리고 윤리가 금하는 것들은 둘 사이에서만 이야기할 수 있었다. 그리고 거대하며 불가피한 전쟁이 계획되고 있을 때, 절친한 두 친구에게 전쟁의 첫 과제는 명백했다. 아랍인이 개무한 지대, 다시 말해 유대인만의 연속된 영토를 확보하는 일이었다. 구트만은 이 임무가 가능하다고 믿었다. 그는 아랍인들을 잘 알았기에 이들에게는 주권국으로서의 일관된 내부 구조, 또는 주권국 국민으로서의 정신 자체가 아직 없다고 추정했다. 일단 이들이 시온주의의 조직과 투지, 군사력에 맞닥뜨리면 두말없이 떠나고 말리라.

1948년 전쟁이 발발하자 구트만은 팔마흐 특수비밀정보부대를 책임지게 되었다. 그리고 하가나 창단 성원인 친아랍파들과 격렬하게 논쟁했다. 친아랍파들은 나라 곳곳의 우호적 아랍 마을과 맺은 평화조약에 의존했다. 구트만은 막다른 골목에 이르면 가장 의리 있는 마을 지도자라도 범아랍계의 압력을 견뎌낼 수 없으리라 주장했다. 그렇게 되면 조약을 깨고 유대인에게 등을 돌리리라. 창단 멤버들은 여전히 유대인들에게 수년간 협력해온 아랍 협력자들에게 충실한 반면, 정력 넘치는 교육가이자 아랍 전문가인 구트만은 유대인과 아랍인 사이의 갈등이 전면적이라고 믿었다. 이 대전大戰은 우리 아니면 그들, 둘 중 하나를 택하는 전쟁이었다.

구트만은 나안에 살았다. 리다에서 멀지 않은 곳으로 구트만이 설립을 도운 키부츠였다. 나안 옆에는 아랍 마을 나아네와 베두인족 마을 사타리아가 있었다. 사타리아는 58년 된 마을로, 레호보트 오렌지 과수원 식민정착촌에 자리를 내놓느라 사타리아 부족이 두란가 소유지로부터 쫓겨나면서 설립되었다. 1948년 봄, 키부츠 나안의 지도부는 사타리아 부족 지도부와 만났고 유대인과 베두인족 지도자들은 상호 신의를 서약하기에 이르렀다. 이 두 집단의 위선적인 순진함을 견딜 수가 없었던 구트만은 자리에서 일어났다. "대전쟁이 다가오고 있소", 그는 베두인족 족장들에게 말했다. "전쟁이 이곳까지 미치면 나안은 당신네 편에 설 수 없을 테고 당신네 미래를 보장해줄 수 없을 거요." 사타리아 부족장은 대번에 알아들었다. 이튿날, 사타리아 베두인족은 집을 떠나 가자로 탈출했다. 몇 주 후, 나아네 마을 주민들도 이를 따랐다. 손가락 하나 까딱하지 않고 전쟁이란 행위를 저지를 필요도 없이 구트만은 목적 달성에 성공한 셈이었다. 잘 알고 지내온, 그리고 15년 동안 가까운 이웃사촌으로 지내온 사람들의 두 마을이 사라졌다.

여단장이나 불도저 또는 훈련 집단과 달리, 구트만은 이해하고 있었다. 자신이 직면한 전략적, 도덕적 딜레마를 충분히 인식했다. 자신이 속한 세대의 임무는 이 나라에서 아랍인들을 제거하는 일이 되리라는 사실을 줄곧 알고 있었다. 또한 이 나라에서 아랍인들을 제거하는 일이 얼마나 끔찍할지도 줄곧 알고 있었다. 이들을 제거할 "교묘한" 방법을 모색해온 이유였다. 그는 이들을 죽이는 것도 추방하는 것도 원치 않았다. 이들이 알아서 떠나도록 유도하고 싶었다.

구트만이 리다에 배속된 건 순전히 우연이었다. 1948년 7월 11일, 구트만은 첩보상의 문제로 이갈 알론과 이츠하크 라빈을 찾고 있었다. 나안에서 텔게제르 부근 허버트 벤트위치의 해묵은 소유지로 차를 몰고 가지만, 마침내 이 장군들을 찾은 곳은 정복당해서 버려진 마을 다니얄이었다. 다니얄에서 리다를 기습하는 군대를 장군들과 함께 지켜보고 있는데, 알론이 구트만에게 리다를 차지하면 당신이 이 도시의 군정장관을 맡게 되리라고 했다. 구트만이 알론에게 물었다. "아랍인들은 어떻게 해야 하겠소? 내게 해줄 말이 있소?" "아무것도 없소, 일이 어떻게 돌아가는지 보게 될 거요. 진행되는 상황을 보면 자연히 행동하게 될 거요. 해야 한다고 생각하는 일을 하시오." 알론이 답했다.

땅거미가 지자 구트만은 리다로 돌아와 군정장관이 되었다. 어둑한 해거름 속에서 그는 대사원을 향해 소리 없이 흘러 들어가는 수천 명의 인파를 보았다. 통금 시간 이후 밖에서 발견되는 자는 누구든 사살되리라는 위협을 받고 투항하려는 주민들이었다. 밤이 내리자 1만 명에 가까운 이들이 겁에 질린 채 천장 높은 예배소에 모여 있었다. 음식도 물도 없는 데다 공기마저 희박해 덥고 붐비며 숨이 막힐 지경이었다. 앉거나 누울 자리도 없었다. 몇 시간이면 병자와 아이들은 질식해 죽을 터였다.

군정장관은 한밤중이 되어서야 여자와 아이들을 풀어주었다. 이어 밀가루를 공급하도록 방앗간과 곡물 가게 주인들을 풀어주었고, 피타 빵을 구우라며 제빵사들을 풀어주었다. 우물 관리인은 물을 공급하라고 풀어주었다. 나중에는 나아네 출신의 피난민 200명을 풀어주고 지옥천지가 되기 전에 이 도시를 탈출할 수 있도록 음식과 물, 낙타, 노새를 주었다. 아침 무렵엔 십대 아이들 대부분을 풀어주었다. 그러나 사원은 여전히 붐볐다. 아침나절 제3연대가 도시 전체를 장악하자 사태는 다시 악화됐다. 대사원으로 더 많은 사람이 쏟아져 들어왔다. 손을 공중에 치든 채, 눈에는 공포가 잔뜩 서려 있었다.

7월 12일 정오 갑작스런 총격이 발생하던 순간, 군정장관은 세인트 조지 사제관에 있었다. 리다 고관들과 협상 중이었다. 그는 대체 무슨 일이 벌어지고 있는지 확인하기 위해 마을로 제3연대 작전장교를 보냈다. 몇 분 후, 흥분한 병사 한 명이 와 소사원에서 동지들을 향해 수류탄이 날아오고 있다고 보고했다. 연대장은 냉소를 머금고 군정장관을 돌아보며 물었다. "뭐라 명령하겠소, 장관? 당신의 명령은 뭐요?" 장관은 냉소적이지도 즐겁지도 않았다. 신속하고 단호하게 행동하지 않는다면 사태가 걷잡을 수 없게 되리라는 사실을 깨달았다. 총알이 날아오는 집은 가리지 말고 총격하라. 창문이란 창문은 모두 총격하라. 저항의 기미가 보이는 주민은 누구든 총격하라. 장관이 내놓은 대답이었다.

구트만은 다음 30분이 자기 인생 최악의 30분이라고 묘사했다. 수십 년이 지난 지금도 녹음기에 대고 당시 사건을 이야기할 때면 여전히 안절부절못한다. 그 무시무시한 소음. 멈추지 않을 듯한 총격. 신의 진노. 마침내 총격이 멈추자 고요는 몹시 달콤했다. 그러나 이내 소사원에서 벌어진 일이 전해졌다. 군정장관은 부하들을 시켜 사망자를 묻고 증거를 없애라고 명했다.

구트만은 이제 주사위가 던져졌다는 사실을, 리다의 운명은 봉인되었다는 사실을 알았다. 되돌릴 길은 없었다. 그러나 추방하라는 명령을 받지 않은 이상, 그런 명령을 내리지도 않으리라. 그는 세인트 조지 사제관에 모여 있는 아랍 고관들에게로 돌아와 해야 할 일을 했다. 고관들에게 리다에는 국제공항이 있으므로 큰 전쟁터가 되리라 경고했다. 방금 전까지 본 바대로, 대전쟁에서는 무슨 일이든 발생할 수 있다고 말했다. 겁에 질린 고관들은 만약 자신들이 떠나게 해달라고 요청하면 그다음엔 어떻게 되는 거냐고 물었다. "그건 불길한 질문이오, 조금 생각해봐야겠소." 구트만은 옆방으로 건너와 머리를 식히면서, 이 아랍 무리가 여기 없다면 일이 훨씬 더 쉬우리라 생각했다. 하지만 무슨 일이 있어도 아랍인들에게 떠나라는 명령을 내리지는 않으리라 다짐했다. 그는 고관들에게로 돌아가 극도의 심리적 압박을 준 다음, 상관들과 다시 논의해봐야 한다고 말했다.

세 번째 회의가 진행되는 동안 아랍 고관들은 히스테리 상태였다. 고관들은 한 가지 조건만 충족되면 리다를 떠나겠노라고 말했다. 대사원에 억류된 포로들 모두를 풀어주는 조건이었다. 군정장관은 논의를 핑계 삼아 세 번째로 자리를 떴다. 이번에 돌아올 땐 젊은 장교 둘의 호위를 받고 있었다. 이 운명적 대화의 증인으로 삼기 위해서였다.

고관들: 사원에 억류된 포로들은 어떻게 되는 거요?

구트만: 당신네가 우리를 구금한다면 어떻게 하겠소. 우리도 그와 똑같이 해야 할 거요.

고관들: 안 돼, 그건 안 될 말이오. 제발 그러지 마시오.

구트만: 왜, 내가 뭐라 했기에 그러시오? 당신네가 우리에게 할 것처럼 우리도 당신네에게 똑같이 한다고밖에 안 했소.

고관들: 제발, 선생. 이렇게 빌겠소. 그러지 마시오.

구트만: 좋소, 그런 일은 없을 거요. 지금부터 10분 후, 죄수들은 사원을 떠나 자유가 될 테고, 집과 리다를 떠나게 될 거요. 당신네 모두와 리다 주민 전부와 함께.

고관들: 감사하오, 선생. 신의 가호가 있기를.

구트만은 목표를 달성했다고 느꼈다. 점령과 대학살, 정신적 압박이 바라던 효과를 발휘한 셈이었다. 지옥의 48시간이 지나 결국 무엇보다 중요한 건, 엄밀히 말해 리다 주민에게 떠나라는 명령을 내리진 않았다는 사실이었다. 살육의 협박 아래, 리다 지도자들은 가게 해달라고 애걸했다.

이제 구트만은 사제관에서 대사원으로 거리를 가로질러 갔다. 포로 무리와 마주치자 가도 좋다고 말했다. 리다 고관들이 내린 결정에 따라, 주민 모두가 한 시간 반 내에 리다를 떠나야 한다고 전했다. 무기 소지는 금지되었다. 차량 같은 운송 수단을 이용해서도 안 되었다. 그러나 즉시 떠나기만 한다면 여타 가재家財는 가져가도 좋았다.

군정장관은 자신의 눈을 좀처럼 믿을 수 없었다. 남자 수천 명이 고개를 숙인 채 대사원을 떠나고 있었다. 아무도 불평하지 않았고, 아무도 저주를 퍼붓지 않았으며, 아무도 자신의 얼굴에 침을 뱉지 않았다. 완전히 항복한 자세로 무리는 행진해 나와 흩어졌다. 구트만은 대사원의 높은 첨탑에 올랐다. 꼭대기에 서서 도시를 뒤덮은 혼돈을 지켜보았다. 리다 주민들은 잡을 수 있는 건 무엇이든 움켜쥐었다. 빵과 채소, 대추야자, 무화과, 그리고 밀가루와 설탕, 밀, 보릿자루, 은제품과

구리제품, 보석, 요와 이불. 솔기가 터져버릴 듯한 여행 가방과, 종이와 베갯잇으로 급조한 짐 꾸러미를 나르고 있었다. 그것들 전부를 마차와 당나귀, 노새에 실었다. 모든 일은 황급하게 허둥지둥 진행되었다. 한 시간 반 안에 마쳐야 했다, 한 시간, 반.

구트만은 첨탑에서 내려와 벤셰멘을 굽어보는 마을 동쪽 끝으로 걸어갔다. 마을을 떠나는 시민들은 점점 늘어 줄이 되어 나갔다. 행렬은 마치 성서에서처럼 수천 군중으로 이루어진 기다란 열이 되어갔다. 군정장관은 추방의 길로 나아가는 사람들 얼굴을 지켜보며, 이들에게도 자신들의 재난과 수치를 애통해할 예레미야[2]가 있을까를 생각해보았다. 불현듯 행렬에 합류해 저들의 예레미야가 되어야겠다는 충동을 느꼈다. 길게 늘어진 한순간 동안, 저들의 네부카드네자르인 구트만이 저들의 예레미야가 되고 싶어한 셈이었다.

마침내 행렬을 묘사하기에 이르자 여단장은 내면으로 침잠해 들어간다. 그는 자신의 지휘 전용차 옆에 서서 등에 담요와 종이로 만든 무거운 부대를 진 채 걷고 있는 리다 주민들을 지켜보았다. 차츰, 이들은 더 이상 지고 갈 수 없는 부대들을 버리기 시작했다. 후텁지근한 열기와 지독한 갈증에 시달린 노인과 여자들이 쓰러졌다. 리다 주민들은 구약성서 속 유대인들처럼 추방당했다.

여단장은 대열을 바라보며 죄책감을 느꼈을까? 아니, 죄책감이 아

---

2 구약성서에 나오는 이스라엘 예언자. 흐느끼는 예언자Weeping Prophet라는 별칭이 있다. 신과 율법을 거스르는 이스라엘인들에게 회개하라고 촉구하며 그렇지 않으면 신의 노여움이 있으리라 경고하지만 이를 듣지 않은 이스라엘인들은 결국 서기전 586년 바빌로니아 유수를 겪는다. 이때 바빌로니아 왕이 뒷문장에 나오는 네부카드네자르Nebuchadnezzar다.

닌 연민을 느꼈다. 녹음테이프에 대고 그는 말한다. 이어 곧바로, 인간적 경험에서 전반적인 전략적 맥락으로 방향을 튼다. "이츠하크 타벤킨은 아랍인 추방을 지지했소. 타벤킨의 생각에 모호함이란 없었소. 구체적인 명령을 내릴 위치는 아니었으나, 그가 팔마흐 본부에 내린 일반 지침은 전쟁이 아랍 문제를 해결할 유일무이한 기회라는 거였소. 이갈 알론 역시 이번이 결정적 순간이라 말했소. 그들은 존재해서는 안 된다고 주장했소. 알론은 인도주의자였으면서도 아랍인들이 남아서는 안 되며 그렇지 않으면 국가란 존재할 수 없으리라 주장했소." 알론은 여단장을 임명할 당시 분명히 언급했다. 어느 지역에서 싸우든, 아랍인들은 남아서는 안 된다. 티베리아스와 사펫에서도 마찬가지였고, 갈릴리 마을들에서도 마찬가지였으며, 이라바와 다니얄, 김주, 다하리야, 하디타 같은 리다 계곡 마을에서도 마찬가지였다. "리다 시에서만 진창이었소. 리다 시는 넓은 데다 병력이 동쪽에서 접근해왔기 때문이오. 따라서 아랍인들은 전투가 벌어지는 동안 달아날 수가 없었소."

이 대열은 초기 추방 계획의 결과였나, 아니면 명시적 추방 명령의 결과였나? "아니, 아니", 여단장은 질겁하며 말을 이었다. "라를라르 작전은 이스라엘국에 의해 수행되었소. 1948년 7월, 다비드 벤구리온은 이미 자치정부 수상이었소. 리다를 공격하는 병력은 갓 태어난 이스라엘 방위군 소속이었소. 홀로코스트가 당시 배경이었소. 벤구리온 수상은 방위군에 아랍인들을 제거하라는 명령을 내릴 수 없었소. 이갈 알론 역시 선견지명이 있는 유대인이었소. 그는 벤구리온이 추방 명령을 내릴 수 없다는 사실을 이해했소. 한 국가로서 우리는 다른 민족을 추방하지 않는다는 식이었소. 다른 한편으로, 벤구리온과 알론 둘 다,

텔아비브에서 멀지 않은 데다 국제공항마저 근처에 있는 리다를 아랍인 도시로 남겨둔다는 건 불가능한 일임을 알고 있었소. 만약 추방 명령을 내렸다면 승리도 국가도 존재하지 않았을 거요. 벤구리온과 알론 사이에 무언가 말이 오간 건 사실이지만, 서면 명령이란 건 없었소."

알론과 여단장 사이에도 명시적 명령은 없었다. 하지만 여단장이 팔마흐에서 받았던 훈련은 어떤 명령도 불필요하게 했다. 명령 따위 없이도 자신이 해야 할 일을 인식했다. 그래서 요르단 무장차량이 리다에 잠입하자 핑곗거리가 생긴 셈이었다. 이 핑계는 심지어 사실이었다. 요르단인으로 이루어진 아랍 군단은 이스라엘 중심을 향해 동쪽에서부터 공격해오던 상황이었다. 제3연대는 실지로 내적, 외적 압박에 처해 있었다. 리다에는 팔레스타인 주민이 수두룩했으며, 요르단 병력 상당수가 리다에서 8킬로미터 거리에 운집하고 있었다. 따라서 리다 아랍인들이 군정장관에게 자신들이 떠나도 되겠느냐고 묻는 상황에서, 이들에게 아랍 군단을 향해 걸어가라고 하는 건 전략적으로도 이치에 맞았다. "결과는 유리했소. 100퍼센트 성공적이었지. 리다를 떠나는 대열이 아랍 군단을 동쪽으로 밀어, 하등의 전투 없이도 광대한 영토를 비워냈소." 여단장은 이야기한다.

그럼에도 내가 당시의 장소, 순간, 개인적 경험을 상기해달라고 요청하자, 여단장은 다시 움츠러들었다. 알론과 라빈은 다른 전선으로 떠난 상황이라, 리다 주민 대이동에 대한 책임은 여단장 자신과 부지휘관, 연대장, 군정장관에게 떨어졌다. 이 네 명의 관료는 동쪽에서 재개된 전투와, 병사들이 도시에서 저지르는 야만적 약탈로 야기된 혼란이라는 두 위험과 맞서야 했다. 우리 측과 상대 측 사망자들의 매장을 보아야 했다. 그리고 이 행렬. 리다를 떠나는 수만 명의 끔찍한 대열을.

"관료들도 인간이긴 마찬가지요. 그리고 한 명의 인간으로서 당신은 돌연 깊은 골을 마주하고 있소. 한 편은 청년운동과 청년 마을, 레흐만 박사의 고결한 유산이오. 다른 한편은 리다의 잔혹한 현실이오. 당신은 스스로의 비명에 놀라고 있소. 당신은 수년간 이날을 위해 훈련받아왔소. 당신은 마을의 자료철들을 마련해왔소. 불가피한 전쟁이 다가오고 있다고 익히 들어왔소. 아랍인들은 떠나야 하리라고 익히 들어왔소. 그럼에도 당신은 충격에 휩싸여 있소. 리다에서 전쟁은 최악의 잔인함을 보여주고 있소. 살인과 약탈, 분노와 복수의 감정들. 이어 행진하는 추방 대열. 제아무리 강하며 잘 훈련받았고 끈질기다 해도, 당신은 모종의 정신적 붕괴를 경험하게 될 것이오. 그동안 받았던 인도주의적 교육이 무너지는 느낌을 받게 될 것이오. 당신은 유대 병사들, 행진하는 아랍인들을 보며 묵직하고 깊은 슬픔을 느끼게 될 것이오. 스스로 감당할 수 없는, 파악할 수조차 없는 무언가와 마주하고 있는 듯한 느낌을 받게 되는 거요." 여단장은 토로한다.

불도저는 이 대열을 기억하지 못한다. 소사원에 대전차 박격포탄을 발사할 때 부상을 입은 탓이다. 불도저는 의식을 잃고 병원으로 이송되었다. 그러나 며칠 후 깨어나자, 동지들이 방문해 자네는 잘해내었다며, 아랍인 70명을 죽였다고 말해주었다. 그들은 이어 말했다. 자네가 피 흘리는 모습을 보고 분노를 느낀 나머지, 소사원에 들어가 목숨이 붙어 있는 부상자들을 자동사격으로 갈겼다고. 그다음 이들은 근처에 있는 가옥들로 들어가 눈에 띄는 자는 모조리 학살했다. 밤이 되자 소사원을 치우고 시체 70구는 묻으라는 명령이 내려졌다. 이들은 아랍인 여덟 명을 불러다 매장지를 파게 한 뒤 죽였고, 시체 70구와 함께 묻었다. 소사원 옆에서의 총격 후 이들은 더 이상 망설이지 않았다. 오히려 무자비해졌다. "녀석들은 고결한 인간이기를 멈췄소. 처리해야 할 일을 알았고 그걸 처리한 거요. 그리고 이들이 한 일은 높은 양반들이 내린 결정과 일치했소. 리다 주민들을 데려다 유대국 국경 너머로 걸어 나가게 해야 한다는 결정 말이오." 불도저는 토로한다.

훈련 집단 소년 가운데 하나는 이 대열을 잘 기억한다. 소사원 대학살 다음 날 아침, 자신이 속한 중대의 임무는 소사원 동쪽 4분의 1을 치우는 일이었음을 기억한다. 추방하라는, 이들을 없애버리라는 명시적 명령을 기억한다. 한 명도 빠짐없이 전부 없애버리라는. 이상주의에 사로잡힌 제3연대 병사들은 아랍어로 **얄라, 얄라**(어서 나와, 어서)를 외치며 리다의 현대식 지구에 깔린, 자로 잰 듯 반듯한 거리를 따라 집집을 돌았고, 리다의 신중산층인 회교도와 기독교 가족들이 겁을 먹고 서두르도록 공중에 대고 공포 사격을 했다. 이 부유한 아랍인들은 당나귀와 말, 여타 소유물과 함께 공황 속에 빠져 있는 자녀들을 모아서 도시 가장자리까지 타는 듯한 열기 속을 걸어 벤셰멘으로 향하는 길에 올랐다.

다른 소년들의 기억은 이보다 흐릿하다. 이들의 기억은 리다가 나오는 대목에서 그리 선명하지 않다. 이 결정적 몇 시간 동안 자신들이 무슨 일을 하고 있었는지 기억해내지 못한다. 7월의 사흘 이후 기억에 담고 있는 것이라곤 파편화된 사진들뿐이다. 점령당한 도시, 덧문이 내려진 창들, 백기들. 대사원에 쑤셔넣은 포로 수천 명. 소사원 옆 총격. 지옥의 30분과 이어진 죽음의 침묵. 그리고 그 침묵 속에서 조용히 행진하는 패배한 아랍인들, 허공에 치켜든 이들의 손. 그리하여 이제 젊은 병사들은 약탈한 자전거를 타고 온 마을을 돌아다니며 리다의 고급 상점들에 침입해 사진기며 축음기, 라디오, 양탄자, 물담뱃대, 고급 구리제품들을 취할 수 있었다. 자신들의 미래 키부츠를 위해 트럭과 트랙터, 콤바인, 오렌지 과수원 펌프를 몰수했다. 자신들의 미래 키부츠라는 버스를 리다의 온갖 물건으로 채웠다. 이어 이유를 알 수 없는 휴지休止 후, 나와 면담하고 있던 사내들이 이 대열에 대해 언급한다. 밀가루와 설탕, 밀 부대, 자전거, 요 등 더 이상 들고 갈 수 없게 된 가재도구들로 긴 흔적을 남기며 떠나는 노인과 여자, 아이들의 행진을 묘사할 적에 이들의 음성은 지나간 세월이 무색하리만치 여전히 충격에 젖어 있다.

훈련 집단 지도자는 이 대열을 유난히 잘 기억한다. 부상당하기 전에 그는 전투의 와중에 다친 리다 아이들의 상처를 싸맬 깨끗한 수건과 알코올을 구한다며 이발소를 찾았다. 그러다 소사원 부근 못에서 부상을 입고 오른손을 잃어 시내 중심가의 임시 군병원에서 치료를 받았다. 위생병들이 붕대를 감아주고 모르핀으로 통증을 덜어주는 동안 남자의 귀에는 리다 봉기를 진압하라는 엄중한 명령 소리가, 대전차 박격포의 쿵하는 소리가, 따다다다 울려대는 기관총의 지옥 같은 소리가 들렸다. 이튿날 사내는 군용 응급차에 올라 벤셰멘에 있는 야전병원으로 후송되다가 리다를 떠나는 행렬과 마주쳤다. 그는 응급차 창문을 통해 비현실적인 장면을 목격했다. 늙은 남자와 여자, 아이들이 비운에 빠진 채 당나귀와 노새, 마차와 유모차 사이를 걸어가는 장면을. 자신이 누구를 더 동정하는지 모르겠다. 죽은 친구들인지, 그 자신인

지, 자신이 속한 세대인지, 아니면 리다 계곡을 뚫고 행진하는 수만 명의 리다 주민인지.

구트만 역시 기억한다. 첨탑을 내려와 행진하는 사람들 사이에서 함께 행진한 후, 이 군정장관은 감정에 압도되었다. 리다의 집집마다 사격하라며 연대장을 부추긴 일이 옳았는지 자문했다. 이미 발생한 일들을 전부 피할 방법은 없었는지 자문했다. 이어 만약 리다에 이런 일이 발생하지 않았다면 시온주의는 존재하지 못했으리라 답하며 의문을 가라앉혔다. 행진하는 남자와 여자들을 지켜보며, 그들 얼굴에 묻은 무감각, 주권의 상실, 존엄성의 상실을 확인하고는 충격에 빠졌다. 한 도시, 한 문명이 이렇게 아연히 와해될 수 있는지 이해하기 힘들었다. 시 밖에서는 수백, 혹은 수천 명의 사람이 물을 퍼 갈증을 풀겠다며 우물 하나를 둘러싸고 군집해 있는 광경이 보였다. 한 사람이 우물에 빠졌다. 이로 인해 공황에 빠진 군중 속에서 다른 한 명이 짓밟혀 죽었다. 이 소란 통에 아이를 낳으려 무릎을 꿇고 있는 한 젊은 여성을 보았다. 죽은 남자 아이와, 잃은 아들의 이름을 외치는 엄마를 보았다. 병사들이 행진하는 이들로부터 현금과 손목시계와 보석을 강탈하는 장면을 목격했다. 구트만은 이 병사들을 저지했다. 두 줄의 무장한 유대 소년들 사이에서 막대한 팔레스타인 인파가 도시를 떠나 하나의 대열이 되는 모습을 확인했다. 점점 더 길어지는 대열은 리다 시를 떠나, 시온주의 청년 마을 벤셰멘을 지나, 리다 계곡을 가로질렀다.

오트만 아부 함다는 이 대열을 가장 또렷하게 기억한다. 오트만의 조부는 한때 아티드 공장에서 유대인들과 일했으며, 유대인들을 도와 올리브 숲을 조성했다. 부친은 한때 청년 마을에 채소를 공급했으며, 레흐만 박사의 벗이 되어주었고, 박사가 리다에 콜레라 예방 접종을 실시할 때 수행하곤 했다. 오트만 자신도 어린 시절 벤셰멘 청년 마을을 꽤 자주 방문했다. 마을의 현대식 우사와 수영장, 카키색 상의를 입고 다리가 햇볕에 보기 좋게 그을린 소녀들을 사랑했다.

오트만은 훈련 집단 소년들과 얼추 비슷한 나이였지만, 1948년 전쟁이 터질 당시에는 한참 더 순진했다. 좋은 교육을 받지 못했고 정치 인식도 전무했던 터라 그는 당시 무슨 일이 일어나고 있는지 전혀 이해하지 못했다. 기억하는 것이라고는 벤셰멘 공격을 막으려 노력하던 아버지뿐이다. 들판에서 벤셰멘 남자들과 만나던 아버지, 반역 혐의를 받고 최후의 순간에 총살대를 탈출하던 아버지. 오트만에게 1948년 여름의 리다는 호황을 누리는 도시였다. 야파와 사라판드, 나아네에서 달아나 이곳에 정착한 난민 2000명은 이 소도시에 돈을 가져왔다. 식료품과 채소 가격이 급등하면서 지역민 수익이 두 배, 세 배로 뛰었다. 찻집은 밤늦게까지 문을 열었고, 벨리댄서가 사방에 널려 있었다. 시내에는 음악과 재미, 헤픈 소녀들이 있었다.

오트만은 폭력 또한 기억한다. 유대인들을 태운 호송대가 벤셰멘으로 오던 길에 공격을 받아 승객들이 살해되었다. 유대 지프 운전사는 간선도로에서 살해되었다. 하루는 젊은 유대인 남자 두 명과 젊은 유대인 여자 한 명의 시신이 마을에 도착했다. 근처 마을에서 붙잡혀 강간당하고 살해된 뒤였다. 이 유린된 유대인들의 시신으로 인해 리다 시내 중심가에서 가두행진이 벌어지자, 오트만은 겁에 질렸다. 그러나 이 18세 소년도 그 가족도 앞으로 어떤 일이 벌어질지 상상하지 못했다.

7월 10일 유대 공군이 리다를 폭격하고 7월 11일 포병대의 폭격이 쏟아질 때의 충격은 이루 말할 수 없었다. 유대 무장 대열이 11일 오후 화기로 리다 거리를 휩쓸어 수십 구의 시신을 남긴 사태에 놀라 넋을 잃었다. 충격이자 공포였다.

오트만은 7월 11일 밤, 근처 마을에 느닷없이 유대 병사가 나타난 일을 기억한다. 지프 위에 설치된 확성기에서 남자는 전부 대사원으로 가라는 지시가 흘러나왔다. 그는 아버지와 함께 거리의 다른 수천 명을 따라 대사원으로 걸어갔다. 사원 안은 더웠고 눕기는커녕 앉을 자리조차 없이 붐볐다. 오트만은 무서웠다. 울기 시작했다. 오줌을 지렸다. 소사원에서 벌어진 모종의 대학살을 전하는 소식이 들려오자 공포는 더욱 심해졌다. 앞으로 어떻게 될지 아무도 몰랐다. 이 유대인들이 무슨 일을 더 저지를 수 있을지 아무도 몰랐다. 아버지는 눈을 감고 기도했다. 오트만은 최악의 상황을 우려했다. 그러나 이튿날, 악몽 같은 36시간이 지나고 나자 유대인들은 리다 고관들과 모종의 타협에 이르렀다. 마침내 사원 밖으로 나가도 좋다는 허락이 떨어졌다. 오트만의 아버지는 소사원 희생자들이 묻혀 부슬부슬해진 땅을 알아차렸지만, 삶은 이제 일상으로 돌아가리라 믿었다.

부자가 집으로 돌아오자 모친은 둘이 죽었다 살아 돌아온 듯 반겼다. 몇 분 후 누군가가 문을 두드렸다. 병사 두 명이 서 있었다. "얄라, 얄라. 소지품을 싸서 떠나시오. 요르단 압둘라 국왕에게 가시오." 병사 한 명은 세심하고 숫기가 없었다. 분명 자신이 하고 있는 일이 탐탁지 않은 눈치였다. 반면 콧수염을 얇게 기른 다른 병사 한 명은 매 순간을 즐겼다. 아버지는 주머니에서 히브리어로 쓰인 편지 한 장을 꺼냈다. 레흐만 박사가 이 점잖은 아랍인의 신분을 보증하니, 벤셰멘의 벗인 그에게 해가 가지 않게 하기를 요청하는 편지였다. 하지만 얇은 콧수염 끝이 동그랗게 말린 병사는 콧방귀도 안 뀌었다. 그는 편지를 버리고는 아버지의 가슴에 총열을 누르며 윽박질렀다. "당장 가지 않으면 쏘겠다. 압둘라 왕에게 얄라."

어머니는 절규했다. 아버지가 곧 총살되리라 믿었다. 아버지는 말이 없었다. 충격에 빠져 있었다. 고개를 숙인 채 어머니에게 어서 꾸릴 수 있는 건 전부 꾸리라고 시켰다. 이어 조모와 세 이모, 두 아들을 불렀다. 유대인 병사 둘이 겨누는 총열 아래, 아부 함다 가족은 가재를 챙겼다. 밀가루와 쌀, 설탕, 보석, 이부자리들. 이것들을 마차에 실은 뒤 장님이나 다름없는 조모가 당나귀에 오르도록 도왔다.

오트만의 마음을 가장 아프게 한 건 리다 외곽의 검문소에서 여인들 몸을 수색하는 병사들의 굴욕적인 방식이었다. 한 병사는 오트만의 현금을 빼앗았고 다른 한 명은 손목시계를 빼앗았다. 유대 병사들의 황마자루는 금세 목걸이와 귀걸이, 금으로 두둑해졌다. 그러나 젊었든 늙었든 여인들의 굴욕이야말로 자신들 전부가 당하고 있는 수치의 정도를 증명했다.

오트만이 말고삐를 잡고 있는 동안 아버지는 뒤에서 마차를 밀었다. 길은 좁아 미어터졌다. 아이들은 고함을, 여자들은 비명을 질렀고, 남자들은 흐느꼈다. 남아를 잃은 엄마의 소문이 돌았다. 여아를 던져버린 엄마의 소문이 돌았다. 난데없이 유대인 지프 한 대가 나타나 병사들이 경적을 울렸다. 전진, 앞으로. 유대인 병사들은 머리 위로 총을 쏘았다. 멈춰서도, 되돌아가서도, 뒤돌아봐서도 안 되었다.

너무 급한 나머지 사람들은 물보다 밀가루와 쌀을 먼저 챙겨왔다. 이제 물은 바닥났고, 열기는 견딜 수 없어졌다. 마을 밖에서 누군가가 우물에 빠지자 사람들은 그를 끌어올리며 젖은 옷자락을 빨아 마셨다. 들판에서 발견한 수박을 빨아 먹고, 가지를 빨아 먹었다. 수분이 있는 것이라면 무엇이든, 짐승의 갈증 같은 이 목마름을 순간적으로나마 줄여줄 수 있는 것이라면 무엇이든 빨아 마셨다. 여자들 대부분은 검은색 전통 가운을 입고 머리에는 자루를 이고 있었다. 남자들 일부는 젤라바를, 일부는 고급 유럽식 정장을 입고 있었다. 그들은 이따금 대열에서 벗어나 길가에 멈춰 섰다. 열기를 견디지 못한 아이를 묻기 위해, 또는 기진맥진해 쓰러진 늙은 조모에게 고별 인사를 하기 위해. 잠시 후 상황은 더 악화됐다. 어떤 아기 엄마가 울부짖는 아기를 나무 아래에 버렸다. 오트만의 사촌도 다른 나무 아래 사내아이를 버렸다. 태어난 지 일주일밖에 안 된 아이가 배고픔에 울부짖는 소리를 견딜 수 없었다. 오트만의 아버지는 사촌에게 나무로 돌아가 아들을 데려오라고 시켰다. 하지만 아버지도 자포자기에 빠져 있기는 마찬가지였다. 넋을 잃은 듯 보였다. 짐을 실은 마차를 밀면서 아버지는 유대인들을 저주하고 아랍인들을 저주하며, 신을 저주했다.

벤셰멘으로부터 그리 멀지 않은 곳에서 놀랄 만한 일 하나가 벌어졌다. 제복을 입은 일단의 유대인들이 두 대의 지휘 차량 옆에 서서 이 행렬을 지켜보았다. 그 가운데 한 명이 아버지의 이름을 큰소리로 외쳤다. 아버지는 눈을 치켜뜨고 지휘관을 향해 걸어갔다. 벤셰멘 졸업생과 벤셰멘 채소 공급상이 침묵한 채 이 여름 들판에서 얼굴을 마주하고 서 있었다. 마침내 지휘관이 당신은 머물러도 좋다고 말했다. 아버지는 여기 머물면 반역자로 간주되어 처형당하리라고 말했다. 지휘관은 지휘차로 돌아가 커다란 물 한 통을 가져와 아버지의 마차 위에 올려놓았다. 지휘관은 아버지가 모친과 아내, 처제와 아들들에게 물을 주는 모습을 지켜보았다. 그리고 아버지가 가족과 마차를 챙겨 동쪽으로 향하는 대열에 합류하는 모습을 지켜보았다.

나는 리다로 운전해 간다. 7월이다. 열기는 1948년 7월로 돌아간 듯 숨이 막힌다. 리다 계곡의 자욱한 누런색 연무는 질식시킬 듯하다. 소사원은 최근 개보수를 마치고 닫혀 있으나 대사원은 개방되어 있다. 나는 리다 주민들이 들어갔던 철문을 통과해, 그들이 쑤셔넣어진 정방형 뜰을 가로질러, 36시간 동안 이들을 덮고 있던 높은 천장의 반구형 지붕 밑에 있다. 몇 미터 너머에는 세인트 조지 성당이 있다. 성당 통로를 가로지르면 군정장관 구트만이 리다 고관들과 회담하던 사제관이 있다.

이 고古도시의 해묵은 석조가옥과 올리브 압착기, 골목들이 있던 곳은 1950년대에 파괴되었다. 그렇지만 한때 구舊리다였던 지역에 들어서자 여전히 무언가 매우 잘못되어 있다는 인상을 받는다. 여기엔 궁금증을 자아내는 폐허가, 저기엔 이유를 알 수 없는 폐허가 있다. 추한 빈민가들, 허름한 시장, 싸구려 상점들 한복판인 이곳에는 분명 여전히 치유되지 않은 상처가 존재한다. 이스라엘이 팔레스타인을 물리친 여느 도시들과 달리, 이곳에서는 여전히 팔레스타인이 느껴진다. 현재가 과거를 물리친 여느 장소들과 달리, 이곳에서는 과거가 현재를 점하고 있다.

나는 내 손에서 시온주의를 씻어버릴 셈인가? 리다에 이 같은 행위를 저지른 유대 민족운동에 등을 돌릴 셈인가? 여단장과 마찬가지로, 나는 내가 감당하기에 너무나 엄청난 무언가와 마주하고 있다. 군정장관 구트만처럼, 참을 수 없는 현실을 인식한다. 훈련 집단 지도자처럼, 비통하다 못해 공포에 질려 있다. 이 블랙박스를 여는 순간 소사원 대학살은 우발적 사건들로 얽힌 비극의 사슬이 가져온 착오일 수 있었던 반면, 리다 정복과 리다 주민 추방에는 어떤 착오도 없었다는 사실이 명백해진다. 이 둘은 시온주의 국가의 토대를 다진 시온주의 혁명의 불가피한 단계였다. 리다는 우리 이야기에서 불가결하며 핵심적인 부분이다. 이 사건에 솔직해지려 애쓰는 순간 선택은 냉혹해진다. 리다를 빌미로 시온주의를 거부하거나, 리다와 함께 시온주의를 수용하거나.

한 가지 사실은 분명하다. 여단장과 군정장관이 훗날 이스라엘 자유주의자들이 보인 위선적 동정심에 분노한 건 당연했다. 그들은 리다에서 여단장과 군정장관 일파가 저지른 일을 비난하면서도 그 행위의 열매는 만끽하고 있다. 나는 불도저를 비난한다. 이 저격수를 거부한다. 그러나 여단장과 군정장관, 훈련 집단 소년들을 욕하지는 않으리라. 오히려 그 반대다. 필요하다면 이 저주받은 사람들 편에 서리라. 이들이 아니었다면 이스라엘국은 태어나지 못했으리라는 사실을 아는 까닭이다. 이들이 아니었다면 나라는 존재는 태어나지 못했으리라. 과거 이들이 저지른 더럽고 추잡한 일이, 현재 내 민족과 나 자신, 내 딸과 내 아들들을 살게 한다.

동쪽에서 은빛 올리브 과수원은 사라졌다. 아티드 공장의 잔해 또한 사라졌다. 오래전 떠난 리다 아랍인들의 들판은 이제 이스라엘 모샤브[3] 긴톤과 이스라엘 모샤브 벤셰멘의 시들어가는 해바라기 들판이다. 레흐만 박사의 청년 마을은 여전히 이곳에 있으나 1948년 전쟁 후에 그리고 1958년 레흐만 박사의 사망 후에 그 정신이 사라졌다. 완만한 비탈에는 이제 개성 없는 교육 기관의 개성 없는 건물들이 서 있다. 유럽 고아들을 위해 지은 일단의 기다란 붉은 지붕 가옥들은 벤셰멘이 한때 어떠했는지, 또 어떠하기를 희망했는지 증명하며 여전히 그 자리에 서 있다. 이를 보존하기 위해 중대 프로젝트가 진행되고 있다.

나는 벤셰멘 청년 마을에서도 가장 높은 곳에 서서 리다 계곡을 찾아본다. 리다 시와 대사원의 높은 첨탑을 본다. 사라진 올리브 과수원들과 사라진 올리브 숲, 사라진 아티드 공장과 사라진 레흐만 청년 마을을 본다. 그리고 이곳에서 일어난 비극을 생각한다. 키시네프 집단 학살을 피한다는 명목으로 리다 계곡에 들어와서 45년 만에, 시온주의는 리다 계곡에서 집단학살을 선동했다. 집 잃은 유대인을 위한다는 명목으로 계곡에 들어와서 45년 만에, 토착 주민들의 집을 빼앗고 대열을 꾸리게 해 리다 계곡에서 쫓아냈다. 찌는 듯한 열기 속에 연무를 뚫고 메마른 갈색 들판을 거쳐 동쪽으로 향하는 대열을 본다. 이토록 숱한 세월이 흘렀건만 대열은 여전히 동쪽으로 행진하고 있다. 리다의 대열을 닮은 수다한 대열의 행진은 결코 멈추지 않는다.

3 moshav, 이스라엘 자영 협동 농장.

여섯

1957년,
주택단지

나는 예루살렘에 위치한 제에브 스테른헬 교수의 소박한 아파트에서 그를 만난다. 스테른헬은 유럽 파시즘을 전공한 저명한 학자이자 이스라엘 파시즘에 반대한 저명한 정치운동가다. 키가 크고 우아한 이 사내는 진정한 신사다. 난 사흘 연속으로 스테른헬의 인생사를 경청하며 나 자신의 인생사를 이해해보려 애쓴다. 그의 이야기를 경청하며 20세기 유대-이스라엘 이야기를 이해해보려 애쓴다.

"나는 갈리시아의 유복한 유대인 학자 집안에서 사랑받으며 자란 응석받이 늦둥이였소." 스테른헬이 말한다. "조부는 성공한 직물상이었고 부친은 조부의 동업자였지. 모친은 가정주부로 하녀와 유모의 도움을 받으며 나를 길렀소. 누나 아다는 나보다 열세 살 위여서 내게는 둘째 엄마 같았소. 그렇게 사랑을 듬뿍 받았지. 그 시절, 가슴에 가장 사무치는 기억은 아버지가 나를 안고 내 볼에 당신의 뺨을 비비던 일이라오."

"별안간 전쟁이 터졌소. 난 한밤중에 잠에서 깼지. 불이란 불은 다 켜졌고 아버지는 우리에게 작별 인사를 했소. 폴란드 군복을 입고 계셨지. 몇 주 후 패배해 돌아오고 나자 모든 것이 무너졌소. 아버지는 돌아가셨고 할아버지도 돌아가셨지. 러시아군이 폴란드 동쪽을 점령해 우리 저택의 절반을 차지했소. 집엔 더 이상 유모도 하녀도 없었지. 어머니는 일을 해야 했소. 어머니와 누나는 나를 보살피려고 최선을 다했소. 안정감을 모조리 상실한 세계에서, 이 둘은 내게 남은 유일한 닻이었소."

"1941년 여름 나는 여섯 살이었고, 바르바로사 작전[1]이 우리 집 바로 밑에서 시작됐소. 우리 집은 비스와 강둑 위에 지어져 있었던 거지. 흔들리는 창문, 소이탄, 나치 독일의 괴력이 기억나는군. 불과 몇 시간 뒤 우리는 겁에 질린 소련 전쟁 포로들을 실은 긴 수송 대열을 보았지. 몇 달 뒤에 우리는 게토로 수송되었소. 수송은 갑자기 벌어졌소. 대저택이던 우리 집에서 게토의 피난처로, 끔찍한 득실거림과 악취, 허기가 있는 그 구석으로 말이오."

"이어 조치가 이뤄졌소. 게토는 단계적으로 청소되었고, 한 번 청소될 적마다 사냥은 다른 모습을 취했지. 우리가 사냥되던 날을 기억하오. 어머니와 아다, 나는 동굴 같은 지하 구덩이에 사흘간 숨어 있었지. 우리와 함께 다른 몇 사람도 숨어 있었는데, 바깥인 게토에서는 떼죽음이 일어나고 있었소. 난 좁은 틈으로 사냥을 지켜보았소. 총에 맞

---

1 Operation Barbarossa, 제2차 세계대전 당시 소련의 나치 독일 침공 암호명. 1941년 6월 22일 개시.

는 사내들과 총에 맞는 아이들을 보았소. 여섯 살 난 아이가 지하에 숨어서, 나무 꼭대기에 숨어 있던 다른 아이들이 총에 맞아 죽어 땅으로 떨어지는 모습을 틈새로 보았던 거요."

"내 감정이 어땠는지는 말할 수조차 없소. 나는 잘나가는 중산층 유럽 가정이라는 극히 질서 정연한 세계에서 자랐소. 그런데 다섯 살 때 이 세계가 하룻밤 사이에 무너진 거요. 불가침이라 여겼던 게 침해당했소. 사물의 자연적 질서라 여겼던 게 전복되었소. 그리고 이 모두가 하루 사이에 발생한 거요. 게토에서는 누구나 인간으로서의 토대를, 인간으로서의 정체성을 상실했소. 누구나 인간이기를 멈췄지. 나 역시 더 이상 인간이 아니었소. 그렇게 붕괴 후 찾아온 세계에서, 중요한 건 생존뿐이었소."

"첫 번째 조치 후 두 번째가 찾아왔소. 더운 여름날이었고, 독일군은 다시 한번 유대인 사냥을 하고 있었소. 이번엔 진짜 사냥이었소. 여우 사냥이나 토끼 사냥과 진배없는. 그때 취업 허가증이 없는 자는 누구든 게토 내 특정 위치로 집결하라는 명령이 나왔소. 어머니와 누나가 갔지. 마치 어제 일어난 일처럼 생생하군. 이렇게 말하던 누나가 기억나오. 우리는 젊으니까 일하게 될 거예요, 우리는 살아남을 거예요. 어머니와 누나는 자신들이 나를 떠나게 되리란 걸 알았소. 무슨 일이 일어날지는 신만이 아신다는 걸 알았소. 하지만 나를 겁주고 싶지 않았던 거요. 희망을 품고 싶었던 거요. 자신들이 돌아오리라 믿고 싶었던 거요. 나 역시 마찬가지였소. 어머니와 누나가 돌아오지 않을 수도 있으리라고는, 어머니와 누나를 다시는 못 보리라고는 추호도 생각하지 않았소. 둘은 날 껴안고 입을 맞추고는 이모와 함께 나를 떠났소. 난 그들이 걸어가는 모습을 지켜보았소. 멀리 점점 작아져가는 모습을."

"이모는 엄마가 안 계신 자리를 메우려고 최선을 다했소. 이모부는 지략이 뛰어난 분이었지. 우리를 게토에서 구해주었으니까. 하지만 이모부와 이모가 충격을 줄여주려고 열심히 애썼어도, 어머니와 누나가 떠난 그 순간부터 난 혼자였소. 일곱 살부터 내겐 이야기할 상대가 아무도 없었소. 나 스스로 살아남아야 한다는 걸 알았지. 어린아이에 불과했지만, 누구도 믿고 의지할 수 없다는 걸 알았소. 철저하게 고독한 삶이었지."

"그 몇 달 뒤, 기적에 가까운 일이 일어났소. 외삼촌이 한때 폴란드군 장교였던 한 집주인을 찾아낸 거요. 이 집주인은 리보프에 살면서 유대인들을 기꺼이 도와주고 있었소. 당시 폴란드를 뒤덮은 끔찍한 반유대 분위기를 생각한다면 이런 일은 1000분의 1에 가까운 확률이었소. 어느 노동자 가족 역시 우리를 도왔소. 이 두 가족이 우리를 구했던 거요. 위조한 증서들은 우리가 아리아인이며 신분은 폴란드 가톨릭교도라 말해주었소. 잡히지 말라고, 이모는 내게 천주교와 기도를 가르쳤소. 무엇보다 이웃들에게 우리가 천주교도로 생활하는 모습을 보여주어야 했소. 그건 차츰 위장의 차원을 넘어섰소. 나는 천주교도로서의 생활을 좋아했다오. 부활절과 크리스마스, 크리스마스 선물 같은 것들 말이오. 예수 이야기, 성모마리아의 심상도 마찬가지였소. 천주교는 천재적이오. 당신은 유대교와 개신교도처럼 홀로 맞서는 것이 아니오. 예수는 당신을 위해 자신을 희생했으며, 성모마리아는 당신을 끊임없이 보살피고 있소. 당신은 성모마리아에게 자신을 구원해달라고 간구하오. 게다가 당신이 무시무시한 전쟁 한가운데에 있는 아이인 데다 주위에선 온통 대학살이 자행되고 있고, 아버지가 돌아가시고 어머니마저 떠났다면 이 모두를 쉽게 믿고 싶어진다오. 당신은 이 종교가 당신에게 구원을 가져다주기를 희망하게 되오. 그리고 제단 앞에 무릎을 꿇고, 천주교를 믿는 아이라면 누구든 하는 말을 하는 거요."

"전후의 폴란드엔 반유대 분위기가 엄청났소. 나치는 떠났지만 거리 구석구석에서 유대인을 향한 증오의 냄새를 맡을 수 있었지. 유대인들을 향해 외치던 여자 하나가 기억나오. '쓰레기들, 기어이 숨어 있던 구멍에서 나왔군. 너희 같은 건 히틀러가 죽여 없애버렸어야 했어.' 수용소에서 나와 자신의 신분을 숨기고 있던 유대인들을 기억하오. 신분이 들통나면 저주 세례와 구타를 당했던 것도. 전후 집단학살에 대한 소문도 끊이지 않았소. 폴란드에서 유대인에게 미래가 없다는 건 불 보듯 뻔했소. 이 모두를 겪고 이 모두를 목격한 후에야, 우리는 우리가 더 이상 유대인일 수 없음을 알았소. 구래의 저주받은 신분을 새것으로 교체해야 했소."

"난 정식으로 세례를 받았소. 내 폴란드 이름은 즈비프게니베프 오를로프스키가 되었지. 난 크라쿠프 성당의 복사服事였소. 사제와 함께 기도했고 성찬식을 도왔소. 매일 무릎을 꿇었지. 난 신의 종을 섬기는 종이었고, 이로써 신에게 가까이 다가갈 수 있었소. 하지만 이보다 훨씬 더 중요한 일은 유대인이어서는 안 된다는 사실이었소. 유대인이라는 건 항상 도망다녀야 하는 신세라는 의미였소. 숨기고, 거짓말하고, 조작해야 한다는 의미였지. 난 유대인이기를 멈추었소. 난 살기 위해 천주교도로 변했던 거요."

"그러나 1946년, 크라쿠프에선 천주교도에게조차 미래가 없다는 사실이 분명해졌소. 적십자 아동수송열차가 나를 폴란드에서 프랑스로 데려갔소. 다른 이모에게 간 거요. 당시 열한 살이었고, 다시 난 철저히 혼자가 되었소. 프랑스에 도착하자 난 폴란드에서 있었던 일들을 전부 마음속에 묻었소. 그 무엇도 기억하고 싶지 않았소. 폴란드어이자 내 모국어를 기억에서 지워버렸소. 나의 천주교도 역시 지웠소. 난 새로운 정체성을 위해 프랑스어를 택했소. 1년 만에 프랑스어가 내 모국어가 되었지. 난 아비뇽에 있는 명문 고등학교에서 수학했고, 열다섯 살 무렵에는 프랑스 문화에 완전히 젖어 있었소. 내 억양조차 더 이상 외국인처럼 들리지 않았소. 난 소르본 대학을 향해 쾌속 가도를 달렸지."

"프랑스는 내게 자유와 평등, 인권을 가르쳤소. 난 보편주의와 세속주의를 포용하는 법을 배웠고, 정교분리 원칙을 배웠소. 하지만 프랑스가 조국이 아니라는 사실은 뇌리에서 떠나지 않았소. 과거를 지우고 싶었지만 아버지와 어머니, 누나에 대한 기억은 지우지 않았지. 유대인이라는 이유로 나와 강제로 떨어져 죽은 내 가족에 대한 기억. 나는 내가 다르다는 걸 느꼈소. 난 다른 곳에서 왔다는 걸. 유대인으로서 난 프랑스에서는 결코 완전할 수 없다고 느꼈소. 그렇게 난 진정한 프랑스인이 아니었으며, 프랑스와 나 사이에는 언제나 장벽이 있었소."

"1948년 5월 이스라엘국 설립 선포는 굉장한 흥분을 일으켰소. 당신과 당신 세대 사람들은 이해할 수 없는 감정이지." 스테른헬은 이어간다. "폴란드에 전쟁이 일어나기 전부터 우리 가족은 시온주의자였소. 아비뇽에 있는 내 이모는 유대 민족기금에서 활동했었지. 방마다 시온주의 벽보가 있었소. 당시 난 팔레스타인에서 펼쳐지는 드라마를 좇느라 매일 같이 세 종류의 신문을 읽었다오. 열네 살 소년이었던 난 아랍인들이 유대인을 학살하지나 않을까 두려웠소. 하지만 유대군이 싸워 이겼고, 유대인의 국가가 존재하게 됐소. 상상을 초월한 일이었지. 적군赤軍이 우리를 해방시키고 불과 4년이 흘렀을 뿐이었소. 나치가 게토를 휩쓸고 불과 6년이 지났을 뿐이었고. 그리고 게토에 갇혀 사냥당하던 바로 그 유대인들이 분기奮起해 한 국가를 세웠소. 나처럼 세속적인 사람에게조차 이건 형이상학적 차원의 역사적 사건이었소. 별안간 정부 장관인 유대인들이, 군장교인 유대인들이 존재했소. 국기, 여권, 제복도. 이제 유대인들은 더 이상 비유대인들에게 의존하지 않았소. 스스로 일어섰소. 이제 와 생각해도, 내 인생에서 가장 흥분을 일으킨 사건은 이스라엘국 설립이었소. 종교적 고양에 가까운 희열을 느꼈지."

"홀로코스트 세계에서 유대인에게 존엄성이란 없었소. 유대인은 티끌 같은 존재였지. 개나 고양이도 그렇게 쏴 죽이지는 않았소. 짐승만도 못한 취급을 받았던 거지. 동물들은 동정이라도 받을 수 있지. 유대인들은 동정조차 받지 못했소. 유대인은 인간 이하의 존재였소. 아무 존재도 아닌, 무無 그 자체였소. 그런데 이제, 아우슈비츠 이후 불과 3년 만에, 유대인은 하나의 인격체가 된 거요. 유대인은 이제 이스라엘 땅에서 맞서 싸우고 있었소. 그리고 제대로 싸우고 있었지. 이들은 승리를 위해 싸웠소. 난 그 모습을 잡지 사진과 뉴스 영화에서 보았소. 젊고 강하며 총을 들고 있는 모습을. 돌연, 이들은 뭇 인간과 다름없이 존재했소. 에드몬도 데 아미치스의 소설 『쿠오레』에 나오는 이탈리아인들이 자유를 위해 싸웠던 것처럼 자신들의 자유를 위해 싸울 수 있었소. 노예로 삼거나 사냥해 죽일 수 있는 피조물이 아니었소. 프랑스 남부에 있던 나에게 이건 경이였소. 실재하는 구체적 역사에서 일어나고 있는 기적이었소."

"열여섯에 난 알리야를 떠나기로 했소. 이스라엘에 홀로 이주했지. 마르세유에서 출항한 아동수송보트를 타고. 엄청나게 붐볐지만 재미있었소. 상갑판에 서서 카르멜 산이 시야에 들어오는 모습을 지켜보던 우리가 기억나는군. 이스라엘 땅이 다가오고 있었소. 상륙하자 몇몇 아이는 무릎을 꿇고 땅에 입을 맞추었지. 난 무릎을 꿇지도 땅에 입을 맞추지도 않았지만, 드디어 도착했다는 걸 느꼈소. 이곳이 종착역이었소. 더 이상의 방랑도, 변신도, 거짓 신분도 없는 곳. 더 이상의 사기도 위조도 없는 곳, 더 이상 나 자신을 부정하지 않아도 되는 곳. 이곳에서는 속임수와 기만이 필요치 않았기 때문이오. 가식적이고 무서운 무언가가 나로부터 사라져갔소. 나 자신을 정당화해야 한다고 느꼈던 끊임없는 필요와 관련된 그 무언가. 하지만 이스라엘국에서는 난 더 이상 정당화하거나 설명할 필요가 없었소. 대단한 위안이었지. 히브리어는 아직 할 줄 몰랐고, 미래가 무엇을 쥐고 있는지 알지 못했소. 나는 가진 것도 보호막도 없는 혈혈단신이었소. 하지만 길고 고통스러운 여정이 마침내 끝났다는, 굉장한 느낌으로 충만했소."

아론 아펠펠트는 세계적 명성을 지닌 작가로, 홀로코스트를 다룬 소설『바덴하임 1939, 경이의 철도시대Badenheim 1939, The Age of Wonders, Iron Tracks』는 여러 언어로 번역되었다. 예루살렘 근처 메바세레트지온에 위치한 아펠펠트의 자택 지하 작업실에 나는 그와 함께 앉아 있다. 아펠펠트는 키가 작고 얼굴이 둥그스름하며 목소리가 부드러운 사내다. 이따금 두 눈에선 악마적인 섬광이 번뜩인다. 며칠 동안 스테른헬의 이야기를 귀담아들었듯, 이제 며칠 동안 아펠펠트의 이야기에 귀를 기울인다. 그의 이야기를 경청하면서 나는 다시 한번 20세기 유대-이스라엘의 역사를 이해하려 애쓴다.

"난 1932년 우크라이나 체르노프치에서 태어났소", 아펠펠트는 말한다. "아버지는 고등교육을 받은 사업가로, 한때 빈의 체스 챔피언이기도 했지. 가정주부인 어머니는 절세가인이었소. 난 외아들이어서 부모님은 아이스크림이며 케이크, 장난감, 책, 옛이야기 따위를 아낌없이 베풀며 날 응석받이로 키웠다오. 부모님은 내가 베를린이나 빈에서 변호사가 되기를 원했소. 시선은 늘 빈을 향해 있었지만. 오페라와 극장, 근사한 찻집이 있는 도시였으니 말이오. 부모님에게 유대교는 별로 중요하지 않은, 이를테면 시대착오적인 사안이었소. 미래란 유럽식으로 계몽된 것을 의미했지. 우리 집은 넓고 부유했소. 유모와 요리사를 고용할 정도였으니까 말이오. 피아노 한 대와 수두룩한 책, 멋진 그림들, 알록달록한 꽃병들이 있었고, 석조 난로가 하나 있어 겨울이면 실내를 훈훈하게 했지. 그렇게 단출하면서도 행복한 가족이 집을 떠날 때면, 빈이나 프라하 혹은 카르파티아 산맥에 가는 것이었소. 난 오스트리아 풍 반바지와 양말, 부츠를 갖추고 빈에 있는 공원에서 푹신한 양탄자처럼 깔린 가을 낙엽 위를 걷기를 무척 좋아했다오. 집에 돌아오면 어머니는 으레 피아노를 쳤고, 눈 내리는 이야기들로 나를 재워주시곤 했소. 그러면 이야기는 내 꿈속으로 스며들었지. 일요일이면 아버지는 당신이 사준 전기 기차로 내 방에서 나와 놀아주곤 했는데 그러면 어머니는 집 반대편에서 부르곤 했다오. '어빈, 어디 있니?' '저 여기 있어요, 어머니, 저 여기 있어요.' 난 어머니에게 대답하곤 했다오."

"아홉 살이던 1941년 여름, 우린 카르파티아 산맥에 있는 할아버지 소유의 전원 지대에서 휴가를 보내고 있었소. 난 아파서 정오가 되어서도 침대에 잠들어 있었지. 난데없이 총격이 있었소. 난 부모님을 소리쳐 불렀지. 총격이 더 있었소. 난 창문 밖으로 뛰어내려 집 뒤편에 있는 옥수수밭에 숨었다오. 그사이 들판으로부터는 독일군이 나의 아름다운 어머니를 괴롭히는 소리가 들려왔소. 어머니가 지르는 비명이 들렸소. 독일군이 할머니와 어머니를 살해하는 소리가 들렸소."

"밤이 되자 아버지가 집에 돌아왔다오. 나를 위해 간신히 숨어 돌아오셨던 거요. 아버지와 내가 체르노프치로 돌아와 보니 우리 집은 약탈당한 상태였소. 책과 멋진 그림들, 알록달록한 꽃병들, 피아노, 석조 난로 전부 다. 우리는 게토로 보내졌고, 거기서 독일군은 방 하나에 아홉 명을 집어넣었다오. 붐비고 악취가 났소. 모멸적이었소. 죽어가는 노인들의 신음 소리가 공기를 채웠다오. 며칠 후, 우리는 기차역으로 행진하라는 명령을 받았소. 소요와 비명, 개 짖는 소리가 들렸소. 이따금 총소리도 났고. 가축 차량 안에는 숨 쉴 공기라곤 없었다오. 아버지는 내가 질식하지 않도록 당신 어깨 위에 올려주셨지. 기차가 멈추자 다시 소요가 일었고, 더 많은 비명과 더 많은 개 짖는 소리가 들렸소. 유대인 수천 명이 가축 차량 밖으로 떠밀려 나와 드네스트르 강으로 걸어 차였소. 기력이 넘치는 사람들은 헤엄쳤지만, 허약한 사람들은 빠져 죽었다오. 노인 대부분과 아이들은 빠져 죽고 말았지. 아버지는 내가 당신의 하나뿐인 외아들인지라 날 구할 수 있었던 거요."

"강 반대편에 이르자 우리는 행진하라는 명령을 받았다오. 여름 막바지라 날씨는 추워지고 있었지. 비가 내렸소. 2주 동안 우리는 낮이면 진창을 걷고 밤이면 한데서 잠을 잤다오. 늪에 빠져 사라진 사람들도 있었소. 기진맥진해 쓰러진 사람도, 병마에 굴복한 사람들도 있었고. 하지만 아버지는 강하고 끈질겼다오. 아홉 살 먹은 나는 더 이상 어린 아이가 아니었지만, 아버지는 대개 날 당신 어깨에 메고 걸었소. 마침내 우리는 버려진 콜호스[2]에 도착했지. 그곳은 임시 강제수용소가 되어 있었소. 아이들은 어른들과 분리되었소. 아버지는 사라졌다오. 난 채 열 살도 되기 전에 세상에 홀로 남겨졌던 거요."

"난 이 수용소에 있다가는 죽으리란 걸 깨달았지. 그래서 도망쳤소. 우크라이나 농부들은 문을 걸어 잠그고 나를 쫓아 보냈다오. 배가 고팠지. 이생을 떠날 때가 왔다고 느꼈소. 집에 있던 시절 난, 사람이 마지막에 가까워지면 나무에 기대어 두 눈을 감고 죽음을 기다린다는 이야기를 들었소. 그래서 난 나무에 기대어 두 눈을 감고 기다렸지. 하지만 배고픔과 추위, 눅눅함이 나를 자꾸만 깨웠소. 몇 시간쯤 지났을까, 나무 사이로 햇살이 비쳤고, 나는 계속 걸었다오. 한 우크라이나 매춘부의 목조 오두막에서 피신처를 찾았지. 여자의 하인이 되었소. 여섯 달 동안 소젖을 짜고, 마루를 닦고, 뒤룩뒤룩 살찐 농부들이 별의별 방법으로 여자와 성교하는 모습을 지켜보았다오. 하지만 난 위험을 느껴 도망쳤고, 말도둑 패거리에게서 피난처를 찾았지. 그들에게 난 유용한 존재였다오. 몸집이 작아서였지. 밤에 날 외양간으로 몰래 들여보내 문을 열게 할 수 있었고, 그 덕에 말을 훔칠 수 있었소. 하지만 난 위험이 느껴져 다시 도망쳤지. 그렇게 난 지하세계를 전전했소. 마

---

2 kolkhoz, 구소련의 집단농장을 가리킨다. 이스라엘의 키부츠와 유사하다.

을에서 마을로, 숲에서 숲으로 전전했소. 들판의 짐승마냥 살아남았던 거요. 응석받이 부르주아 아이였던 나는 3년을 생쥐처럼 지내며 살아남았소."

"적군赤軍이 도착했을 때, 난 러시아 여단의 취사를 담당하는 키친보이가 되었다오. 러시아군은 음식과 술, 여자를 밝혔지. 난 이들이 정복해서 약탈하고 강간하는 걸 지켜봤다오. 술 마시며 소리 지르는 걸 지켜봤지. 1945년 전쟁이 끝나자 이들에게 작별을 고했소. 난 열세 살이었고 다시 완전히 혼자였지. 내게 지향 따윈 없었다오. 학교를 다니지도 않았고 역사관도 없었소. 내가 어디 있는지, 내가 누군지도 몰랐지. 그리고 유럽은 난민들 천지였소. 어딜 가든 피난민이 있었소. 터전을 잃고 집을 찾아 헤매는 아이들 무리가 있었소. 하지만 내겐 집이 없었지. 어머니는 살해됐고, 아버지는 떠났소. 영국군 유대인 여단 병사들이 다른 사람들을 찾는 사이 나를 발견했고, 우리를 모아서 우선 이탈리아로, 이어 유고슬라비아로 밀입국시켰소. 하지만 난 여전히 나 자신이 낯설었다오. 나는 누구인가, 나는 무엇인가, 나는 어디에 속해 있나?"

"하가나호는 자그레브에서 하이파로 항해했소. 배는 생면부지인 사람들로 꽉 차 있었다오. 다들 뱃멀미를 하며 먹은 걸 게워냈지. 해안에 접근했을 적에도 난 전혀 흥분하지 않았다오. 이 지긋지긋한 여정의 또 다른 정거장, 또 다른 게토에 불과했던 거요. 지난 5년 동안 나를 따라다니며 괴롭혔던 것처럼, 인간들이 그 짓을 멈추지 않으리란 걸 알았지. 지난 5년 동안 살아남았던 것처럼 살아남아야 하리란 걸 알았소. 그리고 살아남으려면 사람들의 호감을 사야 할 터였지. 여기에서도 마찬가지로 난 나에게 가치 있는 무언가가 있음을, 나를 살려두면 자기네에게 보람 있을 무언가가 있음을 증명해야 할 터였소."

아론 바라크는 1995년에서 2006년까지 이스라엘 대법관을 지낸 인물로, 헤르츨리야 학제간 연구소에 있는 자신의 아늑한 사무실에 앉아 있다. 바라크는 이스라엘 법학에 새로운 형태를 부여한 뛰어난 자유주의 법학자로 세계적으로 존경받는 인물이다. 하지만 내가 다가간 방식은 스테른헬과 아펠펠트 때와 동일했다. 나는 내 삶을 이해하고 싶었기에 사내의 인생 이야기를 경청한다. 바라크의 이야기를 귀담아 들으며, 나는 다시 한번 20세기 유대 이스라엘의 이야기를 이해하고자 애쓴다.

"1936년 리투아니아에서 태어났을 때 내 이름은 에리크 브리크였소." 바라크는 이야기한다. "아버지는 랍비 집안에서 태어났지만 전통에 등을 돌렸소. 대학에 진학해 법을 공부하고 코브노에 있는 시온주의 사무소의 수장이 되었지. 어머니는 빼어난 지성을 지닌 여성이었소. 대학에 갔고 이후 역사와 독일어, 러시아어를 가르쳤다오. 우리 집은 소박하지만 행복했소. 부모님과 있을 때면 난 이디시어를 썼소. 리투아니아 유모와 있을 땐 리투아니아어를 썼지. 난 외동이었소."

"홀로코스트 이전의 삶은 기억나지 않소. 아마 기억을 억눌러온 건지도 모르지. 그래서 내 첫 기억은 홀로코스트라오. 독일 나치 공군이 도시를 폭격하고 얼마 후 우리는 집을 떠났소. 말수레에 소지품 몇 가지를 싣고 게토로 옮겨갔지. 그다음 기억은 독일군이 게토에 도착해 유대인들을 모아 민주광장에 집결시키는 모습이오. 한 독일 장교가 유대인 무리를 둘로 나눴소. 오른쪽과 왼쪽으로. 오른쪽 유대인들은 집을 향했고, 왼쪽 유대인들은 죽음을 향했소. 난 예닐곱 살쯤 되었지. 내 기억은 선명하지 않고 맥락도 분명치 않다오. 역사적 진실이 무언지 난 모르오. 하지만 민주광장에서 유대인을 살육하던 기관총들은 기억나는군. 동향 유대인들이 나치에 의해 일제히 살해되던 모습은 기억한다오."

"이어 아이들에 대한 조치가 이루어졌소. 1943년 말에 이르자 독일인들은 자신들이 전쟁에서 이길 수 없으리라는 사실을 깨달았소. 하지만 패배당하기 전 유대인을 가능한 한 많이 죽이고 싶어했소. 코브노 게토의 유대인 아이들을 모조리 제거하기로 결정했지. 집집을 오가던 병사들이 기억나는군. 열두 살 미만의 소년 소녀들은 빠짐없이 데려갔소. 난 여덟 살이었지. 어머니는 집으로 달려와 나를 부둥켜안았소. 나를 데려가 숨겼지. 마침맞게 구조된 거요."

"이제 내겐 문제가 생겼소. 난 게토에 사는 유대 소년이었는데 게토에 살아 있는 유대 소년이 있어서는 안 되었던 거지. 그래서 부모님은 나를 열두 살 소년처럼 입혔소. 굽 높은 구두, 모자, 어른스러운 옷. 하지만 우리는 누군가가 이 위장을 꿰뚫어보지나 않을까, 내가 다 큰 아이가 아니라는 사실을 알아채지나 않을까 전전긍긍하며 살았소. 한번은 내가 청소년 나이에 못 미친다는 걸 독일 장교가 눈치 챘소. 장교는 나를 빤히 바라보다 씩 웃더니 돌아서 갔소. 다시 한번 구조되었던 거요."

"부모님은 게토가 죽음의 덫임을 인식했소. 엄청나게 위험한 일이었지만, 나를 밖으로 몰래 빼내기로 결정했지. 아버지는 독일군 제복을 짓는 노동착취공장 부副관리자였소. 노동착취공장에서 나온 제복들은 커다란 캔버스 자루에 넣어 말수레에 쌓아두었소. 부모님은 자루 하나에 나를 넣어 봉한 다음, 수레 위에 던졌지. 내가 든 자루를 더미 제일 위에 놓아 질식되지 않도록 한 거요. 그게 큰 실수였소. 수레꾼이 내 자루 위에 앉아버렸지. 난 거의 쭈그러지다시피 해 숨 쉬기조차 어려웠소. 하지만 여덟 살이었던 나는 찍소리도 내지 않았지. 내 생애 가장 긴 30분이 지나고, 난 우사에 던져졌소. 게토에서 자랐던 까닭에 난 암소를 한 번도 본 적이 없었지. 마침내 자루가 열리자, 웬 뚱뚱하고 살가운 동물이 혀로 내 얼굴을 핥는 게 느껴졌소."

"며칠 뒤, 아버지는 어머니를 게토 밖으로 간신히 빼냈고 우리는 다시 만났소. 1944년 초, 사방팔방에 널린 나치도 모자라 도처에 나치 협력자들이 있었소. 하지만 어느 리투아니아 가족이 어머니와 나에게 피신처를 제공해주었소. 그 가족은 자신들 오두막 방 가운데 하나에 이중벽을 세웠소. 어머니와 난 6개월 동안 벽과 벽 사이 1.5미터 공간에 살았소. 외출은 밤에만 허용되었지. 들판을 거닐고 신선한 공기를 들이켜야 했으니까. 난 말을 타기도 했다오. 하지만 긴 낮 시간 동안 난 어머니와 벽 뒤 어둠 속에 앉아 있었고, 어머니는 당신이 아는 것이라면 뭐든 가르쳐주었소. 수학, 라틴어, 역사."

"아버지는 마지막까지 코브노 게토에 머물렀소. 게토는 잿더미가 되고 거주자들은 몰살되었지만, 아버지는 살아남았소. 조부모는 살해되었지만. 외가 쪽 식구도 대부분 살해되었다오. 전쟁이 끝나고 나니 우리 식구는 달랑 셋이었소. 아버지와 어머니, 그리고 나. 러시아군이 코브노를 해방한 후 아버지를 체포했지만 놓아주었다오. 이제 달아날 일만 남앉지. 우리는 코브노를 탈출해 빌나로, 빌나를 탈출해 그로드노[3]로, 그로드노를 탈출해 부쿠레슈티[4]로 갔소. 부쿠레슈티에서 러시아가 점령한 오스트리아 지역으로 갔소. 거기서 산길을 거쳐 영국이 점령한 오스트리아로 달아났지. 이런 여정 내내, 우리는 반유대주의와 굴욕, 절도를 겪었소. 아버지의 손목시계를 강탈했던 술 취한 러시아 병사들이 기억나는군. 병사들은 아버지에게 굴욕감을 주었소. 우리를 경멸했소. 우리를 티끌 대하듯 했지. 그들에게 우리는 지구 상의 쓰레기였소. 난 부모님이, 내가 살 수 있도록 또 우리가 인간의 존엄성을 지킬 수 있도록 얼마나 이를 악물고 싸우는지 지켜보았소. 영국 점령지에 도착했을 때 우리는 우연히 유대 여단 병사들과 마주쳤지. 제복 옷깃에 파랗고 하얀 깃발을 꿰매 붙인 병사들, 히브리어를 할 줄 알며 우리에게 진정 관심을 갖고 도와주고 싶어하는 병사들을. 그때 우리가 느낀 흥분을 당신은 상상하기 힘들 거요. 지금 이 순간에도 그때 일을 이야기하면 난 감격에 휩싸인다오. 그 모든 일이 일어난 후에 만난 유대 병사들은 그야말로 꿈이었소. 그들은 메시아의 계시였지."

"유대 병사들은 우리를 밀라노로 데려갔고, 밀라노에서 로마로 데려갔소. 로마에서는 한때 파시스트 백작이 소유했던 저택에 우리를 묵게 했소. 우리는 별안간 편안해진 셈이었소. 내가 기억하는 한 처음 겪어보는 편안함이었지. 우리는 보살핌과 음식을 제공받았소. 인간다운 대우를 받았지. 그리고 난 학교에 다녔소. 공부를 한 거요. 어머니는 나를 데리고 오페라를 보러 마을에 갔소. 하지만 내가 가장 사랑했던 건

3 벨라루스 그로드노 주에 있는 도시. 폴란드와 국경이 인접해 있다.
4 루마니아의 수도.

저택의 지하 저장고였다오. 어느 날 발견한 장소였지. 거기서 난 백작의 화려한 의복이며 검, 단도들을 발견했소. 내 생애 처음으로 나만의 세계가 생겼던 거요. 나만의 상상세계가. 그곳에서 혼자 백작의 옷을 입고 검을 차고 나 역시 백작이라고 상상했다오. 유대인이 아닌 백작."

"팔레스타인으로 가는 여정 가운데 유일한 기억은 마지막 밤이라오. 갑판 위에 서서 하이파의 불빛들을 볼 때였는데, 부모님은 나를 부둥켜안았고 우리는 함께 통곡했소. 그런데 막상 아침이 되어 상륙하자 아주 신속하고 효율적이었지. 우리는 하이파 항에서 텔아비브에 있는 임대 아파트로 보내졌고, 그로부터 며칠이 지나 나는 히브리어를 배우라며 샤론 평야의 한 마을에 사는 친척들에게 홀로 보내졌소. 도착하자마자 나를 맞은 건 흙냄새와 오렌지 과수원들, 유대인 농부들이었다오. 며칠 후, 이모는 나를 호드 하샤론이란 마을에 있는 아타 노동자 의류점에 데려가, 예쁜 모양의 이스라엘 모자 하나에 카키색 상의와 바지 몇 벌, 그리고 샌들을 사주었소. 시골에서 지낸 기간은 일주일뿐이었소. 난 이 나라 언어도 이 나라 땅도 몰랐소. 하지만 나의 해묵은 옷을 벗었을 때 나는 내 과거, 디아스포라, 게토도 벗어던졌던 셈이오. 그리고 카키색 상의와 카키색 바지, 샌들을 갖추고 아타 상점 안에 섰을 때, 난 새 사람, 곧 이스라엘인이었소."

루이즈 암치는 다르다. 여성인 데다 이라크 출신이며, 잘 알려진 인물도 아니다. 하지만 스테른헬이나 아펠펠트, 바라크처럼 루이즈 역시 1940년대와 1950년대에 숱한 유대인과 마찬가지로 대전환을 겪었다. 북北텔아비브에 있는 딸의 근사한 아파트 거실에서 루이즈의 이야기를 경청하며, 나는 20세기 유대-이스라엘 역사의 또 한 장을 듣는다.

"2600년 동안 유대인들은 티그리스와 유프라테스 강 사이에 살았지요", 암치는 내게 말한다. "현대 이라크를 설립하면서 영국은 유대인에게 평등권을 비롯해 모든 권리를 부여했어요. 1932년 이라크가 독립했을 적에도 유대인의 시민권과 경제권은 유지되었지요. 이라크 유대인 13만 명 가운데 10만 명은 수도 바그다드에 살면서 상업적, 지적으로 도시생활에 중요한 영향을 미쳤습니다. 대규모 사업 대부분은 유대인 소유였고 선도적 지식인 대다수도 유대인이었어요. 유대인은 또한 정치적 영향력을 지녔고, 국회의원도 여섯 명이나 되었죠. 우리 아버지는 국영철도회사 고위 간부였어요. 삼촌은 국회의원이었고요. 내가 자란 1930년대 이라크에서 유대인은 시종이 아니라 주인이었어요. 현대식 지구인 살히야에 있는 티그리스 강둑 위에서 우리는 존엄성을 누리며 유복하고 행복하게 살았어요."

"1930년대 말, 이라크에서 독일의 영향력은 차츰 커져갔어요. 『나의 투쟁』[5]이 아랍어로 번역되었고, 나치 선전이 유포되었지요. 친나치 성향의 알파트와 청년운동이 세력을 확대하며 지지를 얻고 있었어요. 세를 얻고 있던 파시스트 세력들에게 유대인은 영국의 협력자이자 제국주의의 첩자였지요. 상황이 이랬는데도 내 가족과 바그다드 친구들은 독일 유대인과 마찬가지로 앞일을 직시하려 하지 않았어요. 이들은 바빌론 유수가 완벽한 디아스포라였다고 주장했지요. 바빌론 유수가 유대인들에게 일찍이 없었던 것들을 부여했다고. 평등과 안전, 번영과

---

5 히틀러 자서전의 제목이다.

위신을. 언젠가 날벼락이 떨어지리라고는 누구도 상상할 수 없었던 셈이지요."

"1941년 4월 1일, 반反영국 군사 쿠데타가 일어났어요. 5월, 영국은 반란을 평정했지요. 영국의 지지를 받은 국왕이 수도로 복귀하고 하루 뒤, 민족주의 성향을 띤 병사와 시민들은 쿠데타 실패에 좌절한 나머지 국왕의 귀국을 환영하러 가던 유대 고관 대표단에게 분풀이를 했어요. 알쿠르 다리 위에서였지요. 이 첫 번째 사건으로 유대인 열여섯 명이 다쳤고 한 명이 죽었어요. 뒤이어 알루사파 지구와 아부시프얀에서 유대인들이 공격을 당했지요. 36시간 동안 친나치 병사와 청년들이 유대인 사이에 큰 혼란을 일으켰어요. 여기에 가난한 바그다드 베두인족과 경찰까지 합세했고요. 오순절 휴일, 유대인 가옥 99채가 파괴되고 유대인 사업체 586곳이 약탈당했지요. 토라 법전들이 훼손되었고, 유대교 회당들이 불에 탔어요. 다 합쳐서 유대인 600명이 부상을 입고 179명이 살해되었지요. 살해된 유대인 가운데는 할아버지 32명, 아기 엄마 19명, 어린아이 18명이 있었어요."

"이 파르후드,[6] 그러니까 집단학살 소식이 들리자 아버지는 가족을 전부 소집해 바그다드 중심에 있는 고모네 집으로 옮겨갔어요. 우리는 공포에 질려 문을 걸어 잠그고 집 안에 틀어박혀 있었지요. 폭도들이 다가오는 소리를 들었어요. 칼과 도끼를 휘두르는 그들의 모습을, 증오로 이글거리는 그들의 눈을 봤어요. 폭도들은 이웃 유대인 집에 쳐들어갔어요. 여자들은 강간당하고, 아이들은 살해되었지요. 거리는 그야

---

6 farhud, 1941년 6월 1~2일, 이라크 바그다드에서 일어난 유대인 집단학살을 일컫는다.

말로 피바다였어요. 잘린 몸뚱이들이 널려 있었지요. 혼돈이었습니다. 평화롭던 바그다드가 돌연 미쳐버렸던 거예요. 세계는 자연스러운 흐름에서 벗어났지요. 불가능한 일이 벌어져 있었어요."

"우리 가족은 기적적으로 살아남았지요. 무슨 이유에서였는지는 모르겠지만, 폭도들은 우리가 숨어 있던 집을 남겨두었어요. 그렇게 파르후드가 끝난 후, 우리는 잊으려 애썼어요. 그런 일은 일어난 적 없다는 듯이 행동하려 애썼지요. 난 부유한 직물상인 나임 암치와 결혼해서 세 명의 아이를 세상에 내놓았지요. 부모님처럼 우리는 티그리스 강둑에 지어진 우아한 빌라에 살았어요. 삶은 달콤했지요."

"1948년 5월, 이스라엘이 수립되었지요. 7월엔 이라크 정부가 반시온주의 법을 통과시켰고요. 9월엔 포드 사 유대인 중개상 한 명이 바스라에서 목매달려 죽었고, 10월엔 유대인 공무원들이 해고되었으며, 1950년 3월엔 유대인의 권리를 박탈하는 법이 통과되었어요. 협박과 간헐적 공격이 있었죠. 이제 바그다드의 젊은 유대인 대부분은 이곳에 유대인의 미래가 있을 거라 믿지 않았어요. 파르후드 이후 다수의 젊은이는 시온주의자나 공산주의자가 되었고, 이스라엘국이 수립되자 이들은 아랍 민족주의의 반유대주의 물결이 아랍 전역을 휩쓰는 걸 목격했지요. 청년들은 바그다드에서 살아온 유대인의 2600년 세월이 아무런 방패막이도 되어주지 못하리라는 사실을 깨달았어요. 1920년대와 1930년대 아랍인과 유대인 사이에 유지되었던 밀월은 이제 끝났음을 알았지요. 하지만 친가와 시댁 쪽 식구들은 여전히 바그다드에 가망이 있다고 믿었어요. 이들은 혼신을 다해 티그리스 강 옆에서 누렸던 삶의 행복한 기억에 매달렸어요."

"1950년, 사태는 더욱 악화되었지요. 먼저 매달 1000명의 유대인이 이란을 거쳐 달아났어요. 그다음엔 매달 2000~3000명꼴로 이스라엘이 마련해준 직항편을 이용해 달아났지요. 1951년 봄엔 매달 1만 5000명의 유대인이 이라크에서 달아났고요. 유대 공동체가 무너지면서 아버지와 남편도 다른 도리가 없다는 사실을 깨달았지요. 자신들이 믿었던 것을 다 등지고, 1951년 3월 부모님은 비행기에 올랐어요. 우리가 믿었던 것을 다 등지고, 1951년 6월에는 남편과 나와 세 아이가 비행기에 올랐고요. 일어난 지 정확히 10년 만에, 파르후드는 승리했어요. 난 모사드 스카이마스터 비행기 안에 놓인 긴 나무 의자에 앉아 울고 있었어요. 내가 사랑한 바그다드가 희미해져가는 모습을 바라보며. 두 시간 후, 스카이마스터는 리다에 착륙했어요."

스테른헬과 아펠펠트, 바라크, 암치는 1945년과 1951년 사이 이스라엘에 도착한 유대인 75만 명 가운데 단지 네 명에 불과하다. 이 인원 가운데 68만5000명은 유대국 설립 후 첫 3년 반 사이에 도착했다. 흡수된 이주자 수(68만5000명)는 42개월 만에 기존 이주자(65만5000명)를 넘어섰던 셈이다. 인구 비례로 본다면 21세기 미국이 3년 반 동안 3억 5000만 명의 이주민을 받아들인 셈이었다. 수치는 위압적이었으며 이에 수반된 난제 역시 위압적이었다. 유대국은 자신의 존재 첫 10년 동안 현대 어느 국가도 겪은 바 없는 이주 물결을 경험했다.

난제는 인구통계학적 문제만이 아니었다. 이주자 대다수는 게토와 숲, 강제수용소에서 살아남은 생존자들이었다. 대부분 아무런 기술이 없는 데다 문맹이었으며 늙고 병들어 있었다. 이들의 민족적, 문화적 특성은 대체로 이스라엘에서 잔뼈가 굵은 기존 인구의 특성과는 천지 차이였다. 이들이 동반한 트라우마는 미증유했다. 그럼에도 이주자는 수용되고 흡수되었다. 1957년에 이르자 전후 이주자는 이스라엘인 가운데 압도적 다수를 차지했다. 이스라엘 인구는 10년 만에 세 배로 늘었다. 사회는 완전히 탈바꿈했으며 나라도 마찬가지였다. 자유로우며 안정된 실체를 이루기도 전에, 이스라엘은 새로운 이스라엘이었다. 홀로코스트 이후와 독립 후인 1950년대라는 초고온의 환경에서 벼려진 이주자들의 국가였다.

시작은 음울했다. 10만에 가까운 첫 이주자들이 자유 유대국에 도착했을 때, 이들은 야파와 하이파, 아크레, 라믈레, 리다의 빈집들로 보내졌다. 바로 얼마 전 달아난 아랍인들이 남기고 간 집이었다. 팔레스타인 유령 마을 수십 곳에 수만 명이 정착했다. 그곳에는 거주에 적합하다고 여겨지는 석조가옥들이 있었다. 그러나 1950년 초에 이르자, 이 버려진 부동산으로는 기함할 만한 인간 홍수로 생겨난 심각한 문제들을 더 이상 해결할 수 없었다. 이주자 10만 이상은 영국군 군사시설이었던 곳에 세워진 우울한 수용소에서 살아야 했다. 이런 수용소 대부분은 철조망으로 둘러싸여 있었다. 이들은 천막에서 살았으며, 공동 화장실과 목욕탕을 사용해야 했다. 수용소 바닥은 진창인 데다 환경은 혼돈 그 자체였으며, 질병에 노출되어 있었다. 이주자들이 약속의 땅7에 기대했던 모습이 아니었다. 이 인간 재앙을 처리하기 위해 나라 전역에 121곳의 마아바로트, 곧 난민수용소가 황급히 세워졌다.

---

7 구약성서에 나오는 이상의 나라. 신이 유대인들에게 약속한 땅을 말한다.

1950년 말이 되자 이주자 9만3000명이 이런 수용소의 양철 판잣집에 살았다. 1951년 중반, 이 수치는 22만으로 치솟았으며 1951년 말에는 25만7000에 이르렀다. 갓 도착한 이주자 가운데 거의 절반은 임시 시설 같은 곳에 살았다. 1만1500가구는 천막에 살았으며, 1만5000가구는 비좁은 임시 오두막에, 3만 가구는 양철 판잣집에 살았다. 이와 동시에, 나라는 깊은 경제공황에 빠져들었다. 1949년 도입된 엄격한 배급제도에도 불구하고, 경제는 무너지기 직전이었다. 실업률은 13.9퍼센트, 물가 상승률은 50퍼센트였으며, 정부는 빚을 상환할 수 없었다. 대량 이주라는 짐은 이 젊은 국가를 뭉개버리기 직전이었다.

1952년 정부는 마침내 조치를 취했다. 이주를 중단시켰고 국방 예산을 감축했으며 세금을 인상했고 이스라엘 리라[8]를 평가절하했다. 곧이어 이스라엘은 독일과의 중대한 배상 협약에 서명하고 미국 유대인 공동체에 채권을 판매하기 시작했다. 2년 후, 긴급 경제 조치들과 독일에서 들어온 돈, 미국 채권이 성과를 보였다. 물가 상승률과 실업률은 감소한 반면, 성장률과 생산성은 증가했다. 1954년 이주가 재개되었을 때, 이스라엘은 연간 성장률이 10퍼센트를 넘는 명실공히 도약하는 호랑이였다. 1950년과 1959년 사이에 이스라엘의 GDP는 165퍼센트 상승이라는 경이로운 기록을 세웠다.

1950년대 이스라엘 경제 기적을 주도한 첫 번째 국책 사업은 주택 문제 해결이었다. 마아바로트를 제거하고 이주민 저마다에게 주택을 제공하겠다는 일념으로 정부는 아파트 20만 가구 건설에 착수했다. 마

---

8 lira, 이스라엘 통화인 셰켈shekel의 전신이자 사실상 현대 이스라엘의 첫 통화다.

아바로트 거주민 숫자는 1952년 25만 명에서 1954년에는 8만8000명으로, 1956년에는 3만 명으로 줄어들었다. 공공 대출 덕분에 신규 이주자 대부분이 새집을 살 수 있었다. 정부가 사실상 하룻밤 새 지어낸 집들이었다. 1957년에 이르자 이스라엘인의 주택 보유 비율은 세계 최상위 가운데 하나가 되어 있었다. 주택단지인 시쿤은 이스라엘 사회복지제도를 규정하는 특징이 되었다.

1950년대의 두 번째 국책 사업은 농촌 정착이었다. 이스라엘은 1948년에서 1949년까지 키부츠와 모샤브 190곳을 새로 조성했다. 나흘에 한 곳꼴로 새 정착지가 조성된 셈이었다. 1950년에서 1952년 사이에는 키부츠와 모샤브 110곳이 설립되었다. 이제 한 주에 한 곳꼴로 조성된 셈이었다. 국가 설립 후 첫 10년 동안, 이스라엘에 존재하는 마을 수는 290곳에서 680곳으로 140퍼센트 상승했다. 농경지 이용은 160만 두남에서 350만 두남으로 상승했으며, 관개된 들판의 이용은 30만 두남에서 125만 두남으로 상승했다. 지방 인구는 세 배로 늘었다. 농업 생산은 극적으로 성장했다. 400곳에 이르는 공동화된 팔레스타인 마을이 파괴되었지만, 400곳의 새로운 이스라엘 마을이 이스라엘의 새로운 경제와 지도를 형성했다.

1950년대 중반, 세 번째 국책 사업이 시작됐다. 산업화였다. 인구 대다수에게 기본적인 주택을 공급하고 토지와 식량 공급을 안정시킨 후, 이 젊은 국가는 이제 현대 산업으로 몸을 돌렸다. 독일로부터 받은 배상금의 거의 절반이 정부 대출로 사용되었다. 이를 통해 사업가들은 외딴 지역에 공장을 설립할 수 있었다. 신규 사업 가운데 몇몇은 실패했으나 상당수가 성공했다. 1954년, 첫 번째 우지 기관단총이 생산되었다. 1955년, 항공 산업이 발족했다. 1956년, 이스라엘은 첫 번째 연구용 원자로를 건설했다. 요크네암의 금속 공장과 하데라의 타이어 제조 시설, 아크레의 강철 공장과 더불어, 사해의 브롬화물 산업과 네게브의 인산염 산업이 그 뒤를 이었다. 1953년과 1958년 사이, 산업 생산은 180퍼센트 증가했다. 첫 10년이 끝날 무렵, 이스라엘은 급속도의 집약적인 산업혁명을 겪었다.

활기가 뻗어나갔다. 어딜 가든 파괴와 건설이 있었다. 1950년 정부의 선도적 건축가와 토목 기사들이 짜놓은 국가종합계획에 따라, 팔레스타인은 사라지고 이스라엘이라는 현대 국가가 그 자리를 대신했다. 새로운 마을들과 함께 소도시 30곳이 새로이 설립되었다. 도로가 닦였고 발전소가 세워졌으며 새로운 항구가 설계되었다. 중앙집권화된 정부가 중앙집권적 설계로 새로운 이스라엘을 건설했다. 마치 국가가 하나의 거대한 토목 사업이기라도 한 양. 이와 동시에, 나라에서는 자체 기관을 설립했다. 의회, 행정부, 사법부. 신병에게 히브리어를 가르치는 등 여러 비군사적 의무를 수행했던 보통징병군은 이 새로운 사회의 구성원들을 한데 녹여버리는, 이를테면 강력한 용광로가 되었다. 국영 교육 체계는 10년 만에 세 배 규모로 늘었다. 국립은행과 국가사회보장제도, 국가고용서비스가 완비되었다. 공공 병원과 공중 보건소에서는 이스라엘인 대부분에게 선진 의료 서비스를 제공했다.

1950년대의 이스라엘은 스테로이드를 맞은 국가였다. 점점 더 많은 사람, 점점 더 많은 도시, 점점 더 많은 마을, 모든 것이 항진兀進 상태였다. 그러나 발전이 걷잡을 수 없었던 데 비해 사회적 격차는 좁았다. 정부는 완전 고용에 전념했다. 국민 모두에게 집과 일자리, 교육, 보건을 제공하는 데 노력을 아끼지 않았다. 이 신생국은 세계에서 가장 평등한 민주국가 가운데 하나였다. 1950년대에 이스라엘은 공정한 사회 민주국가였다. 그러나 또한 현대성과 민족주의와 개발을 공격적으로 결합한 실용주의 국가이기도 했다. 시간도, 마음의 평화도 없었으므로 인간다운 감수성이란 존재하지 않았다. 국가가 전부가 되면서 개인은 소외되었다. 이스라엘은 미래로 행진해나가면서 과거를 지웠다. 이전의 풍경이 있을 자리, 이전의 정체성이 있을 자리란 없었다. 모든 일은 집단적으로 일제히 실시되었다. 모든 일은 위로부터 부과되었다. 모든 일에는 인공적인 특성이 있었다. 시온주의는 더 이상 유기적 과정이 아니었으며, 미래주의적 혁명에 불과했다. 그 걸출한 경제적, 사회적, 공학적 성과를 위해, 새로운 이스라엘은 도덕성 상실이라는 값비싼 대가를 치렀다. 인권이라든가 시민권, 정당한 법 절차, 혹은 방임이라는 개념은 존재하지 않았다. 팔레스타인 소수민족을 위한 평등도, 팔레스타인 난민들에 대한 연민도 존재하지 않았다. 디아스포라 유대인에 대한 존중도, 홀로코스트 생존자에 대한 공감도 거의 존재하지 않았다. 벤구리온의 국가 통제주의와 획일적 통치는 이 나라에 전진을 강제했다.

스베른 스테른헬은 하이파 항에서 유대인 기구 이주자 수용소로 보내졌으나 불과 며칠 후 소도시 마그디엘에 있는 기숙학교 유스 알리야로 다시 보내졌다. 이곳에서의 첫날 밤, 이 16세 소년은 아비뇽 고모가 자신의 알리야를 위해 특별히 지어준 유럽식 정장을 벗어던졌다. 작업 첫날 아침, 소년은 이미 파란 작업복을 입고 검정 작업장화를 신고 있었다. 난생처음으로 오렌지 과수원이란 곳에 도착하자 소년은 무척 즐거웠다. 태양, 푸른 하늘, 오렌지들. 가족이 게토로 끌려간 뒤 처음으로, 세상은 유쾌했다.

스테른헬은 몇 주 만에 히브리어를 유창하게 구사했다. 몇 달 만에 능숙한 농부가 되었다. 오렌지 과수원에서 일하며 매일 수십 알의 오렌지를 먹어치웠다. 그도 다른 소년들처럼 유럽식 이름을 히브리식 이름인 제에브로 개명했지만, 유럽식 성은 버리지 않았다. 부모님과 누나의 이름이었으니까. 이제 17세가 된 이 생존자는 고통에 젖어 있기보다 그것을 억누르기로 다짐했다. 그곳에서의 나약이 이곳에서까지 자신을 따라다닐까봐 두려웠다. 과거의 짐이 미래를 위태롭게 하지나 않을까 두려웠다. 스테른헬은 완전히 새로운 토대 위에 스스로를 새롭게 세워야 한다는 사실을 알았다.

스테른헬의 새 동지들도 비슷한 결정을 내렸다. 이들은 함께 공부하고 함께 일하며 같은 오두막에서 잠을 잤지만 제 과거에 대해서는 이야기하지 않았다. 대부분은 홀로코스트 생존자였다. 아랍세계를 탈출한 난민도 있었다. 모두 트라우마를 경험했다. 하나같이 집을 잃었고, 부모를 잃은 이들도 있었다. 그러나 이 젊은이들은 놀랄 만한 낙천주의를 보여주었다. 이들은 여름의 찌는 듯한 열기와 겨울의 뼛속까지 시린 추위에도 징징거리거나 불평하지 않았다. 억울해하지 않았다. 스스로를 고아처럼 생각하거나 고아처럼 느끼게 내버려두지 않았다. 오히려, 자신을 가능한 한 빨리 이스라엘인으로 변모시키겠다고 마음먹었다. 소젖을 짜기 위해, 들판에서 일하기 위해, 키부츠 성원이 되기 위해, 잊기 위해. 과거란 일찍이 존재조차 하지 않았던 것처럼 미래를 시작하기 위해.

스테른헬은 이미 사상가였던 까닭에 동지들이 직관하는 수준에 머물렀던 것을 개념화할 수 있었다. 그는 유대인들에게 피난처가 필요하며 그 피난처가 이스라엘이라는 사실을 알았다. 유대인들에게는 지붕이 필요하며 이들의 유일한 지붕은 이스라엘이라는 사실을 이해했다. 신도 종교도 없는 세속적 유대인들에게 이스라엘은 이들의 영혼과 정체성을 위해서도 불가결했다. 유대국이 없다면 스테른헬 자신과 같은 세속적 유대인들은 세상에 벌거숭이로 서 있을 터였다. 집도 미래도 없을 터였다. 따라서 스테른헬은 유대인이라는 자신의 새로운 정체성을 전적으로 끌어안았다. 오로지 이스라엘에서만, 스스로를 정당화하거나 은폐하지 않아도 될 터였다. 오로지 이스라엘인으로서만, 역사의 객체에서 역사의 주체로 변모할 수 있을 터였다. 오로지 이스라엘인으로서만, 스스로의 운명을 주관할 수 있을 터였다.

1952년 여름, 스테른헬과 동지들은 북쪽 키부츠로 옮겨갔다. 그는 아침마다 키부츠에서 일하고 오후가 되면 하이파에서 공부했으며 밤엔 보초를 서기 위해 키부츠로 돌아왔다. 얼마간의 유산 덕분에 하이파로 이사해서 고등학교를 마치고 대학 입학시험에 통과할 수 있었다. 1954년 8월, 스테른헬은 이스라엘군에 입대했다. 기초 훈련과 분대장 과정, 장교 훈련 과정을 통과했다. 크라쿠프에서 천주교 성당의 복사服事로 일했던 시절이 있었건만, 이후 10년이 지나 스테른헬은 골라니 보병여단의 걸출한 전투장교가 되어 있었다. 1956년 10월, 시나이 작전이 수행되는 동안 이 카리스마 넘치는 소대장의 눈에 자기 병사들이 지뢰밭에 갇혀 있는 모습이 보였다. 그는 부하들이 지뢰밭을 벗어날 수 있게 앞장서서 이끌었다. 정신적 민첩함과 육체적 강인함, 대담무쌍

함은 이 땅의 아들로서 스베른-제에브 스테른헬을 특징지었다. 스테른헬은 세상에서 자신이 있을 자리를 발견했다. 게토 출신의 겁에 질린 소년은 완전한 이스라엘인이 되었다.

에르빈 아펠펠트는 보트에서 아틀리트에 있는 이주자 수용소로, 아틀리트에서 다시 예루살렘 남쪽 시온주의 청년 마을로 보내졌다. 농장에서는 젊은 홀로코스트 생존자 34명이 낯선 땅에서의 생활 규칙들을 배우려 애쓰고 있었다. 서로서로 누가 트랙터를 가장 먼저 몰지, 누가 더 햇볕에 잘 그을리고 탄탄한 몸을 가졌는지, 누구의 피부가 더 하얀지, 누가 제일 유대인처럼 보이지 않는지 경쟁적으로 확인했다. 게토와 숲과 강제수용소 따윈 일찍이 존재한 적 없었던 것처럼 행동하려 애썼다. 체르노프치란 존재하지 않았다는 듯이. 빈이란 도시는 없었다는 듯이. 혹은 아버지도 어머니도 없었다는 듯이.

아펠펠트는 곧 자의식을 잃어버리지나 않을까 두려웠다. "애들아, 우리는 이제 히브리어를 공부할 거야. 이제 우리는 성경을 공부할 거야. 우리는 나무와 채소를 심고, 화단에 물을 줄 거란다. 다 괜찮을 거야. 모든 게 정말 좋아질 거야." 교사가 이렇게 말할 때면 다른 아이들은 설득당하는 듯했다. 다들 재빠르게 과거를 버렸다. 첫날 볕에 그을린 채 들판에서 돌아온 그들은 둘째 날에도 볕에 그을려 돌아왔다. 셋째 날이 되니 볕에 그을린 이스라엘인이 되어 있었다. 그러나 열네 살의 아펠펠트는 달랐다. 자신의 것이 아닌 언어와 세계에 스스로를 귀속시키고 싶지 않았다. 독일어와 극장, 어린 시절의 음악을 잃고 싶지 않았다. 부모를 잃을까봐, 영원히 고아가 될까봐 두려웠다. 어느 날엔가 스테른헬은 모두 자리를 뜨고 없는 식당에 홀로 앉아 공책을 꺼내놓곤

유치하게 큰 글씨로 적어 내려갔다. "내 아버지의 이름은 미하엘, 어머니의 이름은 불리아, 할아버지의 이름은 마이어 요제프. 우리 집은 체르노프치, 마사리크 거리에 있다." 이튿날 이 목록을 읽으며 어린 시절을 떠올리게 하는 가슴 저미는 몇 단어를 덧붙였을 때, 에르빈은 마음속에 퍼져나가는 온기를 느꼈다. 그리고 생각했다. "나에겐 집이 있다. 나에겐 거리가 있다. 아버지와 어머니와 할아버지와 도시와 공원과 가을 낙엽으로 된 푹신한 양탄자가 있다. 누가 뭐래도 이 세상엔 나를 지탱해줄 무언가가 있다. 난 고아가 아니다."

1948년 전쟁에서 아펠펠트는 전사였다. 나치를 피해 우크라이나인 숲에 숨어 있다 나온 지 4년 만에 그는 자신이 살고 있던 시온주의 농장을 방어하기 위해 기관총을 갈겼다. 이웃 아랍인들이 농장 젊은이들을 학살할 태세였기 때문이다. 전쟁이 끝난 뒤에는 사과와 배, 자두 재배법을 익히라며 엘리트 농업학교인 미크베 이스라엘에 보내졌다. 이듬해에는 모로코와 이라크에서 온 이주 소년들에게 과일 재배법을 가르치라며 새로 세워진 농업학교, 에인 카렘으로 보내졌다. 6개월 후에는 나할랄에 있는 여자농업학교 관리자로 보내졌다. 어느 학교에서나 에르빈은 가족도 공동체도 없이 철저한 고독을 느꼈다. 이곳에서 만난 거만한 이스라엘 토박이들이나 동양에서 온 이주자들, 혹은 버릇없는 이스라엘 소녀들과는 공통점을 찾을 수 없었다. 1951년, 에르빈은 징집되어 박격포 조작 훈련을 받았다. 이제 외로움은 극에 달했다. 안식일에 다른 병사들은 전부 집으로 돌아갔지만 에르빈에게는 돌아갈 집이 없었다. 그는 기지에 홀로 머물렀다. 토요일 밤이면 근처 소도시인 네타냐에서 몇 시간씩 보내곤 했다. 행인들을 바라보며 해변 찻집에 앉아 있곤 했다. 행인 일부는 홀로코스트 생존자였고, 아랍세계 생존자도 있었지만, 아펠펠트의 눈에는 모두 만신창이였다. 20세기에 사는 뿌리 뽑힌 유대인들이 보였다. 삶이 재앙으로 산산조각 난.

아펠펠트는 벤구리온이 선포한 평등 및 통합의 이스라엘과, 이주자 수용소 및 주택단지에 쑤셔넣어진 운명의 희생양들이 사는 실제 이스라엘 사이의 간극을 숙고했다. 시온주의의 경건한 개척자적 수사修辭와, 안절부절못하는 술꾼과 도박꾼과 매춘부들이나 마음의 평화를 찾을 수 있는 이 새로운 이스라엘의 현실 사이에 존재하는 간극을 숙고했다. 획일적으로 동원된 이스라엘 상부와, 불협화음이 들끓는 이스라엘 하부 사이에 존재하는 간극을 숙고했다. 그가 본 것은 과거를 송두리째 잊고 싶어 발버둥치는 음탕한 술주정뱅이 이주자들의 이스라엘이었다.

군 복무 마지막 기간에 아펠펠트는 독학으로 대학 입학시험에 통과해 히브리대학에 합격했다. 예루살렘 레하비아 지역에 우중충한 방 하나를 얻었다. 학교 문턱에도 못 가본 소년은 이제 세계 유수의 학자들로부터 가르침을 받았다. 이디시어는 도브 사단에게서, 유대 신비주의는 게르숌 숄렘에게서, 경전은 마르틴 부버에게서 사사했다. 하지만 에르빈은 자신의 발전에 감동하지 않았다. 그에게는 방향성이 없었다. 그의 정체성에는 기반이 부족했으며, 10년 동안 겪은 수많은 변화를 담느라 안간힘을 쏟을 따름이었다. 레하비아에 있는 방에서 홀로 지내며, 아펠펠트는 스스로를 해독解讀하려 애썼다. 나에게 무슨 일이 일어났던 것이며 현재 나는 누구일까. 난 어느 바다에서 왔으며 어느 해안으로 떠밀려 올라온 것일까.

아펠펠트가 편안함을 느꼈던 유일한 장소는 예루살렘의 독일계 식민정착촌에 있는 카페 페테르였다. 이곳 사람들은 아펠펠트가 어린 시절 사용했던 오스트리아-헝가리 독일어를 썼으며, 집에서 먹던 오스트리아-헝가리 요리를 내왔다. 우아한 탁자들에는 자신의 어머니를 닮은 우아한 숙녀들이 앉아 있었다. 이곳에는 용광로에 녹아들라는 명령이 없었다. 이곳에서 아펠펠트는 어머니를 기억하며 그리워할 수 있었고, 살해된 어머니가 어떻게든 돌아오리라는 희망을 품을 수도 있었다. 카페 페테르에서의 1956년, 아펠펠트는 기억의 저장소에서 1956년의 이스라엘이 가둬둔 것들을 꺼낼 수 있었다. 공책을 꺼내 몇 줄을, 그다음 몇 문장을, 그다음 단속적인 단락들을 적어 내려갔다. 이야기 하나, 이야기 둘, 이야기 셋. 연기 속에 사라진 한 민족의 이야기. 연기 속에 사라진 한 세계의 이야기. 홀로코스트 이전과 홀로코스트, 그리고 홀로코스트 이후를 목격한 한 소년의 이야기. 그렇게 홀로코스트가 일어나고 10년이 지난 그때, 아펠펠트는 예루살렘의 한 찻집에 앉아 자기 자신을 그러모으느라 애쓰고 있었다. 자기 자신을 복구하려고. 자기 자신을 정의하려고. 자기 자신의 목소리를 찾으려고.

가족이 예루살렘에 도착했을 때, 에리크 브리크는 이미 다섯 번의 변신을 겪은 상태였다. 전쟁 전 코브노에서 보호받던 어린 시절, 전쟁 중 게토에서 박해받던 어린 시절, 전쟁이 막바지에 이를 무렵 벽에 숨어 지내던 어린 시절, 전쟁이 끝나자 피난민이 되어 방랑하던 어린 시절, 전쟁 뒤 몇 년 동안 유대인 기관이 제공한 저택에서의 휴식. 그러나 브리크 가족이 레하비아 변두리에 있는 작은 아파트에 정착했을 때, 이 열한 살의 소년은 스스로에게 말했다. 과거는 되풀이되지 않으리라. 이곳이 우리 조국이다. 이번이 마지막 새 출발이다. 이곳에 뿌리를 내리리라.

시작은 어려웠다. 에리크는 토실토실한 몸집에 순하며 책을 많이 읽는 아이였다. 오페라를 사랑했다. 6학년생[9] 이스라엘 토박이들은 그를 조롱했다. 허약하고 창백한 디아스포라 유대인이라 여겼다. 그러나 에리크는 몇 달 만에 본때를 보여주었다. 히브리어를 습득했으며 리투아니아 억양을 없앴다. 스스로를 이스라엘에서 태어난 누군가로 여겼고 그에 걸맞게 행동했다. 아무에게도 민주광장이나 나치군이 아이들에게 내린 조치, 게토나 벽 속에서의 생활에 대해 이야기하지 않았다. 그는 1년 만에 자신의 천부적 재능을 입증해 보였다. 수학과 역사에 뛰어났을 뿐만 아니라 학생회장까지 맡을 정도였다. 열성적인 보이 스카우트였던 그는 처음엔 어린이 단원이었다가 나중에는 분대장이, 그다음엔 부대장이 되었다. 에리크는 학생회장으로서 벤구리온과 접견하도록 선발되었다. 사막에 있는 벤구리온의 유명한 피정 장소에서였다. 키부츠에서는 보이 스카우트에서 맡은 역할의 일환으로 노동캠프를 이끌었으며, 언젠가는 키부츠 한 곳에 정착하리라 마음먹었다. 에리크는 예전 개척 시대 이스라엘의 집단 가치관을 내면화했다. 자신에게 피난처를 제공한 유대국과 스스로를 완전히 동일시했다. 이스라엘을 미래지향적인, 역동적이고 개화된 건설적 실체로 바라보았다. 자신의 이름을 아론 바라크로 개명한 소년은 이제 코브노에서의 과거를 지우고 이스

---

9 이스라엘 초중등 교육 체계는 초등학교 1~6학년(약 6~12세), 중학교 7~9학년(약 12~15세), 고등학교 10~12학년(약 15~18세)으로 이루어져 있다.

라엘의 미래에 합류하기로 다짐했다.

그러나 그의 부모는 그러지 못했다. 레아 브리크는 리투아니아에서 존경받는 고등학교 교사였지만 이스라엘에서는 노동계층 학교에서 초등학교 3학년을 가르쳤다. 즈비 브리크는 코브노에서 유대인 기구 수장이었으나 이스라엘에서는 일개 사무원이었다. 둘 다 자신이 마땅한 대우를 못 받는다고 느꼈다. 둘 다 직업에 만족하지 못했고 앞으로도 그러지 못하리라는 사실을 깨달았다. 그리고 홀로코스트는 이들을 놓아주지 않았다. 즈비는 부모를 잃었다. 레아는 아버지와 어머니, 오빠와 언니를 잃었다. 가족은 단출했으며 슬펐고 진정한 친구도 거의 없었다. 집에는 비통함이 서려 있었으며 눈물이 마를 날이 없었다. 이제 레아와 즈비에게 남은 건 아들뿐이어서, 아들에게 온 신경을 집중했다. 아론은 약속이었다. 아론은 희망이었다. 아론은 절망의 과거에서 희망의 미래로 쏘아올린 화살이었다.

1954년 바라크는 우수한 성적으로 고등학교를 졸업했다. 학업을 이어가고 싶었기에, 키부츠에 동참하는 대신 히브리대학에서 법학을 공부했다. 1956년, 예루살렘 교수단은 아론 바라크가 타고난 법관이라는 데 의견 일치를 보았다. 그가 결혼해서 가정을 꾸렸을 때 친구 대부분에게는 언젠가 이 젊은 신랑이 이스라엘 대법관이 되리라는 데 추호의 의심도 없었다.

루이즈 암치가 리다 공항에 도착하자 바그다드에서 자신이 부친 여행 가방 절반은 사라졌으며 나머지도 누군가 헤집어놓은 상태였다. 가족에겐 옷도 음식도 없었으며, 자녀들은 울고 있었다. 루이즈는 터미

널 끝에 있는 냉랭한 방으로 인도되었다. 퉁명스러운 간호사가 이는 없는지 머리카락을 뒤졌다. 간호사는 루이즈의 머리와 몸에 DDT를 뿌렸다. 루이즈의 남편 나임에게도, 이어 자녀인 후다와 나빌, 모리스에게도 뿌렸다. 충격에 빠진 나임이 물었다. "우리 처지가 도대체 얼마나 곤두박질친 거요?"

암치 가족이 온갖 관료주의적 양식에 기입을 마치자, 유대인 기구 직원은 가족을 트럭에 태웠다. 3시간 동안 어둠 속을 털커덩거리며 미지의 목적지를 향해 나아간 끝에 트럭은 군 주둔지로 보이는 곳에 도착했다. 군용 천막들이 철조망에 둘러싸여 있었다. 루이즈는 자녀들이 겁먹지 않도록 두려움을 누그러뜨리려 애썼다. 남아 있는 소지품을 모조리 꺼내 자신들에게 할당된 군용 천막 구석에 쌓아두었다. 밀짚 담요와 밀짚 베개로 마련된 잠자리에서 아이들이 잠을 청할 수 있도록 최선을 다했다. 이튿날 아침, 나임이 잠에서 깨자 분통을 터뜨리기 시작했다. "이라크에서는 왕궁에서도 귀빈 대접을 받았는데 여기서는 아무것도 아니군. 존경도 공경도 못 받고, 재산도 없소. 한낱 천막에 사는 집 없는 피난민에 불과하다니."

시련은 계속됐다. 암치 가족이 바그다드를 떠난 후, 이라크 정부는 이들의 재산을 몰수했다. 이스라엘로 이주하도록 선별되었던 까닭이다. 이스라엘에 도착하자 나임이 이란을 통해 가까스로 밀반입한 얼마간의 돈마저 도난당하고 없었다. 믿었던 환전상이 범인이었다. 고난은 DDT와 천막에서의 굴욕적인 삶, 기존 이스라엘인들의 거들먹거리는 태도, 중동부 유럽 출신 이주자들의 경멸적인 태도로 인해 극에 달했다. 이스라엘에서 유대인의 바그다드는 위대한 문명의 요람은커녕 야만인들이 사는 미지의 영토로 인식된다는 사실도 마찬가지였다. 가족은 한 주 만에 낙원에서 굴욕과 박탈의 세계로 급격한 추락을 경험한 셈이었다.

루이즈는 버텼다. 돈이 도착하지 않으리라는 사실이 분명해졌을 때조차 굴복하지 않았다. 난민 수용소의 혼란 속에서 고투할 때조차, 모욕과 수모에 꿋꿋하게 맞섰다. 아이들을 위해 이 모든 일이 괜찮다는 듯 굴었다. 이를테면 거친 여름캠프일 뿐 세상의 종말이 아니다. 결국에는 젖과 꿀을 주게 될 이 땅에서 새로운 모험을 하는 것이며, 새로운 삶으로 가는 길에 잠시 둘러가는 것일 뿐이다.

암치 가족은 아틸트 이주자 수용소에서 나타냐 부근의 마아바로트로 이송되었다. 천막에서 양철 오두막으로, 눅눅함에서 무더운 열기로, 충격에서 우울로. 하지만 나임은 몇 달 만에 텔아비브 남쪽 교외인 홀론에 아파트 한 채를 구했고, 텔아비브 아타라에 있는 커피점에서 일자리를 찾았다. 아파트는 티그리스 강 위에 있던 빌라와는 천지 차이였으며 커피점에서의 일은 직물회사 간부직과도 전혀 달랐지만, 이제 여덟 식구(부모와 고모, 아내와 아이들)를 보살필 수 있는 집이 있었고 직업도 부끄럽지는 않았다. 이런 까닭에, 1년 후 루이즈는 이제까지 빠져 있던 깊은 수렁에서 올라오고 있다고 느꼈다. 나임은 이라크에서 이주해온 여타 수다한 사내들과 달리 망가지지 않았으며 단지 깊은 슬픔에 빠져 있을 따름이었다. 그는 남은 생애 동안 줄곧 슬플 터였다.

루이즈 아버지의 운명은 이보다 더 쓰라렸다. 엘리야후 이츠하크 바루흐는 사위와 달리 이스라엘에서 적당한 일자리를 찾지 못했다. 부동산과 재산, 돈은 이라크를 떠날 때 잃었다. 아내와 이주자 수용소를 떠

낳을 땐 홀론의 스트루마 광장에 있는 한 허름한 단칸방 아파트에 정주해야 했다. 아침이면 엘리야후 이츠하크 바루흐는 단칸방 아파트에서 나와 로드지아 여성 속옷 공장으로 향했다. 한때 철도회사 간부였던 이 사내는 하루 종일 공장 문 옆에 서서 행상 수레를 놓고 가난한 공장 일꾼들에게 껌이며 사탕, 초콜릿을 팔곤 했다. 그리고 밤이면 좁은 아파트로 돌아와 자신의 티그리스 강을 회상했다. 티그리스 강을 떠올릴 적마다 심장은 통곡했다. 더 이상 고통을 견딜 수 없을 때까지, 더 이상 고동치지 않을 때까지.

내가 태어났을 무렵인 1957년 11월, 이스라엘국 자체가 곧 승리였다. 국경은 조용했고 경제는 호황이었으며 인구는 200만 명에 가까워지고 있었다. 1948년의 결정적 승리는 이 나라를 태어나게 했으며, 1956년 시나이 작전의 결정적 승리는 국가를 안정시켰다. 100만에 가까운 이주자를 흡수하려는 초인적 과업은 성공적이었다. 신도시 10곳과 새 마을 400곳, 새 아파트 20만 채와 새로운 일자리 25만 개로 미증유의 역사적 성취를 증명했다. 스베른 스테른헬은 스테른헬 중위까지 오른 뒤, 이스라엘 방위군을 떠나 역사와 정치학을 공부하고자 히브리대학에 진학해 있었다. 에르빈 아펠펠트는 아론 아펠펠트가 되어 첫 번째 단편 모음집을 꾸리고 있었다. 에리크 브리크는 아론 바라크가 되어 곧 수석으로 법학 학위를 받을 참이었다. 루이즈 암치는 여전히 홀론 이주자 구역에서 고투하고 있었지만, 자녀 셋은 이 새로운 땅에 차츰 적응해가는 상태였다. 10년에 걸친 전쟁과 광적인 속도의 국가 건설을 치른 후, 안정을 가리키는 첫 신호들이 나타났다. 이 젊은 국가는 더 이상 임시 수용소가 아니었다. 더 이상 미친 모험이 아닌 견고한 정치적 실체로 간주되었다. 맞다, 평화는 없었다. 아랍세계는 여전히 유대국을 임시변통의 비열한 책략이라 여겼다. 하지만 전쟁이 없기도 마찬가지였다. 1948년과 1956년의 승리는 적을 단념시키고 있었다. 이스라엘 공군은 프랑스와의 새로운 동맹으로 우라강, 미스테르, 수페르-미스테르 같은 최신식 전투기를 갖추게 되었다. 서독과 대영제국 역시 이 단호한 국가를 지지했다. 바로 1년 전, 수에즈 운하까지 손을 뻗칠 능력을 증명한 이 국가를.[10] 미국과의 관계는 원만하며, 소련과의 관계도 꽤 원만했다. 세계는 모래 벌판으로부터 유대인이라는 불사조가 비상하는 광경을 지켜보고 있었다. 이스라엘의 오렌지 과수원과 이스라엘의 고고학, 이스라엘의 과학이 국제적 관심을 받고 감탄을 자아냈다.

내가 태어난 가을, 내가 태어난 도시 레호보트에서는 핵물리학 부처를 발족했다. 1957년 닐스 보어와 로버트 오펜하이머가 이 유망한 젊은 국가의 유망한 젊은 물리학자들에게 경의를 표하려고 바이츠만 연구소를 방문했다. 한 달 후, 텔아비브에 새로운 공연문화 시설인 프레데릭 R. 만 강당이 문을 열었다. 아르투르 루빈스타인과 아이작 스턴, 레너드 번스타인이 이스라엘 필하모닉 오케스트라의 훌륭한 음악가들을 비롯해 열성적 관객과 더불어 이제 아홉 살이 된 나라를 축하해주러 왔다. 갈릴리 홀라 호수의 습지를 배수하는 국책 사업이 완료되었

10　수에즈 위기the Suez Crisis 또는 카데시 작전the Kadesh Operation을 일컫는 것으로, 1956년 후반 이스라엘과 그에 뒤이은 영국 및 프랑스의 이집트 침공을 말한다. 수에즈 운하에 대한 서구의 지배력을 회복하고 나세르 이집트 대통령을 권좌에서 물러나게 할 목적이었다. 미국과 소련, 유엔은 이 세 침략국이 강제 철수하도록 해 결과적으로 나세르 대통령의 세력을 강화했다.

다. 텔아비브에서는 첫 번째 슈퍼마켓이 문을 열 예정이었다.

러시아가 첫 번째 스푸트니크[11]를 우주로 발사하는 사이, 이스라엘 신문들은 냉장고와 세탁기 판매량의 충격적인 상승을 보도하며 국내 문제에 더욱 집중했다. 경제 호황과 독일 배상금은 구래의 식욕을 일깨워서 텔아비브에 조제식품 판매점 수십 곳이 문을 열었다. 이스라엘이 열 번째 생일을 맞을 준비를 하면서, 강한 성취감을 넘어 경이감마저 존재했다. 개국 10년을 기념하는 전시회가 기획되었다. 이스라엘의 성공을 부각하는 의미로 1958년 여름 예루살렘에서 개최될 예정이었다. 이스라엘은 이제 중동에서 가장 안정적이며 가장 발전한 국가라는 메시지가 전달될 터였다. 이스라엘은 20세기 가장 괄목할 만한 용광로였다. 유대국은 인간이 건설한 기적이었다.

그러나 이 기적은 부정否定을 기반으로 했다. 내가 태어난 나라는 지구상에서 팔레스타인을 지워버렸다. 불도저들이 팔레스타인 마을을 죄다 휩쓸어버리고, 영장은 팔레스타인 토지를 몰수했으며, 법은 팔레스타인 사람들의 시민권을 무효화하고 이들 조국을 소멸시켰다. 사회주의적 키부츠 에인하롯 옆에는 쿠먀의 폐허가 있었다. 레호보트의 오렌지 과수원들 옆에는 자르누가와 쿠베이베의 잔해가 있었다. 이스라엘 민족의 리다 한복판에 팔레스타인 민족의 리다를 말해주는 흔적은 너무도 역력했다. 그럼에도 이 현장들과 불과 10년 전만 해도 이곳에 거주하던 사람들은, 이스라엘인의 마음속에 전혀 다르게 자리잡은 듯했다. 열 살 된 이스라엘은 자신의 기억과 혼에서 팔레스타인을 지워버

---

11 소련이 발사한 세계 최초의 인공위성이다.

렸다. 그래서 내가 태어나던 때, 조부모님과 부모님, 이들 친구의 삶은 마치 다른 민족이란 존재하지 않았던 양, 그들이 추방당한 일이란 없었던 양 태연히 이어졌다. 이제는 그 다른 민족이 예리코와 발라타, 데헤이샤, 야발리아의 난민 수용소에서 시들어가고 있건만, 그들의 현실은 외면당하고 있었다.

부정否定에는 나름의 이유가 있었다. 첫 10년 동안 이 젊은 국가는 국가 건립이라는 특별한 과업으로 육체적·정신적 자원을 모두 소모했다. 죄책감이나 연민을 느낄 시간도, 공간도 없었다. 이스라엘이 흡수한 유대인 난민 수는 이스라엘이 추방한 팔레스타인 난민 수를 훨씬 더 넘어섰다. 그리고 시종일관, 방대한 아랍국은 자신의 팔레스타인 형제자매들을 돕겠다며 손가락 하나 까딱하는 일이 없었다. 1957년 팔레스타인 사람 대부분은 아직까지도 스스로가 하나의 민족이라는 의식이 없었다. 성숙하며 인정받는 민족운동이 없었다. 세계는 이들을 안타깝게 여기면서도 이들의 정치적 권리를 부인하며 하나의 정통성 있는 민족적 실체로 인정하지 않았다. 따라서 이스라엘이 아랍 대 이스라엘의 분쟁을 국가 간 분쟁이 아닌, 이스라엘인 다윗과 아랍인 골리앗 사이의 충돌로 간주하기로 한 데에는 나름의 이유가 있었던 셈이다. 아랍-이스라엘 분쟁은 팔레스타인 민족의 비극을 모종의 불쾌한 지엽적 문제로 바라보며 소외시키는 분쟁이었다.

그럼에도 이 부정은 참으로 놀라웠다. 70만 명의 인간이 집을 잃고 이들의 고국이란 개념이 그야말로 묵살되었다는 사실이. 아스두드가 아슈도드가 되고, 아키르가 에크론이 되며, 바시트가 아세레트가 되고, 다니알이 다니엘이 되며, 김주가 감주가 되고, 하디타가 하디드가 되었다는 사실이. 아랍 도시 리다가 이제 새로운 이주자들의 도시 리다라는 사실이. 소도시 12곳과 마을 수백 곳, 현장 수천 곳이 새로운 정체성을 부여받았다는 사실이. 막대한 난민 재활 사업이 난민 처지로 전락하고 만 타민족의 집과 들판에서 이루어졌다는 사실이.

그러나 팔레스타인 민족의 재앙에 대한 부정이 1950년대 이스라엘의 기적을 떠받치던 유일한 부정은 아니었다. 젊은 이스라엘은 20세기 유대인들의 대재앙 역시 부정했다. 맞다, 홀로코스트 기념관 야드 바셈은 예루살렘에 세워졌다. 4월이면 홀로코스트 기념일을 지냈다. 게다가 국제사회를 움직이고 다루는 방편으로 유럽 유대인의 비극을 언급하고 활용했다. 그러나 이스라엘 자체 내에서 홀로코스트는 설 자리를 얻지 못했다. 그 생존자들에게조차 자신들 사연을 입에 올려서는 안 된다는 암묵적 요청이 있었다. 대재앙 후 12년, 대재앙은 지역 매체나 예술에서 어떤 자리도 차지하지 못했다. 홀로코스트는 시온주의가 회복의 발판으로 삼는 최저점에 불과했다. 이스라엘 연속체는 트라우마와 패배와 고통과 참혹한 기억을 거부했다. 더욱이 이스라엘 연속체에 개인을 위한 자리란 없었다. 이 또한 홀로코스트가 추상적이며 동떨어진 사실로 남아 있는 이유였다. 홀로코스트는 우리와 함께 살아 숨 쉬는 사람들과는 전혀 무관했다. 전달하려는 이야기는 분명했다. 아직은 침묵을 지켜라, 우리는 지금 나라를 세우는 데 한창이므로. 불필요한 질문은 삼가라. 자기 연민에 심취하지 말라. 의심하지 말며, 비탄하지 말며, 무르거나 감상적이 되지 말며, 위험한 망령들을 깨우지 말라. 지금은 회상할 때가 아니라 잊을 때다. 지금 우리는 전력을 다해 미래에 집중해야 한다.

이 부정에도 역시 나름의 이유가 있었다. 아무리 활기차고 자신만만하다 해도, 이스라엘은 과거의 공포를 감당할 만큼 강하지 못했다. 삶과 미래를 위해 고투하는 어수선한 사회에 불과했다. 유대국은 죽음의 사막으로 둘러싸인 변경의 오아시스였다. 스스로를 분석할 만큼 충분히 성숙하지 못했다. 스스로의 드라마를 올바로 바라볼 만큼 충분히 차분한 상태가 아니었다. 난제가 수두룩하게 산적해 있었다. 고통은 극심했다. 자기 절제와 자기 억제 그리고 어느 정도의 잔인함이 없다면, 전부 해체될는지 몰랐다.

그러나 부정의 대가는 비쌌다. 맞다, 제에브 스테른헬과 아론 바라크는 이 대가를 알아차리기에는 지나치게 야심찼다. 이들은 자신의 새로운 신분을 열광적으로 포용하며 과거로부터 가능한 한 멀리 달아나고 싶어했다. 그러나 자기반성적 아펠펠트는 주변에서 일어나는 상황을 두렵게 바라보았다. 사람들은 이름을, 언어를, 신분을 바꾸었다. 살아남고자 과거의 자신을 제거했다. 제구실을 하고자 스스로를 고르게 다듬었다. 실행력은 있으나 완고하며 일그러진 성격과 얄팍한 영혼의 사람들로 변했다. 전통과 미묘한 색조와 역설이 결핍된 새로운 합성문화에 맞춰 자신의 모습을 형성하는 동안 이들은 유대 문화의 풍요로움을 상실했다. 강요된 유쾌함을 드러내는 데 열을 올리는, 요란하며 외현적인 삶의 방식을 창출했다. 어딜 향해 가고 있는지도 모르는 채 자신들이 떠나온 곳을 상실했다.

이 두 가지 부정은 사실 네 꼭지였다. 팔레스타인 과거의 부정, 팔레스타인 참사의 부정, 유대 과거의 부정, 유대 대참사의 부정. 기억상실로 규정되는 이 네 가지 세력이 작동하고 있었다. 기억에서 과거의 이 땅과 과거의 디아스포라, 저들에게 저질러진 불의, 우리가 당한 집단 학살이 지워졌다. 생존하려고 고투하며 새로운 정체성을 주조하면서, 1950년대의 이스라엘인들은 팔레스타인의 과수원과 더불어 슈테틀의 예시바[12]도 묻어버렸다. 70만 팔레스타인 난민이 남긴 부재와 더불어 살해당한 600만 유대인이 남긴 허무를 묻어버렸다. 벤구리온식의 성급한 발전 아래, 이 땅의 아름다움과 디아스포라가 지닌 깊이, 1940년대에 발생한 대재앙의 역사가 사라졌다.

이러한 다차원적 부정은 어쩌면 불가피했는지도 모른다. 부정하지 않았다면 나라를 세워 제구실을 하며 살아가기란 불가능했을 터다. 20세기의 수십 년 동안 시온주의를 성공시키기 위해서는 이러한 현실을 완강하게 무시할 수밖에 없었으며, 존재의 첫 10년 동안 이스라엘 국을 성공시키기 위해서는 이러한 현실을 의식할 여지를 남겨서는 안 되었다. 만약 이스라엘이 과거 일어난 일들을 인정했다면 살아남지 못했을 터다. 친절하고 인정이 많았다면 무너졌을 터다. 부정은 내가 태어난 이 나라가 생사의 기로에서 내린 선택이었던 셈이다.

이 점을 확인하고자 나는 슈피겔 가족에게로 시선을 돌린다. 슈피겔 가족은 나와 수년간 알고 지낸 사이로 충격적인 가족사를 지닌 집안이다. 가족의 가장은 아르노 슈피겔로 지금은 고인이지만 공교롭게도 92세의 아내 안나가 임종하던 날 나는 그녀와 이야기를 나눌 수 있게 된다. 딸 예후디트는 가족이 살아온 이야기에 자신의 기억을 보탠

---

12 yeshiva, 정통파 유대교도를 위한 학교. 탈무드와 토라를 주로 가르친다.

다. 그리고 가족의 기록과 사진첩, 문서들을 넘겨 보면서 나는 슈피겔 가족의 이야기가 20세기 유대 이스라엘 이야기를 전해주는 또 하나의 강렬한 본보기라는 사실을 확인한다.

안나는 1918년 카르파티아 산맥에 있는 러시아의 소도시 스발바에서 태어났다. 1944년 독일군이 침공했을 때 안나는 26세의 아리따운 아가씨였다. 문 두드리는 소리, 노란색 유대별,[13] 지역 벽돌 공장 안으로 내몰리는 유대인 무리. 열흘 후, 이 유대인들은 거리를 지나 기차역으로 연행되었고, 봉쇄된 가축 차량에서 사흘을 지낸 후 아우슈비츠에 도착했다. 안나의 올케와 네 달 된 조카는 왼쪽으로 보내졌다. 운좋은 안나는 다른 여자 수백 명과 함께 오른쪽으로 보내졌다. 먼저 붐비는 샤워장으로 보내진 데 이어 몸에 난 털이란 털은 모조리 깎인 후, 완전한 정체성 상실이 뒤따랐다. 화장장 불꽃이 창에서 춤추는 가운데 수용소 막사에서 사흘을 보냈다. 그러나 안나는 어리고 튼튼했던 까닭에 일련의 노동수용소로 보내졌다. 비행기 공장, 항구, 숲속 중노동. 이어 다른 수천 명과 함께 엘바 강으로 후퇴 행진을 했고, 긴 도보에서 살아남은 사람은 해방되었다. 프라하행 열차에서 숱한 생존 여성이 러시아 병사들에게 강간을 당했다. 프라하에 닿은 안나는 형제자매와 상봉했다. 이들 모두 지옥에서 돌아왔지만 부모님과 자매 중 한 명인 셰이나는 결국 돌아오지 못할 터였다. 안나는 프라하에서 아르노

---

13 유대별The Jewish Star은 유대교와 이스라엘을 상징하는 다윗의 별the Star of David(✡)을 일컫는다. 현재 이스라엘 국기에도 이 별이 사용된다. 그러나 여기서 노란색 유대별은 노란색 배지 또는 패치를 말하며, 이는 역사적으로 유대인이라는 낙인을 찍는 경멸의 의미로 사용되곤 했다. 나치 유럽 당시 모든 유대인은 겉옷에, 가운데에 유대인이라고 새겨진 노란 유대별 배지를 달도록 강제되었다.

슈피겔을 만났다.

슈피겔은 1915년 부다페스트에서 태어났으나 자란 곳은 카르파티아 산맥 부근에 위치한 러시아의 소도시 문카츠였다. 전쟁 전에는 체코군에서 장교로 복무했다. 1939년, 친나치 헝가리군에 의해 강제노동수용소로 보내져 4년을 복역했으며, 1944년엔 독일군에 의해 아우슈비츠로 보내졌다. 쌍둥이였던 슈피겔은 아우슈비츠 플랫폼에서 멩겔레 박사의 쌍둥이 수용소로 이송되었으며, 박사는 사내에게 쌍둥이 감독 자리를 맡겼다. 직무는 멩겔레 박사의 실험 대상인 쌍둥이들을 감시하고 편성하는 일이었다. 이들 가운데에는 사내의 누이도 있었다. 이따금 자신의 누이를 포함해 쌍둥이들의 생명을 구하기도 했다. 밤이면 어린 쌍둥이들의 외로움을 달래며 이들의 공포를 가라앉히려 애썼다. 너희 부모님들은 돌아가시지 않았다고 어르며 전쟁이 끝나면 가족들과 다시 합치게 해주겠노라고 약속했다. 1945년 1월 말, 슈피겔은 아이들 32명과 함께 이제 막 해방된 죽음의 수용소를 떠났다. 곧이어 슈피겔의 초현실적 생존자 수송대는 유럽의 폐허를 조심스레 통과했다. 쌍둥이들을 각자의 고향으로 데려다준 뒤, 슈피겔은 문카츠로 돌아와 카를스바트로 옮겨갔다. 그리고 오랜 생업인 부기 담당자로 돌아갔다. 수도인 프라하를 방문했을 때 아르노는 안나를 만났으며, 석 달 후, 둘은 프라하의 고대 유대교 회당에서 결혼했다.

1948년 5월, 이스라엘국이 설립되었다. 1949년 3월, 아르노와 안나 슈피겔과 두 살배기 딸은 하이파 항에 입항했다. 이스라엘 병사들이 배에 승선해 오렌지를 나눠주었다. 안나는 정신을 차릴 수 없었다. 이스라엘 땅, 이스라엘국, 유대 병사들, 오렌지들. 안나는 이를 히틀러에 대한 승리라고 느꼈다. 안나와 아르노, 두 사람 자체가 히틀러에 대한 승리였다. 두 살배기 딸도 히틀러에 대한 승리였다. 이스라엘국은 히틀러에 대한 완벽한 승리였다.

슈피겔 가족은 하이파에서 베에르야아코브 이주자 수용소로 이송되었다. 군용 천막들은 철조망으로 둘러싸여 있었고, 3월의 비가 방수포로 스며들어 바닥을 진흙 웅덩이로 바꿔놓았다. 수용소 곳곳에서 사람들은 아우성치며 불평했다. 잡다한 나라의 잡다한 이주자들이 잡다한 언어로 말했다. 아기 예후디트는 급성 이질에 걸려 생명이 위태로웠다. 일부 천막에서는 아기들이 이질에 이내 굴복해 죽고 말았다. 그러나 안나 슈피겔은 행복했다. 우리 땅, 우리 국가, 우리 공간에 있었기에.

안나가 수용소에서 고투하는 동안, 아르노는 일자리를 찾으러 텔아비브에 갔다. 그렇게 소규모 회계회사에서 부기 담당 자리를 얻었다. 슈피겔 가족은 동전 한 푼도 아꼈다. 이스라엘에 도착하고 아홉 달이 지나, 드디어 텔아비브 동쪽 외곽에 위치한 주택단지에 있는 방 하나 반짜리 아파트로 이사할 만한 돈을 모았다.

슈피겔 가족은 1949년 12월 비자론에 도착했다. 비자론 가街와 빅토리 로路 사이에는 모래흙 위에 급조된 흰색 주택단지들이 길게 늘어서 있었다. 작은 진흙 뜰 주변으로는 보도가 테를 이루었다. 이 보도 가운데 한끝에서, 콘크리트 계단 셋이 진창에서 지붕 덮인 작은 입구로 이어졌다. 오른쪽은 공학자 피셔 박사의 아파트였고, 왼쪽이 이 상급 부기 담당자 슈피겔의 아파트였다. 34제곱미터 되는 방 하나와 그 반 크기의 방에 화장실과 부엌이 있는 아파트를 본 안나 슈피겔은 울음을 터뜨렸다. 마침내 자신들에게 집이 생겼던 것이다.

유대인 기관에서 제공한 철제 침대 셋을 제외하면 이 자그마한 아파트는 텅 비어 있었다. 하지만 며칠 만에 슈피겔 일가가 카를스바트로부터 보낸 상자들이 도착했다. 담요, 수건, 이부자리, 코바늘로 뜬 식탁보, 냄비, 팬들, 은제품, 두 벌의 찻그릇. 전자레인지와 전동 육류 그라인더, 커피 그라인더, 양귀비씨 그라인더. 묵직한 체코 가구는 소형 아파트 문을 통과할 수 없어서 간소한 현대식 이스라엘산 탁자와 의자들로 교환했다. 아르노 슈피겔이 이제 막 설립된 카메리 극장의 부기 담당자가 되자, 가구가 더 보태졌다. 안락의자들, 소파와 냉장고, 라디오. 텅 비었던 공공주택은 1년 만에, 안나가 자신의 조그만 주방에서 준비한 헝가리식 스튜와 고기 요리, 달콤한 양귀비씨 빵이 기분 좋은 향을 풍기는 아늑한 집이 되어 있었다.

아르노 슈피겔에게는 일이 전부였다. 수입원이자 안전망이며 치료제였다. 일은 나쁜 생각과 기억에서 멀어지게 한다고, 슈피겔은 아내에게 털어놓았다. 아침 8시면 슈피겔은 정장에 넥타이를 매고, 모자를 쓰고, 극장 사무실로 가는 버스에 올랐다. 오후 4시가 되면 버스는 그를 집으로 데려다주었다. 가벼운 식사를 마치면 휴식을 취하며 라디오에서 전하는 뉴스를 듣고 중도 노선의 신문 『마아리브』를 읽곤 했다. 그리고 현관 복도 자신의 책상에 앉아 사설 공연 제작사들의 회계장부를 감사했다. 이 일에서 얻는 수입이 옹골졌다. 이렇게 해서 방 하나를 더 늘리고 예후디트에게 피아노를 사줄 돈을 마련할 수 있었다.

안나 슈피겔은 전업주부였다. 아침이면 매운 헝가리 요리를 준비했다. 오후가 되면 예후디트를 피아노 개인 교습소에 데려다주었다. 안나는 자신의 외모와 더불어 딸의 외모에도 특히 신경을 썼다. 딸과 자신의 옷을 짓고, 다림질하고, 수를 놓아 장식했다. 일주일에 하루는 빨래하는 날이었다. 한 달에 한 번은 바느질하는 날이었다. 때로는, 울판[14]에서 히브리어 수업을 받거나 여성 클럽 어머니회에 참석하기도 했다. 아르노와 달리, 안나는 강제수용소에서 겪었던 일에 대해 끊임없이 이야기했다. 그곳에서 이곳으로 왔을 때 자신의 가족과 다른 생존자들에게 일어난 엄청난 기적에 대해서도.

예후디트는 주택단지에 설립된 유치원과 초등학교에 다녔다. 처음에는 이웃 지역에 있는 곳으로 다니다가 주택단지에 있는 학교로 옮겼다. 학급 거의 전원이 아슈케나지 이주자이며, 거의 전원이 홀로코스트 생존자였다. 간혹가다 누군가가 말하곤 했다. "엄마가 또 아파." 아이들은 엄마의 팔과 아빠의 팔에 새겨진 숫자에 대해 이야기를 나누곤 했다. 빨치산과 게토, 강제수용소에 대해. 그러나 이런 그늘이 아이들 주변에서 일어나고 있는 기적 같은 사건들을 가릴 수는 없었다. 1953년, 이스라엘은 갈릴리 훌라 호수 습지의 물을 배수하기 시작했다. 1954년, 갈릴리 호에서 네게브 사막으로 물을 운반하게 될 국영 수로를 파기 시작했다. 1955년, 가자지구에서 멀지 않은 헬레츠에서 석유가 발견되었다. 1956년, 이스라엘은 시나이 작전에서 승리했다. 따라서 이 주택단지 학교에 의심이나 우려 따위는 존재하지 않았다. 이스라엘의 아홉 번째 독립기념일을 기념하려고 파란색과 하얀색이 섞인 의상을 차려입은 이 아이들이 희망의 자녀라는 사실은 지극히 엄연했

---

14 Ulpan, 이스라엘 이주자를 대상으로 한 히브리어 교육 시설.

다. 그리고 예후디트 슈피겔은 이 가운데서도 가장 두드러졌다. 예후디트가 못 하는 일이란 없었다. 스포츠도 스카우트 활동도, 영어나 프랑스어도 잘했고 피아노마저 잘 쳤다. 학급 반장이었으며, 청년운동 지도자였고, 육상 메달리스트였다. 파란색 주름치마와 하얀색 자수셔츠 차림의 열한 살 예후디트 슈피겔은 승리의 딸이었다. 멩겔레 박사와 아우슈비츠와 비르케나우 강제수용소[15]에 맞선 승리. 저주받을 독일군에 맞선 승리. 유대 민족의 끔찍한 과거에 맞선 승리. 아우슈비츠-비르케나우 출신인 아르노 슈피겔의 이름으로 그리고 노동수용소 출신인 안나 슈피겔의 이름으로, 예후디트는 박차고 나아가 세상을 이겨낼 터였다.

그래서 다른 어느 시기보다 1957년의 이스라엘을 떠오르게 하는 장소를 고를 때, 나는 내 고향 레호보트나 여타 키부츠, 혹은 모샤브나 새로 조성된 소도시를 택하지 않는다. 마찬가지로 예루살렘이나 하이파, 혹은 텔아비브 중심도 아니다. 나는 비자론 주택단지를 택한다.

1957년, 비자론 시쿤에는 열아홉 개 구역이 있었다. 각 구역에는 열여섯 가구가 있었다. 대부분 유럽 출신이었다. 폴란드, 러시아, 헝가리, 체코. 이곳 부모들은 거의 전부가 죽음의 수용소와 숲, 게토의 생존자들이었다. 예후디트와 마찬가지로, 아이들 대다수는 전쟁 직후 유럽의 폐허 속에서 태어났다. 가족은 단출했다. 할아버지 할머니도, 삼촌이

---

15 아우슈비츠 강제수용소는 모두 네 종류로 구성되어 있었다. 모체인 아우슈비츠 I, 아우슈비츠 II-비르케나우(화장장을 포함한 복합수용소), 아우슈비츠 III-모노비츠(강제노동수용소), 그리고 45곳의 위성수용소.

나 고모, 이모도 없었다. 각 가정에는 자녀가 한 명이거나 기껏해야 둘이었다. 살아남은 가족들 뒤에는 저마다 더 이상 존재하지 않는 더 큰 무리의 가족이 그림자처럼 도사리고 있었다. 저세상에, 타이커 씨의 또다른 아내가 있었다. 저세상에, 블룸 씨의 다른 두 딸이 있었다. 쇼샤나의 어머니는 어린 아들과 젖먹이 딸이 수용소에서 결국 돌아오지 못했던 까닭에 해종일 몸져누워 있었다. 야간 경비원 웨인스토크와 노동당 직원 카츠의 단정하고 청결한 아파트에서는 아내들이 만성 편두통과 피로에 시달리고 있어서 누구도 언성을 높이거나 법석을 부리거나 아내들을 성가시게 해서는 안 되었다. 악마를 깨워서는 안 되었다. 이제 겨우 30이대거나 40대에 불과했지만, 주택단지 내 거의 모든 부모는 아버지와 어머니는 물론 가족의 흔적조차 갖고 있지 못했다. 주택단지 내 아이들 대부분은 자신의 부모들에게 물어서는 안 될 과거가 있다는 사실을 알았다. 비자론 주택단지는 죽음이라는 침묵의 산 그늘에서 삶을 영위했던 셈이다.

그러나 주택단지는 음울하지 않았다. 기다란 기차 같은 주택 구역들 사이에 깔린 보도는 진취적 기상과 활동으로 분주했다. 아버지 대부분은 정부나 노동조합 사무소, 또는 작은 개인 회사에서 하급 사원으로 일했다. 어머니 대부분은 부업으로 가계소득을 늘렸다. 하지만 거리 구석구석엔 진취적 기상이 있었다. 한 사람이 잡화점을 열면 다른 사람은 문구점을 열었다. 한 사람이 배관공으로 일하면 다른 사람은 사진기사로 일했다. 샤피로 부인이 주택단지에서 판매하는 당근 주스에는 미국에서 보내온 특수 분쇄기가 사용되었다. 레비 부인은 고급 여성복을 지으려고 미제 싱어 재봉틀을 들여왔다. 비비 씨는 우유 배달원이었다. 레비 씨는 경찰이었다. 코헨 씨는 칼을 갈았다. 주택단지에는 제화공과 달걀 장수가 있었고, 제본 기술자가 있었다. 한 이웃이 미용사이면 다른 이웃은 타이즈를 수선했다. 20번지에서는 매력적인 한 여성이 남자에게 몸을 팔았다. 26번지와 30번지에서는 버터가 암거래되었다. 겨울에 등유장수가 벨을 울릴 때면 너나없이 손에 납작한 철제 통을 들고 말이 끄는 붉은 급유 탱커 주위로 모여들었다. 여름이면 얼음물을 찍찍 뿜어대는 명랑한 동작으로 아이들 마음을 사로잡는 얼음장수의 네모난 파란 수레 주위로 죄다 모여들었다. 집에 욕조를 둘 만큼운이 좋은 사람은 목요일마다 욕조를 채워 유대식 생선 완자탕에 쓸잉어를 던져넣었다. 안식일을 준비하기 위해서였다. 그리고 여름 저녁마다 이주민들은 발코니에 앉아 『마아리브』나 노동당에서 발행한 『다바르』, 혹은 헝가리어로 된 『유켈레트』 같은 신문을 읽었다. 밤이면 러시아 출신은 보드카를 마시고, 폴란드 출신은 카드를 치고, 체코 출신은 고전음악을 감상했다. 해가 갈수록 이웃 사이는 끈끈해졌다. 충격과 비탄에 빠진 채 비자론에 도착했던 1949년의 광적인 여름만 해도뒤죽박죽 정신없던 유대 난민 집단은, 채 10년이 흐르기도 전에 하나의 안정된 공동체가 되어 있었다.

정치적 충성은 주로 노동당을 향했다. 노동부 장관 골다 메이어가방문하자 주택단지는 따스하게 환영했다. 수상 다비드 벤구리온이 빅토리 로에 세워진 트럭 뒤에서 펼친 뜨거운 선거 연설은 주택단지를 열광에 빠뜨렸다. 당연했다. 비자론 주택단지에 있어 노동당이란 단순히정당에 그치지 않았다. 노동당은 전능한 어머니였다. 노동당은 주택단지를 지어 난민을 모았으며, 이들에게 피난처와 보호막을 제공했다. 주택단지의 병원과 사회 동아리, 스포츠 시설은 모두 노동당과 관계있었다. 주택단지의 남자 대부분은 노동당과 관련된 사무소와 기관에서 일했다. 빅토리 로 반대편에는 진보당에 표를 던지는 중유럽 출신 중산층 주민의 주택단지가 있었다. 약 1킬로미터 거리에는 메나헴 베긴을 숭배하며 베긴의 우익 민족주의 헤루트당에 표를 던지는 동방 유대인들이 살았다. 약 2킬로미터 너머에는 사회주의당인 마팜의 주택단지가 있었다. 20번 구역에서는 러시아 공산주의자들이 방탕한 생활을 하고 있었다. 하지만 비자론 주택단지 중심의 대다수는 견고한 노동당 충성파였다. 정신 상태조차도 노동당 일색이었다. 절제된 민족주의, 온건한 사회주의, 실용주의. 아무도 지나치게 흥분하지 않았으며, 아무도 지나치게 정의롭지 않았다. 아무도 철저히 공정하라고 요구하지 않았다. 이들은 산전수전 다 겪어본 사람들이었다. 벽돌을 쌓는 고된 노동의 가치를 믿었다. 하지만 또한 올바른 목적지에 도달하려면 때로는 돌아가야 할 때도 있는 법임을 알았다.

비자론에는 시설이 수두룩했다. 협동식품 잡화점과 병원, 유대교 회당, 도서관, 운동 경기장 등. 그러나 가장 중요한 시설은 하보님,[16] 곧 건설자들의 학교였다. 이 2층짜리 학교는 삶의 중심이나 다름없는 곳으로 주택단지의 용광로였다. 유럽 생존자들의 아들딸이 이곳에서 공부했다. 수학과 영어, 히브리어와 성서를. 그러나 무엇보다 중요한 점은, 이들이 이곳에서 이스라엘인이 된다는 사실이었다. 이곳에서 하룻

16 Habonim, 하보님이란 '건설자들builders'이라는 의미로 1929년 대영제국에서 창설된 유대 사회주의적 시온주의 문화 청년운동이다. 이 운동의 주요 이념은 "세상을 만드는 것", 곧 이스라엘국 건설이다. 이를 위해 다양한 회의와 야외활동, 이스라엘 땅의 지리와 역사에 대한 공부 등이 실시된다. 여기서는 학교 이름을 말한다.

계곡의 습지를 배수한 영웅적 개척자들에 대해, 오렌지 재배의 경이에 대해, 독립전쟁에서의 눈부신 승리에 대해 배웠다. 유대 민족기금 조성의 노력에 대해, 이스라엘 과학의 돌파구와 젊은 이스라엘 산업의 성과에 대해 배웠다. 제각기 이디시어나 폴란드어, 헝가리어, 체코어를 쓰는 비자론 어른들은, 헤보님에서 자신들의 자손을 너나없이 이스라엘인으로 변모시키는 광경을 목격했다. 전후戰後 사회에서는 물론이거니와, 이주사회에서도 마찬가지로 아이들이 가장 중요한 문제였다. 하지만 비자르 주택단지에서 아이들은 전부였다. 레아와 즈비 브리크 부부와 마찬가지로, 30~40대 부모들은 자신들이 불모의 세대라는 사실을 알았다. 비록 절멸에서는 구조되었어도, 결코 참다운 안식처에 도달하지 못하리라는 사실을 알았다. 이들에게는 모든 일이 임시적이고 취약하며 의심스러웠다. 이들에게 삶이란 그다음 대재앙을 기다리는 과정에 불과했다. 그러나 이들의 자녀는 다른 무언가였다. 브리크 부부의 아들처럼, 이들의 자녀 또한 미래를 향해 쏘아올린 화살이었다. 비록 그 활이 대화재에 그슬리고 일그러졌다 해도 여전히 미래를 향해 화살을 쏠 수는 있었다. 아버지들이 자녀를 뒷받침하려고 어떤 직업이든 서슴없이 받아들이는 이유이며, 어머니들이 암시장에서라도 버터를 사다 먹이는 까닭이었다. 자녀가 원한다면 어떤 개인 교습이라도 받게 하는 까닭이었다. 아이들 교육이 최우선이기 때문이었다. 지식만은 누구도 앗아갈 수 없는 노릇이었다. 비자론의 모든 일은 아이들의 이름으로 실행되었다. 부모들에게는 닫힌 미래의 문을 아이들은 두드릴 수 있게 해주고 싶었다.

아이들은 이런 상황을 이해하기도 하고, 이해하지 못하기도 했다.

오직 야코브의 아버지, 슈무엘 고골만이 1년에 한 차례 학교를 찾아와 다른 부모들은 말해주지 않는 이야기를 들려주었다. 홀로코스트 기념일이면 슈무엘은 어린 학생들에게 자신이 일곱 살 적부터 하모니카를 불었다고 말해주었다. 아우슈비츠에서도 하모니카를 불었다. 하모니카가 자신을 구했다. 노동을 향해 그리고 죽음을 향해 행진하는 재소자들을 위해 음악을 연주한 죽음의 관현악단에서 하모니카를 불었다. 그 시절 내내 눈을 감고 하모니카를 불었다. 이곳 하보님 학생들을 위해 연주할 때조차 슈무엘은 아직도 눈을 감고 연주했다. 그러나 아이들은 고골의 애달픈 사연과 하모니카 연주를 차라리 외면하고 싶었다. 아버지들의 악몽과 어머니들의 편두통을 외면하고 싶었다. 배구와 농구와 축구를 하고 싶고 스카우트 모임에 나가 파티를 즐기고 싶었다. 1957년 이스라엘이 믿으라고 이야기하는 모든 걸 믿고 싶었다. 우리는 이제 강하다. 우리는 최고 중의 최고다. 우리는 도살자에게 양처럼 끌려가지 않으리라. 우리는 크고 강해지리라. 우리는 비행기 조종사가 되고 낙하산 부대원이 되며 기술자와 과학자가 되리라. 우리는 독일군과 아랍군과 불모의 사막을 극복하리라. 우리의 나약과 뒤틀린 유전자와 수치스러운 역사를 극복하리라. 이곳 비자론 주택단지에서 우리는 우리 자신을 극복하리라. 우리는 이스라엘의 승리를 안은 새로운 인종이 되고 말리라. 1957년의 이스라엘은 말했다.

그러니 주택단지 안에서 세대 간의 격차는 점점 더 벌어졌다. 비좁은 아파트 안에 있으면 고뇌에서 벗어날 수가 없었다. 대재앙은 억제되어 있었으나, 여전히 현존했다. 그러나 대낮의 바깥에는 대단한 승리감이 있었다. 14번지와 16번지 사이를 거닐 때면 피셔 집 딸과 슈피겔 집

딸이 피아노를 연주하는 소리와 벨데그룬 집 아들이 바이올린을 연주하는 소리가 들려왔다.

교습과 집안일을 마치고 나면 아이들은 얼음과자며 탄산음료를 사러 가판대로 달려갔다. 땅거미가 내리면 빅토리 로에 있는 커다란 나무 근처에 모여 술래잡기와 깃발 빼앗기를 했다. 유대교 축일인 라그 바오메르[17]가 다가올 때면 아이들의 흥분은 고조되었다. 아이들은 모닥불에 사용할 불쏘시개와 나뭇가지와 합판을 모았다. 이어 축일날, 주택단지의 주민 모두가 거대한 장작더미 주위로 모였다. 불이 지펴졌다. 불꽃이 점점 높아졌다. 부모들에게 무언가 타는 냄새는 견디기 어려웠다. 하지만 아이들은 불꽃의 높이만큼 행복해했다. 더욱이 1956년 승리 후인 올해는 히틀러를 본뜬 제웅[18]이 이집트 대통령 가말 압델 나세르 제웅에 그 자리를 내어준 첫해였다. 아랍 폭군의 고약한 코가 불길에 휩싸이고, 사악한 미소는 불길에 사그라졌다. 저주받을 나치에 승리한 것처럼, 우리는 아랍인들에게 승리하고 말리라. 우리는 이제 위대한 시작의 일부이기 때문이다. 우리는 이스라엘의 새로운 시작이 위대한 성공이라는 사실을 증명하는 살아 있는 증거다.

텔아비브 시청 지하에 있는 기록보관소에서 나는 비자론 주택단지 14번지 주택의 낡고 두꺼운 파일 위로 몸을 구부린다. 이 2층 건물은

---

17 Lag BaOmer, 유월절 다음 33번째 날로, 유대교 신비주의 랍비 시몬 바르 요하이Shimon Bar Yochai의 죽음과 이를 통한 유대교 진리와의 영원한 결합을 기념하는 날이라 해석된다. 모닥불, 3세 소년의 첫 이발, 활과 화살의 유희, 결혼식, 노래, 유대교도들의 모임 등이 행해진다.
18 혐오하는 사람을 본뜬 인형.

1949년 히스타드루트[19]의 시쿤 사社가 지었다. 시쿤 사는 노동자를 위한 주택건설사였다. 주택 단지 땅은 유대 민족기금 소유였으며, 1920년대 빈과 1930년대 텔아비브에서 진행된 노동자 주택건설 사업에서 영감을 얻어 기획되었다. 14번지는 기다란 연립주택이었지만, 세대마다 나름의 향向을 주어 얼마간이나마 사생활이 보장되도록 다양한 설계를 택하고 있었다. 계획을 보면 433제곱미터 면적의 각 층은 여덟 세대로 나뉘어서 각 세대는 53.2제곱미터를 차지할 터였다. 하지만 1949년 경제 혼란 탓에 시쿤 사가 실제 사용한 면적은 지정 건축 면적의 3분의 2에 불과했다. 설계도에서는 각 세대의 "기존 면적" 34제곱미터와 "장래 대비 면적"인 나머지 19.2제곱미터를 구분하고 있었다.

1951년 12월, 공학자 엘리에제르 피셔 박사는 자신의 아파트에 원래 계획대로 침실 하나와 욕실 하나를 추가해달라는 신청서를 제출했다. 1953년 5월, 부기 담당 슈피겔도 비슷한 신청서를 제출했다. 1953년 8월에는 울프 도브로프스키가, 1955년 9월에는 잘만 웨인스토크가, 1956년 5월에는 아리에 멘드클레르가 같은 신청을 했다. 이주자들은 차례차례 성공했다. 14번지는 튼튼했다. 벽은 속 빈 블록으로, 천장은 철근 콘크리트로 만들어졌으며, 회반죽은 방수용이었다. 북향 세대에게는 기다란 창이 멋지게 나 있었다. 남향 세대에게는 정방형 창과 장방형 발코니가 있었다. 건축 양식은 현대적이면서도 으스스하지 않았고, 기능적이면서도 천박하지 않았다. 어려운 시대에 사는 사람들을 되도록 많이 수용해서 최상의 거처를 제공하려는 진심어린 노력은 누

---

19 Histadrut. 이스라엘 노동조합연맹.

가 봐도 분명했다. 규모가 커진 후에도 아파트들은 하나같이 비슷했다. 입구에는 작은 복도가 있고 복도 왼쪽으로는 자그마한 부엌이 있으며 오른쪽으로는 욕실과 연결되었다. 복도 너머로는 두 개의 정방형 방이 서로 연결되어 있는데, 하나는 발코니 쪽으로 개방되어 있었다. 앞뜰은 부엌을 통해 갈 수 있었다. 1950년대 사이, 흙먼지 나는 마당은 시나브로 정원으로 바뀌었다. 자두나무와 구아바, 국화와 장미 덤불이 정원을 채웠다. 1957년에 이르면, 1949년 시쿤 사의 기다란 주택 구역이 올라선 모래땅은 푸르른 초목으로 덮였다.

주택단지 주변에는 오렌지 과수원이 산재했다. 유대인들의 성실成實하는 오렌지 과수원이 있는 반면, 팔레스타인 사람들의 사멸해가는 오렌지 과수원이 있었다. 근처에는 새로운 주택단지가 속속 들어섰다. 새로운 공장들 또한 생겨났다. 시폴룩스에서는 국산 소다수 공급기를 제조하고 암코르에서는 이스라엘 최초의 냉장고를 만들며 아르가즈에서는 버스를 조립했다. 울타리가 쳐진 이스라엘 군수산업 공장에서는 알 수 없는 무언가를 생산했다. 1957년 비자론은 여전히 숨 막힐 듯 아름답게 핀 야생화 들판으로 에워싸여 있었다. 샤프란과 수선화, 초롱꽃, 아네모네. 하지만 곧 사라질 터였다. 야생화 들판은 개발의 물결로 말미암아 시나브로 주택단지로 변해가고 있었다. 주택단지를 채워가는 새로운 이주자들은 새로운 이스라엘인으로 재빠르게 변모하고 있었으며, 그 수는 하루가 다르게 늘어나고 있었다.

나는 시청 기록보관소를 떠나 비자론으로 차를 몰아 간다. 60년 동안 이곳에서는 숱한 일이 벌어졌다. 부근 형편은 부침을 거듭한 끝에 이제는 고급 주택가가 되어가고 있다. 그러나 주택단지 건축물들은 예전과 거의 다름없다. 열아홉 줄로 나뉜 기다란 주택 열, 열여덟 가닥으로 뻗은 보도, 학교 이름은 여전히 하보님이다.

나는 14번지와 16번지였던 자리 사이에 난 보도를 따라 걷는다. 1957년 이곳에서 아이들은 어머니가 발코니에 서서 저녁을 먹으라고 부를 때까지 피구와 사방치기와 시몬 가라사대 놀이를 하거나 굴렁쇠를 굴리고 서로 물을 뿌리며 놀곤 했다. 라디오에서는 뉴스 단신과 이스라엘 대중음악, 고전음악, 성가 독창이 흘러나오곤 했다. 도로 너머를 보니, 슈피겔의 단정한 거실이 그려진다. 예후디트가 피아노를 치고 있는 거실이. 또한 벨데그룬 가족의 거실이. 친한 친구 핀카스(주세르만)가 통달한 바이올린 연주에 아리에는 고전을 면치 못하고 있다. 어디에선가는 아코디언이, 또 다른 곳에서는 가슴 저미는 하모니카가 연주되고 있다. 그리고 코브노 게토 생존자인 아브라샤 악셀로드가 이디시어로 한 맺힌 시들을 쓰는 동안, 멩겔레 박사의 쌍둥이 아르노 슈피겔은 회계장부를 마감하고 있다. 피셔 박사는 사막에 건설될 고가도로의 공학적 설계를 초안하고 있으며, 배관공 잘로코프스키는 친구들과 카드를 치고 있다. 사진 기사 레온 타이커는 사랑하는 두 아들의 사진을 현상하고 있다. 이 가운데 한 명은 이후 이스라엘이 벌일 전쟁에서 전사할 터였다. 어둠이 내리면서 침실에 불이 켜지고 발코니 불빛은 하나씩 사라진다. 아이들의 꽥꽥거리는 소리가 잦아든다. 이스라엘인의 강요된 유쾌함과 목적의식으로 가득 찬 낮 시간이 밤으로 사라진다. 양탄자는 말아 올려지고 안락의자는 옆으로 밀려나며 거실 소파는 펼쳐져 침대가 된다. 마침내 이들이 잠자리에 누우면서, 비자론 주택단지 세입자들은 눈을 감는다. 이들은 꿈속, 아니 악몽 속에서 자신들이 새로 정착한 동네가 바다로 가라앉는 광경을 본다.

그럼에도, 14번지와 16번지가 있던 자리 사이의 도로를 걸으며 나는 비자론이 비극이 아닌 기적이라고 느낀다. 이스라엘의 1950년대는 불행으로 정의되기보다는 인간적 위대함의 격발로 정의된다. 온갖 역경에 맞서, 주택단지의 홀로코스트 생존자 대부분은 극복해냈다. 온갖 역경에 맞서, 벤구리온의 이스라엘은 헤쳐나갔다. 제에브 스테른헬은 정치학 교수가 될 터였다. 아론 아펠펠트는 위대한 소설가가 될 터였다. 아론 바라크는 전 세계에서 가장 존경받는 법학자 가운데 한 명이 될 터였다. 루이즈 암치의 자녀들 역시 성공할 터였다. 아리에 벨데그룬은 로스앤젤레스에서 대단히 성공한 의사이자 투자자가 될 터였다. 예후디트 피셔는 보스턴에서 히브리 문학 교수가 될 터였다. 살아남은 타이커의 아들 슐로모는 이스라엘 최고의 치과의사가 될 터였다. 예후디트 슈피겔은 심리학자이자 사업가가 되어 남편과 함께 10억 달러 가치로 성장할 의료장비 회사를 창업할 터였다. 더할 나위 없이 경탄스럽게, 비자론은 이스라엘의 능력 중심 엘리트들의 중심이 되고 말 터였다. 이곳의 아들딸 대다수는 자신들의 전문 분야를 정복할 터였다. 내가 태어난 1957년의 이스라엘은 단지 끔찍한 과거를 극복하는 데 그치지 않고 눈부신 미래를 열었던 셈이다.

일곱

1967년,
프로젝트

일곱 살 때 난 이미 모종의 비밀이 있음을 짐작했다. 누구도 그게 무언지 말해주거나 구체적으로 입 밖에 내지는 않았다. 하지만 호기심 많은 아이였던 나는 어른들의 대화를 즐겨 귀담아들었다. 그리고 1960년대에 레호보트라는 과학 공동체에서 이러한 대화는 그 언덕이나 마촌 4, 헤메드 김멜[1]같이 불가사의하거나 아니면 불길하게만 들리는 장소들을 중심으로 돌아갔다. 아버지는 바이츠만 연구소의 촉망받는 젊은 화학자였으며, 우리 집 거실에 이따금 모이곤 했던 동료 대부분은 이스라엘의 걸출한 과학자에 속했다. 이들은 이스라엘(도스트로프스키)이 무슨 일에 공을 들이는지, 에른스트(베르크만)가 무슨 일로 바쁜지, 샬

---

1 HEMMED GIMMEL, 헤메드 김멜이란 a unit of the IDF's Science Corps의 히브리어 약자다. 곧 이스라엘 방위군 과학특수부대를 의미하며, 이스라엘 핵무기 개발 프로젝트에 연루된 단체다. 이 명칭은 이후 마촌Machon 4로 바뀐다.

헤베트(프레이에르)가 무슨 일에 열중하는지, 아모스(데샬리트)가 무슨 일에 애쓰는지에 대해 토론하곤 했다. 그리고 화제는 언제나 한 바퀴 빙 둘러 네게브 사막에서 벌어지고 있는 이름 모를 거대한 일로, 곧 아버지 친구들과 내 친구 아버지들을 사막으로 끌어들이는 불가해한 일로 돌아오곤 했다. 레호보트는 그 자체에 긴급한 목적의식이 있었다. 바이츠만 과학원의 차분하고 말쑥한 잔디 위에는 숨죽인 기대의 공기가 있었다. 굳이 말하지 않아도 이곳 물리학자와 화학자들이 우리 삶을 구해주리라는 기대는 거의 확신에 가까웠다. 무릎 위에서 나를 기르다시피 한 아버지 같은 이 과학자들이.

삼촌 역시 1960년대 초 네게브 사막으로 내려갔다. 삼촌이 가족들과 살았던 베르셰바 외곽에 위치한 정방형 콘크리트로 된 평지붕 빌라촌은 정부가 사막 가장자리에 건설한 주택 지구였다. 공학자들은 아침이면 잘 정돈된 조용하면서도 어두침침한 집을 나서서 회색 버스를 타고 문제의 비밀로 향했다. 오후가 되면, 버스는 이들을 집으로 데려다주었다. 아이들은 나와 마찬가지로 어른들이 저 아래서 도대체 무슨 일을 벌이고 있는지 물어서는 안 된다는 사실을 알았다. 하지만 여덟 살이었던 나는, 기드온과 로베르토와 미슈카와 제키 삼촌과 요스케 삼촌이 더운 여름밤마다 민요를 부르고 우스운 이야기나 하려고 모이는 것만은 아니라는 사실을 알았다. 내 머리카락을 헝클어가며 두툼한 수박 조각들을 쥐여주면서 말이다. 난 이 빌라들과 잘 가꾼 정원들 너머로 어떤 거대한 일이 일어나고 있다는 사실을 알았다. 모든 것을 영원히 바꾸게 될 어떤 일이 이 사막에서 벌어지고 있었다.

아홉 살에 난 이미 문제의 비밀을 알았다. 아버지 책꽂이에서 뽑은 첫 책 가운데 하나는 『천 개의 태양보다 더 밝은: 원자 과학자들의 역사』로, 맨해튼계획[2]에 관한 이야기였다. 흥미를 끈 또 다른 책은 이스라엘의 원자폭탄 제조에 반대하는 이스라엘 교수와 지성인들이 쓴 논문집이었다. 나는 두 책을 연결할 줄 알았고, 또 두 책을 바이츠만 연구소에 대한 기대와 네게브 사막 안에 있는 빌라촌을 둘러싼 엄숙한 수수께끼에 연결할 줄 알았다. 난 어쩌면 이스라엘판 맨해튼계획이 진행되는 현장에서 자라고 있는지도 모르겠다는 생각이 들었다. 이스라엘판 로버트 오펜하이머와 에드워드 텔러, 레슬리 그로브들에 둘러싸인 채 말이다. 열 살에 난 이미 내 주변의 이 안경잡이 공학자들과 소심한 물리학자들이 모종의 신화적 프로젝트에서 제 몫을 하고 있다는 사실을 알았다.

반세기가 지났건만, 비밀은 여전히 비밀이다. 하지만 사실상 거의 모든 사실이 국제 언론에 보도되어왔다. 이스라엘은 왜 디모나[3]를 세웠는가. 이스라엘은 어떻게 디모나를 세웠는가. 그리고 이스라엘은 그곳에서 무엇을 하는가. 공식적으로는 그러나, 디모나의 원자로는 여전히 안개에 싸여 있다. 이스라엘국 정책에 따르면 이스라엘은 디모나를 공개적으로 논해서는 안 된다. 난 이 정책을 존중하며 이에 복종하기에 이번 장은 이스라엘의 검열을 통과했다. 그럼에도, 이 모호한 수수께끼와 씨름하는 순간에조차 디모나가 여전히 이스라엘 이야기의 핵심이라는 데는 추호의 의심도 없다.

---

2 제2차 세계대전 중 미국의 원자폭탄 제조 계획을 말한다.
3 Dimona, 네게브 사막에 위치한 이스라엘의 도시다. 네게브 원자력연구센터가 있다.

프랭크 바나비와 같은 핵 전문가들에 따르면, 디모나 단지는 기본적으로 장방형이다. 입구 근처에는 행정사무소와 교실, 매점과 도서관이 있다. 남쪽에는 마촌 4(플루토늄 추출에서 발생하는 방사능 방출물 처리 공장)와 마촌 8(기체 원심분리기를 사용한 우라늄 농축시설이 있는 곳), 마촌 9(레이저 동위원소 농축시설이 있는 곳)가 있다. 중심 지역은 마촌 5(우라늄 연료봉이 원자로에 삽입되기 전 알루미늄 피막을 처리하는 곳)를 지나서 있다. 중심 지역은 잔디밭과 야자수 열을 기준으로 양분된다. 잔디밭과 야자수 열은 마촌 3(우라늄염에서 우라늄이 생산되는 곳)과 마촌 2(플루토늄, 리튬 화합물, 베릴륨이 핵무기 성분으로 가공되는 곳) 옆을 지나며 거대한 반구형 지붕에 직경 18미터, 높이 25미터의 원자로인 마촌 1로 이어진다. 이 은빛의 반구형 지붕이 디모나를 지휘하는 중심 구조물이다. 중추이자 핵심이다. 중동의 중심이다.

기본적으로 다음과 같이 표현할 수 있을 듯하다. 중동에서 유대국 창조와 유지라는 미숙한 과업이 성공하려면 이를 보호해줄 우산이 있어야 한다. 유대 민족이 이 땅에 들어오면서 유발한 적대감으로부터 유대인을 보호해줄 구조가 필요하다. 매복해 있는 포식자들로부터 유대인을 가려줄 보호막이 설치되어야 한다.

그 첫 번째 보호막은 영국이 제공했다. 영국의 위임통치라는 든든한 벽이 있어야만 검열 없이 공장이 세워질 수 있었다. 그러나 영국은 떠났을지라도 중동에서 패권을 차지하고 있던 서구 세력들이 유대인에게 아랍 이슬람 세력의 확장이라는 적의와 악의를 피할 보호막을 제공했기에, 유대인들은 민족의 집을 지을 수 있었다. 하지만 1950년대 중반, 이스라엘 지도자들은 서구라는 우산이 서서히 접히고 있음을 알아차렸다. 식민 시대는 종국을 향하고 있었으며, 유럽은 후퇴하고 있었다. 이스라엘은 적대적인 사막에 홀로 남겨졌다. 동시에 아랍 민족주의는 발 빠른 현대화와 군비 증강을 통해 새로운 모습을 갖추며 연합을 형성하고 있었다.

이스라엘 지도자들은 공황 상태에 빠져 있었다. 시온주의 과업이 토대로 삼고 있으며 시온주의의 기적을 가능하게 했던 기본 조건들은 더이상 존재하지 않았다. 이 젊은 국가는 번영하고 있는 데다 이주자들을 빠르게 흡수해 인구가 세 배로 증가하고 있었지만, 이제는 위험에 고스란히 노출되어 있었다.

1955년 수상 다비드 벤구리온은 결심했다. 서구 식민주의라는 낡은 우산은 새것으로 교체되어야 했다. 중동에서 패권을 차지한 서구 세력에 의지하는 대신, 이스라엘 스스로 패권을 차지해야 했다. 1956년 벤구리온은 고문들과 함께 시간을 보내면서, 1949년부터 구체화되기 시작한 시각을 가다듬었다. 그는 비로소 분명히 말했다. 이스라엘은 핵으로 무장해야 한다.

1956년, 핵무기를 보유한 국가는 셋에 불과했다. 미국과 소련, 영국. 프랑스조차 4년 후에야 원자폭탄을 생산해 조립할 터였다. 이 열강들과는 대조적으로, 1956년의 이스라엘은 국민이라고 해봐야 180만에 불과한 취약한 이주국가로 아직 트랜지스터 라디오조차 생산하지 못했다. 이 약소 국가가 핵 보유력을 획득하는 데 성공할 수 있다는 생각만으로도 대담한 과대망상증에다 정신이상처럼 보였다. 그럼에도 이 유대국 설립자는 단호했다. 이스라엘은 반드시 핵을 택해야 했다. 벤구리온은 아랍과 이스라엘 간 분쟁은 골이 깊어 해결이 불가능하다고 믿었다. 결국 이스라엘의 군사적 우위는 지속되지 못하리라고 우려했다. 이 작은 나라를 책임져야 한다는 개인적 의무에 압박을 느꼈다. 비밀 회의에서 벤구리온은 이스라엘이 직면한 전략적 위협을 분석해, "우리의 궁극적 안보"는 이스라엘의 실존을 보장하는 핵 억지력이라는 보험에 의지할 수밖에 없다는 결론에 도달했다.

각료를 비롯해 정치인 대다수가 이에 반대했다. 통상산업부 장관 핀카스 사피르, 외무부 장관 골다 메이어, 교육문화부 장관 잘만 아란, 국회의원 다비드 하코헨, 그리고 이따금 재무부 장관 레비 에슈콜까지. 마찬가지로 여러 물리학자(특히 아모스 데샬리트)와 상급 장교들(이들 가운데서도 이츠하크 라빈), 그리고 여러 지성인(가장 두드러진 인물로 예샤야후 레이보위츠와 에프라임 아우어바흐, 엘리에제르 리브네)이 반대하고 나섰다. 그러나 논쟁은 도덕적이지도 윤리적이지도 않았다. 이스라엘이 농성 공화국이던 1950년대와 1960년대 사이, 홀로코스트의 기억은 생생하게 살아 있었으며, 실존에 대한 위협 또한 마찬가지였다. 이 두 요소가 토대로 작용해 핵무기를 획득할 권리가 윤리적으로 정당하다는 일반의 합의를 도출했다. 반대자들은 정치적으로 현실성 있는 주장을 피력했다. 다시 말해, 일부는 경제적 파탄을 우려했으며, 일부는 외교적 파탄을 우려했고, 여전히 군사적 파탄을 우려하는 사람들도 있었다. 일부는 초기 단계에 있는 프랑스와의 동맹관계가 해체될 수도 있다고 경고했으며, 미국의 분노와 소련의 격노를 경고하는 사람들도 있었다. 일부에서는 여전히 이러한 구상 전체가 몽상이라고 단언했다. 이토록 작은 나라가, 더욱이 빈곤한 데다 산업화도 부분적 수준에 머물러 있는 상황에서, 대다수의 큰 나라조차 아직 시도하지 않은 과학 기술적 위업을 이룩할 방도는 없다고 생각했다.

두 명의 저명한 군사전략가, 이갈 알론과 이스라엘 갈릴리는 핵무장에 반대해 포괄적이며 체계적인 주장을 내세웠다. 영토 정복을 주장하는 두드러진 강경파였던 이들은 이제 핵 온건파가 되어 있었다. 수상은 중동에서 이스라엘이 생존할 가능성에 의문을 품는 역사적 비관주의와 이스라엘의 과학적 연구력을 믿는 기술적 낙관주의에 사로잡혀 있으나, 자신들은 그와 정반대라는 입장이었다. 곧 역사적 낙관주의와 기술적 비관주의인 셈이었다. 핵폭탄에 반대하는 알론과 갈릴리의 주장은 세 가지였다. 중동에서 상호 억제가 가능한 안정적 정권을 형성하기란 불가능했다. 그리고 그런 정권이 존재하지 않는다면, 이스라엘은 핵 공격의 공포에 가장 많이 노출된 집단이 될 터였다. 따라서 이스라엘 자신의 안보를 보장하려면 이스라엘은 핵 보유력을 획득해서는 안 되었다. 그로써 중동에 핵무기 경쟁을 일으킬 수 있었다. 이처럼 불안한 지역에서 핵 경쟁이 시작된다면 유대국의 존재 자체가 위협받을 수 있었다.

벤구리온은 이에 구애받지 않았다. 1956년 여름, 벤구리온은 자신의 마법 도제, 시몬 페레스를 파리에 보냈다. 자신의 마법 지팡이를 휘두르려는 속셈이었다. 묘하게도 이 국방장관은 자신이 파견된 목적을 알아차렸다. 시몬은 수에즈 사건 때 형성된 반아랍 정서와 비시[4] 임시 정부가 끝난 후 10년을 이어온 친유대 정서를 교묘하게 이용했으며, 알

---

4 제2차 세계대전 당시 프랑스의 임시 수도였다.

제리로 인한 프랑스의 멍든 애국심과 식민주의의 종말, 유럽의 쇠퇴를 빌미로 호소했다. 순식간에 평화주의자 지크프리트 레흐만의 제자이자 벤셰멘 청년 마을 학교 졸업생인 이 서른넷의 사내는 전후 가장 위대한 전략적 업적 가운데 하나를 성취했다. 유럽 열강 가운데 하나로 하여금 중동의 사소한 한 나라에 자체 핵무기 보유권을 허용하도록 설득해냈다. 페레스가 얻은 성과에는 전부 포함되어 있었다. 공학자와 기술자, 전문 지식, 훈련까지. 국제사회에서 발표한 자료에 따르면, 여기에는 원자로와 플루토늄 분리 시설, 미사일 전력이 포함되어 있었다. 벤구리온의 통찰력과 페레스의 교활함, 파리에서 페레스를 수행했던 여타 이스라엘인들의 부지런한 작업이 프랑스가 이스라엘 손에 현대판 프로메테우스의 불을 쥐여주도록 설득한 셈이었다. 역사상 최초로, 유대인이 다른 민족들을 절멸할 능력을 갖추게 되었다.

아브너 코헨 박사는 자신의 책 『이스라엘과 핵폭탄』에서 다음과 같은 정보를 전한다. 1956년 9월 21일 첫 협정이 체결되었으며 여기서 소형 원자로 EL-3 건설이 합의되었다. 1957년 10월 3일, 대규모 원자로 G1과 플루토늄 분리용 비밀 공장 건설을 위한 협정이 극적으로 타결되었다. 1958년 초, 디모나 동남쪽 14킬로미터 지역인 로템 고원에 큰 구덩이가 파였으며, 원자로 작업이 시작되었다. 1959년 2월, 노르웨이로부터 중수 20톤이 수입되었다. 1960년대 초, 우라늄이 미국과 남아프리카로부터 수입되었으며 더불어 토착 인회암에서도 추출되었다. 1963년 4월, 프랑스 무기 제조사인 다소와 MD-620 미사일 구매 협약이 체결되었다. 1963년 12월 26일, 디모나 원자로가 임계점에 도달했다. 1964년, 지하 플루토늄 분리 공장이 완성되었다. 1965년 말, 플루토늄이 생산되었다. 1965년 3월, 예리코 미사일 체제를 점검하는 시험이 이루어졌다. 1967년에 이르자, 이스라엘은 최초로 자체 원자폭탄을 조립할 수 있게 되었다.

초여름 저녁, 난 텔아비브 교외에 위치한 부촌 라마트아비브의 한적한 옆길에 차를 댄다. 아파트 건물을 찾아 인터폰을 누른 후 승강기를 타고 8층으로 올라간다. 도착하자 80대 초반으로 큰 키에 떡 벌어진 어깨를 한 사내가 나를 기다린다. 악수하는 그의 손아귀는 억세며, 어투는 무뚝뚝하다. "들어오시오", 명령한다. "댁의 방문을 오랫동안 기다려왔소."

거실의 가구들은 단출하면서도 가정적이다. 옅은 갈색의 스칸디나비아 소파와 안락의자들, 낡은 페르시아 러그가 있으며, 벽에는 수채화와 유화들이 걸려 있다. 이스라엘 오렌지 과수원의 생동감 넘치는 풍경을 담은 그림들로 집주인 자신의 작품이다. 시바스리걸 한 병과 가염 아몬드 한 그릇이 탁자 위에 놓인다. 귀퉁이에서는 텔레비전이 중얼거린다. 주요 뉴스에 더해 이란의 핵 위협을 알리는 뉴스 한 토막을 다루고 있다. "헛소리, 다 헛소리야", 집주인이 내뱉는다. "이란 놈들은 이미 폭탄을 가지고 있다고. 폭탄이 무슨 대수라고. 나라가 할 마음을 먹고 수단과 최소한의 공학 능력만 있으면 폭탄이야 생기는 거지. 만들려고 결심하면 만드는 거 아닌가."

그는 분명 알고 있을 터다. 아브너 코헨은 이스라엘이 1966년 후반에서 1967년 초 사이에 실지 첫 번째 핵폭탄을 만들었다고 주장한다. 집주인은 당시 디모나의 총장이었다. 이 사내가 바로 그 책임자였다.

그가 나를 눈여겨보듯 나 또한 그를 살펴본다. 그는 내가 알고 있다는 사실을 알며, 나는 그가 내가 알고 있다는 사실을 안다는 사실을 알지만, 둘은 이에 대해 일체의 언급도 않는다. 집주인이 텀블러 두 잔에 위스키를 따르더니 둘 모두에게 생산적인 저녁이 되기를 바란다며 나를 향해 잔을 든다. 수십 년의 침묵 후, 그는 어떤 식으로든 국가에 대한 자신의 공식 서약은 지키면서도, 자기가 알고 있는 정보를 말하고 싶어한다. 비밀 주변을 빙빙 돌며 망설이지 않고 아주 가까이 다가가면서도, 비밀 자체나 그 안에서 자신이 맡은 역할은 밝히려들지 않는다. 내게 자신의 이름은 빼달라고 요청한다. 하지만 아무리 완곡하게 표현한다 해도 자신이 증언한, 그리고 그 안에서 결정적 역할을 담당한 이 거대한 드라마가 애매해질 수는 없다.

아브너는 1926년 예루살렘에서 태어났다. 그의 첫 기억들은 피투성이다. 1929년 아랍 봉기 당시 부친은 예루살렘 구시가지의 부상당한 거주자들을 구조했다. 귀가해서 보면 자동차 좌석이 피로 덮여 있었다. 옷과 손도 마찬가지였다. 1930년대, 가족은 리숀레지온으로 이사했다. 아버지는 그곳에서 성공적인 오렌지 재배자가 되었다. 농경 식민정착촌에서의 삶은 안락하며 행복했다. 오렌지 재배자의 이 응석받이 아들은 학교 갈 새가 거의 없었다. 바깥에서 운동하기를 더 좋아해서였는데, 그 덕에 체격이 인상적으로 발달해서 아브너의 기술적 호기심과 비범한 대담성을 한층 더 돋보이게 했다. 열한 살 때, 아브너는 이미 리숀레지온을 둘러싼 모래땅에서 가족의 해묵은 영국제 승용차를 몰고 있었으며, 열여섯 살에는 값비싼 미제 승용차로 소녀들의 마음을 샀다. 청소년기에는 딱히 두드러지게 이상적인 특징이 없었다. 게임과 파티와 소녀를 전전했다. 1943년 어느 아름다운 봄날 아침, 아버지가 가족의 오렌지 과수원으로 차를 몰고 나가던 길에 한 아랍인이 쏜 총에 쓰러질 때까지는.

아버지가 살해당한 사건은 아브너를 규정하는 결정적 경험이었다. 이 경험은 그를 쥔 손아귀를 늦추지 않았다. 하이파의 기술학교에서 화공학사 과정을 이수하는 동안에도, 하가나 중대장 과정에서 뛰어난 성적을 올렸을 적에도. 독립전쟁 당시 아버지가 살해당한 기억은 아브너에게 복수의 동기와 무자비한 힘을 심어주었다. 1947년 12월 그는 북쪽 보병소대를 지휘하라는 명령을 받고 1948년 1월 동갈릴리의 고립된 키부츠들을 방어했다. 1948년 4월과 5월 동갈릴리에 있는 팔레스타인 마을들을 정복하는 데 앞장섰으며, 6월과 7월에는 남쪽에서 이집트군에 맞서 싸웠다. 1948년 10월 팔레스타인 마을 주민들을 고향에서 쫓아내 북쪽으로 몰아냈다. 격렬한 전투가 이루어진 10개월 동안 이 스물두 살의 소대장은 부하들이 아랍인 수백 명을 죽이는 광경을 지켜보았으며 동료 군인 수십 명을 땅에 묻었다. 대부분은 친구였다. 전쟁은 아브너를 강인하게 만들고 마음을 무자비하게 했다. 전쟁은 그에게 자신이 지략가이며 유능하고 대담하다는 사실을 일깨웠다. 전쟁이 끝나자 이 소대장은 불가능한 임무란 없다고 느꼈다. 세상에 정복할 수 없는 대상이란 없었다.

전쟁 후 아브너는 공학자로 일하다가 1951년 이스라엘 도스트로프스키의 부름을 받았다. 도스트로프스키의 삶은 이중적이었다. 레호보트에 있는 바이츠만 과학원의 뛰어난 과학자이면서 동시에 이스라엘 비밀 군부대, 헤메드 김멜의 사령관이었다. 도스트로프스키는 자신의 신병을 헤메드 김멜의 작전장교로 임명했다. 공학자의 첫 임무는 네게 브 사막에서 광물을 조사해 역청과 인, 우라늄을 찾는 일이었다. 아브 너는 사막으로의 이 여정을 잘 기억한다. 특히 밤이면 녹색으로 빛나 는 물고기 비늘 같은 물질을 찾고자 지질학자용 망치로 사막의 바위 를 부쉈던 순간을. 그러나 결정적 순간은 사막에서 돌아오는 길에 발 생했다. 레호보트에 돌아와 도스트로프스키를 만났을 때, 도스트로프 스키는 자신의 사무실 금고에서 납지蠟紙에 싸인 커다란 금속 덩어리를 꺼냈다. 도스트로프스키는 덩어리를 이 흥분한 젊은이의 두 손에 올려 놓으며 이게 무엇인지 아느냐고 물었다. "납 같은데, 납보다는 훨씬 더 무겁습니다." 젊은이가 대답했다. "우라늄, 우라늄이 틀림없습니다." 두 사람은 침묵했지만 이해했다. 둘 다 헤메드 김멜의 목적이 무엇인지, 그 임무가 무엇인지를 알았다. 그것은 유대국을 위해 새로운 보호막을 창조하는 일이었다.

라마트아비브의 거실 탁자 위에는 아브너 코헨의 책 복사본과 함께 국제과학잡지 한 무더기가 놓여 있다. 집주인 라마트는 코헨의 책을 칭 찬하는데, 그 태도 속에는 우리 둘 다 서로 지금 무엇을 이야기하는 중인지 알고 있다는 신호가 들어 있다. 우리 대화에는 모호함이 깔려 있을 터다.

"종합적 계획이란 없었소", 집주인은 시작한다. "에른스트 다비드 베 르크만 교수는 자신의 일을 했고, 도스트로프스키도 자신의 일을 했 으며, 둘 다 노르웨이 사람들과도 프랑스 사람들과도 의논하기 시작했 소. 난 인회암에서 우라늄을 발견하는 일에 매달렸고, 도스트로프스키는 중수에 매달렸으며, 물리학자들은 핵 과학을 연구했소. 하지만 이 모든 활동은 조직적이지 못했는데, 각각은 통합된 작업 계획의 일부가 아니었던 까닭이오. 현대는 핵 시대이며, 이스라엘은 반드시 그 선두에 있어야 한다고 이해하는 열댓 명쯤 되는 사람의 입장이 이 작업들의 근원일 뿐이었소. 만약 핵무기 경쟁에서 아랍인들에게 뒤진다면, 이스라엘은 더 이상 존재하지 않게 되리라. 이것이 그들의 이해였소. 아랍인 수는 무찌르기에는 너무 많을뿐더러, 종국에는 지나치게 강해져서 무찌를 수 없게 될 터였소. 1948년 봄과 1948년 가을 갈릴리 마을들에서 벌어진 사태가 다시 발생하도록 놔둘 수는 없었지. 시간은 흐르고 있었소. 시간과의 싸움이었소. 이 나라 시민들은 이해하지 못했어도, 우리는 이해했지. 군 장성들은 알아차리지 못했어도, 우리는 알아차렸소. 그래서 우리는 아침 5시면 일어나 밤늦도록 일했던 거요. 그래서 우리는 읽고, 연구하고, 실험하고, 구할 수 있는 것들로 어떻게든 처리해가며 마침내 발명했던 거요. 무엇이든 새로운 가능성이 보이면 놓치지 않고 활용했소. 한 발짝 한 발짝 전진했소. 게다가 때는 1950년대 중반이었으며 정신도 1950년대 중반의 것이었던 까닭에, 누구도 우리가 어디를 향해 달려가고 있는지 묻지 않았소. 다 같이 그저 멈추지 않고 낮이고 밤이고 달릴 뿐이었소. 1950년대 중반부터 1960년대 말까지, 누구도 달리기를 멈추는 법이 없었소."

이 마라톤은 레호보트에서 시작되었다. 이곳에서 도스트로프스키 팀은 독특한 방식으로 중수를 증류하는 육중하고 복잡한 클라인슈미트 증류기를 제작했다. 작전장교 팀은 네게브 사막에서 인회암을 가져온 후, 그로부터 우라늄을 추출해 용매통에 저장해보려고 갖가지 방법을 발전시켰다. 중산소(O18)로 강화된 증류수 획득은 대번에 성공했다. 이로써 1950년대에 이스라엘은 이 분야의 선두 대열에 올랐다. 그러나 우라늄 추출은 더디고 고되었다. 몇 년의 고된 작업으로 겨우 몇 그램을 생산했을 뿐이다. 그러나 이 두 과정 모두 핵 연구 분야의 초기 역량을 단련시켰다. 두 과정은 국제사회의 관심을 자아냈으며 이스라엘이 국제사회의 동반자로 인정받게 해주었다. 이스라엘은 오렌지 과수원으로 에워싸인 바이츠만 과학원 연구실들에서 핵 보유를 위한 발판을 다졌다.

이스라엘과 프랑스 사이의 첫 핵 동맹은 1940년대 후반 에른스트 다비드 베르크만이 중개했다. 1956년 12월 12일, 베르크만은 디모나에 원자로를 건설하기로 프랑스와 예비 협정을 체결했다. 1957년 8월과 10월 사이, 시몬 페레스는 핵 문제에 관한 외교 동맹을 구축했으며 프랑스는 정식 협정에 서명했다. 그러나 프랑스와의 동맹관계를 육성하고 심화한 두 젊은이와 비밀 과학 담당관 샬헤베트 프레이에르, 헤메드 김멜의 작전장교에게 포상 같은 건 거의 없었다. 프랑스 원자력 위원회CEA와 직접 작업하면서, 두 정력적인 사내는 프랑스의 신뢰를 얻었으며 파리와 레호보트 사이에 과학적, 기술적, 전략적 친교를 조성했다. 1956년에서 1957년 사이, 작전장교는 파리를 수시로 방문해 프랑스와 또 다른 협정을 타결했다. 각자의 진전 상황에 대해 상대에게 지속적으로 숨김없이 통지하자는 내용이었다. 1957년, 집주인 아비브는 핵 과정의 가장 결정적 단계를 익히려고 프랑스로 옮겨갔으며, 1958년 프랑스의 성역 가운데 성역인, 최첨단 원자력 시설에 출입을 허가받았다. 이 순간부터 그에게는 모든 것이 열렸으며 모든 것이 드러났다. 군 복무를 마치자 헤메드 김멜의 이 젊은 작전장교는 프랑스-이스라엘 핵 프로그램에서 가장 민감하고 가장 은밀한 부분을 담당하는 핵심 공학자가 되어 있었다.

내가 태어난 겨울, 활동 무대는 다시 이스라엘이 되었다. 우라늄을 찾겠다고 사령관 전용차를 타고 네게브 사막으로 내려온 지 7년 후, 공학자는 프랑스-이스라엘 원자로 건설에 가장 적합한 장소를 물색하고자 다시 사막을 찾은 셈이었다. 조사단에는 프랑스인 여덟 명과 이스라엘인 두 명이 포함되어 있었다. 이스라엘인들은 서로를 혐오했다. 깐깐한 성격의 소유자인 마네스 프라트 대령은 한때 병기부대장이자 직업 공학자였다가 이제 이스라엘판 로스앨러모스[5]를 건설하는 책임을 맡았다. 한편 건방지고 때로는 충동적인 공학자 아비브는 미래 장치의 가장 중요한 부분을 책임져야 했다. 그러나 줄거리의 이 시점에서, 이 두 이스라엘인은 조연에 불과했다. 의사 결정자들은 프랑스인이었다. 그리고 사령관 전용차가 로템 고원에 위치한 삼각점 472에 도착하자, 프랑스인들은 이곳이 적당한 장소라는 데 의견의 일치를 보였다. 이스라엘 원자로는 소도시 디모나 동남쪽 14킬로미터 지역에 건설될 터였다.

공식 협정에 의하면, 원자로는 24메가와트급 출력의 수수한 모델인 EL-102형이어야 했다. 그러나 현장에 있던 아브너 코헨에 따르면, 프랑스 회사 생고뱅이 이스라엘에 건설해준 원자로는 프랑스 공화국을 위해 마르쿨에 건설했던 G1 원자로와 유사했다. 국제 간행물에 따르

---

5 미국 원자력 연구의 중심지.

면, 사막에서 상향 조정된 이 원자로의 출력은 적어도 40메가와트였다. 그리고 이 간행물 가운데 몇몇에서는, 여기에 공식 협정에서는 언급된 바 없는 비밀 플루토늄 분리 공장이 포함되었다고 적는다. 나는 당연히 아브너가 프랑스에서 보낸 3년 동안 이스라엘 원자로에서 가장 핵심적인 부분의 설계에 참여했을 가능성이 크다고 믿는다. 또 분명히 이스라엘을 수시로 방문하면서 그 건설과정을 관찰했을 터다. 그리고 이 공학자는 틀림없이 분리 공장과 원자로가 서로 가까이 있는 까닭에 발생한 심각한 문제들을 해결한 주역이었을 터다. 그럼에도 공학자의 입장은 단호하다. 자신이나 마네스 프라트의 기여가 얼마나 중요했든 디모나는 이스라엘을 향한 프랑스의 원대한 몸짓인 셈으로, 곧 서방이 동방에 세워준 선물이자 이제 홀로 남겨두려 하는 이 젊은 변경 국가에 쇠퇴하는 한 식민 강국이 건넨 이별 선물이었다. 사내의 믿음이다.

마네스 프라트와의 극심한 대립 탓에 공학자는 1961년 원자로 건설이 완료될 당시 디모나에 없었다. 마찬가지로, 1962년 프랑스가 떠나고 디모나가 공식적으로 알려지는 동안에도 네게브 원자력연구센터에 있지 않았다. 1963년 원자로가 가동되면서 임계점에 도달했을 때조차 그 자리에 없었다. 사실상, 디모나의 처음 몇 해 동안 공학자는 이를 멀찍이서 지켜보았다. 하지만 1965년 디모나의 수장으로 임명되고 자신의 가장 중요한 임무는 정치적 문제의 해결일 터라는 사실을 알게 되자 그저 놀랄 따름이었다.

1960년 무렵, 미국은 프랑스가 이스라엘을 위해 로템 고원에 원자로를 건설해주고 있다는 사실을 알았다. 존 F. 케네디 대통령은 핵무기

비확산을 전적으로 지지했기에 디모나의 핵무기 생산 프로젝트에 확고히 반대했다. 이스라엘과 미국 사이에 체결된 협정에 따르면, 미국 사찰단은 1962년부터 시작해 1년에 한 번씩 사막 원자로 방문이 허용되었다. 처음 네 번의 방문에서 미국인들은 아무것도 발견하지 못했다. 그러나 방문할 적마다 이스라엘의 가식은 미국인들에게 점점 설득력을 잃어갔다. 아브너 코헨 등에 따르면, 1965년 즈음 이스라엘은 가장 극적인 위기에 봉착했다.

공학자가 명쾌히 말해주지는 않았지만, 상황은 명백하다. 40세가 되기 전 리숀레지온 출신의 이 오렌지 재배자 아들의 역할은 미국인을 다루는 일이었다. 임무는 디모나가 기능을 지속할 수 있도록, 비위를 맞춰가며 빈틈없으면서도 우아하게 이들을 설득하는 일이었다. 그리고 비非이스라엘 자료에 따르면, 이 목적을 달성하고자 여러 곳의 위장통제실이 만들어졌고 지하로 가는 입구는 벽돌로 차단되었으며 금지 시설이 있는 일부 건물 주변에는 비둘기 분비물을 여기저기 흩어놓았다. 사용하지 않는 건물이라는 인상을 주고 싶어서였다.

미국인들이 디모나를 방문하는 토요일은 긴장되며 진 빠지는 날이었다. 국가 지도부는 멀찌감치 떨어져서 공학자와 미국 사찰단 사이의 대화 장면을 빠짐없이 지켜보았다. 매 순간이 결정적이었으며, 어떤 실수라도 치명적일 수 있었다. 그러나 공학자의 자신감과 매력은 기적을 일으켰다. 1966년 3월의 사찰은 무사히 넘어갔다. 1967년 이어진 사찰도 마찬가지였다.

그러나 이스라엘이 넘어서야 할 마지막 장애물이 하나 있었으니, 그것은 놀랍게도 프랑스였다. 1958년 대통령에 당선된 직후, 샤를 드골은 이스라엘과 프랑스 사이의 핵 협력에 단호히 반대한다며 자신의 입장을 분명히 했다. 1960년, 드골은 협력 중단을 지시했다. 그러나 친이스라엘파 프랑스 장관들은 1961년과 1962년 사이 디모나에서 진행하고 있던 건설 작업의 완료를 허용했다. 1965년, 프랑스와 이스라엘 사이의 협력은 드골이 이스라엘에 적대적인 입장을 취했을 때조차 지속되었다. 프랑스 원재료와 프랑스 기술이 없었다면 1960년대 디모나는 제대로 기능하지 못했을 터다. 프랑스 원자력위원회 고위 위원들은 이를 이해했다. 이들은 이스라엘에 의무감을 느꼈다. 이 젊은 국가의 과학적 기여 때문이기도, 홀로코스트 때문이기도, 알제리와 관련해 제공받은 정보 때문이기도 했다. 이들 가운데 유대인이 아닌 위원들마저 이스라엘은 역사적 정의의 실현이라 믿었으며, 동방에서 서방을 방어해주는 보루 역할을 한다고 여겼다. 이런 이유에서 이들은 대통령의 뜻에 거역하면서까지 디모나를 성공시키고자 했던 셈이다.

난 공학자에게 이 과정의 최종 단계를 물어보고 싶지만, 내가 아는 한, 생산에 대한 내 질문에 직접적으로 답해주지는 않을 터다. 그 숱한 세월을 요지부동의 침묵으로 일관했는데, 지금이라고 쉽게 털어놓을 리 없다. 난 위스키 한 잔을 더 달라고 한다. 거실 창문들 밖으로 밤이 내린다.

공학자가 편하게 진행할 수 있도록 난 집주인 앞에 이스라엘 방위산업체인 라파엘의 대표, 무니아 마르도르가 쓴 일기 가운데 거의 이해할 수 없었던 부분을 놓아둔다. 이 부분은 마르도르의 회고록에 발표되었으나, 『하아레츠』 취재 기자가 이 회고록을 출간하고 몇 년이 지나서야 그 중요성이 인식되었으며, 이후 아브너 코헨이 쓴 책에 인용되었다. 때는 1967년 5월 28일이었다.

나는 조립공장으로 갔다…… 팀은 무기 체계를 조립하고 있었다. 개발과 생산은 전쟁 전에 이미 완료되었다. 시간은 자정을 지났다. 공학자와 기술자 대부분은 젊으며 각자 맡은 일에 집중하고 있었다. 얼굴 표정은 다들 엄숙하며 수심에 차 있었다. 마치 자신들이 작전 대기 상태로 만들어낸 이 체계에 막대하며 어쩌면 치명적인 가치가 있다는 사실을 충분히 인식하고 있는 듯했다. 프로젝트에 종사하는 사람들은 확실히 긴장감, 곧 육체적이고도 정신적인 극도의 긴장감에 시달리고 있었다.

공학자는 웃는다. 마르도르가 무슨 말을 하는지 아는 눈치다. 그러나 그냥 지나쳐버린다. 하지만 디모나의 결정적 순간에 대한 이야기는 삼가려 하면서도, 디모나의 정신에 대해서는 무언가 말할 참이다. "우리는 결코 흥분에 떠는 법이 없었으며, 축배를 드는 법도 없었소. 우리는 해야 할 일을 한 물리학자였으며 화학자였고 공학자였소. 극적인 몸짓이나 거만한 표현 따위는 없었소."

그렇지만 경쟁은 끝나지 않았다. 6일 전쟁이 일어나기 얼마 전인 1967년 5월 17일 이집트 MiG21 제트기 두 대가 디모나 상공에서 짧은 정찰 비행을 하면서 예루살렘은 불안에 휩싸였다. 전쟁 이듬해까지도 이스라엘에는 전쟁 몇 주 전에 경험한 "절멸 공포"가 남아서 긴박감을 일으키고 있었다. 그러나 전쟁에서의 결정적 승리는 또한 무엇이든 할 수 있다는 새로운 전능감도 들게 했다. 이러한 공포와 전능감이 뒤섞여 나타난 결과가 기술적 대담함이었다. 아브너 코헨에 따르면, 자신이 디모나의 총장이던 3년 동안 시설의 생산력은 세 배로 늘었다.

이러한 성공에 이어 두 번째, 세 번째 성공이 뒤따르면서, 공학자의 대담함은 끝을 모르게 되었다. 그의 명령에 따라 이스라엘 과학자와 공학자, 기술자들은 놀랄 만한 전문 지식을 발전시켰다. 이들은 이스라엘을 핵 자급 국가로 변모시켰다. 더 이상 프랑스의 도제나 미국에 의존하는 존재가 아니었다. 유대국은 전 세계에서 선진 핵 강국으로 인식되었다.

이어 최종 단계가 있었다. 1968년과 1969년 사이 미국 사찰단의 방문은 아무 문제없이 지나갈 터였다. 물리학자 아모스 데샬리트와 함께, 공학자는 사찰단을 탈진시키고 갈피를 못 잡게 만들어 다시금 디모나의 비밀들을 유지할 터였다. 그러나 1969년 7월 12일 18시간에 걸친 사찰이 있은 후, 골다 메이어는 방침을 바꿔 미국인들과 노골적인 대화를 시작했다. 헨리 키신저의 영향으로 미국 역시 방침을 바꿨다. 1969년 9월 말, 새로 선출된 미국 대통령 리처드 닉슨과 메이어 수상 사이의 회담에서, 미국과 이스라엘은 디모나와 관련해 암묵적 합의에 이르렀다. 로템 고원 위에 건설된 원자로는 기정사실이 되고, 국제사회는 핵무기의 존재에 대해 애매한 입장을 취하는 이스라엘의 정책을 수용하며 인정하게 되었다.

내게 가장 흥미로운 부분은 공학자가 이야기하는 1966년 12월 사건이다. 국제 간행물에 따르면, 이스라엘이 도시 하나를 날려버릴 수 있는 첫 번째 금속구金屬球를 조립한 순간이었다. 말 그대로 소름 돋는 순간 아니었겠는가? 손이 벌벌 떨리지 않았겠는가? 우리가 금지된 과일을 먹고 말았다는 의식이 정말 없었겠는가? 이 공학자가 어떤 공포나 전율도 느끼지 않았다고 할 수 있겠는가?

집주인은 이를 다룬 간행물들을 긍정하지도 부정하지도 않는다. "행여 그것들이 정확하다고 칩시다. 뭣 때문에 그리 난리들이오? 이스라엘이 스스로를 방어해야 한다는 건 당연한 일 아니오? 이스라엘이 적들을 저지해야 한다는 건 당연한 일 아니냔 말이오. 누군가는 그 일을 해야 했소. 누군가는 1955년 바이츠만 연구소에, 1960년 프랑스에, 1966년 디모나에 있어야 했소."

수행되어야 할 일이었기에, 그는 수행했던 셈이다. 그리고 이스라엘 최초의 첨단 기술 사업 가운데 하나를 지휘하며 자신이 할 수 있는 한 최선을 다해 수행했다. 또한 이 사업은 모든 예상을 뛰어넘어 이스라엘의 감식과 간계, 자본력을 증명하며, 이스라엘에 이후 반백 년 삶을 보장했다.

노트에서 눈을 떼고 이 공학자의 환한 얼굴을 얼핏 보면서 든 첫 번째 생각은, 그의 살해당한 아버지에 대해서다. 살해 사건은 아랍 봉기가 끝나고 4년이 지나서야 일어났지만, 1943년 봄 오렌지 과수원에서의 총격이 공학자에게 미친 영향은, 1936~1939년 폭력의 물결이 그 세대에 미쳤던 영향과 같았다. 살해 사건으로 말미암아 공학자는 복수심에 미친, 거칠고 무시무시한 투사로 탈바꿈했다. 지적인 일에는 무관심한 응석받이 청소년이 금기라곤 없는 대담한 병사가 되었다. 청년은 골라니 보병소대장, 헤메드 김멜의 작전장교, 프랑스 주재 공학자, 디모나의 총장으로서 싸웠다. 자신의 내적 힘과 무쇠 같은 결단력을, 유대 땅을 위한 투쟁에, 아랍에 맞선 유대 민족의 투쟁에 쏟았다. 이스라엘의 실존을 보장해야 할 의무는 그 밖의 일체를 고려하지 않게 만들었다. 매 단계에서 공학자에게는 오직 한 가지 임무만이 있었다. 반드시 유대 민족이 사멸하지 않도록 하는 것. 다시는 어떤 적敵도 어느 화창한 봄날 아침 덤불에서 불쑥 튀어나와 유대 민족을 덮치는 일이 없도록 하는 것.

두 번째 든 생각은 1948년 공학자가 파괴한 아랍 마을들에 대해서다. 공학자 자신이 인정하진 않았으나, 분명 그 마을들에서 직선거리에 디모나가 있었다. 1948년 자행한 추방으로 디모나가 필요해진 셈이었다. 이 죽은 마을들 탓에, 팔레스타인 사람들은 우리를 줄기차게 추격할 테고, 우리 마을들을 뭉개버리고 싶어 늘 안달일 터였다. 그러므로 우리와 그들 사이에는 방패막이 필요했으며, 공학자는 이 방패막을 세울 책임을 자청했다. 팔레스타인의 비극 탓에 우리 자신의 비극에 종언을 고할 영웅적 노력이 위험에 처해서는 안 되었던 까닭이다.

세 번째 든 생각은 공학자 자신에 대해서다. 그의 말을 귀담아들을수록, 그가 더 이상 깊이 파고들어갈 수 없는 이유가 더더욱 이해되었다. 공학자에게는 벤구리온의 역사적 예리함도, 아모스 데샬리트의 비극적 통찰도, 도스트로프스키의 변증법적 명민함도 없었다. 그는 자신의 행동이 내포한 복잡성이나 자신의 행위에 존재하는 미심쩍은 측면들을 올바르게 이해하지는 못했다. 자신이 성취한 일들이 내포한 심각성과 공포를 인식하지 못했다. 강력한 국가적 책무와 철석같은 의지,

과감한 행동 성향에 사로잡혀 있었다. 그러나 자신의 일을 제대로 바라볼 능력은 없었다. 그의 행동능력은 자신의 행위에 내포된 함의를 인식할 능력에서 비롯된 것이 아니었다.

집주인은 나를 의아하게 바라본다. 마치 내 생각을 읽으려 애쓰기라도 하듯. 난 그 침묵의 질문에 솔직히 답한다. 당신이 이뤄낸 성과들은 규모에 있어 거의 상상할 수 없는 수준이라고. 1960년대 중반 이스라엘은 국민 250만에 불과한 나라였으나, 그럼에도 불구하고 독일과 이탈리아, 일본은 여전히 갖추지 못한 능력을 그것도 스스로 획득하는 데 성공했다. 작은 규모와 생존하기 어려운 환경에도 불구하고, 세계 여섯 강국의 하나로 올라섰다. 여기에 그치지 않았다. 국제 간행물에 따르면, 이스라엘은 결정적인 문턱을 넘자마자 수십 개의 핵탄두를 갖춘 무기고를 지었다. 저위력과 고위력의 다양한 원자폭탄과 수소폭탄들, 핵대포탄과 핵지뢰들이 있었다. 그동안 기록되어온 내용의 4분의 1만 진실이라 해도, 그야말로 충격적인 성공이었다. 나는 사내에게 말한다. 핵 전문가에 따르면, 당신이 디모나 책임자였던 첫 몇 해 동안에 이미, 사막 시설에서는 프랑스의 분리 기술만이 아니라 이스라엘만의 방법을 이용해 자체 물건을 생산하는 데 성공했다. 전문가들은 검증된 수입 기술과 국내의 독창적 기술을 이용해, 이곳 과학시설에서는 가능하리라고 누구도 상상하지 못한 것을 생산해냈다. 대량살상이 가능한 경악할 위력의 무기가 그것이었다.

공학자는 웃는다. 긍정도 부정도 하지 않는다.

그러나 기술적 성취는 이야기의 일부분에 불과하다. 이스라엘의 폭탄 제조능력과 마찬가지로, 마치 폭탄이 없는 듯 행동하기로 한 이스라엘의 결정 또한 경악스러웠다. 처음엔 두 유파가 있었다. 핵폭탄을 절대적으로 신뢰했던 사람들(모셰 다얀과 시몬 페레스 부류). 이들은 핵폭탄이 국가 안보를 보장해줄 수 있으리라 생각했다. 그리고 핵폭탄에 절대적으로 반대했던 사람들(알론과 갈릴리 부류). 이들은 핵폭탄이 궁극적으로 국가 안보를 위태롭게 하리라 믿었다. 그러나 1962년 갈릴리 호 연안의 한 별장에서 벤구리온이 진행한 안보 세미나 후, 두 접근법을 결합한 새로운 해법이 등장했다. 이스라엘은 핵무기 개발 가능국이 될 테지만 마치 그렇지 않은 듯 처신하리라는 정책. 이 방식으로라면, 아랍인들을 자극하거나 중동의 핵화核化를 촉진하지 않을 터였다. 무모하며 비윤리적인 안보 전략을 채택하지 않아도 될 터였다. 이스라엘은 핵과 관련된 것이라면 무엇이든지, 미국과 나토보다 더, 훨씬 더 신중하려 했다. 핵과 관련된 것이라면 무엇이든지, 국제사회의 책임감 있는 성인이 되고자 했다. 핵이라는 악마의 가공할 본질을 충분히 이해했으므로 땅속에 가둬두려 했다.

공학자는 이 분석에 공감한다는 듯 미소짓는다.

나는 계속한다. 마찬가지로 중요한 세 번째 성과가 있었다. 디모나 10년(1957~1967)은 또한 이스라엘 사회가 처음으로 정상正常이었던 10년이다. 이 기간에 프랑스를 여행한 사람은 물리학자와 핵공학자들만이 아니었다. 화가와 조각가들은 프랑스 미술학교에서 배우고, 작가와 시인들은 파리의 라틴구 찻집을 드나들었다. 이스라엘로 돌아올 때 이들은 사르트르, 카뮈, 브라상, 프레베르와 더불어 개인주의라는 새로운 정신을 들여왔다. 뉴욕과 런던을 여행했던 동료들 역시 마찬가지였다. 일부는 W. H. 오든의, 일부는 필립 라킨의, 일부는 앤디 워홀의 영향을 받았다. 텔아비브는 문화적으로나 예술적으로나 열정의 도시가 되었다. 이스라엘 태생의 예술가와 작가들은 이곳에서 보수적 시온주의의 명령에 저항했다. 키부츠 훌다에서 젊은 아모스 오즈는 획기적인 첫 단편소설들을 썼다. 예루살렘에서 A. B. 예호슈아는 신세대의 목소리를 표명한 현대주의 소설을 썼다. 네게브 사막에서 프랑스식 원자로가 건설되는 사이, 이스라엘은 현대 서방 국가가 되어 '개인'이 '집단'을 대체했다. 이 두 과정 사이에는 놀랄 만한 연관성이 있었다. 디모나는 현대성의 표현일 뿐 아니라, 현대성의 촉매였다. 이 새로운 보호막 아래에서 새로운 이스라엘인들은 한결 느긋해진 대신 동원은 잘 되지 않았다. 디모나는 유대국이라는 집에 거주하는 주민들이 비교적 건전하며 온전하게 살아갈 수 있게 했다. 본질적으로 서구 유럽인들의 삶과 다르지 않은 그런 삶을.

이 해법은 거의 반백 년 동안 통했다. 디모나는 놀랍게도 엄연히 존재하는 가운데 모호함을 유지했다. 놀랍게도 표면상으로는 정상처럼 보이도록 조성되어 있었다. 디모나는 1960년대에 이스라엘이 보여준 극치를 상징했다. 전망과 상상력, 냉철함, 과감성, 끈기, 정력, 자제력, 결의. 합리성이라는 엄격한 규칙. 제국주의적이지 않은 안보 추구. 광신적이지 않은 애국주의. 독창적 외교와 세련된 지성의 독특한 조합. 얼마간의 겸손함. 사무적인 태도. 현실에 대한 간명한 이해와 현실을 감당해내려는 씩씩한 노력. 광적인 상황을 이성으로 해결하려는 시도. 디모나로 말미암아 이스라엘은 45년간 상대적 안보를 유지할 수 있었으며 중동은 45년간 상대적 안정을 누릴 수 있었다. 이 기간에 국지적 대환난이 주기적으로 돌발했던 까닭에, 이스라엘은 그보다 훨씬 더 심각한 환난이 일어날 수도 있었으리라고는 생각하지 않았다. 디모나가 전면전을 막았던 셈이다. 디모나는 평화협정을 있게 했다. 그러나 45년이 지난 지금, 질문은 여전하다. 무엇이 옳은가? 아랍인들에게도 악마가 있다면 무슨 일이 벌어질 것인가?

공학자는 나의 분석을 반기면서도 내 질문은 못마땅해한다. 그는 안락의자에서 일어나 내게 무언가를 보여주고 싶다고 말한다. 다음 방으로 천천히 걸어가더니 손에 직사각형 사진첩 한 권을 들고 돌아온다. 앞표지는 얇은 동판으로, 사막의 야자수들과 그 가운데 돔[반구형 지붕의 건물] 같은 게 하나 새겨져 있다.

사진첩 속엔 거의 다 이 돔 사진들이다. 1960년 돔의 건축. 1962년 돔의 완공. 1963년 돔 앞의 수상 벤구리온. 1965년 돔 앞의 수상 에슈콜. 1970년 돔 앞의 수상 메이어. 1972년 돔 앞의 국방장관 다얀. 그리고 벤구리온과 에슈콜, 메이어, 다얀이 소수의 핵공학자 무리의 안내를 받아 돔을 둘러보는 모습. 나는 다얀의 얼굴에서 의기양양한 표정을, 메이어의 얼굴에선 엄숙한 표정을 읽는다.

나는 공학자 대부분의 얼굴을 알아본다. 모두 30대와 40대다. 이들은 어릴 적 우리 집에 자주 드나들던 손님들이다. 토요일 오후면 작은 유리잔에 담긴 독한 터키 커피를 마셨다. 독립기념일 파티에서 춤을 추고, 여름휴가 때 해변 모래사장에서 아이들과 놀아주던 모습을 기억한다. 나에게 농담을 건네며 우리를 위해 마술 묘기를 보여주었다. 그런데 이 돔에서 이들은 골다 메이어와 모셰 다얀에게 뜻 모를 표정으로 비밀을 보여주고 있다. 그 표정은 1948년 세대의 조용한 결의를 드러내

고 있다. 이들은 득의만만하지도, 불안해하지도, 교만하지도, 수심에
차 있지도 않다. 그러나 얼굴 표정과 자세는 말하는 듯하다. 우리는 수
행되어야 할 일이었기에 수행했다. 우리는 이유를 따질 입장이 아니다.

사진 대부분에서 공학자는 앞장서 있다. 빠른 걸음으로 단호하게 앞
장서 간다. 두꺼운 뿔테 안경과 두툼한 입술 위로 대머리가 반짝인다.
자신과 확신을 풍긴다. 자신의 시트로엥 D3[6]를 자랑스러워하는 듯 보
인다. 헬기장에서는 이 시트로엥 안에서 고관들을 만났으며, 자신의
사막 왕국을 순회할 때도 이 차로 그들을 안내했다. 그러나 사진들은
비밀의 털끝 하나도 누설하지 않는다. 이 비밀 사진첩에서조차 비밀은
고수된다. 그 대신 난, 사막 건축 현장 먼지 속에서 건축회사 소렐 보
네의 육중한 트럭들과, 1960년대 모더니즘의 최신식 구조물들이 드러
나는 모습과, 야자수와 침엽수들을 본다. 새로 깐 잔디와 덩굴들을 본
다. 그리고 현대판 성전 같은 커다란 은빛 돔을 본다.

그렇지만 사진 가운데 하나가 등골을 오싹하게 만든다. 텅 빈 방을
찍은 사진이다. 돔 아래에서는 모든 것이 인간의 개입 없이 작동한다.
모두 조용히 발생한다. 국제 간행물들이 맞다면, 이 고요 속에서 매일
수십 그램의 농축 우라늄과, 매년 수 킬로그램의 플루토늄이 생산된
다. 이 간행물들이 옳다면, 내 어린 시절 속 이 침착하고 사무적인 이
스라엘인들에게는 플루토늄이 있었으며, 이를 디모나 기술자 모르데하
이 바누누가 촬영한 검은색 금속 버튼들, 그러니까 1986년 『선데이 타
임스』에서 촬영한 이미지들로 만들었다. 사진기에 맺힌 골다 메이어의

6 프랑스제 승용차.

공포 서린 눈동자가 바라보던 대상이 바로 이 검은색 금속 버튼들인가?

초저녁이 밤으로 변해가면서 공학자가 기꺼이 털어놓은 유일한 비밀이 있다. 처음에 골다는 이 공학자를 그리 좋아하지 않았으며 그가 책임지고 있는 시설도 좋아하지 않았다. 그는 말한다. 그러나 점차 골다는 그를 좋아하게 되었고 시설에도 지대한 관심을 기울이기 시작했다. 골다는 이 시설을 바레녜라고 불렀다. 바레녜는 과일 잼 같은 것으로 동유럽 유대인들이 비상시를 대비해 찬장에 보관해두던 저장 음식이다. 집단 학살이 발생하면 폭풍이 지나갈 때까지 가족들을 먹여 살릴 비상식량인 셈이다. 공학자가 디모나에서의 진척 상황을 보고하러 수상인 골다의 사무실로 들어갈 때면, 수상은 이렇게 묻곤 했다. "그래, 바레녜 상황은 어떻소?"

1973년 10월, 상황은 골다 메이어의 이스라엘에 그 바레녜가 필요할 듯 보였다. 이스라엘은 디모나의 역량을 활용할지 고려해야 하는 상황에 몰렸고, 이를 위협의 도구로 삼기로 했다. 그러나 그때조차 메이어는 매우 신중했다. 책임감 있고 분별력 있게 행동했다. 비이스라엘 소식통에 따르면 이스라엘은 러시아와 미국 인공위성이 촬영할 수 있도록 아주 잠시 동안 핵미사일을 노출했다. 하지만 결코 사용하려는 의도는 아니었다. 위험이 지나간 직후 디모나는 다시 사라졌다. 그러나 트라우마는 남았다. 제4차 중동전쟁은 디모나가 이스라엘의 숨은 닻이며, 이스라엘의 존재와 불가분한 관계임을 분명히 증명했다. 디모나가 없다면, 이스라엘은 사막의 외로운 위성류 한 그루나 진배없었다.

하지만 디모나 덕에 이스라엘이 누린 역사적 소강은 끝을 향해 가고 있었다. 중동에서 이스라엘의 핵 패권은 막을 내리고 있었다. 1981년, 우리는 이라크 사담 후세인의 원자로를 폭격해 얼마간 시간을 벌었다. 비이스라엘 소식통에 따르면 우리는 서시리아 바샤르알아사드의 원자로를 파괴해 더 많은 시간을 벌었다. 21세기 첫 10년 동안 우리는 이란 핵 프로그램에 맞서 한 해 한 해 겨우 버텨나갔다. 그러나 이스라엘의 독점적 지위는 조만간 깨질 터다. 첫 번째 적국이 핵무장을 하면 두 번째 적국이, 이어 세 번째 적국이 무장할 터다. 21세기 초반에 중동은 핵화될 터다. 다多경쟁 구도의 핵 투기장이 세계 최초로, 세계 최고로 불안정한 지역에서 벌어질 터다.

집주인에게 내 공포를 설명한다. 나는 말한다. "바로 이 순간 이란 공학자들은 우리가 1950년대와 1960년대, 1970년대에 했던 일을 그대로 답습하고 있습니다. 바로 이 순간 온갖 종류의 디모나 축소판들이 아프가니스탄 국경 부근 콤 지역 사막들에 건설되고 있죠. 서구사회에서 배울 수 있는 건 모조리 배우고자 핵 과학자들을 해외로 파견하고 있고요. 정보원들은 동서를 막론하고 빼낼 수 있는 정보는 다 빼내고 있습니다. 당신이 1951년에서 1966년 사이 뛰었던 마라톤을 이란인들은 지금 뛰고 있습니다. 더욱이 이들은 혼자가 아닙니다. 이란이 성공한다면 사우디아라비아와 터키, 리비아, 시리아, 알제리가 핵에 관심을 쏟게 되어 있습니다. 이들은 전부, 우리가 우리의 디모나에 권리가 있다면 자신들은 자신들의 디모나에 권리가 있다고 믿습니다. 그리고 여타 중동 국가들이 자신들의 권리를 행사한다면 우리의 디모나는 축복에서 저주로 뒤바뀔 겁니다. 우리는 알론과 갈릴리의 경고를 되새기며 그들이 옳았음을 깨닫겠지요. 반세기 후, 우리는 내가 아버지 서재에서 읽은 지식인들의 글을 다시 읽으며 그들의 선견지명을 깨닫겠지요. 1966년부터 새 천 년 두 번째 10년에 이르기까지 이스라엘에 번영을 허용했던 그것이 바로 이스라엘에 최대 위협이 될 겁니다."

공학자는 내 주장에 반박하지 않는다. 오히려 그 반대다. 그는 분명 중동이 방사성 녹색으로 빛나고 있는 모습을 내다볼 수 있다. 대놓고 말하지는 않지만. 가능한 한 정치적으로 가장 모호한 표현으로 아랍인들을 폄하하면서, 그들이 우리가 처신했던 대로 처신하지 않으리라 결론 내린다. 아랍인들은 책임감 있게 행동하지 않으리라. 만약 그들이 핵을 보유한다면 그것을 사용하리라. 바로 이곳, 텔아비브 상공에서. 공학자로서 해답은 하나뿐이다. 선제공격. 아랍인들에게 핵폭탄이 있다고 믿는다손 치더라도, 공격하라. 우리가 가진 전부를 활용해 공격하라. 당장 선제하라. 자신과 동료들이 당시 선제했던 것처럼. "한가롭게 앉아 있어서는 안 되오." 공학자는 외친다. "우리는 어느 화창한 봄날 하얀 버섯구름이 우리의 남아 있는 가정을 덮치며 피어오를 때까지 넋 놓고 기다려서는 안 되오. 랍비의 금언에도 있지 않소. '누군가가 당신을 죽이러 온다면, 일어나 먼저 그자를 죽여라.'"

나는 공학자에게 1999년 가을 내가 작성한 기사 일부를 보여준다. 『하아레츠』에서는 이때 네게브에 위치한 비밀 시설을 둘러싸고 있는 사막으로 나를 태워가려고 디펜더 지프[7]를 빌렸다.

---

7 영국 자동차 브랜드 랜드로버의 사륜구동 오프로드 차.

애초부터 이스라엘은 디모나에 내재한 위험을 충분히 이해했다. 이스라엘은 디모나를 건설했지만 무책임하게 사용하지는 않으리라 다짐했다. 통상적 외교 게임이나 통상적 정치 게임, 통상적 군사 게임에서 우위를 점하고자 디모나의 비통상적 이점을 활용하지는 않았다. 디모나를 일상적 안보 전략에 통합하지도, 군사적 가정의 기반으로 삼지도, 정치적으로 이용하지도 않았다. 이스라엘 대중을 진정시키는 데 이용하거나 이로 인해 군대의 준비 태세가 약해지게 하지도 않았다. 디모나는 오로지 선택 가능한 대안의 하나로 간직했을 뿐이다. 가능한 한 최악의 재앙에 대비해서만 고려하는 대안으로. 이스라엘의 실존에 대한 근본적이며 원초적인 불안을 해결할 초현대적인 해법으로.

겉보기에 모호함이란 우스갯소리로 들린다. 암묵적 협약. 누구나 알지만 누구도 드러내어 말하지 않는 무언가. 그러나 사실, 모호함은 천부의 재능이다. 디모나에 대해 알고 싶지 않은, 까마득한 거리에서 망원렌즈로 촬영한 흐릿한 사진들만 보고 싶은 이스라엘의 욕망에는 무언가 심오한 현명함이 있다. 디모나에 대한 소식은 외국 소식통이나 국제 간행물에서만 접하고 싶은. 디모나가 필수 불가결했다는 판단과 더불어, 이스라엘 내에는 디모나가 불가능하다는 이해가 생겨났다. 그리고 언젠가 그것을 사용할 가능성을 최소화하고자, 이스라엘은 디모나에 조금이라도 의지할 수 있으리라고는 생각조차 하지 않았다. 마치 디모나가 존재하지 않는 양 살아야 했다.

그러나 디모나는 여기에 있다. 이어 먼지를 뒤집어쓴 디펜더가 비밀 시설을 보기에 적격이라는 언덕에 오르고 아침 안개가 걷히자, 앞에는 돌연 인공위성 사진들에서 본 것과 똑같은 모습이 나타난다. 디모나의 콘크리트와 아스팔트, 야자수들이 이 사막 한가운데 깔리고 심겨 있는 모습이. 네게브원자력연구센터가 이 광활한 사막에 마치 조그만 구획으로 잘 조직된 외딴 서구 개척지처럼 자리 잡은 모습이. 이스라엘 모더니즘의 정착지가 전기 철조망에 둘러싸여 고립되어 있는 모습이.

나는 지프에서 나와 디모나를 둘러싼 전경을 둘러본다. 소분화구[8]의 벌어진 아가리, 소돔[9]으로 꺼져내리는 가파른 경사를. 그리고 이곳을 세운 사람들에 대해 생각한다. 이 사람들은 일반적으로 언어나 감정, 통찰에는 거북함을 느꼈다. 이들은 20세기 중반의 유대인 세대에 속한 물리학자와 화학자, 공학자들이었다. 이들 마음엔 20세기 초반 유대 민족에게 일어난 일들이 강렬한 인상으로 새겨져 있으며, 이들 노동엔 그런 인상이 작용했다. 그랬기에, 이스라엘국이 교착 상태에 빠져 이들에게 타개해주기를 요청하자 그렇게 했을 뿐이다. 여러 측면에서 시온주의 혁명의 진수인 원자로를 건설했다.

이들은 그리 많이 생각하지 않았다. 구호나 상투적 생각, 잡념 따위 없이 바로 행동으로 옮겼다. 국가에 대한 헌신이라는 위대한 자석에 이끌린 훌륭한 공학자들의 확신으로 임했다. 그리고 좋든 싫든 봉사해야 할 의무로. 질문도 거리낌도 없이. 오로지 행동.

그리고 이제 요르단 산맥 위로 태양이 높이 솟아오르고 사막의 대기가 따뜻해지며 멀리서 은빛 돔이 빛나기 시작하자, 난 이 시설이 우리 삶

---

8 네게브 사막에는 크고 작은 여러 개의 분화구가 분포한 지형 마크테시 라몬Makhtesh Ramon이 있다. 그 가운데 한 분화구다.
9 구약성서 창세기에 나오는 이스라엘 도시로, 타락과 부패 등 악에 절은 모습을 보고 신은 유황불로 이 도시를 멸하여 심판하였다(창세기 19:1-29).

에서 차지하는 위상에 대해 생각한다. 가장 근본적 의미에서 디모나는 우리네 삶의 진정한 금기인 까닭이다. 우리 공통의 비밀 아닌 비밀. 이는 실재하는, 과학적이며 구체적인 존재로, 이곳에 우리 존재의 뿌리를 구현한다. 이곳에서의 우리 존재가 처한 독특한 곤궁을. 그래서 우리는 차라리 디모나에서 우리 시선을 거두고 싶다. 그래서 우리는 디모나에 대해 많이 알고 싶지 않다. 그래서 우리는 그것이 거기 있다는 사실만 알고 싶을 뿐 그것이 무엇인지는 차라리 모르고 싶다. 그래서 우리는 이 비밀에 얽힌 비극을 외면하기로 한다.

공학자는 이 기사를 앞의 탁자 위에 놓고 안경을 벗더니, 나에게 생각이 지나치게 많다고 다정하게 말한다. 나는 공학자가 생각하고 싶어하지 않는 일들을 생각한다. 공학자와 그 세대가 양육된 방식은 이런 식이다. 내일이 오늘보다 낫도록, 내일모레는 내일보다 낫도록 매 순간 최선을 다하라. "모두가 당신처럼 생각하는 데 그렇게 많은 시간을 소비한다면 결코 행동할 수 없을 거요. 모두가 생각하는 데 그렇게 많은 시간을 소비했다면, 생각들이 스스로를 마비시켜 디모나 건설을 불가능하게 했을 거요." 내게 말한다.

나는 말한다. "하지만 당신은 날 초대했어요. 이야기하고 싶었던 셈이죠. 올바른 맥락에서 사물을 제시하는 게 중요하다고 생각했던 겁니다. 당신이 수행한 일이 잊혀서는 안 된다고 생각했던 거죠."

공학자는 나를 뚫어져라 쳐다본다. "나는 살날이 길지 않다오. 또 한 달, 또 6개월, 또 한 해, 손가락으로 꼽을 정도지. 어떤 의미에서 나는 내 세대 마지막 생존자요. 물론 처음 그곳에 있던 행위자들 중에서.

그래서 당신이 어떤 식으로든 이해하게 해주고 싶었던 거요. 지식으로 아는 것이 아닌 진정한 이해에 도달하도록. 당신을 통해, 나는 당신 세대가 내 세대의 성과를 분명히 알도록 하고 싶었소. 우리는 절대 이야기하는 법이 없었소. 입술을 깨물었지. 하지만 직접 말하지 않았다는 이유로 우리가 담당한 몫이 잊히리라는 사실은 받아들일 수 없소. 그래서 오랜 숙고 끝에 이 저녁 당신을 초대한 거요. 그래서 지금껏 당신에게 이야기했던 거요. 이렇게 이야기한 적은 결코 없었소. 이것이 내 유산이오." 공학자는 말한다.

공학자는 지쳤다. 우리는 위스키를 한 잔 더 마신다. 이 저녁 마지막 한 잔을. 배경에는 다니엘 바렌보임이 연주하는 크로이처 소나타가 흐른다. "대단한 천재지. 이스라엘 혐오자이지만 여전히 천재야. 이 나라가 얼마나 많은 천재를 배출했는지 믿을 수 없을 지경이야. 이 나라가 창조한 음악과 문학과 시는 또 어떤가. 이곳 사막의 가장자리, 죽음의 경계선에서 말일세." 공학자는 말한다.

공학자는 내가 쓰고 있는 책에 대해 물어본다. 그가 내게 마음을 열었으므로, 나 또한 마음을 연다. 난 개척자들과 오렌지 과수원들, 마사다, 전쟁, 주택단지들에 대해 이야기한다. 결국 원자로가 이 모두의 불가피한 산물이라는 것, 그리고 우리가 성취한 모든 것을 지탱하는 버팀목이라는 것을 이야기한다. 그러나 원자로는 또한 어둡고 비극적인 약점이다. 네게브 사막에 물을 끌어오는 대신, 우리는 중수를 끌어오고 말았다. 우리는 이 땅에 농업 모더니즘을 들여왔으나 그와 더불어 핵 모더니즘 또한 들여왔다. 디모나는 홀로코스트와 부흥, 공포와 희망, 삶과 죽음 사이에 단단히 자리 잡은 업적이다. 너무 엄청나서 다가올 세대를 위한 축복인지 아니면 악의에 찬 저주인지 여전히 알 수 없는 업적이다.

"어쩌면 우리가 지금 이야기를 나누고 있는 상황이 우연이 아닐는지도 모릅니다." 나는 집주인에게 말한다. "내가 여름방학 동안 아슈켈론 해변에서 놀던 아이였을 때조차, 당신은 위엄 있는 무언가를 지녔다는, 당신은 과학기술사회의 왕이라는 느낌이 있었어요. 그러나 오늘날 나는 당신이 행위자요 실천가인 반면, 난 행위의 해석가라고 이해합니다. 당신은 건설자이며 난 당신 건축물들의 의미를 헤아리고자 노력하죠. 당신은 경험이고 난 의식입니다. 그리고 당신은 의식을 필요로 하죠. 당신 이웃들조차 자신들이 당신에게 무엇을 빚지고 있는지 모릅니다. 당신 주변은 온통 쾌락주의에 즐거움만을 추구하는 텔아비브로 둘러싸여 있습니다. 당신에게 진 빚을 잊어버린. 그리고 당신은 역사의 수레바퀴가 거꾸로 돌아가기 시작한 현실을 봅니다. 이란에는 부셰르 원자로와 나탄즈 원심분리기들이 있습니다. 생애 처음으로, 당신은 문제와 해법 측면에서 단지 공학자로서만 생각하고 있진 않죠. 당신 역시 이제는 의식입니다. 맥락을 봅니다. 당신을 자부심으로 가득 채우면서도 또한 극도의 불안감으로 채우기도 하는 맥락을. 당신이 무엇을 이룩했는지를, 그리고 그것은 당신이 감당하기에는 너무 벅차다는 사실을 깨닫습니다. 어떤 인간이 감당하기에도 벅찬 일이죠."

공학자는 충분히 마셨다. 시간은 늦었고, 지쳤다. 내가 한 말을 생각해보겠노라고 약속한다. 그리고 흔들의자에서 일어서더니 나를 안내해 자신의 어린 시절을 그린 수채화와 유화들을 지나친다. 문에 다다르자 놀랍게도 내 어깨를 부드럽게 토닥이며 오늘 밤 자신이 말하리라 상상하지 못했던 일들을 이야기했으며, 다시 찾으리라 결코 생각해보지 않았던 장소들을 찾아갔노라고 털어놓는다. 자신의 방사성 물질을 신중히 다루어줄 것을 내게 다짐시킨다. 자신을 공정하게 대해줄 것을, 디모나를 공정하게 대해줄 것을, 이스라엘국을 그에 합당한 공정함으로 대해줄 것을 다짐시킨다.

한 달 후, 공학자는 세상을 떠났다.

여덟

1975년,
정착촌

6일 전쟁을 이해하지 않고서는 이 정착촌들을 이해할 수 없다. 1967년 5월, 이집트 군대가 시나이 사막에 진입해 티란 해협을 봉쇄하고 이스라엘국을 직접 위협했다. 국제사회는 대응에 실패했으며 유대 국민 대부분은 공황에 빠졌다. 유대인들은 범아랍 세력이 쳐들어와 이스라엘을 짓밟아버리지나 않을까 저어했다. 그러나 1967년 6월 5일 이스라엘이 선제공격을 시작하자 곧 우위를 점했다. 3시간도 지나지 않아 이스라엘 방위군은 아랍 4개국 공군을 격파했다. 6일도 지나지 않아 이스라엘은 시나이 사막과 웨스트뱅크, 골란 고원을 정복했다. 아랍군은 압도되었으며, 조그마했던 이스라엘의 규모가 세 배로 늘고 지역의 지배적 세력이 되면서 아랍국들은 굴욕감을 느꼈다. 설립 19년이 지나자 이스라엘공화국은 제국이 되어 있었다. 제2성전 파괴 후 1900년이 지나, 유대인들은 한때 고대 성전들이 서 있던 예루살렘 성전산의 주인이 되었다.

마찬가지로 제4차 중동전쟁을 이해하지 않고서는 정착촌들을 이해할 수 없다. 대제일大祭日인 속죄일을 지키려고 온 국민이 단식하고 있던 1973년 10월 6일, 이집트 군대가 불시에 이스라엘을 덮쳤다. 군대는 수에즈 운하를 가로질러 바르레브 방어선을 덮쳤다. 바르레브 방어선은 이스라엘 서측 방어를 위해 세워둔 요새 사슬이었다. 이와 동시에 시리아 군대가 북쪽 국경을 가로질러 이스라엘 방어시설을 짓밟고 골란 고원 대부분을 점령했다. 며칠 만에 이스라엘 병사 수천 명이 살해 또는 부상당하거나, 포로로 잡혔다. 공군은 제트기 3분의 1을 잃었다. 때때로 이스라엘은 금세라도 무너질 듯 보였다. 국방장관 모셰 다얀은 중심을 잃고 제3성전의 파괴가 임박했다며 종말론적 표현을 서슴지 않았다. 열흘간의 피비린내 나는 전투를 치른 후에야, 이스라엘은 마침내 주도권을 잡았다. 침략군 기갑사단들을 쳐부수고 수에즈 운하를 건너 이집트 수도 카이로를 위협했으며, 이와 동시에 시리아 수도 다마스쿠스를 포위했다. 하지만 뒤늦은 군사적 성과들이 바로 전 패배에서 입은 트라우마를 없애지는 못했다. 전쟁은 전적인 실패로 인식되었다. 이스라엘 지도부와 군대를 신뢰하던 마음에는 금이 갔다. 이스라엘의 자존심 또한 마찬가지였다. 이스라엘 역사상 처음으로, 시온주의는 팽창이 아닌 후퇴의 과정이었다.

정착촌은 이 두 전쟁에 대한 즉각적 대응이었다. 1967년, 절멸의 공포에서 철저한 승리로의 신속한 사건 전환은 시온주의가 70년 동안 유지해온 엄격한 자기 규제에 일면 타격을 가했다. 이스라엘 국민은 승리에 취하고, 마음은 희열과 자만심, 메시아라도 강림한 듯한 장엄한 망상으로 가득 찼다. 6년 후, 제국주의적 정신 상태는 삽시간에 의기소침하게 움츠러들었으며, 뒤이어 지도력과 가치관, 정체성에 심각한 위기가 찾아왔다. 국민의 마음은 절망과 자기 회의, 실존적 공포로 가득 찼다. 이스라엘에 실망한 허다한 국민은 유대교에서 위안을 찾았다. 6년 간격으로 발생한 극적으로 상반된 두 전쟁 경험은 이스라엘 사람들 정신의 균형을 무너뜨렸다. 두 전쟁 사이의 믿을 수 없는 대조가 정착촌을 낳았다.

1980년 스물세 살의 학생이었을 때, 난 정착촌이 재앙의 씨앗이라는 사실을 처음 깨달았다. 스물다섯 살이 된 나는 피스나우 운동[1]을 위해 소책자를 썼다. 내가 출간한 첫 책으로, 여기서 나는 정착촌 프로젝트는 어리석은 짓이라고 묘사했다. 웨스트뱅크에 정착할 이스라엘 유대인 수가 2만에서 10만으로 다섯 배가 된다면 이스라엘을 잃게 되리라 추정했다. 오늘날 웨스트뱅크에는 35만 이상의 이스라엘 유대인이 정착해 있다. 학생으로서, 평화운동가로서, 언론인으로서의 내 끔찍한 경고는 허사였다. 정착 확산을 막으려는 이스라엘 평화운동과 국제사회의 엄숙하며 고귀한 활동들은 실패했다. 우리가 상상했던 악몽은 현실이 되었다.

30년이나 흐른 지금, 정착촌의 모체인 오프라[2]로 차를 몰아가는 까닭이 여기에 있다. 싸우기 위해서가 아니라 이해하기 위해서다. 정착촌이 우익의 환상에서 어떻게 역사적 사실로 변했는지 이해하기 위해서.

---

1 피스나우Peace Now는 팔레스타인 지역에 이스라엘과 팔레스타인 두 국가가 공존해야 한다고 주장하는 비정부 조직으로, 1978년에 결성되었다.
2 Ofra, 북쪽 웨스트뱅크에 위치한 이스라엘인 정착촌.

20세기 후반 이스라엘이 부질없는 시대착오적 식민주의 프로젝트를 일으키도록 한 세력이 무엇이었는지 이해하기 위해서. 어떻게 오프라가 존재하게 되었는지 이해하기 위해서다.

차가운 겨울날, 나는 텔아비브에서 아리엘로 고속도로를 타고 녹색선[3]을 넘고 사마리아, 다시 말해 북쪽 웨스트뱅크를 가로질러 동쪽으로 차를 몬다. 이 길을 따라 소규모 정착촌 스무 곳과 정착민 소도시 한 곳이 위치해 있다. 이어서 아리엘에서 엘리로, 그리고 엘리에서 오프라를 향해 남쪽으로 차를 몬다. 숍론 산맥의 분수계를 따라 이어지는 이 도로 곁에는 또 다른 정착촌 약 스무 곳이 팔레스타인 마을들에 둘러싸여 있다. 이곳의 끔찍한 인구분포 상황을 대변하는 듯, 벼랑이 삐죽삐죽 무수한 산악 풍경 또한 무시무시하다. 12월의 수정같이 맑은 창공 아래, 웨스트뱅크 정착촌이 빚어낸 얽힌 실타래 같은 상황은 풀리지 않을 듯 보인다. 점령은 되돌릴 수 없어 보인다. 이스라엘 성서에 나오는 땅 가운데 가장 아름다운 이 지역은 이제 현대 이스라엘에 점령당한 가장 골치 아픈 지역이다. 이곳은 지금 숭고하면서도 우울하며, 장엄하면서도 절망적이다. 어쩌면 가망조차 없이.

하루 전, 남쪽 웨스트뱅크 정착촌인 알론슈푸트에 있는 그 자택에서, 난 구시에무님 정착민 운동[4]과 오프라의 창설자 가운데 한 명인 요

---

3 1948년 아랍-이스라엘 전쟁 후 이스라엘군과 이웃 국가(이집트, 요르단, 레바논, 시리아) 군대 사이에 이루어진 1949년 휴전협정에서 설정된 경계선을 말한다. 녹색선green line이라는 이름은 휴전협상이 진행될 당시 지도에 녹색 잉크로 표시한 데서 유래한다.
4 Gush Emunim, 메시아 신앙을 따르는 이스라엘 우익 운동으로, 웨스트뱅크와 가자지구, 골란 고원에 이스라엘 정착촌을 설립해야 한다고 주장한다.

엘 빈눈을 만났다. 춥고 습한 저녁, 바깥에는 바람이 울부짖는 가운데, 나는 빈눈에게 정착민 운동을 창설하게 된 경위를 물었다. 이스라엘이 1967년 6월 점령한 이 영토에 이스라엘 정착촌을 건설하도록 만든 세력은 무엇이었나?

빈눈의 대답은 자신의 인생사였다. 이야기는 1939년 여름 제2차 세계대전 전야, 유럽을 떠나는 마지막 배 가운데 한 척을 타고 팔레스타인에 도착한 부모님으로부터 시작되었다. 1950년대 후반 하이파에서 성장하면서, 빈눈은 개화된 종교 교육을 받았으며 온건한 민족종교 청년운동에 참여했다. 1960년대 중반, 그는 예루살렘에 위치한 절제되고 삼가는 분위기의 메르카즈 하라브 예시바에서 수학했다. 이어 1967년 봄, 결정적 순간을 경험했다. 6일 전쟁 몇 주 전, 랍비 아브라함 이츠하크 하코헨 쿠크는 20년 동안 마음속에 은밀히 품어온 갈망을 공유하고자 자신의 학생들을 모았다. "우리의 나블루스는 어디 있지?" 바로 그때 그곳에서 신성한 계시라도 경험하고 있는 듯, 이곳 예시바의 나이든 설립자는 외쳤다. "우리의 헤브론은 어디 있지? 우리의 예리코는 어디 있지? 우리의 이스라엘 왕국은 어디 있지? 신의 집은 어디 있느냐고?" 격분한 빈눈이 방을 서성이는 사이 기다란 창문들 너머로는 폭풍이 일려고 했다.

6월 초 전쟁이 발발하던 날, 빈눈은 동예루살렘 골목에서 싸웠다. 랍비 쿠크의 예언적 노호를 듣고 22일이 지나, 그는 성전산에 서 있었다. 랍비의 외침이 귓가에 메아리쳤다. 빈눈은 내게, 당시 창공이 열려 땅에 닿은 듯 느껴졌다고 말했다. 그는 말했다. "느닷없이, 땅이 우리에게 외치고 있었소, 우리에게 오라며 손짓하고 있었소. 땅은 우리의 영혼을 채웠소." 돌연 성서가 살아 숨 쉬는 듯했다. 성서적 규모의 역사적 사건이 일어나고 말았다. 드디어 이스라엘국이 이스라엘 민족을 이스라엘 땅에 되돌려놓았다.

이야기하는 동안 빈눈의 눈동자가 이글거렸다. 일어섰다, 앉았다, 턱수염을 잡아당기며 왔다 갔다 서성였다. 그는 내게 전쟁 두 달 후 예루살렘에 처음으로 랍비와 예시바 학생 수백 명이 모였던 일에 대해 이야기했다. "거기 모인 모두는 이 땅이 우리 땅이며 우리는 결코 떠나지 않으리라 확신했소. 구시에무님 정착민 운동은 그날 싹텄지. 정말이지, 그때까진 이름도 강령도 없었다오. 하지만 6일 전쟁 전까지만 해도 대★이스라엘[5]을 갈망할 엄두를 내거나 대이스라엘의 이름으로 맹세조차 못 하던 이 민족종교 공동체가 1967년 여름이 되자 대이스라엘에 전적으로 헌신하게 되었지." 빈눈은 말했다. 종교적 시온주의는 유대와 사마리아에 정착해 이 땅을 주권국 이스라엘의 불가결한 일부로 삼으리라 마음먹었다.

그러나 6일 전쟁과 제4차 중동전쟁 사이에 그다지 많은 일이 일어나진 않았다. 맞다, 예루살렘 남쪽에 1948년 파괴되었던 구시에치온[6]이 재건되었으며, 1929년 대학살이 있고 40년 뒤 헤브론에 새로운 유대인 공동체가 설립되었다. 그러나 웨스트뱅크 정착민의 전체 수는 3000명 미만이었으며, 사마리아에 사는 사람은 한 명도 없었다. 노동당 정부는 민족종교 운동의 팽창주의적 갈망이 충족되도록 놔두지 않았다.

---

5 Greater Israel. 성서적, 정치적으로 여러 의미가 있지만, 일반적으로는 현재 팔레스타인 지구로 분류된 지역을 포함한 이스라엘을 말한다.
6 Gush Etzion, 유대 공동체 군집을 말한다. 1948년 아랍-이스라엘 전쟁 전 아랍군단에 의해 파괴되었다.

하지만 제4차 중동전쟁은 노동당 정부를 약하게 했다. 전후戰後 트라우마와 당혹감은, 세상을 뒤집겠다는 기존의 충동이 단호하며 공격적인 정치 세력이 되도록 놔두었다. 유대와 사마리아에 정착하려는 열망을 후미에 가둬온 댐이 밀물에 더 이상 견딜 수 없을 듯했다.

빈눈은 나를 위해 사건 순서를 재구성했다. 1973년 전쟁이 막바지로 접어들면서, 젊은 종교 여성 일단이 수상 골다 메이어를 만나, 사마리아에 유대인 정착촌을 세워서 사기를 북돋우며 제4차 중동전쟁이 이스라엘의 민족정신을 깨뜨릴 수는 없다는 사실을 증명해야 한다고 제안했다. 메이어는 이 젊은 여성들이 제정신이 아니라고 생각했다. 그러나 하난 포라트와 베니 카초베르, 메나헴 펠릭스, 요엘 빈눈이 1974년 초겨울 전쟁에서 돌아오자, 이 여성들이 중단한 투쟁을 이어받아 골다 메이어의 거처와 사무실들 근처에서 연좌농성을 벌였다. 그들 자신도 놀랄 만큼, 수백 명에 이어 수천 명이 여기에 동참했다. 대중운동이 탄생해 정부에 예루살렘 북쪽에 최초의 유대인 정착촌 건설을 허가하도록 압박했다.

정력적인 열성분자들과 약해진 노동당 정부 사이의 교착 상태는 1년 반을 끌었다. 단호한 젊은 신봉자들은 사마리아 정착에 쓸 땅을 장악하고자 거듭 노력했으나, 그때마다 철수되었다. 웨스트뱅크에는 불법 식민지들이 거듭 세워졌으나, 그때마다 파괴되었다. 그러나 정착촌 설립으로 비롯된 끈질긴 대립은 구시에무님을 벼리고 그 권력을 공고히 해서 결과적으로 지금의 자신감 있는 정착민 운동이 되게 한 셈이었다. 점점 더 많은 종교적 청년이 이 새로운 항쟁운동에 동질감을 느끼고 함께했다. 비종교인들 사이에서조차 새로운 시대의 새로운 개척자로 인식되는 이들에 대한 공감이 커지고 있었다. 사마리아로 향하는 이 단호한 젊은이들의 열정과 헌신에는 마음을 끄는 솔깃한 무언가가 있었다. 점령지에 정착하는 일은 불법이며 비도덕적이고 비이성적이라는 사실을 깨달았던 유대인들조차, 정착에 저항하기가 어려웠다. 구시에무님은, 다른 횃불들이 꺼져가는 시점에서 시온주의의 새로운 횃불로 간주되었다.

구시에무님을 이끈 주체는 랍비들이 아니었다고, 요엘 빈눈은 말했다. 진정한 지도자들은 20대 후반에서 30대 초반의 역동적이며 카리스마 넘치는 12명 남짓한 청년들이었다. 이들에게는 보기 드물게도 열정과 실용주의, 이상주의와 교활함이 뒤섞여 있었다. 종교적 신념과 정치적 기교를 다 갖추었다. 역사적 노동운동을 존경하면서도, 노동당의 현재 됨됨이는 경멸했다. 메시아 사상을 신봉하는 유대주의와 이스라엘의 대담함을 결합시켜, 한때 노동운동의 모습이던 이상적인 개척운동을 대신하거나 물려받으려고까지 마음먹었다. 플란넬 상의에 군용 코트, 편물 야물커[7] 차림의 그들은 이스라엘의 새로운 전위대가 되었다. 수천 명을 동원했으며, 수만 명에게 영감을 주었고, 수십만 명의 암묵적 지지를 받았다. 이스라엘이 선출한 정부의 가슴에 공포를 자아냈다. 빈사 상태의 노동당이 어제의 지도자로 치부되는 사이, 구시에무님은 말 그대로 내일의 지도자로 인식되었다. 구시에무님은 세속적 시온주의와 민주적 이스라엘에 도전해, 사마리아에 이스라엘의 에인하롯을 세우라고 요구했다.

7 유대인 남성들이 정수리 부분에 쓰는 동글납작한 모자.

오프라는 에인하롯이 아니다. 오프라는 절박한 디아스포라가 아닌 주권국에서 나왔다. 유대 민족의 피신처가 아닌 유대 민족의 왕국이 되려고 세워졌다. 외세가 아닌 유대 민주국가에 맞섰다. 그럼에도, 오프라 창설자들에게 오프라는 에인하롯의 직계 자손이다. 에인하롯과 마찬가지로, 유대인들이 수천 년간 살아온 적 없는 곳에 천막을 쳤다. 에인하롯과 마찬가지로, 모든 역경에 맞서 설립되었다. 에인하롯과 마찬가지로, 의지력의 승리를 증명했다. 나름의 방식으로, 오프라는 현실에 시온주의 유토피아를 건설하려는 노력이었다. 에인하롯이 45년 전 그런 의미였던 것과 마찬가지로.

핀카스 월러스테인은 빨간 지붕의 오프라 자택에서 따스한 악수로 나를 환영한다. 오프라의 또 다른 창설자인 월러스테인은 빈눈과는 유다르다. 작은 키에 말쑥하게 면도를 마친 모습의, 활기차고 실천적인 그는 깊이 생각하지 않는 재빠른 행동형 인간이다. 하지만 빈눈과 매한가지로, 그는 내 질문에 자신의 인생사로 답한다. 하이파 교외의 노동계층이 사는 지역 키르야트 아타에서 보낸 빈곤한 어린 시절. 오전 5시에 집을 나서서 말수레에 신선한 빵을 싣고 배달했던 아버지. 미소를 머금은 표정 뒤에 육중한 홀로코스트의 비통함이 감춰져 있던 어머니. 아버지와 어머니 둘 다 세상천지 혈혈단신이었다. 가족들은 몰살당했다. 그러나 그들의 어린 이스라엘 토박이 아들은 비참해하지 않기로, 가난하거나 비통하다고 느끼지 않기로 마음먹었다. 왜소한 데다 난독증이었으나 사회적으로 정력 넘치는 인물이 되었다. 예시바 고등학교에서 퇴학당했으나 민족종교 운동의 지도자가 되었으며, 이 운동은 그의 진정한 집이 되었다. 이스라엘 변두리에 살면서도 키부츠를 동경해 그

성원이 되기를 꿈꾸었다. 그는 1967년 전쟁에서 심각한 부상을 입고 2년간 병원 신세를 졌다. 하지만 자신의 장애와 난독증을 극복하고 결혼해 자녀를 낳았으며, 학교를 마쳤다. 그는 쉼 없이 항상 다른 무언가를, 다른 어딘가를 찾았다. 1973년 전쟁 후, 월러스테인은 자신이 하고 싶은 일을 깨달았다. 시온주의를 소생시킬 방법을 찾는 일이었다. 24세에 그는 사마리아에 정착하고 싶어하는 젊은 남녀로 이루어진 한 집단의 지도자가 되었다. 그러나 1975년 초에 이르러서야 사마리아 정착을 실제로 가능케 할 실용적 방안을 고안해냈다. 정부와 충돌하는 대신 구슬려 정착안을 받아들이게 한 다음 나중에는 교활한 합의를 기정사실로 승인하도록 할 셈이었다. 이 실용주의적 인물 핀카스 월러스테인은 이어 숍론 산 위에 세울 첫 번째 정착촌을 진두지휘할 만반의 준비를 마쳤다.

오프라의 또 다른 설립자, 예후다 에치온은 나를 의혹 어린 시선으로 맞는다. 내가 정확히 무엇을 원하는가? 오프라에서 무엇을 찾고 있는가? 이 키가 크고 턱수염을 기른 정착민은 나와 같은 좌파 언론인이 균형 잡힌 시각으로 공정을 기할 수 있으리라고는 생각할 수조차 없다. 그러나 한 시간의 잡담 후, 그는 누그러진다. 내게 진한 터키풍 커피를 타주고 건포도와 구운 아몬드를 대접하고는 이야기를 시작한다. 에치온은 깊이 있는 인물이다. 빈눈이나 월러스테인과는 달리, 그는 성서 속 이스라엘 땅에 대한 갈망을 아주 어릴 적부터 느꼈다. 독립전쟁 후 부모님이 느꼈던 격분을 기억한다. 벤구리온이 예루살렘 구시가를 "우리 수중에" 두어야 한다고 고집하지 않았기 때문이다. 독립 전 이스라엘에서 활동한 잔혹한 집단인 스턴갱[8]을 존경하던 기억도 있다. 스턴갱은 이 땅에서 영국인을 무력으로 쫓아내리라 맹세한 집단이었다. 그럼에도, 에치온에게조차 6일 전쟁은 빅뱅을 코앞에 둔 임계점이었다. 동예루살렘이 해방되자 미칠 듯 기뻤다고 이야기한다. 한때 제1성전과 제2성전이 서 있던 성전산을 동경했다. 중요한 건 성전산이라는 사실을 깨달으면서 그 산에 오르리라는 굳은 결의가 솟구쳤다. 성서를 실현하리라는 결의가.

1967년 창공이 열리고 6년이 흐른 후, 열렸던 창공은 제4차 중동전쟁으로 무너져내렸다. 골란 고원에서 저지대로 시신들을 내려놓으면서 문득 여러 질문이 떠올랐다. 우리에게 무슨 일이 일어났는가? 우리는 왜 쓰러졌는가? 어쩌다 우리가 이토록 지독하게 약해졌는가?

예후다 에치온은 전쟁보다 더 심각한 건 그 여파로 말미암은 산사태였다고 말한다. 정치라는 산의 사태. 정부는 느닷없이 만사를 기꺼이 포기하려 했다. 외부에서의 압박은 갈수록 커지고 있었으나, 내부에서의 실질적 저항은 없었다. 오히려 냉소주의와 허무주의, 패배주의가 팽배했다. 전쟁에 이은 겨울 몇 달 동안, 그는 무언가 지독히 잘못되었음을, 심오한 무언가를 잃어버렸음을 실감했다. 이스라엘은 수년에 걸쳐 정신의 쇠퇴를 경험했다. 개척정신의 세속적 시온주의는 현실에 안주하는 시온주의로 대체되었으며 의지는 만성적 나약에 빠졌다. 문화는 동화되었다. 서구에 정신적으로 굴복했다. 전쟁으로 이 모든 기저 과정들이 판연히 드러났다. 맞다, 제3성전은 아직 무너지지 않았다. 하지만 다음 도전에 부딪히면 무너질 수도 있었다. 그러니 구원의 임무는 이제

8 Stern Gang, 시온주의를 따르는 이스라엘 준군사 조직 레히Lehi(이스라엘 자유를 위한 전사들Fighters for the Freedom of Israel)의 일반적 명칭이다.

신앙인들의 어깨에 떨어졌다. 횃불은 종교적 시온주의에 건네졌다. 그러니 산봉우리마다 불을 밝히는 임무는 이제 종교적 시온주의의 몫이었다. 숌론 산에 세워진 정착촌 하나로는 문제를 해결할 수 없을 터였다. 하지만 정착촌 하나를 세우는 건 확실히 가능했다. 그리고 이는 하나의 선언이 될 수 있을 터였다. 이로써 시온주의를 전적으로 새로운 방향으로 이끌 수 있을 터였다.

에치온은 구시에무님주의에는 오프라 건설을 위한 전략적 근거가 있었다고 말한다. 이스라엘의 영구적 국경은 결국 유대인이 일군 마지막 경작지를 따라 이어질 터라는 믿음. 이들은 유대인 정착촌이 없는 영토는 어떤 경우라도 유대인의 영토로 남지 않으리라 믿었다. 하지만 에치온은 이러한 강경 전략이 야심찬 노력의 작은 부분에 불과했다고 인정한다. "사마리아의 수도인 나블루스는 이스라엘 땅에서 가장 중요한 도시요." 그는 말한다. "예리코 정복 후 고대 히브리인들이 들어간 첫 번째 도시지. 엘론모레 부근에는 아브라함이 이스라엘에 들어온 후 첫 번째로 제단을 세운 장소가 있소. 엘론모레에서 신은 아브라함에게 말했소. '네 자손에게 이 땅을 주리라.' 그러니 신의 계시는 엘론모레와 나블루스에서 일어난 거요. 이스라엘 땅으로 떠난 이스라엘 민족의 첫 번째 알리야는 숌론 산으로의 알리야였소. 세속적 시온주의는 숌론 산을 한 번도 오르지 않았지. 산은 평야에 그대로 있었소. 제4차 중동 전쟁 이후 시온주의의 갱신과 부흥은 웨스트뱅크 고원의 전략적 장악을 의미하는 것만은 아니었소. 이스라엘 민족을 이스라엘의 산으로 데려가자는 의미였소. 이스라엘의 고대 산으로. 우리는 시온주의에 활기를 되찾아주며, 이 산을 올라 이스라엘을 구원할 터였소. 이스라엘국은 영적 깊이 없이 버틸 수 없으리라는 깨달음을 통해서 말이오. 평원의 시온주의는 운이 다했다는 인식을 통해 시온주의를 부흥시킬 터였소. 우리의 방식은 우리 조상들의 방식이며, 우리는 반드시 우리 조상들의 땅으로 돌아가야 하고, 우리가 잃은 산지로 돌아가야 하오. 이 산지에 시온주의를 되돌려주어야 하오, 시온주의에 이 산지를 되돌려주어야 하오."

월러스테인이 사무적이라면 에치온은 인상적이다. 소박한 오프라 자택의 간소한 거실에서 그의 말은 나를 감동시킨다. 그의 세계관을 거부하며 그 행동을 경멸하더라도, 그의 말에 무심하지는 않다. 뜻밖에도, 난 그를 오프라로 끌어당긴, 거대한 세력들을 인식한다. 평야와 산에 대해 그가 한 말을 이해할 수 있다. 그의 시온주의와 나의 시온주의에 공통의 유전자가 있다는 사실에 전율한다.

에치온 집 거실에 난 직사각형 창을 통해, 나는 바알하조르 산을 볼 수 있다. 그 정상은 사마리아에서 가장 높다. 1010미터. 1970년대 이스라엘 공군이 최첨단 조기경보 기지를 세울 장소로 이곳을 택한 까닭이 여기에 있다. 에치온과 이야기하는 동안 나는 창문을 통해 이스라엘 영공을 주사走査하고 보호하는, 공상과학적인 거대한 금속구球를 본다. 이 레이더 기지에는 전략적 중요성 이상으로 역사적 의의 역시 존재한다. 레이더 기지는 에치온이 사마리아에 발판을 마련할 구실을 제공했다. 1974년 겨울 스물네 살, 하얀 피부의 호리호리한 사나이 에치온은 용케도 이 비밀 기지를 건설하고 있던 예루살렘 도급업자의 하도급자가 되었다. 에치온의 임무는 바알하조르 시설 주위에 보안 울타리를 치는 일이었다. 이로써 이 창의적 열성분자는 민족주의 청년들로 이루어진 소규모 작업반을 모을 수 있었다. 작업반은 울타리를 치고 자 매일 이 산을 올랐다. 에치온에게 울타리 인부들이 잠잘 공간을 마련해달라고 요청할 수 있는 근거였던 셈이다. 이렇게 해서 그는 금지된 영토에 들어가는 데 성공했다.

이야기할 때 에치온은 감상에 휘둘림 없이 침착하고, 간결하다. 자기 공을 지나치게 내세우며 우쭐거리지 않으려고 내내 조심한다. 그러나 산에서의 처음 며칠을 이야기할 때는 눈이 반짝거린다. 그리고 비로소 그 산에 올랐을 때 당신은 틀림없이 신의 임재臨在를 느꼈으리라는 내 말에 그는 부정하지 않는다. "당신은 내가 말하기 좋아하지 않는다는 걸 아는군. 난 말만 늘어놓는 사람은 결코 좋아하지 않았다오. 항상 주장했지, '가서 행하라.' 하지만 당신이 옳소. 그 겨울 난 내 역할을 이해했소. 불현듯 이스라엘 땅이 우리를 부르며, 신이 우리를 부르신다는 사실이 분명해졌소. 우리에게 종교적 임무가 떨어졌지. 이 임무가 우리 육신과 영혼에 활력을 불어넣었소. 나의 온 존재에 활력을 불어넣었소. 대부분의 시간에 난 세세한 문제들을 처리했소. 랜드로버에 기름을 넣고 금속 기둥과 철책 두루마리들을 실었지. 하지만 랜드로버가 바알하조르를 오르며 산봉우리가 시야에 들어올 때면 난 하늘에 대고 이야기하곤 했다오. '우리가 여기 있습니다. 우리는 할 수 있는 건 다 하고 있습니다. 그러니 이제 당신의 몫을 행하소서.' 맞소, 난 신과 대화했던 거요. 이스라엘의 아들들이 신의 성전에 자신들이 첫 수확한 열매들을 가져와 했던 말을 하고 있었소. '이곳에서 우리는 우리 몫을 다했습니다. 부디 당신의 몫을 행하시어 우리 민족, 우리의 이스라엘을 축복하소서.'"

1975년이 시작되자 모든 요소가 결합되기 시작했다. 요엘 빈눈은 마침내 구시에무님이 웨스트뱅크 전역에서 벌이는 야단스러운 시위에 싫증이 났다. 핀카스 월러스테인은 사마리아에 침투할 실용적 방법을 모색하고 있었다. 예후다 에치온은 작업반이라는 핑계가 오래 통하지 못하리라는 사실을 알았다. 이 셋은 다른 종류의 행동이 필요한 시점이라는 사실을 깨달았다. 신중하고 영리한 종류의.

우선 에치온은 바알하조르 산의 서쪽 안부鞍部에 정착했으면 했다. 오프라가 신이 아브라함에게 이 땅을 보여주었던 현장에 설립되었으면 했다. 하지만 좀더 현실적인 동지들은 그런 바람이 부질없다며 그를 설득했다. 사마리아에 침입할 유일한 길은 요르단 군대가 버리고 간 기지인 에인야브룻을 접수하는 것이었는데, 그것은 곧 사유지가 아니면서도 들어가 자리 잡을 건물들이 이미 갖추어진 땅을 습격하자는 전략이었다. 성공하려면 지금 당장 행동을 취하는 길밖에 없었다. 추진력이 사라지기 전에, 젊은이들이 희망을 잃고 정착민 운동이 와해되기 전에.

작전은 흡사 군사 공격처럼 설계되었다. 에치온의 작업반은 일을 마치면 산을 내려와 이 버려진 기지에 도착할 참이었다. 월러스테인의 집단도 같은 시각 예루살렘으로부터 도착할 터였다. 이와 동시에 구시에무님의 지도자, 하난 포라트는 이에 동조하는 국방장관 시몬 페레스와 접촉할 터였다. 이스라엘 군대에서 기지가 침략당했다는 사실을 발견하면 국방장관이 군에 압력을 행사해 이를 눈감아주고 침략을 허용하도록 설득하기 위해서였다. 오프라는 이런 균열의 틈에서 설립되어 기정사실이 될 터였다.

1975년 4월 20일 일요일, 월러스테인은 일단의 소규모 차량 수송대를 이끌고 예루살렘에 있는 구시에무님 사무실에서 사마리아로 이동했다. 늦은 오후, 작업반은 바알하조르 산에서 내려왔다. 저녁 무렵, 이 두 집단은 에인야브룻 기지에서 만나 기지를 접수했다. 두 시간 후 지역 군 사령관이 도착해 무단 침입자들에게 떠나라고 했다. 에치온과 월러스테인은 거부했다. 자신들은 국방장관의 뜻에 따라 행동하고 있다고 주장했다. 둘이 라말라에 위치한 군 본부로 붙잡혀가는 사이 포라트는 페레스와 페레스를 따르는 강경파 조력자 세 명에게 엄청난 압력을 가했다. 저녁 늦게, 페레스는 군대에 이 정착민들을 돕지도, 그렇다고 철수시키지도 말라고 명령했다. 에치온과 월러스테인은 이 모호한 명령의 역사적 의의를 대번에 파악했다. 군 본부에서 포도주 한 병을 찾아 건배를 했다. 자정, 이 젊은 지도자 둘은 군용 지프를 타고 에인야브룻으로 의기양양하게 돌아왔다. 이들은 단호하며 교활한 지략으로 정부를 제압해낸 셈이었다. 이들은 오프라에 20세기 마지막 식민 프로젝트의 기반을 다지는 데 성공했다.

1975년 3월 초, 팔레스타인 테러분자들이 텔아비브의 사보이 호텔을 공격해 투숙객 여덟 명의 목숨을 앗아갔다. 유엔은 이 공격을 비난하지 않았으며, PLO 지도자 야세르 아라파트는 국제사회에서 자신의 입지가 갈수록 강해지고 있는 상황을 확인했다. 3월 말, 이집트와 이스라엘 사이에 잠정 협정을 성사시키려던 헨리 키신저의 시도는 실패했다. 4월 초, 제럴드 포드 대통령은 행정부에 이스라엘과 미국의 관계를 재평가하라고 지시했다. 이스라엘의 생존에 필수적인 미국과의 동맹은 위기에 처했다. 바로 같은 시기, 미국의 동아시아 정책이 좌절되었다. 1975년 4월 18일, 프놈펜이 크메르 루주에게 정복당했다. 1975년

4월 20일, 공산주의는 라오스에 최후의 공격을 가했으며, 1975년 4월 30일 남베트남이 무너졌다. 미국 헬리콥터들이 사이공에 위치한 미 대사관 지붕에서 마지막 남은 미국인들을 구출해냈다. 이스라엘에는 서방이 자신들 또한 버리리라는 생각이 팽배해 있었다. 서구사회의 쇠약과 이스라엘 자체의 쇠약, 국제사회에서의 고립은 거의 명백했다. 이스라엘인 다수는 사이공에 발생한 일이 텔아비브에서도 발생하리라는, 이스라엘의 운명은 남베트남의 운명과 유사하리라는 공포에 휩싸였다. 본능적으로 오프라를 고수할 만도 했다. 발광하는 우파뿐 아니라 현실주의 중도파에서도 대부분, 오프라를 심연으로 빠져드는 나라와 국제사회에 맞선 상징적 대응으로 간주했다. 따라서 지위를 막론하고 허다한 이스라엘 관리가 오프라를 은밀히 지원하고, 지도적 공인들이 오프라를 격려하며 이곳에 기여했다. 채 2년도 안 되어 오프라에 대한 지원은 급증했으며, 지원은 이제 임시 야영지에서 독자적 정착촌 설립으로 그 방향을 돌렸다.

초기의 오프라에 대해 이야기할 때 핀카스 월러스테인은 마치 사업가처럼 보인다. 우선 이들은 요르단 기지 건물들의 부서진 창문을 비닐로 가려야 했으며, 임시 부엌을 만들고, 식당을 꾸리며, 수조를 가져오고, 위생변기[9]를 배치해야 했다. 그다음 바위투성이 지형에 길을 깔고 천막을 치고, 기다란 군용 막사들을 가정용 주거 단위로 작게 나누어야 했다. 이어 지역(팔레스타인) 급수 시설에서 불법으로 물을 끌어왔으며 지역(팔레스타인) 전기 회로망에서 역시 불법으로 전기를 빼돌렸

---

9 용변 통에 소독약과 탈취제가 담겨 있는 변기.

다. 오물통을 팠다. 사립 초등학교를 세우고, 금속 공방과 컴퓨터 프로그램 회사와 비행기용 고가高架 사다리를 만드는 소규모 공장을 설립했다. 최초의 조립식 주택을 들여왔다. 이어 오프라의 전망에 대해 밤새워 토론했다. 오프라가 키부츠나 모샤브 또는 베드타운이 되어서는 안 된다고, 다짐했다. 개인의 주도권을 권장하며 사유재산을 허용할 터였다. 오프라는 이스라엘 설립 뒤 최초의 공동체 정착촌이 될 터였다.

예후다 에치온은 초기 오프라에 대해 마치 낭만적 이론가처럼 이야기한다. "오프라의 제일 원칙은 주민들 모두 이곳에서 일하게 한다는 거였소. 두 번째 원칙은 아랍인들은 어떤 경우에도 이곳에 정규직으로 고용될 수 없으리라는 거였고. 세 번째 원칙은 오프라는 농업 기반을 탄탄히 다지리라는 거였소." 그는 말한다. 에치온에게 농업은 핵심이었다. 당시에도 지금도, 이 땅을 일구지 않고서는 이 땅을 고수할 수 없다고, 이 땅과 서로 살을 부비지 않고서는 이 땅에 돌아올 수 없다고 그는 믿었다. 그래서 그는 맨손으로 첫 땅뙈기를 정리했으며, 첫여름 수선화를 심고, 첫가을 벚나무를 심었다. 정착촌이 점점 강해지면서 사내는 버찌 과수원에 헌신하며 신이 자신에게 바라는 일을 하고 있다고 확신했다.

월러스테인도 에치온도 아랍인들에 대해서는 설득력 있는 답을 주지 못한다. 아랍인들 한가운데에 정착해놓고 그들을 못 보았단 말인가? 맞다, 이들은 아랍인들을 보지 못했다. 오프라 주위에는 실완과 마즈라트, 아샤르키야, 에인야브룻, 베이틴 등 온통 아랍인 마을이란 사실을 몰랐단 말인가? 맞다, 이들은 이 마을들이 존재하는지 몰랐다. 유대인의 오프라와 이를 둘러싼 조밀한 팔레스타인 인구 사이에

박혀 있는 내재적 모순을 이해하지 못했단 말인가? 맞다, 이들은 이해하지 못했다.

월러스테인은 1975년의 아랍인들은 지금과 달랐다고 말한다. 마을들은 작고 가난했으며 원시적이었다. 이들의 존재는 아주 미미했다. 마을 주민들은 적대적이지도 폭력적이지도 않았다. 이들에게서 팔레스타인 민족주의라고는 전혀 찾아볼 수 없었다. 처음 몇 해 동안, 오프라 정착민들은 팔레스타인 마을들을 방문해 주민들과 빈번히 거래했으며 어떤 식으로든 지역 아랍인들로부터 위협받는다고 느끼지 못했다. 오히려 당시 팔레스타인 마을에는 원시적 아름다움이 있었으며, 이는 역사로 들어찬 산악지역이 지닌 성서적 신비를 증폭시켰다. 오프라가 이식된 곳은 바로 그런 지역이었다. 아랍 주민들은 진정한 장애로 보이지 않았다.

반면에 에치온은 이보다는 더 잘 이해했다. 아랍어를 했으며, 아랍인들과 오랜 시간을 보냈고, 아랍 땅을 매입하기도 했다. 아랍의 전통방식에 모종의 공감을 느끼기조차 했다. 에치온이 보기에, 시골 아랍인들은 세속의 도시 유대인들과 달리 이 땅과 하나였다. 내가 느끼는 바로, 에치온은 처음부터 오프라와 주변 팔레스타인 마을들 사이에 전쟁이 있으리라는 사실을 알았으며 또한 전쟁이 끝나면 이 마을들은 사라지리라 여겼다. 역사정신이 투철한 이 민족종교 지도자는 에인하롯을 결코 잊지 않았다. 그는 확신했다. 반드시 오고야 말 미래의 대재앙이 오프라를 구원하리라고. 1948년 대재앙이 에인하롯 전역에서 맡았던 역할을 미래에 올 대재앙은 웨스트뱅크에서 맡으리라고.

하지만 월러스테인과 에치온의 이야기를 귀담아듣고 있자니 이들에게는 아랍인에 대한 명확한 원칙이 없었다는 생각이 든다. 사마리아에 정착할 당시 이들은 사악하다기보다는 무지했다. 1970년대 이스라엘의 나약을 확인하고 이스라엘은 정치는 물론 정신적으로도 위기라고 느꼈다. 이들은 이 위기를 해결해야 할 의무감을 느꼈지만, 생각해낸 해법은 부조리했으며 현장의 인구통계 현실을 완전히 무시했다. 월러스테인과 에치온은 이를 깨닫지 못했다. 자신들 행동의 결과를 충분히 생각하지 않았던 까닭이다. 이들은 어렸고 반항적이었으며, 말하자면 치기 어린 운동에 가담해 금기를 깨고, 선을 넘으며, 제도에 도전하기를 즐긴 셈이었다. 하지만 자신들이 진정 어디를 향하고 있는지는 결코 알지 못했다. 자신들이 창출하게 될 혼란이 어떤 종류인지 결코 인식하지 못했다. 그 파문을 이해하지 못한 채 오프라를 설립했다.

핀카스 월러스테인은 4년 동안 오프라의 사무총장이었다. 월러스테인은 요르단 군대가 버리고 간 기지를 차지하고, 오프라가 이를 둘러싼 팔레스타인 사유지로 확장되는 데 앞장섰다. 오프라의 인구를 배로 늘렸다. 유치원과 학교, 식품 잡화점, 우체국, 유대교 회당을 지었다. 버스 노선과 전화선이 놓이게 했다. 오프라에서 최초로 50가구로 이루어진 거주지역을 구상했다. 1977년, 리쿠드당이 정권을 잡은 후, 월러스테인은 메나헴 베긴 내각을 구슬려 오프라를 정당하며 합법적인 정착촌으로 인정하도록 했다. 이렇게 인정받은 결과, 한때 해적 집단 같던 이 외딴 식민지는 온갖 정부 부처로부터 후한 지원을 받았다. 주택과 보건, 복지, 교육, 방위. 이 불법 근거지는 채 5년도 지나지 않아 건실한 정착촌이 되었다. 오프라는 정착민 운동 집회와 정착민 주간지, 정착민 정치 기관의 본부였다. 모든 정착촌의 어머니였던 오프라가 이제는 모든 정착촌의 수도였다. 정착민 운동과 정착촌 현상의 우상이었다.

하지만 핀카스 월러스테인은 더 많이 원했다. 오프라로는 충분치 않았다. 구시에무님 지도부의 여타 지도자들처럼, 월러스테인은 1979년 이스라엘 우익 정부가 평화의 대가로 시나이 사막을 이집트에 넘겨주는 상황을 고통스럽게 지켜보았다. 사내는 이 위축 과정이 탄력을 얻어 곧 웨스트뱅크까지 도달하리라 내다보았다. 오프라가 성공적이라 해도, 이러한 성공이 그 창립자들이 막으려 했던 산사태를 막아내지는 못할 터였다. 그래서 월러스테인은 웨스트뱅크에서 광대한 영토를 차지하는 일이 무엇보다 중요하다고 생각했다. 수십 군데의 오프라를 설립해 이스라엘과 팔레스타인 간 평화협정을 막으려 했다. 그리고 실천했다. 1979년 월러스테인은 비냐민 지구의 지역 의회 의장으로 임명되었다. 그는 도로를 놓고, 공단을 세우고, 유대인 공동체를 설립했다. 정력적이고 창의적이며 기민한 이 사내는, 이스라엘 정부들이 잇따라 구시에무님의 꿈을 승인하며 성공을 돕도록 했다. 28년의 공직생활 동안 월러스테인은 정착촌 40군데를 설립하고, 관할 기간에 정착민 수를 1000명에서 4만3000명 규모로 늘렸다. 동시에 정착민들의 예샤 의회[10]에서 지도적 역할을 맡았다. 예샤 의회는 이스라엘 정부로 하여금 웨스트뱅크에 정착촌 150군데와 불법 식민지 120군데를 세우도록 했다. 점령 지역에 수십만 명이 정착하도록 도왔다. 오프라가 성공하자 월러스테인

10 Yesha Council, 예샤Yesha는 히브리 약어로, "유대, 사마리아 가자Judea, Samaria Gaza"를 의미한다. 일반적으로는 이스라엘이 점령한 지역을 말하며, 예샤 의회 해당 지역에서 유대인들을 대표하는 각종 시의회 상부 조직이다.

은 한계란 없음을 실감했다. 1973년 이후로 이스라엘에 그를 멈출 세력은 없었다. 이렇게 해서 월러스테인은 한 오프라에 이어 또 하나의 오프라를 잇따라 세울 수 있었다. 한 오프라, 열 오프라, 백 오프라. 친구며 동지들과 더불어 그는 구시에무님 혁명을 제도화했다. 이스라엘을 재정의하며 시온주의의 흐름을 바꾸는 새로운 인구통계의 정치 현실을 창출했다.

예후다 에치온 역시 더 많이 원했다. 그는 4년간 자신의 버찌 과수원에서 일했다. 이때까지도 그는 말 그대로 오프라 땅을 처음으로 일군 트랙터 체인의 끼익거리던 소리를 즐겁게 떠올린다. 이즈라엘 계곡에서 벚나무들을 가져다가 말뚝과 흰 밧줄을 이용해 과수원을 배치했다. 나무를 심기 위해 구멍을 파고 그 안으로 물을 주던 일을 떠올린다. 과수원의 첫 번째 구역은 사워체리, 두 번째 구역은 자두, 세 번째는 앵두였다. 이어 그는 32킬로미터 떨어진 곳에 또 하나의 과수원을 조성했다. 복숭아 과수원과 천도복숭아 과수원, 포도 과수원. 첫 식재 후 4년이 흘러 첫 수확의 시기가 도래했다. 멋지게 꾸민 마차에 첫 열매를 싣고 오프라에 들어올 때 느꼈던 흥분을 묘사한다.

하지만 에치온 역시 깨달았다. 오프라가 뿌리를 내렸어도 그 성공은 국지적이며 제한적이라는 사실을. 에치온의 주장에 따르면 수상 메나헴 베긴이 시나이를 반환한 건 이스라엘 땅을 배반한 행위였다. 평야의 이스라엘인들은 이스라엘 땅을 지키지 못하고 있었다. 후퇴가 본격적으로 진행되는 상황에서 유대와 사마리아의 붕괴는 불 보듯 뻔했다. 아메리카니즘은 새로운 헬레니즘이 되어 이스라엘을 비유대적이고 나약하며 공허하고 부패한 나라로 만들고 있었다. 이스라엘은 오직, 역사를 탈바꿈시킬 새로운 사상이나 행위, 또는 사건으로만 구원될 수 있었다.

성전산은 늘 예후다 에치온을 매료시켜왔다. 어린 시절, 에치온은 아버지와 서예루살렘에 가곤 했다. 서예루살렘 경계 너머로 한때 성전산의 성전이 차지했던 장소를 바라보고 싶어서였다. 6일 전쟁이 발발했을 무렵, 에치온은 성전산에 집착하고 있었다. 오프라를 세우려고 분투할 때조차 에치온에게는 늘 이 일이 성전산으로 가는 도상의 한 정거장일 뿐이라는 인식이 있었다. "성전산은 이 땅의 중심이오. 하지만 비유대인의 손아귀에 있지. 성전산 위에 회교 사원 알아쿠사와 오마르가 버티고 있는 한, 이스라엘에 구원이란 있을 수 없소." 에치온은 말한다.

1979년 월러스테인이 비냐민 지구 지역 의회에서 업무를 시작하는 사이, 에치온은 예루살렘에서 예호슈아 벤쇼샨, 메나헴 리브니, 샤브타이 벤도브와 회의를 시작했다. 넷 다 성전산에 이슬람의 추물 따위가 자리해서는 절대 안 된다는 데 동의했다. 성전산은 신과 이스라엘 사이의 계약을 상징했다. 이곳은 유대인들 삶의 근원이자 중심이었다. 에치온을 비롯한 네 사람은 성전산을 유대 민족의 이스라엘 부흥을 시작하는 장소라 여겼다. 성전산에 극적인 조치를 취하는 일만이 시온주의의 재출발을 가능하게 할 터며, 그로써 이번에야말로 성전산이 순전한 모습을 되찾아 진정한 유대 민족의 성소가 될 터였다.

당시에는 알지 못했지만 1980년 월러스테인과 에치온의 행로는 갈릴 터였다. 둘은 여전히 오프라 안에서 이웃해 살았으며, 여전히 오프라의 정신적 지도자였다. 월러스테인은 에치온의 정신을 존경했으며, 에치온은 월러스테인의 업적을 존경했다. 하지만 일상적인 삶에서는 서로 다른 사업에 공을 들이고 있었다. 월러스테인은 더 많은 정착촌 건설을 결심하고, 이를 실천했다. 그러나 에치온은 월러스테인의 정착촌만으로는 충분치 않음을 확신하게 됐다. 정착촌은 대의명분을 위해서는 불가결하지만, 핵심 문제를 해결하지는 못할 터였다. 심오한 내적 변화가 필요했다. 혁명이 필요했다. 이스라엘국을 이스라엘 왕국으로 대체해야 했다. 서구 민주주의는 유대인 대법정인 산헤드린[11]에 자리를 내주어야 할 터였다. 전능한 신이 현대 역사에 개입해 당신의 민족, 당신의 이스라엘을 반드시 구원할 터였다.

이 시점에서, 에치온과의 대화는 월러스테인과의 대화보다 훨씬 더 흥미로워진다. 예후다 에치온이 일찍이 지금처럼 성전산에 대해 이야기한 적은 없었다. 이야기는 당시 에치온이 품었던 가장 내밀한 희망과 공포를 드러낸다. "오프라를 설립했을 때, 우리는 우리 투쟁이 거짓에 맞선 진실의 대항이 되리라는 사실을 이미 알고 있었소." 사내는 전한다. 사마리아를 유대인이 없는 지역으로 만들겠다는 정부의 시도는 잘못이었다. 정부와 우리의 싸움은 선한 천사와 악한 천사의 싸움이었다. 유대 전설은 우리에게 이러한 싸움이 놀라운 결과로 마무리된다는 교훈을 준다. 결국 악한 천사는 자신도 모르게 '아멘'을 외치며 순종을 고백한다. 패배한 후, 악한 천사는 진리를 인정하도록 강요된다. 우리

---

11 Sanhedrin, 히브리어로 '함께 앉아 있는'이란 뜻으로, 고대 이스라엘의 의회이자 법원. 성경에 의하면 신이 모세와 유대 민족에게 신의 뜻을 따라 유대 민족을 지도할 법정을 세우라 명했고 이에 따라 세워졌다고 한다.

에게도 역시 이런 일이 일어났다. 우리가 마주친 세력들은 굉장히 우세했지만, 결국 우리의 진리가 승리했다. 노동당 지도자들조차 자신도 모르게 '아멘'을 외쳤다.

"오프라의 성공은 우리에게 엄청난 격려가 되었소. 우리의 신념을 강하게 했으며 스스로를 대담하게 했소. 나라 전역에서 신분 고하를 막론한 사람들이 찾아와 우리와 함께했소. 이들은 우리가 성취한 일에 놀랐소. 이들은 불현듯 산봉우리에서 불빛을 보았지. 그렇게 우리는 오프라의 불을 밝히고 나서 엘론모레의 불을 밝혔으며, 실로의 불을 밝혔고, 베이트엘의 불을 밝혔소. 세속적 시온주의가 저 아래 저지대에 남아 있는 사이, 우리는 위로 올라 점점 더 많은 산봉우리에 햇불을 지폈소."

"하지만 난 공포 속에 살았다오. 이뤄놓은 성과가 언제 무너질지 몰라 불안하기 그지없었지. 세워놓은 것들은 아직 견고하지 못했소. 모두 여전히 취약하며 가역적으로 보였소. 그러던 차에 이집트와 수치스러운 평화협정이 이루어졌고, 과거의 모습으로부터 점점 더 멀어져가는 노동당과 함께 정부는 이중성을 드러냈지. 그렇게밖에 안 느껴졌던 까닭에 난 국가의 지도력을 더 이상 신뢰할 수 없었소. 국가에 배신당한 기분이었지. 그래서 난 이스라엘국과 싸워야만 했소. 이스라엘국은 더 이상 이스라엘 민족의 사신이 아니었기 때문이오. 난 이스라엘 민족을 위해 어쩔 수 없이 혼자 힘으로 행동할 수밖에 없었소. 의논할 진정한 지도부도, 진정한 국가도 없었던 까닭에 의무는 내 차지였소."

"1970년대 후반, 나는 샤브타이 벤도브의 저술들을 접하게 되었소. 벤도브는 이스라엘 왕국 설립을 위한 작전 계획을 준비했지. 난 벤도브로부터 정착촌만으로는 충분하지 않으며 이스라엘이 받아들여왔던 일련의 외래 가치관을 갈아치우는 일이 시급하다는 사실을 배웠소. 미국과 유럽의 사상들을 제거해야 했소. 우리는 이스라엘의 토라로부터 직접 도출되는 사상들을 수용해야만 했소. 민주주의를 뒤로하고 근본으로 돌아가야 했소. 말하자면 킹덤컴 혁명[12]을 선동해야 했던 셈이오."

"난 성전산이 중심이라는 사실을 알았지. 이 산은 하늘에 계신 우리 아버지와 우리를 연결하는 장소요. 성전산이 우리 수중에 없다는 사실은 우리가 얼마나 깊이 함몰되었는지를 보여주는 가장 유력한 증거요. 성전산 위에 회교 사원들이 존재한다는 건 이스라엘 민족에게 그리고 이스라엘과 신의 역사에 있어서 수치요. 이 회교 사원들을 날려버리면 우리는 천국으로 돌진할 수 있을 거요. 성스러움과 신의 임재, 산헤드린, 성전으로 가는 길을 닦는 일이 될 거요. 낡고 부패한 시대에 마침표를 찍고 순수한 새 시대를 예고할, 그리고 세속적 유대국을 토라가 계시한 왕국으로 대체할 숙청이 될 거란 말이오."

"제3차 세계대전? 예루살렘으로 행진해오는 이슬람 세력? 수만 명의 사상자? 난 이런 시나리오들을 생각했지만 결국 모두 비관적이며 지나친 기우에 불과하다는 결론에 이르렀지. 이 돔이 무너지면 모든 지옥문이 열리리라는 사실은 알고 있었소. 하지만 수천 대의 전차가 이스라엘 땅을 돌아다니며 수백 대의 미사일이 발사되리라고는 생각하지 않았소. 그렇지만 내가 틀렸다손 치더라도, 위험을 감수할 가치가 있

---

12 킹덤컴Kingdom Come은 천국 혹은 내세, 또는 주기도문의 '주의 나라가 임하소서'라는 의미다. Kingdom Come Revolution은 '주의 나라를 위한 혁명'이라고 이해할 수 있다.

다고도 생각했지. 벤구리온은 이스라엘의 건국 자체가 그것이 초래한 전쟁을 정당화한다고 생각했소. 그러니 다른 점은 없었소. 이스라엘이 성스러운 국가가 되는 것만으로도, 이스라엘이 온갖 적에 대항하는 전쟁은 마땅히 정당성을 얻게 되어 있었소."

1980년 초, 핀카스 월러스테인이 유대와 사마리아에 정착촌을 건설하려고 민주주의 이스라엘로부터 점점 더 많은 자원을 동원하는 사이, 예후다 에치온은 민주주의 이스라엘을 무너뜨릴 혁명을 일으키고자 유대와 이스라엘에서 점점 더 많은 정착민을 동원했다. 월러스테인은 웨스트뱅크를 이도 저도 할 수 없는 교착 상태에 빠뜨리고자 했던 반면, 에치온은 성전산에 아마겟돈의 불을 댕기려 했다. 오프라에서의 성공은 이 두 사내의 야심을 극대화했다. 실용주의적 월러스테인은 이스라엘공화국을 대이스라엘이라는 체계의 한 하청인으로 삼는 데 성공한 반면, 메시아 사상의 에치온은 이스라엘공화국을 하나의 왕국으로 대체하기를 희망했다.

30~40년 전 사건들을 재구성하는 지금에조차, 월러스테인은 정력 넘치고 단호하며 설명하는 데 있어서도 세세하다. 그는 자신이 튼 길, 자신이 발족한 공단, 정부로부터 끌어낸 예산들을 하나하나 다 기억한다. 여기저기서 교묘히 피하기도 조작하기도 하면서 밀어붙인 끝에 이스라엘의 정치적 주류를 만들어냈다. 구시에무님의 강바닥으로 흘러들어가는.

그러나 에치온은 생각이 깊으며 자기반성적이다. 때가 왔다는 결론에 이른 경위를 침착하게 설명한다. 오프라 한 군데로도 오프라 천 군데로도 충분치 않을 터였다. 그러면서 에치온은 계속해서 버찌 과수원을 가꾸고, 아랍인들로부터 땅을 매입하고, 오프라 유대교 회당을 설계하고, 구시에무님 지도부와 주간 회의를 열었다. 하지만 그의 정신은 딴 데 있었다. 마음은 성전산 성전 곁에 있었다. 그는 한때 제2성전의 일부였다고 알려진 오래된 향나무 재목을 수집했다. 성전을 상상하고, 성전에 대해 생각하며, 마음속에 성전을 재건했다. 성전을 회복하지 않고서는 구원이란 없으리라 확신했다. 일찍이 인습에서 자유로운 사고를 등한시한 적이 없었던 사내였기에, 이제 자신의 마음을 휘어잡는 이 획기적 구상을 등한시하지 않았다. 그리고 말만 앞서는 사람에게 항상 혐오감을 느껴왔기에, 자신은 반드시 행동으로 옮겨야 한다는 사실도 알았다. 에치온은 지도를 그리고 항공사진을 얻어가며 관련 정보를 빠짐없이 수집했다. 이어 세부 계획을 세웠다. 사람들을 동원해서 폭발물을 입수하라고 지시했다. 돔의 네 주主기둥을 허물 대규모 폭발물(각 20킬로그램) 네 개를 확보하기에 이르렀다. 이어 돔을 둘러싼 기둥 열두 개를 허물 중간 크기의 폭발물 열두 개(각 7킬로그램)를 확보하기에 이르렀다. 그는 준비가 되었다. "난 마음속으로 이미 거대한 먼지구름을 일으키며 무너지는 돔을 보았지. 이어 혼란은 멈추고 이스라엘의 버벅거림도 멈추며, 한 장이 끝나고 다른 장이 시작되어 마침내 상황은 명료해졌소. 한 시대가 막을 내리고 다른 시대가 열렸으니, 이제 천지는 개벽한 거였소. 우리는 우리 몫을 다했으니 신이 당신의 몫을 하실 차례이기 때문이었소." 에치온은 말한다.

1983년, 이스라엘 비밀정보부가 예후다 에치온을 체포하러 오프라에 도착하자 지역사회는 반기를 들었다. 당국 지도부는 에치온의 행위를 맹비난했지만 그 밖의 숱한 사람은 반대로 지지했다. 곧 밝혀진 바와 같이 오프라 주민 가운데 지하 조직 일원은 에치온만이 아니었다. 이 조직은 현재 악명 높은 유대 지하 조직이 되어 있다. 오프라에는 유대인 테러분자가 5명 살고 있었다. 이 비밀 조직이 앞서 우여곡절 끝에 성사시켜낸 수다한 테러 작전은 오프라에서 계획되었다. 팔레스타인 시장 세 명의 차량에 부비트랩을 설치하라는 지시는 오프라에서 나왔다. 이 테러로 시장 가운데 둘이 다리를 잃었다. 팔레스타인 사람들 사이에 정착하고 불과 5년 만에, 오프라는 이상적인 살인유대인을 양성하는 테러분자의 온상이 되었다. 오프라는 서슴없이 폭력을 행사해서 이 땅을 탈바꿈시켜야 한다고 믿는 호전적 메시아 사상과 과격파의 본거지였다.

에치온이 이끄는 지하 조직이 드러나자 사회는 충격에 빠졌다. 그리고 충격은 치유되고 있었다. 이제 오프라 정착민들조차 메시아주의 자체가 방사능 물질이며, 형이상학과 정치를 결합시켜 광기를 사육한다는 사실을 깨달았다. 첫 폭풍이 잦아든 후, 열성분자들의 방식은 거부되었다. 오프라 정착민 대다수는 근본주의 대신 실용주의를, 극단주의 대신 온건주의를, 에치온 대신 월러스테인을 택했다. 정착민들은 오프라를 확장하며 강화했다. 더 많은 땅을 획득해 이웃에 새로운 정착촌을 건설했다. 지역사회 일원으로서 이들은 두 번의 인티파다[13]를 이겨냈다. 상실을 겪으며 죽은 정착민들을 묻었다. 폭력의 발발과 불확실성

13 intifada, 이스라엘 점령지역에서 일어난 팔레스타인 사람들의 반反이스라엘 투쟁.

이 그치지 않는 분쟁 지역의 삶을 견뎌냈다. 맞다. 이따금 폭력적인 오프라 패거리가 법을 무시하고 이웃 팔레스타인 마을을 잔혹하게 공격하기도 했다. 월러스테인 자신조차 총격 사건에 발을 담그게 되는데, 이 사건에서 월러스테인은 자신의 차에 돌팔매질한 팔레스타인 소년을 죽였다. 하지만 규칙의 하나로, 오프라는 국가에 드러내놓고 반항하지는 않았다. 안건을 제기할 적엔 국가와 법에 맞서는 대신 국가와 법을 이용해 제기했다. 오프라는 예전 노동당처럼 점진적 접근법을 취하며 날로 강해졌다. 1983년 오프라에는 500명의 주민이 있었다. 1995년에는 1200명의 주민이 있었다. 오늘날에는 3500명이 있다.

그럼에도 예후다 에치온과 앉아 이야기를 들을 때면, 그는 여전히 오프라 DNA의 일부라 느껴진다. 에치온이 옳기 때문이다. 오프라는 그렇게 헛되다. 정착촌은 그렇게 절망적이다. 월러스테인의 종횡으로 뻗은 도로들에도 불구하고, 정착촌들은 여전히 아랍인의 웨스트뱅크에 떠 있는 유대인의 고립된 섬이다. 월러스테인의 지역공동체와 공단과 고속도로와 교량들에도 불구하고, 유대와 사마리아에서 정착민은 한낱 소수민족일 뿐이다. 국제사회는 결코 이들의 정당성을 인정하지 않을 터이므로, 정착촌들은 불안정한 기반 위에 세워진 셈이다. 평야의 이스라엘은 결코 이 정착촌들을 진정으로 수용한 바가 없기에, 여전히 어둠의 산맥 너머에서 살아가는 외떨어진 존재다. 알제리나 로디지아처럼, 이 정착촌들 역시 살아남지 못할 터다. 이제는 막다른 골목에 몰려 있다.

실용주의적 월러스테인에게는 해법이 없다. 이 구릉의 전쟁에 이겼으나, 승리의 대가는 끔찍했다. 그가 지은 집들에는 견고한 토대가 없으며, 심어놓은 나무들에는 진정한 뿌리가 없었다. 그의 기념비적 프로젝트를 구할 길은 오로지 예후다 에치온의 방법뿐이었다. 오프라의 미래를 믿으려면 대재앙 아니면 신의 간섭, 또는 둘 다 믿는 길밖에 없었다. 에치온은 이 사실을 말할 만큼 정직하지만, 오프라의 지성인이라면 모두 이 사실을 알아야만 했다. 마음속에 대전쟁에 대한 위대한 신념을 품어야 했다. 이 전쟁만이 자신들을 구해주리라는 사실을 믿어야 했다.

전쟁이 있으리라. 의심의 여지는 없었다. 1948년과 1967년 탓에, 그리고 오프라 탓에, 전쟁은 있으리라. 그러나 전쟁이 오프라 또는 이스라엘을 구원하지는 못할 터다. 월러스테인과 에치온 그리고 그 친구들이 창출한 현실은 풀 수 없는 곤경의 사슬로 이들을 옭아매고 말았다. 이 정착촌들은 이스라엘의 목을 올가미로 얽어매고 말았다. 정착촌이 창출해낸 인구통계, 정치, 윤리, 사법적 현실은 옹호받을 수 없다. 하지만 이제 오프라의 불법성은 이스라엘 자체를 오염시킨다. 암처럼 한 장기에서 다른 장기로 퍼지며, 몸 전체를 위태롭게 한다. 오프라의 식민주의로 말미암아 세계는 이스라엘이 식민국가라고 인식한다. 하지만 21세기에 식민주의 국가를 위한 자리는 없기에, 서방세계는 점차 이스라엘에 등을 돌리고 있다. 미국과 유럽의 개화된 유대인들이 이스라엘을 수치스러워하는 까닭이 여기에 있다. 이스라엘이 자기 자신과 불화하는 까닭이 여기에 있다. 오프라 설립자들은 이스라엘을 강하게 만들고 싶어했으나, 사실상 약화시켰다. 그리하여 실제로 대전쟁이 발발한다면 고립되고 배척당하고 분열된 이스라엘을 마주할 터다. 스스로를 방어하기가 거의 불가능해진 이스라엘을.

화창한 겨울날, 만물은 여전히 고요하다. 바알하조르 산의 레이더 기지는 창공을 훑는다. 오프라의 하얀 집들과 팔레스타인 마을 실완의 석조가옥들은 서로를 지켜본다. 저 멀리로는 포도밭과 버찌 과수원, 회색 바위와 산악토가 있다. 수천 년의 기억과 수천 년의 침묵 그리고 불확실한 미래가.

예후다 에치온은 이야기를 잇는다. 감옥에서 나온 후 재개한 프로젝트, 곧 새로운 예루살렘을 일으킬 계획에 대해 이야기한다. 회교 사원도 아랍인도 없는 예루살렘, 제3성전이 있는 예루살렘을 일으킬 계획에 대해. 핀카스 월러스테인 역시 이야기를 잇는다. 그는 말한다. "우리는 틀리지 않았소. 우린 훌륭한 프로젝트를 성공시켰소. 우리가 이룩한 일은 선조들이 하니타와 에인하롯에 이뤄낸 일과 같소. 우리는 노동당 정신을 따랐으며 노동당 방식을 활용했소. 20세기 마지막 25년 동안 우리가 사마리아에서 이룩한 일은 노동당이 20세기 첫 25년 동안 하롯 계곡에서 이룩한 일과 같소."

"하지만 그 점이 바로 논쟁거리입니다." 나는 그의 말을 가로막는다. "오프라가 시온주의의 긍정적 지속인가요 아니면 시온주의의 부정적 변이인가요." 대답은 물론 둘 다. 한편으로 둘의 정신과 절차는 놀랄 만큼 유사하다. 공정한 관찰자라면 누구나 어떤 의미에서 오프라는 에인하롯의 자손이라는 주장에 반대하지 않으리라. 다른 한편으로, 역사와 사상의 맥락에서 보면 이 둘은 판연히 다르다. 이 점에서 보면 오프라는 에인하롯의 지속이 아닌 일탈, 곧 기괴한 환생이다.

월러스테인이 이해하지 못하자 난 설명하려 애쓴다. 나는 말한다. 애초부터 시온주의는 살얼음 위에서 스케이트를 지쳤던 거라고. 한편으로 오프라는 민족해방운동이었지만 다른 한편으로는 식민주의 사업이었다. 오프라는 타민족의 소유를 강탈함으로써 민족의 생명을 구하려 했다. 첫 50년 동안, 시온주의는 이러한 복잡성을 인식했고 그에 맞춰 행동했다. 식민주의와 결부되지 않고자 세심한 주의를 기울였으며 불필요한 역경을 초래하지 않으려고 노력했다. 세계의 진보 세력과 보조를 맞춰, 민주적이고 진보적이며 개화한 운동이 되자고 다짐했다. 시온주의는 자신의 중심에 자리 잡은 모순을 지극히 세련되게 처리했다. 우여곡절 끝에 정당하고 강력하게 1948년 전쟁에 이르렀으며, 전쟁에서 빠져나올 때는 명확한 국경이 있고 유대인이 압도적 다수를 차지하는 유대 민주민족국가가 되어 있었다. 이주 공동체와 토착 인구 사이의 갈등을 주권국가 사이의 갈등으로 바꿔놓았다. 우리 운명이 알제리나 로디지아의 운명을 따르게 될, 시온주의가 단순히 또 하나의 악의적 식민 프로젝트로 인식될 위험은 사라졌다.

"하지만 1967년 이후에, 그리고 1973년 이후에 상황은 전부 변했습니다." 월러스테인에게 나는 말한다. "이 나라 초창기의 특징이었던 자기 억제와 역사적 통찰은 바래기 시작했습니다. 당신네 정착민들은 전쟁에서 비롯된 나약과 정치적 공백을 이용했지요. 당신은 노동당의 나약과 리쿠드당의 무모를 오용했습니다. 하지만 당신이 아무리 스스로를 누구보다 앞서는 사람이라 여긴다 해도, 당신은 틀렸습니다. 1921년 에인하롯에서 이룩한 일을 1975년 오프라와 더불어 이룩할 수 있다고 여긴 당신의 생각은 틀렸습니다. 혁명운동이 소유 경계가 불확실한 땅에서 할 수 있는 일을, 주권국가가 점령지에서 할 수 있다고 여긴 당신의 생각은 틀렸습니다. 당신의 정력은 탁월했지만 중요한 모든 점에서 당신은 완전히 틀렸습니다. 시온주의의 과거와 시온주의의 영광을 동경했던 마음은 이해되지만, 결과적으로 시온주의 논리와는 모순되었으며 시온주의의 이익을 침해했습니다. 당신은 우리에게 재앙을 불러들였습니다, 월러스테인. 우리를 위한다는 명목으로, 당신은 역사적 자살 행위를 저질렀습니다."

분노하고 낙담한 나는 핀카스 월러스테인의 집을 나와 이스라엘 하렐의 집을 향해 걷는다. 하렐은 『하아레츠』 재직 시절 내 동료이자 칼럼니스트이며, 이 나라의 미래를 함께 고민하는 내 오랜 대화 상대다. 하렐은 상냥하며 자제력 있는 현명한 사람이다. 월러스테인이나 에치온과 달리 그는 반항적이지도 완고하지도 않으며, 생각이 깊고 진지하다. 그는 1967년 성전산에 도달한 첫 낙하산병 가운데 한 명이었으며, 1973년 수에즈 운하를 가로지른 첫 낙하산병 가운데 한 명이었다. 학생 시절에는 대이스라엘 운동 창설자 가운데 한 명이었으며, 젊은 언론인 시절에는 설립되고 1년이 지난 오프라에 정착했다. 오프라에 근거를 둔 정착민 주간지 『네쿠다』를 창간해 편집을 맡았으며, 정착민 대표 의회인 예샤를 결성했다. 나는 하렐을 좋아하고 존경하지만 지금은 잔인해진다. 나는 토로한다. "오프라를 조사할수록 오프라에 대해 더 깊이 생각하게 되는군. 난 자네가 그야말로 제정신이 아니었다는 결론에 이른다네. 열성분자의 열병이 자네의 눈을 멀게 했던 셈이지. 집단적 민족종교 열병이 자네 주변의 아랍인들을 보지 못하도록 했던 걸세. 자네의 종족 심리와 해괴한 이상이 자네로 하여금 이스라엘을 막다른 골목으로 이끌게 했던 걸세."

내 흥분에도 하렐은 아랑곳없다. 두꺼운 안경을 통해 내 눈을 똑바로 쳐다보며 기막히도록 솔직하게 답한다. "오프라에 살겠다고 오는 사람에게는 답을 요구하게 마련이지", 하렐이 말한다. "이곳에서의 첫 순간부터 우리는 답을 요구받았다네." 그는 네 가지 답을 내놓는다.

1: 이주 물결이 밀어닥칠 터다. 소련 또는 미국으로부터. 그리고 이 물결은 인구통계 문제를 일소할 터다.
2: 아랍인들은 자진해서 떠나 요르단에 있는 자신들 동포 곁으로 갈 터다.
3: 이스라엘국은 아랍 인구를 강제로 이주시키지 않으며, 개개 아랍인이 아랍국가로 이주하도록 장려할 터다.
4: 1948년 전쟁과 흡사한 전쟁이 있을 터다.

"그러니 내가 옳았던 거네", 나는 외친다. "오프라는 아랍인들이 머물러 있지 않으리라고 가정하고 있네. 오프라의 은밀한 희망은 앞으로 대전쟁이 일어나 이곳 아랍인들이 사라지리라는 걸세."

하렐은 나를 정중하게 무시하며 말을 잇는다. "우리는 우리가 강제로 떠나게 될 날이 올 수도 있다는 사실을 줄곧 인식하고 있었다네. 이야기가 오가지 않았을 뿐, 가장 어두운 구석에 감춰진 비밀이었지. 하지만 오프라가 설립된 그날부터 이곳 사람들은 하나같이 알고 있었다네. 그러면서도 다른 무언가도 알고 있었지. 이들에게는 1967년 전쟁 또는 1948년 전쟁과 같은 굉장한 사건이 발생하리라는 믿음이 있다네.

그리고 이 굉장한 사건은 우리가 옳았음을 증명하리라는 믿음. 우리의 투쟁을 보완하며 우리와 함께하도록 이스라엘 민족을 설득하리라는 믿음. 텔아비브 사람들이 자신의 존재가 얼마나 공허한지 알게 되리라는, 우리가 없다면 자신들은 뿌리도, 깊이도, 생명도 없음을 알게 되리라는 믿음이 있지. 군중이 밀려들 걸세. 이어 100만 유대인이 이 산봉우리들에서 살게 될 때, 진정 새로운 지도가 그려지는 거지. 새로운 의식이 싹틀 걸세. 오프라에서 시작된 일은 이스라엘을 다시 한번 유대 국가이자 시온주의 국가로 만들 걸세."

하렐의 이야기를 들으니 비로소 이해가 된다. 구시에무님은 너무 강했다. 종교적 시온주의가 일으킨 해방운동이었기 때문이다. 유대와 사마리아를 향해 가는 일은 안식일을 지키는 소시민적 공동체를 혁명운동 집단으로 뒤바꾸려는 노력이었다. 정착촌을 설립하는 일은 종교적 시온주의를 시온주의 서사의 주변부에서 중심으로 옮기려는 노력이었다. 오프라를 향한 갈망이 단지 정치적이거나 종교적인 차원을 넘어 지극히 감정적이었던 까닭이 여기에 있다. 이 민족종교 집단이 스스로를 내세울 수 있는 곳은, 주권국 이스라엘의 국경 밖에 있는 소유 경계가 불분명한 지역뿐이었다. 스스로를 정의 내릴 수 있는 곳은 이 소유 경계가 불분명한 지역뿐이었다. 민족종교 젊은이들이 고개를 들어 세상에서 자신의 자리를 찾을 수 있는 곳은 오프라뿐이었다. 이들이 오프라의 어리석음을 알아차리려 하지 않고, 애초부터 오프라를 궁지에 몰아넣고 있던 현실을 외면했던 까닭이 여기에 있다. 오프라는 21세기에 결코 존재할 수 없다는 사실을 이해하지 못했던 까닭이 여기에 있다.

하지만 지금, 오프라는 존재한다. 3500곳에 달하는 강력한 오프라는 여전히 증가 추세에 있다. 난 하렐과 헤어지고 나서 상업 중심지를 따라 거닐며 주간 탁아 시설과 유치원, 학교를 방문한다. 이 모두가 풍기는 활기찬 기운에 감명한다. 이곳에서의 삶은 순조롭다. 하늘에는 구름 한 점 없다. 말하자면 눈을 들어 이웃 팔레스타인 마을들을 보지 않는 한. 발아래 이 땅이 정확히 어떻게 획득되었는지 모르는 한. 이곳의 고요가 어떻게 유지되는지 의식하지 못하는 한.

여기에 오프라의 대단한 기만이 있다. 오프라는 자궁외 임신으로 시작됐다. 국가법과 국경, 국가 통치권 밖에서 잉태되었다. 하지만 오늘날까지도 오프라는 국제법 밖에서, 국제적 맥락 없이, 국제적 친선이 전무한 상태에서 산다. 따라서 그야말로 동시에, 오프라는 존재하면서도 존재하지 않는다. 활기차고 역동적이지만, 단언컨대, 오프라의 내부 논리는 반항의 대상으로 삼아 무시했던 외부 논리에 의해 조만간 뭉개질 터다.

나는 1960년대 자신들의 광활한 농장이 안전하다고 느꼈던 로디지아 농부들을 생각한다. 이들은 지독히도 운이 좋았다. 비평가와 회의론자들을 우습게 보았다. 이들 눈에는 자신들의 현실이 지극히 견고했기에 취약함을 알아차릴 수 없었다. 이들의 오류는 풍요로운 가상 현실을 자신들의 생존을 보장하는 지속 가능한 현실이라고 믿었다는 데 있었다. 나는 또한 가자지구의 네제르하자니 정착촌을 기억한다. 2005년 가자지구로부터 철수가 이루어지는 동안, 네제르하자니의 파괴는 내게 극심한 공포를 불러일으켰다. 네제르하자니는 오프라나 다름없었다. 번영했으며 자신감이 넘쳤다. 그러나 그때 불도저들이 등장해

네제르하자니를 휩쓸어버렸다. 하루 만에 정착촌은 사라졌다. 그것은 더 이상 존재하지 않았다. 영영 사라졌다.

난 오프라를 보며 연민을 느낀다. 나를 격분하게 한 오프라에 강한 연민을 느낀다.

오프라 기록보관소는 약국처럼 정갈하며 단정하다. 흰 상자 가운데 하나에서 나는 예후다 에치온의 오래전 성명을 발견한다. "우리의 진정한 목표: 정신적 강인함과 정치적 영향력을 갖춘 자랑스러운 왕국의 건립." 다른 흰 상자에서는 낡아빠진 지도 한 장을 발견한다. 지도는 요르단군 기지 에인야브룻의 콘크리트 건물 열여섯 채가 바위투성이 산비탈에 흩어져 있는 모습을 보여준다. 그리고 흑백사진들: 사진에서는 외로운 석조가옥 한 채가 에인야브룻 기지를 장악하고 있는 첫 정착민들을 내려다보고 있다. 어느 8밀리 영상: 버려진 군용 막사를 청소하고 있는 활력 넘치는 젊은 여성들. 유모차 한 대, 수조 한 통, 널린 빨래. 반바지에 러닝셔츠 바람으로 힘차게 건설 작업 중인 젊은 남자들. 반소매 차림으로 벽을 하얗게 칠하고 있는 젊은 여자들. 붉은 종 모양 모자를 쓴 스물네 살의 예후다 에치온. 정착민 동지들에게 흥분해 이야기하고 있는 스물네 살의 핀카스 윌러스테인. 1975년 4월 사내의 결백과 맹목 상태. 산을 오르겠다는 사내의 결의. 산봉우리에 불을 지피겠다는, 신이 당신의 민족, 당신의 이스라엘을 구원하게 하리라는 결의.

아홉

1991년, 가자 해변

점령이 시작되고 20년, 오프라가 설립되고 13년 후, 첫 인티파다가 터졌다. 1987년 12월, 웨스트뱅크와 가자에 거주하는 팔레스타인 사람들이 이스라엘의 계속되는 군정에 저항해 봉기를 일으켰다. 수만 명이 거리로 나왔다. 도시와 마을, 난민촌들은 시위대에 휩싸였다. 팔레스타인 사람들의 전례 없던 반란은 이스라엘에 맞서, 이스라엘의 점령지 지배가 거의 막을 내리게 할 뻔했다. 그러나 첫 충격 후, 유대국은 반격했다. 군대를 동원했고 효과적인 경찰력이 되도록 훈련했다. 민완한 국내 비밀정보국인 신베트를 풀어 이스라엘에 저항하는 비무장 군중에게 맞서게 했다.

이스라엘 군대는 몇 달 만에 강제수용소 여러 곳을 조성해 군사 재판에서 유죄 선고를 받은 팔레스타인 사람 수천 명을 가두었다. 인티파다 반란은 몇 년 만에 수그러들었다. 체계적이고 단호한 탄압이 효과를 발휘했던 셈이다. 팔레스타인 사람들의 운동은 추진력을 상실했다. 대중 시위는 사라졌다. 대중 봉기가 이스라엘의 점령에 마침표를 찍게 할 수 있으리라는 생각은 사라졌다. 팔레스타인 시민 수천 명이 강제수용소에 수감되어 지냈다. 이들의 대량 수감은 이스라엘의 민주적 정체성을 여러모로 오염시켰다.

1991년 3월, 나는 곧 아버지가 될 젊은 언론인이었다. 군 기지에서 연례 예비군 복무가 있으니 리다에서 멀리 떠나지 말라는 지시가 떨어졌을 때, 난 어떤 임무가 주어질지 전혀 알지 못했다. 가자에 있는 강제수용소 한 곳에서 간수로 복무하라는 명령을 받고 나는 충격에 사로잡혔다. 점령에 반대하는 평화주의자로서 내 신념을 더럽히고 싶지 않았기에, 난생처음으로 진지하게, 법을 어기고 복무를 거부해 감옥에 갈 생각까지 했다.

그러나 이스라엘 방위군 버스를 타고 동료 예비병들과 함께 남쪽으로 가고 있을 때, 더 좋은 생각이 떠올랐다. 이 경험을 글로 쓰리라는. 별안간 간수병으로 변한 한 이스라엘 시민의 경험을 종이에 기록하리라. 점령을 기록하는 일은 가담을 거부하는 것보다 훨씬 더 효과적인 항의 행위가 되리라 믿었다. 가자 해변의 강제수용소에서 보낸 12일 동안 나는 기록했고, 이어진 3일 동안 이를 4000단어의 작품으로 엮었다. 「가자 해변에 대하여」는 『하아레츠』에 처음 발표되었고, 이어 『뉴욕 리뷰 오브 북스』에 발표되었다. 국가가 승인한 만행을 읽은 이스라엘 정책 입안자 대부분이 충격에 빠졌다. 글이 『뉴욕 리뷰 오브 북스』에 발표될 무렵, 큰딸 타마라가 태어났다.

지중해 해안 백사장에서 수백 미터 떨어져 있는 이곳의 분위기는 목가적이다. 오전 6시 고기잡이배들이 출항할 때면 나는 마치 1950년대의 크레타 섬에 있는 듯 느껴진다. 서쪽의 모든 것이 내 마음을 사로잡는다. 푸른 하늘, 청록 물결, 희망에 찬 어부들. 하지만 내 감시탑으로 불어오는 상쾌한 미풍은, 철조망을 뚫고 어두운 군용 천막들 위를 향해 동쪽으로 흘러간다. 미풍은 수감된 팔레스타인 사람들의 정신을 고양시키고, 이들을 수감한 유대인들의 정신을 고양시킨다.

감시탑 보초병들은 아침 바다의 변해가는 색조에 시선을 돌린다. 일찍 일어난 죄수들 역시 마찬가지다. 변기가 놓인 양철 판잣집 안에서 죄수 두 명이 까치발을 딛고 서서 지중해를 볼 수 있는 유일한 틈인 좁은 창문에 매달려 있다. 언젠가 팔레스타인이 독립하면 그 정부는 이 땅덩어리를 어느 국제 기업가에게 임대하고 기업가는 이곳에 가칭 가자비치 클럽메드 같은 휴양 시설을 세우리라. 언젠가 평화가 도래하면 이스라엘 사람들은 외지에서 짧은 휴가를 보낸다며 이곳을 찾으리라. 청록 바다 옆에서 백포도주를 마시며 삼바를 추리라. 집으로 돌아가는 길, 에어컨 바람이 솔솔 나오는 시원한 면세점에서 수를 놓은 검은색 팔레스타인 드레스를 사가리라.

하지만 당분간 독립국 팔레스타인도, 평화도 없다. 그래서 우리는 오전 인도引渡를 준비해야 한다. 파란 제복을 입은 죄수들을 꼬불꼬불한 철조망 밑으로 몰고 있다. M-16 소총의 총열로 죄수들을 쿡쿡 찌르는 자들은 내 동료들이다. 4월 이른 아침의 희미한 빛 속에서, 유대 병사들은 소총을 꽉 쥔다. 죄수들에게 멈춰라, 전진하라, 멈춰라 하고 명령한다. 이어 바다에서 상쾌한 미풍이 불어오는 사이 죄수들에게 손을 앞으로 내밀고 있으라고 명령한다. 한 젊은 병사가 한 사람 한 사람 수갑을 채운다.

이곳이 가자 해변 강제수용소다. 1987년 12월 팔레스타인 봉기가 터진 후 최근 급히 지어진 몇몇 수용소 가운데 하나다. 이곳에는 팔레스타인 사람 1000명이 수감되어 있다. 이 가운데 대부분은 테러분자가 아닌 시위자나 돌팔매질꾼에 불과하다. 10대 청소년도 많다. 드문드문, 몸집이 작아 어린 소년으로 보이는 이들도 있다.

이곳 강제수용소에는 취조실 둘과 수용소 넷이 있다. 수용소마다 낡은 갈색 군용 천막 12채가 있다. 각 천막에는 20~30명의 죄수가 있다. 전에는 한 천막에 남자 50~60명을 밀어넣었다. 지금은 환경이 나아져 수용 인원이 합리적으로 보인다.

수용소 네 곳은 저마다 윗부분에 가시 철사를 얹은 재래식 철조망에 둘러싸여 있다. 철조망 밖에는 간수들이 다니는 좁은 통로가 있다. 그 뒤로 다시 외부 울타리가 쳐져 있다. 시멘트를 채운 금속 통들로 만들어진, 말하자면 임시 벽이다. 이 울타리들 사이에서 앞뒤로 서성거리는 간수들을 보고 있노라면 누가 갇힌 자이고 누가 가둔 자인지 모르겠다는 생각이 든다. 수용소 전체는 내게 만인이 처한 구속 상태를 암시하는 거대한 은유로 다가온다. 이곳에서는 이스라엘인이나 팔레스타인 사람이나 울타리 안에 갇혀 있기는 매한가지다.

이 억류 시설에는 감시탑 12기基가 있다. 유대인 병사 가운데 일부는 이 탑들과 학교에서 배운 특정 탑들 사이의 유사성에 놀라기도 한다. 그러나 이 충격은 단지 느낌에서 비롯되었을 뿐이다. 1940년대 유럽에 세워진 감시탑들은 모두 묵직한 독일, 폴란드산 목재로 제작된 반면 가자 해변 시설의 탑들은 갈릴리에서 생산된 얄팍한 이스라엘 금속으로 제작되었다. 이곳 탑에도 탐조등이 설치되어 있기는 하나 거의 사용되지 않는다. 수용소는 밤새 수백 개의 강렬한 가로등에서 나오는 누르스름한 색조의 지독히 강한 빛으로 뒤덮여 있기 때문이다. 필요에 따라 전기 시스템이 이른 새벽에도 꺼지지 않을 때면, 전구와 신호등들은 대낮까지 빛난다.

억류 시설에는 식당 하나와 매점 하나, 샤워기와 변기 여러 대가 있다. 팔레스타인 죄수들은 하루 서너 차례씩 이스라엘 병사들의 변기를 문질러 닦도록 되어 있다. 그런데도 세상에, 어떤 병사들에게는 팔레스타인 청소부들의 위생 수준이 못마땅하기조차 하다. 이 감옥 시설에는 또한 예비병들을 위한 일련의 천막과 사령관 사무실 하나, 작전실 하나가 있다. 부엌은 둘이다. 간수용 부엌 하나와 수감자용 부엌 하나. 부엌은 달랑 그물 하나로 구분되어 있다. 가끔씩 경비병들에게 커피가 떨어질 때면, 요리사는 죄수들 요리사에게 요청해 그물 너머로 맛대가리 없는 커피 두세 봉지를 건네받기도 한다. 하나뿐인 병원에서도 이런 공존을 볼 수 있다. 한 의사가 열성이 지나친 취조관 탓에 다친 죄수의 다리를 대강 손보자마자 예비병의 안구 감염을 치료해줄 수도 있다. 그렇게 매사에는 질서가 있다. 가자 해변 강제수용소는 이 규칙에 따라 돌아간다.

이처럼 갇혀 있는 상황을 고려할 때, 담당 장교들은 최선을 다하려 노력하는 셈이다. 이들은 온당한 사내들이다. 죄수들은 이들의 명령에 따라 음식과 담배를 충분히 제공받으며, 정책에 맞춰 상당한 자율성도 보장받는다. 대부분의 경우 수감자들은 자신들만의 부엌과 보급 체계를 꾸리는 것이 허용되며, 이를 위한 물자가 지급된다. 감옥 사령부와 죄수 지도부는 매일 협상한다. 이런 노력들로 이곳에서의 삶이 차분하게 진행되도록 한다. 지금은 한 장교가 자신을 공격하려 한 죄수 하나를 총살하고 2년이 흐른 뒤다. 당시 장교는 자신의 피로 흥건해진 바닥에서 뒹구는 이 청년을 연신 쏘아댔다. 예전과 달리 요즘은 매주 금요일 가족과 변호사들의 방문이 허용된다. 적십자에서도 정기적으로 들른다.

그럼에도 대기 중엔 지중해의 미풍도 가시게 할 수 없는 지독한 악취가 풍긴다. 부당하며 근거 없지만, 끔찍한 시절과의 유사성은 곳곳에 만연해 있다. 이곳에서 그 유사성은 반이스라엘 선전이 아닌 병사들이 일상적으로 사용하는 언어에서 암시된다. A가 취조실에서 보초 근무를 서기 위해 일어날 때면 이렇게 말한다. "나 이단심문소[1] 간다." R이 친구들의 M-16 총열 아래로 숙이고 들어오는 일련의 죄수들을 볼 때, 심히 강한 어조로 이렇게 말한다. "봐, 악치온[2]이 시작됐군." 그리고 강경 우파인 N조차 이야기를 들어줄 사람만 있으면 이렇게 투덜댄다. 이곳은 강제수용소를 닮았다고. M은 비틀린 미소를 머금고 말한다. 인티파다 동안 예비군 복무 경력이 너무 많이 쌓여서 곧 고위 게슈타포 장교로 승진될 성싶다고.

늘 이런 비유를 혐오해온, 그리고 누구건 이를 암시하는 사람과는

---

1 Inquisition, 가톨릭교회가 중세부터 19세기까지 가혹하게 자행하던 이단자에 대한 종교재판 또는 이단 심문. 혹은 이러한 일들이 이루어지던 재판소나 심문소. 처음에 유대인의 신앙은 대상으로 삼지 않았으나 13세기부터 이들에 대한 탄압이 본격화됐다.
2 악치온Aktion은 독일어로 처치, 조처를 뜻한다.

늘 격렬하게 언쟁해온 나 역시 더 이상은 막을 수가 없다. 연상 작용이 너무 강하다. 1번 교도소의 사내 하나가 울타리 너머로 2번 교도소 사내를 불러 자신의 딸내미 사진을 보여주는 모습을 볼 때면, 갓 체포된 아이들이 복종과 공황과 묵묵한 자부심이 뒤섞인 태도로 내 명령을 기다릴 때면, 연상이 치밀어오른다. 언뜻 거울 속에 비친 내 모습을 바라볼 때면, 이곳에서, 이 끔찍한 감옥에서 간수 노릇을 하고 있는 스스로의 모습에 놀란 거울 속 내 모습을 바라볼 때면, 연상이 치밀어오른다. 그리고 내 주위에 있는 1000여 명의 인간이 교도소, 그러니까 우리에 갇혀 있는 모습을 볼 때면.

나는 신념이 흔들리고 있는 사람처럼 둘 사이의 주지할 만한 차이점들을 열거해놓은 긴 반론 목록을 검토한다. 가장 두드러진 차이라면 이곳에는 화장터가 없다. 그리고 1930년대 유럽에서는 두 민족 사이에 실존적 분쟁이 없었다. 인종주의 정책을 고수한 독일은 조직적 악이었다. 독일 민족에게 위험이란 일절 없었다. 하지만 나는 곧 깨닫는다. 문제는 유사성에 있지 않음을. 누구도 둘 사이에 정말 진정한 유사성이 존재한다고는 생각할 수 없다. 문제는 유사성이 충분히 부족하지 않다는 데 있다. 유사성의 부족이 이 악마의 메아리를 일소할 정도로 역력하지가 않다.

어쩌면 신베트에 그 책임을 물어야 할지도 모른다. 밤마다, 신베트는 취조실에서 어린애들을 어떻게든 작살내고 나서 가자 시市를 통제하는 이스라엘 낙하산병들에게 이 작살난 아이들의 친한 친구 명단을 넘겨준다. 그리고 나처럼 문지방에 서 있는 누군가는, 자정 넘어 이 억류소를 떠나 작살난 아이들이 유대국 보안에 위험한 존재라고 불은 친구들을 체포하려고 통금으로 캄캄해진 점령 도시로 달려가는 지프를 볼 수 있다. 낙하산병들이 군용 차량에 이를 악문 채 눈알이 툭 불거진 열대여섯 살 소년들을 싣고 돌아올 적에도 난 여전히 그 자리에 서 있으리라. 때로 소년들은 이미 두들겨 맞은 상태로 끌려온다. 병사들은 둘러모여 아이들의 옷이 벗겨지는 모습을, 그들이 속옷 차림으로 벌벌 떠는 모습을 지켜본다. 아이들이 공포에 떠는 모습에, S는 점령지에 공장을 소유하고 있으면서도 자신의 눈을 믿을 수 없다. "우리가 어쩌다 이 지경까지 왔지?" S는 묻는다. "어떻게 이런 꼬마들까지 뒤쫓게 되었느냐고."

어쩌면 내 뇌리에 박힌 이 유사성에 대한 책임은 수용소 의사에게 물어야 할는지 모른다. 의사는 물론 멩겔레가 아니다. 하지만 한밤중에 맨발에다 멍투성이인 야간 억류자 하나가 간질 발작 증세까지 보여 치료해달라고 깨우면, 의사는 이자에게 고함을 지른다. 아이가 겨우 열일곱 살에 불과하더라도, 자신은 방금 등과 배와 가슴을 얻어맞았다고 호소하더라도, 실제로 아이의 몸 곳곳에 흉측한 홍반이 생겼더라도, 의사는 아이를 향해 큰소리로 고함친다. "난 네가 죽었으면 좋겠다." 그러고는 나를 향하더니 웃으며 말한다. "난 저것들이 모조리 죽었으면 좋겠소."

아니면 내 마음속에서 이 비교를 그만두지 못하는 책임은 비명에 있을는지 모른다. 감시 근무를 마치고 예비병 천막에서 샤워장으로 걸어가는 사이, 내 귀에는 느닷없이 끔찍한 비명이 들린다. 나막신에 반바지 차림으로 손에는 세면도구를 들고 어깨에는 수건 한 장을 두른 채 슬렁슬렁 거닐던 난, 그야말로 머리털을 곤두서게 하는 비명에 기함한다. 취조실의 함석 울타리 건너편에서 들려오는 소리다. 그동안 다양한 인권 보고서를 읽어온 나는, 저 울타리 너머에서 벌어지고 있을 법한 일을 안다. 지금 '바나나타이'[3] 고문을 하는 중인가, 아니면 더 악랄한 고문이 벌어지고 있나? 혹은 그저 투박한 옛날식으로 구타를 하는 중인가?

고문 방법이야 어찌 됐든, 지금 이 순간부터 나에게 평온이란 없으리라는 사실만은 잘 안다. 하루의 먼지와 땀을 씻어내리는 장소인 샤워장으로부터 50미터 거리에서 사람들이 비명을 지르기 때문이다. 식사하려는 식당으로부터 70미터 거리에서 사람들이 비명을 지르기 때문이다. 그리고 저들이 비명을 지르는 까닭은 다른 사람들, 그러니까 나처럼 제복을 입은 사람들이 비명을 지르게 만들기 때문이다. 저들이 비명을 지르는 까닭은 나의 유대국이 비명을 지르게 만들기 때문이다. 체계적이고 정연하며 극히 합법적인 방식으로, 나의 사랑하는 민주적 이스라엘이 저들을 비명 지르게 만든다.

감정에 휘둘리지 말자, 나는 스스로를 타이른다. 속단하지 말자. 어떤 나라든 그만의 음침한 지하실이 있지 않은가? 어느 나라든 그만의 비밀정보국이 있으며, 그만의 특수부대와 그만의 은밀한 취조 시설이 있지 않은가? 단지 어쩌다 내 운수가 사나워서 이 모든 소리를 적나라하게 들을 수 있는 장소에 보내졌을 뿐이다. 하지만 비명이 커져갈수록, 방금 스스로를 타이른 말들에는 일말의 진실도 없다는 사실을 깨닫는다. 이곳 취조 시설의 취조 대상은 위험한 간첩이나 반역자 혹은

---

3 사람을 등받이가 없는 의자에 앉힌 뒤 다리는 의자의 앞다리에 묶고 손은 의자의 뒷다리에 묶거나, 등이 뒤로 휘어지도록 사람의 손을 다리에 묶는 고문 방법.

테러분자가 아니기 때문이다. 이곳에 시한폭탄 따위는 없다. 게다가 이스라엘이 최근 몇 년 사이 세운 온갖 교도소에는 수천수만 명이 억류되어 있다. 이들 가운데 다수는 고문당하고 있다. 우리의 경우, 문제는 간첩 10여 명이 아니며, 제한적이고 명확한 방첩 작전이 아니라는 데 있다. 이곳이 문제되는 까닭은 대중 봉기의 탄압이자 타국 영토의 강제 점령이기 때문이다. 그러므로 내가 만나서 이야기를 듣고 이해하고 싶은 대상은 은행원, 보험중개인, 전기 기사, 소매업자, 학생들을 망라하는 우리 민중 전체다. 기와공, 연구원, 언론인, 성직자, 학생들을 망라하는 저 민중 전체를 투옥하고 있는 우리 민중 전체. 서구에서는 전례를 찾아볼 수 없는 현상이다. 민주주의라면 도저히 용납할 수 없는 조직적 만행이다. 그리고 나는 이 모두의 일부다. 나는 순응한 셈이다.

이제 비명은 점차 약해진다. 비명은 흐느낌과 통곡으로 변한다. 하지만 난 이 순간부터 이전과는 모든 게 달라지리라는 사실을 깨닫는다. 타인의 비명을 들어본 사람은 이전과는 전혀 다른 사람이 된다. 비명에 어떤 식으로든 관여했는지 여부와 상관없이, 전혀 다른 사람으로 바뀐다. 그리고 나는 타인의 비명을 듣고 말았다. 아직도 듣고 있다. 비명을 지르는 사내들이 소리를 멈추더라도, 여전히 저들의 비명 소리를 듣는다. 듣기를 멈출 수가 없다.

그러니 비슷한 점이 없다 해도, 난 이와는 다른 울타리 안, 이와는 다른 장소에서 다른 민족을 감시했던 다른 보초들은 어떠했는지 이해하기 시작한다. 그 보초들은 비명을 어떻게 들었는지, 어떻게 아무것도 못 들을 수 있었는지. 일반적으로 악은 자신이 악인지 모른다. 잔혹 행위를 저지르는 사람은 그 잔혹성을 인식하지 못한다. 단지 명령에 복종할 따름이다. 아니면 승진을 고대할 따름이거나. 혹은 그저 건전하게 가정생활을 꾸려나가기를 원할 뿐이라면, 그런 소망을 이루기 위해 해야만 할 일을 할 따름이거나. 더불어 이들은 세금을 걱정하며 자녀들 학업 문제를 염려한다. 하지만 이들은 집과 아내와 납부할 청구서들을 생각하면서 무의식적으로 손에 무기를 쥔다. 울타리를 감시하고 있다. 울타리 안에서 다른 민족은 흐느끼고 있다.

예비병 대다수는 이곳에 처음 도착한 순간 충격을 받는다. 다른 민족이 교도소라는 우리에 갇혀 있는 광경을 믿을 수가 없다. 비명 소리를 처음 듣는 순간 전율한다. 하지만 취조실 보초 근무를 거부하는 예비병은 여섯 가운데 둘뿐이다. 진정으로 고뇌하는 예비병은 네다섯에 불과하다. 나머지는 적응한다. 억류소에서 하루 이틀 지내고 나면 예비병 대부분은 철조망 안에 갇혀 있는 사람들을 보는 데 거의 익숙해진다. 취조실은 일상 업무의 일부가 된다. 마치 세상의 당연지사인 양. 마치 이 일이 이스라엘 방위군의 본래 임무인 양. 그리고 복무 첫 며칠 사이 떠오른 도덕적 의문은 병사생활의 따분함에 밀려난다. 다음 휴가는 언제지? 집에는 언제 전화할 수 있지? 새 제복은 언제 도착하지? 결국, 여느 군 기지나 마찬가지다. 이곳 군 기지가 국경을 보호하거나 전투에 대비해 병사를 훈련하는 곳이 아닌 소년들을 가두는 곳이라도. 이곳 군 기지가 소년들 얼굴에 두건을 씌워 뜰로 내모는 곳이더라도, 결국은 마찬가지다.

새벽 한 시 반, 보초 근무를 준비하고자 정렬할 때면 나는 동료 예비병들을 살펴본다. 그들의 얼굴, 구부정한 몸, 헐거운 바지, 흐트러진 외모를. 우리는 악의 병사들인가? 잔혹 행위의 주체인가? 억압을 수호하는 무자비한 문지기인가? 이를 적나라하게 알아차릴 때면 우리도 여기에 있고 싶지 않다. 이 일이 싫다. 우리 일이 아니다. 이 망할 놈의 일 전부 다. 이스라엘인 대부분이 그렇듯, 우리도 우리의 이스라엘이 캘리포니아처럼 되면 더 좋겠지만, 골치 아프게도 우리의 캘리포니아는 아야톨라⁴들에 둘러싸여 있다. 골치 아프게도, 소비를 지향하는 기술적 민주국가의 버젓한 시민인 우리가, 결국 진창 한복판에 빠져 있다. 그리고 우리가 낡아빠진 허리띠에 몸을 덥혀주지도 못하는 형편없는 외투 차림으로 지치고 자포자기에 빠져 불행하기 짝이 없는 꼴로 이 넌더리 나는 반쪽짜리 원 안에 서 있을 때면, 우리 역시 피해자라고 느낀다.

하지만 문제는 그리 단순하지가 않다. 대형隊形 해산 후 나는 6번 탑 사다리를 오르면서 이 수용소를 째깍째깍 돌아가게 하는 동력은 분업이라는 사실을 깨닫는다. 분업은 분명 악한 사람은 없어 보이는데도 악이 발생할 수 있게 한다. 이를테면 이런 식이다. 이스라엘 우파 정당에 투표한 사람들은 악하지 않다. 이 사람들이 한밤중에 어린아이들을 수색해 체포하지는 않는다. 정부에서 우파 유권자를 대표하는 장관들은 악하지 않다. 이 장관들이 주먹으로 소년들 배를 때리지는 않는다. 군 참모총장은 악하지 않다. 합법적으로 선출된 정부가 지시하는 대로 수행할 따름이다. 억류 시설 사령관도 악하지 않다. 불가능한 환

---

4 ayatollah, 이슬람교 지도자의 칭호 가운데 하나.

경에서 최선을 다하고 있을 따름이다. 그리고 심문관들마저도, 그래, 결국은 심문관들도 직무를 수행하고 있을 따름이다. 그리고 이들이 들은 바로는, 자신들이 이 온갖 일을 하지 않는 한 점령지를 통치하기란 불가능하다. 간수들을 봐도 대부분 악하지 않기는 매한가지다. 간수들은 모든 걸 접고 집으로 돌아가고 싶어할 따름이다.

그러나 기이하게도, 악하지 않은 사람들이 뭉쳐 어떤 식으로든 악한 행위라는 결과를 산출해낸다. 그리고 악은 늘 그 부분들의 합보다 크다. 악에 기여하며 악을 수행하는 전 존재의 합보다 크다. 흐트러진 외양과 어설픔, 소시민적인 하찮은 방식에도 불구하고, 우리는 가자에서 악이다. 그러나 우리의 악은 교활한 악이다. 이를테면 저절로 발생하는 악으로, 그 책임이 누구에게도 없는 악이기 때문이다. 행위자가 없는 악.

6번 감시탑에서 나는 바다와 수용소, 가자 시를 볼 수 있다. 가자는 희망도 치료 약도 없는 도시다. 그 시민의 집과 마을들은 우리가 1948년에 장악했으며 그들의 피난처는 우리가 1967년에 정복했다. 오랜 점령 기간에 우리가 착취한 사람들의 도시다. 그들의 인권과 시민권과 국권은 인정하지 않았다. 따라서 가자에서 변명의 여지란 없다. 가자는 심지어 웨스트뱅크의 일부 전략적 고지와 달리 우리가 방어할 필요조차 없다. 유대와 사마리아의 일부 지방과 달리 역사적 의미가 깊은 지역마저 아니다. 가자는 단순명료하다. 점령의 부조리를 보여주는 전형이다. 무의미한 점령이다. 잔혹한 점령이다. 가자 점령은 우리 존재 자체를 좀먹으며 우리 존재의 정당성을 깎아내린다.

나는 천막과 울타리와 철조망을 내려다본다. 마지막으로 난 이곳의 내부 논리와, 이를테면 이곳을 창출하게 된 불가피성을 이해하려 애쓴다. 우리를 정당화하는 주장, 우리의 부조리를 경감시키는 사유라면 빠짐없이 떠올려본다. 우리 역시 난민이 아니던가? 우리 역시 폭력의 희생자가 아니던가? 그리고 중동에서 살아남으려면, 우리는 강해져야만 한다. 공격당하면 반드시 대응해야 한다. 이스라엘 방위군과 이스라엘 정보국은 총체적 혼돈에서 우리를 보호하고 있을 뿐이다. 적극적으로 무력을 사용하려는 자세만이 이곳에서 우리의 생존을 유지해 준다.

하지만 이곳에서는 통하지 않는 합리화다. 가자 해변 강제수용소에서는 통하지 않는 변명이다. 명백한 현장이 있고 상황이 있는 까닭이다. 이곳은 그런 곳이다. 이곳에는 어떤 복잡성도, 비난을 모면할 어떤 경감 사유도 없다. 팔레스타인 사람들은 급기야 봉기를 일으켜 우리를 여기까지 몰고 왔다. 팔레스타인 사람들은 우리에게 견딜 만한 점령이란 없음을 일깨웠다. 이들은 우리에게 털어놓았다. 가자를 점령하겠다면, 우리에게는 가자 해변 감옥이 있어야 한다고. 그리고 이런 감옥이 꼭 있어야 한다면, 우리는 스스로를 배반해야 한다고. 이전의 우리와 앞으로의 우리 모습을 속속들이 다 배반해야 한다. 그러니 이제 문제는 평화를 위한 땅이 아니다. 문제는 우리의 품위를 위한 땅이다. 우리의 인간성을 위한 땅. 우리의 영혼을 위한 땅.

6번 감시탑에서 나의 팔레스타인 적들과 나의 이스라엘 사령관들을 관찰한 후로 20년이 넘게 흘렀다. 감시탑은 더 이상 존재하지 않는다. 가자 해변에서 제대하고 2년 반이 지난 1993년, 오슬로 평화협정이 조인되었다. 흔치 않은 지복의 순간 이스라엘의 품위가 이스라엘의 잔혹성을 극복했으며, 팔레스타인의 현실주의가 팔레스타인의 극단주의를 극복했다. 가자 시 점령은 몇 달 만에 종결되었다. 가자의 억류 시설은 1994년 여름에 해체되었다. 그렇지만 팔레스타인 정부가 이 해변지역을 클럽메드 사업가에게 임대하지는 않았다. 팔레스타인은 이 지역을, 이스라엘 병력보다 훨씬 더 잔혹한 자체 치안부대에 넘겼다. 그 후 이 세속적 팔레스타인 정부는 과격 이슬람 단체인 하마스에 의해 전복되었다. 짧은 소강상태가 지나고 분쟁은 재개되었다. 이스라엘인들과 팔레스타인 사람들은 익히 알려진 자신들의 악순환에 다시금 걸려들었다. 폭력, 보복 폭력, 보복의 보복 폭력. 가자 해변의 대★은유는 여전히 유효하다. 간수와 수감자 사이의 친밀성. 포위군을 포위 공격하는 농성군이라는 복잡성. 자신들의 수감자에 의해 투옥된 간수들. 상상할 수 없으며 견딜 수 없는 모든 일이 기어이 돌아와 우리를 괴롭힌다. 철저히 초현실적인 현실이다.

어쩌면, 가자 해변 시설에서 내가 보았던 광경과 내가 들었던 소리들이 지금까지도 나를 줄기차게 따라다니는 까닭이 여기에 있을는지 모른다. 우리는 저들의 불알을 쥐고 저들은 우리의 모가지를 잡고 있다는 생각이 뇌리에서 떠나지 않는다. 우리가 꽉 쥐면 저들은 꽉 조른다. 우리가 저들을 가두면 저들도 우리를 가둔다. 폭력의 양상은 몇 년마다 새로운 형태를 취하며, 갈수록 더 끔찍해진다. 비극은 몇 년마다 한 장을 끝내고 다음 장을 시작한다. 그러나 비극은 결코 끝나지 않는다. 오로지 그 조르는 손아귀만 더 억세질 뿐이다.

열

1993년,
평화

점령지 정착촌들과 마찬가지로, 평화 역시 1967년과 1973년 전쟁의 결과다.

평화를 향한 염원은 늘 시온주의의 일부였다. 이러한 염원은 1920년대에도 있었다. 이때 허버트 벤트위치의 아들 노르만은 유대 민족이 팔레스타인 땅에 존재하는 유일한 민족이 아니라는 사실을 깨닫고, 유대평화연맹인 브리트 샬롬을 구축하는 예루살렘 지식인 활동에 가담했다. 염원은 1930년대 초에도 있었다. 이때 이츠하크 타벤킨은 하롯 계곡에 정착했고, 유대 급진파는 아랍 소작인들을 강탈한 이 시온주의 식민지화에 대항해 반기를 들었다. 염원은 1930년대 후반에도 있었다. 이때 레호보트 작가이자 오렌지 재배자인 모셰 스밀란스키는 이 땅에 동반자가 있으며 우리는 이들과 더불어 사는 법을 익혀야 한다고 경고했다. 염원은 1940년대 초에도 있었다. 이때 슈마르야후 구트만은 자신의 간부 후보생들을 마사다로 인도했고, 유대 인도주의자들은 젊은이들 마음을 사로잡은 이 군국주의적, 광신적 애국주의를 맹비난했다. 염원은 1940년대 후반에도 있었다. 이때 팔마흐 부대는 아랍 마을들에서 주민들을 몰아내고 아랍 리다를 정복했으며, 스밀란스키의 조카 이즈하르는 아랍인 추방의 흉포를 다룬 함축적 소설, 『키르베트키제』[1]를 썼다. 염원은 1950년대에도 있었다. 이때 젊은 유대국은 스스로를 정립하고 무장하고 있었으며, 좌파 정당들은 팔레스타인 난민들을 정당하게 다룰 수 있는 평화 구상을 요구했다. 그리고 평화를 향한 염원은 1960년대 초에도 있었다. 이때 벤구리온은 디모나 원자로를 건설했으며, 윤리를 중시하는 사람들은 이스라엘과 중동의 핵무장화를 맹비난했다.

평화를 향한 갈망은 70년 동안 시온주의 변두리에 존재하며 이스라엘 민족운동의 원초적 본능을 억제하려 애썼다. 그러나 1936년 아랍 봉기 후, 주류 시온주의는 더 넓은 땅과 더 강한 힘을 원했다. 평화를 위하는 척 사탕발림은 했어도, 평화를 위해 진정한 대가를 치를 의사는 없었다. 주류 시온주의는 이주와 정착과 나라가 주목적에 맞게 진행하는 상황을 지켜보았으며, 평화가 절대적 가치라거나 최고의 이상이라고는 여기지 않았다.

주류 시온주의의 진정한 평화운동은 1967년과 1973년 전쟁 이후에야 탄생했다. 6일 전쟁과 제4차 중동전쟁의 트라우마로 열린 새로운 지평으로 말미암아 비로소 평화를 위한 투쟁은 이스라엘 공공의 장을

---

1 Kirbet Khizeh, 이즈하르가 1949년에 발표한 소설로, 가상의 마을 키르베트키제에서 아랍인들이 추방당하는 사건을 소재로 삼고 있다.

차지해 본격적으로 벌어지기 시작했다. 같은 시기, 대이스라엘이라는 구상과 더불어 웨스트뱅크 점령지들을 이스라엘에 합병하라는 요구 역시 싹텄다. 1960년대 후반과 1970년대 초의 지각 변동에서, 신우파 와 신좌파가 탄생했다. 둘 다 노동당의 독선적 방식에 저항했다. 둘 다 침체된 현실에 저항했다. 둘 다 지금 당장 유토피아를 실현하겠다는 과 격한 해법과 처방을 제시했다. 이 둘이 서로에 맞서 싸우고 서로를 정 의하고 서로에게 힘을 주면서, 평화운동과 영토운동은 새로운 이스라 엘을 형성하는 세력이 되었다.

이번에는 그리 멀리 여행하지 않아도 된다. 요시 사리드는 내가 있 는 곳에서 불과 8킬로미터 거리에 산다. 북텔아비브에 위치한 그의 널 찍한 아파트에 나 있는 모서리 창밖으로는 지중해가 푸른빛 평온함으 로 매력을 발산하고 있다. 이스라엘 좌파의 우상이던 그는 부드러운 악수로 나를 반긴다. 우리는 수년째 알고 지내는 사이다. 한 선거운동 에서는 그의 고문顧問에 자원하기도 했다. 세월이 지나면서 서로 차이 를 드러냈지만, 이번에는 논쟁이 아닌 이해를 위해 방문했다는 사실을 그는 안다. 난 평화운동이 어디서 비롯되었는지 묻는다. 운동의 정체 는 무엇이었는가? 무엇을 바로잡았으며 어디서 잘못되었는가? 왜 길을 잃고 말았는가?

사리드는 1940년 레호보트에서 태어났다. 양친 모두 암울한 폴란드 마을 라팔로프카에서 태어나 1935년 알리야를 떠났다. 몇 년 뒤, 나치 가 라팔로프카에 도착해 유대인들을 숲으로 끌고 가 땅에 구덩이를 파 게 하더니 총으로 쏴 죽이고 자기들이 방금 파놓은 구덩이에 처넣었다. 요시의 어머니 두바는 자신의 어머니와 아버지, 남매를 잃었다. 어머니는 우울증 진단을 받았다. 아버지 야코브는 가족 전부를 잃었지만, 삶에 낙관적이고 긍정적인 태도를 유지했다. 1945년, 야코브는 아들 요시를 부엌 의자에 앉히더니, 가족의 성을 슈나이더에서 사리드(나머지)로 바꾸기로 결정한 까닭을 이야기했다. 자신들은 마지막 자투리이기 때문이라고. 요시에게 부엌에서의 그 순간은 자아 형성에 중요한 영향을 미쳤다. 아버지의 이야기를 귀담아들으며 요시는 지구상에서 자신들은 완전히 혼자라고 확신했다.

야코브 사리드는 잘해냈다. 몇 년 만에 교사에서 교장이 되었고, 이어 사회주의 학교 전체 총장, 이어 이스라엘 교육부 장관이 되었다. 요시 사리드 역시 잘해냈다. 요시는 타고난 재능으로 온갖 분야에서 뛰어난 성적을 보여서, 또래들을 뛰어넘는 일이 예사였다. 반면 두바 사리드는 남은 평생을 슬픔 속에 살았다. 라팔로프카 대학살 29주년이 되는 날, 두바는 스스로 목숨을 끊었다.

요시는 어릴 적부터 장차 위대한 일을 할 재목이었다. 어머니는 그가 시인이자 교수가 되기를 원했고, 급우들은 그가 장차 위대한 민족 지도자가 되리라 확신했다. 어딜 가든 사리드는 민속한 사고와 독설, 거만함으로 두드러졌다. 꼬마일 적에도 십대일 적에도 사내는 명석하고 반항적이며 자만심이 강했다. 결코 권위를 인정하는 법이 없었다. 패배를 인정할 줄 몰랐다. 야망과 재능과 도발적 기질이 완벽하게 결합되어 끊임없이 성취해냈다. 열여섯 살에 그는 이스라엘 최고의 문학 저널에 시를 발표했다. 스물세 살에는 이스라엘 국영 라디오에서 알아주는 뉴스 편집자였다. 스물네 살에는 노동당 장기 집권 역사상 가장 어린 대변인이었다.

사리드는 스스로를 노동당의 자궁에서 태어난 존재라 정의한다. 양친 모두 노동운동의 적극적인 성원이었다. 이웃도 노동당, 학교도 노동당, 청년운동도 노동당이었다. 노동당은 사내의 가치관을 좌우하는 유일한 준거 틀이었다. 당연히 이 젊은 당 대변인은 빠르게 당 노장들의 신뢰와 애정을 얻었다. 수상 레비 에슈콜과 재무부 장관 핀카스 사피르, 사무총장 골다 메이어는 하나같이 그를 사랑하는 아들로 대했다. 이 말주변 없고 늙어가는 지도자들은 자신들의 능변가 대변인을 훈련시켰으며, 어떤 의미에서는 입양했다. 강력한 기관을 다 동원해 사내를 뒷받침해주었고, 다른 한편 사내는 이들이 그동안 이해하지 못했던 젊은 이스라엘과 뉴스 매체에 접근할 수 있도록 해주었다. 적절한 때가 되면 사리드가 노동당을 상속해 수상이 될 수 있으리라는 데에는 이제 의심의 여지가 없었다.

6일 전쟁 직후 사리드는 미국으로 유학을 떠났다. 자유주의 뉴욕, 그는 그곳에서 대학원 시절을 보내며 베트남전 반대 투쟁에 몰두했다. 이 역동적 이스라엘인은 투쟁에 동참했다. 그는 민주사회를 위한 학생운동sDS에 공감해 항의 시위에 참여했으며, 반전운동의 성원이 되었다. 1969년 이스라엘로 돌아왔을 때, 그는 다른 사람이 되어 있었다. 이제 이스라엘의 정책은 그에게 전투적이고 무분별하며 시대착오적으로 보였다. 노동당 선거운동을 벌이기는 했으나 정부의 강경 노선과 상충했다. 평화를 위해서 필요한데도 골다 메이어가 점령지 반환을 주저한다는 사실을 알아차렸을 때, 그는 격노했다. 메이어와 사리드의 야합은 깨져 추잡한 싸움이 되었다.

1970년대 초, 사리드는 이미 마음을 정한 상태였다. 점령은 재앙이고 정착촌들은 치명적인 실수이며, 평화가 절실하다는 생각을 품고 있었다. 이스라엘은 1967년의 국경으로 철수해서 팔레스타인 해방기구와 협상해야 했다. 급진 좌파와 자유주의 지식인 일부는 사리드와 뜻을 같이했다. 하지만 사리드는 노동당에서 소외되었으며, 그의 새로운 정치적 입장은 절대적 이단으로 간주되었다. 골다 메이어와 모셰 다얀의 그늘 아래서 이스라엘은 이제 막 획득한 제국에 넋을 잃은 나머지, 미국의 반전운동에 세뇌당한 거만한 왕자가 내미는 냉철한 경고를 귀담아들으려 하지 않았다.

제4차 중동전쟁은 메이어와 다얀의 제국주의적 망상을 산산조각 냈다. 항의를 바탕으로 한 새로운 정치 문화 또한 탄생시켰다. 사리드는 항의의 투사가 되었다. 대중매체를 장악해 기득권층과 정착민 그리고 부패에 정열적으로 대항했다. 메나헴 베긴과 우파 리쿠드당이 권력을 잡은 1977년 선거에서의 격변은 사리드에게 오히려 더 유리하게 작용했다. 노동당은 이제 야당이었으며, 노동당과 관련된 엘리트들도 마찬가지였다. 학계와 언론, 업계, 법조계, 공무원 대부분은 소외감을 느꼈다.

반대와 소외는 사리드에게 마침맞은 상황이었다. 사리드의 반항적이며 거만한 성정에 어울렸다. 이제 그는 스타였다. 리쿠드당에 저항했으며, 정착민에게 저항했고, 종교적-민주주의 이스라엘의 부상에 저항했다. 그 어떤 이스라엘인보다 더 두드러지게, 1973년 이후와 1977년 이후의 비판적이며 신랄한 사고방식을 표출했다.

사리드의 전성기는 1982년에 찾아왔다. 메나헴 베긴과 아리엘 샤론이 이스라엘을 레바논에서의 기만적이며 극악한 전쟁으로 몰아가던 당시, 사리드는 이스라엘 국회에서 이에 반대하는 최초의 시온주의 의원이었다. 그는 얼마간 으뜸가는 공공의 적이었다. 매도당했고, 공격당했으며, 배척당했다. 하지만 전쟁은 어리석은 일이었다고 판명되자 사리드의 정당성이 입증되었다. 특히 베이루트에 위치한 사브라와 샤틸라의 팔레스타인 난민수용소에 자행된 대학살 이후 반전 시위가 더욱 격화되던 상황에서, 시위에 참여했던 이스라엘인 수만 명에게 사리드는 단연 이스라엘 평화운동의 영웅이었다. 평화 시위운동은 가속화되었으며 사리드 또한 박차를 가해 나아갔다.

2년 후, 사리드는 노동당을 탈당해 좌파 메레츠당에 합류했다. 그는 급기야 이 작은 당의 당수가 되고 잠시나마 교육부 장관으로 일하기도 했으나 1970년대와 1980년대에 누렸던 위상을 결코 회복하지는 못했다. 노동당에서 탈당한 결과 이 전도유망한 독불장군은 이스라엘 정치의 주변부에서 좌절에 빠져 분개하며 살아야 했다. 많은 존경을 받기는 했으나, 사리드는 엄청난 기회의 상실을 표상했다. 사내의 노선은 선택받지 못했다.

사리드의 얼굴에는 실망이 새겨놓은 주름이 굵게 패여 있다. 사내는 호리호리한 체격에 대머리에 가까우며, 유행에 한참 뒤처진 옷차림을 하고 있다. 우유가 들어간 약한 커피를 마신다. 거실 가구는 따분하다. 여전히 능숙한 이야기꾼에다 재치 넘치고 풍자에 능하기는 해도, 자신의 불만을 감출 수는 없다. 그와 시간을 보내고 나서 나는 당혹과 실망에 빠진다.

"내가 여기에 있는 이유가 당신이 이스라엘 평화운동의 우상이기 때문만은 아닙니다." 나는 말한다. "당신의 이력이 곧 이스라엘 좌파의 이력인 까닭도 있습니다. 당신은 기울어가는 노동운동을 대체한 새로운 평화운동의 기둥이었습니다. 하지만 노동에서 평화로의 이전은 정치적이지만은 않았습니다. 건설에서 항의로의, 주도에서 반대로의, 정신 저변에서 일어난 전이였습니다. 그리고 당신은 이러한 전이의 표상입니다. 사회주의적 시온주의 활동이 지향하는 노동 문화로부터 자유주의 이스라엘의 항의가 지향하는 평화 문화로의 이동을 구현한 화신입니다."

사리드는 부정하지 않는다. 그는 좌파에게 발생한 일과 자기 자신에게 발생한 일 사이의 상관관계를 인식한다. 그가 말한다. "나를 형성한 건 라팔로프카에 있던 부모님 가정의 소멸이었소. 더불어 레호보트에서 내가 경험한 행복과 건국 첫 19년 동안 이스라엘이 보여주었던 분별력이었지. 그러나 6일 전쟁은 이 질서를 어지럽혔소. 그리고 이어 미국이 내 눈을 뜨게 했지. 제4차 중동전쟁은 나를 격분케 했소. 전쟁을 미리 막을 수도 있었기 때문이오. 그래서 소위 정치적 성년이 되자, 난 모두가 기대하는 바대로 지속성의 왕자가 될 수는 없었소. 나는 반항하는 아들이었지. 연장자들의 발자국을 따르기보다 근본적인 변화를 원했소. 우리를 배신한 민족주의 지도부를 무너뜨려 파괴하고 싶었소."

"거기에 문제가 있었습니다." 나는 말한다. "당신과 평화운동은 하나같이 늘 반대를 외쳤습니다. 메이어에 반대, 베긴에 반대, 점령에 반대. 하지만 당신네 분노가 당연하다고 해도, 실패의 원인은 당신네가 반대를 일삼았다는 데 있습니다. 항의. 시위. 예전 노동당원들과 달리 당신네는 결코 어떤 것도 건설하지 않았습니다. 집 한 채, 나무 한 그루도 짓거나 심지 않았습니다. 이스라엘 현실의 복잡성을 다루는 무거운 책임을 받아들인 적이 결코 없었습니다. 감정에 치우친 나머지 1960년대와 1970년대의 유치한 항의 단계에 갇혀 있었습니다. 반대만을 일삼는 평화 문화의 성격은 스스로를 불모 상태로 만들었으며 결국에는 매력을 상실케 했습니다. 정치적으로도 정서적으로도 평화운동은 비생산적이고 척박했으며, 심지어 정신을 좀먹게까지 했습니다. 사랑이 부족했고 연민이 부족했습니다. 재단裁斷이 난무했습니다. 그런 까닭에 당신네는 기울어가는 노동 문화가 남긴 공백을 메울 수 없었습니다. 부친 살해와 모친 살해라는 거사를 치렀지만, 당신네 자신이 아버지와 어머니가 되는 데는 성공하지 못했습니다. 양육하지 않았으며, 영감을 주지 못했고, 선도하지 못했습니다. 나라에 선택할 수 있는 성숙한 정치적 본보기를 제시하지 못했습니다. 결국, 늙어가는 호사가가 된 당신네는 건국자들이 이룩해놓은 성과의 아주 일부만을 성취했을 뿐입니다. 이스라엘이 선장도 나침반도 방향 감각도 없이 바다에서 길을 잃고 갈팡질팡하는 나라가 된 책임은 저들이 아닌 당신네에게 있었습니다."

사리드에게는 준비된 답이 있었다. 손톱이 물어뜯긴 짧은 손가락으로 무테안경을 만지작거리면서, 사내는 일제 사격하듯 격한 말을 쏘아대기 시작한다.

"점령은 집중해야 마땅한 사안이었소." 사내는 역설한다. "점령은 만죄萬罪의 아버지요. 점령은 잔혹 행위의 어머니요. 웨스트뱅크와 가자를 점령했을 때 우리는 문을 열었고 악의 바람이 그 문을 통해 휘몰아쳤소. 당신이 오늘날 이스라엘에서 보는 모든 타락상은 이 점령 탓이오. 잔학. 기만. 부패. 군대조차 이제는 썩어가고 있소. 점령군이 되라고 강요당했기 때문이지. 점령 탓에 우리는 메시아주의 열성분자라는 정신 나간 패거리에게 줄곧 사로잡혀 있었던 거요. 저들 조상이 제2성전을 파괴했던 것처럼 저들 역시 우리를 파괴할지도 모르는데 말이오. 그걸 알아차리지 못하겠소? 난 우리가 비운에 빠질까 두렵소. 게다가 난 비운이 성큼성큼 다가오는 모습을 보았소. 난 그걸 앞서 보았던 거요. 점령의 첫 종자를 봤을 때, 난 그것이 파멸의 종자라는 사실을 알았소."

"다른 것도 있었지." 사내가 말을 잇는다. "당신은 내게 평화운동의 진정한 원동력이 무엇이었는지 물었소. 자, 이렇게 설명해보지. 이스라엘의 평화운동은 사실상 정상성正常性을 획득하려는 투쟁이었소. 우리가 원한 건 정상화였소. 앞선 세대는 우리에게 전쟁이 우리 운명이라고 말했소. 전쟁이 이치라고. 이 지역과 이 나라에서는 전쟁이 정상이라고. 하지만 우리는 고개를 들어 주위를 둘러보았고, 세계의 다른 부분에서는 끊임없는 분쟁이란 비정상이라는 사실을 확인했소. 다른 사람들은 이렇게 살지 않았소. 민족 간 차이를 이런 식으로 해결하지는 않았소. 예를 들어 독일과 프랑스가 그랬소. 베트남, 중국도 마찬가지였고. 나중에는 소련도 그랬지. 그래서 우리는 모셰 다얀의 악명 높은 성명을 거부했소. '검이여 영원히 집어삼킬지어다.' 우리는 검이 영원히 집어삼키지 **않도록** 보장할 방법을 모색했소. 우리가 항의와 반대만을 일삼았다고 말한다면 공정하지 않소. 우리야말로 평화라는 새로운 희망을 불러온 주역이었소. 우리는 전쟁에 전쟁으로 맞서는 건 천명이 아니라고 주장했소. 우리는 평화가 지척에 있다고 주장했소. 우리도 여느 사람들처럼 정상적으로 살고 싶다고, 우리도 여느 사람들처럼 평화를 누리고 싶다고 말했소."

"바로 그 점이었습니다." 난 사리드에게 도전했다. "당신들은 세계를 발견했는지 모르지만, 우리 자신의 역사는 무시했습니다. 1948년과 그 해가 창출한 난민 문제는 잊었습니다. 시온주의의 소름 끼치는 결과와 시온주의 사업의 핵심인 또 다른 민족에 대한 부분적 강탈을 못 본 척 했습니다. 당신네는 또한 종교적 갈등의 심각성을 깨닫는 데 실패했으며, 서구적 유대인이 세운 민주주의 이스라엘과 아랍세계 사이의 충돌을 확인하는 데 실패했습니다. 당신네는 우리 역사와 우리 지형을 고려할 때 평화의 가능성은 희박하다는 사실을 고려하지 않았습니다."

사리드는 나를 이해하면서도, 티끌만큼도 이해하지 못하는 듯 답한다.

"역사는 기차역이 아니오." 그는 말한다. "당신이 가장 외딴 기차역에 갇혀 있다 해도, 이번 기차를 놓치면 다음 기차가 오리라 확신할 수 있소. 한 시간, 하루, 일주일이 걸릴 수도 있지만 어쨌든 다음 기차는 올 거요. 역사는 그렇지 않소. 역사에서는 타야 할 기차를 놓치면 그뿐이오. 다른 기차가 오리라는 보장은 없소. 내가 화내는 이유가 여기에 있소. 격분하는 이유가. 그리고 환멸을 느끼는 이유가. 확신하건대, 1980년대 후반 내가 수상이었다면 팔레스타인 사람들과 평화협정을 체결했을 거요. 심지어 정착촌 몇 군데는 어떻게든 구했을지도 모르지. 어쩌면 동예루살렘 땅 한 뙈기라도 말이오. 하지만 당시 이스라엘 지도부는 무심하고 냉담했소. 시간은 그냥 흘러갔고 기회도 그냥 흘러가서, 기차는 역을 떠났소. 이제 내게는 다른 기차가 다가오는 모습이 보이지 않소. 기차는 한 대도 없소. 그리고 이 사실은 우리를 더욱 비관적이고 우울하게 할 뿐이오. 난 한때 사랑했던 이 땅을 더 이상 사랑하지 않소. 한때 내가 속했던 국가이건만 지금은 속해 있다는 느낌을 받지 못하겠소. 악몽 속에서 난 예루살렘으로 쳐들어오는 수백만의 행진을 본다오. 이스라엘로 쳐들어오는 수백만의 사람을 본다오. 이제 난 일흔을 훌쩍 넘겼소. 내가 묻힐 무덤 외에 잃을 것이라곤 없지. 하지만 이따금 내 손주들을 바라볼 때면 눈물이 핑 돈다오. 이 아이들의 운명이 라팔로프카 아이들의 운명을 따르지 않으리라고 더는 확신할 수 없기 때문이오."

요시 베일린과는 헤르츨리야 최첨단 건물에 위치한 사내의 호화스런 사무실에서 만난다. 그는 밝은 색 양복에 하얀 넥타이를 맸으며, 머리카락은 은백색이다. 60대 중반인데도 불구하고 사업 자문가로 변신한 이 평화 대변인의 얼굴은 주름 몇 줄 없는 소년의 얼굴이다. 사리드보다 여덟 살 아래인데도 베일린이 훨씬 더 성숙하다. 숱한 세월 동안 그는 책임감 있는 성인답게 평화를 추구해왔다. 항의하는 인간이 아닌 행동하는 인간으로서, 감정에 압도당하는 인간이 아닌 행동을 계획하는 인간으로서. 베일린은 이스라엘국이 탄생한 그 여름 텔아비브에서 태어났다. 그의 집은 유대 민족의 역사로, 그리고 시온주의에 대한 헌신으로 충만했다. 그보다 앞서 조부는 제5차, 6차 시온주의 대회에 파견된 대표였다. 부친은 텔아비브 언론인 조합의 박식한 부기 담당자였으며, 모친은 아랍어와 성서, 고고학을 가르치는 교사로, 노동당 일간지 『다바르』의 기고자이기도 했다. 재산 대부분을 잃고 초라한 아파트에 살고 있어도 자존심이나 배움에 대한 열정만큼은 잃지 않은 가족이었다. 벽에는 시온주의 창설자와 유대인 집단학살의 희생자, 통곡의 벽 사진들이 걸려 있었다. 베일린의 양친은 모두 자신들이 구원의 시대에 사는 특권을 누린다고 생각했으며, 이러한 생각을 어린 아들 요세프(요시)에게도 주입했다.

베일린은 야심찬 소년이었다. 가난한 아슈케나지 유대인의 아들다운 단호한 투지를 지니고 있었다. 초등학교 시절부터 근면하고 성실했으며 매사에 열심이었던 그는 명문인 헤르츨리야 김나지움[2]에 장학생으로 입학했다. 결코 시간을 허비하는 법도, 반항하는 법도, 방종하는 법도 없었다. 오후에는 청소년 라디오 기자로 일했다. 열세 살에는 유대 교리를 엄수하는 신자가 되어 성구상聖句箱[3]을 두르고 유대교 율법에 따른 코셔, 곧 정결한 음식을 먹었다. 하지만 그의 진정한 신은 살과 피로 이루어진 인간, 다비드 벤구리온이었다. 금요일이면 어린 요시는 유대 민족기금 대로까지 걸어가 백발의 더벅머리를 한 이 노년의 남자가 리무진에서 내려 단순한 2층짜리 주택으로 들어가는 모습을 지켜보곤 했다. 벤구리온이 유대 민족을 무궁한 지혜로 이끌기 시작한 본거지격인 주택으로. 벤구리온이 은퇴하자 베일린은 비통하게 울부짖었다.

베일린이 기억하는 어린 시절의 이스라엘은 미래에 묶인 나라였다. 바이츠만 연구소, 레호보트 연구소, 디모나 원자로, 텔아비브 공연예술센터, 수도공사. 싱가포르나 한국보다도 경제 성장이 더 빨랐다고, 베일린은 경이롭게 상기한다. 국경은 조용했으며 아랍인들은 멀리 있었고 팔레스타인 사람들은 문젯거리가 아니었다. 안전하고 평온하다는

---

2 대학 진학 준비 단계의 유럽식 중등학교.
3 tafillin, 유대 경전 토라의 구절이 새겨진 양피지 두루마리가 담긴 가죽 상자로, 머리나 팔 등 신체 부위에 착용한다.

의식이 깊었다. 유대인의 비극은 마침내 우리 뒤편에 있었다. 시온주의는 마침내 구원의 기적을, 현대적이며 개화한 유대국이라는 현실로 구현하는 데 성공했다.

1967년 5월, 경악의 순간이 찾아왔다. 전쟁으로 치달아가는 동안 텔아비브 사람들은 시 공원에 공동묘지를 파야 하는 거 아니냐며 수군거렸다. 제2의 홀로코스트가 닥칠까 겁먹는 사람도 있었다. 하지만 베일린이 복무했던 풍부한 지략과 단호함을 겸비한 이스라엘 방위군은 싸우고 싶어 안달이었다. 베일린 역시 자기 세대가 치를 전쟁을 고대하고 있었다. 실제 전쟁이 발발하자 이스라엘 군대라는 기계는 스위스 시계처럼 작동했다. 아랍 군대를 며칠 만에 궤멸시켰다. 이 열아홉 살짜리 병사는 모래벌판에 누워 있는 이집트 병사들의 불탄 시신과 이들의 놀라 부릅뜬 눈을 보고 충격에 빠졌다. 손에 들고 다니던 트랜지스터라디오에서 예루살렘이 해방되었으며 성전산이 우리 수중에 들어왔다는 발표가 흘러나오자, 베일린은 아이처럼 울부짖었다. 정의가 성취되었다고 느꼈다. 1948년에 성취되지 못한 일이 1967년에 성취되었다. 자신과 같은 나이인 유대국이 스스로를 방어하며 자신의 권리를 행사할 만큼 강하다는 사실이 입증된 셈이었다.

1960년대 후반에서 1970년대 초 사이, 베일린은 대학에 다니며(정치학과 문학)『다바르』에 기고했고, 정치활동도 활발히 했다(노동당). 열심히 일했고 열심히 공부했으며 일찍 결혼했다. 강경파는 아니었지만 점령은 그에게 그다지 신경 쓰이는 문제가 아니었다. 초기 정착지 일부는 설립을 지지하기조차 했다. 골다 메이어와 모셰 다얀, 이들의 노동당을 전적으로 신뢰했다. 다시금, 국경은 조용했으며 아랍인들은 멀리 있었고, 팔레스타인 사람들은 문젯거리가 아니었다. 만사는 바람직한 모습 그 자체였다.

1973년 10월 6일의 공습경보는 속죄일 기도회에서 젊은 아내와 두 살짜리 아들에게로 막 돌아온 베일린을 집에 붙잡아두었다. 분명 오보誤報이리라 생각했다. 1967년 수치스러운 패배를 겪은 아랍인들이 다시 공격을 감행할 만큼 미칠 수도 있단 말인가? 그러나 몇 시간 후, 이 스물다섯 살의 예비병은 군복을 입고 최고사령관 본부에서 무선 통신사로 복무하고 있었다. 그는 이스라엘군의 붕괴 소식을 제 귀로 직접 들었다. 수에즈 운하에 있던 병사들은 도와달라며 외치고 있었다. 장군들은 서로를 향해 고함치고 있었다. 질서도, 규율도, 위엄도 없었다. 통신망은 공황 속에서 터져나온 비명으로 가득했다. 숭배 대상인 모세 다얀은 패배한 원수처럼 복도를 걸었다. 참모총장의 얼굴은 공포의 잿빛이었다. 이스라엘 최고사령부 강당에서는 제3성전의 종말에 대한 이야기가 오갔다.

전쟁이 여전히 맹위를 떨치는 사이, 베일린은 종교에 등을 돌렸다. 성구상을 착용하는 것도, 율법에 따른 정결한 음식을 먹는 것도 그만두었다. 사내는 안식일 날 운전을 하고 글을 썼으며,[4] 기도하려고 유대교 회당으로 걸어가는 일도 다시는 없었다. 신앙뿐 아니라 그가 신뢰했던 세계도 무너져내렸다. 숭배했던 신도 이제는 기만적 우상에 지나지 않는 듯 보였다. "그건 마치 종교적 계시 같았소, 단지 방향이 반종

---

4 안식일에 금지되는 활동들이다. 이외에도 노동에 해당되는 다수의 활동이 금지된다.

교적이었을 뿐이지", 베일린은 털어놓는다. "셰키나,[5] 곧 신의 임재가 별 안간 사라진 자리에는 끔찍한 공포와 끔찍한 공허가 남았소. 어떤 것도 더 이상 정당하지 않았소. 어떤 것도 확신하거나 신뢰할 수 없었소. 저 높은 곳에는 이제 아무도 없었소. 나 자신보다 더 현명하고 내가 못 보는 것을 보았던 존재는 더 이상 없었소. 신은 없었고 지도자도 없었으며, 우러러볼 수 있는 대상도 없었소. 나는 전적으로 혼자였소. 홀로 모든 책임을 짊어졌소. 어쩔 수 없이 나 개인의 힘만으로 또 다른 전쟁 혹은 재난이 없도록, 제3성전이 파괴되지 않도록 해야 했소."

제4차 중동전쟁이 끝나고 10년이 지나, 베일린은 노동당의 전도유망한 젊은 두뇌로 자리 잡았다. 1977년, 그는 시몬 페레스의 보좌관이었으며 1984년에는 리쿠드–노동당 연립정부의 내각 총비서[6]였다. 얼마 안 가 그는 평화사업가가 될 터였다. 1987년, 외무부 장관 시몬 페레스가 요르단 국왕 후세인과 평화협상을 타결하려 애쓰는 동안 그 곁을 지켰다. 1989년, 그는 헤이그에서 PLO 대표와 간접 회담을 가졌다. 1990년에는 예루살렘에서 이스라엘–팔레스타인 공동선언에 서명했다. 요시 사리드가 노동당을 탈당해 주변부로 밀려난 뒤, 베일린은 평화의 유망주로 자리 잡았다. 그는 이스라엘인과 팔레스타인 사람들 사이에서 역사적 화해를 빚어낼 가능성이 가장 높은 인물로 간주되었다.

1992년 6월, 이츠하크 라빈이 총선에서 노동당을 승리로 이끌어 중

---

5 shekhinah, 히브리어로 '거주하다' '정착하다'라는 의미로, 신의 신성한 임재와 신의 영광이 어떤 곳에 자리 잡고 있음을 의미한다.
6 내각 회의 의제를 준비하고 장관들 간 의사소통을 원활하게 하는 비서실의 총책임자. 이 비서실 업무에는 또한 정부가 발의한 법안을 의회에 제출하며, 특정 긴급 브리핑을 진행하는 일도 포함되어 있다.

도좌파 정부를 구성했다. 라빈은 베일린을 경멸했고 베일린 또한 라빈을 업신여겼지만 기회를 거부할 수는 없었다. 레바논 전쟁 실패 후, 그리고 1987~1992년 팔레스타인 봉기 후, 우파는 붕괴되었다. 이스라엘 국회사상 처음으로 평화파가 다수를 차지했다. 수상은 6~8개월 안에 팔레스타인 지역 지도부와 잠정 협정에 도달하고자 온 힘을 쏟았다. 베일린 같은 인물이 이런 기회를 놓치려 할 리 없었다. 베일린 같은 인물은 평화를 도출하기까지 수상을 기다리려 하지 않을 터였다.

외무부 차관 신분으로 베일린은 독자적으로 행동했다. 1992년 12월 4일, 그는 런던에서 열린 PLO 재무부 장관 아부 알라와의 승인되지 않은 은밀한 회담에 자신의 특사인 야이르 히르슈펠트 박사를 파견했다. 1993년 1월 20일, 그는 오슬로 남쪽에 위치한 사릅스보르그에서 아부 알라와의 협상을 위해 또 다른 특사, 론 푼다크 박사를 파견했다. 1993년 2월 11일에는 사릅스보르그에서 열린 2차 회담에 히르슈펠트와 푼다크를 파견했다. 수상 라빈과 외무부 장관 페레스는 이를 전혀 눈치 채지 못했지만, 사릅스보르그에서는 심각한 문건이 기안되고 있었다. 이 문건에서 이스라엘은 가자지구에서 병력을 철수하고, 웨스트 뱅크에서 팔레스타인 자치행정에 동의하며, 최종 합의와 관련한 직접 협상을 열겠다고 약속했다.

1993년 2월 중순이 되어서야 베일린은 페레스에게 이 노르웨이 문건 초안을 보여주었다. 베일린은 페레스가 이 문제를 대수롭지 않게 여기도록 애썼는데, 어떤 의미에서는 자신의 상관을 기만한 셈이었다. 그러나 페레스는 사릅스보르그 회담의 중요성을 완전히 이해하지는 못했다. 그러니 외무부 장관이 수상에게 보고했을 때, 둘 다 진정한 이해에 이르지는 못했던 셈이다. 라빈은 이 계획이 그리 탐탁지는 않았으나 페레스에게 협상을 중단하라고 지시하지는 않았다. 혼란에 빠진 이스라엘 최정상 정치인 두 명은 베일린의 손에 놀아난 셈이었다. 예후다 에치온과 핀카스 월러스테인, 하난 포라트가 1975년 라빈-페레스 정부로부터 사마리아 정착에 대한 모호한 승인을 끌어냈던 것처럼, 베일린은 1993년 라빈-페레스 정부로부터 PLO와의 협상에 대한 모호한 승인을 끌어냈다. 댐에 금이 갔다. 과정은 급속도로 진행되고 있었다.

1993년 봄, 세 번의 추가 회담이 열렸다. 5월 말, 외무부 국장 우리 사비르는 노르웨이에서 이스라엘 협상단에 합류했다. 6월 초, 법률고문이자 라빈의 절친한 친구인 요엘 진게르 역시 합류했다. 1993년 6월 6일, 라빈은 페레스에게 협상을 중단하라고 지시했다. 불현듯 이들 협상의 중요성을 깨닫고 겁에 질려 당황한 듯한 모습이었다. 나흘이 지나자 마지못해 묵인했다. 이제 협상은 이스라엘과 PLO 간 상호 인정에 초점을 맞추었다. 협상은 네 명으로 이루어진 팀 단위로, 매주 금요일 수상실에서 비밀리에 만나 진행되었다. 라빈과 페레스, 베일린, 진게르. 하지만 협상 주도자는 외무부 차관 베일린이었다. 베일린은 자신이 어디로 향하고 있는지 아는 유일한 유대인이자, 움직임마다의 의미를 이해하는 유일한 유대인이었다. 수상과 외무부 장관을 인도하고 국가 의제를 주도하는 유일한 유대인이었다.

"당신들은 당신네가 진행하고 있던 일의 역사적 중요성에 대해 한 번이라도 논의해봤습니까?" 나는 묻는다. "한 번도 없었소." 베일린은 침착한 태도로 솔직하게 답한다. "수반된 위험에 대해 논의한 적도 없었습니까?" "한 번도 없었소." "대안은 고려했습니까?" "안 했소." "당신들은 자신들이 팔레스타인 국가를 설립하는 과정에 있었다는 사실을 깨닫지 못했습니까?" "나는 알고 있었소. 라빈과 페레스는 잘 몰랐지만. 우리는 오슬로 회담이 비밀로 남게 될 경로라고 상정했소. 정치적인 결과는 이스라엘 정부와 웨스트뱅크와 가자지구의 팔레스타인 지역 지도부 사이에 이루어진 제한적 자치권 협정이 되리라 추정했지. 누구도 라빈과 아라파트 사이의 역사적 악수를 예견하지는 못했소. 누구도 팔레스타인 해방기구가 이스라엘의 동반자가 되리라고는 알지 못했소. 이스라엘 협상단은 세부 사항을 다루었을 뿐이오. 뒤돌아보면 정말로 중요하지 않았던 사소한 문제들에 지나치게 치중했던 셈이오."

1993년 6월 말, 팔레스타인 사람들은 협정에는 튀니지에서 가자로 아라파트 본부의 이전이 포함되어야 한다는 구상을 내놓았다. 7월 중순, 팔레스타인 사람들은 웨스트뱅크와 가자지구 사이의 통행 허가를 요구했다. 7월 말, 이들의 자신감이 상승하면서 상호 인정이 없다면 잠정 협정에 서명하지 않겠다고 고집했다. 라빈은 격분했지만, 이제는 갇힌 상태였다. 정치적 돌파구를 모색하느라 혈안이 된 상황인 데다, 시리아와는 꽉 막힌 형국이어서 라빈에게는 팔레스타인만이 유일한 기회였다. 그래서 라빈은 팔레스타인의 요구에 다시 한번 굴복하며 베일린이 이끄는 대로 걸었다. 8월 18일, 라빈은 시몬 페레스에게 오슬로 협정에 은밀히 서명할 권한을 부여했다. 9월 10일, 이츠하크 라빈은 PLO를 인정했다. 이어 9월 13일, 라빈은 아라파트가 꾸민 극히 중요한 막판 술책에 넘어가, 협정서 전문前文의 '팔레스타인 협상단'이라는 문구를 'PLO'로 변경했기 때문이다. 한 시간 후, 이스라엘 수상은 미국 대통령과 팔레스타인 민족 대표와 함께 백악관 잔디밭으로 나가 역사를 만들었다. 요시 베일린은 잔디밭 대오 뒷줄 어디쯤엔가 있었다. 자신이 보고 있는 광경을 믿지 못하겠다는 표정으로. 그는 라빈과 페레스를 이곳까지 데려왔다. 이스라엘을 이곳까지 데려왔다. 그는 평화와 맞닿아 있었다.

"제가 바라보는 상황을 말하겠습니다." 난 베일린에게 설명한다. "우선, 당신은 팔레스타인 민족과의 평화를 크게 믿지 않았습니다. 제4차 중동전쟁 트라우마의 여파로 당신은 평화를 원했으며, 점령의 위험성을 깨닫고 웨스트뱅크를 요르단에 반환하게 할 협상이 이 문제를 해결하리라 생각했습니다. 하지만 1988년 말, 요르단 국왕 후세인은 더 이상 웨스트뱅크와 관련된 어떤 것도 원하지 않았습니다. 1992년, 당신의 그다음 선택은 팔레스타인 지역 지도부와의 협상이었으나 그건 이미 폐기된 안건이었습니다. 당신에게 남겨진 건 아라파트뿐이었지요. 하지만 아라파트는 전혀 쉬운 상대가 아니었습니다. 아라파트는 팔레스타인 민족 전체를 대표했습니다. 단지 점령 지역 주민만이 아니라 팔레스타인 난민과 이스라엘에 거주하는 팔레스타인 사람들까지. 아라파트는 시온주의에 맞서는 무장 투쟁의 표상이었습니다. 따라서 아라파트와 평화협정이 진행되어야 한다면, 지역 팔레스타인 사람들과 논의되는 협정과는 철저히 다르게 진행되어야 했습니다. 소위 아라파트 평화협정은 팔레스타인의 180도 방향 전환을 전제로 해야 했습니다. 유대 민족을 인정하고, 유대 민족운동을 인정하며, 유대 민족의 국권을 인정함과 동시에, 팔레스타인 사람들이 귀환할 권리를 포기한다는 전제가 깔려 있어야 했지요."

"이제 와 보건대, 당신은 이 분쟁의 종교적, 문화적, 실존적 차원에 대해서는 분명 생각하지 않았던 것 같습니다. 아랍인들이 1917년 밸푸어 선언을 거부하고 1947년 유엔의 분할 계획에 격분했던 것도, 1948년 전쟁이 초래한 재앙도 기억하지 못했습니다. 오로지 비교적 쉬운 소위 점령이라고 하는 1967년의 문제만을 바라봤습니다. 비교적 쉽게 풀 수 있는 문제라 여겼기 때문이겠지요. 당신 같은 지성인이 그처럼 경솔하게 평화를 조성하겠다고 나섰다는 건 수치스러운 일입니다. 결국 진정한 평화에 이르게 할 장기적 과정에 착수하는 대신 1990년대의 독특한 상황을 이용하기로 하면서, 껍데기뿐인 평화를 택한 겁니다. 당신은 자신이 페레스와 라빈을 조종하고 있다고 생각했지만, 실은 팔레스타인 사람들이 당신을 조종했던 겁니다. 팔레스타인 사람들은 전략적으로 불리한 조건에 있으면서도, 당신을 기어이 땅바닥에 내동댕이쳤습니다."

베일린은 침착하게 듣는다. 그의 장점 중 하나는 초연함과 냉정함을 유지하는 능력이다. 베일린이 말한다. "만약 상황이 내 손에 달려 있었다면 난 바로 그때 그 자리에서 최종 협정을 시도했을 거요. 단시간에라도 당신이 언급한 핵심 문제들을 전부 해결했을 거요. 하지만 1993년의 라빈은 포괄적인 궁극의 평화를 원하지 않았소. 난 라빈의 구미에 맞는 정장을 지어야 했소. 완벽한 정장과는 거리가 멀다는 건 알았소. 능장을 부리면 평화의 적들에게 유리하리라는 사실도 알았지. 하지만 내가 지휘봉을 쥐고 있지 않은 이상 다른 도리가 없었소. 주어진 환경 안에서 작업해야 했소. 백악관 식전 직후 튀니지로 날아가 아라파트의 최고 보좌관인 마흐무드 압바스와 진정한 평화협정을 교섭하기 시작했소. 교섭에는 시간이 걸렸고, 그러는 사이 일이 벌어졌소. 바루크 골드스테인이 1994년 헤브론 대학살을 저지른 거요. 이어 이갈 아미르가 1995년 11월 이츠하크 라빈을 살해했소. 내가 예측하지 못했던 사건들이 벌어졌소. 지금까지도 난 만약 라빈이 암살당하지 않았다면 평화 역시 암살당하지 않았으리라고 확신하오. 우리가 이런 대화를 나누고 있지도 않겠지. 이스라엘은 팔레스타인, 시리아, 아랍세계와 강화講和했을 테니 말이오."

평화 이야기는 또한 나의 이야기이기도 하다. 나 같은 세속적 중상류층 아슈케나지 이스라엘인들에게 평화는 단순히 정치적 개념만이 아니었다. 20세기 마지막 25년 동안 평화는 우리의 정체성을 규정했다. 평화는 우리 종족의 사회 통합 요인이자 불기둥[7]이었다. 평화는 우리의 종교였다. 1965년, 3학년이던 시절 우리에게 가장 신성한 노래는 평화가歌 '내일'이었다. 하지만 노래가 약속한 평화는 추상적이었다. 노래 속 평화에는 불꽃 같은 아네모네와 양 떼, 군복을 벗어던지는 병사들이 나오지만, 아랍인은 없었다. 누구나 갈망하는 평화였지만 누구도 진정으로 믿지는 않는 평화였다. 10학년이 되었을 때 우리에게 가장 신성한 노래는 '평화를 위한 노래'였다. 이 노래 속 평화는 저항의 평화였다. 노래에는 꺼진 촛불과 어두워진 구덩이, 총알이 소진된 소총이 등장했다. 저항이 있었을 뿐, 역시 아랍인은 없었다. '평화를 위한 노래'

---

7 불기둥은 유대교 성서 속에 나오는 표현으로 신의 현현과 인도를 의미한다. "야훼께서는 그들이 주야로 행군할 수 있도록 낮에는 구름기둥으로 앞서가시며 길을 인도하시고 밤에는 불기둥으로 앞길을 비추어주셨다. 이렇게 낮에는 구름기둥, 밤에는 불기둥이 백성 앞에서 떠나지 않았다."(출애굽기 13:21-22)

속 평화는 분노와 대립, 정치적 분위기였으나 앞선 노래와 다름없이 구체적이지 못했다. 그럼에도, 평화를 요구하는 목소리는 흥을 돋우었다.

'내일' 속에 나온 평화에서 '평화를 위한 노래' 속에 나온 평화로의 전이는 내 세대를 특징지었다. 6일 전쟁과 방대한 영토의 점령 후, 우리는 평화가 가능하다고 믿었다. 제4차 중동전쟁 후, 우리는 이스라엘이 화해를 통해 전쟁을 예방할 기회를 놓쳤다고 생각했다. 1977년 정치적 격변과 정착촌 설립, 레바논 전쟁 후, 평화는 우파와 정착민들에게 맞서는 우리의 통곡이 되었다. 평화는 명석한 역사적 진단을 토대로 하지 않았고, 현실적이며 전략적인 예측을 내놓지도 않았다. 인소불감의 분쟁이 진행되는 상황에서 평화는 감정적, 윤리적, 지적 공론空論에 불과했다.

고등학생 시절, 나는 평화운동 집회에 가곤 했다. 소설가 아모스 오즈, 언론인 우리 아브네리, 전직 대령 메이어 파일 같은 선각자들이 평화를 약속하는 동안 난 우러러 경청했다. 군 복무 중 휴가를 나올 때면 평화를 외치는 피 끓는 횃불 시위에 참여해 요시 사리드와 요시 베일린이 약속하는 평화를 헌신적으로 경청하곤 했다. 대학생이었을 적에는 열렬한 평화운동 활동가였다. 평화 소책자를 작성해 배포했으며, 평화의 약속을 진심으로 믿었다. 결국 삼십대가 되어서야 평화의 약속이 근거 없는 공약에 불과하다는 사실을 깨달았다. 그 약속은 우리 삶에서 없어서는 안 될 중요한 윤리적 역할을 했으나 실증적인 토대가 없었다. 평화의 약속 자체는 좋았지만, 우리가 살고 있는 잔혹한 현실이 이를 체계적으로 부정하다보니 실현되기는커녕 옴짝달싹 못하는 지경에 빠져 있었다.

난 모종의 이론을 생각해냈다. 이론에서 우리는 비극 속에 산다고 상정했다. 이 비극에서 두 민족은 조국을 공유하면서 동시에 조국을 걸고 거의 영구적인 투쟁을 벌이고 있다. 70년 동안 우리 유대인들은 이 비극을 견딜 만한 정력이 있었다. 우리는 지속적인 분쟁을 견디면서도 명랑하며 낙천적일 만큼 활력이 넘쳤다. 하지만 피로에 지쳐가면서, 우리 실존의 심장은 비극적 운명이란 없다고 믿고 싶었다. 우리 운명은 비극적 환경이 아닌 우리 자신의 행위에서 비롯된다고 가식해야 했다. 1967년 정복했던 테러분자들은 이러한 필사적 가식에 그럴싸한 핑계를 제공했다. 우리가 스스로 초래한 내적 분쟁에 집중하도록 해주었기 때문이다. 우파는 주장했다. "웨스트뱅크를 합병하기만 하면 무탈하리라." 좌파는 주장했다. "웨스트뱅크를 넘기기만 하면 평화로우리라." 우파는 주장했다. "희생자들은 좌파의 환상 탓에 죽었다." 반면 좌파는 주장했다. "희생자들은 우파의 몽상 탓에 죽었다." 우리는 외부 환경에서 비롯된 비극적 현실을 직시하는 대신, 좌파와 우파의 대립 사이에서 단순하기 짝이 없는 이야기를 지어내기로 했다. 아랍 민족의 잘못이 아니었다, 유대 민족의 잘못이었다. 중동이 문제가 아니라 이스라엘 정부가 문제였다. 이스라엘의 근본적 상황이 아니라 이스라엘의 특정 정치인이 저지른 특정한 실수였다. 기상천외한 방법이라 할 만한 것으로, 우리는 우리가 처한 비극적 삶을 도덕극으로 바꿔놓았다. 우리가 갇힌 잔혹한 현실을 직시하지 않고, 우리 자신을 탓하기에 적합한 가상현실을 창조했다.

이와 같은 일반론에서 나는 이스라엘 좌파에 관한 이론을 생각해냈다. 곧 이스라엘 좌파의 근본적 결함은 점령 문제와 평화 문제를 구별한 적이 없다는 데 있었다. 점령과 관련해서는 좌파가 전적으로 옳았다. 좌파는 점령이 윤리와 인구통계, 정치적 측면에서 재앙이라는 점을 깨달았다. 그러나 좌파는 평화와 관련해서는 완전히 틀렸다. 실제로 존재하지도 않는 평화 동반자에 의지했다. 평화가 필요하니까, 실현 가능하다는 상정이었다. 하지만 이 땅의 분쟁 역사와 전략지정학은 평화가 실현 불가능하다는 점을 시사했다. 좌파의 윤리적 입장은 옳았을지 모르지만 부정확한 실증에 따른 가정으로 그 의미를 상실했다.

왜 좌파는 이처럼 실증적으로 부정확한 가정에 매달렸는가? 이 가정 덕에 좌파는 1948년의 비극을 부정할 수 있었기 때문이다. 잘 알다시피, 1967년의 희열로 우파는 대이스라엘이 가능하다고 믿을 수 있었다. 반면 이와 동일한 희열로 좌파는 대평화가 가능하다고 믿을 수 있었다는 사실은 대체로 인정받지 못하고 있다. 두 환상 사이의 투쟁이 양측에 권력을 부여했으며, 이스라엘이 현실을 회피하도록 했다. 점령을 종료하는 까닭은 단지 그것이 비윤리적이기 때문이라는 건전하며 합리적인 입장을 고수하는 대신, 좌파는 점령의 종료가 평화를 가져올 것이라는 불건전하며 비합리적인 믿음을 지지했다. 정착민과 정착촌을 악의 근원으로 간주하며, 팔레스타인 사람들 입장의 근거는 점령에 있지 않다는 점을 간과하려는 경향이 있었다. 이스라엘은 점령을 멈추어 분쟁을 종식시킬 수 있는 절대 권력이라는 마법 같은 믿음이 있었다. 좌파는 평화라는 환상을 택했다. 이 환상에는 메시아 사상의 차원이 있었던 까닭이다. 이 환상은 이스라엘에 실존을 위한 새로운 환경을 약속했다. 우리 발아래 악지惡地를 확 트인 창공으로 대체하겠다는 약속이었다.

따라서 알고 보니 평화는 더 이상 평화가 아니었다. 평화는 더 이상 힘과 이해관계, 기회, 위협, 동맹에 대한 현실적 분석에, 곧 건전한 판단에 의지하지 않았다. 아랍인들의 열망과 문화를 무시했다. 주된 관심사는 점령이 아니라 자신들 땅으로 돌아가고픈 것이라는 소망을 품은 팔레스타인 난민 수백만의 존재를 간과했다. 객관적 사실이 아닌 정서情緖에 기초해 있었다. 평화는 곧 소망, 믿음, 신념이었다. 내가 자란 이스라엘에서는 실존하려면 평화가 필요했으며 이러한 필요로 메시아 사상의 개념이 싹텄다. 평화를 추구하며, 이스라엘판 와스프8는 잔혹한 일을 저지르지 않고도 이스라엘인이 되리라 믿을 수 있었다. 진보적 시온주의자들은 스스로를 착각에 빠뜨릴 수 있었다. 자신들이 시온주의로부터 폐적당한 타자를 달랠 수 있다는 착각에. 따라서 평화는 이 세속적 종족의 토템이 되었다. 평화는 우리에게, 우리가 순수하고 올바르며 아름다울 수 있으리라고 약속했다. 평화는 우리가 수 세기 동안 싸우지 않아도 되리라는 약속을 의미했다. 비극으로부터 벗어날 확실한 길이 있다는 의미였기 때문이다.

난 이스라엘 평화운동을 선도한 세 명의 지식인, 제에브 스테른헬과 메나헴 브링커, 아비샤이 마르갈리트를 만나고자 예루살렘으로 운전해 간다. 이들에게 무엇이 잘못되었으며 무엇이 평화 절차를 좌절시켰는지를 묻는다.

---

8 WASPs, White Ashkenazi Supporters of Peace의 약자로, 백인 아슈케나지 평화 지지자들을 가리킨다. 원래 와스프는 White Anglo-Saxon Protestant, 곧 앵글로색슨계 백인 신교도로 미국사회에서 가장 영향력 있는 계층을 일컫는다.

스테른헬은 오슬로는 너무 작았고 너무 늦었다고 말한다. 하지만 진정한 문제는 좌파가 확고부동한 아슈케나지 엘리트층의 벽을 끝내 넘지 못했다는 데 있었다. 이스라엘 좌파는 유럽의 여러 사회민주당에 필적하는 당을 끝내 구축해내지 못했다. "우리가 이스라엘을 적시에 구하지 못한 까닭이 여기에 있소." 스테른헬은 토로한다. "우리가 지금 불안에 시달리는 까닭이 여기에 있소. 이스라엘은 내 삶이지만 내게는 이스라엘이 소실되어가는 모습이 보인다오. 내가 사랑하는 나라를 소모하고 있는 불치병이 보인다오." 그는 말한다.

브링커는 놀랍게도 내 이론을 되풀이한다. 그는 말한다. 우파와 마찬가지로, 좌파 역시 6일 전쟁 후 메시아 사상의 환상에 무릎을 꿇었다고. 이스라엘은 전능하다고 확신했다. 확실히 만사는 우리 손아귀 안에 있었다. "우리는 순진했소, 하지만 또한 거만했지." 브링커는 이야기한다. "원칙적으로는 우리 입장이 옳았지만, 그것이 적용 불가능하다는 사실을 직시하지 않으려 했소. 먼저 아랍국들이 우리가 틀렸다고 부정했소. 그다음 후세인 국왕이 부정했소. 그리고 팔레스타인 사람들은 줄곧 변덕을 부렸지. 하지만 우리는 이러한 난제들을 결코 진지하게 다루지 않았소. 가령 이스라엘에서 A와 B와 C라는 일을 한다면 평화가 있으리라는 식의 주장이었지. 우파가 퍼붓는 공격에 우리가 취약했던 까닭이 여기에 있었소. 우파는 좌파의 내적 모순을 거듭 들춰냈지. 우리가 의지하고 있던 아랍 동반자들은 실제로는 존재하지 않았던 거요."

마르갈리트 역시 놀랍다. 자신은 오슬로에 대해 한 치의 믿음도 없었노라고 말한다. 두 번의 도약으로 건너뛰기에는 벅찬 균열이 있는 법이다. 마르갈리트는 폭력과 살인, 추진력의 상실을 예측했다. 희열은 증발하리라고, 반대 세력이 주도권을 쥐리라고 예견했다. 라빈과 페레스, 바라크를 결코 신뢰하지 않았다. 캠프 데이비드[9]에서 평화가 성취되리라고는 믿지 않았다. 하지만 평화 절차를 공개적으로 비판하는 법은 없었다. 이를 방해하고 싶지는 않았기 때문이다. 하나의 운동으로서 보자면 평화운동은 분명 위대한 일들을 성취했노라고 그는 말한다. "수년간, 우리는 점령과 관련된 논쟁에서 압도적으로 우세했소. 심지어 언어에 있어서도 우파를 눌렀지. 결국 두 국가가 공존한다는 해법과 관련해서 우리의 표현을 채택했으니까. 하지만 실전에서는 참패했소. 우리는 식민화를 멈추지 못했소. 우리는 정착민들을 막기에 충분할 만큼 광범위하며 강한 정치연합을 구축해내지 못했던 거요. 이제는 너무 늦었소. 되돌릴 수 없는 일이지. 내 부모가 세운 이 나라가 인종차별국이 되지 않도록 막을 만한 힘이 이스라엘에는 없다고 본다오."

나는 예루살렘에 위치한 독일계 식민정착촌의 한 찻집에 앉는다. 근처 로이드조지 가街에는 피스나우 본부가 있다. 학창 시절 기나긴 밤을 숱하게 보낸 장소다. 이곳에서 우리는 레바논 전쟁을 막으려 노력했으나, 실패했다. 정착촌 설립을 막으려 노력했으나, 실패했다. 이곳에서 우리는 평화를 실현하려 노력했으나, 실패했다. 세속적 우파와 종교적 우파가 우리의 사랑하는 건전한 이스라엘을 장악하지 못하도록 막는 데 실패했다. 강렬한 경험이었다. 투쟁은 우리를 대담하게 했다. 항

---

9 미국 대통령 전용 별장. 이곳에서 열린 비밀 협상 후, 1978년 백악관에서 미국 대통령 지미 카터의 중재로 체결된 캠프 데이비드 협정은 이후 1979년 이집트-이스라엘 평화조약으로 이어지며, 이집트 대통령 사다트와 이스라엘 수상 베긴이 1978년 노벨평화상을 공동 수상하는 계기가 된다.

의는 우리 자신의 도덕관을 강화했으며, 평화를 향한 희망은 우리에게 의미를 주었다. 하지만 사리드와 베일린, 스테른헬, 브링커, 마르갈리트의 이야기를 경청한 후, 나는 우리의 결점이 무엇이었는지 자문한다. 어째서 우리는 그토록 끔찍하게 실패했는가? 다른 대안이 있었는가? 더 나은 방법이 있었는데 간과하거나 무시하지는 않았던가?

대답은 명료하다. 평화를 시도한 일은 옳았다. 베일린 협상단을 파견해 팔레스타인 사람들과 만나 대담한 합의를 제안한 일도 옳았다. 1967년에 설정된 국경을 따라 비무장 팔레스타인 사람들과 유대 민주주의 이스라엘이 나란히 살아가자는 제안. 하지만 우리는 스스로에게 평화를 약속하거나, 평화가 목전에 있다고 가정해서는 결코 안 되었다. 점령을 끝낸다고 해서 분쟁이 끝나지는 않는다 해도, 점령은 반드시 끝내야 한다고 말할 수 있을 만큼 분별력이 있어야 했다. 우리의 목표는 국경을 정하고, 이 국경에 대해 국제사회의 인정을 받으며, 이 새로운 국경선 안쪽으로 점진적이며 신중하게 철수하는 일이었다. 우리 과제는 이스라엘 대중에게 점령국 이스라엘은 결국 불행해지며, 점령에서 손을 뗀 이스라엘은 생존 가능할 뿐 아니라 강해지리라는 확신을 심어주는 일이었다. 우리 임무는 시온주의 최대의 프로젝트를 설계하는 일이었다. 곧 이 땅의 분할이었다.

하지만 우리는 그렇게 하지 않았다. 우리는 세상과 우리 민족에게 평화가 달성되지 않더라도 점령은 그쳐야 한다고 말하지 못했다. 우리 자신에게 진실을 말하지 못했다. 팔레스타인 사람들은 1948년 이전에 있었던 자신들의 마을과 집으로 돌아가고 싶어한다는 진실을. 잔혹한 진실을 용감하게 마주하지 못하고, '피스나우'라는 낭만적 믿음에 빠졌다. 오슬로에서 우리는 현실에 이러한 믿음을 적용하려 애썼으며, 오슬로 이후에는 이 믿음에 매달렸다. 우리 도시의 거리에서 버스들이 폭발한 순간에조차. 이렇게 우리는 동포들의 신뢰와 존경을 잃었다. 동포들은 우리에게서 등을 돌렸다. 우리는 평화에 대한 지나친 희망이 죽음의 소극笑劇으로 변해가고 있는 현실을 인정하지 못했기 때문이다. 우리의 실패는 우리가 맞닥뜨린 세력 탓이 아니라 우리 자신의 나약 탓이었다. 지적 완전과 용기의 부족, 그리고 미숙함 때문이었다. 우리는 물려받기로 되어 있던 이스라엘 창립자들의 유산을 결코 물려받는 시늉조차 하지 못했으며, 우리가 따라가기로 되어 있던 창립자들의 발자취를 이어가지 못했다. 이 평화 무리는 역사적 연속체가 되기를 망설였다. 진정한 책임의 고삐를 쥐는 것을 거부하며 1970년대식 항의운동을 유지했다.

사리드와 베일린, 스테른헬, 브링커, 마르갈리트는 우리 세대의 스승이었으며, 난 이들에게 친근감을 느낀다. 이들에게 공감하며 친밀감을 느낀다. 서로 논쟁할 때조차, 우리는 한 종족이다. 사리드와 마르갈리트, 브링커는 1967년 여름에 자행된 점령이 어리석었음을 이해했다. 베일린과 스테른헬은 1973년 전쟁과 1977년 격변 후의 빛을 보았다. 이러한 측면을 초기에 분명하게 파악했던 것은 칭찬할 만하다. 이들은 자신들을 미치광이나 반역자라고 간주하는 통념과 싸울 만큼 용감했다. 하지만 나의 이 멘토들은 부친을 살해하는 오이디푸스 콤플렉스 같은 정치 문화를 조성했다. 어떤 면에서 이들은 끝내 성숙해지지 못했다. 끝내 지도자에 이르지 못했다. 점령 문제를 이스라엘인의 삶과 중동의 현실이라는 더 넓은 맥락에서 분리하는 실수를 범했다. 이들은 세 차례 눈이 멀었다. 이스라엘 골리앗이 팔레스타인 다윗을 주시하는 분쟁이라는 내부 세계는 봤으나, 아랍-이슬람 골리앗이 이스라엘 다윗을 주시하는 외부 세계는 못 봤다. 팔레스타인 사람들에게 1967년 점령이 재앙이었다는 사실은 봤지만, 대다수 팔레스타인 사람들에게는 점령보다 훨씬 더 심각하고 본능적인 문제들이 있다는 사실은 보지 못했다. 예를 들면 1948년 상실한 고향이 그런 문제였다. 세 번째로, 이들은 이스라엘이 점령이라는 난제를 해결해야 한다는 사실은 인식했지만, 이 나라가 직면한 여타 중요한 난제들은 간과하며 묵살했다. 시각이 손상된 탓에 현실에 대한 이들의 시야는 갈수록 더 좁아졌다. 결국 현실과 괴리되는 데 이르기까지. 이스라엘 좌파 지도자들의 의도가 선의였다 해도 이들을 비롯해 이스라엘 평화운동은 무의미해졌다.

나는 아모스 오즈와 만나고자 텔아비브로 차를 돌렸다. 오즈와 난 오랫동안 아는 사이다. 20년이라는 시간 동안 서로 만나 삶과 문학을 논하고 평화와 정치를 논했다. 그를 진심으로 사랑하지만, 최근 몇 년 동안 우리 둘은 의견을 달리하는 경우가 잦았다. 오즈는 진소위 평화 선지자다. 평화운동의 구루이자 이스라엘 평화 신봉자들의 랍비장長이다.

그는 유난히 기분이 좋아 보인다. 이탈리아에서는 오즈의 운문소설 『같은 바다』를 토대로 한 오페라가 이제 막 제작되었다. 그의 책들은 20개 언어로 번역되었으며 35개국에서 읽힌다. 키부츠 홀다에서 보금자리를 찾은 이 예루살렘 고아가 이스라엘에서 가장 뛰어난 작가인 셈이다. 그러나 그는 분별력을 유지하고 있으며, 늘 그래왔듯 겸허하다. 격자무늬 상의에 베이지색 바지 차림을 한 그는 깔끔하고 꾸밈없는 찻집인 라마트아비브의 구석진 자리에 앉아 있다. 오즈는 자리에서 일어나 악수로 나를 따스하게 맞는다.

"나는 동양학자는 아니오", 오즈는 말한다. "하지만 오전 5시부터 매일 아침 내가 하는 일은 사람들 머릿속에 들어가 그 사람들이 세상을 바라보는 방식을 이해하려 애쓰는 거라오. 1967년 6월, 군복 차림에 우지 기관단총을 들고 시나이 사막 전쟁에서 예루살렘으로 돌아왔을 때, 내가 본 것은 다윗 왕의 수도가 아니었소. 난 두려운 표정으로 나를 바라보는 구두닦이 아랍 소년을 보았지. 거기서 난 영국의 위임통치 기간에 예루살렘에서 보낸 내 어린 시절과 위협적이며 흉학했던 영국 병사를 상기했소. 예루살렘이 나의 도시임에도 외국 도시처럼 다가왔소. 이 도시를 지배해서는 안 된다고, 이스라엘은 이 도시를 지배해서는 안 된다고 느꼈소. 구래의 예루살렘은 우리의 과거일 뿐 우리의 현재가 아니오. 그런데 이젠 우리 미래를 위험에 빠뜨리고 있소. 우리는 뭇 사람이 성스러운 침묵이라고 묘사하는 예루살렘의 매력에 휘둘려서는 안 되오."

"홀다로 돌아왔을 때 난 예루살렘에서 내가 본 걸 다른 사람들은 보지 못했다는 사실을 깨달았소. 우파와 주류 노동당은 하나같이 1967년을 1948년의 완성이라 여겼소. 당시엔 실천할 만큼 강하지 못했지만, 이제 우리는 실천하기에 충분히 강하다고. 당시엔 정복하지 못했지만, 이제 우리는 정복했다고. 이런 정신 상태는 위험하다는 생각이 들었지. 웨스트뱅크와 가자지구는 팔레스타인 사람이라는 가난한 자들의 양이라는 사실을 깨달았소. 우리는 그 양을 빼앗아서는 안 된다는 생각이 들었소. 한 치의 땅도, 한 군데의 정착촌도 안 되오. 우리는 이 영토를 평화가 이루어질 때까지 맡아두는 보증금 정도로 생각해야 하오."

"노동당 사자獅子들의 생각은 내 생각과 같았소. 레비 에슈콜과 핀카스 사피르, 아바 에반, 이츠하크 벤아론이 그랬지. 하지만 여우들은 합병을 원했소. 그리고 사자들이 포효하지 않자 여우들이 고개를 들었고, 난 혼자였소. 우리 아브네리와 아모스 케난 같은 언론인들은 나보다 앞서갔지만 노동당 세계에서는 내가 선두였지. 나는 '생활권'에 집착하는 모셰 다얀의 욕망과 국토 해방이라는 수사에 반대하는 글을 썼소. 팔레스타인국의 설립을 외쳤지. 윤리와 현실 모두 하나의 해법을 가리킨다고 생각했소. 두 국가 공존이라는 해법 말이오."

"나는 무참히 공격당했소. 나의 노동당 신문인 『다바르』마저 합세했지. 나의 키부츠인 훌다조차. 동료 칼럼니스트 한 명은 『다바르』에 연락해서 내 기사를 더 이상 싣지 말라고 요구했소. 다른 동료들은 나를 반역자나 미친놈 취급했지. 같은 시기, 이스라엘에서 가장 존경받는 소설가와 시인들은 대이스라엘이라는 개념을 지지하고 있었소. 노벨상 수상자인 슈무엘 요세프 아그논과 계관 시인 우리 즈비 그린베르그와 나트한 알테르만, 하임 구리가 그랬지. 난 이 나라가 얼굴을 바꾸며 떠내려가는 모습을 지켜보았소. 이 나라는 더 이상 내가 안다고 생각했던 그 이스라엘이 아니었소."

"1990년대 초는 모두에게 몹시 어려운 시절이었소. 현실은 이스라엘인과 아랍인 양측을 가리지 않고 엄습해서 변하게끔 했지. 1973년의 전쟁으로 아랍인들은 자신들이 우리 것을 강취할 수도 있다는 사실을 깨달았소. 1987~1992년의 팔레스타인 봉기로 이스라엘인들은 이곳에 팔레스타인 민족이 존재하며, 이들은 떠나지 않으리라는 사실을 깨달았고. 팔레스타인 민족은 이곳에 존재했고, 이곳에 머물고자 존재했소. 피차 맹목 상태였던 100년이 지나 불현듯 서로를 본 셈이었지. 상대가 사라졌으리라는 환상은 깨졌소. 그런 까닭에, 6일 전쟁 후 소수의 이스라엘인들만이 품었던 시각을 결국엔 대다수가 채택했지. 1967년 이념은 라빈과 페레스, 1993년 정부의 발판이 되었소. 평화는 가장자리에서 정중앙으로 이동한 셈이었소."

"난 라빈과 페레스가 겪어나가는 모습을 지척에서 바라보았소. 이 둘을 잘 알았지. 둘은 금요일 밤이면 홀다로 나를 찾아오곤 했소. 라빈을 변화시킨 건 이스라엘의 젊은이들이었소. 라빈은 이 21세기 소년들이 1948년의 자신처럼 싸우지 않으리라는 사실을 깨달았지. 페레스를 변화시킨 건 세상이었소. 페레스는 여러 나라를 방문해 견문을 넓히고 있던 터라 이스라엘이 신종 남아프리카가 되기를 원치 않는 자신을 발견한 거요. 이유와 방식은 각기 달랐으나 라빈과 페레스 둘 다 분쟁은 끝나야 함을 인식했소. 단호한 강경파였던 이들은 우유부단한 온건파가 되었소."

"페레스가 나에게 은밀히 오슬로 협정 초안을 보냈을 때, 나는 문제점을 파악했소. 내가 이해하기로 실제 우리가 맺었던 건 이스라엘 정부와 PLO, 정착민 사이에 이루어진 미묘한 삼자 협정이었소. 하지만 난 여전히 생각했지. 어쨌든 좋은 출발이라고. 오슬로가 이스라엘인과 팔레스타인 사람들 사이를 가르는 인식의 벽을 허물어뜨리리라 믿었소. 일단 이 벽이 내려앉으면, 진보가 있으리라고. 우리는 진정한 역사적 화해를 향해 한 발짝 한 발짝 전진하리라고."

"큰 실수였소. 난 공포의 중요성을 과소평가했던 거요. 우파의 가장 강력한 주장은 공포지. 수치심 탓에 대놓고 말하지는 않았어도, 우파의 가장 설득력 있는 주장은 우리가 두려워하고 있다는 사실이지. 타당한 주장이오. 나 역시 아랍인들이 두렵소. 그러니 만약 내가 평화운동을 시작한다면 바로 이 점을 수정하겠소. 난 아랍인에게 느끼는 우리의 공포를 다루겠소. 절멸할까 두려워하는 이스라엘인들의 공포에 대해 진실한 대화를 나누겠소."

"절망적이라고? 난 아직 절망하지 않소. 오슬로는 제대로 된 지원을 받지 못했소. 양친 모두로부터 사랑받지 못한 아이였던 셈이니까. 하지만 아주 늦은 건 아니라오. 정착 문제는 해결될 수 있소. 양측은 타협이 필수라는 사실을 알고 있소. 둘은 서로를 사랑하지 않지. 각자 바람을 피우고 있소. 서로에게 고함을 지르지. 그러나 좋든 싫든, 둘은 서로를 보고 있소. 이런 점에서 1993년의 감정 해소는 진짜였소. 금기는 깨졌소. 인식의 장벽은 사라졌소. 결국, 우리는 이제 이 땅의 분할을 논하려고 팔레스타인 사람들과 국가 대 국가로 마주하고 있소. 절대 사소한 업적이 아니오. 평화는 아직 실패하지 않은 실험이오."

내 평화 여정의 마지막은 훌다다. 키부츠 훌다, 아모스 오즈가 반평생을 살았던 곳. 벤셰멘의 언니. 그렇게 훌다는 유대 이주자들에게 이스라엘 땅을 일구는 법을 가르치기 위한 농장으로 시작됐다. 훌다는 나라 중심에 위치해 있으며, 1909년 시온주의 운동으로 아랍인들에게서 매입한 땅에 설립되었다. 아파와 예루살렘을 잇는 철도와 아랍 마을 훌다 부근이다. 이 키부츠에는 테오도어 헤르츨을 기념하는 올리브 과수원이 조성되었으며 헤르츨하우스라 불리는 남작의 저택이 세워졌다. 그러나 1929년 여름, 훌다 농장은 이웃 아랍인들의 공격을 받아 소실燒失되었다. 그래서 1년 후 온건하며 조화를 추구하는 사회주의적 생활공동체인 고르도니아 코뮌이 이곳에 자리 잡았을 때, 올리브 과수원 옆 헤르츨 소나무 숲속 헤르츨하우스에서 성명이 발표되었다. 비록 우리가 총에 맞고 우리 집이 불에 타서 무너지며 우리 나무가 뿌리째 뽑혔을지라도, 꿈을 포기해서는 안 되리라는.

18년 동안 시온주의 코뮌인 훌다와 팔레스타인 마을 훌다는 나란히 살았다. 유토피아를 건설하는 개척자들과 전통에 얽매인 마을 주민들은 좋은 이웃이었다. 하지만 1947년 유엔의 분할 계획이 발표된 후 분출된 적대감은 상황을 바꿔놓았다. 1948년 3월 31일, 아랍인들은 농성 중인 예루살렘을 향해 가던 훌다 호송대를 공격해 승객 21명을 살해했다. 벤구리온은 더 이상 참을 수 없다고 결심했다. 이스라엘국 건국을 선포하기 6주 전, 이 예비 설립자는 유대 민족이 공격을 개시해 예루살렘으로 가는 도상에 있는 아랍 마을들을 정복해야 한다고 결정했다. 1948년 4월 6일 오전 2시 18분, 사상 최초의 시온주의 부대 병사들이 키부츠 훌다를 떠나 헤르츨 훌다 숲을 가로질러 아랍 마을 훌다를 공격했다. 오전 4시, 마을은 정복되었다. 주민들은 달아났으며 마을의 집들은 몇 주 만에 철거되었고 들판은 약탈당했다. 팔레스타인 마을 땅 대부분은 키부츠 훌다에 넘어갔다.

45년 후, 나는 팔레스타인 난민들과 이스라엘 전역을 여행했다. 1993년 4월, 자말 문헤이르를 훌다로 다시 데려왔다. 사내는 웨스트뱅크 곳곳을 뒤지며 찾아다닌 끝에 발견해낸 훌다 난민이었다. 이 고희에 이른 팔레스타인 사내는 자신의 마을을 마치 얼마 전에 떠나오기라도 한 듯이 생생하게 기억했다. 사내는 자신에게 한 치의 의구심도 없었노라고 말했다. 어떻게 의심할 수 있었겠는가? 그는 숱한 세월 동안 유대인 이웃을 처음에는 의혹의 시선으로, 이어 경이로움으로, 이어 존경의 시선으로 바라보았다. 유대인들이 러시아로부터 창백하고 가난한 모습으로 도착하는 광경을 보았으며, 강해지는 모습을 보았고, 뿌리를 내려 자신들의 올리브 과수원을 낙원 같은 곳으로 바꿔놓는 광경을 보았다. 유대인들은 밀을 재배하고, 양을 기르며, 올리브를 압착해 기름 짜는 법을 익혔다. 그리고 유대인 마을과 접해 있던 자신의 너른 들판에 서서, 사내는 이 새 이웃들이 품위 있고 근면하다고 느꼈다. 유대인들의 생활 방식은 유별나며 여인들의 복장은 반나체나 다름없고 사유재산을 허용하지 않는 공동체 제도마저 있었지만, 이들에게는 열정이 있었다. 신을 두려워하지는 않았으나, 공손했다. 팔레스타인 소녀들이 코뮌과 공유하는 구래의 깊은 우물에서 물을 길어올리는 동안 이 키부츠 성원들은 그 옆에 예의 바르고 참을성 있게 서 있었다. 유대인들은 그의 마을의 사랑채인 마다파를 방문하곤 했으며, 마을 주민들을 자기네 공동 식당에 초대하기도 했다. 또한 마을 주민들로부터는 채소를 구입했고 마을 주민들에게는 의약품을 공급하며 의료 지원을 해주었다. 자말 역시 이 유대인 이웃들과 거래했다. 밤이면 아랍어를 하는 들판 파수꾼 아론과 함께 앉아 있곤 했다. 아론은 자말에게 안데르센 동화를 들려주고 자말은 아론에게 고대 정령들 이야기를 들려주곤 했다. 둘은 모닥불 옆에 가만히 앉아, 작은 컵에 담긴 진한 블랙커피를 홀짝거리며 주변 마을들에서 들려오는 아득한 소리에 귀를 기울이곤 했다.

그러던 1948년 4월, 유대인 부대가 그 구래의 깊은 우물 옆에 박격포 한 대를 배치하더니 마을에 폭격을 퍼붓기 시작했다. 그리고 팔레스타인 소녀들이 머리에 도기 물동이를 이고 걸어다니곤 했던 길에 유대인 병사들이 나타났다. 이어 마을 곳곳에 기관총 사격이 있었다. 자말 문헤이르는 노모를 데려와 낙타에 태우고 가족들과 함께 다이르무하이신으로 탈출했다. 그리고 다이르무하이신이 공격당하자 이튿날 어머니와 가족을 데리고 아부슈샤로 탈출했다. 그리고 2주 뒤, 자말은 아부슈사에 서서 불도저들이 훌다에 있는 자신의 집을 휩쓸어버리는 광경을 지켜보았다. 흰색의 어마어마한 먼지구름이 일어 마을을 뒤덮는 광경을 지켜보았다. 자신이 태어나고 자신의 아버지가 태어나고 자신의 할아버지가 태어난 마을을.

한 달 뒤, 유대인 세력은 아부슈샤까지 미쳤다. 자말 문헤이르는 엘쿠바브로 탈출했다. 이어 엘쿠바브에서 에인아리크로 탈출했고, 에인아리크에서 야타로, 야타에서 암만으로, 그다음 다시 야타로 돌아왔다. 자말은 그 이후로도 줄곧 헤브론 변두리에 위치한 웨스트뱅크 마을 야타에서 무일푼의 난민으로 지냈다.

하지만 모진 방랑의 세월 동안 자말은 한시도 훌다를 잊지 않았다. 그래서 1993년 봄, 내 차를 타고 흙길을 지나 훌다에 가게 되자 노인은 천진스런 함박웃음을 머금고 중얼거렸다. 훌다, 훌다. 이 세상 무엇도 훌다의 흙에 비할 만한 것은 없었다. 노인은 탈곡 마당이 있던 곳으로, 한때 고모의 집이던 돌무더기로, 삼촌의 집이던 돌무더기로, 자신의 집이던 돌무더기로 나를 데려갔다. 자신의 마음을 어찌 표현해야 할지 모르겠다고 고백했다. 오직 신만이 아시리라고. 알라만이 아시리라고. 세상 어느 곳도 이곳에 비할 바가 못 되었다. 어떤 곳도 이곳일 수 없고 이곳이 될 수 없으리라고. 이곳은 자말 문헤이르에게 세상천지 하나뿐인 장소였다.

폐허가 된 마을을 떠난 우리는 헤르츨 숲으로 차를 몰아 헤르츨하우스 옆에 멈추었다. 늙은 소나무들 아래 앉아 있는 동안 산들바람이 일어 우리 얼굴을 어루만졌다. 숲의 정적만이 우리를 에워싸고 있었다. 자말은 손을 들어 앞에 놓인 망망한 대지를 가리키며 말했다. "이것이 내 전답이오. 나의 대지요. 문헤이르가家의 땅 500두남이오."

"당신은 부자였군요." 나는 말했다. 말하자마자 난 끔찍한 실수를 저질렀음을 깨달았다. 자말은 폭발했다. "여기 오면 내 심장은 타들어간다오. 여기 오면 난 미쳐버리지. 우리는 존경받는 민족이었소. 영국인과 유대인, 아랍인들은 우리가 하는 말을 존중했지. 우리가 하는 말에는 영향력이 있었소. 하지만 오늘날, 우리는 누구요, 우리는 무엇이오? 비렁뱅이들이지. 우리가 하는 말은 귓등으로도 듣지 않소. 이 너른 땅의 주인이었던 우리에게는 이제 쌀 한 톨조차 없소. 달랑 UNRWA[10] 난민 증명서 한 장뿐이지."

노인은 침묵에 잠겼다. 늙은 소나무들 아래로는, 이 침묵을 기록하는 내 작은 테이프녹음기 돌아가는 소리만이 흐를 뿐이었다. 자말이 다시 내게 몸을 돌리더니 울면서 말했다. 태초부터 자신의 선조들은 이곳에 살고 이곳에서 죽고 이곳에 묻혔다고. 대대로 수백 년 동안 이

---

10 근동 팔레스타인 난민을 위한 유엔 난민구제 사업기관The United Nations Relief and Works Agency for Palestine Refugees in the Near East의 약어다.

땅을 갈았다. 이곳 구래의 우물에서 대대손손 물을 길었다. 유대인들이 홀다에 와서 문헤이르 가족을 쓸어버리기 전까지. 유대인들이 홀다를 정복해 약탈하기 전까지. "라시드는 어디 갔소?" 자말은 울부짖었다. "마흐무드는 어디 갔으며, 마을 주민들은 다 어디 갔소? 나의 홀다는 어디 갔느냔 말이오?"

홀다 가옥들 가운데 사랑채 마다파만이 유일하게 남아 있다. 작지만 매력적인 이 사랑채는 남쪽 언덕 꼭대기에 서서 숨 막힐 듯한 풍경을 내려다보고 있다. 사랑채는 검은색의 견고한 현무암으로 지어졌으며, 지붕은 편평하고 창문은 아치형이다. 현재는 한 조각가의 작업장으로 사용되고 있으며 조각공원으로 둘러싸여 있다. 자말 문헤이르와 이곳을 찾은 지 거의 20년이 지난 지금, 나는 그 사랑채에 다가가고 있다. 그사이, 경보 소리가 정적을 깬다. 그때처럼 봄이다. 이스라엘 현충일[11]이다. 나를 휩싸는 이 경보는 추모의 경보다. 난 마아파를 마주하며 차렷 자세를 한다. 울부짖는 경보 속에서, 사라진 마을 홀다를 바라본다.

자말 문헤이르가 자신의 홀다 곳곳으로 나를 안내한 지 20년이 흐른 지금, 마을의 잔해는 사라졌다. 마다파, 구주콩나무 한 그루, 프리클리 페어 선인장으로 만든 생울타리 몇 줄, 어떤 집의 남아 있는 벽, 또 다른 벽, 돌무더기 외에는 이제 아무것도 없다. 팔레스타인 마을 홀

---

11 Yom Hazikaron, Israel's Memorial Day. 이스라엘인 전사자와 테러리즘 희생자들을 기리는 기념일로, 1963년 법으로 정해졌다. 유대력 8월, 그레고리력 4~5월 3, 4일 또는 2, 3일에서 하루 또는 이틀로 정해져 있다.

다는 이스라엘 키부츠 미슈마르다비드가 이어받았다. 최근 몇 년 사이 미슈마르다비드는 어려운 시절을 겪으며 키부츠로 남기를 포기했다. 팔레스타인 마을을 계승했던 키부츠 역시 이제는 사라진 셈이다. 마을은 이제 이스라엘 신부르주아들로 이루어진 중상류층 공동체로 대체되고 있다. 거대한 불도저가 이 키부츠의 오래된 평등주의 가옥들 가운데 한 채를 밀어버리고 있다. 아랍 인부들은 한때 아랍 마을이었던 곳에 유대인들을 위한 빌라를 짓고 있다. 한때 자말 문헤이르의 집이고 땅이었던 곳에.

이번엔 혼자이지만, 수년 전 자말과 함께했던 여정을 똑같이 밟는다. 헤르츨 숲으로 차를 몰아 헤르츨하우스 옆에 주차하고 늙은 소나무들 사이를 걷는다. 똑같은 정적, 똑같은 산들바람이 있다.

우선 난 헤르츨하우스의 바깥 계단을 올라 2층 현관으로 걸어간다. 숲을 내다보며 유대인들이 이 숲을 대하면서 삼았을 위안에 대해 생각한다. 이어 난 1929년 이 숲과 이 집을 방어하다 이곳에서 쓰러진 어느 유명한 경비병의 기념상에 다가간다. 그다음 숲을 나와 훌다 코뮌의 올리브 과수원과 자말 문헤이르의 밀밭을 갈랐던 길을 따라 걷는다. 이 나라에서 가장 아름다운 길 가운데 하나다. 길 양편으로는 길쭉한 종려나무 두 줄이 지평선을 향해 애처롭게 이어진다. 바람은 부드럽고, 하늘은 그림같이 푸르다. 훌다 키부츠의 그림자는 내 왼편에, 사라진 아랍 훌다는 내 오른편에 있다.

훌다는 내 역사의 일부다. 어린 시절 난 겨울 주말마다 이 숲에 와서 버섯을 찾아다녔다. 청소년 시절에는 친구들과 이곳에서 자전거를 타고 모험을 찾아다녔다. 휴가 나온 병사 시절에는 아버지 자동차에 여자 친구들을 태우고 왔다. 그 후, 평화운동가로서 난 아모스 오즈를 피스나우 운동에 데려오고자 내 빨간색 소형 폴크스바겐을 몰고 훌다에 왔다. 하지만 1993년 봄 자말 문헤이르와 이곳을 찾은 이후로, 훌다는 내게 다른 의미로 다가왔다. 내 조국이 내게 다른 의미로 다가왔다. 평화 역시 다른 의미가 되었다. 난 이제 이스라엘 평화운동가들이 점령에 반대하는 이유를 깨닫는다. 이제는 우리 WASP들이, 분쟁의 과거가 미치는 대근한 영향들로부터 스스로를 보호하고자 분쟁의 현재를 어떤 식으로 영리하게 이용하고 있는지를 이해한다. 우리는 우리 과거와 우리 행위와 자말 문헤이르로부터 스스로를 보호해야 하기 때문이다. 우리가 점령에 집중하는 까닭은 비행非行의 중요한 증거처럼 훌다 한복판에 자리 잡고 있는 장대한 포도원을 스스로에게 정당화할 구실을 찾기 위해서다.

1999년 조성된 이곳 훌다 포도원은 현재 전국에서 가장 큰 포도원 가운데 하나다. 메를로, 카베르네 쇼비뇽, 쇼비뇽 블랑을 비롯해 여섯 종의 포도가 재배된다. 포도원은 잘 관리되어 포도나무들은 잘 자라고 있으며, 포도나무 대열 끝마다 분홍 장미 덤불이 꽃을 피운다.

1부터 190에 이르는 포도나무 대열은 훌다 웨스트다. 키부츠 훌다와 팔레스타인 마을과의 경계였던 길 사이에 위치한 지역으로, 시온주의 올리브 과수원이 있던 자리다. 191열에서 285열 사이는 훌다 이스트다. 이곳은 그 길과 우물 사이의 지역으로, 자말 문헤이르의 밀밭이 있던 자리다. 선한 땅, 악한 땅. 우리 발아래서 움직이는 땅. 나는 와디로 내려간다. 그 깊던 우물은 이제 봉쇄되어 있다. 우물물을 길어 채워두던 정방형 못을 발견한다. 팔레스타인 소녀들이 머리에 도기 물동이를 이고 걷던 길을 따라 걸어오른다. 이스라엘 병사들이 오르던 길을 따라 걸어오른다. 병사들은 우물 옆에 배치한 박격포가 마을을 향해 발사한 76밀리 포탄의 엄호를 받고 있었다. 난 훌다 계곡을 훑어보며 마을 언덕 꼭대기에 다시 서 있다. 3킬로미터쯤 거리에는 텔게제르의 누런 정상이 있다. 거의 한 세기 전 허버트 벤트위치가 정착했던 지역 옆이다. 2킬로미터 거리에는 아부슈샤의 잿빛 폐허가 있다. 1940년 요세프 바이츠가, 살아남으려면 시온주의는 이 땅에서 아랍 토착민들을 쓸어버려야 한다는 결론을 내렸던 곳이다. 이곳 들판에서는 또한 키부츠 훌다가 일어났다. 헤르츨 숲과 헤르츨하우스, 우물. 훌다 포도원. 지평선을 향해 이어지는 두 줄의 애처로운 종려나무들 역시.

여기는 훌다야, 어리석기는. 오프라가 아니라 훌다. 나는 자신에게 말한다. 오프라는 실수이자 일탈, 광기였다. 하지만 원칙적으로, 오프라에는 해법이 있을 수도 있다. 훌다는 문제의 핵심이다. 훌다는 분쟁의 본질이다. 게다가 훌다에는 어떤 해법도 없다. 훌다는 우리의 숙명이다.

우리 입장은 분명하다. 키부츠 훌다의 의도에는 악의가 없었다. 지배를 원한 것이 아니었다. 착취나 침탈, 대체를 추구한 것이 아니었다. 훌다와 고르도니아 개척자들은 단지 가족 같은 공동체를 이루고 싶었을 따름이다. 이들의 꿈은, 동료의식과 평등의식으로 함께 땅을 일굴 사람 40~50명을 모아서 한 가족을 이루고 자연과 교감하며, 그럼으로써 디아스포라로 말미암아 유대 민족이 안은 질병을 치유할 가능성을 증명하는 일이었다. 이들은 기계로부터 소외되고 예속당하는 현대인의 위기에 탈출구를 제시하며, 훌다의 흙에 새로운 시작의 씨앗을 심고 싶었다. 조화, 평화라는 씨앗을.

우리가 훌다에 오지 않았을 수도 있을까? 이어 전쟁이 닥쳤을 때, 훌다에서 우리의 목숨을 구하고자 싸우지 않았을 수도 있을까? 이웃 아랍 마을 훌다를 정복하라며 병사들을 파견하지 않았을 수도 있을까? 아랍 마을의 집과 들판을 빼앗지 않았을 수도 있을까? 마음이 각박해져서 우리 이웃을 잔혹하게 대하며 이들에게 재앙을 초래하지 않았을 수도 있을까?

저들의 입장 역시 분명하다. 자신들 마을로 침투하는 우리에게 대항해 저항하지 않았을 수도 있을까? 우리의 식민정착농장을 공격해 불사르고 파괴하지 않았을 수도 있을까? 이어 한 세대가 지나 저들은 훌다 호송대를 겨냥한 잔혹한 공격을, 그러니까 불가피한 전쟁의 일부를 막았을 수도 있을까? 재앙을 겪은 후에도 그처럼 자기네 마을을 정복해서 들판을 장악하고 주민들을 추방한 우리를 증오하지 않았을 수도 있을까? 그리고 이러한 증오가 극복될 수 있을까? 자기네 마을 훌다를 위한 정의가 실현되는 모습을 보려는 팔레스타인 사람들의 강한 욕구가 포기되기를 기대할 수 있을까? 자말 문헤이르의 자손들이, 우리가 폐허로 변한 자기네 집터에 집을 짓고 자기네로부터 약탈한 들판에 여섯 종의 포도를 재배한다는 사실을 진정 받아들이리라 기대할 수 있는 자 누가 있을까.

이 땅의 두 민족 사이에 평화를 조성하는 데 필요한 것은 인간의 능력 바깥에 있을는지 모른다. 정의를 향한 저들의 요구는 포기될 수 없으리라. 우리는 우리 삶을 포기해서는 안 되리라. 아랍인의 훌다와 유대인의 홀다는 서로를 진정으로 볼 수 없고, 서로를 인정할 수 없으며, 평화를 이룰 수 없다. 요시 사리드와 요시 베일린, 제에브 스테른헬, 메나헴 브링커, 아비샤이 마르갈리트, 아모스 오즈는 점령의 어리석음에 대항해 선전善戰했으며, 평화를 이루기 위해 할 수 있는 일은 다 했다. 그러나 결국, 이들은 자말 문헤이르와 눈을 마주칠 수 없었다. 홀다를 있는 그대로 바라볼 수 없었다. 아무리 양보한다 해도, 평화에 대한 이들의 약속은 잘못이었다.

내가 현재 홀다에서 보고 있는 실상을 냉엄하게 바라보았던 이스라엘 지도자는 다름 아닌 모셰 다얀이었다. 1956년 이스라엘-가자 경계를 순찰하다가 쓰러진 젊은 보안장교 로이 로텐베르그의 장례식에서, 당시 이스라엘 참모총장이었던 다얀은 분쟁에 대해 여태껏 가장 진지한 어조로 말했다.

어제 새벽 로이가 살해되었습니다. 봄날 아침의 평온에 로이는 눈이 먼 나머지, 고랑 뒤에 숨어 자신의 생명을 노리는 자들을 보지 못했습니다. 우리로 하여금 이 살인자들에 대한 비난을 거두게 하소서. 우리에 대한 저들의 끔찍한 증오를 어찌 비난할 수 있겠나이까? 이제까지 8년 동안 저들은 가자의 난민수용소에 살며, 자신들을 비롯해 자신들 조상이 거주했던 땅과 마을이 우리 마을로 탈바꿈하는 광경을 두 눈으로 지켜보았습니다. 우리가 로이의 선혈을 되돌려놓으라고 다그쳐야 하는 대상은 가자의 아랍인들이 아닌, 우리 가운데 있습니다. 그 모든 만행 속에서 우린 두 눈을 감고 스스로의 운명도 우리 세대의 운명도 직시하기를 거부하고 말았습니다.

오늘날 우리로 하여금 스스로를 성찰하게 하소서. 우리는 정착 세대이며, 철모와 총구 없이는 나무를 심거나 집을 짓지도 못할 터입니다. 우리로 하여금 우리 주위 수백 명 아랍인의 삶을 소모하며 또한 채우는 이 증오를 직시하기를 두려워하지 말게 하소서. 우리 두 팔이 약해지지 않도록, 시선을 떨구지 말게 하소서. 이것이 바로 우리의 운명입니다. 우리의 선택입니다. 준비된 자세로 굳세게 무장하는 일. 그렇지 않으면 검은 우리 손에서 떨어지고 우리 생명은 홀연히 다할 것입니다.

해가 거듭될수록 다얀의 통찰은 점점 희미해져 기억에서 사라져갔다. 이스라엘인들은 그 잔혹한 지혜를 감내할 수 없었다. 6일 전쟁으로 우리는 다얀의 꿰뚫는 현명에서 벗어날 수 있었다. 우파는 자기 합리화의 환상을 키웠다. 좌파는 그 고유의 도덕적 환상에 사로잡혀 있었다. 두 세대 동안 오프라의 죄악은 훌다의 죄악을 가렸다. 하지만 훌다는 이곳에 있다. 훌다는 머물고자 이곳에 있다. 그리고 훌다에는 아무런 해법이 없다. 훌다는 말한다. 평화는 존재하지 못하리라고.

나는 언덕에서 우물로, 우물에서 포도원으로 내려간다. 이곳은 무척 아름답고 평온하다. 하지만 토양은 굳어 있다. 이 땅은 저주받았다. 1948년 4월 6일, 역사의 문이 삐걱거리며 열린 자리가 바로 이곳 훌다 계곡이기 때문이다. 유대인들이 코뷘의 올리브 과수원과 자말 문헤이르의 들판을 구분짓는 문지방을 넘어 금지의 영역에 발을 들여놓은 자리가 정확히 이곳, 헤르츨 숲의 끝이기 때문이다. 유대 병사들이 타민족의 땅을 강탈하고 그들 마을 수십 곳을 정복하고자 대규모의 조직적 힘을 이용한 경우는 1800년 만에 처음이기 때문이다. 그런 마을 가운데 최초가 훌다였다. 이곳, 훌다 구래의 우물 옆에서, 우리는 역사의 한 국면에서 다른 국면으로, 도덕성의 한 영역에서 다른 영역으로 넘어갔다. 우리를 줄기차게 괴롭히는 모든 것이 바로 이곳에 있다. 앞으로도 끊임없이 우리를 괴롭힐 모든 것이 바로 이곳에 있다. 세대를 거듭하며. 전쟁을 거듭하며.

열하나

1999년,
나는 고발한다

아리에 마클루프 데리는 파리의 변호사로 지낼 수도 있었다. 모로코의 도시 메크네스에서의 양육 환경은 그가 프랑스에서 성공하며 인정받는 삶을 꿈꾸기에 충분할 만큼 부유했다. 1960년대, 모로코 국왕 하산 2세는 유대 민족에게까지 후원 범위를 넓혔다. 이 젊은 북아프리카 왕국에서 아랍인과 유대인은 화목했다. 삶에는 질서와 의미와 지중해의 차분한 운율이 있었다. 유대인 공동체는 튼튼했다. 하지만 다섯 살난 아들이 수학 천재라는 사실을 알게 되면서, 엘리아후와 에스테르 부부는 아들이 날개를 펴고 자신들 삶의 터전인 행복한 모로코 유대인 공동체를 초월해 더 높이 비상하기를 기대했다. 데리 부부는 늘 프랑스를, 그 현대성과 개화, 유대인에게 적용된 평등권을 동경했기에 아들이 그곳에서 미래를 찾기를 희망했다. 부부는 아들이 파리나 리옹, 마르세유에서 변호사나 의사, 수학자가 되리라 믿었다.

엘리아후 데리는 열 살에 고아가 되었다. 어느 날 아침 사랑하는 어머니가 침대에 자신과 나란히 누운 채 죽어 있는 모습을 발견했다. 이후 10년은 사내에게 힘든 시절이었다. 형들에게 따돌림을 당했고, 재단 견습생으로 프랑스 군복을 깁고 다림질하며 하루 16시간씩 일했다. 하지만 나이가 들고 결혼을 해 자립하면서, 엘리아후는 잘해나갔다. 메크네스 중심에 양복점을 열고 성공한 양복장이가 되었다. 1950년대와 1960년대 북아프리카의 급속한 현대화는 사내의 주특기인 유럽식 고급 정장에 대한 수요를 배가했으며, 정치가와 사업가, 장교들은 너나없이 사내의 양복점을 찾았다. 북적거리는 유대인 게토, 믈라크 출신의 무일푼이었던 이 고아는 얼마 지나지 않아 어린 자녀와 함께 부유한 동네 빌누벨에 위치한 수위 딸린 널찍한 최신식 아파트로 이사할 수 있었다. 가족에게는 하녀 둘과 텔레비전 한 대, 황금빛 가구가 있었으며, 여름이면 탕헤르 최고의 휴양지로 휴가를 떠났다. 에스테르의 삶은 여왕과도 같아서 아랍 하인들이 요리하고 청소하며 자녀들을 돌봐주는 사이, 길 건너 극장으로 슬쩍 빠져나가 험프리 보가트의 영화를 보곤 했다. 아리에는 축구와 수영을 즐기고 쥘 베른의 소설을 탐독하며 왕자처럼 자랐다. 유대교 대제일 때면, 엘리아후 데리는 가난했던 고아가 얼마만큼 성공했는지 보란 듯이, 큰 아들 둘을 맵시 있는 양복과 비단 나비넥타이로 잘 차려입혀서 유대교 회당에 데려가곤 했다. 데리 가족은 전후 모로코 유대인 부르주아들의 전형처럼 안락한 삶을 누렸다.

메크네스에는 아슬아슬한 균형이 있었다. 한편에선 믈라크가 유대인 공동체와 정체성을 보존했으며, 다른 한편에선 빌누벨이 온갖 프랑스식 풍요를 제공했다. 데리 가족은 다른 유대인들처럼 안식일 아침이면 유대교 회당에 나갔지만, 자녀들은 일요일 오후가 되면 축구를 하고 극장에 갔다. 가족은 자신들 고유의 독특한 정체성을 고수하면서도 다수 민족인 아랍인들과 친밀한 관계를 유지했다. 1950년대와 1960년대, 탈식민지 메크네스는 고혹적인 레반트가 지닌 반쪽 식민지다운 조화를 성공적으로 유지했다. 이곳에서 아랍주의와 유대주의, 프랑스 문화는 씨실과 날실처럼 전통적이면서도 현대적인 한 폭의 천으로 짜여 있었다.

6일 전쟁은 이 천을 찢었다. 1967년 여름 하룻밤 사이 모든 게 변했다. 아랍인 소비자들은 엘리아후 데리의 양복점에 발길을 끊었다. 아랍인 직원들은 사내 뒤에서 수군덕거리기 시작했다. 어느 날엔가는 한 행인이 데리의 우아한 양복에 침을 뱉으며 중얼거렸다. "살레 주이프", 더러운 유대인 놈. 데리는 분에 겨워 집에 돌아왔다. "우리는 이스라엘로 간다", 사내는 공표했다. 가족은 이웃들 몰래 팔 수 있는 건 모조리 팔았다. 가구를 선적 컨테이너에 싣고, 유대인 기관의 도움으로 돈을 송금했으며, 아이들 겨울 외투 이중 안감 속에 현찰을 넣고 꿰매어 감추었다. 친구들에게는 프랑스로 휴가를 떠난다고 둘러댔다. 가족은 어느 날 밤늦게 택시를 불러 카사블랑카로 갔다. 카사블랑카에서 마르세유행 비행기를 탔고, 마르세유에서 하이파로 가는 배에 몸을 실었다.

에스테르 데리는 메크네스를 떠날 때 울었던 기억이 있다. 카사블랑카에서 비행기에 올랐을 적에도 울었다. 모로코에서는 줄곧 좋았었다. 하지만 남편에게 돌아가자고 아무리 빌고 부추겨도, 사내는 듣지 않았다. 아랍인들의 갑작스러운 변심은 사내에게 굴욕감을 안겼다. 마르세유 임시 수용소에 도착해서야 사내는 자신의 성급한 결정을 후회하기 시작했으며, 하이파 항에 입항해서야 자신이 무슨 일을 저질렀는지를 이해하기 시작했다. 자신들의 짐이 도착하지 않았다는 사실이 밝혀지자 사내는 이성을 잃었다. 마르세유에서 약속받았던 주택을 제공받지 못하자 아내와 다섯 아이는 공포에 질린 눈초리였다. 격분한 엘리아후 데리는 탁자를 뒤집어엎었다.

아리에 마클루프 데리는 마르세유 임시 수용소에서부터 이미 부모님 사이에 긴장이 감돌았다고 기억한다. 하지만 부모님은 전부 잘되기를 희망하며 이스라엘에서의 생활이 좀더 편해지도록 필요한 물건은 모두 사들였다. 냉장고, 세탁기, 믹서. 항해는 사실 재미있었다. 아이들은 갑판에서 난리법석을 부렸고, 저녁이면 어른들은 탱고와 파소 도블레를 추었다. 하지만 하이파에 상륙하자 아버지는 다른 사람이 되었다. 언성 높고, 신경질적이고, 안절부절 못하는. 아버지는 성급하게 선택한 이 새로운 세계의 규칙을 이해할 수 없었다. 소리를 지르거나 울부짖으며 언성을 높이기 일쑤였다. 품위를 잃었다.

가족은 텔아비브 남쪽의 해안 소도시 리숀레지온으로 보내졌다. 가족의 아파트는 비좁고 허전했다. 유대인 기관이 제공한 철제 침대와 군용 담요가 다였다. 돈이 도착하지 않자 엘리아후는 매일 은행에 갔다. 자신들의 컨테이너가 도착하지 않자 유대인 기관에 매일 찾아갔다. 더 나은 조건을 갖추고 더 나은 위치에 있는 더 나은 아파트를 요구했다. 분통이 치밀었다. 혈압이 올랐다. 방에 틀어박혀 나오지 않았다. 하루 종일 울며 침대에 누워 있었다.

석 달 후, 가족은 리숀레지온의 50제곱미터 아파트에서 바트얌에 있는 100제곱미터 아파트로 이사했다. 이제 공간은 다소 넓어졌지만 이

옷은 형편없었다. 이곳 엘리코헨 주택단지에서 리비아 출신 이주 가족 대부분은 사회의 변두리 인생이었다. 성실한 이웃도 있었지만 나머지는 지독한 범죄자들이었다. 마약과 매춘, 거리의 불량배들이 있었다. 엘리아후 데리가 우울증으로 심신이 쇠약해진 탓에, 아들 넷과 딸 하나를 보호하는 일은 에스테르 데리의 몫이었다. 여자는 아이들이 거리의 방식에 물들지 않도록 집에 붙잡아두었다.

어느 날 저녁, 기다란 검정 외투를 입은 초정통파 청년 둘이 문을 두드렸다. 청년들은 데리 집 자녀들에게 재능이 있다고 들었다면서 이 가운데 둘을 메타냐에 있는 종교기숙학교에 등록하라고 제안했다. 에스테르 데리는 고사했다. 여자는 초정통파에 대해 아무것도 몰랐으며, 아들들을 떠나보낸다는 생각에 두려워졌다. 비인간적으로 보였다. 하지만 마약과 매춘, 거리의 불량배들이 더 무서웠다. 가슴 미어지는 긴 심사숙고 끝에, 에스테르는 장남 예후다와 천재적인 아리에를 이 두 청년의 손에 맡겼다. 모로코 출신의 두 영리한 소년은 나타냐에 있는 산즈 기숙학교에 보내졌다. 그들은 거기서 누이와 형제, 어머니, 망가진 아버지와 완전히 단절된 생활을 했다.

산즈 예시바의 랍비는 깊은 인상을 남기는 종교인으로, 아리에 데리의 마음을 대번에 사로잡았다. 하지만 장소 자체는 황폐하고 불결하며 비참했다. 아리에는 자신에게 이런 형벌이 내려진 까닭을 이해하지 못했다. 아홉 살에 어머니로부터 떼어진 이유를. 밤이면 소년은 서럽게 울곤 했다. 낮에는 탈출하려 애썼다. 쓰레기통에서 병을 수집해 지역 식료품점에 되팔았고, 그 돈으로 바트얌으로 가는 버스표를 샀다. 집에 도착하면 소년은 울었고 집에 있게 해달라며 어머니에게 졸랐다. 하지만 그마저도 랍비가 도착해 에스테르에게 아들이 훌륭한 토라 학자가 되리라고 이야기하는 순간 끝이 났다. 음울한 주택단지를 둘러보던 여자는 다시 한번 아들을 랍비의 손에 맡겼다.

그러는 사이 에스테르는 바트얌에 위치한 노동조합 소유의 직물공장에서 시간제 근무를 시작했다. 엘리아후는 침대에서 나오더니 자기 소유의 남성복점을 차리겠다며 레인코트를 재단하기 시작했다. 명예는 돌아오지 않았다. 풍족함도 마찬가지였다. 그다지 행복하지 않았다. 하지만 처음에는 모로코에서 이스라엘로의 느닷없는 이주가 데리 가족을 짓밟았으나, 가족은 스스로 새 삶을 꾸려가고 있었다. 동방계 이스라엘인 프롤레타리아의 우울한 잿빛 일상을 살아가며.

아리에, 이 영재 아이는 다른 길을 갔다. 소년은 이스라엘국에서의 첫여름을 네타냐에 있는 비참한 초정통파 기숙학교에서 보냈다. 소년은 탈출했고, 돌아왔고, 다시 탈출했다. 몇 달 후, 소년은 다른 초정통파 기숙학교로 전학하는 데 성공했고, 이후에도 전학은 잇따랐다. 하데라에서의 생활 조건은 마찬가지로 수치스러웠으며 외로움은 극에 달했지만 이 열 살짜리 아이는 독실한 유대교도가 되었다. 교장인 랍비 슈크룬은 아리에를 친아들과 다름없이 여겨 소년의 교육에 각별히 신경 썼다. 한 달에 한 번 집에 갈 때면 금요일 저녁마다 텔레비전으로 아랍 영화를 보고 안식일에는 축구를 했지만, 학교에서는 야물커를 쓰고 탈무드를 공부했다. 3년 후, 소년은 예루살렘에 위치한 세파르디[1]계 포라트 요세프 예시바로 전학했고, 그로부터 2년 뒤에는 세파르디-아

---

1 Sephardi, 스페인, 포르투갈, 북아프리카 출신 유대인.

슈케나지 공학共學 예시바로 옮겨갔다. 열일곱 살이 되자 아리에는 명문 헤브론 예시바에 입학했다. 열악한 환경의 평범한 세파르디계 교육기관에서 7년 반을 보낸 후, 아리에 마클루프 데리는 말하자면 아슈케나지 초정통파 세계의 이튼에 입성한 셈이었다.

헤브론은 또한 이스라엘 세파르디 랍비장인 오바디아 요세프의 아들, 다비드 요세프가 다니는 학교였다. 이 세파르디 랍비장 아들은 평범한 학생이라 명석하고 카리스마 넘치는 아리에의 도움과 지도가 필요했으며, 아리에에게는 그 대가로 동생의 가정교사 자리를 제안했다. 열여덟 살이 되자 엘리아후와 에스테르 데리의 아들은 요세프 집안에 들어갔다. 몰레데트호號가 메크네스 출신의 세속과 전통을 오가는 응석받이 소년 하나를 갑판에 태우고 하이파 항 부두에 배를 맨 지 10년 후, 아리에 데리는 이스라엘 세파르디 유대교 궁중에서 촉망받는 기린아가 되어 있었다.

아리에의 꿈은 세파르디 학생들을 위한 엘리트 예시바를 설립하는 일이었다. 그러나 랍비장 가정에서의 삶은 사내에게 정치적 취향을 심어주었다. 데리가 아름다운 고아 여인 야파와 결혼한 후, 친구 하나가 공직에 인생을 바치라며 사내를 설득했다. 데리가 자청한 임무는 세파르디 랍비 요세프와 아슈케나지 최고 랍비 엘라자르 샤크를 설득해 새로운 세파르디 종교당을 공동 후원하도록 만드는 일이었다. 이렇게 해서 샤스가 탄생했다. 1984년, 아리에 데리는 스물다섯의 나이에 동방계 초정통파 정당을 지배했다. 정당은 첫 선거에서 국회 의석 네 자리를 얻었다. 그는 이스라엘의 면모를 바꾸려 하고 있었다.

데리는 스물여섯에 내무부 장관의 영향력 있는 고문이 되었다. 스물

일곱에는 내무부 국장이었으며, 스물아홉에는 내무부 장관이 되었다. 행정 경험도 없었고 이스라엘 사회에 대한 사전 지식도 전무했지만, 아리에 데리는 하룻밤 사이에 스타가 되었다. 그는 초정통파 유대인과 동방계 유대인의 대의를 다 같이 밀어주었다. 하지만 온건파였기에 좌파의 마음을 사로잡았다. 정착민들을 도왔기에 우파의 인정을 받았다. 게다가 내무부에 제기한 안건이 해당 선거구 밖에까지 두루 혜택을 주었던 까닭에 그는 사업계와 대중매체계로부터 존경을 받았다. 데리는 자신이 대표하는 소수 집단 공동체 두 곳을 진흥하는 데 애쓰면서도 다른 공동체를 소외시키는 법이 없었다. 서른에는 이스라엘 권력 핵심층을 뚫고 들어간 최초의 초정통파 동방계 유대인이 되어 있었다.

1990년 6월, 이스라엘에서 가장 유력한 일간지 『예디오트 아로노트』는 데리가 부패했다고 주장하는 일련의 폭로 기사를 발표했다. 감사관과 경찰이 조사를 개시했다. 데리는 복수로 응전했다. 『예디오트 아로노트』와 감사관, 경찰을 공격했다. 국민 영웅은 국민의 적이 되었다. 그는 수뢰자로 낙인찍혔을 뿐 아니라 법규를 완전히 무시한 인물로 인식되었다. 좌파의 애정은 사라지고, 우파의 지지도 사라졌으며, 엘리트 사회에서도 배척당했다. 아리에 데리는 자신을 저버리지 않은 유일한 영역 안으로 물러났다. 전통적 동방계 공동체로.

3년 동안 데리의 삶은 이중적이었다. 한편으로 사내는 1990년대 초 이스라엘에 지대한 공헌을 한 성공적인 내무부 장관이었다. 대량으로 쏟아져 들어오는 러시아 이주자들을 흡수하는 데에도, 제1차 걸프전 때 이스라엘의 개입을 막는 데에도, 수상 라빈과의 결정적이며 대담한 협력관계를 유지하는 데에도 중요한 역할을 했다. 다른 한편으로는, 정상적인 정치인으로서의 정통성을 상실하고 말았다. 따라서 그는 자신의 특출한 정력을 이스라엘의 평행우주를 건설하는 데 모조리 쏟았다. 그동안 도전과 폄하의 대상이던 정부로부터 자금을 지원받는 종교적 동방세계의 건설. 이 샤스 당수는 자신에게 여전한 정치권력을 이용해, 이스라엘이라는 썩어가는 복지국가의 역기능적 보편 체계를 대신할 종파적 교육 체계와 종파적 복지 체계를 구축해야 했다. 그는 억압받고 학대받는 자들을 위한 대안적 왕국을 건설하고자 자신의 관리능력과 조직 구축능력을 활용했다. 개화한 이스라엘이 자신을 거부했으므로, 자신 역시 개화한 이스라엘을 거부했다. 통합자와 치유자가 되는 대신, 아리에 데리는 시온주의가 창건한 세속적 아슈케나지 국가에 대항해 동방계 전통주의자들의 반란을 이끌게 될 동방계 지도자가 되었다.

반란은 1996년 선거운동 때 처음 발발했다. 오슬로 협정 시기였다. 정부는 평화의 정부였다. 이스라엘 사회 상층부에는 이스라엘의 세속주의가 기력을 회복했다는 정서가 만연했다. 그러나 하층부에서는 이스라엘의 억압받는 유대인들이 반란을 일으키려 하고 있었다. 국가 차원에서 이 운동의 우상은 베냐민 네타냐후였던 반면, 종족 차원에서 그 정체성은 샤스를 통해 전달되었다. 데리는 이 점을 이해했다. 문화적 불만에 내포되어 있는 잠재력을 보았다. 평화 약속이 테러리즘 물결에 휩쓸려갔을 때 이스라엘을 사로잡은 공포 또한 보았다. 그래서 사내는 자신의 유권자들에게 다른 무언가를 제시했다. 신비주의적인 무언가를. 데리는 유대교 신비주의 랍비인 백 살 고령의 이츠하크 카두리를 재조명해 선거운동의 스타로 만들었다. 카두리의 부적과 축도祝禱가 대량으로 배포되는 가운데, 이 고릿적 랍비는 지독한 가난에 시달리는 동방 출신의 전통주의 유대인들 집회에서 연설하고자 헬리콥터를 타고 이 마을 저 마을로 날아다녔다. 가난한 동방계 유대인들은 랍비의 말 한 마디 한 마디에 매달렸다. 종종 알아들을 수 없는 말조차 놓칠세라. 데리는 카두리와 유대교 신비주의를 이용해, 이 나라를 세운 세속적 과정을 거부한 이스라엘인들로부터 250만 표를 얻어 국회에서 10석을 차지했다. 데리는 수다한 세파르디 유대인들을 그 긍지와 위안의 원천인 전통적 신비주의의 근원으로 회귀시켰다.

두 번째 반란은 1997년 4월에 발발했다. 이스라엘의 세속적 온건파 엘리트들은 네타냐후─데리 정부가 적법하지 않다고 보았다. 데리는 법정에서 자신의 생명을 걸고 싸우고 있었다. 유월절 전야, 정부는 느닷없이 데리를 기소하기로 결정했다. 부패로 인한 추가 고발을 피할 수 있을지 모른다는 희망으로, 수상 네타냐후를 설득해 자신이 다루기 쉬운 법무부 장관을 임명하게 했다는 혐의였다. 경찰은 네타냐후를 비롯해 이 사건에 관여한 여타 아슈케나지 혐의자들에 대해 배임 혐의를 제시했지만, 세파르디아인 데리를 제외하고는 아무도 기소되지 않았다. 결과는 격분이었다. 국회와 대법원 맞은편에 위치한 히브리대학 강당에는 데리를 응원하며 동질감을 느끼고 싶어하는 샤스 지지자 수만 명이 모였다. 종족 간 내전이 임박한 모습이었다.

하지만 데리는 자신과 자신의 종족을 저지했다. 분노에 찬 엄청난 군중에게 폭력에 의지하지 말라고 주문했다. 하지만 그 초열지옥 같은 날, 그가 사용한 표현은 이 나라와 시온주의에 고하는 작별 인사로 들렸다. "시온주의의 통찰은 힘을 잃었다." 사내는 말했다.

이제 세속적 이스라엘인들은 샤스가 이 나라의 세속적 특성을 바꾸게 될까 두려워한다. 저들은 스스로를 시온주의라 칭하지만, 진정한 시온주의자가 아니다. 저들의 운동은 이단 운동이다. 저들은 우리의 아버지와 어머니들을 원시적이라 여긴다. 부모를 개조하려 든다. 부모들을 살기 힘든 외딴 도시와 마을로 보냈다. 자녀들에게는 쓰레기 같은 교육을 받게 했다. 마침 우리가 와서 그처럼 외딴곳에서 고통당하고 있던 사람들을 하나하나 돌보기 시작했다. 저들이 우리를 두려워하는 까닭이 여기에 있다. 저들이 우리를 박해하는 까닭이 여기에 있다. 그리고 이 박해는 종족적이며 종교적이다. 하지만 저들이 우리에게 굴욕감을 안길수록 우리는 성장할 터다. 우리는 이스라엘국의 성격을 바꾸게 될 터다.

세 번째 반란은 1999년 봄과 여름에 발발했다. 1999년 3월 17일, 예루살렘 지방법원은 아리에 마클루프 데리가 15만5000달러에 이르는 뇌물을 수수했다는 혐의에 대해 유죄를 선고했다. 일주일 뒤 데리는 4년의 징역형을 선고받았다. 법원의 판결문 낭독은 라디오를 통해 거의 두 시간에 걸쳐 생방송되었다. 이례적인 조치였다. 판사들은 데리에게 유죄를 선고하는 데 그치지 않고 데리가 부패한 데다 악의적인 인물이라고 묘사했다. 그가 법원에서 나오자 지지자들은 낙담해 있었다. 그의 정치 생명은 끝난 듯 보였다. 그러나 불과 몇 시간 만에 아리에 데리는 기력을 회복했다. 선거까지 단 두 달밖에 남지 않은 상황에서, 사내는 자신의 위기를 선거운동의 주요 쟁점으로 삼겠다고 다짐했다. 비디오 촬영기사 한 명과 자신의 사무실에 틀어박혀 일생일대의 연설을 했다. "나는 고발한다." 사내는 외쳤다. 두 시간 동안, 두 편의 서사가 합쳐졌다. 법규에 대한 그 자신의 복수와 이스라엘국에 대한 세파르디 유대교의 복수. 아리에 마클루프 데리는 이제 동방계 서사의 상징이었다. 거부와 굴욕, 박해의 상징. 아슈케나지 제도에 깔려 있는, 전통적 동방계 유대인들을 존경하고 존중하기를 꺼려하는 정서의 상징, 타자를 배척하는 유대 이스라엘인들의 상징.

데리의 나는 고발한다는 엄청난 인기를 끌었다. 수요를 충당하려고 유럽에서 매일 비디오카세트가 수만 개씩 생산되어 하룻밤 새 이스라엘로 날아왔다. 이번에는 카두리의 부적이 필요치 않았다. 랍비 오바디아 요세프에 대해서도 그다지 관심이 없었다. 선거운동은 전부 데리로 채워졌다. 개발도시와 빈곤한 자치구, 외딴 마을들에 불이 붙었다. 너나없이 데리를 보고 싶어했고, 데리를 만지고 싶어했으며, 데리와 동질감을 느끼고 싶어했다. 하나의 이스라엘은 사내에게 유죄를 판결한 반면 다른 하나의 이스라엘은 사내를 결백하다고 여기며 영웅시했던 셈이다. 이스라엘의 종족 분열은 물밀듯한 항의를 야기했다. 1950년대의 도착到着의 트라우마와 1960년대의 흡수의 고뇌, 1970년대의 차별의식, 1980년대의 항의의 명멸은 이제, 지금 막 범죄자로 판결받은 동방 혁명의 수장을 지지하는 대중의 열기 속에 한데 합쳐졌다. 데리는 더 이상 정치인에 불과하지 않았다. 데리는 순교자였다. 사내는 동방 유대인들의 고통과 비극이라는 십자가를 짊어졌다. 법원이 사내에 대한 유죄판결문을 소리 높여 낭독하고 60일 만에 그와 그의 정당이 얻은 45만 표는 동방계 반란을 정점에 올려놓았다. 1999년 6월, 이스라엘인 여섯 중 하나는 기존 질서에 도전하는, 그리고 4년이라는 징역형을 선고받은 이 혁명 지도자에게 표를 던졌다. 샤스는 국회에서 지난 선거의 10석보다 많은 17석을 차지했다.

2000년 7월, 이스라엘 대법원은 데리의 항소를 기각하지만 형을 3년으로 낮추었다. 예시바 친구들로부터 받은 뇌물이 6만 달러에 그쳤다고 밝혀졌기 때문이다. 의문이 일었다. 만약 10년을 끈 긴 법정 싸움을 지나 기소장 원본의 혐의가 거의 사라지고 없더라도, 데리에 대한 전례 없던 형벌은 여전히 정당화될 터인가? 친구들로부터 불법 자금을 받고도 전혀 처벌되지 않은 이스라엘의 다른 고위 정치인은 정말 없나? 하지만 법은 법이며, 이제 판결은 끝났다.

2000년 9월 3일 새 학기 첫날, 아리에 데리는 어린 딸들을 예루살렘의 세파르디 초등학교에 데려다주었다. 자신이 설립했으며, 세파르디 랍비장의 망처인 마르갈리트 요세프의 이름을 따 명명한 학교였다. 텔레비전 카메라들을 마주한 그는 울고 있는 세 딸에게 작별을 고했다. 학교를 떠나 그는 감옥으로 갔다. 샤스 지지자들은 자기네 지도자가 감옥에 중죄인의 모습으로 들어가게 하기 싫었다. 왕처럼 들어갔으면 했다. 그가 예루살렘과 예루살렘의 꽉 막힌 차도를 빠져나오자 수만 명이 사내를 응원하려고 기다리고 있었다. 거의 1000대가량의 승용차와 버스들로 이루어진 호송대가 오토바이 대열에 이끌려 수도에서 마시야후 감옥까지 데리를 따라오면서 텔아비브 고속도로는 정지 상태가 되었다. 감옥 밖에는 수만 명이 더 모였다. 랍비 오바디아 요세프는 군중에게, 성서 속 요셉처럼 데리는 감옥을 나와 이스라엘의 왕이 되리라 장담했다. 데리 자신은 용서를 구하면서도, 앞으로도 그럴 일은 없겠지만 자신은 이제까지 법과 약속을 어긴 적이 없노라고 맹세했다. 경찰에게 사방으로 호위를 받으며 데리는, 지지를 연거푸 외치는 추종자들을 뒤로한 채 감옥 문을 통과해 아내 야파와 부모님에게 작별을 고했다. 그리고 밤이 오자 사내는 창문 하나 없는 9제곱미터짜리 독방에서 비좁은 철제 2단 침대에 누워, 두 손에 얼굴을 파묻고 교도소 벽 너머 자신의 숭배자들이 부르는 노랫소리를 들었다. 아내와 부모님의 넋 나간 얼굴을 그리며 자신의 기나긴 여정에 대해 생각했다. 돌연 그는 더 이상 감당할 수가 없었다. 사내는 무너졌다. 10년이라는 격동의 세월 후, 그는 기숙학교에서 울부짖었던 때와 마찬가지로 밤을 향해 울부짖었다. "나의 신이시여, 왜 저를 저버리셨나이까?" 그는 울부짖었다.

"그래서 당신 이야기의 핵심은 무엇입니까?" 난 10년이 지난 지금 데리에게 묻는다. "동방 이스라엘인 이야기의 핵심은 무엇입니까? 이 두 이야기가 한데 수렴되는 게 맞습니까?"

우리는 아리에 데리가 홀로 피정이 필요할 때 찾는 예루살렘 두메의 사무실에 앉아 있다. 벽은 랍비 오바디아 요세프와 여타 덜 알려진 세파르디 랍비의 사진으로 도배되어 있다. 선반에는 성서와 미슈나, 탈무드가 있다. 책상에는 어제 날짜 신문들이 있다. 내게 진한 커피를 타준 뒤, 데리는 얼마 전 친구에게서 받은 벨기에산 고급 초콜릿을 권한다. 그러고는 자리에 앉아 가지런한 턱수염을 쓸어내리고 검정 야물커를 토닥거리더니 나를 바라본다. 눈동자가 빛난다. 그는 준비를 마친 모습으로, 편안하다 못해 거의 평화로운 상태다. 투옥 후 10년이 지난 지금, 그는 더 이상 격분도 격정도 느끼지 않는다. 검은색 가죽 안락의 자에 앉아 자신의 개인사를 균형 잡힌 시각으로 차분하게 풀어놓는다. 이따금 스스로도 놀라는 눈치다. 이토록 짧은 시간에 자신의 삶에 이다지도 많은 일이 일어났다는 사실을 믿을 수가 없다. 자신의 삶이 이처럼 극적인 이야기가 되었다는 사실을 믿을 수가 없다. "믿을 수가 없군", 그는 중얼거린다. 나보다는 스스로를 향한 소리다. 하지만 이야기를 이어가달라고 조르자 그는 눈을 찌푸리더니 목메어 말한다.

"난 동방 출신의 여느 이스라엘 유대인과는 다르오", 데리는 토로한다. "아랍국 출신 이주자 대다수는 1950년대에 도착했지만 난 1968년에야 도착했소. 아랍어를 구사하는 이주자들은 도착하자마자 너나없이 무차별적인 DDT 살포를 당하고 모멸적인 이주자 수용소에서 큰 트라우마를 겪었지만, 난 이런 일들은 겪지 않았소. 1960년대 후반 바트얌에 도착했을 때, 내 주변에는 온통 1950년대가 초래한 피해상들이었소. 난 분열된 동방사회를 보았소."

"사정은 뻔했지", 데리는 부연한다. "동방계 유대인 문화는 세 개의 기둥이 버텨주고 있었소. 공동체와 유대교 회당과 아버지. 아버지는 매우 강했소. 너무 강했지. 가족의 부양자이자 왕이었소. 아내에게는 해야 할 일을 지시했지. 자녀들에게는 학습 방향과 행동 방침을 지시했고. 프랑스와 영국의 영향으로 현대화가 진행되었을 적에도 아버지와 랍비는 지배력을 유지했소. 종교와 전통, 가부장제는 천년 동안 동방 유대인 공동체를 지켰소. 우리는 유럽식의 세속화를 겪지 않았소. 우리에게는 서구적 개화도 종교에 맞선 반란도 없었지. 종교와 전통, 초보적 현대화가 어우러진 환경에서 살았다오. 우리는 랍비를 우러러보고 아버지를 존경했지. 그랬기에 하나의 공동체로 살아남았던 거요."

데리는 말을 잇는다. "이스라엘에 도착하자 공동체는 흩어졌소. 의도적인 분산 정책이 있었지. 랍비는 권위를 잃었고, 공동체는 해체되었으며, 유대교 회당은 대단히 약해졌소. 하지만 최악은 아버지들에게 일어난 일이었지. 아버지의 위상이 무너졌소. 이곳에서 아버지는 모로코나 이라크에서와 달리, 가족을 부양할 수 없었소. 이곳에서는 튀니지나 리비아에서와 달리 권위가 없었소. 이곳에서 아버지들은 자신의 위치를 잃었소. 위축되었지. 아버지라는 존재는 의의가 없어졌소."

"이는 우리 집의 위기이기도 했소." 데리는 말한다. "이스라엘에 도착했을 때 이곳에는 공동체도, 유대교 회당도, 랍비도 없었소. 아버지는 굴욕감을 느꼈지. 이웃에게 벌어진 일이 우리에게도 일어나리라는 사실을 알았소. 가족은 끔찍한 가난에 빠졌소. 아이였던 우리는 비행을 지지르며 상스러운 말을 썼지. 사촌 하나는 경쟁관계에 있던 길거리 깡패들끼리 벌인 총격전에서 목숨을 잃었소. 우리를 구한 건 어머니였소. 초창기 충격 후, 어머니는 아버지에게 의지할 수 없다는 사실을 깨닫고 자력으로 행동할 수 있는 힘을 모았지. 현명하고 강한 여성답게, 우리를 집에 붙잡아두고 일탈하지 않도록 했소. 하지만 이것만으로는 충분치 않다는 사실을 깨닫자 자기 집 문을 두드리는 두 명의 랍비에게 동의해 우리를 기숙학교에 보냈던 거요. 개인적으로도 감정적으로도 이는 어머니 자신에게 끔찍한 결정이었소. 하지만 우리를 무척 사랑했기에 가슴이 머리를 이기도록 놓아두지 않았소. 당신이 우리를 어디로 보내고 있는지는 잘 몰랐소. 우리가 초정통파가 되리라고는 알지 못했지. 하지만 어머니는 우리에게 거리에서 우리 자신을 구해줄 사회적 틀이 필요하다는 사실은 알았던 거요."

"당신은 지금", 난 도전적으로 대꾸한다. "이 모두가 우연이라는 말을 하고 있는 겁니다. 당신 부모님은 종교적이기보다는 세속적이었으며, 전통적이기보다는 현대적이었어요. 험프리 보가트를 사랑했고, 파소 도블레를 추었죠. 그러니까 당신 집 문을 두드린 젊은 랍비들이 없었더라면 당신은 종교와는 전혀 상관없는 인물이 되었을지도 모른다는 말을 한 겁니다. 만약 번듯한 세속적 교육기관이 문을 두드렸다면 당신은 일신한 사회민주주의 노동당 당수가 되었을지도 모른다는 말이겠지요."

데리는 고개를 끄덕이지만 내 가정이 맞다는 말은 굳이 하지 않겠다는 듯 마음을 사린다. 단지 얄궂은 미소만 지은 채 이어간다. "들어보시오, 난 노동당이나 아슈케나지 종족과는 아무 문제가 없었소. 우리 집 누구도 아슈케나지들이 우리를 착취했다고 말한 적은 없었소. 그저 우리가 재앙을 견뎌낸다는 느낌이었지. 난 1950년대에 일어났던 일들을 이해했소. 결국, 이스라엘은 적들에게 포위된 젊은 빈국이었지. 인구는 전부 해봐야 65만으로 전쟁에서 회복 중인 취약한 나라. 그런데 느닷없이 이 자그마한 아슈케나지 나라에 중동에 흩어져 있던 세파르디 디아스포라가 너나없이 몰려들었소. 예멘과 이라크, 모로코, 튀니지, 알제리, 리비아, 레바논, 이집트에서 공동체들이 하나하나 도착하고 있었지."

"그래서 이 국가는 새 이주자들을 위해 주택단지들을 지었소. 이주자들을 위해 공장을 건설했고. 수년 만에, 나라는 끔찍한 이주자 수용소를 해체하고 이 새내기들에게 지붕과 일자리를 주었지. 상당한 성과였소. 하지만 아슈케나지가 지배하는 국가가 이해하지 못하고 있는 사실은 이런 조치들이 동방 이주민들에게서 그들의 공동체와 명예와 전통을 앗아가고 있다는 점이었지. 디아스포라에서 이들을 한데 결집해온 사회적, 규범적 구조를 해체하고 있다는 사실을 이해하지 못했던 거요. 동방 이주자들은 이 새로운 세계를 감당할 도구가 없었소. 관련 교육도 못 받았을뿐더러, 여기가 어디인지 왜 이래야 하는지에 대한 인식도, 감각도 없었소. 권위자도 없고, 나침반도 없었소. 이들에게 있는 것이라곤 거리의 폭력과 태만뿐이었소. 그렇게 한 세대를 잃었지. 그다음 또 한 세대. 수십 군데의 빈민가와 외딴 개발도시들이 바트얌에 조성된 엘리코엔 주택단지의 실체가 되었소. 나태하며 범죄가 들끓는 암울한 실체. 이스라엘에 사는 동방계 유대 아동 수만 명은 아버지도, 훈육도, 삶의 의미도 없이 양육되었던 셈이요."

"구제된 아이들은", 데리는 말한다. "강인한 어머니를 둔 아이들이었지. 이 세대는 어머니의 세대인 셈이었소. 이스라엘의 동방 이야기에서 진정한 영웅은 어머니들이었소. 하지만 내 경우에 어머니는 홀로 감당할 수 없었소. 기숙학교가 필요했지. 종교 기숙학교에 간 아이들은 나처럼 율법학자가 되었소. 세속 기숙학교에 간 아이들은 기술자나 보험설계사가 되었고. 강인한 어머니와 제대로 된 기숙학교의 조합만이 이 혼돈에서 아이들을 구할 수 있었던 셈이오. 집에서 멀리 보내져야만, 아버지의 붕괴와 문화의 몰락에서 살아남을 수 있었소."

"내가 노동당에 유감은 없다고 이야기했지", 데리는 말한다. "그 말은 사실이기도 하고 아니기도 하오. 나를 화나게 하는 한 가지가 있었소. 흡수의 정신적 측면이었소. 이주자 수용소와 주택단지와 외딴 공장들을 세웠을 때, 노동당에 악의란 없었소. 하지만 정신적 측면에서는 분명 있었지. 참전 경험이 있는 노동당 아슈케나지들은 아랍에서 이주해온 사람 대부분은 원시적이라서 유럽식 교화과정을 거쳐야 한다고 생각했소. 이들이 꾀한 용광로는 우리를 철저히 탈바꿈시킬 유럽식 용광로였소. 노동당 아슈케나지들은 우리의 문명을 존중하지 않았소. 우리 전통의 아름다움을 인정하지 않았지. 그랬기에 이들은 그 뿌리와 유산으로부터 우리를 떼어낸 거요. 끔찍하고도 악랄한 실수였소. 이들이 저지른 일은 건설이 아니라 파괴였소. 우리 영혼을 강탈해놓고 그 자리에 다른 영혼은 심어주지 않았소. 우리에게 사실상 새로운 문화나 정체성을 심어주지 않았으니 우리에게 아무것도 남기지 않았던 셈이지. 극도의 경제적, 육체적 곤란을 맞닥뜨린 상황에서, 우리는 정신적 벌거숭이로 세상에 서 있는 셈이었소."

"초정통파는 이 공허 속에 발을 들여놓은 거요", 데리는 말한다. "첫 몇 년 동안 사실 난 신을 두려워하지 않았소. 가르쳐주는 대로 배웠고 시키는 대로 했으며 지시하는 대로 입었을 뿐이오. 집에 와서 혼자 있을 때면 종교와는 동떨어진 생활을 했지. 열세 살이 되어 예루살렘에 다다르고 나서야 율법세계의 풍성함을 발견했다오. 나를 아들처럼 대했던 포르트 요세프의 랍비들에게 난 깊이 끌렸소. 이 구래의 예루살렘 신비주의자들의 신비주의에 매력을 느꼈소. 성전산 서쪽 벽이 내 마음을 사로잡았소. 예루살렘의 신성함에 넋을 잃었지. 난 유대주의를 종교적으로 주시하기 시작했소."

"동방 문제들과 마주친 건 그 이후였소", 사내는 말한다. "난 세파르디 온상에서 온상으로 전전했던지라 비정통파 이스라엘과 마주칠 일이 없었소. 헤브론 예시바에 가서야, 난 세파르디 학생들이 아슈케나지 학생들한테 고개를 조아리고, 세파르디 지도자들은 아슈케나지 지도자들에게 고개를 조아린다는 사실을 알아차렸지. 아슈케나지에 대한 분노는 도리어 전혀 없었던 거요. 우리를 받아들이고 우리를 인정하고 우리를 가르쳐준 데 대해 감사하는 마음이었소. 내가 싫어했던 건 자기 비하였소. 거기에 끼기는 싫었지. 그렇게 전에는 눈치 채지 못했던 사실들을 조금씩 눈치 채갔소. 이곳에는 세파르디 지도부도, 세파르디 정치 대표도, 양질의 세파르디 학교도 없다는 사실을. 우리는 전적으로 아슈케나지에게 의존했소. 이들이 친절하게도 우리에게 남긴 부스러기들을 주워 먹고 있었던 셈이지."

"처음에 난 정치적으로 생각하지 않았소", 데리는 말을 잇는다. "난 사실 이스라엘 사회에 속해 있지 않았던 터라 이스라엘 사회가 어떻게 기능하는지 이해하지 못했소. 세파르디 소년들을 위해 품격 높은 예시바를 설립하는 일이 내가 바란 전부였던 까닭이 여기에 있었소. 하지만 랍비 오바디아의 집에서 난 정치를 이해하기 시작했지. 이스라엘을 형성하는 인물과 권력들을 보았소. 그렇게 해서 난 샤스에 대한 착상을 얻었소. 난 랍비 샤크와 랍비 오바디아가 연합하면, 세파르디 유대교에 대의권을 부여하고 초정통파에 대한 아슈케나지 종족의 지원을 누릴 수 있는 정치체제를 내놓으리라 믿었소. 반란을 원했던 건 아니오. 이를테면 이스라엘판 흑표범당[2]을 만들겠다는 구상은 나와 전혀 무관했소. 내 민족에게 명예로운 목소리와 자리를 주고 싶었을 따름이오. 신성한 왕관을 올바른 장소에 돌려주고 싶었을 따름이지."

데리는 책상 너머로 몸을 굽힌다. 눈이 반짝거린다. "내무부 국장이 되어서야 비로소 난 이스라엘의 동방계 유대인 문제를 진정으로 이해하게 되었소. 그제야 난 진정으로 초정통파 유대교의 폐쇄된 세계를 떠나 이스라엘 사회를 이해하게 되었지. 그리고 문득 난 내가 책임지고 있는 수백 군데 자치단체 가운데 힘없는 곳은 거의 전부 아랍계이거나 동방계라는 사실을 깨달았소. 이스라엘의 고통 대부분은 동방계들의 고통임을 실감했지. 방문한 개발도시마다 태만이 있었소. 빈곤한 지역마다 긍지와 정체성을 상실한 동방계 유대인들이 있었소. 파괴된 공동체와 해체된 가족이 있었소. 이들의 명예와 전통은 박탈당했으며 눈빛은 생기를 잃었지. 표면적으로 이스라엘은 번영하고 있었지만, 저변에는 아버지도 랍비도 희망도 없는 이스라엘이 있었소. 전통을 지키는 동방계 이스라엘은 스스로 헤쳐나가도록 방치되었으며, 비참하게 실패하기 일쑤였지."

데리는 이야기한다. "정부에서 첫 몇 해 동안 나는 자기 격리가 아닌 통합을 원했소. 당시 난 인기가 높았지. 정치 스타이자 매체에서 각광받는 인물이었소. 난 여러 세속 아슈케나지 정치인과 언론인, 사업가와 친밀한 관계를 쌓았소. 이들은 나의 솔직함과 개방성과 정력을 좋아했지. 자신들의 이스라엘인다움과 나의 이스라엘인다움 사이에서 우린 서로 공통점을 발견했던 거요. 그래서 난 세파르디와 아슈케나지, 종교적 이스라엘인과 세속적 이스라엘인 사이의 틈을 메울 수 있다고 믿었

2 Black Panthers 또는 The Black Panther Party. 1960년대 중반에서 1980년대 초까지 활동한 미국의 흑인 민족주의, 사회주의 혁명 조직.

소. 엘리트들이 나를 수용했듯이, 이들도 내가 대표하는 대중을 수용하리라 믿었소. 내가 추구해야 할 바는 치유와 통합이라는 생각이 들었소. 동방 유대인과 초정통파 유대인을 강화하면서도 이들을 하나의 다종족 이스라엘에 통합시키는 일이라고. 이 통합된 이스라엘에서 동방 유대인들은 자신들의 자리를 찾을 터였소."

"하지만 그때 언론에서 내 혐의를 들고나왔지. 감사관과 경찰, 법관들이 나를 추적했소. 우파와 좌파 엘리트들은 너나없이 내게 등을 돌렸소. 랍비 샤크도, 내가 알았던 그 누구보다 더 사랑하고 존경했건만, 나를 버렸소. 1990년 시몬 페레스파와 평화 정부를 조성하려 애썼다는 점에서 나를 끝내 용서하지 않았지. 난 혼자였소. 내 곁에는 세속 세계에서 사귄 새 친구들도 없었고, 랍비 어른도 아슈케나지 초정통파도 없었소. 이제 난 사랑받는 존재가 아닌 박해받는 존재였으며, 영웅이 아닌 버림받은 자였소. 내게 남은 것이라곤 내 종족뿐이었소. 세파르디 유대인들. 이들만이 나를 믿었고 나를 포용했소. 이 동방계 유대인들은 나와 동질감을 느꼈소. 나를 자신들과 비슷하게 살아온 존재라 여겼지. 어느 날 이스라엘이 내 면전에서 문을 닫아버리고 나를 파멸시키기 위해서라면 무엇이든 하기 전까지, 나라는 사람은 이스라엘에 마음의 문을 열었거니와 이스라엘도 모로코 유대인인 나의 마음을 받아들였다고 확신했었소."

"무너지지 않기란 힘들었소", 데리는 속삭인다. "외로움은 지독했소. 의지할 대상도 우러를 대상도 없었지. 동시에 난 어머니라 여겼던 이스라엘을, 아버지라 여겼던 랍비 샤크를 잃었소. 그래서 난 신비주의에 끌렸던 거요. 피정해야겠다는 생각에 갈릴리에 올랐소. 우만의 랍비브레슬라우의 무덤 위에 눕고 싶어서 우크라이나로 여행을 떠났소. 신비주의자는 아니었지만, 신비주의자들의 위로가 필요했소. 난 근본적인 신앙에 의지했소. 나를 둘러싼 전부가 무너지고 있을 때, 세파르디 유대교와 신비주의, 근본적인 신앙이 내게 씩씩해질 힘을 주었소. 밤이면 난 하늘에 계신 우리 아버지인 신께 큰소리로 외치곤 했소."

"그러니 1996년 선거운동에서 카두리의 부적과 축복을 이용했던 건 순전히 사람들 마음을 조종하려는 의도만은 아니었소", 데리는 말을 잇는다. "나 개인의 고통과 정서적 욕구의 표출이기도 했지. 1990년 선거운동이 격렬했던 이유도 마찬가지였소. 나는 고발한다는 영리한 정치적 책략이기도 진정한 감정의 절규이기도 했소. 1990년대 내내, 나, 아리에 데리에게 일어나고 있던 일과 이스라엘의 동방 유대인들이 경험하고 있던 일들 사이에는 놀라운 연관성이 있었소. 건국 50년이 지나, 이스라엘은 내부 반란에 직면해 있었소. 반란은 나라의 정체성을 바꾸겠다고 위협했지."

"저들은 나를 위협으로 간주했소", 데리는 말한다. "이곳에 저들과 다름없이 선한 사람 하나가 있었소. 두려움도 수치심도 없는. 조직자이고 계획자이자 지도자. 그리고 그자는 극히 현대적이고도 효과적으로 움직였지. 하지만 사내는 유대교를 대표했으며 동방계 유대인들을 대변했소. 그리고 사내는 자신이 살던 게토에서 초정통파를 구해냈으며 억압받던 환경에서 동방 유대인들을 구출했소. 나라 전역에 걸쳐 변화를 일으켰소. 대안학교와 지역공동체회관을 짓고 사람들에게 또 다른 기회들을 제공했소. 아슈케나지 이스라엘의 문화적 패권을 위협했으며 이스라엘의 서구적 국가로서의 정체성을 조금씩 깎아냈지. 그리고 하루가 다르게 강해지더니, 이스라엘의 짧은 역사상 가장 중요한 혁명을 이끌었소."

"그래서 저들이 나를 게임에서 배제시켜야만 했던 거요." 데리는 말한다. "정부에서는 나를 제거해 국가 자원에 접근할 수 없도록 해야만 했지. 지지자들마저 나를 비난하도록 내 인격을 공격해야 했지. 그래서 저들은 이런 일이 내가 처음인 양 날 훑었던 거요. 이 잡듯 샅샅이. 그리고 이런 일은 처음인 양 나를 재판했던 거요. 온갖 증거를 무시한 채. 나를 유린해 내가 악의 화신이라는 인상을 지어냈소. 그리고 어떤 면에서 저들은 성공했소. 정치판에서 쫓아내고 감옥에 가둬서 날 악마로 변하게 했으니까."

"하지만 다른 면에서 보면, 저들은 실패했소. 나를 공격해서 대중이 나를 따르도록 확신시킨 셈이 되었지. 100만 이스라엘인은 저들이 나를 제거하려는 노력이 자신들을 제거하려는 노력이나 마찬가지라고 느꼈소. 나를 가두는 건 자신들을 차단하는 것이나 마찬가지라 느꼈소. 저들이 마침내 고개를 들어보니 반백 년은 밀려나 있었던 셈이지. DDT와 이주자 수용소와 우월감이 만연하던 시절로 말이오. 그래서 1999년 우리가 국회에서 17석을 얻었던 거요. 만약 선거가 한 달 늦게 치러졌다면 우리는 25석, 아니 28석까지도 차지했을 거요. 우리는 리쿠드당을 선도적 중도우파 정치 세력으로 교체했을 테지. 그리고 계획은 내가 출옥하면 그렇게 하리라는 거였소. 우리는 우리가 멈췄던 지점에서 재개해 국회에서 30석을 획득할 터였소. 하지만 감옥에 있는 동안, 난 상처를 다시 벌리지 않기로, 불을 다시 지피지 않기로 다짐했소. 상처가 존재하지 않는다는 의미는 아니었소. 불씨 역시 남아 있었지. 저기에 아직 얼마나 큰 고통이 존재하는지 당신은 믿지 못할 거요. 하지만 나는 이쯤에서 그만두어야 한다는 결론에 도달했지. 그때까지 일어난 일만으로도 극히 위험했소. 이스라엘은 거의 절벽에서 떨어질 뻔했소. 난 그런 일이 반복되게 하고 싶지 않았소. 무슨 일이 일어날 뻔했는지, 이제 와 생각해보면 몸서리가 쳐진다오. 1990년대 대화재에 우리 집이 타버리지 않았던 건 오로지 신의 섭리일 뿐이었소. 정치 경력을 재개해 공공의 장에 다시 진입하는 지금, 난 다른 식으로 일하고 싶소. 구래의 고통을 새로운 방식으로 다루고 싶소."

데리와 나는 거의 동년배다. 우린 세대의 집단 경험을 공유하거니와, 현실 인식과 정치 의견은 서로 그다지 동떨어져 있지 않다. 우리에게는 공통의 신념과 공통의 언어가 있다. 데리는 그야말로 이스라엘인답게 무장해 있다. 민첩하고 예민한 데다, 높은 지능은 오만한 자존심과 잘 들어맞는다. 데리에게는 천재의 번뜩임이 있다. 그럼에도 그는 머나먼 곳에 산다. 다른 데 전념하며 다른 대상에 충성한다. 그는 내가 모르는 세계의 시민이다. 현존하면서도 잡히지 않고, 솔직하면서도 깊이를 알 수 없다. 그는 정체가 무언지 장차 뭐가 되고 싶은지 완전히 파악할 수는 없는 인물이라는 느낌을 준다. 세계들 사이의, 정체성들 사이의 방랑자인 그는 이스라엘의 사회적, 문화적 대혼돈을 표상한다.

데리의 이야기에 실체가 있다는 데에는 추호의 의심도 없다. 하지만 데리의 이야기는 그 자신을 초월한다. 그는 파리라는 세속에서 대단한 변호사가 될 운명으로 보였지만, 결국 예루살렘의 골수 초정통파가 되었다. 그는 세속적 이스라엘의 혼란이 아닌 종교적 권위와 질서를 택했다. 몸소 차별을 경험한 적 없는 청년으로서, 그는 억압받고 차별받는 자들의 지도자가 되었다. 비시온주의자이면서도 시온주의 체제에 합류했지만 급기야 축출되고 말았다. 정확히 말하면 이스라엘에 완전히 속해 있지는 않았던 까닭에, 그는 이스라엘을 공부했고 웬만한 사람들보다 더 잘 파악했다. 빨리 배우는 인물이었던 만큼 한 세계에 전적으로 빠져들 새도 없이 한 세계에 이어 다른 세계를 흡수했다. 하지만 상이한 두 세계를 결합하여 유대 다문화주의라는 다채로운 모자이크를 창조하는 이 엄청난 능력으로, 그는 참신하고 흥미진진하며 혼란스러운 데다 도전적이기까지 한 이스라엘다움을 생각해내기에 이르렀다. 나라를 주도하는 정치인 가운데 한 명으로 재부상하면서, 그의 깜짝 놀랄 만한 이력과 불안정한 정체성은 이스라엘 현 사회에 대해 통렬한 무언가를 말해준다.

동방계 유대인의 이야기는 단순하면서도 잔혹하다. 19세기 중반과 20세기 중반 사이, 아랍세계 유대인들은 상대적인 황금기를 보냈다. 프랑스와 영국 식민 지배자들과 가까웠기에 유대인은 그들의 후원을 누렸다. 일찍이 누려본 적 없는 권리를 얻었다. 북아프리카와 중동의 숱한 유대인이 누렸던 모든 혜택은 바그다드와 다마스쿠스, 베이루트, 카이로, 알렉산드리아, 튀니스, 카사블랑카로서는 제공할 수밖에 없던 것이었다. 하지만 1940년대와 1950년대에 이르자 동방의 마법은 증발해버렸다. 식민주의가 후퇴했고, 아랍 민족주의가 대두하고 있었으며, 시온주의는 의기양양했다. 불과 수년 만에 한 문명이 붕괴했다. 천년 역사의 공동체들이 불과 몇 달 만에 해체되었다. 역사의 단칼에 구래의 레반트는 급소가 동강났다. 황홀한 다원적 동방은 사라졌다. 유대계 아랍인 100만은 뿌리가 뽑혔다. 그 세계는 파괴되었고, 문화는 훼손되었으며, 집은 없어졌다.

시온주의 이야기 역시 단순하면서도 잔혹하다. 이스라엘은 동유럽 유대 민족에게 집이 되었어야 했다. 이 나라가 세워진 이유였다. 하지만 1939년과 1945년 사이, 동유럽 유대 민족은 거의 존재하지 않았다. 다른 선택의 여지가 없어진 시온주의는 동쪽으로 눈을 돌렸다. 결과는 역설적이었다. 1897년, 시온주의가 추진력을 얻고 있을 때, 전 세계 유대인의 7퍼센트만이 동방계였다. 1945년 홀로코스트 이후에도 전 세계 유대인의 10퍼센트만이 동방계였다. 그러나 이스라엘에서는 유대인의 50퍼센트 이상이 동방계였다. 한 종족을 위해 설계된 나라가 다른 종족의 거주지가 된 셈이었다. 한 문화에 기반을 둔 나라가 다른 문화에 압도되었다. 그러나 시온주의는 이미 발생하고 만 이 창상지변을 인정하지 않았다. 아니 인정할 수 없었다. 본디의 설계가 새로운 환경에 적합하지 않다는 사실을 인정할 수 없었다. 그래서 시온주의는 스스로 저지르고 있는 해악을 의도적으로 무시하며 밀어붙였다. 이스라엘의 용광로는 잔혹하리만치 효율적으로 작동했다. 용광로는 나라를 주조했으나, 구성원 각각의 정체성을 초토화하고 구원하기로 되어 있던 영혼들에게 화상을 입혔다.

1959년 메크네스에서 데리가 태어났을 때, 하이파 빈민가 와디살리브에서 세속적 동방계 이스라엘인의 첫 봉기가 발발했다. 1970년 데리가 비참한 하데라 기숙학교에 있을 때 지역 흑표범당의 출현과 더불어 예루살렘 빈민가 무스라라에서 세속적 동방계 이스라엘인들의 두 번째 봉기가 발발했다. 1970년대 중반, 예루살렘의 예시바 학생이었을 때, 새로운 동방 음악과 더불어 세속적, 문화적 동방 봉기가 발발했다. 라디오에서는 이 새로운 동방 음악을 무시했지만, 바트얌 산책로를 따라 늘어선 나이트클럽에서는 빠짐없이 울려 퍼졌다. 데리는 이 모든 전개를 알아차리지 못했다. 이스라엘 사회에 늦게 합류했기 때문이기도 했고, 그때까지도 초정통파 테두리 안에서 살았기 때문이기도 했다. 1977년 베긴이 동방계 유대인들의 열광적 지지로 당선되었을 때조차, 데리는 전혀 열광하지 않았다. 이스라엘국을 결코 신뢰하지 않았던 랍비 샤크의 제자로서, 데리는 베긴의 유대 민족주의에 찬성하지 않았다. 베긴이 서서히 힘을 잃어 동방계 유대인이라는 고아 무리를 남겨두고 떠나고 나서야 데리는 공백을 인식하고 서둘러 메우기 시작했다. 우선 사내는 베긴을 대신할 아버지상으로서 랍비 오바디아 요세프를 제시했다. 그다음 위안을 주는 신비주의 인물로서 랍비 카두리를 제시했다. 이어 스스로를 동방 유대교 순교자로 정의했다. 이런 식으로 사내는 어렵사리 정치와 속세에서 스스로를 떼어내 반 신화적 인물이라는 공상성空想性을 획득해냈다.

하지만 이처럼 중요하고 매력적인 인물이더라도, 아리에 데리가 문제의 핵심은 아니었다. 사내가 이스라엘 내부의 중대한 문화적 분열이 만들어낸 공백을 메우겠다고 각오를 다진 건 순전히 우연일 뿐이었다. 사내는 나라에 불을 놓았다. 이제 불은 일시적이나마 꺼졌지만 데리도 충분히 알다시피, 불은 여전히 다시 붙을 수 있었다.

예루살렘에서 차를 몰아 나오면서, 난 조하르 아르고브의 노래 모음을 듣는다. 아르고브는 1968년 데리 가족이 보내진 지역과 같은 리숀레지온에서 태어났다. 몇 달 동안 아르고브 가족과 데리 가족은 서로 멀리 떨어지지 않은 곳에 살았다. 1970년대 초, 이 호리호리한 체격에 숫기 없는 가수가 부르는 부드럽고 가슴 저미는 노래들은 이스라엘 하층부를 장악해 투쟁가가 되었다. 노래는 카세트테이프에 담겨 텔아비브 중앙버스역의 혼잡한 틈에서 팔려나갔고, 결혼식 축가가 되었으며, 바트얌과 야파, 네타냐, 리다, 라믈레에 들어선 동방계 나이트클럽에서 대인기를 끌었다. 수년 동안 이스라엘 상층부에서는 아르고브를 인정하지 않았다. 그러다 마침내 받아들여졌을 때, 그는 약물 과다 복용으로 사망했다. 그의 애끓는 곡 대부분은 사랑과 상실을 노래하지만, 짓밟힌 자들의 커다란 고통으로 내 차를 메우는 듯하다. 데리의 호송대가 마시야후 감옥으로 이동하던 고속도를 따라 운전해가는 동안 난 아르고브의 발라드에서 기나긴 고통에 시달리는 동방 이스라엘의 절규를 듣는다.

데리는 괜찮을 터다. 12년의 휴가 후, 사내는 정치에 복귀해 샤스당의 조종대를 잡고 다시금 부상하고 있다. 하지만 지금은 그를 생각하지 않는다. 그보다는, 내 어린 시절의 동방계 유대인들을 생각한다. 어머니가 이주자 수용소에서 교사로 일하던 시절 젊은 여성으로서 익혔던 모로코 노래들을 상기한다. 레호보트의 우리 집을 청소하던 예멘 하녀들과 무성의한 통합 계획의 일환이던 초등학교 학급에서 함께 공부하던 어느 북아프리카 소녀, 중학교에서의 그 이라크 소년을. 여느 집들과 달리 우리 집에는 인종차별주의가 없었다. "다른" 민족을 가리켜 결코 상스러운 말을 쓰지 않았다. 하지만 저들은 "다른" 민족이었다. 현존하면서도 현존하지 않았으며, 속해 있으면서도 속해 있지 않았다. 저들에게는 의심과 의혹의 그림자가 줄기차게 뒤따랐다. 저들은 우리와 한 무리가 아니었다. 진정한 우리가 아니었다.

군대에서 난 이미 소수자였다. 내가 복무한 낙하산 소대에서, 나 같은 엘리트 아슈케나지는 조롱당했다. 하지만 메나헴 베긴이 정권을 잡은 1977년의 정치 격변, 그리고 1981년 폭력적이며 선동적인 선거운동 이후에야 정치권력은 다른 민족에게 옮겨갔다. 동방계 유대인이 다수 민족이라는 사실은 더 이상 무시할 수 없었다. 이들은 한 세대 넘게 갇혀 있던 이주자 수용소와 주택단지와 개발도시에서 나와 도시의 광장을 장악했다. 정치적으로 말하면 이들은 리쿠드당이었다. 사회경제적으로는 하청업자와 소상공인이었다. 문화적으로는 조하르 아르고브의 팬이었다. 당시의 나로서는 아직 인정하지 않았던 음악가의.

하지만 자유주의 아슈케나지 사회에서 동방계 유대인들의 쇄도는 추악한 반응을 불러일으켰다. 1980년대와 1990년대의 인종차별주의는 경멸과 비방이라는 측면에서 앞선 시대보다 훨씬 더 혐오스러웠다. 동방계 유대인은 벼락부자다. 처신이 형편없다. 영어 실력은 끔찍하다. 자신들의 명예에 대해 지나치게 민감하다. 인도인이다. 레반트인이다. 리쿠드당원이다. 저들은 우리가 세운 국가에 수치를 안겨주어 결국 자신들과 더불어 우리를 무너뜨릴 터다. 이런 언사에서, 난 이스라엘의 개화가 지닌 어두운 측면을 보았다. 문명개화를 이뤘다고 주장하는 사람들에게서 교양의 결핍을 보았다. 동방 이야기는 나를 매료시켰다. 이주자 이야기를 들을수록, 억압의 이야기를 들을수록, 우리가 잘못했다는 사실을 깨달아갔다. 동방계 이스라엘인들의 고통이 언젠가는 우리를 산산조각 내지 않을까 두려웠다.

어떤 의미에서, 이 이야기는 아론 아펠펠트의 이야기와 똑같다. 디아스포라를 부인하고 홀로코스트를 부인하고 팔레스타인을 부인했던 바로 그 나라가 동방의 존재 역시 부인했던 셈이다. 다른 도리가 없었는지도 모른다. 살아남고자 이 체제는 하나의 강력한 민족을 주조해 통일 국가를 이룩하려 애썼다. 그리고 사실 이스라엘은 동방에서 축출당한 유대인들에게 호의를 베풀었다. 새로운 바그다드나 새로운 베이루트, 새로운 카이로, 새로운 메크네스에서 유대들에게는 진정한 미래가 없었다. 그곳에 머물렀다면 전멸하고 말았으리라. 하지만 이들이 억지로 자신들의 정체성과 문화를 포기하도록 만든 건 무모하고도 냉정하며 잔혹한 처사였다. 지금까지도 동방계 이스라엘인들은 도대체 이스라엘이 무엇으로부터 자신들을 구해냈는지 알지 못한다. 흉측하게 변한 동방이라는 곳에서의 비참하고 후진적인 삶으로부터가 아니었던가. 지금까지도 이스라엘은, 자신이 흡수한 동방계 유대인들의 문화와 정체성을 짓밟아서 이들에게 어떤 고통을 가했는지 알지 못한다. 아직까지도, 시온주의 이스라엘이나 동방계 종족이나 1950년대와 1960년대에 겪은 트라우마를 완전히 인식하지 못한다. 그 트라우마를 존중하고 수용하는 방법도, 그래서 화해할 방법도 아직 찾지 못했다. 상처는 아물지 않았다.

난 텔아비브의 한 찻집에서 갈 가바이를 만난다. 친구이자 동료인 가바이는 언론인이며 인기 있는 정치 토크쇼 진행자다. 난 여자에게 무엇 때문에 아리에 데리와 동질감을 느끼는지 묻는다. "당신은 세속적 페미니즘 좌파요", 난 말한다. "당신은 민주주의와 자유주의, 법질서를 존중하죠. 무엇 때문에 뇌물 수수로 기소된 데다 속한 세계도 서로 동떨어진 이 정통파 정치인에게 매료된 거요?"

가바이, 데리보다 열 살 어린 이 여자는, 1970년대에 베르셰바의 소녀였을 적부터 줄곧 양극의 힘 사이에서 분열을 겪던 기억이 있다. 하나는 루게 라스, 곧 당당하게 굴라는 지시를 말한다. 다른 하나는 크슈메, 곧 수치심, 타인들로부터 숨어야 할 필요, 자신의 수치를 보이지 말아야 할 필요를 말한다. 수십 년 동안 크슈메가 루게 라스보다, 그러니까 수치심이 자부심보다 강했다. "우리에게는, 그러니까 동방계 유대인에게는 무언가 결함이 있다는 생각이 있었어요", 가바이는 말한다. "오염되고 열등한 무언가가 있다고요. 그래서 우린 아슈케나지 종족에게 굴복해 스스로를 낮추었던 거죠. 미묘하며 복잡한 종류의 자기혐오감, 말하자면 자기 자신에 대한 깊은 불안이 있었어요. 그때 마침 데리가 나와 우리도 당당하고 자랑스럽게 설 수 있다고, 아슈케나지 종족 사이에서 동등하게 걸을 수 있다고 증명했죠. 데리는 북아프리카 유대인의 전통을 무대 중앙으로 옮겨놓았어요. 데리는 말했죠. 우리가 더 낮지 않다면 적어도 똑같이 훌륭하다고. 사내는 우리 안에 있는 루게 라스를 깨웠어요. 머리를 꼿꼿이 세우고 당당하게 굴도록 했죠. 나와 같은 동방계 여피족[3]에게조차 자신의 모습에 만족하며 효용감을 느낄 수 있는 능력을 주었죠. 데리는 내가 베르셰바에 등을 돌리지 않고도

3 도시의 젊은 엘리트층.

텔아비브의 성원이 될 수 있다는 의미였어요. 동방을 배반하지 않고도 서방에서 성공할 수 있다는 의미였죠."

"베르셰바에 있던 할머니네 주택단지에서 데리에 대한 압도적인 공감이 일었던 기억이 나네요", 가바이는 상기한다. "데리는 주택단지가 전통으로 돌아갈 수 있도록 해주었어요. 노동당은 결코 인정하지 않았으며 리쿠드당은 결코 고무하지 않았던 전통이죠. 데리는 전통문화를 택할 기회를 제시했어요. 전통문화가 수치스럽거나 퇴보적이거나 광신적이지 않다는 확신을 준 거죠. 사내 덕분에 우리는 더 이상 아슈케나지를 흉내 내지 않을 수 있었어요. 수치심을 일소했죠. 스스로 분장하지도 가장하지도 않는 모습을 보여주어 우리를 설득한 거예요. 앞선 동방계 이스라엘인 지도자들과 달리, 데리에게는 정통성이 있었어요. 자기 자신에게 만족했고 자신의 동방 정체성에도 만족했죠. 유럽인인 척하는 사람들이 있었던 반면, 데리는 자신이 모로코 사람이라고 자랑스럽게 밝혔어요. 이것은 해방이었죠. 당신은 이해할 수 없어요, 아리. 이게 얼마나 큰 해방이었는지 말이에요. 마침내 우리 중 한 명은, 그러니까 메크네스 출신의 모로코인 한 명은 자신의 존재를 두려워하지 않았으며 자신의 존재를 밝히기를 두려워하지 않았던 거예요. 자기 자신을 자랑스러워했고 심지어 자만하기까지 했으니까요."

"내게는 이론이 하나 있어요", 가바이는 말한다. "이스라엘에서 소속감을 얻으려면 피를 쏟아야 해요. 우리 동방계 유대인들은 소속감이라는 강에 충분한 피를 쏟지 않았죠. 우리는 홀로코스트에서 살해당하지 않았어요. 독립전쟁에서 목숨을 잃지도 않았죠. 홀로코스트 영웅주의의 부활을 형성하는 무용담에 참여하지도 않았어요. 우리는 이곳에 데려온 존재인 데다 그것도 뒤늦게였죠. 우리는 유럽 유대인들이 몰살당한 상황에서 국가를 키우는 데 다른 방도가 없어서 데려온 종족이었어요. 우리 위로 늘 그늘이 드리워졌던 까닭이 여기에 있었죠. 이곳은 진정 우리를 위한 곳이 아니었어요. 그래서 이곳 공동주택이 우리에게 딱 들어맞는 공간이 안 된 거죠. 전에도 그랬고 그 이후로도 이곳은 우리에게 이질적인 공간이었어요. 우리에게 다른 집은 없지만, 이스라엘 역시 우리에게 딱 맞는 집은 아닌 거죠. 이곳에서 우리는 편안하지가 않아요. 집이라면 마땅히 편안해야 하는데 말이에요."

"이런 식으로도 말할 수 있어요", 가바이는 이어간다. "이스라엘국에 위임된 사항과 이스라엘국 강령 측면에서, 아리에 데리나 갈 가바이 같은 인물은 계획에 포함되어 있지 않았어요. 염두에 두지 않은 인물들이었죠. 하지만 결국, 이 유럽의 요새는 아랍어를 하는 유대인들이라는 지붕으로 덮였어요. 아리에 데리와 갈 가바이 같은 유대인들이었죠. 그러나 요새의 기본 구조와 요새 건설자들의 정신은 어떤 의미에서 아리에 데리와 갈 가바이에게 바깥에 머물러 있으라는 선고를 내렸죠. 서구 시온주의는 우리를 두려워했어요. 우리가 동반해온 아랍주의를 두려워했죠. 말하자면 아랍 음악과 아랍 요리의 냄새와 맛, 아랍의 버릇을. 생각해보세요. 이곳에서 기막힌 일이 벌어진 거예요. 홀로코스트 이후, 시온주의는 이곳에 아랍 출신 유대인 100만을 들였어요. 유대인 인구 비율을 늘려 아랍세계로부터 시온주의를 구할 수 있으리라는 기대에서였죠. 하지만 아랍 유대인들을 데려오고 나자, 시온주의는 이들의 아랍 정체성 탓에 공황에 빠진 거예요. 우리 할아버지의 모로코 음악에서, 우리 할머니의 모로코 요리에서, 우리 아버지의 모로코 전통에서 위험을 감지했던 거죠. 우리 동방 유대인들이 서구적 시온주의를 안에서부터 갉아먹어갈까봐 두려웠죠."

"그래서 저들이 우리를 억눌렀던 거예요." 가바이는 말한다. "우리 위에 군림해야 했죠. 문제는 사회경제적 불평등이 아니었어요. 주택이나 복지나 소득에 관한 문제가 아니었어요. 폴란드와 루마니아에서 온 새 이주자들 역시 힘들게 살았으니까요. 하지만 그들과 우리가 다른 점은, 그들은 애초부터 소속되어 있었다는 데 있었어요. 동유럽 출신 이주자들은 이스라엘국이 설립된 이유이거니와 이스라엘국이 세우는 계획은 그들을 위한 것이었죠. 처음부터 우리는 의혹의 대상이었어요. 그래서 우리의 문화는 거세당했죠. 우리는 당연히 이전의 우리 자신을 포기하도록 되어 있었죠. 하루하루 우리는 자신이 아랍인이 아니라고 증명해야 했어요. 그 결과가 내적 투쟁이고, 이 투쟁은 오늘날까지도 우리를 해체하고 있죠. 우리는 우리 자신을 용인하지도 우리 자신을 사랑하지도 않아요. 우리는 사실상 교차하지 않는 두 세계로 분열되어 있어요. 게다가 우리는 늘 증거를 제시하라는 요구를 받죠. 우리는 스스로가 뒤떨어지지도 모자라지도 않다는 사실을 증명해야 해요. 우리가 완전히 동화되었다고 증명해야 해요. 하루하루 우리는 더 이상 아랍인이 아니라고 증명해야만 한다고요."

"당신은 이해하지 못할 거예요", 가바이는 토로한다. "당신은 이곳 출신이죠. 당신은 이곳에 소속되어 있어요. 이스라엘에서 당신은 늘 편안함을 느껴요. 당신은 이곳 주인이에요. 하지만 난 내가 속해 있지 않은 실세 집단이 있다는 사실을 인지하며 자랐어요. 알파 집단이 있었고, 난 그 안에 없었던 거죠. 집에는 사랑이 가득했던 터라 난 힘을 얻었어요. 내게는 나만의 힘의 원천이 있었던 셈이죠. 그래서 난 뚫고 들어가리라 고집했어요. 강한 자들, 소속되어 있는 자들과 함께하고 싶었어요. 이건 우리 가족에게서 얻은 교훈이기도 했어요. 첫 번째 교훈은 교육이었죠. 공부해라, 공부해라, 공부해라. 하지만 지식만으로는 분명 충분치 않았어요. 진짜 성공하려면 나 자신을 표백해야 했어요. 혈통 표백은 계층 이동에 가장 좋은 수단이었죠. 사랑하는 할머니는 자신의 모국어로 내게 말하곤 했죠. '너를 위해서는, 갈, 모로코 남자는 옳지 않을 게다, 오로지 폴란드 남자여야 해.' 그리고 이 말은 내 잠재의식 한가운데에 자리 잡았어요. 모로코인은 절대 배우자로 삼지 않으리라. 만약 내가 모로코인과 결혼한다면 남자는 정직한 사회사업가가 될 테고 난 사려 깊은 고등학교 교사가 되겠지. 그리고 저녁이면 우리는 베르셰바 주택단지에 있는 방 세 칸짜리 아파트에서 기분 좋은 민속음악을 들으리라. 하지만 내겐 야망이 있었기에 백인과 짝을 이루어야 했어요. 하얀 정자로 내 안의 검은색을 희석시켜야 했죠."

"우리 집은 음악으로 충만했어요. 힘든 시절에조차 우리 방에는 모로코 음악의 따스한 선율이 울려 퍼졌죠. 하지만 할머니는 나를 언젠가 고전음악 연주회에 데려갔고, 음악회에서 나왔을 땐 난 앞으로 틀림없이 만돌린을 연주할 거 같았어요. 모로코의 우드가 아닌 러시아의 만돌린을. 파리드 알아트라슈[4]가 아닌 차이콥스키를 말이죠. 난 차이콥스키를 사랑해요. 만돌린을 사랑해요. 그렇지만 내 안에는 늘 잃어버린 것에 대한 갈망이, 아랍주의에 대한 갈망이 존재해요. 아랍 친

4 Farid al-Atrash, 시리아계 이집트 음악가.

구들을 방문할 때면 눈물이 핑 돌아요. 아랍 영화들을 볼 때면 감격에 겨워요. 난 알아요. 그곳, 모로코에서 아버지가 편안했다는 사실을. 이스라엘에서 아버지는 편안해하는 법이 없었어요. 그리고 당신의 불안을 내게 물려주었죠. 비록 나는 텔아비브에 살고 텔레비전 쇼의 진행까지 맡고 있지만, 내 피부색이 편하지가 않아요. 난 스스로를 기만하지 않아요. 나에게 아랍주의는 차단된 영역이에요. 하지만 어떤 의미에선, 이스라엘다움 역시 차단된 영역이죠. 내 세 아이는 아슈케나지 혼혈인데도 불구하고 아슈케나지 이스라엘은 있는 그대로의 나를 받아들이지 않죠. 이스라엘은 여전히 내게 의혹을 품고 있어요."

"그래서 데리가 그토록 중요했던 거예요." 가바이는 말한다. "사내는 동방계 유대인의 열등의식과 동방계 유대인의 그리움을 진지하게 다루었어요. 우리의 고통을 정당하게 드러냈어요. 하지만 진정한 경이는 라빈과의 연합이었죠. 1990년대 초, 이츠하크 라빈과 아리에 데리가 연합했을 때, 그 의미는 정치적 협약 이상이었어요. 라빈은 키부츠와 팔마흐, 텔아비브를 대표했죠. 이스라엘의 신화적 토박이인 데다 시온주의의 전사였죠. 데리는 메크네스와 바트얌, 예루살렘이었죠. 동방계 유대인의 영웅이었던 셈이죠. 라빈과 데리가 함께 서자 우리 모두도 함께 설 수 있었어요. 라빈과 데리가 서로를 마주보자 우리도 모두 서로를 마주볼 수 있었고요. 거기엔 상호 인정認定이 있었어요. 정치적 중용과 종족의 자존심을 결합할 방법이 있었죠. 이제 동방계 유대인들은 스스로를 증명하려고 아랍 종족을 증오할 필요가 없었어요. 대신 아랍 종족과의 교량 역할을 통해 증명할 수 있게 되었죠. 처음으로, 시온주의가 안팎의 아랍 종족과 두루 화해할 수 있으리라는 희망이 있었어요.

하지만 그때 라빈이 암살당했죠. 데리는 유죄를 선고받았고요. 모든 것이 허물어졌어요. 1990년대 초의 우아한 순간은 지나갔어요. 게다가 데리가 박해받을수록 분노는 깊어졌죠. 사람들은 데리를 집요하게 괴롭히는 백인 체제에 화가 났어요. 하지만 데리에게도 화가 났죠. 설사 정치판이 다 썩었더라도, 데리만큼은 그러지 말았어야 했던 거죠. 그는 백옥보다 더 하얘야 했던 거예요. 그에게는 임무가 있었기 때문이죠. 역사적으로 결정적인 역할을 부여받았으니까요. 데리는 우리의 입장권이었어요. 우리를 들여보내주어야 했어요. 우리가 소속될 수 있게 해주어야 했죠. 하지만 그가 쓰러졌으니 그런 일은 일어날 수 없었죠. 우리의 희망은 환상에 불과했구나 싶었어요. 그리고 하나같이 우리에게는 가망이 없다는 사실을 알았죠. 우리는 우리 자신일 수 없으리라는 걸. 우리가 할 수 있는 일이란 적응뿐이었어요. 흉내 내기. 포기하고 흉내 내기. 크슈메로 돌아가는 일뿐이었죠."

가바이는 멈춘다. 눈에 눈물이 그렁그렁하다. "친구들이 이런 이야기를 읽으면 엄청나게 화를 낼 거예요." 여자는 말한다. "친구들은 생각하죠. 앞으로 나아가려면 우리 과거를 부정하고 우리 고통을 부정하는 길뿐이라고. 뒤돌아보아서는 안 되며, 이미 일어난 일에 연연해서는 안 된다고 생각하죠. 그래서 친구들은 우리 종족의 상처 위에 이미 딱지라도 앉은 것처럼 구는 거예요. 사회경제적 유동성과 종족 간 교혼交婚이 문제를 희석시키고 불을 껐다고 믿고 싶어하죠. 하지만 단언하건대, 그렇지 않아요. 내게는 형제자매들이 질식해 죽어가는 모습이 보여요. 그들의 고통이 보여요. 샤르 알리야 이주자 수용소에서 폭력배 두 명이 당시 아홉 살이던 어머니를 겁탈하고 찬란한 머리카락을 자른 뒤 온몸의 털을 밀어 욕보이고 무기력한 지경에 이르게 했을 때, 그들은 어머니의 영혼에 상처를 입힌 거예요. 어머니에게 자기 자신이지 말라고 시킨 셈이죠. 그리고 베르셰바의 아슈케나지 선생님이 우월감에 찬 시선으로 나를 바라보며 내가 있을 곳은 사회의 밑바닥이라고 말했을 때, 내 영혼에 상처를 입힌 거고요. 선생님은 내게 모자란 존재라고 말했죠. 어떤 식으로든, 동방계 유대인들은 하나같이 상처를 입었어요. 그래서 동방 유대인들의 영혼이 상처받은 영혼인 거예요. 그 영혼은 평정에서 잡아떼어져 혼란 속에 처박혔죠. 혼란으로부터 수치심으로. 수치심에서 자기부정으로. 강요된 서구화로. 하지만 서구화 저변에는 통한과 불만이 깔려 있죠. 데리는 우리를 저들에게서 해방시켜야 했어요. 앞장서서 저항하되 저항으로 화해에 이르게 해야 했죠. 그랬기에 데리가 쓰러지자, 우리도 쓰러졌어요. 우리는 다시 어둠 속에 잠겼죠. 이 어둠 속에서 우리는 아파요. 우리는 피를 흘려요. 위안도 치료제도 집도 찾을 수 없어요."

열둘

2000년,
섹스와 마약, 이스라엘의 상태

니니는 말한다, "비로소 우리는 이스라엘에서 살아 숨 쉴 수 있다." 사내는 진심으로 그렇게 느낀다. 새 천 년이 다가오면서 그야말로 난생처음 니니는 이곳에서 느긋할 수 있다. 예전에는 암스테르담에서 돌아올 적마다 도대체 왜 돌아왔는지 자문하곤 했다. 하지만 올해 들어, 사내는 불현듯 이곳 텔아비브가 살 만하게 보인다. 숨 쉴 수 있다. 텔아비브는 자유롭고 재미있다. 다들 이쯤에서 그만두어야 한다고 느닷없이 작심이라도 한 듯하다. 다들 헛소리에, 정치에, 테러리스트 공격에 넌더리가 난 상태다. 종교에 미친 광신도들에게. 점령지에. 예비군 복무에. 이곳 사람들 머릿속을 항상 개판으로 만들어온 온갖 압력에 진저리를 치고 있다.

이치크 니니는 클럽 알렌비 58의 춤꾼이다. 서른한 살인 사내는 출중한 외모에 탄탄한 체격을 자랑한다. 몸에 딱 달라붙는 검정 반소매와 군용 위장복 차림에 검정 장화를 신은 그는 유럽 클럽광처럼 보인다. 사실 그는 소도시 비냐미나에서 태어났지만 열세 살에 텔아비브로 왔다. 그는 보지 못한 것이 없었고, 안 해본 일이 없었으며, 콜리세움과 펭귄, 메트로 등등 온갖 클럽을 비롯해 안 해본 경험이 없었다. 그는 떠났다가 돌아오기를 반복했다. 그는 텔아비브에서 최신 유행을 달리는 셰인킨 구역과 암스테르담에 성행하는 환락의 밤 문화 사이를 오가며 배우와 모델, 무대인의 삶을 좇았다. 그렇기에 그는 이곳에 여전히 할 수 없는 일들이 있다는 사실을 안다. 가령 에스엠[1] 따위. 아직 이런 일을 허용할 만큼 개방적이진 않다. 이곳은 중동이다. 어쨌든 에스엠은 서구적인 짓에 더 가깝다. 하지만 에스엠과 노골적 성행위에 속하는 다른 몇 가지를 제외한다면, 그는 문득 이곳에서도 모든 게 열려 있다고 느낀다. 거의 뭐든지 허용된다. 변화는 정말 끝내준다. 때로는 스스로도 정신을 못 차릴 지경이다.

무엇이 이런 변화를 초래했는가? 니니는 평화라고 답한다. 평화 덕분에 이스라엘인들은 이제 한결 느긋하며 한결 자신감에 차 있다. 사내는 텔아비브 번화가에 위치한 예후다 할레비 가 쪽으로 나 있는 창을 통해 이를 확인할 수 있다. 누구나 한결 차분해진 모습이다. 사람들은 몇 시간이고 찻집에 앉아 있다. 이들의 기분은 최상이다. 늙은 여인네는 더 이상 예전처럼 소리지르지 않는다. "부끄러운 줄 알아라, 병사들은 지금 죽어나가고 있는데 흥에 취해서 클럽에나 다니며 여자들하고 놀아나는 게 할 짓이냐?"

---

1 S&M. Sadism and Masochism. 가학피학적 변태성욕 또는 그런 성행위.

다른 것도 있다. 엠티비. 비디오 클립들은 말 그대로 머릿속에 파고 들어가 사람들을 달아오르게 만든다. 이제 외딴 개발도시에 사는 열다섯 살짜리 아이들이 피어싱과 문신 범벅이 되어 이 도시에 들어오는 모습을 본다면, 전통을 고수하는 아이들 고향에서조차 엠티비를 본다는 증거다. 이들은 세계 곳곳에서 일어나고 있는 일들을 보며, 거기에 끼고 싶어한다. 생동하고 싶어한다. 지독히도 생동하고 싶어한다.

하지만 변화의 진정한 원인은 마약이다. 니니의 말이다. 마약은 지난 5~6년 동안 정말 대단한 인기를 끌어왔다. 그리고 매년 더 강렬해진다. 암스테르담에서 돌아올 적마다 사내는 느낀다. 그러니 이제 텔아비브도 느낌이 좋다. 너나없이 마약을 하고 있다. 온 세상이 마약을 하고 있다. 그리고 이것들, 이 마약들은 환상적인 일을 한다. 이렇게 말할 차례다. 이것들은 모두를 행복하게 한다. 당신을 해방시킨다. 사물을 열어젖힌다. 특히 엑스터시가 그렇다. 이것, 엑스터시는 새 천 년의 마약이다. 한낱 환각 체험이 아니다, 엘에스디가 아니다. 당신을 현실로부터 분리시키지 않는다. 현실 속에서 기분이 좋아지게 한다. 엑스터시는 분노 조절을 돕는 약에서 출발했다. 분노를 느끼는 사람을 진정시켜 좀더 온순하게, 좀더 다정하게 만드는 알약의 일종이었다. 그리고 이스라엘 사람들을 위한 용도가 바로 그러했다. 사람들의 화를 덜어주고 긴장을 완화시켰다. 길을 보라, 확인할 수 있을 테니. 때로는 사람들이 국영 수로에 엑스터시를 왕창 부었다는 느낌을 받는다. 모두가 행복하도록, 긴장을 풀도록 말이다. 게이를 예로 들어보자, 니니는 이야기한다. 몇 년 전만 하더라도 게이라는 사실은 곧 지하세계를 의미했다. 게이가 긴 머리카락을 말총머리로 묶고 거리를 지날 때면 사람들은 소리치곤 했다. 이 미치광이, 동성애자. 게이들의 아지트는 어둠 속에 숨겨져 있었다. 고작해야 100~200명을 넘지 않는 무리가 전부였다. 하지만 이제는 수천, 수만 명이 있다. 게다가 더 이상 수치스러워하지도 않는다. 두려워하지 않는다. 개뿔만큼도 신경 쓰지 않는다. "라빈 광장의 푸림 축제를 봤나요?" 사내는 묻는다. "애정 행진을 봤어요? 게다가 에후드 바라크가 선거에서 베냐민 네타냐후와 아리에 데리를 이긴 날 밤, 게이들은 거리에서 파티를 하고 있었죠. 시라지 사건들 또한, 굉장히 후끈했죠." 너나없이 커밍아웃했다. 새 천 년 이스라엘인들은 자신들을 감금하던 쇠빗장을 젖혀버렸다.

니니는 말한다. 동방계의 거친 장정들조차 이제는 입도 뻥긋하지 않는다고. 이제는 이성애자가 동성애자를 부러워한다. 누가 누군지 구분하기도 어렵다. "이제 이성애자들은 너나없이 동성애자처럼 보이고, 동성애자들은 이성애자처럼 보이죠", 사내는 말한다. "모든 게 뒤죽박죽입니다. 이곳에 일찍이 없던 개방성이 있어요. 이상하게 들리지만, 사랑이 대기에 가득합니다. 텔아비브는 이제 뉴욕 못지않게 흥미진진해요. 어쩌면 더할는지 모르죠. 암스테르담에 뒤지지 않는 사건이 있죠. 어쩌면 더 많은. 온 세상 사람이 다 알아요. 텔아비브는 끝내준다는 말이 나오죠. 무지하게 끝내준다는. 이곳에서 펼쳐지는 장면은 정말 세련됐죠. 단지 이 장면을 보기 위해서라도 올 만해요. 약간 스페인의 이비자 섬처럼 되어가고 있어요. 게이, 이성애자들, 파티 뒤풀이, 마약. 개방적이고 섹시하며 완전히 자유롭죠. 이스라엘의 이전 모습하고는 생판 달라요."

추피는 생각해보면 상당히 놀랍다고 말한다. 불과 5~6년 전만 해도 이스라엘에서 하우스 뮤직은 완전히 비주류 음악이었다. 1993년 그리고 1994년에조차, 사내가 하우스 뮤직 CD함을 들고 나타나 정말 긴 곡을 틀면, 사람들은 기묘하다며 다른 세상의 음악이라거나 머나먼 미래에서 온 음악 같다고 했다. 사람들은 이 음악을 이해하지 못했으며, 이 음악으로 무얼 해야 하는지도 몰랐다. 그 리듬에 맞춰 춤을 출 줄조차 몰랐다. 여전히 가사와 의미가 있는 음악을 원했다. 인간의 목소리를 원했다. 알렌비 58 클럽에서조차 처음에는 하우스 뮤직을 싫어했다. 음악이 몹시 기괴했다.

"당시 이스라엘에서 시카고 하우스가 뭔지 누가 알았겠어요?" 추피는 흥분해 열변을 쏟는다. "디트로이트 테크노가 무엇이며, 뉴욕 주차장이 무언지 말이에요. 하이와 피크의 차이를 누가 알았겠어요? 가장 중요한 건 디제이란 사실을 당시 누가 알았겠어요? 사람들은 디제이가 단지 CD를 갈아 끼우는 기술자 같은 사람이 아니라, 그 특정한 밤에만 존재하는 일회성 음악을 만드는 음악가라는 사실을 파악하지 못했죠. 디제이는 음향 믹서로 조합을 만들어내는 사람이며, 완벽한 때를 맞춰 피크를 치는 사람이라는 걸 몰랐죠. 피크란 불현듯 사람들을 한데 모이게 해서, 1000명을 돌연 하나가 되게 하는 거예요. 디제이의 손놀림으로 그 1000명은 너도나도 손을 올려 일제히 웃옷을 벗어던지고 환희에 빠져 다 함께 소리지르죠. 디제이는 몇 시간 동안이나마 갈등과 전쟁과 스트레스와 이 나라의 모든 빌어먹을 것으로부터 이들을 해방시키는 겁니다."

추피는 말한다. 자신은 집요해야 했다고. 젊은이와 클럽 주인들을 아울러 철저한 교육을 거치도록 해야 했다. 춤꾼들이 이 새로운 것에 익숙해지도록 해야 했다. 혼자 힘으로 자신에게 동조하는 춤꾼들을 만들어내야 했다. 하우스 뮤직 춤꾼들을. 그러고 나서 이 무리를 음악에 연결하고, 이어 음악을 매개로 무리와 무리를 서로 연결해야 했다. 목표는 알렌비 58을 하우스 뮤직의 메카로 만드는 일이었다. 그는 유럽으로 건너가 잘나가는 디제이들을 만나 최신 곡들을 들여왔다. 그리고 다른 몇 곡을 더해 이곳에서, 런던이나 암스테르담, 파리의 현장에 필적하는 자신만의 음악 현장을 창출했다. 노력은 통했다. 그래서 하드 하우스나 트랜스 음악을 막론하고 이쪽 계통에 발 담그고 있는 사람이면 누구나 이제는 텔아비브가 대세라는 사실을 안다. 이스라엘은 끝내준다. 이곳의 무리가 왜 그리도 특별한지 누구도 정확히는 알지 못한다. 어쩌면 전쟁 때문이거나, 압박 때문일지도 모른다. 어쩌면 바다나 날씨 때문일지도. 분위기나 삶을 대하는 태도 때문일지도. 하지만 분명한 점은 이 이스라엘 무리에게는 세상 어떤 곳의 무리와도 다른 애타는 갈구가 있다는 사실이다.

사내의 본명은 샤론 프리들리히다. 그는 독일 중산층 유대인의 아들로, 덕분에 고전음악 교육을 받았다. 체격은 작지만 건장하며, 머리카락은 짧게 염색했다. 1990년대 중반에 이르자, 그는 대형급 디제이가 되어 있었다. 추피는 말한다. "일단 대형급 디제이가 되면 엄청난 힘이 생기죠. 유리로 된 높은 디제이 부스에 앉아 있을 때면 알죠. 버튼 하나만 누르면 동시에 1000명의 머릿속에 있는 어떤 지점을 누르는 거나 마찬가지라는 사실을 말이죠. 이것이 힘입니다. 완전하며 섹시한 힘. 이제 이 사람들은 말 그대로 디제이 손아귀 안에 있기 때문이죠. 이들을 통제하는 겁니다. 그리고 원한다면, 이들을 천국으로 보낼 수도 있습니다. 후끈 달아오르게 할 수 있죠. 무대의 에너지는 성적인 에너지입니다. 사람들이 애걸하는 건 절정이죠. 디제이는 이들이 이제 필사적으로 갈망하는 그걸 줄지 결정하게 됩니다. 이들은 디제이에게 전적으로 의지하죠. 하지만 능숙한 디제이라면, 기다립니다. 절정을 잇따라 치지는 않죠. 이들을 데리고 노는 겁니다. 이들의 성욕을 자극하면서도 아직 만족시켜주지는 않죠. 이들을 미치게 만듭니다. 그러면 이들은 더 크게 외치죠. '그것을 달라.' 그리고 마침내 이들에게 절정을 느끼게 해주면 클럽은 불덩이 같아집니다. 핵폭발을 방불케 하죠. 신이 디제이며, 디제이가 신입니다. 디제이는 1000명의 육체를 동시에 샅샅이 더듬는 거나 다름없습니다. 그러면 온몸의 피가 이들을 휘젓는 모습을 봅니다. 그 몸에서 뚝뚝 떨어지는 땀을. 이들은 디제이 거예요. 완전히. 이들은 디제이에게 감사하며 숭배합니다. 이들에게 강력하며 완전한 무언가를 주었기 때문이죠. 삶의 무엇도 자신들에게 주지 않는 무언가를. 저 문밖 실제 삶에서는 찾을 수 없는 무언가를."

시라지는 이스라엘에 진정한 혁명이 터졌다고 말한다. 더 이상 자신이 자랐던 이스라엘이 아니다. 지난 5년 사이에 모조리 뒤집혔다. 그리고 자신의 장소, 그러니까 게이 아지트가 완벽한 예다. 그가 알렌비 58에 금요일 밤을 위한 광란의 유희장을 개장하기 전까지는, 게이 아지트는 그야말로 변두리 신세였다. 어둑하고 은밀한 뒷골목 같은 장소들로 밀려나 있었다. 불과 수백 명 정도만 이 장소를 알았으며, 그곳에 들락날락하는 모습을 들키고 싶어하지 않았다. 1970년대와 1980년대에 이스라엘은 동성애를 용인하지 않았다. 이스라엘은 완전한 이성애의 나라였다. 순응주의 사회로서, 구식의 남성성을 환영하며 엄격한 인습적 규범을 고수했다. 하지만 1994년 알렌비 58이 문을 열자, 시라지는 주인인 오리 스타르크를 설득해 자신에게 금요일 밤을 맡기도록 했다. 그러고는 이 밤의 알렌비 58을 오락실이라 불렀다. 이어 초대장을 발송했다. 처음에는 두려웠다. 이성애 텔아비브가 어떻게 반응할지 모를 일이었다. 텔아비브의 게이들이 시내 중심가에 위치한 이처럼 규모 있는 장소에 감히 올 엄두를 낼지 모를 일이었다. 하지만 텔아비브는 더 이상 이성애의 도시가 아니라는 사실이 드러났다. 게이들은 대담하다는 사실이 드러났다. 게이들은 떼로 몰려왔다. 알록달록한 외투와 노골적인 복장과 과장된 태도로. 수치심이라곤 없었다. 도리어 대담함과 자부심이 있었다. "거기, 알렌비 58 입구에 서서 기막힌 게이 무리가 모여드는 광경을 지켜보면서 내 눈엔 그야말로 눈물이 맺혔습니다." 시라지는 말한다. "무언가 거대한 일이 일어났다는 사실을 알았어요. 엄청난 무언가가. 우리는 마침내 해방되었던 셈입니다. 텔아비브 게이들은 해방되었으며, 텔아비브는 해방되었습니다. 이스라엘은 새로운 이스라엘이었습니다."

"게이들은 이 장면의 주도자입니다", 시라지는 말한다. "게이들에게는 완전무결이 있기 때문이죠. 게이들은 매우 완전무결한 자들입니다. 그래서 우리 파티가 그토록 도를 넘게 만드는 거죠. 복장으로 치면, 복장의 끝판까지 갑니다. 마약으로 치면, 마약의 끝판까지 가죠. 섹스로 치면, 섹스의 끝판까지 갑니다. 이런 장면은 우리 금요일 밤 파티에 오면 누구든 직접 확인할 수 있죠. 모든 게 솔직합니다. 모든 게 제공되죠. 저녁 내내 무진장 애를 써봐야 끝에 가서 여자가 전화번호를 주며 함께 영화나 보러 갈지 말지도 모르는 상황 따윈 없습니다. 우리에게 이런 일은 전부 불과 몇 초 만에 일어납니다. 서로 눈이 맞으면 옆으로 비켜나서는 화장실을 찾아 섹스를 하죠. 당신을 둘러싼 온도는 끊임없이 올라갑니다. 고고 댄서, 스트리퍼, 여장 남자들이 있죠. 깜박거리는 불빛, 하우스 뮤직의 비트. 더없이 강렬합니다."

"하지만 게이가 전부는 아닙니다." 시라지는 이어간다. "알렌비 58이 문을 여는 밤마다, 지금 여기서 무언가가 일어나고 있다는 느낌을 받습니다. 바에 그저 잠자코 서 있을 수만은 없습니다. 술만 홀짝거리고 있을 수만은 없죠. 음악, 섬광등, 살들의 만남. 웃옷을 벗어 던지는 추피의 사내들. 그리고 광란. 성적 노골. 배출구를 향한 욕구. 1990년대 중반에 돌연 나타난 이 기세 항진된 이스라엘은 파티를 고집합니다. 집요하게 삶을 탐닉하죠."

시라지는 이곳에서 멀지 않은 셰인킨 가에서 태어났다. 하지만 당시의 셰인킨은 달랐다. 시라지는 말한다. 초정통파 이웃과 작은 공원이 있는 예스러우며 조용한 동네였던 이곳은, 누구도 텔아비브의 소호가 되리라고는 생각하지 못했던 곳이다. 그는 자수성가한 인물로 현장 선도자인 지금의 지위를 획득하기까지 근면과 인내로 무無에서부터 차근차근 일구어냈다. 게이들의 제왕이 되기까지. 매주 그는 이들을 놀라게 해주어야 한다. 금요일 밤마다 무언가 새로운, 격렬하게 치달아가는 전율을 만들어내야 한다. 한 주는 선원 파티, 다음 주는 유러비전 송 콘테스트 파티. 어떤 금요일은 파시스트 제복 파티거나 에스엠 파티. 그리고 격월로 하우만 17에서 자신의 주무기인 파티 뒤풀이를 벌인다.

예루살렘으로 새벽 순례를 떠나야 하는.

　그는 내게 자신은 애국자라고 거듭 말한다. 이스라엘을 절대적으로 사랑한다고. 무엇이 되었든 이스라엘이 해외에서 이기는 모습을 보면 무척 자랑스럽다. 파랗고 하얀 국기가 경기장에 높이 게양될 때면, 사내는 말 그대로 전율을 느낀다. 그러나 특히 자랑스러움을 느꼈던 순간은 1998년 이스라엘인 성전환자 다나 인터내셔널이 유로비전 콘테스트에서 우승했을 때다. 이스라엘이 변했다는, 이스라엘이 새로운 정체성을 취했다는 공식 증거 같았다. 사내는 말한다. "이제 저들은 말하죠. 알렌비 58은 어쩌면 세계 5대 클럽 가운데 하나일 거라고. 텔아비브의 게이 아지트는 국제적으로 매우 뜨거운 주목을 받고 있습니다. 사람들은 우리 아지트가 세계 최상급이라는 걸 실감하죠. 유럽 각국 출신의 디제이와 여장 남자들은 이곳에 오고 싶어합니다. 이곳에서의 삶은 비록 힘들지만, 대단히 재미있기 때문이죠. 이스라엘인들은 진짜 재미를 사랑합니다. 재미에 중독되어 있죠. 우리는 노상 즐거운 시간을 보내야 직성이 풀립니다. 끊임없이 파티를 해야 하죠. 어쩌면 그동안 우리가 겪어온 갖은 일 때문일지도, 어쩌면 여전히 존재하는 갖은 곤란 때문일지도 모르지만, 우리에게는 억눌려온 온갖 에너지를 해방시키고 싶은 깊은 욕구가 있는 겁니다. 그래서 결국 텔아비브의 밤에서 나오는 건 다른 어느 곳에서도 찾을 수 없는 독특한 종류의 열기입니다. 1990년대 알렌비 58에서, 텔아비브에서, 이 나라 대부분에서 뿜어져 나온 게 바로 이겁니다. 이스라엘의 음침한 벽장에서 나온 게 바로 이거였죠. 사람들이 불현듯 마음을 열고 살아 숨 쉬기 시작했을 때 말이죠. 그리고 이것이 당신이 새벽 2시 이곳 무도장에서 확인하는 믿지 못할 광경인 거죠. 너나없이 땀을 흘리며 디제이를 향해 소리지르고, 사내들이 웃옷을 벗어던지며 서로를 더듬고 서로를 느끼며 하나의 살덩이가 되어갈 때 말입니다."

미칼은 이를 두고 한 부족이 된 느낌이라고 말한다. 이 해방의 열기가 정말 일어나서 분위기가 좋고 리듬이 좋고 육체들이 다 같이 움직이고 있을 때면, 모두가 하나 되는 일만 남는다. 미칼은 이 모두가 매우 원초적이며 경이롭다고 여긴다. 이 분위기에 빠져들어 두 눈을 감고 좌우로 고개를 움직일 때면, 음악 속에서 정말 고대 아프리카 부족의 드럼 소리를 들을 수 있다. 야생마들의 발굽 소리를. "여기에는 굉장히 관능적인 무언가가 있어요. 리드미컬하고 깊고 휘몰아치는 무언가가." 미칼은 말한다. "그리고 모두 다 같이 이런 성적이자 광적인 상태에 있죠. 당신은 사람들과 가까워질 수 있어요. 이들을 더듬을 수 있죠. 그렇다고 어떤 일이 일어나리라는 뜻은 아니에요. 무언가 일어날 수도 있지만요. 하지만 주로 사소한 애무의 일종일 뿐이죠. 무척 부드러운. 사람들 사이에 어떤 장벽도 없다는 느낌 때문이죠. 하지만 공격적이지는 않아요. 서로를 위협하지 않죠. 당신은 모르는 사람들에게조차 친밀감을 느껴요. 그렇게 당신이 누군가를 향해 미소지으면, 상대도 당신을 향해 미소짓죠. 이곳에서는 모두 함께이기 때문이에요. 형제자매들처럼. 이 믿지 못할 상황 안에서 우리 모두는 하나예요."

미칼의 아버지는 이스라엘 군대에서 3성 장군이었다. 오빠는 전투기 조종사다. 하지만 미칼의 이스라엘인다움은 이제 새로운 방식으로 발현된다. 매주 목요일 한밤이면, 미칼은 알렌비 58 문에 서 있다. 화려

한 옷차림에 도발적인 태도로, 미칼은 문지기들에게 들여보낼 사람과 돌려보낼 사람을 찍어준다. 새벽에 함께 즐길 사내를 물색하면서. 선별이란 곧 힘이다. 미칼은 말한다. 이 물에서 사람들을 골라내는 힘, 누구를 받아들이며 누구를 거절할지 결정하는 힘이다. "1990년대 텔아비브의 알렌비 58은 1970년대 맨해튼의 스튜디오 54와 같았으니까요." 미칼은 말한다. "반짝거리고, 저질이며, 야한 무언가. 누구나 끼고 싶어 했죠. 때로는 문 앞에 수천 명이 북적거리죠. 가죽 바지를 입은 사내들과 가슴을 반쯤 드러낸 소녀. 다들 내가 멋들어진 사람만 들여보내리라는 걸 알기 때문이죠. 단지 예쁘고 잘생기고 돈 많은 사람만이 아니라 열린 생각과 열린 마음으로 오는 사람들, 그리고 그 열린 교감을 위해 죽음도 불사할 사람들을 들이리란 걸 말이죠. 이곳에 우리가 창조한 또 하나의 현실, 옛 이스라엘이 아닌 새 이스라엘의 현실에 스스로를 쏟아부을 사람들 말이에요. 진짜 삶은 아니지만 진짜 삶보다 훨씬 더 좋은 삶에 말이죠. 하우스 뮤직과 하우스 섹스와 하우스 마약이 가득한 삶. 이 황홀경에 빠진 부족의 함성으로 가득 찬 삶에요."

오리 스타르크는 38세로 알렌비 58의 주인이며, 큰 키와 금발 머리의 매력적인 여성 라비드 질베르만은 스물다섯 살로 알렌비 58의 바텐더다. 오리는 텔아비브에서 인정받는 밤의 왕자이며, 라비드는 오리의 애인이다. 교제한 지 얼마 되지 않은 이 연인은 자신들이 창조한 이 현장에 대해 이야기하기를 즐긴다.

만약 대낮에 온다면 알렌비 58이 대수롭지 않은 곳이라는 사실을 알게 된다고 라비드는 말한다. 한때 극장이었던 이곳은 시멘트 벽으로 둘러싸여 다소 악취를 풍기는 추하게 타버린 홀이 전부다. 하지만 날이 어두워져 저녁을 알리고 인파가 흘러들면서, 불빛이 점멸을 시작하고 하우스 뮤직이 분출되자마자 모든 것에는 돌연 전기가 통한다. 당신의 피부는 따끔거리기 시작한다. 무언가 일어나리라는 사실을 알기 때문이다. 당신은 확실히 실제는 아닌 어떤 것 속으로, 머리를 핑 돌게 하는 어떤 꿈속으로 들어간다. 그리고 모든 장벽은 사라진다. 모든 금기가 사라진다. 당신은 완전히 뒤바뀐다. 라비드 같은 교양 있는 중산층 소녀도 뒤바뀐다. 얼마간 알렌비 58에 다닌 후로, 라비드는 완전히 다른 사람이 되어버렸다.

"섹스와 마약은 이곳의 중요한 일부예요." 라비드는 말한다. "의문의 여지가 없어요. 사람들은 약에 취해 흥분하면 쥐뿔도 신경 쓰지 않죠. 하지만 단지 섹스와 마약이 전부는 아니에요. 텔아비브 클럽들에서 엑스터시는 핏속을 흐를 뿐 아니라 대기에도 흘러요. 모두 도취에 빠져들죠. 다들 전율하고 있어요. 짐승 같은 분위기는 아니에요. 당신에게 안전하다고, 보호받고 있다고 느끼게 하는 모종의 규약이 있어요. 말 그대로 자유로워질 수 있죠. 보호받고 있다고 느끼기 때문이에요."

"각양각색의 사람들이 있어요." 라비드는 말한다. "돈 많은 남자친구를 데리고 과시하러 오는 부잣집 소녀들도 있지만, 재미없어요. 동방계의 거친 빈민가 사내들도 있어요. 이들은 훨씬 더 진실한 데다 들여보내주면 정말 고마워하죠. 추피의 광팬들도 있어요. 이들은 반나체로 땀범벅이 되어서 떼를 지어 춤을 추죠. 무도장에서 미친 듯 날뛰는 사람들이에요. 껴안고, 정신없이 흔들고, 비벼대며 에너지의 소용돌이를 창조하죠. 다른 사람들마저 모조리 휩쓸어버릴 만큼 강한 에너지를요. 그리고 토요일 밤이면 병사들이 와요. 병사들은 기막힌 볼거리 죠. 가진 거라곤 물과 오렌지뿐인 데다 술조차 안 마셔요. 하지만 그렇더라도, 자정부터 오전 6시까지 멈추는 법이 없어요. 자신들 전부를 무도장에 쏟아부어요. 그렇게 밤이 지나면 알렌비 58에서 버스로 직행하죠. 레바논이나 점령지, 아니면 어떤 재미없는 소규모 접전지로 데려다줄 버스로. 정말이지 이스라엘은 대단히 미친 곳이에요. 그리고 이런 꼬마 병사들이 여자친구에게 작별의 입맞춤을 하고는 군복을 챙겨 입고 떠날 때면 난 감정에 휩싸일 수밖에 없어요. 정말 가슴이 미어져요."

"바에는 소녀 다섯 명이 있어요." 라비드는 말한다. "우리 역할은 정정당당한 게임을 하는 거죠. 우리는 맥주를 따라줄 뿐이지만 사람들은 우리를 진심으로 우러러보죠. 알렌비 58에서 여자 바텐더라는 사실은 최고 중의 최고라는 의미에요. 여신인 거죠. 몸에 딱 붙는 미니스커트에 등이 훤히 노출된 홀터넥 상의를 입고 바 주위에 군집한 굶주린 사내 200명과 있을 때, 정정당당하게 게임하는 법을 알아야 해요. 이들과 올바르게 노닥거리는 법을요. 정중하게 말이죠. 그러면 대부분 당신을 존중해주죠. 왜냐하면 알렌비 58에서 당신에게 시도는 허용되지만 위협은 용납되지 않기 때문이에요. 만약 당신이 전기가 통했다면. 좋아요. 당신은 그 신호를 받아들여 위층으로 올라가죠. 음침한 구석이나 음침한 방으로요. 이곳에서는 무엇을 하든 괜찮아요. 하지만 전기가 안 통했다면 넘어가는 거죠. 소란을 피우지는 않아요. 알렌비 58에는 규약이 있기 때문이에요. 말하자면 문화의 일종이자 제법 잘 정의된 세계죠. 새로운 이스라엘 세대의 세계."

이 새로운 세대는 이제 하나의 운동이라고 오리는 말한다. 이 세대는 라빈 광장에서 열리는 바라크의 승리 축전에 수만 명을 데려갔으며, 텔아비브 애정 행진에 20만 명을 데려갔다. "이 나라 어느 누가 거리에 20만 명을 데려갈 수 있겠어요?" 사내는 말한다. "어쩌면 데리의 정당인 샤스는 가능할지 모르죠. 그 외에는 없습니다. 맞아요, 이게 정치운동은 아니에요. 기반도 없는 데다 주장도 없죠. 지금은 1960년대가 아니에요. 체 게바라는 죽었고 재니스 조플린도 죽었고, 우드스톡도 사라졌고, 더 이상 혁명은 존재하지 않아요. 순진함 역시 존재하지 않아요. 누구도 자신이 세상을 바꿀 수 있다고는 생각하지 않죠. 이곳에는 새로운 개념도, 새로운 메시지도 없어요. 그렇지만 정부와 의회와 제도는 지금 여기서 일어나고 있는 일에 주목해야 합니다. 이 나라는 전쟁과 죽음 빼면 아무것도 없기 때문이죠. 우리의 종교마저 슬프기 짝이 없습니다. 속죄일을 비롯해 다 마찬가지죠. 늘 당신에게 견디며 희생하라고 명령하죠. 하지만 이곳의 우리에게는 굉장히 강력한 무언가가 있습니다. '제기랄, 알 게 뭐야'라고 말하는 무언가가요. 우리는 더 이상 견딜 필요도 희생할 필요도 없습니다. 왜냐하면 이 나라는 이제 쉰 살이고, 주변 아랍국 군대가 우리를 침공하지는 않을 테니까요. 누구도 우리를 정복하지도 파괴하지도 않을 테니까요. 그러니 우리는 숨 쉴 수 있습니다. 숨 쉬어야만 합니다. 숨 쉴 뿐만 아니라 미소짓고, 웃고, 열광해야 합니다."

"우리는 그럴 자격이 있어요", 스타르크는 말을 잇는다. "이 세상 그어떤 민족보다도 우리에게는 그럴 자격이 있어요. 그러니 좀 살게 해주시죠. 평화는 이미 이루어졌습니다. 그리고 만약 아직 이뤄지지 않았다면, 이루어질 겁니다. 조만간 우리에게는 예루살렘을 수도로 하는 팔레스타인국이 생길 거고 모든 게 잘될 겁니다. 그렇게 50년 가까이 짊어지고 온 이 무게를, 이 짐을 얼마나 더 나를 수 있겠습니까? 정부와 의회와 제도는 이걸 아직 이해하지 못해요. 전부 벤구리온이라는 인물이 주입되어 있기 때문이죠. 온 민족을 네게브로 데려갔던 사람 말입니다. 하지만 지금 이곳에는 거대한 분열이 있어요. 당신은 이걸 알렌비 58에서 확인할 수 있습니다. 젊은이들은 말합니다. '할 만큼 했어, 이제는 즐길 시간이야.' 이스라엘에는 새로운 세대가 존재하며 행복을 요구하고 있습니다."

오리 스타르크는 노동당 임원과 여배우 사이에서 난 아들이다. 자란 곳인 텔아비브 교외에서 그는 바람직한 노동당의 아들이었다. 보이스카우트와 고등학교를 거쳐 적극적인 군 복무에 이르기까지. 하지만 사내는 옛 이스라엘의 숨 막히게 하는 대기가 늘 다소 고통스러웠다. 그래서 1982년 레바논 전쟁이 끝나자 그는 정신 건강을 핑계로 군에서 제대했다. 그 후 런던으로 가서 클럽 현장을 공부했으며, 돌아왔을 때는 준비가 되어 있었다. 그는 미남 오리, 탑 패션 디자이너의 젊은 애인, 텔아비브 밤 문화의 새로운 왕자로 알려졌다. 1983년에 이르러 사내는 첫 파티를 열었다. 거창하게. 8밀리 포르노 영화를 상영해 수천 명을 끌어들였다. 이어진 10년 동안 그는 바와 클럽 열두 군데를 열고 닫기를 반복했는데, 1993년 말 마침내 알렌비 극장의 방치된 거대한 홀로 걸어들어간 순간 이곳이 제격이라 느꼈다. 오슬로 협정 직후였다. 파티에 이은 또 하나의 거사였던 셈이다. 그는 이곳에 자신의 행복 왕국을 세울 터였다. 비애를 증오했던 까닭에, 이 텅 빈 극장을 행복을 모시는 신전으로 만들 터였다. 그리고 세상을 벗어난 이 장소에서, 그는 자기 자신과 타인들을 행복하게 만들며 세상의 종말까지 축제를 벌일 터였다.

그는 신문을 읽는가? 정치에 관심이 있는가? 이념이 있기는 한가? 나는 묻는다. "물론이죠", 사내는 답한다. 그는 좌파를 지지하며, 늘 그래왔다. 잠시나마 시위에 참가하기까지 했다. 하지만 지금 그는 피스나우 운동보다 파티나우 현장에 더 의의가 있다고 믿는다. "알렌비 58이 바로 그 현장이며, 실제 정치가 일어나고 있는 장소죠", 그는 말한다. "과거 텔아비브 클럽들에선 남자다움과 고위 공직자와 군사 영웅들을 찬양했죠. 하지만 지금 이런 계급 따위를 신경 쓰는 사람은 없습니다. 만약 엘리트 특공대 사령관이 온다고 칩시다. 좋아요, 하지만 그자가 누군지 누가 개뿔이나 신경 쓴답니까. 이곳에서 영웅은 가수이고 배우이며 다른 사람들을 기분 좋게 해주는 사람들입니다. 이스라엘의 다음 세기와 지구의 다음 1000년은 바로 이런 것들로 규정될 겁니다. 내가 시장이 된다거나 시라지가 내 부시장이 되리라는 이야기도, 세상이 결국 하나의 거창한 애정 행진이 되리라는 이야기도 아닙니다. 하지만 재미가 무대 중심을 차지하게 될 겁니다. 그렇게 될 겁니다. 이미 그렇게 되어가고 있고요. 젊은이들은 더 이상 신문을 읽지 않죠. 하지만 미친 듯이 춤을 춥니다. 이들은 사막으로 내려가지도 않습니다. 키부츠를 건설하거나 전쟁 영웅이 되는 대신, 열광적으로 즐거움과 재미를 추구할 겁니다."

"1960년대와 1970년대 초, 사람들은 삶과 음악에서 의미를 원했습니다", 오리는 말한다. "이어 디스코가 왔죠. 하지만 디스코에는 메시지가 없다는 걸 수치스러워했습니다. 지금은 아무런 수치심도, 가식도, 억압도 없이 무엇이든 말합니다. 사랑에 대해 노래하지 않습니다. 섹스를 하죠. 지금 섹스를, 지금 당장 섹스를, 화장실에서 섹스를. 이렇게 새로운 육체적 진정성이 실제인 겁니다. 자극과 쾌락과 흥분을 향한 욕구 말입니다. 이것이 이스라엘 현재의 정체성입니다. 시온주의 나부랭이는 잊으십시오. 유대 민족이란 헛소리도 잊으세요. 줄기차게 파티를 즐길 때입니다."

"이런 사실은 이곳에서 확인할 수 있습니다." 오리는 말한다. "주변을 둘러보세요. 겉치레도, 가식도 더 이상 없습니다. 음향 장치에서 나오는 소리는 말소리조차 집어삼킬 정도로 쩌렁쩌렁 울립니다. 그러니 당신은 여자가 어떤 포도주를 좋아하는지도, 지난 선거에서 누구에게 투표했는지도 물을 수 없습니다. 전희란 없죠. 모두 즉각적이고 신속합니다. 이름이 뭐야? 가자. 이 젊은이들은 인터넷이 삶의 공간입니다. 클릭하면 구입하는 겁니다. 그러니 이들의 사랑 역시 인터넷 사랑입니다. 인내심 따윈 없죠. 즉각적인 만족이 필요합니다. 그렇게 이들이 25분 후 화장실을 떠날 때, 난 지켜봅니다. 포옹도, 애착도, 다정함도 없습니다. 남자는 이 길로, 여자는 저 길로 가죠. 그게 끝입니다. 우리는 왔노라, 우리는 느꼈노라, 우리는 갔노라."

이들은 스스로를 국가라 부른다. 춤 국가. 목욕일 밤이 지나 새벽 3시면 알렌비 58은 십중팔구 정점에 있다. 니니는 무대에 올라 도발적인 공연을 시작한다. 추피는 최고로 강렬한 절정의 곡들로 편곡해내며, 시라지는 근육질 사내들에게 둘러싸여 있고, 미칼은 이 이른 아침의 무희들에 합류하며, 라비드는 바로 몰려드는 맨몸뚱이 수십 명에게 압도당하고, 오리는 제왕답게 자신의 신민들 사이를 활보한다. 불빛이 분홍과 순백의 맥동하는 빛줄기로 컴컴한 홀을 가르고, 바닥이 꽉 차고, 계단이 북적이고, 꼭대기 발코니들이 들썩거릴 때면, 이곳에는 밤의 유흥을 초월하는 무언가가, 새 천 년의 새벽에 실재하는 또 하나의 뜨거운 도시의 또 한 번의 뜨거운 밤을 초월하는 무언가가 존재하는 듯하다. 위대한 반란이 진행 중이다. 비록 이상이나 표어나 거창한 선언도 없이, 혼란스럽고 불확실하며 서투르기는 하지만, 이것은 내가 이제까지 목격해보지 못한 가장 매혹적인 반란이다.

이 젊은이들은 용모가 빼어나다. 여기에 거의 기록된 바 없는 이스라엘의 성공담 하나가 있다. 바다와 태양과 현저하게 다양한 유전자는 이곳에 독특한 관능적 아름다움을 창조해냈다. 강렬하고 폐쇄적인 공간인 알렌비 58은 이러한 성적 아름다움을 극도로 부각시킨다. 이들은 또한 매우 지적인 젊은이들이다. 민첩하게 사고하며 민첩하게 반응한다. 그렇다고 무정부주의자는 아니다. 우세한 경제체제의 엄격한 법칙을 전적으로 수용한다. 이들의 동떨어진 세계조차 계층과 선택과 마케팅과 이윤이라는 조직 원칙 위에 세워져 있다. 그리고 주말이 끝나면, 이들은 회계 법인이나 텔레비전 스튜디오, 또는 벤처 기업에서 또 다른 한 주를 시작할 터다. 하지만 알렌비 58에서의 새벽에 이 젊은이들은 성명聲名한다. 말 한 마디 내뱉지 않은 채, 자신들의 해방을 통해, 자신들의 성적 개방성과 율동 의식儀式을 통해 성명한다. 제의적이고 육욕적이며 흥겨운 자신들만의 공간을 창출하려는 노력을 통해 성명한다. 무도장 바닥에서, 발코니에서, 클럽에서, 가장 음침한 구석에서,

말하자면 개인의 진실성에, 이스라엘의 완전성에 도달하려고 필사적으로 애쓴다. 젊은이들에게 진실성이나 의미를 제시하지 못하는 소비지상주의 시대에 정신적 압박이 끊이지 않는 나라에서 이들이 추구하는 바는 이런 것이다. 이들이 그토록 알렌비 58에서 펼쳐지는 의식에, 엑스터시와 황홀경에, 이 하우스 뮤직과 이 흥미의 전당에 몰두하는 까닭이 여기에 있다.

새벽 5시가 되면 예루살렘으로 가는 순례가 시작된다. 일찍 일어난 이 수도 주민들은 자신들 눈을 믿을 수 없다. 자동차들이 한 대 한 대 차창 밖으로 쾅쾅 울려대는 기이한 전위적 음악과 함께 이 잠든 도시에 도착한다. 자동차에 타고 있는 젊은이들은 하우만 가로 가는 방향을 묻는다. 눈은 벌겋게 충혈되어 있으며 차림은 갈퀴를 든 흡혈귀나 사탄의 화신, 아니면 그저 선원이나 공주, 분홍 요정 꼴이다. 잿빛의 새벽 하늘 아래 외딴 공업지대의 주차장과 작업장과 싸구려 가구 할인점들 사이에 있는 하우만 17이라는 음침한 창고 앞에서 한 줄기 거대한 흐름이 멈춘다. 술꾼들을 끝도 없이 끌어들이는 광경을 보면, 마치 이 클럽이 자력을 발휘해 불길한 박자의 고동으로 손짓하는 듯하다.

시라지의 파티 뒤풀이는 알렌비 58 광란의 현장에 완전히 매료된 사람들만이 그 대상이다. 완벽하게 가장하지는 않았더라도, 이들의 얼굴은 너나없이 특수 화장으로 반짝거리며 옷은 인광을 내뿜는다. 니니가 옳다. 바로 이 사내들이 이제 대세다. 이들은 유행을 형성하며 무도장을 지배한다. 하지만 시라지 역시 옳다. 단지 이들만이 아니다. 뒤섞임이 대세다. 그리고 뒤섞임은 통한다. 각양각색의 성적 에너지들이 일제히 한 지붕 아래, 한 공간에서 충돌할 때면, 극도로 가슴 저미는 무언가가 생긴다. 머리를 밀어버린, 말랐지만 강단 있는 사내들이 무대 옆에서 서로를 껴안는다. 멋들어진 여자들은 속이 훤히 비치는 웃옷 차림으로 바 옆에서 춤을 춘다. 대마초의 강한 향이 대기를 채운다. 커플들은 1분이 멀다 하고 다른 방에서 그걸 하기 위해 자리를 뜬다. 남자와 여자. 남자와 남자. 여자와 여자.

완전히 뒤죽박죽이다. 이곳은 예루살렘의 텔아비브이며, 대낮의 밤이고, 유대교의 가장 신성한 축일 가운데 하나인 신년제 때 벌어지는 떠들썩한 술잔치다. 수천 명이 예루살렘에서 잘나가는 클럽의 동굴 같은 홀에 모여 열 시간이나 열두 시간, 열네 시간까지도 난폭해지거나 짜증내거나 거칠어지는 법 없이 하우스 음악을 찬양할 수 있다는 사실을 증명한다. 새로운 이스라엘이 근본주의적 신권국가라고 여기는 사람은 스스로 무슨 말을 하고 있는지도 모르는 사람이라는 사실을 증명한다.

마약이 없었다면 이런 상황이 통하지 않았을는지 모르지만, 마약이 전부를 설명하지는 못한다. 이곳에는 다양한 요인이 작용하고 있다. 이스라엘은 뿌리가 깊지 않은, 비종교적 보수주의를 특징으로 하는 이주 사회다. 이스라엘 사회는 삶을 갈망하는, 말하자면 생존자들의 사회다. 이스라엘은 조마조마한 나라다. 이곳 하우만 17에서, 그 결과는 에너지의 폭발로 나타난다. 런던이나 파리, 뉴욕에서는 볼 수 없는 현상이다. 따라서 이 시라지 파티 뒤풀이가 스펙트럼 끝의 현상이라 할지라도, 스펙트럼 그 자체에 대해 많은 것을 말해준다. 새 천 년 시작에 있는 젊은 이스라엘의 문화적·정서적 풍경에 대해 많은 것을 말해준다.

예루살렘의 하우만 17에서 들리는 소리는 세속주의가 해방되었음을 알리는 포효다. 펼쳐지는 광경은 21세기 젊은이들이 시온주의 프로젝트가 자신들에게 부과한 요구와 법령과 제약에 대항해 일으키는 반란이다. 더 이상은 안 된다. 이들은 말한다. 우리를 살아 숨 쉬게 놔두라. 오늘을 즐기게 놔두라.

무대 위에서는 공연이 시작된다. 몇 년 전만 해도 지나치게 충격적이라 여겨졌을 법한 이 공연에서, 한 성전환자 사내가 여전히 남성성이 충만한 한 사내의 거대한 발기를 숭배한다며 무릎을 꿇는다. 바깥은 한낮이다. 예루살렘 최고 축일의 정오. 하지만 이 포효하는 홀 안의 그 누구도 무대에서 벌어지고 있는 이 음란한 의식을 그다지 거북해하는 듯 보이지 않는다. 공연 자체가 중요한 건 아니기 때문이다. 중요한 건 이 사람들이 숭배하는 다른 것들이다. 곧 해방, 자유, 모든 금기의 타파. 자신들을 억제하는 것들을 버리기. 모든 경계를 넘기. 극단적으로 살기. 공중 높이 손을 흔들며, 땀으로 흥건해진 반라의 사내들은 개인주의 쾌락의 제단에 경배한다. 공중 높이 손을 흔들며, 날씬하며 도발적인 여자들은 귀가 터질 듯한 환희의 제단에 경배한다. 그렇게 이 홀 안의 모두는 이 모든 것을 꾸려 한 나라를 빚어내기 위해 필사적으로 애쓰고 있다. 대안적 나라, 대안적 현실, 대안적 의미를 빚어내기 위해 애쓰고 있다. 이스라엘의 과거에 맞서 봉기하기 위해. 이스라엘의 상황에 맞서 봉기하기 위해.

열셋

2003년,
갈릴리를 향해

모하메드의 밝은 갈색 눈이 내 눈을 들여다보며 말한다. "당신은 당신네 발명품이 통하지 않으리라는 사실을 알아야 합니다. 당신네 유대인의 정신은 유대식 민주주의라는 발명품을 고안했습니다. 기발한 지적 착상이죠. 하지만 이 발명품은 통하지 않을 겁니다. 이 착상은 옹호될 수 없습니다. 그러니 우리가 함께하려는 긴 여정 내내 이야기로 시간을 보내기보다는, 오히려 조용히 앉아 어설프게라도 새로운 협정을 짜 맞춰야 합니다. 당신에게는 다른 길이 없기 때문이죠. 내가 당신의 유일한 길입니다. 초정통파 유대인들에게 가는 대신 나에게 와야만 합니다. 세계 곳곳에서 유대인 절반을, 유대인 4분의 1을, 유대인 8분의 1을 끌어내 이곳 이스라엘로 데려오려 애쓰는 대신, 나와 의논했어야 합니다. 왜냐하면 나는 이곳, 당신의 뒤뜰에 있기 때문이지요. 나는 이곳에 있으며 어디에도 가지 않습니다. 난 영원히 이곳에 있습니다."

"나와 의논하십시오", 이스라엘인이자 팔레스타인 사람인 변호사 모하메드 달라는 말한다. "나와 의논하십시오, 나에게 손을 내미십시오, 나를 당신의 협력자로 삼으십시오. 좋든 싫든, 당신네는 중동에서 소수민족이기 때문입니다. 당신네 나라가 유로비전 송 콘테스트에 참가하고 유럽 리그에서 농구 경기를 한다 해도, 지도를 살펴보면 당신네 주변은 온통 아랍인과 이슬람교도라는 사실을 확인하게 될 겁니다. 3억 5000만 아랍인과 15억 이슬람교도들 말입니다. 그런데 당신네는 정말 유대국이라는 이 인공의 건축물 안에 계속 숨어 있을 수 있다고 생각한단 말입니까? 정말 이 모순적인 유대식 민주주의로 당신네를 보호할 수 있다고 생각하십니까? 이스라엘국의 특징은 유대다움이 되어야 한다고 고집한다면 검으로 삶을 지탱하겠다는 말과 같소. 그리고 시간이 지날수록, 더 이상 그렇게는 할 수 없을 겁니다. 세계는 변할 테고, 세력의 균형은 변할 것이며, 인구통계도 변할 것입니다. 사실, 인구통계는 이미 변하고 있죠. 아랍―이슬람교도 세계에서 당신네가 살아남을 유일한 길은 나와 동맹을 맺는 겁니다. 난 당신네의 유일한 희망입니다. 만약 지금 실천하지 않는다면 내일은 너무 늦을는지 모릅니다. 당신네가 소수민족이 되어 나를 찾아올 때 난 여기에 없을 겁니다. 그때쯤이면 난 당신이 무엇을 제공하든 아무런 관심이 없을 겁니다. 친구여, 그때는 너무 늦을 겁니다."

우리는 아침 일찍 예루살렘에서 북쪽으로 여행을 떠난다. 게데라에서 하데라로 차를 몰아가는 동안 나의 벗이자 적인 모하메드 달라는 내게 말한다. "이 건축물을 보십시오, 이 땅에는 너무 이국적이고 너무 낯선 모습을. 마치 바다에서 불쑥 튀어나와 해변에 착륙한 어떤 침략 세력처럼 보입니다. 이곳 지형에 대한 세심한 배려도 없고, 이곳의 특징에 대한 이해도 없습니다. 멀리서 도착한 이주자들은 이 나라와 이곳의 역사에 대해 일말의 감정도 없었습니다. 아찔한 속도로 건설해대기에 바빴죠. 높고 거만한 건물들을 말입니다. 하지만 이 건물들이 이땅과 하나라고 보이지는 않아요. 이 땅에서 일어나지 않았고, 이 땅에 속해 있지도 않습니다. 이런 점이 이 건물들을 이토록 부자연스럽게 보이게 하는 겁니다. 이것들은 불쾌한 콘크리트 얼굴을 한 공격적인 도회적 건물들일 뿐입니다."

"게다가 도로 표지판들을 보세요." 모하메드는 말한다. "대부분 아랍어가 아닌 히브리어나 영어로 되어 있습니다. 당신네가 원하는 건 여행객들이 이 나라 곳곳을 여행하며 유대국이라는 나라가 정말 존재한다고 믿는 거니까요. 하지만 난 150만 아랍인과 더불어 당신네 길목을 막고 있지요. 당신네가 우리를 그토록 어려워하는 까닭이 여기에 있습니다. 유럽식 유대 국가라는 훌륭한 소설을 유지하려고 당신네는 우리의 존재를 숨기려 애쓰고 있습니다. 이제는 심지어 의회에서 우리의 정치적 대의권마저 근절하려고 발버둥치고 있습니다."

"이스라엘국이라는 개념이 완전히 허황됩니까?" 난 달라에게 묻는다. "유대 민족에게는 민족자결의 권리가 없습니까? 1967년의 경계 내에서는 유대인의 민족국가가 허용되는 거 아닙니까?" 달라는 현재 이나라에 살고 있는 유대 민족에게는 민족자결권이 있다고 말한다. 하지만 팔레스타인 사람들이 1947년 유엔 분할안을 거부한 이유를 이해할수 있다. 이곳에는 권리의 균등이 없다는 사실을 알아야 한다. "나의 권리와 당신의 권리 사이에는 균형이 없습니다." 그는 말한다. "처음부터, 유대인들에게는 이 땅에 대한 법적, 역사적, 종교적 권리가 없었습니다. 유일한 권리는 박해에서 비롯된 권리였죠. 하지만 이 권리가 자신들의 소유도 아닌 땅의 78퍼센트를 강탈하는 행위를 정당화할 수는 없습니다. 손님이 급기야 주인이 되었다는 사실을 정당화할 수는 없습니다. 결국 이 땅에 대한 우선권은 이주자가 아닌 토착민에게 있습니다. 이곳에서 수백 년 동안 살아왔으며 이 땅이 자신들의 일부가 되어왔듯 자신들 또한 이 땅의 일부가 되어온 사람들 말입니다. 우리는 당신네와 다릅니다. 우리는 이방인도 방랑자도 이주자도 아닙니다. 수 세기 동안 우리는 이 땅 위에 살며 자손을 늘려왔습니다. 누구도 우리의 뿌리를 잘라낼 수 없습니다. 누구도 우리를 이 땅과 분리할 수 없습니다. 당신네조차도."

달라는 1968년 갈릴리 마을 투란에서 태어났다. 그는 열심히 공부했고 열심히 일했으며 자기 길을 스스로 개척했다. 히브리대학 법학과에서 우수한 성적을 거둔 뒤, 그는 이스라엘 대법원 최초의 아랍인 서기가 되었다. 1993년에는 예루살렘에 법률사무소를 개업했으며, 이후 법률사무소는 성업을 이루었다. 1995년에는 아랍 소수민족 권리를 위한 법률센터Adalah를 설립했다. 2000년, 그는 변호사이자 텔레비전 진행자인 수하드와 결혼했다. 2002년에는 첫아들 오마르가 태어났다.

1990년대 중반 격렬했던 2년 동안, 모하메드와 난 이스라엘 시민권협회ACRI 이사회의 공동의장을 맡았다. 그랬기에 모하메드의 메르세데스를 타고 북쪽으로 여행하면서, 그와 난 가치관과 개념이 공유된 경험세계를 토대로 대화를 나눈다. 곧 인권, 소수자 권리, 자유민주주의에 대해 공유된 가치관과 개념을 토대로 한. 하지만 앞선 대화와는 달리, 이번에는 각자 자기 민족의 역사와 관점을 들고나온다. 자신의 실존적 불안 또한. 이번에는 모하메드가 자신의 세계관을 펼쳐 보이는 바람에 난 놀란다. 그리고 그가 자신은 더 이상 이 땅의 분할, 그러니까 두 국가 공존이라는 해법을 믿지 않는다고 말해서 놀란다.

그는 말한다. 소박한 마을에서 성장한 까닭에 자신의 정체성은 지역적이었다. 마을의 착실한 아들이라는 정체성. 대학에 들어가서야 그는 팔레스타인 민족으로서 정체성을 획득하는데, 그때는 이미 그에게 두 국가의 공존이라는 해법이 인위적이며 불충분하게 보인 상태였다. 이 해법으로는 1948년 아랍인들의 문제를 풀지 못했다(전쟁 후 이스라엘에 남아 있거나 이스라엘로 돌아온 아랍인들). 전쟁으로 추방된 아랍인들의 재난 역시 다루지 못했다. 하지만 1993년 오슬로 협정이 체결되었을 적에는, 일시적으로나마 실행 가능한 유일한 방안으로 두 국가 공존이라는 해법을 납득하기도 했다. 이어 2000년, 이 해법에는 희망이 없다는 사실을 깨달았다. 평화 절차란 사실 팔레스타인 민족을 이스라엘의 의지에 복종시키며 점령을 지속하려는 절차였다. 이스라엘인들은 역사적 화해를 이뤄낼 만큼 무르익지 않았다. 팔레스타인 사람들에게 기본권을 내주려 하지 않았다. 그러니 투쟁 외에는 달리 도리가 없었다. 이스라엘 사회는 흔들려야만 했다. 붕괴되어야만 했다. 결국 해법은 두 민족 해법, 곧 지중해와 요르단 강 사이에 하나의 민주국가가 될 터였다. 유대인 귀환법과 팔레스타인 사람들의 귀환 권리가 있을 하나의 국가. 헤브론 정착민들을 정착촌에 내버려두게 될 하나의 국가. 마찬가지로 이 국가에서는 1948년 이후 파괴된 마을의 팔레스타인 난민들을 자신들 고향으로 돌아가도록 허용할 터였다.

이번은 갈릴리를 향한 우리의 두 번째 여정이다. 2000년 10월 첫째 주, 이스라엘 팔레스타인 사람들이 북쪽 전역에서 폭동을 일으켰다. 캠프 데이비드 협정 실패 후 팔레스타인의 대의에 동조한다는 의미로 시작된 항의가 급속히 난폭해졌다. 이스라엘 경찰이 공격당했으며, 이에 대응해 팔레스타인 사람 13명을 사살했다. 이 잔혹한 주의 마지막 날, 모하메드는 나를 자신의 메르세데스에 태워 투쟁을 직접 확인하라며 데려갔다. 갈릴리로의 첫 여정이었다. 우리는 유대인 공동체 한 곳을 방문했다. 공동체는 자신들 구역 내에서 팔레스타인 사람들이 토지를 구입하는 데 반대하고 있었다. 우리는 불길이 잦아들면서 연기로 자욱해진 도시, 움알팜을 방문했다. 이슬람 과격파 운동의 수장이자 셰이크인 라에드 살라에게 잠시 들렀다. 눈빛이 초롱초롱한 이 셰이크는 나라 전역에 존재하는 폐허가 된 마을의 버려진 회교 사원들에 대해, 알아크사 회교 사원에 다가오는 위험에 대해 이야기하며 유대인들에게는 성전산에 대한 역사적 권리가 없으며, 그들의 성전산 이야기는 순전히 허구라고 딱 잘라 말했다. 그다음 우리는 한 젊은 샤헤드를 애도하는 천막에 갔다. 사헤드란 대의를 위해 죽은 순교자를 말했다. 근처 마을인 카나에서, 열일곱 살 난 아들을 막 여읜 순교자의 아버지는 우리에게 자랑스럽게 말했다. 매일 아들은 시위에서 돌아와 자기가 살아 돌아온 데 대해 미안해했다고. 어느 날 살아 돌아오지 못했을 때까지 말이다. 그다음 우리는 나사렛의 텅 빈 거리와 버려진 식당들 주변을 걸었다. 가는 곳마다 가장 인상적이었던 건 고요였다. 두려움에서 비롯된 침묵과 고요. 마치 이스라엘 유대인과 이스라엘 팔레스타인 사람 양측 다 자신들이 막 저지른 일을 두려워하는 듯했다. 양측 다 이를테면 자발적 통금에 맞춰 자기들 집으로 피난하는 듯했다. 장차 펼쳐질 미래를 불안하게 기다리면서.

이제 2년 반이 흘렀는데도 이스라엘 유대인들과 이스라엘 팔레스타인 사람들은 도처에 수두룩하다. 와디아라 지역은 유대인 방문객들로 북적거린다. 나사렛에 있는 식당들에서는 빈자리를 찾을 수 없다. 히브리어를 하는 사람과 아랍어를 하는 사람들이 나란히 앉아 피타 빵에 곁들여 후무스를 떠먹고 있다. 히브리어와 아랍어로 구운 고기를 주문하는 소리가 크게 들린다. 마치 평화가 회복되고 2000년 10월의 상처가 치유되기라도 한 듯하다. 폭동이 발생한 적도 없는 듯하다.

그랬기에, 셰이크 살라의 소박한 사무실에 다시 들어간 순간, 모하메드와 난 놀랄 수밖에 없다. 지도자의 눈동자는 전처럼 초롱초롱하지 않으며 이마에는 주름이 패여 있다. 사내는 멋진 히브리어로 내게 이스라엘은 곧 이 땅에서 아랍인들을 추방하게 되리라고 말한다. 움엘파헴이 앞으로 있을 팔레스타인 국가의 일부가 되게 하겠다는 제안은 민족을 이전하기 위한 우아한 수단의 일종일 뿐이라고, 그는 말한다. 이제 이곳 아랍 마을들에는 역사가 되풀이되고 있으며 1948년이 반복되려 한다는 생각이 퍼져 있다.

그는 흰색 가운 위로 어두운 색의 검소한 외투를 걸쳤고, 희끗희끗한 머리에는 테두리 없는 흰색 편물 베레모를 썼다. 그때와 마찬가지로 그에게는 여전히 위엄과 품위가 있다. 하지만 자신의 먼지 쌓인 책상 너머로, 그는 내게 경고한다. 미국의 제국주의적 이해를 지지하며, 20세기 중동에 자행한 영국과 프랑스의 억압적 식민 지배를 21세기에도 재현할 수 있으리라고 생각하는 건 국제 시온주의의 중대한 실수라고, 살라는 말한다. 국제 시온주의는, 아랍인들이 100년을 침묵했다 해도 더 이상은 침묵하지 않으리라는 사실을 모르고 있다고. "난 예언자는 아니오. 미래는 신의 손에 달려 있소. 그러나 당신들이 이 분쟁을 이스라엘과 팔레스타인 사이의 분쟁에서 이스라엘과 이슬람 세력 사이의 분쟁으로 바꾼다면, 결과는 끔찍할 거요. 미국의 시온주의 개신교도들은 아마겟돈을 원하오. 그러니 이 땅은 물론이고, 중동과 세계는 지금 지대한 위험에 처해 있는 거요. 알아크사 회교 사원도 지대한 위험에 처해 있고. 난 깊이 우려하고 있소. 재앙이 다가오고 있을까봐 두렵소. 이는 유대인들의 미래를 위험에 빠뜨릴 재앙이 될 거요."

우리는 셰이크 살라를 떠나 모하메드의 고향, 갈릴리로 향한다. 알로님 교차로('카프르 만다 교차로'라고 달라는 주장한다)를 지나면서, 모하메드는 셰이크 살라의 견해에 전적으로 공감하는 건 아니지만 살라의 확신과 겸손, 활동 전력을 존경한다고 말한다. 모하메드는 깃발행진을 예로 든다. 깃발행진은 셰이크 살라가 이끄는 순례로, 매주 한 차례씩 버스 가득 신자들을 태워 갈릴리에서 알 아크사 회교 사원에 데려간다. 이 인상적인 활동은 세심하게 운영되는 데다 규모도 지속적으로 커지고 있다. 비록 자기가 종교적인 사람도 아니거니와 서구 문화에 노출되어 그곳 가치관을 많이 받아들였다 해도, 모하메드는 셰이크 살라가 자신의 정체성을 지탱하는 매우 중요한 지주라고 말한다. 달라는 이야기한다. "솔로몬 왕이 3000년 전 예루살렘에 세웠다는 성전산에 대한 당신네 이야기는 완전히 허구인 반면, 셰이크 살라는 이 땅에서 400년 동안 이어져온 이슬람 세계의 실존을 대변합니다. 그것이 내마음을 사로잡습니다. 이러한 연속성에는 매우 깊은 무언가가 있습니다. 셰이크의 말을 들을 때면 난 마치 시간의 터널이라도 통과하는 양 초기 이슬람 세계와 칼리프였던 오마르 이븐 알카타브와 연결됩니다. 내 아들의 이름은 이 칼리프 이름을 따서 지었죠. 셰이크의 말을 들을 때면 난 이슬람 세계의 위대함에 연결됩니다. 여기서 난 깊은 안정감과 자신감을 얻습니다. 내가 아는 한 우리는 패배할 운명이 아닙니다. 내가 아는 한 우리는 소수민족이 아닙니다. 소수민족이라는 개념은 이슬람교에 맞지 않습니다. 유대교에 맞는 개념이죠. 하지만 이슬람교에는 맞지 않습니다. 그리고 당신 주변을 둘러보면, 실제로 우리가 소수민족이 아니라는 사실을 확인하게 됩니다. 이 땅에서는 사실상 소수민족이 다수 민족으로 존재하며, 사실상 다수 민족이 소수민족으로 존재하죠. 그래서 당국이 셰이크 살라를 뒤쫓을 때마다, 난 사내를 돕습니다. 이스라엘 법에 통달한 사람으로서, 난 살라를 위해 할 수 있는 최선을 다합니다."

우리는 유대인 모샤브인 치포리를 향해 방향을 돌린다.('사푸리야'라고 모하메드는 일깨운다.) "1948년 무렵에는 주민 1000명의 거대한 마을이었지요. 그래서 오늘날 후손 수십만 명이 있고요. 일부는 시리아에, 일부는 레바논에, 일부는 갈릴리 마을들에 살고 있습니다. 내 매제도 사푸리야 출신이죠", 사내는 말한다. "조카들 역시 자신들을 사푸리야의 자녀라고 인식합니다. 그렇게 당신네 독립기념일에, 우리는 모두 여기에 모여 엄청난 기념 집회를 엽니다. 우리는 잊지 않을 겁니다." 모하메드는 다짐한다. "우리는 잊지 않을 것이고 잊어서도 안 됩니다."

그는 가벼운 정장에 금빛 넥타이를 맸다. 평균 키와 체구에, 피부색은 어둡다. 그는 자신의 피부색이 이곳 토양의 색이라는 사실을 자랑스러워한다. 자신은 이 토양과 섞여 있기 때문이다. 그는 말한다. 주차하는 동안 달라는 치포리 국립공원의 해골 같은 프리클리 페어 선인장 덤불과 근처 석조 테라스의 잔존물들을 가리킨다. 1948년 팔레스타인의 재앙은 홀로코스트와는 전혀 달랐지만, 자신은 이 '홀로코스트'라는 용어를 유대인이 독점하는 데 대해서는 찬성할 수 없다고 말한다. "사실 이곳에 나치 때와 같은 강제수용소 따위는 없죠", 달라는 말한다. "하지만 다른 한편에서 보면, 홀로코스트와 달리 1948년 팔레스타인의 재앙은 여전히 진행 중입니다. 게다가 홀로코스트가 인간에 대한 홀로코스트였던 반면, 1948년 팔레스타인의 재앙은 인간과 땅에 대한 재앙이었죠. 우리 민족의 파괴는 또한 우리 조국의 파괴를 의미했습니다."

치포리의 가옥들은 하얀 벽에 빨간 지붕을 이고 있다. 멋지고 단정하다. 앞뜰 가운데 한 곳에서 어느 젊고 아름다운 아기 엄마가 팔을 벌려 자신을 향해 첫걸음마를 떼고 있는 한 살배기 아이를 맞는다. 하지만 모하메드는 이곳에서 사람들이 어떻게 살 수 있는지 모르겠다고 말한다. "이론상으로는 시골이란 목가적이며 매력적이지만, 현실적으로 이곳은 묘지입니다. 이론상으로 당신네는 당신네 정원에서 걷고 있지만, 현실은 송장들 위에서 걷고 있는 셈입니다. 비인간적입니다", 모하메드는 말한다. 아메리카 원주민 공동묘지 위에 세워진 미국 교외를 다룬 영화 같다. 영화에서 묘지 유령들은 자기네 무덤 위에 살려고 하는 가족들을 따라다니며 괴롭힌다. "난 신비주의에 빠져 있지 않습니다." 모하메드는 말한다. "하지만 난 이곳에서 혼령들을 느낍니다, 그리고 내가 아는 한 이 혼령들은 당신네를 결코 놓아주지 않을 겁니다."

종교적 키부츠인 베이트리몬은 투란의 바위투성이 산마루에서, 모하메드가 태어났고 아버지가 태어났고, 할아버지와 고조할아버지가 태어난 마을을 굽어보고 있다. "우리는 수백 년 동안 이곳에 있었습니다." 모하메드는 말한다. "태곳적부터 말입니다. 이 산등성이 위의 땅 수십만 두남은 영국 고등판무관이 투란 마을 주민들을 위해 지정해놓은 땅이었습니다. 그런데 이스라엘 정부가 그 산마루에 베이트리몬 알레프와 베이트리몬 베트와 베이트리몬 김멜을 수립하겠다고 10만 두남을 장악했던 거죠. 그래서 이곳에서는 여느 곳과 마찬가지로 유대인이 팔레스타인 사람을 지배합니다. 유대인 주인들은 저 위에 사는 반면, 팔레스타인 하인들은 이 아래에 살죠."

키부츠로 가는 산길을 올라 잠긴 철문을 돌아 들어갈 방법을 찾고 나자 모하메드의 휴대전화가 울린다. 예루살렘 선술집 주방 밖에서 부탄가스통을 터뜨리려 했던 어느 테러리스트의 가족이 달라에게 이 자유의 전사를 대변해달라고 부탁하고 있다. 모하메드는 그 자리에서 수락하고는 예루살렘 중앙에 위치한 러시아인 지구 경찰서에 전화해서 이 억류자의 소재를 묻는다. 나는 일을 마친 그에게 묻는다. 베이트리몬을 정착촌이라고 생각하는지. 점령지에 세워진 정착촌들에 궁극적으로 닥칠 일이 베이트리몬에도 닥치리라 생각하는지. "논리는 같죠", 모하메드는 답한다. "정신 상태가 같고요. 심지어 물리적으로도 닮았습니다. 같은 계획, 같은 건축. 이질적이죠. 저 위에서 날아와 이곳 풍경에 자기 존재를 강요하는 외계 세력입니다." 이른 오후, 맑은 대기에 시야가 시원하게 트였다. "저기 유대인 공동체를 보세요, 그리고 저기 유대인 공동체도." 처음엔 오른쪽을 이어 왼쪽을 가리키며 모하메드는 말한다. "너무 질서정연하고, 너무 가지런하며, 너무 유럽적입니다. 우리 마을들과는 판연히 다르죠. 우리 마을들은 덩굴식물처럼 와디 바닥에서부터 언덕 위로 타고 올라갑니다. 저들이 나의 갈릴리에 침입했다는 사실이 명확히 드러납니다. 저 공동체들이 설립된 이유가 확실해집니다. 마을과 마을을 분리하려는 거였죠. 갈릴리가 아랍인들의 땅이 되지 않도록 말입니다. 그래서 아랍인들의 갈릴리가 자치권을 요구할 수 없으며, 이스라엘로부터의 독립을 요구할 수도, 팔레스타인 국가에 합류하게 해달라고 요구할 수도 없도록 말입니다."

"갈릴리에 자치권을 부여해달라고 진지하게 요구해볼 생각은 있습니까?" 난 묻는다. 달라는 답한다. "내가 선호하는 해법은 두 민족을 위한 단일 민주정체입니다. 하지만 두 민족 국가를 추구하는 움직임이 없다면, 우리는 자체 영공조차 없는 쪼그라들고 조각 난 팔레스타인국은 지지할 수 없습니다. 그것은 국가가 아닌 우스갯소리일 뿐입니다. 그러니 당신네가 두 국가 해법을 끈질기게 주장한다면, 갈릴리의 자치권이라는 문제가 제기되어야 할 겁니다. 그리고 이 자치권은 단지 문화적인 문제에만 국한될 수 없으며, 영토 문제까지 포함되어야 합니다. 치안 지휘권을 비롯해 이 땅과 천연자원에 대한 효과적 통제권과 함께 말입니다. 우리는 이처럼 세 가지 자치권을 요구할 겁니다. 북쪽 갈릴리 자치권, 중앙 아랍 삼각지[1] 자치권, 남쪽 베두인 네게브 자치권. 야파나 라믈레, 리다에 살고 있는 팔레스타인 사람들은 이스라엘의 이 세 팔레스타인 주(州) 가운데 하나와 연결되어 개인의 자율성을 부여받

---

1 아랍 마을이 집중해 있는 지역. 이스라엘 중부 녹색선 부근에 위치한다.

아야 합니다."

우리는 모하메드의 마을 투란 옆을 지나가지만, 모하메드에게는 집에 들르는 일보다 내게 이웃 마을 루비아의 폐허를 보여주는 일이 더 중요하다. 그러면서도 그는 진심으로 말한다. 자신의 마을은 완전히 포위되어 있다고. 이곳에 베이트리몬이 있지만, 자신은 살 수 없는 곳이다. 이곳에 치포리 공업단지가 있지만, 자신이 공장을 지을 수 없는 곳이다. 이곳엔 다른 나라 군대의 기지가 있다. 이곳엔 골라니 여단 기념비가 있지만, 자신은 공유하지 못한 기억을 기념한다. 모하메드는 말한다. "그러니 만약 내가 구원받았었다고, 내 가족이 1948년의 재앙으로부터 어떻게든 벗어났었다고 생각한 적이 있다면, 그건 우리가 레바논으로 추방당한 몇 달에 불과합니다. 이곳은 내가 환영받지 못한다는 사실을 끊임없이 상기시킵니다. 내가 영원한 가석방 상태라는 사실, 이곳에 나의 권리는 없다는 사실을 말입니다. 골라니 교차로, 그러니까 우리의 마스카나 교차로 위로 우뚝 솟은 저 기념비는 승리자들을 기념하고 패배자들은 거들떠보지도 않습니다. 맥도널드 매장과 이스라엘 무장차량들과 파랗고 하얀 이스라엘 국기들을 보면, 골라니 고원이 내게 전하는 말은 크고 분명합니다. 우리는 너희를 완파했다. 그리고 너희를 완파했으므로, 너희 영토에서 우리 자신을 기념할 수 있는 힘이 있다. 너희 땅 갈릴리의 심장 한가운데서."

달라의 파란색 메르세데스가 유대 민족기금이 조성한 남아프리카 숲[2]으로 이어지는 길을 따라 내려가다가 소나무 따위의 침엽수들 사이로 나 있는 자갈길을 오른다. "이 숲은 결백한 숲이 아닙니다." 나의 벗 모하메드는 말한다. "부정否定의 숲이죠. 이 숲을 조성한 까닭은 당신네가 저지른 범죄를 부정할 수 있다고 스스로를 속이기 위해서입니다."
이어 그는 이런 생각이 처음 들었던 때가 언제인지 말해준다. 1990년
대 후반, 그는 스칸디나비아에서 열린 팔레스타인 원로들과 이스라엘
평화주의자들 사이의 비공식 회담에 참여했다. 회담 중, 팔레스타인
사람들은 자신들이 당한 고통에 대해 배상금을 요구하면서 동시에 이
배상금은 이스라엘이 장차 있을 팔레스타인 국가에 지불하는 형식으
로 해달라고 요청했다. 그럼으로써 독일이 이스라엘에 지불한 배상금
이 민족을 위한 여러 사업에 활용된 것처럼, 이 배상금 또한 그와 같
이 활용될 수 있을 터였다. 이것이 요구의 전부였다. 하지만 평화주의
자들은 이성을 잃고 노발대발했다. 이 요구 하나로 회담은 결렬되었다.
달라와 동료들은 자신들이 찾던 역사적 정의는 전혀 인정받지 못한 채
빈손으로 귀향했다.

바로 얼마 후, 그는 팔레스타인 마을 루비아 태생으로 어머니의 친
척인 마흐무드와 함께 이 숲에 왔다. 마흐무드와 함께 숲길을 걸어올
라 이 장소에 이르렀을 때 마흐무드는 자신의 고향이 폐허가 된 모습
을 확인했다. 그러고는 울었다. "우리 조국이 사라졌다." 마흐무드는 울
부짖었다. "우리 삶이 사라졌다." 그리고 성공한 이스라엘 변호사 모하
메드 달라는 마흐무드 옆에 서서 함께 울었다.

"그래서 요점이 무엇입니까?" 난 모하메드에게 묻는다. "팔레스타인
사람들에게 저지른 부정은 용서받을 수 없는 부정입니다." 나의 벗이자
적은 답한다. "바로 이 순간, 이스라엘인들은 남아프리카 숲 나무 아

---

2 유대 민족기금이 남아프리카 유대인들의 기부로 조성한 숲.

래에 소풍 도시락을 펼치지만 루비아 마을 난민들은 시리아에 있는 야르무크 난민수용소에서 쇠약해지고 있기 때문입니다. 사푸리야 난민들 역시 레바논에 있는 아인알힐웨에서 쇠약해지고 있지요. 그러니 정의는 우리에게 돌아올 권리를 달라고 요구합니다. 적어도 난민수용소에서 쇠약해져가는 난민들만이라도 돌아올 수 있도록 해주어야 합니다."

"얼마나 많은 수가 있을지 난 모릅니다." 모하메드는 말한다. "100만까지는 아니지만, 아마 수십만은 될 겁니다. 하지만 내게는 이들이 돌아오는 모습이 보입니다. 내 가족이 레바논에서 돌아왔던 것처럼 말입니다. 추방당하고 수개월 뒤 당나귀와 가재家財를 챙겨 바위투성이 산비탈을 따라 내려왔던 것처럼, 다른 사람들도 돌아오게 될 겁니다. 긴 무리를 지어, 돌아올 겁니다."

아즈미 비샤라는 나사렛에 위치한 자기 사무실에서 우리를 맞이한다. 이 갈릴리 태생 철학자는 1995년 세속적 과격 민족주의 아랍정당을 창당했으며, 1996년에서 2007년 사이에는 의회에서 논쟁적이지만 유능한 의원으로 활동했다. 발라드당 당수인 그의 본부가 있는 건물에는 현수막도 없고 문에는 명패도 없으나, 사무실만은 바람이 잘 통하며 편안하다. 벽에는 수놓아 만든 팔레스타인 지도가 걸려 있다. 모두 팔레스타인 지역뿐이다. 야파는 있지만 텔아비브는 없으며, 리다는 있지만 레호보트는 없고, 나사렛은 있어도 미그달하에메크는 없다. 벽에는 물론, 가말 압델 나세르의 사진 역시 걸려 있다. 1960년대 이집트 대통령이자 범아랍 지도자인 나세르는 비샤라에겐 영웅 같은 존재로 우리가 의자에 앉아 있는 동안 흑백사진 속의 그는 콧수염 아래로 유쾌하게 활짝 웃으며 우리를 내려다보고 있다.

1996년부터 기탄없는 논객으로 국회의원 자리를 지켜왔지만, 지금의 비샤라는 매우 신중하다. 자신의 정치적 미래를 결정하게 될 대법원 판결을 기다리고 있는 지금, 그는 위험한 호랑이라기보다는 기름진 고양이 같다. 친절하고도 다정하게 진한 블랙커피를 따라주더니, 내게 어떻게 그렇게 체중을 많이 줄였는지 또 애정생활은 어떤지 묻는다. 그러고는 이제 막 탈고한 수필과 소설에 대해 이야기해준다. 경계하는 듯한 태도가 정치적 피로에 시달리고 있는 것 같다는 인상을 준다. 하지만 그는 법원이 자신의 정치적 자격을 박탈하지 말아야 한다고 강조한다. 만약 자신이 이스라엘을 유대국으로 인정하지 않는다는 이유로 법원이 다가올 선거에 출마하지 못하게 한다면, 이 판결은 역사적 선언으로 인식되리라. 이스라엘 팔레스타인 사람들을 이들이 1960년대에 있던 곳으로 돌려보내려는 시도로 인식되리라. 형식적 민주주의라는 겉모습마저 무너지고 말리라.

"2000년 10월처럼 폭동이 일어날까요?" 난 그에게 묻는다. 비샤라는 지금으로서는 자신이 어떤 식으로든 위협이 될 만한 위치에 있지 않다는 점을 인정한다. 하지만 달라는 고개를 들며 비샤라가 차마 하지 못한 말을 한다. 비샤라의 정치적 자격을 박탈하는 판결이 내려진다면 이스라엘 내 팔레스타인 폭동은 초읽기에 들어가리라고.

나사렛을 나서려는데 모하메드가 내게 말한다. "비샤라는 내 정체성을 지탱해주는 또 다른 지주입니다. 비샤라는 우리 현대 팔레스타인 사람들의 긍지입니다. 현 세대, 그러니까 패배와 추방을 경험하지 못한 세대, 바로 이스라엘을 알기에 이스라엘을 두려워하지 않는 세대의 우상입니다. 이 세대는 이스라엘의 대담과 몰염치, 건방에서 배운 바가 있기에 구걸이 아닌 요구를 합니다. 방어가 아닌 공격을 합니다. 이 세대는 소수민족처럼 생각하지 않으며 소수민족처럼 느끼지 않습니다. 자신들이 정말로 소수민족이 아니라는 사실을 자각하기 때문이지요. 미래는 우리 것입니다." 모하메드 달라는 결론짓는다. "당신네가 무슨 속임수를 꾸미더라도, 이곳에 유대 민족의 색을 입힌 서구적 국가를 유지할 수는 없을 겁니다. 결국 어떤 일을 성취하든 당신네는 역할 전환을 마주하게 될 뿐입니다. 우리가 주인이 되며, 당신네는 우리 하인이 될 테니까요."

몇 주 뒤, 대법원은 비샤라에게 국회에 입성할 기회를 다시 한번 주게 된다. 4년 뒤인 2007년, 비샤라는 2006년 레바논 전쟁 당시 미사일 공격을 위한 전략적 요지가 담긴 정보를 시아파 민병대 헤즈볼라에 건네고 있다는 혐의로 경찰 심문을 받은 뒤, 이스라엘에서 달아나게 된다. 달라의 영웅은 추방당해 범아랍 위성 텔레비전 방송망 알자지라에서 스타가 된다. 반면 이스라엘인 대부분은 비샤라를 반역자로 여기게 된다. 그러나 이 모두는 미래에 일어날 일이다.

지금 현재는 밤이 내리기 시작하며 모하메드는 몹시 지쳐 있다. 그는 내게 운전대를 잡아달라고 부탁한다. 어둠을 뚫고 남쪽으로 운전해 가는 사이 그는 옆에서 잠이 들고, 나는 그에 대해 그리고 나 자신에 대해 생각한다. 확률은 어떤가, 나는 궁금하다. 우리는 이 끔찍한 역사에서 살아남을 수 있을까?

나는 모하메드를 사랑한다. 그는 영리하고 근면한 데다 활기 넘치는 인물이다. 단도직입적이면서도 따스한 성격에다 타고난 귀재다. 하고자 했다면 지금쯤 판사나 국회의원, 아니면 시장이나 이스라엘 팔레스타인 공동체 수장이 되어 있을 인물이다. 그는 내가 아는 어떤 이스라엘인보다 더 이스라엘인답다. 내 친구 누구보다도 더 날카롭다. 우리는 도시와 국가, 조국을 공유한다. 공통된 가치관과 신념이 있다. 그럼에도 우리 사이에는 끔찍한 균열이 있다. '우리는 앞으로 어떻게 되겠는가, 모하메드?' 난 어둠 속에서 생각한다. '내 딸 타마라와 당신 아들 오마르는 앞으로 어떻게 되겠는가? 내 땅과 자네의 땅에는 무슨 일이 일어나겠는가?'

열넷

2006년,
현실이라는 충격

무엇이 잘못되었는가?

답은 분명 점령이지만, 점령만이 답은 아니다. 오늘날 이스라엘이 건국 초기와 같이 냉철하고 단호하며 목표의식이 뚜렷하다면, 지금쯤 점령이라는 문제는 처리되었으리라. 상식이 통하는 건 시간문제였으리라. 초기에는 몇 번쯤 미숙한 판단을 내릴 수 있었겠지만, 결국 합리적인 공화국의 합리적인 민족지도부가 마땅한 조치를 취했으리라. 어떻게 해서든 점령을 끝냈으리라. 하지만 점령이 잘못이고 무익하며 악의적이라 하더라도, 모든 악의 근원은 아니다. 훨씬 더 영향력이 넓고 침투력강하며 복잡한 무언가가 이스라엘에 발생했다. 놀랍게도 이스라엘에서 일어난 사건들을 관찰한 사람 대부분이 간과해온 무언가.

30년도 채 안 되는 기간, 이스라엘이 겪은 내부 반란은 일곱 가지였다. 정착민 반란, 평화 반란, 사법 진보주의 반란, 동방계 반란, 초정통파 반란, 쾌락적 개인주의 반란, 이스라엘 팔레스타인 사람들의 반란. 어떤 의미에서 이 격변들은 하나같이 정당했다. 억압받는 소수의 편에서 정의를 추구했으며 잠재적이지만 필수적인 욕구를 다루었다. 모두 전에는 의도적으로 무시되었거나 소외되었던 세력을 무대 중심으로 옮겨왔다. 하지만 일곱 반란의 결과 이스라엘 공화국은 해체되었다. 국가로 인정받기 전 50년 동안 투쟁했던 이유와 국가로 인정받고 난 후 첫 25년에 걸쳐 일궈냈던 성과가, 1973년 전쟁 이후 33년 사이 상당 부분 무너져내렸다. 그러니 이 격변 대부분이 정당하며 필수적이었다 해도, 이들의 누적 효과는 파괴적이었다. 이스라엘을 제대로 된 자유민주주의로 발전시키지 못했다. 여러 내부 종족을 감싸 안는 강력한 다원적 연방국가로 재구성하지 못했다. 그 대신, 이 나라를 자극적이고 흥미진진하며 다양하고 다채로우며 정력적이고도 한심한, 재미있는 서커스의 일종으로 바꿔놓았다. 중동이라는 위험한 모래벌판을 안전하게 헤쳐나갈 수 있는 성숙하며 견고한 정치체가 아니라, 흥청거리는 시장 바닥으로 만들었다.

정착민들은 정치적 규율과 제약에 맞서 봉기했다. 평화주의자들은 역사적, 전략지정학적 현실에 맞서 봉기했다. 진보주의자들은 극단적 권력을 휘두르는 국가에 맞서 봉기했다. 동방계는 서구식 지배에 맞서 봉기했다. 초정통파는 세속주의에 맞서 봉기했다. 쾌락주의는 시온주의라는 집단주의가 내세운, 숨 막히게 하는 순응주의에 맞서 봉기했다. 이스라엘 팔레스타인 사람들은 유대 민족주의에 맞서 봉기했다. 그러나 이 모든 반란에는 공통점이 하나 있었다. 하나같이 1950년대와 1960년대의 벤구리온 국가에 결사반대했다. 주택단지를 짓고 디모나를 세웠으며 젊은 유대국을 안정화했던 그 국가에 말이다. 한 세대가 넘게 징집과 조직화와 동원에 시달리고 난 후, 이스라엘인들은 지칠 대로 지쳤다. 이제 이스라엘인 개인들은 자기 자신만의 무언가를 원했으며, 이스라엘에 사는 종족들은 저마다 자기 종족만의 무언가를 원했다. 멸시와 경시의 대상이던 온갖 인간적 정서가 분출을 원했으며 스스로를 자유롭게 표현하고 싶어했다. 하지만 각양각색의 이 모든 개인과 종족과 정서들은 끝내 공존할 방법을 찾지 못했다. 새로운 정치체제를 만들어 이스라엘을 하나의 응집력 있는 전체로서 행위하게 하면서 동시에 서로 다른 구성 요소들을 적절히 대표하게 해야 했지만 끝내 그러지 못했다. 그 결과 매력적이며 활기찬 사회와 더불어 경제 호황을 이루었지만, 이스라엘공화국이라는 유명무실한 역기능적 체계의 정부 또한 낳았다.

얼마간은 이 모든 반란이 필요했다. 반란은 성장과 개방으로 가는 과정의 하나로 꼭 필요했다. 하지만 어떤 시점부터 반란은 편협하고 위험해졌다. 그리고 이제 이스라엘은 벤구리온의 획일적 국가통제주의라는 문제에서 벗어났는데도 불구하고, 반란은 중단될 수 없었다. 이제 문제는 반란들 자체가 빚어낸 지도력 결핍과 방향 결핍, 통치력 결핍이었다. 한때 지나치게 강력했던 나라가 이제는 지나치게 허약해졌다. 이스라엘은 혼돈 속의 국가, 혼돈의 국가가 되고 말았다.

사회 통념으로 보면 1967년은 이스라엘 역사에서 중추적 해였다. 사실이기도, 사실이 아니기도 하다. 사실 중추가 되는 해는 셋이다. 1967년, 1973년, 1977년. 불과 10년도 채 안 되는 기간에 이스라엘은 엄청난 승리와 고통스러운 패배, 기념비적인 정치 격변을 겪었다. 이 세 가지 극적인 사건은 나라의 근간을 흔들었다. 점령을 야기한 데 이어 제도화했다. 하지만 돌이켜보면 가장 결정적인 해는 1973년으로 보인다. 제4차 중동전쟁의 트라우마로 이스라엘에서 구체제의 치세가 막을 내린 해였다. 이로써 국가와 정부, 그 지도력에 대한 깊은 불신이 만연하게 되었다. 개인에게는 권한을 주고 집단은 약해졌다. 벤구리온의 유산과 명확한 형태를 갖춘 국가를 뭉개버렸다.

그 결과, 국가는 출렁거렸다. 해묵은 불만들이 다시 떠오르고, 해묵은 상처들이 다시 열렸다. 더 이상 진정한 양치기도 주인도 없었다. 누구에게도 더 이상 윤리적 권위가 없었다. 이끌거나 가르치거나 지시할 역량이 있는 자도 없었다. 계층이 무너졌다. 목적의식이 사라졌다. 공통된 핵심 가치가 해체되었다. 반란의 열기에 용광로 자체가 녹아버렸다. 일체가 되라는 강제에 시달린 끝에 이스라엘의 여러 종족은 각자의 길을 가기 시작했다. 이런 현상은 이스라엘인 개개인에게도 해당되었다. 과도한 조직화와 과도한 동원과 과도한 훈육에 시달린 끝에, 이들은 어느 누구로부터도 명령받기를 거부했다. 누구도 신뢰하지 않았다. 자신도 모르게 무정부주의자가 되었다.

이스라엘에는 헌법이 있었던 적이 없다. 선거제도와 정치 구조는 언제나 휘청거렸다. 하지만 이제는 통치정신도 통치 엘리트도 없었다. 관리자도 책임자도 없었다. 이스라엘은 통치가 불가능해졌다. 상황이 더 악화됐던 요인은 구래의 지배 엘리트들이 이제 국가에 등을 돌리는 현상이었다. 자신들이 지배했던 국가를 잃어버렸다고 느꼈기 때문이다. 새로 등장한 반란 세력들 또한 자신들만의 헌신적 능력주의 엘리트층을 창출하는 데 아무런 거리낌이 없었다. 그 결과 상부에 커다란 공백이 생겼다. 훌륭한 지도부도 효과적인 공무원 조직도 없이, 취약한 공공부문과 해체 일로에 있는 민족정신만이 남았다. 새로운 정치 게임은 비난 게임이었다. 좌파는 우파를 비난하고 우파는 좌파를 비난했다. 하지만 이러한 악순환이 돌고 도는 동안 어떤 정치 세력도 이 나라를 성숙하고 합리적으로 운영할 책임을 떠안지 않았다. 이스라엘은 정치적 두뇌를 잃었다.

이런 행태가 유지될 수 있었던 건 지역의 요행수였다. 제4차 중동전쟁 이후 33년은 이스라엘에서 가장 평화로운 시기였다. 이런 사실을 알아차린 사람은 거의 없었다. 너무나 소란했기 때문이다. 팔레스타인 테러리즘, 팔레스타인 봉기, 레바논 전쟁, 두 차례의 걸프전. 하지만 사실상 1973년부터 이스라엘은 단 한 번도 이웃 아랍국으로부터 군사 공격을 받지 않았다. 위협조차 당하지 않았다. 디모나의 영향력과 이스라엘 공군의 우세는 압도적이었다. 하지만 전쟁 억지력이 유일한 요인은 아니었다. 이스라엘은 부패로 안정성을 지탱한 아랍세계의 희한한 시기가 주는 혜택을 누렸다. 이집트와 요르단은 이스라엘국과의 평화협정에 정말로 서명했다. 화해에 덜 협조적인 다른 아랍국들도 분쟁은 원치 않았다. 소련이 쇠퇴하고 미국이 유일한 초강대국으로 부상한 데다 자기들 고유의 내부 약점이 불거져 나오면서, 아랍의 독재자들은 이스라엘과의 전쟁은 대안이 아니라고 확신하게 되었다. 그래서 이스라엘인들은 이처럼 이례적으로 오랫동안 전략적 안정을 누렸으며, 이로써 외부 세계를 무시한 채 자신들만의 공상과 우매에 빠질 수 있었다.

현실은 2000년 10월 처음 덮쳐왔다. 캠프 데이비드 협상이 결렬된 후였다. 3년에 걸쳐 이스라엘 도시에 테러리즘 물결이 요동치면서, 이스라엘인들은 자신들이 어디에 살고 있으며 무엇에 맞닥뜨려 있는지 상기했다. 하지만 노장 아리엘 샤론의 지도력 아래 이스라엘은 도전에 당당히 맞섰다. 첫 충격 이후 이스라엘 방위군과 신베트는 정교하고도 효과적인 반격에 나섰다. 이스라엘 사회는 스스로가 예상보다 훨씬 더 강인하다는 사실을 증명했다. 2004년에 이르러 이스라엘은 자살 테러를 중단시키는 데 성공했다. 그 결과 희열이 넘쳤으며 안정감과 자신감을 회복해 경제 호황을 이끌었다. 2005년 가자에서의 단독 철수는 처음엔 성공으로 여겨졌다. 장군들은 우리의 전략적 위치가 최상이라는 데 의견을 같이했으며, 이스라엘이 번영을 더해감에 따라 나라는 다시 한번 스스로에게 만족하며 달콤한 삶을 축하하는 데 여념이 없었다.

2006년 7월 12일, 현실이 다시 한번 덮쳤다. 제2차 레바논 전쟁이 대전쟁은 아니었다. 전쟁은 33일간 이어져 이스라엘 병사 및 시민 166명과 레바논인 1만3000명의 목숨을 앗아갔지만, 이스라엘의 실존을 위협할 정도는 아니었다. 그렇게 제4차 중동전쟁과는 차원이 달랐으면서도, 이스라엘은 국가 역사상 처음으로 적을 물리칠 수 없었다. 게다가 이번 적은 초강국도 아니었다. 아니 국가조차 아니었다. 적은 이란의 지원을 받는 헤즈볼라 민병대였다. 병력은 1만 명에 불과했다. 헤즈볼라가 이스라엘 북쪽 마을들에서 미사일을 발사할 때 이를 막지 못한 이스라엘의 무능력은 충격적이었다. 한 달 넘게 200만 이스라엘인이 포화 속에서 살았다. 100만 이스라엘인이 집을 떠났다. 나라는 무기력하고 수치스러웠다.

이어 평가의 순간이 왔다. 나라 전역에 의문이 퍼졌다. 도대체 우리에게 무슨 일이 일어났는가? 우리는 패배하고 말았는가? 갈릴리의 버려진 것이나 진배없는 마을들에서 우울한 여행을 마치고 돌아오던 나는 이 질문에 답해보려 애썼고, 그 내용을 『하아레츠』에 기고했다.

우리에게는 무슨 일이 일어났는가?

우리는 무엇보다도 공정한 정치관으로 말미암아 눈이 멀었다. 지난 10년 넘게 대세를 장악했던 담론은 정치적으로는 옳았으나 현실과는 괴리되어 있었다. 점령에 집중한 나머지 이스라엘이 종교적, 문화적 지뢰가 득실대는 실존적 분쟁에 봉착해 있다는 사실에 대해서는 고심하지 못했다. 이스라엘의 비행非行에 집중한 나머지 이스라엘이 이겨내야 하는 역사적, 지정학적 상황에는 거의 관심을 쏟지 못했다.

이스라엘의 공정한 정치관에서는 또한 이스라엘의 힘을 기정사실로 상정했다. 따라서 그 힘을 유지할 필요성을 경시했다. 군대는 점령 세력이라 인식했던 까닭에, 비난의 대상일 뿐이었다. 시온주의와 관련되었다면 군대든 민족이든 하나같이 경멸의 시선을 면치 못했다. 집단의 가치는 개인의 가치에 자리를 내주었다. 권력은 파시즘과 동의어였다. 우리가 절대적 정의와 절대적 쾌락의 추구에 빠지면서 이스라엘의 케케묵은 남성성은 거세되었다. 의무와 헌신이라는 구래의 담론은 항의와 쾌락주의라는 새로운 담론으로 교체되었다.

그리고 다른 무언가가 있었다. 이스라엘인들은 나라가 정상 상태라는 환상에 취해 고주망태가 되어 있었다. 하지만 근본적으로, 이스라엘은 정상적인 나라가 아니다. 아랍세계에 있는 유대인 국가이며, 이슬람 세계에 있는 서구적 국가이고, 독재지역에 있는 민주국가다. 이스라엘은 주변 환경과 조화를 이루지 못한다. 이스라엘과 이스라엘이 살고 있는 세계 사이에는 지속적이며 생래적인 긴장이 존재한다. 이는 유럽연합 회원국들이 누리는 정상적인 유럽식 삶을 영위할 수 없다는 의미다. 하지만 가치관과 경제 구조, 문화로 말미암아 이스라엘은 정상적인 삶을 영위하려들 **수밖에** 없다. 이러한 모순은 본질적이며 영속적이다. 이를 해결할 유일한 방법은 이스라엘 삶 특유의 부정적 특이성을 다룰, 특유의 긍정적 특이성을 산출하는 길뿐이다. 이것이 시온주의가 30년에 걸쳐 이뤄온 성과이며, 그간 키부츠를 비롯해 히스타드루트의 노동자를 위한 사회경제 같은 독특한 사회 발명품을 만들어내 이 국가의 설립을 이끌었던 셈이다. 이것이 이스라엘이 건국 첫 30년 동안 동원한 방법이며, 이런 식으로 이스라엘 특유의 민족적 요구와, 거주자들이 필요로 하는 개인적 공간과, 일정 수준의 온전함 사이에서 미묘한 균형을 찾아냈다. 하지만 1967년과 1973년, 1977년 이후, 균형은 사라졌다. 1980년대와 1990년대 사이에 이스라엘은 광란에 빠졌다. 우리는 이 폭풍우 몰아치는 항구가 사실은 안전한 항구였다는 환상을 끌어들였다. 다른 나라들이 자기네 해안에 살듯 우리도 이 해안에서 살 수 있으리라는 착각에 빠졌다. 우리는 이스라엘 특유의 긍정적 특이성을 남용했으며, 그러는 내내 우리의 방어막을 서서히 깎아내리고 있었다. 역설적이게도, 이스라엘이 정상 상태이기를 바랐던 사람들이, 정작 어떤 정상 상태든 모조리 상실할 수밖에 없는 혼돈 상태를 초래한 셈이었다.

공정한 정치관과 정상 상태라는 환상은 단연 엘리트층의 현상이었다. 대중은 전반적으로 냉철하고 강인했다. 이스라엘의 중간 계층은 이스라엘의 실존을 위협하는 도전을 잊지 않았다. 어려운 시기에 이들은 강인했으며 회복력을 지녔다. 하지만 이스라엘 엘리트는 자기 자신을 역사적 현실에서 분리했다. 사업계와 대중매체, 학계는 이스라엘의 시야를 흐리게 하고 정신을 약하게 했다. 이들은 전략지정학적 지도를 읽지 못했다. 역사를 상기하거나 역사를 이해하지 못했다. 민족주의와 군대, 시온주의 서사를 끊임없이 공격함으로써 이스라엘의 실존을 속에서부터 갉아먹었다. 사업계에서는 전면적 민영화에 착수하고 공격적 자본주의 제도를 수립함으로써 이스라엘이 정상 상태라는 환상을 **극단적으로** 주입했다. 이는 분쟁 상태에 처한 나라가 필요로 하는 일과는 들어맞지 않는 조치들이었다. 학계에서는 자기비판이라는 건설적 수단을 자기 자신에 대한 강박적 해체라는 목적으로 뒤바꿈으로써 고지식하리만큼 공정한 정치관을 **극단적으로** 주입했다. 대중매체에서는 열광적 소비주의와 위선적 정의正義를 결합하는 그릇된 공정성을 조장했다. 이스라엘 엘리트는 목표와 약속보다는 자기회의와 냉소주의를 끌어안았다. 각 부문은 나름의 방식으로 시온주의의 토대를 침식해갔다. 이들은 이스라엘인들을 오도해 텔아비브가 맨해튼이고, 시장市場이 왕이며, 재물이 신이라고 믿게 했다. 이렇게 하면서 이스라엘 청년들에게 자기 나라를 위해 싸우는 데 필요한 규범적 도구는 주지 않았다. 평등도, 연대도, 그 존재의 명분에 대한 신념도 없는 나라는 싸워서 지킬 가치가 없다. 이런 나라를 위해서는 남녀를 불문하고 어떤 젊은이도 살인하고 목숨을 바칠 가치가 없다. 하지만 중동에서, 어느 나라 젊은이

건 조국을 위해 기꺼이 살인하고 목숨을 바치지 않는다면 나라가 소멸하는 건 시간문제일 따름이다. 오래 살아남지 못할 터다.

따라서 우리 도시와 마을들을 연타하는 로켓들을 보며 확인하는 사실은, 시민을 지키지 못한 이스라엘의 실패뿐 아니라 이스라엘 엘리트의 역사적 실패가 초래한 심각한 결과다. 이스라엘 엘리트는 현실에 등을 돌리고 국가에 등을 돌렸으며, 이스라엘을 이끌지 않고 이스라엘을 결집시키지 않았다. 존재의 모든 면에서 이스라엘은 현시대의 아테네가 되고자 했다. 하지만 이 땅과 이 시대에, 스파르타의 일면이 없는 아테네를 위한 미래는 없다. 이곳에서는 생명을 사랑하는 사회라 하더라도 목전의 죽음을 다룰 줄 모른다면 희망이 없다. 이제 우리는 현실을 직시해야 한다. 우리의 민족국가를 재건해야 한다. 단호함과 정상 상태 사이의 미묘한 균형을 되찾아야 한다. 상처 입은 우리의 방어막을 다시 세워야 한다. 환상과 착각, 무모함에 빠졌던 숱한 세월을 뒤로하고 우리의 운명을 인식해야 한다. 우리 삶의 법칙에 맞게 행동해야 한다.

애석하게도 전쟁은 이스라엘 민족에게 저력이 있다는 증거다. 1948년 독립전쟁에서 이스라엘이 거둔 괄목할 만한 승리는, 전쟁 20년 전 시온주의가 팔레스타인에 구축한 사회가 얼마나 결연하며 잘 조직되어 있는지를 보여주는 좋은 예였다. 1967년 6일 전쟁에서 이스라엘이 거둔 눈부신 승리는, 전쟁 20년 전 벤구리온이 구축한 민족국가가 얼마나 응집력 있으며 현대적인지를 보여주었다. 그런데 2006년 제2차 레바논 전쟁에서 보여준 심각한 무기력은, 전쟁 20년 전 옛 이스라엘의 잿더미에서 일어난 이 기이한 정치체가 얼마나 방향 감각을 잃었으며 기능 장애에 빠졌는지를 드러냈다. 맞다, 점령은 우리를 윤리적으로 또 정치적으로 죽이고 있다. 하지만 점령은 이 문제들의 원인일 뿐 아니라 결과이기도 하다. 21세기 이스라엘이 당면한 도전은 이념적 도전이 아니다. 전쟁과 평화 사이의 선택이 아니다. 당면한 도전은 민족의 정력을 되찾는 일이다. 무기력한 이스라엘은 평화를 이룩하거나 전쟁을 수행할 수도, 점령을 끝낼 수도 없다. 2006년의 트라우마는 이스라엘인들에게 자신들 정치체의 전반적 상황에 대한 정확한 그림을 제공했다. 쇠약해진 민족지도부와 간신히 기능을 유지하는 정부, 부패한 공공 부문, 썩어빠진 군대, 대도시와 주변부 사이의 심각한 단절.

그러면서도 2006년의 경험은 또한 이스라엘에게 이스라엘이 살고 있는 현 세계에 대한 자세한 전경을 제공한다. 부상하는 이란, 북쪽에서 세를 확장해가는 헤즈볼라, 남쪽에서 세를 확장해가는 하마스. 평화는 실패했다. 점령은 실패했다. 일방적 군축론은 실패했다. 북쪽이든 남쪽이든 이스라엘이 철수하는 땅은 이란의 지원을 받는 테러 조직의 차지가 되었다. 로켓으로 이스라엘을 위협할 수 있는 조직의. 이란의 핵 위협이 상공을 맴도는 사이, 수만 대의 로켓이 이스라엘을 둘러싸고 위험이 임박했음을 알린다. 새로운 차원의 실존적 위험에 직면해 있으면서도, 이스라엘에 적절한 국가 전략이란 없다. 혼란에 빠져 마비 상태다.

새로운 종류의 암울한 전략지정학적 현실과 국가 자체의 본질적인 내적 취약이 결합해 나라를 압도하고 있다. 맞다, 제2차 레바논 전쟁으로 이스라엘은 시간을 벌었다. 다음 수년 동안 헤즈볼라는 공격을 시작하기 전 좀 더 숙고할 터이기 때문이다. 지난번 이스라엘을 자극했을 때처럼 레바논이 폐허가 되는 꼴을 다시 보고 싶지는 않을 터다. 하지만 이 소강상태가 끝나면, 이스라엘은 2006년 충격적인 여름에 마주했던 것보다 열 배는 더 심각한 사태에 직면하리라. 다음번엔 텔아비브와 벤구리온 공항과 디모나 원자로가 포화에 휩싸일 수도 있다. 유대 국가의 집이며 각종 현장이 모조리 이스라엘의 실존 자체에 격분한 세력들의 로켓 사정거리 안에 놓이면서, 이스라엘 시민 수천 명이 목숨을 잃게 될 수도 있다.

시온주의 첫 100년 동안, 유대인들은 자신들의 활력과 풍부한 기략을 증명했다. 온갖 도전에 훌륭히 대처했다. 엄청난 장애들이 민족의 노력을 방해해 거의 좌절시킬 뻔했으나 모두 극복했다. 1936~1939년 아랍 봉기를 이겨냈다. 1948년 전쟁에서 이겼다. 1967년에 이르자 디모나가 이 조그마한 젊은 국가의 존재를 보호했다. 1973년에는 일반 사병의 전투 정신이 패배의 아가리에서 나라를 구출했다. 따라서 2006년 대실패 이후 제기되는 질문은 이스라엘이 여전히 필요한 자질을 갖추고 있느냐다. 시온주의의 첫 100년 동안 그랬던 것처럼, 두 번째 100년에도, 유대인들은 도전에 맞서 민족의 과업을 지속할 수 있느냐다.

기틀은 양호하다. 튼튼한 경제와 활력 넘치는 사회, 상식과 회복력이 돋보이고 뛰어난 재능을 갖춘 개인들이 있다. 하지만 이스라엘공화국의 정치 구조와 제도는 병들었다. 문제는 심각하다. 일곱 차례에 걸친 이스라엘의 내부 반란은 이 주권국을 밑에서부터 침식해왔다. 엘리트층의 불만은 이 주권국을 위에서부터 침식해왔다. 이스라엘 서사의 결속력은 허물어져왔다. 그 결과, 조용히 제정신을 유지하고 있는 대다수 이스라엘인을 대변한다고 당당히 말할 자가 아무도 없다. 이스라엘이 직면한 진정한 도전들을 다루어줄 위대한 이념은커녕 합리적인 정치 기반조차 없다. 칠순을 맞은 이스라엘은 열 살이었을 때보다 훨씬 더 무른 민족국가가 되어 있다.

전쟁이 북쪽에서 맹위를 떨치고 있는 사이, 나는 텔아비브의 밤 현장을 다시 방문하기로 한다. 이제 알렌비 58은 문을 닫았지만 예루살렘의 아우만 17이 남텔아비브에 위치한 거대한 주차장을 개조해 춤과 마약, 즉석 만남의 메카로 바꿔놓았다. 헤즈볼라가 장악한 지역을 뚫고 들어가고자 이스라엘 군대가 필사의 힘을 다하는 동안 난 땀에 절은 군중이 득실대는 이 클럽에서 저녁을 보내고, 이어 바트얌에 위치한 러시아 무도장으로 자리를 옮겼다가, 다시 텔아비브 남쪽 외곽의 아얄론 고속도로 옆에 이제 막 개업한 새로운 유흥 현장을 찾는다. 텔아비브의 한 지하 저장고에 차려진, 요즘 유행하는 지하 클럽 가운데 하나에서 이 밤을 끝낸다. 클럽 벽은 온통 검은색이다. 이성애, 동성애, 양성애. 무수한 암흑의 물질. "사람들에겐 이게 정말 심각하게 필요해요", 금발에 스물다섯 살인 심리학과 학생 한 명이 조그만 코카인 병을 건네며 말한다. 난 그녀가 기분 상하지 않게 거절한다. "엑스터시가 사랑의 섹스라면, 코카인은 소외된 섹스죠", 여자는 계속한다. "평화가 무너지고 자살폭탄범들이 덮친 후 1990년대의 순진했던 현장은 공허한 눈동자의 파티들이 차지했어요. 오늘 밤 우리 주변에서 당신이 보는 모든 것처럼. 당신 표정에 이건 하드코어라고 쓰여 있지만 여기엔 사랑도 애정도 없어요. 희망이란 없어요."

난 주위를 둘러본다. 이들은 더할 나위 없이 잘생겼고, 여전히 섹시하다. 속에서 끈적이는 욕정이 들끓는 이들은 또한 도발적이다. 하지만 오늘밤 저 북쪽에서는 전쟁이 벌어지고 있다. 바로 이 순간 젊은 병사들이 가슴속 두려움을 억누르고 지척에서 죽음의 악취를 맡아가며 덤불 속에서 분투하고 있다. 병사들이 레바논에서 견디고 있는 것과, 텔아비브 클럽꾼들이 이 검은 벽의 지하실에서 하고 있는 일의 간극은 헤아릴 수 없이 넓다. 이들은 거의 같은 나이, 같은 배경, 같은 학력이다. 하지만 동떨어진 두 세계다. 동떨어진 두 행성이다. 이들은 이스라엘의 정신분열증을 현시하고 있다.

이스라엘의 모든 전쟁에는 이런 유의 긴장이 있었다. 1948년, 시민들이 예루살렘 도로 위에서 총격에 휩싸여 있는 동안 텔아비브 찻집에서는 사람들이 노닥거리고 있었다. 1969년, 병사들이 수에즈 운하 전초기지에서 포화에 휩싸여 있는 동안, 텔아비브 디스코텍에서는 사람들이 신나게 즐기고 있었다. 이런 이중성은 이스라엘의 건강함과 힘의 일부였다. 마치 우리 사이에는 어떤 계약이 있는 듯했다. 오늘은 당신이 파티를 즐기는 동안 내가 보초를 서리라. 내일은 당신이 보초를 서는 동안 내가 파티를 즐기겠소. 이런 식으로, 우리는 우리 나라가 살기 싫은 병영 같은 나라로 전락하지 않도록 한다. 이런 식으로 우리는 살아갈 권리를 지키면서 동시에 계속 살아 숨 쉰다.

하지만 이제는 다르다. 이제는 완전히 단절되어 있다. 2006년 전쟁이 섬뜩한 이유가 여기에 있다. 병사들은 싸우고 있으며 북쪽 시민들은 바로 자신의 나라에서 난민 신세가 되어 있는데, 다른 숱한 이들은 이런 상황에 아랑곳하지 않는다. 부자들 대부분은 자신의 요트에서 휴가를 보내고 있으며, 중산층은 에일라트에서 휴가를 보내고 있다. 여름 유람선 여행과 여름 파티와 여름 마약이 있다. 마치 나라가 전쟁 중이 아닌 듯, 패전하고 있는 상황이 아닌 듯하다. 그리고 이것이 진정한 패배다. 이것이 진정 겁나는 일이다. 이스라엘인끼리의 단란함이 없다. 국가는 시민을 지킬 수 없으며, 시민은 국가를 지키려 애써 노력하지 않는다.

이번엔 살아남았다. 2006년 전쟁은 일어날 수도 있는 일을 보여주는 예고에 불과했다. 하지만 우리를 공격하고 있는 적이 단지 소규모 시아파 민병대로 그치지 않는다면 어떤 일이 발생할 것인가? 정말로 강한 이웃 나라가 침공하기로 마음먹는다면 이 아름다운 무희들과 이 섹시한 텔아비브에는 어떤 일이 발생할 것인가? 즉석 만남을 한 차례 마치고 돌아온 이 스물다섯 살의 금발 학생은 내가 앉은 바에 동석한다. 게슴츠레한 눈으로 주위를 둘러보며 어처구니없다는 듯 웃더니 혼잣말을 한다. "거품이야. 놀라운 거품이야. 오래가진 않을 거야."

열다섯

2011년,
로스차일드 대로를 점거하라

슈트라우스 가족의 이야기는 희망을 주는 이야기다. 비단 한 성공적인 가족과 그 가족이 부를 축적한 과정에 대한 이야기일 뿐 아니라, 이스라엘의 근면한 자본주의에 대한 이야기다. 한 가족의 이야기일 뿐 아니라 이스라엘에서 무엇이 어떻게 융성해왔는지 보여주는 이야기다.

리하르트와 힐다 슈트라우스는 독일 울름에서 결혼했다. 히틀러가 권력을 잡고 3개월이 지나서였다. 1934년 5월 1일, 미하엘-페터가 태어났다. 이듬해 힐다는 첫 자식을 안은 채, 라디오에서 괴벨스가 하는 말을 들었다. 이 나치 선전부 장관이 유대 민족을 비방하는 소리에 여자는 살이 에이는 듯한 통증을 느꼈다. 재앙이 임박했음을 깨달았다. 1936년 4월, 슈트라우스 가족은 고급 자가용에 짐을 싣고 스위스로 떠났다. 힐다는 일기에 이렇게 적었다. "우리는 이주하고 있다. 어디로? 우리 조상의 땅, 우리 조국, 이스라엘의 땅으로. 왜? 우리가 태어난 이 땅, 우리가 사랑한 이 땅에서는 더 이상 우리를 원하지 않기 때문이다. 우리는 당당하게 존재하기를 원한다. 우리가 당당해야만 우리 자식들이 부모가 유대인이라는 사실을 기뻐할 수 있기 때문이다. 단지 종교적 신념에서뿐만 아니라 영혼으로부터 우러나와서 말이다. 우리가 새로운 조국을 향해 떠나는 까닭이 여기에 있다."

1936년 6월 18일, 슈트라우스 가족은 하이파 항에 도착했다. 이들의 상륙은 흑백사진 한 장에 또렷이 기록되었다. 통 넓은 하얀 리넨 반바지와 하얀 셔츠를 입고 하얀 모자를 쓴 리하르트와, 체크무늬 긴 여름 드레스 차림으로 천방지축 미하엘-페터를 안고 있는 힐다, 미하엘은 달랑 반바지 차림이었다. 처음에 가족은 모샤브 마을인 라모트하샤빔에 살다가, 남쪽 식민정착촌 베에르투비아로 이사했고, 이어 북쪽 식민정착촌 나하리야로 옮겨갔다. 기후는 더웠고 환경은 가혹했으며 1936~1939년 아랍인들과의 전쟁은 잔혹했다. 리하르트는 경제학 박사 학위 소지자로 자신이 선택한 땅에서 갈피를 못 잡았다. 학문적 꿈을 포기하기도, 외딴 지중해 지방에서 택시기사로서의 새 삶에 적응하기도 어려웠다. "실망은 뱀독처럼 서서히 스며든다", 힐다는 일기에 적었다. "이 새로운 땅에서 실망은 77배는 더 크다. 이곳에는 아직 우리 집도 없다. 하루하루는 무척 길며 고통으로 가득하다. 아들의 명랑한 웃음만이 영혼을 살아 있게 한다."

1937년 4월, 슈트라우스 가족은 몇 달 전 사두었던 땅 한 뙈기를 드디어 받았다. 나하리야 동쪽 끝에 자리 잡은 9두남의 장방형 땅. 땅에는 40제곱미터짜리 집과 우사, 기본적인 농사 도구, 관개시설이 딸려 있었으며, 토지 경계에는 농산물 수송을 위한 수레가 갖추어진 선로가 놓여 있었다. 집은 작았으나 물음표는 거대했다. 힐다는 일기에 적었다. "미래는 무엇을 담고 있는가? 우리는 어떻게 될 것인가? 우리의 운명은 낯선 자들의 손안에 있으니 우리는 단지 의무를 다하며 신에게 의탁할 수 있을 따름이다."

몇 주 후, 나하리야의 이 조그만 집에 처음으로 한 줄기 서광이 스며들었다. 힐다는 일기에 적었다. "우사에 젖소들을 거둔 지 이제 8일째다. 집에는 우유가 있다. 신선한 흰 우유. 낙농장 운영에 필요한 기술을 익히려면 열심히 노력해야 한다."

슈트라우스 가족은 이 새로운 독일어권 식민정착촌을 특징짓는 자유기업가 정신의 본보기를 보여주었다. 이들은 배우는 속도가 빨랐다. 아침마다 리하르트는 젖을 짜서 커다란 구리 통에 채운 후, 자전거에 싣고 집집마다 돌아다니며 슈트라우스 우유를 팔았다. 하지만 나하리야에는 우사가 수두룩해서 공급이 수요를 초과했다. 힐다가 생각하기에 미래는 치즈 제조에 있었다. 힐다는 치즈 제조 기술을 공부해서 부엌을 작은 치즈 제조소로 바꿔놓았다. 유럽의 전문 잡지를 읽고 쿰쿰한 냄새가 나는 림버거와 비교적 순한 로마두르를 만드는 법을 배웠으며, 연성치즈에 후추와 파프리카를 가미하는 실험을 했다. 힐다는 치즈를 100그램과 500그램씩 조각내서 자랑스러운 파랗고 하얀 타조(슈트라우스는 독일어로 타조라는 뜻) 무늬를 찍은 파라핀지로 포장했다. 1938년, 힐다는 유제품에 주는 영국 고등판무관상을 받았다. 1939년 초에는 리하르트를 설득해 우사를 없애고 젖소는 판 다음 고급 치즈와 여타 유제품 생산에 집중했다. 1939년 여름, 독일 유대인 수천 명이 목숨을 잃었을 때, 힐다와 리하르트는 유제품 생산 시설을 처음으로 가동했다. 유럽 유대인들이 홀로코스트의 칠흑 같은 암흑 속으로 사라질 때, 힐다와 리하르트는 슈트라우스-나하리야를 설립했다.

제2차 세계대전은 나하리야를 자극해, 분투하는 농업 식민정착촌에서 급성장하는 휴양도시로 바꿔놓았다. 영국 병사와 팔레스타인 유대인 수만 명은 이제 전시 호황을 즐기며 독일 유대인들의 나하리야가 품고 있는 유럽풍 매력에 사로잡혔다. 해변은 발 디딜 틈이 없었다. 작은 호텔들은 만원이었다. 찻집에서는 크림을 얹은 딸기와 먹음직스러운 빵과 수입 고기가 나왔고, 사람들로 북적거렸다. 실내악 연주회와 즉흥 재즈 연주회, 탱고의 밤, 찰스턴 경연대회가 열렸다. 갈레이갈릴 중대의 막사가 형형색색으로 줄지어 서 있었다. 돛단배와 거룻배들이 나하리야 해변 사내들의 튼튼한 팔 힘을 빌려 지중해로 나아갔다. 휴가를 즐기러 온 날씬한 텔아비브 아가씨들은 한낮에는 해변 막사 옆에서, 밤에는 활기찬 바에서 추파를 흘렸다. 유럽이 전화에 휩싸인 사이, 유럽 생존자들이 지중해 피난 해안에 세운 이 작은 유럽풍 마을은 삶으로 충만했다. 나하리야는 이제 시온주의의 가장 이름난 행락지行樂地 가운데 하나였다.

제2차 세계대전은 또한 시온주의 자본을 자극해서, 농촌경제에서 산업경제로 투자 방향을 돌려놓았다. 중동이라는 외딴 지역에 선진화된 물류 및 기술 기지를 구축하고 싶어 안달이던 영국인들의 욕구 덕에 1940년대 초 유대인의 팔레스타인은 사기업과 혁신의 중심지가 되었다. 슈트라우스 가족은 이런 과정의 일부가 되어 이스라엘 산업과 자유시장을 위한 기반을 다진 셈이었다.

하지만 전쟁이 발발하면서 비극 역시 덮쳐왔다. 팔레스타인으로 이주한 직후, 리하르트의 여동생은 스스로 목숨을 끊었다. 리하르트 역시 자주 우울감에 빠졌다. 북받치는 화를 주체하지 못해 때로는 나하리야의 젊은 여인의 품 안에서 위안과 쾌락을 찾기도 했다. 그러나 힐다는 목적의식에 충실했고, 전시 호황에서 기회를 포착했다. 이웃 키부츠 마을 우유 공급자들과 협상할 적에는 냉정했으며, 번창하는 찻집과 예약마저 초과된 작은 호텔들에 제품을 홍보할 적에는 공격적이었다. 하지만 무엇보다도, 힐다는 자신의 햇병아리 같은 유제품 공장의 직업윤리를 비롯해 위생과 생산 표준에 대해 세심하게 신경 썼다. 1940년대 내내, 힐다 슈트라우스는 나하리야에서 뛰어난 유럽식 치즈를 생산하는 독일 유대인의 우수한 유제품 공장으로서 회사의 명성을 쌓아올렸다. 독립전쟁 후, 힐다는 슈트라우스 타조를 새로우면서도 더 어울리는 상표로 교체했다. 급수탑.

1950년대는 슈트라우스 가족에게 뜻밖의 횡재를 가져다주었다. 독일의 배상금. 여타 홀로코스트 생존자들과 마찬가지로 슈트라우스 가족은 이스라엘 경제 전반과 더불어, 서독 수상 콘라트 아데나워와 다비드 벤구리온이 1952년 서명한 보상협정 덕을 보았다. 힐다와 리하르트는 울름에서 잃은 전 재산에 대한 보상으로 독일연방공화국으로부터 받은 마르크를 유제품 회사에 투자했다. 독일에서 회사 최초로 상업적 생산설비를 수입하는 한편 전문 비법 또한 들여왔다. 나하리야에서 태어난 어린 딸 라야는 집에서 지내게 했지만, 조숙한 아들 미하엘은 스위스와 독일로 보내서 유제품 생산에 대한 공부를 마치도록 했다. 슈트라우스 사업의 독일적인 특질은 1960년대에 증폭되었다. 유럽의 거대 기업 다농의 독일 자회사와 어렵사리 전략적 동맹을 구축하면서부터였다. 동맹관계는 독일에 배경을 둔 슈트라우스 가족력 덕에 가능했다. 다시 말해 힐다가 아니었다면 다농은 외딴 나라의 작은 유제품 회사와 이런 동맹을 맺을 리가 없었다. 다농은 이 가족 기업을 변모시켜 힐다를 한 세대 전에 그녀를 내쳤던 모국에 다시 연결지어줬다. 나아가 슈트라우스 가족을 팔레스타인 변두리에서 유럽 중심으로 복귀시켜 유럽의 최신 기술과 사업 방식을 접하도록 해주었다. 1937년 가혹했던 겨울 슈트라우스 가족이 매달렸던 9두남의 땅뙈기에 1973년 여름 현대식 다농-슈트라우스 공장이 문을 열었을 때, 이 사건은 단순히 산업상의 개가만은 아니었다. 유럽을 탈출해서 나하리야에 유럽으로부터 자신들을 구해줄 피신처를 지었던 이 세 영혼은, 극적인 30년이 지난 이제 나하리야에 유럽을 들여온 셈이었다.

미하엘-페터는 부모가 나하리야에 정착할 당시 불과 두 살 반이었다. 아이였던 사내는 젖소 사이를 맨발로 걸어다녔으며, 십대가 되자 호텔과 찻집에 어머니의 치즈를 팔았다. 하지만 어린 미하엘은 야생마 같은 성격으로 스스로 자란 거나 다름없었다. 어머니는 헌신적이고 사랑이 넘쳤으나 사업에 매여 있었다. 아버지는 성마른 성격으로 가학적일 때도 있었다. 여섯 살 아래였던 여동생은 아버지의 편애를 받았다. 미하엘의 학교는 축구장과 농구장, 해변이었다. 낮과 밤 대부분을 밖에서 보냈다. 사내와 부모 사이의 거리는 더 이상 벌어질 수도 없을 지경이었다. 부모는 고등교육을 받았으나 사내는 학교 가는 일 따위에 신경 쓸 수 없는 성격이었다. 부모는 법을 준수하는 부르주아였으나 사내는 규율을 조롱하는 반항아였다. 부모는 관습적이며 보수적이었으나 사내는 인습타파주의자였다. 유럽식 예의범절이라는 지붕 아래에서, 카리스마 넘치고 직관적이며 삶을 사랑하는 이스라엘 해변 소년은 슈트라우스 유제품 회사에 이스라엘다운 특질을 부여할 인물로 성장했다.

열세 살에서 스물두 살까지 미하엘은 집에서 떨어져 해군사관학교와 해군과 상선대에서 생활했다. 거친 뱃사람의 삶은 사내에게 맞았다. 하지만 스위스와 울름에서 길들여지고 다듬어진 후, 사내는 어머니와 함께 가업을 꾸려가려고 부모의 유제품 회사로 돌아왔다. 그때 나이 스물셋이었다. 미하엘 덕에 사업은 대담해졌다. 사내는 마음만 먹으면 무슨 일이든 이룰 수 있다고 믿었다. 사내 생각에 어머니의 작은 유제품 회사는 젊은 이스라엘국을 정복할 수 있었다. 1950년대에 사업이 무너지기 직전이었을 때, 사내는 예루살렘의 통상산업부 장관실에 당당히 찾아가 긴급 자금 지원을 이끌어냈다. 1960년대에 어느 은행 탓에 곤란에 처했을 적에도, 텔아비브에 가서 다른 은행을 설득해 슈트라우스 사에 심지어 더 많은 돈을 대출해주게 만들었다. 미하엘은 자신의 카리스마를 이용해 동업자를 설득하고 경쟁자를 이겼으며, 직원과 관리자, 판매 사원들을 회유하고 진정시켰다. 특유의 매력으로, 유화된 결단력과 기민성으로, 사내는 생산을 현대화하고 유통을 확장해서 슈트라우스 제품을 이스라엘 내 모든 식료품점에 납품하는 데 성공했다. 하지만 미하엘의 진정한 강점은 사람들에 대한 타고난 감각이었다. 사내는 사람들의 강점, 사람들의 약점, 사람들의 욕구를 직관할 수 있었다. 1970년대와 1980년대 사이, 미하엘 슈트라우스는 슈트라우스 유제품 공장을 현대적 회사로 탈바꿈시켰다. 현대화된 회사는 이스라엘이 원하는 제품을 제공하고자 유럽으로부터 습득한 역량을 활용했다.

이스라엘은 가혹하며 무더운 땅이다. 자연히 아이스크림은 시원하며 위로가 되는 상품이었다. 그런 까닭에 이스라엘인들은 북미 사람들보다 두 배, 서유럽 사람들보다는 세 배나 많은 아이스크림을 소비한다. 힐다 슈트라우스는 1950년 아이스크림의 잠재력을 알아보았다. 생산에는 숱한 어려움이 따르지만, 여자는 자신의 유제품 공장이 아이스크림을 제조하기 시작해야 한다고 고집했다. 하지만 어머니의 아이스크림을 국가 대표 상표로 만든 인물은 미하엘이었다. 사내는 경쟁사 아르티크를 쓰러뜨렸고, 경쟁사 비트만을 매입했으며, 영국계 네덜란드 거대 기업인 유닐레버와 동업관계를 구축했다. 오늘날, 슈트라우스 아이스크림은 시장 점유율 47퍼센트로 이스라엘에서 단연 으뜸이다.

이스라엘은 혹독한 땅이다. 자연히 유제품 디저트는 달콤하며 마음을 달래준다. 이스라엘인들이 유제품 디저트를 사랑하는 까닭이다. 힐다와 미하엘 슈트라우스는 1967년 전쟁 직후 그 잠재력을 알아보았다. 하얀 치즈와 묽은 요구르트 비슷한 레벤이 판치는 금욕적 시온주의 시대는 끝났다는 사실을 알게 되었다. 더 좋고 더 진한 유제품에 대한 수요가 일었다. 그래서 모자는 이 새로운 이스라엘 소비자들에게 고품질 요구르트와 일인용 유제품 후식을 공급해서 트누바 협동조합이 독점하고 있는 시장에 도전했다. 새로운 다농-슈트라우스 공장에서 모자는 다니라고 불리는 밀크초콜릿 푸딩을 생산해 1970년대 시장을 정복했다. 1980년대와 1990년대 사이, 모자는 독일의 다크초콜릿과 생크림 후식인 밀키를 도입해 이스라엘 각 가정의 냉장고를 몽땅 차지하다시피 했다. 슈트라우스는 번창하는 거대 기업이 되어 이스라엘 유제품 디저트 시장의 막대한 부분을 지배했다.

이스라엘은 흥미진진하며 쉽게 흥분하는 나라인 만큼 이스라엘인들은 흥분이 끝없이 증가하기를 바란다. 슈트라우스 팀은 이런 현상이 맛을 내는 모든 것에도 적용된다는 사실을 간파했다. 이스라엘의 짭짤한 과자는 미국에서보다 훨씬 더 짜야 하며, 이스라엘의 사탕은 유럽에서보다 훨씬 더 달아야 한다는 사실을 깨달았다. 초콜릿은 훨씬 더 초콜릿다워야 하며 바닐라는 훨씬 더 바닐라다워야 한다. 이스라엘에 미묘한 맛의 차이란 없다. 모든 것은 격렬하고도 공격적이어야 하며, 맛으로 미각을 때려야 한다. 예를 들면 이스라엘의 밀키는 독일 원조보다 생크림이 두 배는 더 많아야 한다. 하지만 이스라엘인들이 단지 더 많이 원하기만 한 건 아니다. 그들은 새로움을 원한다. 이스라엘인들은 무척 빨리 지루해한다. 그러니 슈트라우스의 100가지 제품 가운데 유럽 자회사들에서는 매년 네 가지를 교체하는 반면, 이스라엘 본사에서는 40가지를 교체한다. 있던 자리를 지키려면 슈트라우스는 계속 달려야만 했다. 마침 미하엘과 동료들은 달리기를 사랑했다. 지치지 않는 주자들이었다. 그렇게 이들은 힐다의 작고 건실한 독일식 기업을 장악해 이스라엘의 에너지 충천한 왕국의 하나로 바꿔놓았다.

리하르트 슈트라우스 박사는 1975년 나하리야에서 사망했다. 힐다 슈트라우스는 1985년 바이에른 호반의 어느 요양원에서 사망했다. 둘은 아들 하나와 딸 하나, 손주 일곱, 그리고 중동에서 가장 선진화된 유제품 회사를 남겼다. 힐다가 사망한 지 12년 되던 해인 1997년, 슈트라우스 가족은 초콜릿과 커피를 생산하는 이스라엘의 선도적 중견 기업인 엘리트를 매입해서, 슈트라우스-엘리트라는 이스라엘 최대의 식음료 그룹을 만들었다. 2001년, 슈트라우스-엘리트는 갈릴리에 새로운 유제품 공장을 열었다. 완전 자동화된 아히후드 공장에서는 컵 요구르트와 유제품 디저트를 매년 10억 개 이상 생산한다. 2000년대 중반, 슈트라우스-엘리트는 동유럽과 남미에서 커피 회사 몇몇을 인수했다. 2000년대 후반에는 미국 시장에 침투해 슈트라우스 그룹으로 사명을 변경했다. 2010년에는 버지니아에 세계 최대의 후무스 제조 시설을 열었다. 이 시설에서는 이제 미국 수요의 50퍼센트 이상을 공급한다. 2011년 슈트라우스 그룹의 매출은 20억 달러에 가까웠으며, 영업이익은 1억8000만 달러에 가까웠다. 매출 성장은 매년 10퍼센트에 육박했는데, 주로 해외 확장 덕이었다. 이제 슈트라우스 그룹은 그린 커피 조달 면에서 세계에서 네 번째로 큰 커피 회사로 자리매김하고 있는데, 이는 라바자와 세가프레도의 네 배 규모다.

미하엘 슈트라우스는 크로아티아 어촌인 하바르에 정박해 있는 자신의 군청색 요트 럭키미호號 갑판에서 나를 맞는다. 그는 큰 키에 탄탄한 체구다. 센 머리는 바투 깎았으며, 목소리는 쩌렁쩌렁하다. 70대 후반의 나이인데도 그는 태도와 자세, 정력, 장난기 어린 모습에서 젊은 뱃사람을 방불케 한다. 삶을 갈구하며 늘 그다음 모험을 찾고 있는. 하지만 근무 시간 동안은 슈트라우스도 절제한다. 나는 그가 몇 시간 전 본사에서 보낸 이메일들을 검토하고 있는 모습을 본다. 분기 보고서, 연간 프로젝트, 중국 시장 분석 자료들을. 나에게 샴페인 한 잔을 건넨 후, 자신은 다시 일해야 한다고 못을 박는다. 반은 퇴직 상태인데다 여름휴가 중인데도 할 일은 해야 하는 법. 회사 보고서의 마지막까지 읽은 후에야, 그는 갑판으로 나와 자신과 이야기하러 이리도 먼

길을 온 나의 사정을 들어보려 한다.

"슈트라우스에 있어 이스라엘이란 무엇입니까?" 난 묻는다. "이스라엘의 어떤 측면이 슈트라우스의 성공을 가능하게 했습니까?" 미하엘은 바로 대꾸한다. "이스라엘 사람들이죠. 이스라엘에는 탁월한 사람들이 있습니다. 이스라엘의 인적 자본은 굉장히 독특합니다. 어떤 사업이든 이스라엘에서 사업체가 직면하는 도전은 엄청나죠. 역기능적 정부, 비능률적 관료 체제, 전쟁. 이스라엘의 영구적인 불확실성은 정말 문제입니다. 하지만 이 모든 장애를 상쇄하는 요인이 바로 이스라엘 사람입니다. 난 세계 곳곳을 누벼왔습니다. 세계 어느 곳에도 이런 사람들은 없습니다. 이스라엘인들은 유달리 빠르고, 창의적이며, 대담하죠. 일하는 방식마저도 섹시합니다. 열심히 일하면서도 지치는 법이 없죠. 경쟁심을 타고난 사람들입니다. 결승선을 첫 번째로 끊으려는 욕구를 타고났습니다. 일등이 되는 데 필요한 건 무엇이든 할 태세죠. 이들 사전에 안 된다는 대답은 없습니다. 결코 실패를 용납하거나 패배를 인정하는 법이 없습니다."

정오, 미하엘과 나는 고물 쪽 계단을 내려와 작은 배로 간다. 배는 만灣을 가로질러 우리를 어느 외딴섬으로 데려간다. 여전히 계절 초라 거의 텅 비어 있다. 러시아 거물 두 명만이 멋들어진 은발 아가씨 셋을 끼고 태양을 즐기고 있다. 미하엘은 몸 여기저기에 구멍을 뚫고 문신을 한 여자 바텐더와 시시덕거린다. 여자는 청천대낮 우리에게 샤르도네 한 병을 내주고 있다. 분위기 좋은 바의 이엉지붕 아래서, 여자는 거부감 없이 슈트라우스의 유혹을 즐긴다. 이곳 아드리아 해 휴양지에서는 모든 게 투명하다. 부富는 부이고 젊음은 젊음이며 이 둘은 서로

엮인다.

난 미하엘에게 슈트라우스 가족의 이야기를 이스라엘의 이야기로 봐도 되는지 묻는다. 미하엘은 어머니 자신이 크게 내비치지는 않았어도 깊은 고통 속에 있다는 사실을 느끼곤 했다고 말한다. 독일을 떠나 유럽에서마저 추방되어, 끝내 언어도 완전히 익히지 못한 외진 땅에 도착한 어머니였다. 아버지는 자신의 고통을 외간 여성들에게 쏟아낸 반면, 어머니는 유제품 공장에 쏟아냈다. 자신의 고통에서 잉태된 힘으로 어머니는 일가를 이루고 사업을 일으켰다. 힐다는 헌신적인 시온주의자였다. 옛 조국의 배신은 힐다로 하여금 새 조국에 애착하게끔 했다. 힐다는 유제품 사업이 유대국 설립에 참여하는 자기만의 방법이라 믿었다. 힐다의 관점에서 슈트라우스와 이스라엘은 한데 얽혀 있었다. 이스라엘이 성장하면 슈트라우스도 성장했다. 이스라엘이 역사를 헤쳐나가면 슈트라우스는 시장에 진출했다. 그러니 정치적 성향이란 없었다 해도, 히브리어도 제대로 할 줄 모르며 이 나라를 속속들이 알지 못했다 해도, 힐다는 곧 이스라엘이었다. 힐다는 이스라엘의 존재 욕구를, 이스라엘이 존재하겠다는 결단을, 이스라엘의 기적 같은 이야기를 표상했다.

울름은 또한 알베르트 아인슈타인의 고향이었으며, 아인슈타인은 곧 유대인 디아스포라의 절정을 의미했다. 과학적 천재와 보편적 인본주의의 결합. 하지만 아인슈타인과 슈트라우스의 독일 유대인 디아스포라는 파멸했다. 아인슈타인은 프린스턴으로 떠났으며, 힐다는 나하리야로 떠났다. 힐다는 자기 연민에 빠지는 대신 맞서 싸웠다. 자신의 세대에 부과된 과제는 생존이라는 사실을 깨달았다. 자신의 세대는 새로운 세계를 창조해야 한다는 사실을 알았다. 그리고 그것은 그 속에서 자녀들이 스스로를 재창출할 수 있는 세계여야 했다. 힐다는 이 새로운 세계에 결코 통달하지 못했다. 힐다의 삶은 경계에 있었다. 하지만 결국 여자의 자녀와 손주들에게는 조국과 집이 생겼다. 이들은 힐다의 부엌에 있던 유제품 제조장을 18개국에서 직원 1만3000명 이상이 일하며 수백 가지 제품을 생산하는 다국적 거대 기업으로 키워냈다. 이제 거대 기업의 소유주가 된 사내가 뱃사람의 미소를 띠고 자기 선실에서 나오는 사이, 이 유럽 생존자들의 아들이 소유한 뻔쩍거리는 요트는 두브로브니크 항으로 미끄러지듯 들어간다. 이리저리 조종한 끝에 요트는 러시아 거물과 프랑스 백만장자, 영국 귀족, 말 그대로 유럽 실세들의 요트 가운데에 자리 잡는다.

리히터 이야기 역시 희망을 준다. 코비 리히터는 1945년 크리스마스 이브에 태어났다. 아버지는 칼만으로 수정시온주의 지도자 블라디미르 야보틴스키의 제자였다. 폴란드 리보프에서 태어난 사내는, 1935년 팔레스타인으로 이주한 후 노동당으로 전향했고 스돔에 위치한 탄산칼륨 공장에서 일하면서 북쪽 키부츠인 라마트요하난에 합류했다. 어머니 미라는 르보브 출신 초정통파 가족의 딸로, 가족은 팔레스타인으로 제때 이주하지 못하고 홀로코스트에 희생되었다. 칼만은 라마트요하난의 재무관이자 경제 지도자일 뿐 아니라 최고의 용접공이기도 했다. 미라는 우사에서 일했으며 서민 의류 창고를 관리했다. 칼만과 미라는 둘 다 시온주의 혁명에 헌신하는 냉엄한 병사였다.

리히터의 첫 기억은 전쟁이다. 1948년 초 가족이 키부츠 방공호에 있던 당시 두 살이던 사내는 빈 땅콩껍질이 헬멧이라 상상하며 그 속에 앙증맞은 손가락을 집어넣었다. 하지만 어린 시절은 평화로웠다. 1950년대 무렵, 라마트요하난은 번창하고 있었다. 홀로코스트란 말을 입에 올려선 안 되었으며 전쟁은 가공의 기억이었다. 위험은 시야 밖에 있었다. 사내의 눈에 키부츠는 이스라엘 사회의 엘리트 부대였으며, 이스라엘 민족의 엘리트 부대였고, 인본주의의 엘리트 부대였다. 키부츠의 아들이 되는 행운을 타고났다는 사실만으로도 누구든 최고 가운데 최고인 셈이었다.

코비 리히터는 천재였다. 네 살에 읽기를 익혔으며, 일곱 살에는 한 주에 책 네 권씩을 읽어치웠다. 열 살 무렵엔 디킨슨과 헤세를 알았다. 여덟 살에 수영을 배웠고, 열두 살에는 키부츠 수영 챔피언이었으며, 열여섯 살에는 혼영 부문 이스라엘 2위였다. 일곱 살에 용접을 할 줄 알았고, 열다섯 살에 오토바이를 조립했다. 사내가 십대이던 시절, 라마트요하난은 낙원이었다. 연못과 금속 공방과 밀밭이 있었다. 트랙터와 말, 소녀들, 오리 사냥과 열쇠 없이 자물쇠 따기, 버섯 채집, 빌린 차를 타고 야간 질주하기가 있었다. 모든 일이 가능했다.

코비 리히터는 통찰력 있는 소년이었다. 바르미츠바[1]가 다가오면서 그는 키부츠가 지지하는 두 가치 곧, 평등과 자유 사이에는 본질적 모순이 존재한다는 사실을 깨달았다. 하지만 이 코뮌의 삶 속에 내재하는 질투와 위선, 옹졸함을 깨닫고서도 그는 키부츠에 헌신했다. 사회주의와 국가, 유대교를 기념하는 큰 축일과 축전에는 빠짐없이 참가해

---

1 bar mitzvah, 유대교에서 치르는 열세 살 남자의 성인식.

서 노래하며 춤을 췄다. 여자들은 원무를 추고 남자들은 손에 보습을 들고 수확기를 재현하며 어른들이 아이들을 높이 쳐들어올릴 적에 코비의 눈엔 눈물이 맺히곤 했다. 사내는 이스라엘 개척주의라는 매력 넘치는 세속 종교에 전적으로 동질감을 느꼈다. 사내에게는 자신이 민족을 노예 상태에서 해방으로, 나약에서 강인으로, 홀로코스트에서 부활로 이끌도록 선택된 소수의 사람 가운데 하나라는 특권의식이 있었다.

라마트요하난이 사회주의적 시온주의의 꿈을 성취하는 코뮌 중 하나에 불과하지만은 않았다. 성공적인 사업이기도 했다. 이곳의 현대적 낙농장 젖소들은 미국 중서부 젖소들보다 우유를 배로 생산했다. 새로운 플라스틱 공장은 키부츠 운동 사상 최초였다. 이 키부츠에는 또한 열여섯 살의 리히터 덕에 획기적인 관개시설을 갖춘 아보카도 과수원이 있었다. 목화밭이 있었으며, 열일곱 살의 리히터는 설계까지 직접해서 목화솜 수확기를 만들었다. 라마트요하난의 농업은 이미 산업화되었으며, 산업화는 상당히 정교했다. 코뮌은 낭만적 시온주의 사회주의의 온실일 뿐 아니라, 하면 된다는 도전정신과 뛰어난 기술 역량의 온실이기도 했다. 1964년 이스라엘 공군에 입대했을 때, 리히터는 공군에 자신이 가장 중요하게 여기는 가치들이 있음을 발견했다. 탁월성과 경쟁력, 첨단 기술이 그것이었다. 그는 고도와 속도라는 인간의 한계에 도전하는 비행기 조종을 사랑했다. 리히터에게 비행기 조종사란 현대판 기사, 다시 말해 고독한 전사들에 맞서 목숨 걸고 싸우는 고독한 전사였다. 리히터는 전투를 사랑했다. 자신의 역량을 믿었으며 이를 매일 시험하는 일이 더없이 즐거웠다. 우월감 탓에 동료와 상관들 사이에서 인기는 없었으나 사내의 탁월한 재능을 부인하는 사람은 아무도 없었다. 이 탁월한 학생이자 용접공, 수영선수, 사냥꾼, 춤꾼이자 기술 영재는 이제 탁월한 전투기 조종사가 되었다. 잘생기고, 자존심 강하며, 오만한 리히터는 1960년대 이스라엘 공군의 간판이었다.

1967년 6월 5일, 코비 리히터는 프랑스제 폭격기인 우라강을 몰고 리다 공항을 이륙했다. 비행중대 107 동료들과 함께 남쪽을 향해 저공 비행하며 이집트 방향으로 남동 전환할 때까지 절대적 무선침묵을 유지했다. 모케드 작전은 이스라엘 공군이 수년에 걸쳐 연습해온 작전이었다. 리히터 본인은 수십 차례 연습했다. 전략적 구상에 따르면 이스라엘 전투기를 총동원해 일제히 출격시킨 다음 이집트와 시리아, 요르단, 이라크 공군기지 서른 군데를 그야말로 불시에 공격해야 했다. 이제 비행중대 107이 네게브 서쪽 상공을 맴돌고 있으며 리히터는 계획이 현실로 이루어지는 광경에 전율했다. 전투기 수십 대가 상공을 메웠으며, 일부는 룩소르로, 일부는 암만으로, 일부는 다마스쿠스로 향했다. 하늘은 공격 태세를 갖춘 독수리 떼로 시꺼메졌다. 리히터는 이스라엘이라는 조그마한 국가에서 강력한 힘이 터져나와 중동 전체를 뒤흔들려 한다고 느꼈다. 자신이 이 약속의 땅에서 불현듯 솟아난 어떤 신화적 세력의 일부라 느꼈다. 폭격기는 한 대도 빠짐없이 정해진 위치, 정해진 고도, 정해진 경로에 있었다. 그리고 이 모두가 마치 훌륭한 성례처럼 절대적 침묵, 완벽한 조화 속에 이루어졌다. 그야말로 전무후무한 사건이었다.

0745시, 리히터는 우라강 고도를 300피트에서 3000피트로 상승시켰다. 시야에 들어온 엘아리시 비행장은 외운 그대로였다. 관제탑, 활주로, MiG 제트기들. 리히터는 대공부대를 향해 76발의 프랑스제 로켓을 발사했으며, 부대는 30초 만에 초토화됐다. 이어 다시 돌아와 세 번의 정확한 공격으로 MiG-17기들을 격파했다. 15분 만에 비행중대 107은 이집트 비행장 엘아리시를 무력화했다. 3시간 만에 아랍 공군 넷을 처치했다. 이스라엘로 돌아와 레호보트 오렌지 과수원 상공을 가로질러 리다 공항에 착륙하면서, 사내는 시작한 지 몇 시간 만에 전쟁은 이미 이긴 거라 생각했다. 이스라엘은 이제 지역의 강국, 명실공히 중동에서 가장 강한 나라였다.

1968년, 코비 리히터는 요격기 조종사로 훈련받았다. 1969년부터 1973년까지는 일련의 공중전에 참가해 적기 11대를 격추했다. 사내는 이제 이스라엘의 제공권을 확보해준 선도적 전투기 조종사 가운데 한 명이었다. 더욱이 사내는 군 복무 중에 생물학 및 생화학 분야에서 박사학위를 취득했으며 1970년에서 1982년 사이에는 MIT에서 인공지능에 관해 박사후 연구를 진행했다. 몇 년 뒤 리히터는 대령으로 공군에서 제대해서 첫 첨단기술 회사, 오르봇을 설립했다. 보안 및 군사 시스템 분야를 전공한 다른 네 명의 졸업생과 세운 회사였다. 오르보트에서는 프린트 배선판 제조를 돕는 자동광학검사기AOI 시스템을 개발했다. 이 분야에서는 일찍이 본 적 없는 속도와 분해능을 갖춘 혁신적인 시스템이었다. 1986년, 오르보트는 첫 제품을 출시했다. 1989년에는 전 세계 AOI 시장의 60퍼센트를 장악했다. 경쟁사인 이스라엘의 옵트로테크와 합병해 탄생한 회사 오르보테크는, 이제 AOI 시장의 거의 80퍼센트를 장악하고 있다. 21세기 두 번째 10년 동안, 오르보테크는 직원을 1500명 이상 고용하고 있으며 연 수익은 5억 달러에 달한다.

1992년 리히터 자신은 새로운 일을 추진하고자 회사에서 물러났지만 여전히 오르보테크 최대 주주다.

리히터는 1993년 12월 메디놀을 설립했다. 그는 심장의학 분야의 차세대 주역은 스텐트라는 사실을 간파했다. 스텐트란 동맥 막힘을 막아주어 혈액의 흐름을 원활하게 유지하려고 삽입하는 아주 작은 장치로, 철망관으로 이루어져 있다. 1990년대 당시 스텐트에는 문제가 많았다. 일부는 지나치게 뻣뻣해서 삽입이 어려웠던 반면, 일부는 지나치게 유연해서 삽입 후 주저앉기도 했다. 필요한 건 삽입 시에는 유연하며 삽입 후에는 뻣뻣하게 버티고 있을 신종 스텐트였다. 리히터는 최근 이스라엘로 이주해온 러시아 전차 기술자인 그리샤 핀카시크와 함께, 뻣뻣하면서도 유연한 신종 스텐트를 개발했다. 리히터 가족의 라마트하샤론 부엌에서 빈 코티지치즈 용기를 깎아 만든 획기적인 신형 스텐트 모델들이 탄생했다. 5년 후 보스턴 사이언티픽과의 동업 및 유통 협약을 체결한 후, 메디놀은 스텐트를 매달 10만 개씩 판매했으며, 연 수익은 2억 달러를 넘어섰다. 1999년 중반, 예루살렘의 이 조그만 회사는 국제 스텐트 시장의 35퍼센트를 장악했다.

메디놀의 성공을 한층 더 극적으로 끌어올렸던 요인은 코비 리히터가 개발한 독특한 생산 방법이었다. 그 결과 메디놀의 세후 이익은 달러당 86센트였다. 1990년대 후반 코비와 예후디트 리히터는 세계에서 가장 수익성 높은 회사 가운데 하나를 소유하고 있었다.

2000년 리히터 가족과 보스턴 사이언티픽 사이에 격렬한 법적 싸움이 일어나 생산과 유통이 멎었다. 하지만 7년간의 법정 다툼 후, 리히터 가족이 승소했다. 보상금으로 받은 7억 달러로 멩겔레 박사의 쌍둥이에게서 태어난 딸이자 비자론 주택단지에서 자란 여자와, 시온주의 병사에게서 태어난 아들이자 키부츠 라마트요하난에서 자란 사내는 이스라엘에서 가장 부유한 부부 가운데 하나가 되었다.

나는 코비와 수년간 알고 지내는 사이다. 그는 내 친구다. 늘 그렇듯 그와 난 텔아비브 북쪽 교외의 부촌 아르수프에 위치한 그의 빌라에서 만난다. 거실에 서 있던 그는 감춰진 단추를 눌러 수압식 식기용 승강 기로 고급 포도주를 대령시킨다. 1964년산 부르고뉴 한 병을 따 술병 에 붓고 잠시 기다린 다음, 잔에 따른다. 그는 내게 맛이 어떠냐고 묻 더니 어떻게 음미해야 하는지 말해준다. 부르고뉴에 대해, 이 포도주 가 생산된 포도밭과 양조장에 대해, 지역에서 대대로 전승되어온 법률 이 어떻게 부르고뉴의 포도주 전통을 형성했는지에 대해 장황하게 설 명한다. 그러더니 포도주를 맛본 다음 최종 판정을 내린다. 최고군. 사 내는 잔을 올려 훌륭한 포도주들과 훌륭한 책들 그리고 훌륭하게 성 취된 모든 일을 향해 축배를 든다.

난 코비에게 미하엘 슈트라우스에게 던졌던 것과 같은 질문을 던진 다. "당신의 성공에 이스라엘이 기여한 바는 무엇입니까? 오르보테크 와 메디놀에게 이스라엘이란 무엇입니까?" 리히터는 답한다. 비밀은 "칼을 쳐서 보습을 만드는 것"이다.[2] 평화를 위해서가 아니라 보습에 더 적합하기 때문이라고, 사내는 웃으며 말한다. 칼을 친다는 건 이사

---

2 구약성서의 한 구절. "그가 민족 간 분쟁을 심판하시고 나라 사이의 분규를 조정하시리니, 나라마다 칼을 쳐서 보습을 만들고 창을 쳐서 낫을 만들리라. 민족들은 칼을 들고 서로 싸우지 않을 것이며 다시는 군사훈련도 하지 않으리라."(이사야 2:4)

야와 미가의 타당한 예언일 뿐 아니라, 타당한 사업 계획이기도 했다. 오르보테크와 메디놀을 있게 하고 이스라엘의 첨단기술 열풍을 현실로 만든 요인은, 이스라엘이 수십 년에 걸쳐 정밀한 군수품 생산에 투자한 막대한 자원이었다. 이스라엘과 군산복합체의 관계는 미국과 우주 계획의 관계와 같았다. 군산복합체는 뛰어난 인적 자원을 만들어내고 최첨단 기술을 개발하며, 이러한 자원은 결국 최첨단 산업 부문으로 흘러들어가 발전의 원동력이 되었다. 오르보트 창업자가 비행사 셋과 이스라엘 보안상保安賞 수상자 둘이라는 사실은 결코 우연이 아니었다. 메디놀의 약진이 이스라엘의 레이저 및 미사일 생산기술 덕에 가능했다는 사실도 결코 우연이 아니었다. 스스로를 방어하고자 반세기에 걸쳐 투자했던 자원이 첨단기술 열풍이라는 놀라우리만큼 후한 배당금으로 보상받은 셈이었다.

하지만 두 번째 요인이 있었다, 리히터는 덧붙인다. 오르보트에는 걸출한 성원들로 이루어진 소규모 학제적 팀이 있었다. "우리는 인공지능과 하드웨어, 정밀기계학 분야에서 그야말로 최고였습니다. 팀에게는 무엇이든 가능했죠. 이 또한 진정 이스라엘다움입니다. 완벽한 자격의 전문가들로 이루어진 소수 정예 집단이 있는 사회 말입니다. 이들은 공통의 목표 달성을 위해 불철주야 머리를 맞대고 일하죠. 메디놀은 이러한 맥락의 일례였습니다. 메디놀에서는 한 사람이 회사가 다루는 모든 분야에 통달해 있는 셈이었죠. 생물학, 의학, 공학, 컴퓨터과학, 정밀기계학. 미국의 대기업에서도 혈관생물학을 이해하는 프로그래머나 물질공학을 이해하는 의사를 찾기란 거의 불가능합니다. 따라서 의사결정은 합의라는 번거롭고 애매모호한 과정을 거치게 됩니다.

하지만 메디놀에서는 모두 통합되어 있었습니다. 오르보테크에서는 모두 학제적이었고요. 시간은 절약되고, 능률은 세 배로 뛰었죠. 기업체는 마치 하나의 끈끈한 유기체처럼 기능했습니다. 집중력 있고, 강인하며, 건강하고, 최선의 결과를 이루어낼 능력을 갖춘 유기체였죠. 모양과 형식은 다르지만, 이러한 현상은 이스라엘 신규 업체들에서 허다하게 발생하는 일이었습니다. 이 업체들의 작지만 통일된 팀들에는 외곬으로 파고드는 집중력과, 편의성, 창의적 추진력이 있었습니다. 미국이나 유럽 기업에서는 발견하기 드문 특질이었죠."

세 번째 요인은 이주였다. 리히터는 말한다. "1990년대, 러시아인 100만 명이 이스라엘에 왔습니다. 이들 가운데에는 수십만 명에 달하는 환상적인 일꾼이 있었죠. 공학자, 기술자, 프로그래머. 이 일꾼들은 오르보테크와 메디놀에 득이 되었습니다. 어느 시점이 되자 우리 직원 85퍼센트가 러시아인 이주자였습니다. 러시아인 이주자 한 명은 혁신적 스텐트의 공동 발명자이자 회사의 공동 소유주이기까지 했죠. 이러한 이주 물결은 이스라엘 산업 전체에 득이 되었습니다. 이스라엘인의 창의성과 러시아인의 철두철미함이 만나자 생산성은 이례적으로 높아졌습니다. 나의 성공과 이스라엘의 첨단기술 혁명을 이룩해낸 요인이 무엇인지 내게 묻는다면, 대답은 네 가지입니다. 방위 산업 기반 시설, 이스라엘인의 혁신성과 즉흥성, 러시아인의 기술, 소규모의 대담한 집단들이 갖춘 다양한 분야에 대한 통합된 지식. 이러한 요인들의 독특한 조합이 내 회사들의 성공을 가능케 했으며, 마찬가지로 이스라엘이라는 신생국가를 만들어 유대 민족을 구원했던 겁니다."

포도주를 마시면서 리히터는 벌어진 사건들을 서로 이으려 애쓴다.

"이스라엘이 키부츠에 전념했던 20년 동안, 난 키부츠에 있었습니다. 이스라엘이 군대에 전념했던 20년 동안 난 군대에 있었죠. 이스라엘이 첨단기술에 전념하는 동안 난 첨단기술 분야에 있었고요. 난 우연히도 이스라엘 발전 도상의 핵심 지점마다 자리했습니다. 내 삶은 이스라엘 신화의 한 장에서 다른 장으로 이어졌던 셈이죠."

"키부츠에서, 우리는 마치 신의 아들 같았습니다." 코비는 말한다. "우리는 건장했으며 잘생겼고 피부는 햇볕에 그을려 매력적인 구릿빛이었죠. 맨발로 들판을 걷고 트랙터를 몰며 여자들 뒤를 쫓아다니는 당당한 유대계 베두인족처럼 말이에요. 우리는 예전 나약한 유대인의 무덤에서 새롭게 부활한 강인한 유대인이었습니다. 우리는 디아스포라를 경멸하고 텔아비브의 퇴폐적 도회인들을 멸시했습니다. 우리가 진짜였습니다. 시온주의 꿈의 성취이자 이스라엘 실존의 핵심이었죠. 1960년대의 신화는 우리였으며 우리가 곧 신화였습니다. 브루노 베텔하임이 1960년대에 우리 키부츠를 연구하며 나에 대해 썼던 말은 정확했습니다. 꿈의 자식."

"공군에 있을 당시, 난 탑건이었습니다. 1969~1970년 아랍과 이스라엘의 격전은 미국과 소련을 대신해 싸운 대리전이었죠. 당연히 미국은 우리에게 최첨단 기술을 제공해주어야 했고 그렇게 내 요격팀은 최고의 기술력을 갖추게 되었습니다. 하지만 내 팀이 미국인들보다 전투 경험이 더 많았죠. 난 어느 순간 미 공군과 미 해군의 요격팀을 가르치고 있었습니다. 나는 실제 탑건이었습니다. 내가 탐 크루즈를 연기한 게 아니라 탐 크루즈가 나를 연기한 겁니다. 전투기 조종사가 되고 10년이 지나자 난 서구사회에서 그야말로 최고 가운데 한 명이 되어 있었습니다. 세계 챔피언이었죠. 다시 한번, 난 신화를 구현하고 있었던 셈입니다. 키부츠가 기울기 시작할 때, 공군은 이스라엘인의 탁월성을 보여주는 전형이었습니다. 동료들과 난 이스라엘의 능력과 우월성을 보여준 인간 전형이었죠."

코비는 이어간다. "하지만 1980년대 후반에 이르자 군대 신화는 스러지고 있었습니다. 이스라엘 공군의 힘은 여전했지만, 나는 이스라엘이 절대적 제공권制空權을 행사하던 시대는 곧 끝나리라는 사실을 간파했습니다. 어떤 군사력도 어떤 군사적 승리도 이스라엘의 근본적 문제들을 해결할 수 없다는 사실을 이해했죠. 하지만 두 번째 신화가 무너지는 순간, 세 번째 신화가 모습을 드러냈습니다. 첨단기술이 그것이었죠. 우선 사이텍스가 있었고, 그다음 오르보테크가, 이어 신규 기업 100곳이 있었습니다. 신규 기업 1000곳이 뒤를 이었죠. 이어 수만 곳이. 벤처금융과 연구개발센터, 전기통신산업, 생명공학 기술, 의학 기술, 클린테크가 있었습니다. 이 불모의 땅에서 혁신이라는 깜짝 놀랄 만한 온천이 뿜어져 나왔던 겁니다. 그렇게 이스라엘의 일인당 특허등록 건수는 캘리포니아보다 열 배 많았습니다. 프랑스보다 새로 시작하는 기업 수가 더 많았죠. 국제 기업들은 하나같이 이곳에 자회사를 설립하고 싶어했습니다. 모두 우리의 탁월한 창의성을, 온갖 기발한 구상으로 가득한 이 이스라엘 젊은이들을 인정했기 때문이죠. 키부츠가 쇠퇴하고 군대가 쇠퇴한 후, 이스라엘에 세 번째 물결이 일었습니다. 이제 기술혁신이라는 이 세 번째 물결이 우리가 수면 위에서 버틸 수 있게 해주는 겁니다. 점령과 정착촌과 국가 부패가 엄연한 상황에서도 우리가 번영할 수 있게 해주죠. 기술혁신은 이스라엘인의 활력을 보여주는 새로운 화신입니다."

슈트라우스와 리히터의 이야기는 이스라엘 경제의 성공 신화를 보여주는 두 측면이다. 슈트라우스가 이스라엘의 탄탄한 전통 산업의 혁신을 대표한다면 리히터는 이스라엘인들의 눈부시며 새로운 첨단기술 산업을 표상한다. 1990년대와 2000년대 사이, 이스라엘 정치는 실패하고 평화를 향한 희망은 곤두박질쳤으며 이슬람 핵 위협이 부상했던 반면, 이스라엘 경제는 호황을 누리고 있었다. 21세기, 슈트라우스와 리히터의 기업과 더불어 여타 무수한 기업 덕에 이스라엘은 서구사회에서 가장 발 빠른 경제가 되어 있다.

어떻게 이런 상황에 이르게 되었는지 이해하고 싶었던 나는 스탠리 피셔를 찾는다. 이스라엘은행 총재로 예순여덟 살인 이 인물은 로디지아에서 태어나 런던에서 수학했으며 미국에서 직업적 명성을 얻었다. 1994년부터 2001년까지 그는 국제통화기금의 제일 상무보였다. 2002년에서 2005년 초까지는 시티그룹 부회장으로 일했다. 2005년 이스라엘 중앙은행 총재로 임명된 후에는 이스라엘로 이주해 국가 경제의 일인자가 되었다. 그는 헤르츨리야 자택에서 모카신을 신고 버뮤다 반바지와 라코스테 셔츠 차림으로 나를 맞는다.

피셔는 현 이스라엘 경제에 대해 설명하며 허황되고 과장된 표현보다는 구체적인 자료를 인용한다. 작은 체격을 더 작아 보이게 하는 커다란 붉은색 안락의자에 앉아, 느리고 침착한 영국식 히브리어로 관련 수치를 댄다. 2003년에서 2008년 사이 이스라엘의 연평균 성장률은 5.2퍼센트였다. 2010~2011년 세계가 경제 위기에 빠져 있는 동안 이스라엘의 연평균 성장률은 4.7퍼센트였다. 그는 말한다. "그렇다고 이스라엘을 중국이라는 호랑이에 비견할 수는 없죠. 하지만 미국이나 유럽보다는 훨씬 나은 실적입니다." 사실 대단한 경제 성과임에는 틀림없다.

피셔는 이러한 성공에 네 가지 이유가 있다고 말해준다. 정부 지출의 극적인 감소(2002년 GDP의 51퍼센트에서 2011년 42퍼센트로)와, 국가 부채의 두드러진 감소(2002년 GDP의 100퍼센트에서 2011년 76퍼센트로), 보수적이며 책임감 있는 금융 체제 유지, 이스라엘 첨단기술의 지속적 번영에 필요한 환경 조성. "이스라엘의 첨단기술은 진정한 경이입니다." 그는 말한다. "이스라엘의 성장의 원동력이죠. 첨단기술 산업 덕에 우리는 수입보다 수출을 더 많이 하며, 외국인으로부터 직접투자를 상당량 끌어모읍니다. 이스라엘은 진정한 신흥국가가 된 셈입니다. 연구개발 투자는 어느 나라보다도 높습니다. OECD 평균이 2.2퍼센트인 반면 이스라엘은 GDP의 4.6퍼센트죠. 인구 대비 신생 기업 비율은 세계에서 단연 최고입니다. 이스라엘인들이 고안한 발명품 개수는 경악할 수준입니다. 나스닥 상장회사가 캐나다나 일본보다 많다는 사실은 무리가 아니죠. 벤처 자금 투자가 독일이나 프랑스보다 많다는 사실도 전혀 무리가 아니고요. 난 번번이 놀랍니다. 이곳에는 혁신이 있으며, 대담성이 있고, 비상한 야망이 있습니다. 이스라엘인들은 기꺼이 위험을 감수하며, 어떤 것도 자신들을 가로막을 수 없다고 믿습니다. 이스라엘의 기업가 정신은 유례없는 수준입니다. 이런 정신이 이 나라를 기술적 독창성의 발전소가 되게 하는 겁니다. 그렇다고 무작정 흥분해서는 안 됩니다. 우리는 여전히 시장이 좁은 작은 나라이고, 엄청난 도전에 직면해 있습니다. 하지만 첨단기술 혁명과 신중한 거시경제 정책이 결합해서 이스라엘을 마침내 번영의 중심에 서게 했습니다."

피셔에게 이 나라가 당면한 위험에 대해 묻자 그는 조심스럽게 입을 연다. "우리에게는 네 가지 문제가 있습니다. 교육 체계가 타락해서 기술적 탁월성을 유지할 능력을 위태롭게 하고 있습니다. 초정통파 남자의 취업률은 고작 48퍼센트입니다. 아랍계 여성의 76퍼센트는 실업 상태죠. 스무 곳에도 못 미치는 기업 집단이 지역 시장 대부분을 장악해서 경쟁을 제한하고 있습니다. 지금 당장은 첨단기술의 기적 덕에 경제 전반을 짓누르는 이 네 가지 문제를 숨길 수 있죠. 하지만 장기적으로 볼 때, 번영과 성공을 유지할 이스라엘의 능력은 이 문제들 때문에 위험에 빠질 겁니다."

단 벤다비드는 피셔만큼 조심스럽지는 않다. 난 헤르츨리야에서 그가 이끄는 예루살렘 두뇌 집단으로 차를 몰아간다. 중앙은행 총재가 암시만 주었던 상황을 경제학 교수의 입을 통해 명쾌하게 듣고 싶어서다. "이스라엘 경제의 진정한 기적은 1955년에서 1972년 사이에 일어났습니다." 벤다비드는 내게 말한다. "이 기간 이스라엘의 GDP는 OECD 국가들보다 두 배 빨리 성장했으면서도 서구사회에서 가장 평등한 나라 가운데 하나로 남아 있었죠. 수백만의 이주자를 흡수하고 세 번의 전쟁을 치렀으면서도 생활수준과 생산성 향상에 성공했습니다. 동시에 교육의 탁월함과 사회 연대, 군사력을 증진시켰죠."

"하지만 1973년, 모든 게 어긋났습니다. 제4차 중동전쟁의 트라우마 이후 국방 예산은 배가되었고 성장은 둔화되었으며 인플레이션은 통제 불능이었습니다. 1985년 인플레이션을 정복했을 적에도 1인당 성장률은 20년 전의 3분의 1에 불과했습니다. 이제 나라 경제를 짓누르는 짐은 국방비가 아니라 사회복지 비용으로, 이는 1972년에서 2002년 사이에 여섯 배 상승했습니다. 인적 자본과 핵심 기반 시설에 투자하는 대신 이스라엘은 막대한 액수의 돈을 빈민층과 초정통파 유대교도에게 건네주고 있습니다. 이렇게 하는 주된 까닭은 초정통파와 아랍 소수민 수는 늘어나고 있지만 이스라엘의 경제와 사회생활에는 충분히 참여하지 못하고 있다는 데 있습니다. 건국 첫 25년 동안 이스라엘은 탁월성과 응집성, 사회정의를 유지하면서도 빠른 성장세를 보였던 반면 지난 25년 동안은 정확히 그 반대였습니다. 성장은 최근 몇 년간 높은 수준을 유지했지만 탁월성과 사회 응집성, 사회정의는 위험하리만큼 침식되어왔죠. 첨단기술 활황은 앞선 세대가 인적 자본에 장기적으로 투자한 덕분입니다. 하지만 첨단기술 활황이 창조한 번영은, 오늘날 우리가 미래의 인적 자본에 예전만큼 투자하고 있지 않다는 사실을 숨겨주는 번드르르한 거품을 일으키기도 합니다. 예산 정책에는 금이 가 있고 공공 정책은 실패하고 있는 등 이스라엘 사회는 병들어 있습니다. 이스라엘이 얼른 방향을 전환하지 않는다면 첨단기술의 기적조차 결국 사라지고 말 겁니다."

벤다비드는 미국에서 성장하고 시카고대학교에서 박사학위를 취득했다. 20년 전만 해도 이 나라에는 우수한 인재가 숱했으나, 두뇌 유출이 일어난 후 그는 남아 있는 몇 안 되는 일류 경제학자 가운데 한 명이 되었다. 타우브센터의 널찍한 사무실에서 내게 이야기하는 그의 눈에는 심각한 불안이 서려 있다. "이걸 보시오." 그는 자신의 책상을 가리키며 말한다. 컴퓨터 화면에 연이어 띄운 각양각색의 그래프와 차트들을 보며 자세히 설명해준다.

"이 모든 문제를 한층 더 심각하게 하는 요인은 인구통계입니다." 그는 설명한다. "이 차트들에서 볼 수 있듯이, 지난 30년에 걸쳐 이스라엘은 인구통계상 혁명을 겪었습니다. 이 기간, 초정통파 학교에 다니는 학령 아동 비율은 4퍼센트에서 20퍼센트로 상승했습니다. 아랍 학교에 다니는 학령 아동 비율은 20퍼센트에서 28퍼센트로 상승했죠. 따라서 오늘날 전체 학령 아동의 48퍼센트가 초정통파나 아랍 학교에 등록되어 있는 셈이죠. 거기서 14퍼센트는 현대식 정통파입니다. 38퍼센트만이 세속적이죠. 이것이 의미하는 바는, 2030년 무렵이면 현재 다수를 차지하고 있는 세속적 유대인이 점점 줄어들어 소수가 되리라는 겁니다. 이스라엘의 문화적 정체성은 변할 테고, 그에 따라 그 사회경제적 윤곽도 변할 겁니다. 세속적 유대인들은 일하고, 생산하며, 세금을 납부하는 주체입니다. 일단 이들의 수가 다수에서 밀려나면 이스라엘은 후진국으로 밀려나 세 번째 천 년의 도전들에 응하지 못할 터입니다."

"당신은 지금 제게 국가적 재앙이 움트고 있다는 사실을 보여주는 겁니다." 난 말한다. 벤다비드는 침울하게 고개를 끄덕인다. "만약 이스라엘에 유능한 시온주의 정부가 있다면, 이 위험한 경향에 맞서 싸울 텐데 말입니다. 아직은 너무 늦지 않았지만 곧 너무 늦어버릴는지 모릅니다. 그러는 사이 잇따라 등장한 이스라엘의 역기능적 정부들은 정확히 거꾸로 행동해왔습니다. 일하지 않는 소수 집단에는 보상하고 보조금을 주면서도 현대식 민주 교육을 받으라는 요구는 하지 않습니다. 그 결과, 소수 집단 인구 절반 가까이는 국가적 노력에 동참하고 있지 않습니다. 국가의 미래를 책임지지 않죠. 사회의 생산적 부분이라는 군인들의 어깨는 짐에 눌려 무너지기 직전입니다. 이스라엘에서 노동 인구는 점점 더 줄어들고 있는데 먹여 살려야 하는 비노동 인구는 점점 더 늘어나고 있습니다. 달리는 이스라엘인들은 점점 더 줄어드는 반면 전혀 달리지 않는 이스라엘인들을 상쇄하느라 점점 더 빨리 달리고 있습니다. 정치 체계는 망가져서 초정통파와 정착민, 갑부들이라는 특수 집단의 이익을 보장하고 있죠. 하지만 정작 생산을 담당하는 중산층은 국가로부터 버림받았습니다. 탈진한 중산층이 억울해하고 있는 까닭이 여기에 있습니다. 나라가 자신들을 배신했다고 느끼죠. 이스라엘이 해체를 즐긴다고 보는 겁니다."

슈무엘리의 이야기 역시 희망을 주는 이야기다. 이치크 슈무엘리는 1980년 2월 텔아비브에서 태어났다. 아버지는 야파 태생으로 식당 주인이었으며 어머니는 쿠르디스탄 태생으로 유모였다. 다섯 식구였던 슈무엘리 가족은 라마트간에 위치한 침실 하나 반짜리 아파트에 살았다. 삶은 녹록지 않았어도 따스한 가정이었다. 이 쌍둥이 소년과 여동생에게는 사랑이 아낌없이 쏟아졌다.

이치크 슈무엘리는 바람직한 고등학생이었으며 농구선수였고 병사였다. 군 복무를 마친 후에는 가업인 텔아비브의 소박한 식당에서 아버지와 일했다. 2004년, 그는 부에노스아이레스 길거리의 집 없고 굶주린 어린이들을 다룬 한 텔레비전 프로그램을 보았다. 당시 스물네 살이었던 그는 비행기를 탔고 부에노스아이레스에 고아원을 열었다. 이스라엘로 돌아와서는 작은 지방 대학에서 특수교육을 공부했고 지방 학생회의 회장으로 선출되었다. 3년이 지나자 그는 이스라엘 전국 학생회 회장이 되어 있었다.

2011년 7월 14일, 슈무엘리는 뉴욕에 있었다. 친구들이 전화해 텔아비브 로스차일드 대로에서 무언가 굉장히 이상한 일이 벌어지고 있다고 말했다. 스물네 살 먹은 다프네 레프라는 이름의 영상 편집자가 치솟는 집세에 항의하는 행위로 이 이름 난 한길 한가운데에 천막을 쳐놓고 있었다. 하루 만에, 수백 명이 여자와 뜻을 같이했다. 이틀 만에, 수천 명이 여자와 뜻을 같이했다. 슈무엘리는 비행기를 타고 텔아비브로 돌아와 이 로스차일드 대로 항의에 동참했다. 며칠 후에는 항의운동의 책임 있는 성인으로 자리 잡았다.

레프 무리 가운데 대다수는 경험과 조직능력이 부족했지만 슈무엘리는 이 모두를 갖추고 있었다. 레프 무리 가운데 대다수는 마르크스주의와 무정부주의 이념에 심각하게 물들어 있었지만 슈무엘리는 냉철한 사회민주주의적 시온주의자였다. 그는 대중의 지지를 잃지 않으려면 반란이 종파에 치우치거나 과격해져서는 안 된다고 믿었다. 이 운동이 가능한 한 여러 이스라엘인을 대변하기를 바랐던 그 역시 이 대로에 천막을 쳤다. 2주 후, 슈무엘리는 새로운 사회질서를 요구하는 새로운 이스라엘 세대의 지도자가 되어 있었다.

7월 23일, 젊은이 3만 명이 새롭고도 낡은 구호를 연호하며 텔아비브 거리를 행진했다. "민중은 사회정의를 요구한다." 7월 30일, 이들은 3만3000명으로 늘어났다. 8월 6일에는 30만 명으로 늘어났다. 9월 3일엔 45만 명이 거리로 나왔다. 전 인구의 6.5퍼센트였다. 슈무엘리는 텔아비브 민족광장에서 열린 집회의 기조연설을 맡았다. "우리는 새로운 이스라엘인이다", 그는 33만 명의 환호하는 시위자들을 향해 소리 높여 외쳤다. "우리는 우리 나라를 사랑하며 우리는 우리 나라를 위해 기꺼이 죽을 각오가 되어 있다. 우리가 사랑하는 이 나라에서 우리를 살아 숨 쉬게 해달라."

여러 면에서 2011년 항의 시위는 이스라엘 항의 시위 사상 가장 인상적이었다. 정착촌 운동도 평화운동도 동방계 샤스운동도, 일찍이 이러한 열정과 광범위한 지지 기반으로 이처럼 많은 이스라엘인을 끌어모으지는 못했다. 정착촌도 평화도 샤스도 이처럼 문명인다우며 건설적인 방식으로 민족을 결속시키지는 못했다. 2011년 이스라엘 시민 봉기는 카이로에서보다 훨씬 더 평화로우며 뉴욕에서보다 훨씬 더 효과적이었다. 로스차일드 대로를 점거한 젊은이들은 일반적으로, 그 뒤 같은 해 뉴욕을 점거할 젊은이들보다 한층 더 온건하고 지략이 풍부하며 냉철했다. 사회 항의운동으로 이어진 전 세계 사회연결망 가운데 이번 이스라엘의 경우가 가장 건전했다. 2011년 이스라엘 시민 봉기는 온건하며 비폭력적인 방식으로 이스라엘 인구 80퍼센트의 지지를 얻는 데 성공했다. 여름 한철 동안 봉기는 이스라엘인들에게 희망을 느끼게 했고, 이들을 다시 한번 결속시켰다. 그럼에도, 저항의 물결은 나타났을 때처럼 그렇게 사라졌다. 어느 늦가을 밤 슈무엘리와 함께 로스차일드 대로를 따라 걸었을 때, 거리는 텅 비어 있었다. 천막도 시위자들도 사회 변화도 없었다. 축제는 끝났다. 마치 언제 그런 일이 일어났냐는 듯이. 한여름 밤의 달콤한 꿈처럼.

슈무엘리의 생각은 많이 다르다. "난 마라톤 주자입니다." 그는 말한다. "난 먼 거리를 보고 달립니다. 난 압니다. 삶에는 나름의 박자가 있으며, 혁명은 하룻밤 사이에 일어나지 않는다는 사실을 말이죠. 애초부터 난 2011년 여름이 첫걸음에 불과하리라는 사실을 알고 있었습니다. 하지만 난 또한 믿습니다. 우리는 두 번째 그리고 세 번째 걸음을 옮길 겁니다. 내게 매일같이 일어나는 시위는 필요치 않습니다. 항의가 계속 진행되기를 기대하지 않습니다. 하지만 내 생각에 2011년 여름은 그야말로 임계점이었습니다. 집값이나 식료품 가격도 부자들의 지배에 대한 논쟁도 초월해 있었죠. 2011년 여름의 초점은 우리가 한민족이 되는 것이었습니다. 내 생애 처음으로, 이스라엘인들은 자신들이 한 민족이라 느꼈습니다. 무기력한 개인도, 서로 경쟁하는 종파의 성원도 아닌 하나의 민족. 그리고 이 이스라엘 민족이 주장하는 바는 자신들 이 사회정의를 원한다는 것이었습니다. 국가가 개혁되어 변화의 주역을 담당하기를 바란다는 거였죠. 맞습니다, 현재 로스차일드는 조용합니 다. 다들 집으로 돌아갔습니다. 하지만 우리는 변태變態를 치렀으며 누 구도 이를 되돌리지는 못할 겁니다. 우리는 더 이상 스스로를 냉소적 쾌락주의자로 간주하지 않습니다. 이제 이스라엘인으로서 우리 삶에는 의미가 있습니다. 삶이 의미 있다고 느끼는 이 새로운 의식이 2011년에 성취한 위대한 업적이었습니다. 우리는 이스라엘을 다시 사랑하고 이 스라엘을 믿으며 이스라엘을 개혁하리라 다짐합니다."

슈무엘리는 내 마음을 사로잡는다. 그는 호리호리한 체격으로, 갈색 눈에 키는 보통이다. 그에게는 친절한 마음씨와 조신한 미소가 있다. 청바지와 티셔츠 차림에 배낭을 메고 대로를 걸어 내려가는 동안, 젊은 이들이 그에게 다가와 하이파이브를 건네며 떠나지 말아달라고 당부한 다. "계속 싸우세요", 그에게 이른다. "저들에게 보여주세요, 본때를 보 여주세요." 이 학생회장은 지식인도 이데올로그도 아니다. 카리스마가 넘치거나 권위가 있지도 않다. 하지만 그가 보여주는 품위와 분별력에는 장래성이 있다. 남성성을 과시하지 않는 그의 지도 방식에는 사람을 고무하는 힘이 있다. 의심할 바 없이, 그에게는 정치적 미래가 있다. 어쩌면 희망이 있다고 하는 그의 주장은 옳을는지 모른다. 나는 그가 옳기를 진정으로 바란다.

슈무엘리가 떠난 후, 난 대로를 따라 홀로 걷는다. 대로는 이전으로 돌아갔다. 즉석 만남의 산책길. 난 머릿속에서 갖가지 조각으로 이루어진 퍼즐을 짜 맞춘다. 전부 슈트라우스와 리히터, 피셔, 벤다비드, 슈무엘리에게서 알게 된 것들이다. 내가 생각해낸 결론은 다음과 같다. 이스라엘 노동당의 패권은 1973년 전쟁 이후 이울기 시작해서 1980년대 후반에는 완전히 허물어졌다. 구체제의 몰락으로 엄청난 에너지가 풀려나왔다. 이스라엘 개인주의라는 새로운 사조가 새로 등장한 이스라엘 자본주의에 대성공을 가져왔다. 자유시장은 이스라엘인의 재능과 진취성을 분출시켜 현대식 경제에 호황을 일으킬 수 있게 했다. 공공 지출과 군비가 잇따라 삭감되면서 이 과정을 가속화했다. 민영화와 규제 완화, 금융 자유화도 마찬가지였다. 하지만 민간 부문이 번창하던 사이, 공공 부문은 비틀거렸다.

진부한 지도부와 저급한 정치는 나라가 부상하는 자유시장의 병폐를 바로잡는 데 걸림돌이 되었다. 독점금지법과 집행은 약했다. 민영화는 무턱대고 성급하게 이루어졌다. 중산층과 노동계층, 사회복지를 위해 아무런 보호조치도 취해지지 않았다. 공교육과 공중보건은 쇠퇴해 갔다. 주택정책은 전무했다. 민간 부문은 무엇이든 호황이었던 반면 공공 부문은 무엇이든 거덜이 났다. 1950년대에 이스라엘 정부가 지나치게 비대했다면, 2000년대 이스라엘에는 거론할 만한 정부가 아예 없었다. 반세기 전 이스라엘에서 자본주의를 거의 찾을 수 없었다면, 이제는 온통 자본주의 일색이었다. 이런 환경에서 미하엘 슈트라우스는 한 지방 낙농품 공장을 국제적 기업 왕국으로 일으켜 세웠고, 코비 리히터는 자신만의 통찰로 10억 달러 가치의 기업을 일구었다. 하지만 이런 환경에서 부는 선택된 소수의 손에 집중되었으며 이로써 사회 격차가 벌어졌다. 거물 일부가 나라 자원과 자산 대부분을 차지했다. 스탠리 피셔와 단 벤다비드를 괴롭혔던 근본적인 문제들이 확산되고 심화되었다. 이치크 슈무엘리가 저항했던 부당한 체제가 나라를 장악했다. 시장이 국가를 대신하기에 충분하다는 환상은 이스라엘인들에게서 자신들을 대변하고 자신들을 위해 봉사하며 공익을 증진시킬 수 있는 국가를 앗아갔다. 시장 세력을 제지하거나 초정통파와 아랍 소수민에게서 비롯된 난제들을 처리할 만한 정부가 없었다. 정착민과 탐욕스러운 부자들을 통제하고, 이스라엘인 다수를 대변하며, 근면성실한 건설적 중산층을 지지해줄 만한 정치체가 없었다.

이러한 기본적인 문제는 오랫동안 부정되었다. 이스라엘 경제를 지배하는 강력한 영리 집단 20곳은 마찬가지로 대중매체와 공적 담론을 지배했다. 하지만 최근 몇 년간 이스라엘의 정치적 삶의 수면 아래에서 비판의식이 끓어오르기 시작했다. 그렇게 다프네 레프가 로스차일드 대로에 천막을 치자, 나라는 알아차렸다. 이치크 슈무엘리가 시민 봉기를 이끌자, 대중은 응답했다. 신자유주의가 패권을 차지하고 25년 만에 새로운 사회민주주의 담론이 수면으로 올라왔다. 하지만 2011년에 일어난 개념적 혁명이 정치적 현실이 될는지, 이 새로운 이스라엘인들이 원하는 바를 새로운 이스라엘의 현실로 구현할 지도부와 발판이 있을는지는 아직 불분명하다.

로스차일드 대로 양편에는 고가高價의 신축 아파트와 국제적 감각을 갖춘 건물들이 바닥에서 쏘아 올리는 조명등 불빛에 환하게 빛나고 있다. 이스라엘의 풍요로움은 여전히 자기를 과시하고 있다. 시장 세력은 아직 시들지 않았다. 이 중심 산책로를 따라 청년들은 찢어진 청바지 차림으로 배회한다. 밤을 지새운 클럽꾼들의 눈동자에는 화학물질이 빚어낸 번득임이 있다. 한 아름다운 여성이 자신의 최신식 오토바이에 오른다. 동이 트고 대로가 비어가는 사이, 난 성공과 실패, 위험과 보상, 희망과 절망을 가늠해보려 애쓴다. 내 생각에는 우리의 장점도 단점도 대부분 똑같은 근원에서 비롯된 듯하다. 우리를 빚어낸 유전자가 마찬가지로 우리를 위태롭게 한다.

이스라엘이 갖춘 첨단기술의 비결은 권위에 저항하고, 사회 통념을 묵살하며, 게임의 규칙을 무시하는 데 있다. 이스라엘 국가의 약점은 권위에 저항하고, 사회 통념을 묵살하며, 게임의 규칙을 무시하는 데 있다. 유대인 탈무드 학자와 유대인 상인, 유대인 무정부주의자, 유대인 이주자들로부터 한시도 가만있지 못하는 성정의 이스라엘 시민이 나왔다. 이 어디로 튈지 알 수 없는 시민이 걷잡을 수 없는 에너지의 고삐가 풀려 국가가 하나의 최고 권력체로 기능하지 못하도록 방해하고 있다. 벤구리온의 관료주의적 압제는 반세기 동안 이 에너지에 재갈을 물려 국가를 건설했다. 하지만 1973년 벤구리온이 사망한 후, 그가 구축한 국가는 붕괴되기 시작했다. 국가는 더 이상 그 종족과 종파와 개인들을 통치할 수 없었다. 더 이상 그 다양한 소수 집단과 모순되는 정체성들을 품을 수 없었다. 정치 집단은 이스라엘이 마주한 진정한 도전에 대처하지 못했으며 합리적으로 처신하지 못했다. 목표를 향해 전진하는 특공대 보트가 되는 대신, 이스라엘은 나침반도 방향 감각도 없이 바다에서 표류하는 선장 없는 유람선이 되었다.

이곳 로스차일드 대로에서 2011년 여름에 발생한 일은 하나의 경종이었다. 자신들의 민족국가를 잃어버릴지 모른다는 두려움에 휩싸여, 이스라엘인들은 국가를 되찾고자 애썼다. 대로 끝은 벤구리온이 이스라엘국을 선포했던 장소로, 이곳에 위치한 해묵은 텔아비브 박물관 건물 위로 새날이 밝아오면서 난 이 경종이 우리를 정말 깨우치기를 간절히 바란다. 때는 무르익었다. 이 신생국가는 스스로를 다시 시작해야만 한다. 해체와 절망에서 벗어나, 그 무엇보다도 야심 찬 프로젝트라는 도전에 임해야 한다. 국가 재건설이라는 도전. 이스라엘공화국의 부활이라는 도전에.

열여섯

2013년,
실존의 위협

나는 2002년에야 비로소 이란에 대해 위협을 느꼈다. 당시 미국에서는 이라크를 침공하느냐 마느냐를 두고 격렬한 논쟁이 한창이었다. 이스라엘은 또한 두 번째 인티파다의 자살폭탄 공격을 방지하는 데 전력을 다하고 있었다. 하지만 이스라엘인 가운데 얼마간은 깨닫고 있었고 나도 마찬가지였다. 미국이 억지해야 하는 지역 세력은 이라크가 아닌 이란이라는 사실을. 이스라엘이 직면하고 있는 진정한 실존적 위협은 이란의 핵 위협이었다. 이란이 핵무장을 한다면 중동 전체가 핵무장의 길로 들어설 터며 이스라엘의 실존은 위험에 빠질 터였다.

3년 후, 난 철저하다 못해 거의 강박적으로 이란에 대해 글을 쓰기 시작했다. 하지만 2006년과 2007년, 2008년에도 이란에서 실제로 우라늄을 농축하고 있는 원심분리기들에 대해서조차 내 말을 듣는 사람은 거의 없었다. 오직 소수만이 이란의 핵 개발은 이스라엘 건국 이래

가장 극적인 도전이라는 데 동의했다. 하지만 전망이 불투명해 보이는 데도 불구하고, 이 문제를 심각하게 받아들이는 사람은 많지 않았다. 이란의 핵무장은 중동의 핵무장을 초래하고 이로써 지역 주민 전체를 위태롭게 하며 나아가 세계질서를 흔들어놓을 터였다. 머지않아 (이란의) 폭탄이냐 (이스라엘의) 폭격이냐를 두고 끔찍한 딜레마에 빠지지 않으려면 국제사회와 이스라엘국은 민첩하게 행동해야 했다. 직장에서나 집에서나, 대부분 나를 기우에 사로잡혀 근거 없는 공포와 불안을 퍼뜨리는 실없는 사람으로 간주했다. 내 주위를 둘러싼 이스라엘의 유명 인사들과 내가 몸담고 있는 이스라엘의 대중매체는 이란을 향해 말로만 떠들 뿐 정작 이란을 파악하려 들지 않았다. 국제사회와 국제 언론 역시 마찬가지였다. 알려진 바와 같이 이란의 위협은 실재하며 점점 더 가까이 다가오고 있는데도, 이 사실을 인정하는 사람은 거의 없었으며, 이를 방지하기 위해 해야 할 일을 하겠다고 진정으로 노력하는 사람은 더더욱 없었다.

이란의 핵 도전은 전 세계와 관련 있다. 1945년 이후, 국제사회는 오펜하이머[1]의 악마를 통제하는 데 어떻게든 훌륭하게 성공해왔다. 하지만 만약 이란이 핵무장을 한다면, 핵의 세계화를 초래해 결국 나가사키 이후 유지되어온 기적을 위험에 빠뜨릴 수도 있다.

이란의 핵 도전은 미국과 관련 있다. 이라크를 침공한 후, 그리고 이라크에서 철수한 후, 미국은 중동에서 쇠퇴하는 세력으로 인식되고 있다. 구래의 아랍 동맹국들을 잃고 난 후, 아랍세계에 대한 미국의 영향

---

1 Robert Oppenheimer, 미국 이론물리학자로, 제2차 세계대전 당시 최초로 핵무기를 개발한 프로젝트인 맨해튼 계획에서 연구실 지휘를 맡아 '핵폭탄의 아버지'라 불리는 인물.

력은 이울고 있다. 이슬람교도들이 이 지역 전체의 주도권을 잡고 있는 반면, 친서구주의자들은 기를 못 펴고 있다. 만약 미국이 이란에 대한 전략적 싸움에서 패배한다면, 그것이 무엇이든 중동에서의 나머지 입지마저 잃게 될 수도 있다. 핵보유국 이란은 세계정세를 좌우할 이 지역의 새로운 지배 세력이 되어 지역이 미국이라는 제국에 등을 돌리게 만들리라.

이란의 핵 도전은 또한 당연히 이스라엘과 관련 있다. 맞다, 이스라엘은 핵보유국이라 알려져 있다. 하지만 이스라엘이 이 특별한 무기를 이용한 적은 단연코 없다. 이웃 나라들로부터 끊임없이 위협받고 있어도, 이들을 쓸어버리겠다고 위협한 적은 단연코 없다. 핵 영역에서 이스라엘은 감탄할 정도로 책임 있고 절제 있게 행동해왔다. 이란은 다르다. 그 아야톨라들은 지역 패권을 추구하며 이스라엘이 멸망하는 모습을 보고 싶어한다. 만약 이들이 핵폭탄을 획득한다면 실제로 사용하거나 사용할 수도 있는 누군가에게 넘길지도 모른다.

21세기 첫 10년 내내, 이란 문제는 이념이나 윤리가 아닌 인식의 문제였다. 나탄즈와 포르도에 위치한 우라늄 농축 시설들에 관한 한, 좋은 사람도 나쁜 사람도 없었다. 보는 자와 눈먼 자만이 있을 뿐이었다. 2000년대 초, 이스라엘 제일의 임무는 두말할 나위 없이 폭탄이냐 폭격이냐의 기로에 서지 않기 위해 할 수 있는 모든 일을 하는 것이어야 했다. 하지만 이스라엘은 이란의 도전을 진지하게 처리하지 못했다. 전략 기관과 정보기관에서 문제를 다루기는 했어도, 일반 대중은 이를 무시했다. 눈앞의 결과도 피부로 느끼는 비용도 없었기에, 위협은 여전히 추상적이며 모호했다. 정치 토론이나 공적 담론에 끼지 못했다. 이란의 도전이란 문제는 우리 삶에 자리할 여지가 없었다. 정신적 장벽이 이란을 명확하게 바라보지 못하게 막았으며, 그 결과 우리는 결정적 10년의 허비라는 대가를 치렀다. 이 기간에 조치를 취했더라면 무력을 사용하지 않고도 이란을 멈출 수 있었으리라.

인식을 가로막은 장벽으로 이스라엘만 눈이 멀었던 건 아니다. 2005년 무렵, 서구 정보기관들은 전부 이란의 핵 프로그램을 인식하고 있었다. 서구 지도자들은 너나없이 이란이 미국과 유럽, 세계의 미래를 위태롭게 할 수도 있다는 사실을 알고 있었다. 하지만 서구 여론은 심리적으로나 개념적으로나 이 도전을 처리할 능력이 없었다. 이라크와 아프가니스탄에 몰두하느라 서구 언론과 학계, 지식인은 이란의 도전을 외면했다. 대다수는 들으려고도, 보려고도, 이해하려고도 하지 않았다. 따라서 서구 지도자들에게는 이란에 맞서 단호히 대응하는 데 필요한 정치적 맥락이 없었던 셈이다. 코앞에 닥친 문제가 아니었던 까닭에, 처리는 얼렁뚱땅 넘기며 미뤄졌다. 적시에 치명적 제재를 가하지 못했다. 러시아와의 합의가 이란에 실효성 있는 경제 제재를 가할 수도 있었을 텐데, 결국 이루어지지 못했다. 이란 최고 지도자인 알리 하메네이에게는 확실한 최후통첩이 내려지지 않았다. 곧 (군사적) 핵무장과 (정치적) 생존 사이에서 선택하라는 최후통첩. 테헤란이 대면한 상대는 핵폭탄을 향한 질주에 방해가 되지 못할 나약하고 산만한 서구였다.

이스라엘의 인식 장벽과 서구의 인식 장벽에는 공통점이 많았다. 둘 다 전략적 성공과 안정의 결과였다. 40년 동안, 이스라엘인들은 디모나의 우산 아래서 상당히 윤택하게 살면서 이스라엘의 전략적 지역 독점을 당연하게 받아들이기 시작했다. 이 독점이 종지부를 찍을 경우 초 래할 소름 끼치는 결과에 대해서는 충분히 인식하지 못했다. 아니, 어 쩌면 그런 종지부를 상상하지 않으려 했다. 맞다, 그동안 두 차례의 걸 프전과 두 차례의 레바논 전쟁, 두 차례의 팔레스타인 봉기가 있었다. 하지만 모두 이스라엘의 실존을 진정으로 위협하지는 않았다. 70년 동 안 미국과 유럽인들은 서구사회의 전략적 우위라는 안전망 덕분에 평 화와 풍요를 누려왔다. 그 결과, 이들 역시 자신들의 우위를 당연하게 받아들였으며, 이슬람 핵이라는 과격한 위협이 등장해 파리와 런던, 베를린, 뉴욕의 윤택한 삶에 직접적인 영향을 미치리라는 사실은 인식 하지 못했다. 맞다, 그동안 한국전과 베트남전, 이라크전이 있었다. 하 지만 쿠바 미사일 위기(1962)를 차치한다면 미국을 진정한 핵 위험에 노출시킨 상황은 없었다.

이란의 핵 프로젝트는 바오바브나무와 흡사했다. 성장 초기에는 근 절이 쉬울 수 있었다. 이란은 서구 세력의 맞수가 못 되었다. 하지만 성 장 초기 단계에 근절하려는 진지한 시도는 전혀 이루어지지 않았다. 이란은 집요했고 이스라엘과 서구사회는 현실에 안주한 탓에, 이란인 들이 우위에 있었던 셈이다. 이스라엘과 서구사회의 인식 장벽에 초기 에 정치적, 경제적 조치를 취하지 못하게 한 책임만 있지는 않았다. 인 식 장벽은 또한 잠복전쟁[2]과 사이버 전쟁을 과대평가하게 만들기도 했

---

2 평화로운 군중 사이에 숨어 있다가 목표물을 공격하는 식의 전쟁 행위. 예를 들어 시민 가 운데 잠복해 있다가 적의 관공서 등을 파괴하는 등의 행위를 말한다. 테러리즘에는 평화를 파 괴하는 행위라는 경멸적 어조가 있는 반면, 잠복전쟁은 전쟁의 한 형태라 주장된다는 데 차이 가 있다. 그러나 일반적인 법 집행에서는 테러리즘과 마찬가지로 전쟁 중 행위로 간주되지 않는 다(Robert E. Rodes, Jr., "On Clandestine Warfare", *Washington and Lee Law Review*, Volume 39, Issue).

다. 이란은 제쳐두고 미국은 이라크와 아프가니스탄에 얽매였다. 이스라엘은 이란의 원심분리기보다는 국내 정착촌 문제에 치중했다. 유럽은 마비 상태였다. 서구사회와 이스라엘은 하나같이 자기 눈앞에서 핵국가 이란이라는 가공할 나무가 자라는 모습을 지켜보면서도 이를 쓰러뜨리지 않은 셈이었다.

나는 텔아비브 동쪽 카르메이요세프에 있는 아모스 야들린의 쾌적한 자택에서 사내를 만난다. 발코니에서 바라본 전망은 기가 막히다. 텔아비브의 스카이라인, 지중해 해안선, 레호보트의 스프롤 현상, 훌다의 회녹색 포도원, 텔게제르의 유적지. 정원 울타리에서 500미터가량 떨어진 게제르 산비탈에는 잘 가꾸어진 과수원들이 있다. 이곳은 한때 팔레스타인 마을 아부슈샤와 1920년대에 내 증조부가 정착해 살았던 대저택이 있던 곳이기도 하다.

1981년, 이스라엘 조종사 여덟 명이 프랑스가 이라크에 세워준 원자로인 오시라크를 폭격했는데, 소령 야들린은 그 가운데 한 명이었다. 2007년 군사 정보부 수장이 되어 있던 대령 야들린은 북한이 시리아 데이르에즈조르에 세워준 원자로에 대한 정보 수집을 담당하고 있었다. 2006년에서 2010년 사이, 야들린은 이란 핵 프로그램에 맞선 이스라엘 작전에서 중심 역할을 맡았다. 그는, 이스라엘은 어떤 적국에도 핵무기 획득을 허용하지 않으리라는 원칙인 베긴주의를 개념화한 주역일 뿐만 아니라 이를 실천한 주도적 병사 가운데 한 명이었다. 베긴주의를 이행하려는 그의 시도에서 두 번은 어떻게든 멋지게 성공했지만, 세 번째 시도는 다소 성공적이지 못했다. 그렇게 난 이곳에서 검은 연철의 정원용 의자에 앉아, 역사가 결정되던 현장에 번번이 자리했던 이 둥근 얼굴의 사려 깊은 이스라엘 전사의 이야기를 새겨듣고 있다.

우선 야들린은 네게브에 위치한 키부츠인 하체림에서 보낸 어린 시절에 대해 이야기해준다. 개척 농부들이 염분을 머금은 토양을 일구느라 분투한 끝에 결국 성공시킨 곳이었다. 1950년대에 그를 기르고 형성했던 사회주의적 시온주의는 온건하며 인도적이었다. 이 사회주의적 시온주의의 제일 목표는 사막을 정복해서 유대 민족을 위한 보금자리를 마련하는 일이었다. 이어 야들린은 이스라엘 공군에 몸담았던 시절에 대해 이야기해준다. 그는 1970년대에 가장 전문적이며 효율적인 조직이었던 공군에 속해 있었다는 사실에 자부심을 느꼈다. 이스라엘 공군은 유대 민족 보금자리의 실존을 안전하게 지켜준 조직이었다. 그다음 야들린은 제4차 중동전쟁에서 보낸 18일간의 밤낮에 대해 이야기해준다. 이 기간, 동료 조종사 가운데 일곱이 사망했으며 다섯이 포로로 붙잡혔고, 지휘하던 비행중대에서는 스카이호크 폭격기 30대 가운데 17대를 잃었다. 전쟁이 주변을 미친 듯이 휩쓸면서, 그는 자기 자신을 단련해 자신감을 회복하는 법을 익혔다. 1973년 회복기 동안 이스라엘 공군도 같은 법을 익혔다. 야들린이 1980년 여름 유타에서의 훈련을 마치고 이스라엘 최정예 비행중대에 속한 최초의 F-16 조종사 가운데 한 명으로 돌아왔을 때, 그와 동기들은 다 같이 새로워진 힘을 느꼈다.

1981년의 임무는 불가능해 보였다. 프랑스가 이라크를 위해 바그다드 외곽에 건설하고 있던 원자로를 폭격하는 임무였다. 언뜻 보기에도 바그다드는 너무 멀었으며 이스라엘 공군에는 이런 임무에 필요한 기술적 역량이 없었다. GPS도, 스마트 폭탄도, 공중급유 시설도 없었다. 전례마저 없는 임무였다. 세계의 어떤 공군도 원자로를 폭격한 역사가 없었다. 그럼에도, 1981년 7월 7일, 16:00시, 최첨단 F-16 폭격기 8대가 에일라트 만灣 상공으로 이륙해 저공비행으로 사우디아라비아와 이라크를 가로질러 1000킬로미터가량을 날았다. 숱한 산과 사막, 유프라테스 계곡, 유프라테스 강을 지났다. 고원과 관개수로, 철도와 들판들이 있었다. 어떤 이라크 시민들은 무슨 일이 일어나고 있는지도 모른 채 지붕에 닿을 듯 고도를 낮춰 비행하는 조종사들을 향해 손을 흔들었다. 그렇게 103분의 비행 후, 20초 만에 150미터 상공에서 3킬로미터 상공으로 상승했다. 이제 원자로의 돔을 볼 수 있었으며 5초 후 원자로가 폭격기 시계에 들어왔다. 10초가 더 흐른 후, 야들린은 버튼을 눌러 900킬로그램 상당의 폭탄 두 개를 투하했다. 20초 후, 그는 솟구치는 대공미사일에서 뿜어져 나오는 연기 기둥 속으로 급강하해서 150미터 상공으로 다시 떨어진 후, 이라크와 사우디아라비아, 요르단의 어두워져가는 사막들을 지나 귀환했다. 조종석에 앉아 있던 그는 불가능한 임무가 완수되었음을, 목표 위에서의 단 1분이 제2의 홀로코스트 가능성을 제거했다는 사실을 깨달았다.

2007년의 임무 또한 불가능해 보였다. 전쟁을 유발하지 않고 북한이 시리아를 위해 건설하고 있던 원자로를 파괴하는 임무였다. 비이스라엘 자료에서 이스라엘의 소행이라 보고 있는 이 작전에 대해 야들린은 자세히 말하려 들지 않았지만, 해외 언론인과 전문가들은 이 오차드 작전에 대해 대부분 발표해놓은 상태다.

이번에는 기술이 아닌 구상이 난제였다. 작전의 관건은 비행기나 폭탄이 아니라 정확한 정보와 적시에 올바른 결정을 내리는 데 있었다. 2006년, 이스라엘 비밀정보 기관 곧, 모사드의 수장인 메이르 다간은 시리아에서 정보를 캐낸다는 건 무의미하다고 주장했다. 조사해봤자 이스라엘을 위협할 만한 건 없으리라는 게 이유였다. 아모스 야들린의 생각은 달랐다. 그는 3년 전 이스라엘이 리비아 핵 프로그램을 감지하는 데 실패했었다는 사실을 상기하고, 부관들을 시켜 행여 어디든 놀라운 정보가 숨어 있지는 않은지 모든 자료를 샅샅이 살피게 했다. 2006년 늦여름, 그의 부관 중 한 명이 데이르에즈조르에 위치한 거대한 시멘트 구조물에 북한에서 만든 플루토늄 원자로가 숨겨져 있을 가능성을 제기했다. 8월 무렵 일견 이 터무니없어 보이는 가설을 지지하는 증거가 나왔다. 비이스라엘 자료에 따르면 야들린은 자신의 우려를 수상 에후드 올메르트와 미국 정보기관 책임자 일부에게 피력했지만, 묵살되었다. 양측 모두 원자로 따위는 없다고 주장하던 인물인 다간의 영향을 받고 있던 터였다. 하지만 2007년 3월, 새롭게 밝혀진 정보로 다간의 입장은 180도 바뀌었다. 비이스라엘 자료에 따르면 모사드 수장은 이제 즉각적인 조치를 요구했다. 원자로가 가동되기 전에, 시리아인들이 자신들의 엄청난 비밀이 발각되었다는 사실을 알아차리기 전에. 2007년 늦봄, 야들린의 역할은 중재였다. 비이스라엘 자료에서 주장하는 바에 따르면 사내는 수상과 참모총장에게 시리아 독재자 바샤르 알아사드의 체면을 살려주어 전면적인 보복전을 일으키지 않게 하도록 신중한 작전을 세우라고 충고한 당사자였다. 어떤 면에서 이 이스라엘인들은 알아사드에게 아무 일도 일어난 적 없는 척할 수 있는 구실을 주려던 셈이었다. 비이스라엘 자료에서 제기하는 주장에 따르면 야들린의 군사정보부는 극히 위험한 공습인 만큼 제대로 계획해야 하며 그 정도의 시간은 충분하다는 점 또한 강조했다. 기회의 창은 앞으로 몇 달이면 닫힐 수도 있으며, 그때쯤이면 원자로가 임계에 도달할 것이라는 점도 빼놓지 않았다. 돌이켜보면 야들린이 적중했다. 오차드 작전의 정확한 시기 선택과 정확한 성격 규정만이 핵분열도 전쟁도 없게 한다는 이중의 목표를 달성하게 할 터였다.

언론인이자 분석가인 다비드 마코프스키에 의하면 2007년 9월 5일 자정을 지나자마자 F-16 전투기 네 대가 시리아 원자로를 향해 이륙했다. 26년 전 이라크 원자로를 폭격하는 데 사용되던 바로 그 이즈라엘 계곡 공군기지에서였다. 2012년 『뉴요커』에 발표한 한 장문의 기사에서 마코프스키는 F-16기 네 대가 사막 공군기지 한 군데서 이륙한 F-15기 네 대의 호위를 받았다고 적었다. 사막 공군기지는 야들린이 어린 시절을 보낸 키부츠에서 가까운 곳으로, 훗날 야들린이 사령관으로 복무하던 곳이었다. 이 이스라엘 전투기 여덟 대는 선진 전자전電子戰 장치를 갖추고 지중해 해안과 터키와 시리아 사이의 국경을 따라 비행했다. 자정이 지나자 전투기들은 폭발물 17톤을 투하해 플루토늄 공장을 박살냈다.

뒤이은 72시간 동안 긴장은 고조되었다. 시리아가 엄청난 미사일 공격으로 대응해서 텔아비브를 불길에 휩싸이게 할 터인가? 전쟁이 발발해서 수천 명의 목숨을 앗아갈 터인가? 야들린이 예측했던 바와 한 치도 다름없이, 압도당한 시리아는 이에 대응하지 않았다. 이스라엘의 힘과 억제력, 스텔스기의 위력 아래 시리아는 침묵으로써 패배를 인정했다. 베긴주의의 두 번째 이행 역시 괄목할 만한 성공이었던 셈이다. 세계가 아랍 독재 정부의 핵무장화를 막는 데 실패했을 때, 그리고 미국이 이에 대한 조치를 취하는 데 실패했을 때, 이스라엘은 주도권을 잡아 스스로 운명을 개척했다. 다시 한번, 목표 위에서의 정확한 1분이 두 번째 홀로코스트의 가능성을 제거한 셈이었다.

하지만 이란에서의 임무는 1981년과 2007년의 불가능에 가까웠던 임무들보다 훨씬 더 복잡하고 어려웠다. 이란인들은 이라크와 시리아인들보다 훨씬 더 노련하며 교활했다. 이들의 전략적 목표는 신속하게가 아닌 안정적으로 폭탄을 제조하는 데 있었다. 이들이 여러 궤도를 따라 진행했던 까닭이 여기에 있었다. 말하자면 부셰르에 원자로 하나, 아라크에 원자로 하나, 파르친에 군산복합단지 하나, 나탄즈에 우라늄 농축 시설 하나, 포르도에 지하 벙커 하나를 짓는 식이었다. 되도록이면 국제적 정당성을 등에 업고 진행하고자 노력했던 까닭도 여기에 있었다. 현행범으로 붙들리거나 결정적 꼬투리를 잡히지 않도록 세심한 주의를 기울였다. 서구사회가 격분해 행동을 취할 수밖에 없는 지경에 이르러서는 안 되었던 까닭에, 그들을 자극하지 않기 위해 단계마다 최선을 다했다. 2006년 1월 야들린이 이스라엘 방위군 수장으로 임명되자마자 이란인들은 나탄즈에서 우라늄 농축을 시작했다. 우선 원심분리기 몇 대를 입수하는 것에서 시작해 이어 수십 대, 그다음 수백 대로 수를 늘려갔다. 2007년 원심분리기는 1000대에 불과했으나 2012년 말에 이르자 1만1000대의 원심분리기가 작동하고 있었다. 이에 따라 이란인들이 축적한 농축우라늄 양은 2008년 초 50킬로그램에 불과했으나 2013년 초가 되자 거의 7000킬로그램까지 늘어나 있었다. 비록 국제사회가 (약하게나마) 항의했으며 (제한적이나마) 제재를 가하기는 했어도, 이란인들은 참을성을 가지고 끈질기게 목표를 향해 나아갔다. IDF 본부 13층에 위치한 자신의 널찍한 사무실에서, 장군 야들린은 이란인들이 국제원자력기구IAEA를 바보로 만들고 유엔을 바보로 만들고 서구 열강을 바보로 만들며, 자신들이 갈망하고 있는 핵폭탄에 한 걸음 한 걸음 다가서는 상황을 관찰했다.

이스라엘은 이란의 진전에 대처하는 데 늦었다. 2002년, 수상 아리엘 샤론은 모사드의 메이르 다간을 시켜 이란의 위협을 해소하도록 했다. 비이스라엘 자료에 의하면 모사드는 넉넉한 자금을 지원받아 사이버 공격과 핵 과학자 암살을 포함해 일련의 아슬아슬한 작전을 수행한 끝에 전략적으로 인상 깊은 결과를 달성했다. 하지만 다간의 타고난 자신감은 오만함으로 변했다. 2005년 사내는 동료와 상관들에게 이란이 원심분리기 한 대조차 돌리지 못하리라고 장담했다. 2년 후, 나탄즈에서 원심분리기가 1000대 이상 돌아가고 있을 때에야 IDF 최고 사령부는 다간의 접근법이 막다른 골목에 이를지도 모른다는 불안감에 휩싸이기 시작했다. 외교적 조치와 제재라는 방법이 아직 어떤 구체적인 결과도 내놓지 못하던 상황에서 군사적 방법을 고려하는 것 외에는 다른 도리가 없었다. 비이스라엘 자료에 따르면 모사드 수장인 야들린과 공군 사령관인 엘리에제르 슈케디, 부참모장 단 하렐은 이스라엘이 이란에 대해 믿을 만한 군사적 방법을 준비해야 한다고 주장했다. 일부 고위급 장군들이 반대하기는 했지만, 참모총장 가비 아슈케나지는 공군에 작전 계획을 준비하라고 지시했다. 1981년이나 2007년과 마찬가지로, 정보를 수집하고 조종사들을 훈련시켰다. IDF는 세 번째로 베긴 주의를 이행할 준비를 했다.

2007년 11월 국가정보판단NIE 보고서 하나에서는, 미국 첩보 기관 16곳의 한결같은 관점을 제시하며 이란이 실제로 핵무기 구축에 힘쓰고 있다는 어떤 결정적 증거도 없다고 주장했다. 로마에서 자신의 미국 측 상대를 만난 뒤, 야들린은 이 충격적인 보고서가 어떻게 된 일인지 알게 되었다. 이라크 침공의 트라우마 이후, 미국 정보기관에서는 대통령 조지 W. 부시가 이란에 대해 무분별하게 행동해서 미국이 이슬람 국가와의 세 번째 전쟁에 뛰어들까봐 이를 방지하려고 백악관에서 조작한 거짓 정보를 기반으로 허위 보고서를 작성한 셈이었다. 야들린이 텔아비브로 돌아와 직원들에게 미국 NIE 보고서에 대해 평가를 거듭해 보도록 지시한 결과, 보고서 내용이 이치에 맞지 않는다는 결론이 나왔다. 모사드와 군사정보부 분석팀 넷은 이란인들이 군사 목적의 핵무기 보유능력 확보에 다가가고 있으며 미국인들은 이란 프로그램의 상황을 극도로 과소평가했다고 단언했다.

고립시키기란 어려웠다. 프랑스와 영국 두 나라는 강대국 가운데서는 유일하게 진심으로 이란을 이해해주었다. 한편, 중국과 러시아, 인도는 부분적이나마 이란에 협조하고 있었다. 유럽의 여러 나라는 여전히 이란과 교역하고 있었다. 미국은 다른 전쟁들에 얽매여 있던 탓에 마비 상태였다. 이스라엘 내에서조차 정치 지도부는 이란에 완전히 집중하고 있지 못했다. 다간이 이란의 전진을 방해하지 못하리라는 가정이 널리 퍼져 있었다. 이란에서 원심분리기가 증가하며 우라늄이 쌓여가는 동안, 이스라엘은 허송세월을 보내고 있었다. 비이스라엘 자료에 따르면 슈케디-야들린의 군사적 방법조차 무의미해지고 있었다.

그때 베냐민 네타냐후가 입성했다. 2009년 4월 집무를 시작하면서,

네타냐후는 이란에 대해 완전히 새로운 접근법을 들고 왔다. 그가 파악한 바로, 이란은 21세기의 나치 독일이었다. 이란의 비상식적 정권과 비상식적 무기의 결합은 치명적이었다. 나약하며 퇴폐적인 2000년대의 서구사회는 여러 면에서 1930년대의 서구사회와 닮았다. 하지만 유대 민족은 핵무장한 아우슈비츠 같은 곳에 또다시 끌려 들어가지는 않을 터였다. 유대 민족에게는 이제 국가와 군대, 기술력이 있었다. 텔아비브가 히로시마가 되지 못하도록 막기 위해서라면 무슨 일이든 할 터였다.

이란과의 투쟁에서 이 신임 수상이 크게 기여한 바는 인지적 인식의 유발이었다. 전임자들과는 달리, 네타냐후는 이란을 이해했고 이란을 내면화했으며 이란에 전적으로 집중했다. 집무실을 떠나는 그날까지 자신의 임무는 이란의 핵무장화를 막는 일이라고 인식했다. 이란을 막기 위해 그는 노동당 에후드 바라크와의 이례적 연정에 들어가 에후드를 국방장관에 임명했다. 막대한 자금을 승인해 이를 정보 수집과 공군에 할당했으며, 그러는 사이 서방 지도자들과 솔직한 대화를 나누었다. 이스라엘만의 효과적인 군사적 방법을 고안해 수시로 그 사용에 대비했다. IDF에는 행동할 대비를 시켰으며, 그 결과 미국은 불안에 빠졌다. 2009년과 2010년, 2011년 동안 수차례에 걸쳐, 이스라엘은 곧 공격이라도 할 태세를 보였다. 중동에 곧 전쟁이 닥칠 듯 보이자 워싱턴에도 텔아비브에도 긴장이 감돌았다.

아모스 야들린과 동료 장군들은 네타냐후와 바라크가 정말 공격할 생각인지 아니면 전략적 포커라는 전례 없는 게임을 하고 있는지 알 길이 없었다. 노련한 전투기 조종사 야들린은 상관들을 시험했다. 이들에게 특별 자금 승인과 특수 정보 수집 허가를 요청했다. 실제 공격이 계획된다는 전제 하에 필요한 사항들이었다. 바라크는 거부했으나 네타냐후는 동의했다. IDF 최고 정보장교이기도 했던 야들린은 국방부 장관에게는 무슨 꿍꿍이속이 있는지 모르겠으나, 수상은 진지하다는 결론에 이르렀다. 베냐민 네타냐후는 진심으로 이스라엘의 운명이 위태롭다고 믿었다. 어떤 수를 써도 안 되면 그때는 공격할 터였다, 무슨 일이 있더라도.

워싱턴도 비슷한 결론에 도달했다. 2009년은 부질없는 포용 정책에 낭비했으며, 2010년은 유엔 제재를 부과하려다 실패함으로써 낭비했으나, 이제 이스라엘의 절박한 움직임에 두려움을 느낀 나머지 온건한 오바마 행정부는 온건하지 않은 수순을 밟을 수밖에 없었다. 우선 오바마 대통령은 이란을 겨냥한 사이버 전쟁을 승인했고, 이어 유럽인들과의 조정을 거쳐 이란에 단독 제재를 가했으며, 마침내 국방부에 미국의 군사적 조치를 준비하라고 지시했다.

하지만 이스라엘의 군사적 방법이 정치적 성공으로 결론난 반면, 이스라엘 자체는 큰 혼란에 빠졌다. 잠복 작전과 사이버 전쟁이 귀중한 시간을 벌어들이기는 했으나 이란인들을 좌절시킨다는 전략적 목표를 달성하지는 못했는데, 다간은 이 사실을 인정하려 들지 않았다. 참모총장 가비 아슈케나지는 자신이 고안해낸 군사적 방법이지만 이를 실제 사용하는 건 단호하게 반대했다. 네타냐후와 바라크가 한편이 되고 다간과 아슈케나지가 다른 한편이 되어 엄청난 다툼이 전개되었다. 국내 비밀정보국 신베트 수장인 유발 디스킨과 군 장군 대부분은 다간과 아슈케나지 편에 섰다. 수상과 국방부 장관은 부하들에게 역사적 통찰과 용기가 부족하다고 생각했던 반면, 군 정보부 고위 관료들은 상관들을 메시아주의자에 전쟁광이라 생각했다. 두 집단 사이의 격렬한 다툼은 개인적이고, 감정적이며, 흉측하게 변해갔다. 논쟁이 개인적 차원을 벗어나 본래 취지에 충실하게 이루어져야 했기에, 야들린은 의사 결정이 가능한 한 이성적으로 이루어지도록 유도하려고 17개 항으로 이루어진 질문지를 기안했다. 야들린의 질문이 하나도 빠짐없이 긍정의 대답을 얻어야만, 이란에 대한 이스라엘의 공격이 정당화될 터였다.

이스라엘 내부의 논쟁이 걷잡을 수 없게 되면서 가지각색의 종말 시나리오가 사람들 입에 오르내렸다. 온건파들은 이스라엘이 정당한 이유 없이 공격을 감행한다면 미국과의 동맹을 위험에 빠뜨리고, 지역 전쟁을 촉발하며, 이스라엘에 대한 미사일 공격을 유도해서 수천 또는 수만 명의 목숨을 대가로 치를지도 모른다고 주장했다. 강경파들은 소극적 대응으로 일관한다면 중동에는 다극적 핵체제가 수립되고, 지역의 과격화가 이루어지며, 재래식 전쟁이 끊임없이 발생하고, 텔아비브에는 핵폭탄이 떨어지는 결과로 이어질 수도 있다고 주장했다. 야들린은 제3의 방법을 고안하려 애썼다. 한편으로는, 이스라엘의 폭격이 이란의 폭탄 제조를 방지할 수 있다는 점에서 전략적으로 정당화되며 또한 폭격한다고 해서 아마겟돈을 초래하지는 않으리라는 데 동의했다. 사내는 이스라엘의 군사적 방법에 효과가 있을 터라 확신했으며, 이스라엘이나 서구사회나 이로써 치러야 할 대가를 제한적이나마 감내할 수 있으리라 믿었다. 이란의 미사일 수백 대와 헤즈볼라의 로켓 수천 대가 가로막고 있다는 이유만으로 이스라엘이 행동을 회피한다면, 살아남을 권리도 방법도 없었다. 다른 한편, 야들린은 국제적 정당성과 미국의 뒷받침이 없다면 이스라엘의 폭격에는 아무런 실효도 없으리라고 주장했다. 만약 미국이 결정적 제재를 통해 이스라엘의 공격을 보완해주기를 거부한다면, 엄청난 대가를 치르고도 얻을 수 있는 시간은 2년에 불과하리라. 도전은 작전 자체가 아니라 작전 후 10년에 있다고 야들린은 주장했다. 사내는 수상 네타냐후에게 오바마 대통령과 싸우지 말고 끈끈한 전략적 유대관계를 조성하라고 강력히 요구했다. 미국의 대민주주의와 이스라엘의 소민주주의가 어깨를 맞대고 협력해야만 시아파 세력의 부상을 멈출 수 있으리라.

네타냐후는 야들린의 충고를 무시했다. 점령과 관련된 문제들을 양보하면 오바마를 포섭하고 이스라엘의 국제적 지위를 향상시킬 수 있으련만, 수상은 그렇게 하지 않았다. 오히려 오바마의 화를 돋우었다. 수상은 이스라엘을 국제사회로부터 반쯤 버림받은 국가로 전락시켰다. 네타냐후는 이스라엘 내에서나 이스라엘 밖에서 극적인 작전을 수행하는 데 필요한 정당성을 구축하지 못했다. 군사적 방법이 정치적으로 인상적인 결과를 낳자, 네타냐후는 자기 과신에 빠졌다. 2012년 여름, 수상은 미국 대통령 선거에 개입했다고 알려졌는데, 같은 해 가을에 이르자 결정적 기회를 놓친 나머지 그것이 어떤 종류든 간에 이전에 보유했던 정치적 영향력을 잃고 말았다.

이란에 대한 결정은 어쩌면 이스라엘이 이 시대에 내려야 하는 결정 가운데 가장 어려운 것일 수 있다. 어떤 의미에서는 디모나에 대한 결정과 비슷하다. 디모나와 이란 모두 그 결정이 내포한 위험은 상상을 초월한다. 디모나와 이란 둘 다에 필요한 건 대담성과 책임감, 교활함의 독특한 조합이다. 이스라엘은 서구 열강과 협력하면서 동시에 이들에 맞서야 한다. 특유의 도전에 직면한 나라로서 모든 자원과 기술을 동원해, 성숙한 지도부가 든든하게 뒷받침하는 특유의 해법을 내놓아야 한다. 그러니 아모스 야들린과 앉아 있는 지금, 난 결정적 시기에 디모나를 운영했던 그 공학자를 떠올린다. 베긴주의는 디모나의 보완물로, 중동에 제2의 디모나가 생기지 않게 하려고 창안되었다. 2000년대의 야들린과 동료들이 직면한 도전은 또한 1960년대의 그 공학자와 동료들이 직면한 도전과 다르지 않았다. 디모나를 건설하는 동안 젊은 이스라엘은 모범적으로 행동했지만, 나탄즈와 포르도에 직면해 있는 동안 중년의 이스라엘은 심각하게 비틀거렸다. 맞다, 정보력과 기술력의 탁월함 덕분에 위대한 업적을 성취했던 건 사실이다. 비이스라엘 자료에 따르면 믿기 어려운 성과들이 있었다. 하지만 엄밀한 의미에서 이 나라는 사상 최고로 극적인 실존적 도전에 적절하게 맞서는 데 총력을 기울이지는 못했다.

야들린은 낙관주의자다. 쓴웃음을 머금고 재임 기간의 절망스러웠던 순간들을 재구성한다. 야들린의 임기 첫해, 누구나 여전히 다가이 이란의 문제를 해결하리라 믿었으나, 야들린은 이러한 시류에 휩쓸리지 않고 군대와 정보라는 귀중한 자원을 이란 작전에 집중시켰다. 야들린의 둘째 해, 정보력과 군사력은 극적으로 증가했으나 시리아 원자로로 말미암아 이란에 대한 관심은 다른 곳으로 돌아갔으며 미국의 NIE 보고서는 물을 흐려놓았다. 야들린의 셋째 해, 이미 이란에 대한 정보는 훌륭한 윤곽을 그려냈으나, 그때쯤 이란은 나탄즈의 지하로 숨어든 후였고, 이미 포르도의 연료 농축 공장을 파내려간 후였으며, 이스라엘이 앞서 되돌릴 수 없는 지점이라 정의했던 단계를 넘어선 후였다. 야들린의 넷째 해, 네타냐후는 이란을 멈추려는 운동을 회복시켰으나, 야들린과 다간이 의지했던 미국과 이스라엘의 공조 전략에는 한계가 있음이 드러났다. 다섯째 해, 국제사회가 단호하게 행동하도록 설득할 만한 결정적 증거는 발견되지 않았으며, 이스라엘의 내부 분쟁은 점점 더 흉측해졌다. 하지만 야들린이 퇴임한 후 8개월이 지난 시점인 2011년 후반에서 2012년 후반 사이, 여러 해에 걸친 사내의 노력은 결실을 맺기 시작했다. 용납할 수 없을 만큼 늦기는 했어도, 미국인과 유럽인들은 마침내 매서운 제재를 가했으며 이란 경제는 무너지기 시작했다. 맞다, 이란인들은 이미 폭탄 여섯 개에서 일곱 개를 제조하기에 충분한 농축 우라늄을 쌓아놓았으며 이 폭탄들을 제조하는 데 필요한 시간을 크게 단축해놓은 상태였다. 하지만 마침내 이란인들 발아래의 땅은 흔들리고 있었다.

어쩌면 너무 늦었을 수도 있다. 어쩌면 무력을 사용해 이란을 저지하거나 중단시키는 방법 외에는 다른 도리가 없을 수도 있으리라. 하지만 절망적인 10년이 지난 지금, 자정 1분 전 서구사회가 마침내 깨어나고 있다는, 서구사회가 이스라엘을 저버리지 않을 터며 자신을 절멸하려는 광적인 세력에 홀로 대항하도록 내버려두지 않으리라는 희망도 보인다.

"이란인들에 대해 말해주십시오", 난 야들린에게 청한다. "테헤란에서 수집한 기밀 정보를 읽으면서 당신은 무엇을 알게 되었습니까? 어떤 유형의 사회와 어떤 유형의 정권을 확인했습니까? 우리가 대면하고 있는 사람들은 어떤 자들입니까?"

"이란인들에게서는 광신적 신앙과 전략적 신중함이 절묘하게 결합해 있다는 사실을 알게 됩니다", 안경을 쓴 이 사려 깊은 퇴역 장성은 건너편 의자에 앉아 말한다. "저들은 매우 야심찹니다. 미국 및 이스라엘과의 투쟁을 문명 사이의 충돌로 간주합니다. 저들이 보는 바에 따르면 자기네 문명이 더 순수하고 더 정당하며, 따라서 더 강력합니다. 저들에게 유대교와 기독교가 결합한 문명은 이제 쇠락의 길로 접어든 사악한 제국주의 문명이죠. 저들은 영국인과 미국인과 러시아인들이 이란에 저지른 일로 그리고 시온주의자들이 팔레스타인에 저지른 일로 뼈저린 분노를 느끼고 있습니다. 우리 문명은 망가지고 타락한 까닭에 고통을 견딜 수도 없고, 회복력도 없으며, 썩어버리게 되어 있다고 완전히 확신하고 있습니다. 자기네가 장차 우위를 차지할 터이며 결국 이스라엘과 유럽, 미국의 몰락을 가져오리라고 자신하는 까닭이 여기에 있죠. 저들은 미래가 자기네 것이라고 믿습니다. 부상하고 있는 자신들의 문화가 우리 문화를 쓰러뜨리리라고 말이죠."

"그럼에도", 야들린은 이어간다, "하루하루의 행위를 보면, 저들 광신자는 세련되고 절도 있게 행동합니다. 절대 서두르지 않습니다. 성급하지 않습니다. 저들에게 실수란 거의 없습니다. 목표를 향해 직진해 적의 사격을 유도하기보다는, 넓고 안정적인 전선을 구축해 목표에 천천히 다가가서 적시에 매우 정확하게 목표가 정복될 수 있도록 하죠. 이러한 사실을 이해하기까지 대략 2년이 걸렸지만, 저들이 정말 무엇을 하고 있는지 파악하자 난 깊이 감명받았습니다. 이란인들은 존경할 수밖에 없습니다. 저들은 지독히도 진지하며, 나름대로 매우 인상적입니다."

"그럼 이제는 이스라엘인들에 대해 말씀해주십시오", 야들린에게 청한다. "우리는 어떻게 행동합니까? 우리도 역시 인상적인가요?"

"우리 문제는 이란이 모든 면에서 훨씬 앞서 있다는 데 있었습니다", 그는 답한다. "그런데 이런 점은 우리에게 주요 관심사가 아니었죠. 이스라엘인 가운데에는 이 점을 우리와 아무 상관없는 일이라 여기는 사람들도 있었고, 받아들이기에는 너무 벅차다고 느끼는 사람들도 있었습니다. 하지만 접근법에 있어서도 같은 결과가 나왔던 거죠. 즉 우리는 팔레스타인 테러를 다루었고, 가자지구 팔레스타인 사람들로부터의 철수를 다루었으며, 웨스트뱅크 팔레스타인 사람들과의 화해를 위한 노력을 다루었지만, 우리는 이란인들 문제만큼은 다루지 못했습니다. 적어도 진지하게는 말이죠. 상당히 늦은 뒤에야 손을 댔죠. 마찬가지로 미국인들은 알카에다와 아프가니스탄과 이라크를 다루고 있었지만, 이란은 아니었습니다. 적어도 진지하게는 말이죠. 아주 늦은 뒤에야 손을 댔죠. 그러니 이스라엘인들에게나 미국인들에게나 모사드에 이렇게 말하는 게 편했던 겁니다. '돈을 대줄 테니 우리 대신 이 문제를 해결하라.' 모사드는 돈을 챙겼지만 문제를 해결하지는 못했습니다. 2007년에 와서야 이스라엘 방위군은 이 도전에 응했고, 2009년에 와서야 민족지도부가 이 도전에 응했으며, 2011년에 와서야 세계가 눈을 떴습니다. 극적인 질문은 이러한 각성이 너무 늦지 않았느냐는 것입니다. 우리는 아직 그 답을 모릅니다."

2011년 여름은 항의하는 여름이었던 반면, 2012년 여름은 불안한 여름이었다. 2012년 초, 베냐민 네타냐후와 에후드 바라크는 2012년

이 결정적 해라는 생각을 내비쳤다. 둘 다 이란이 곧 '면역 구역'[3]으로 진입할 터며 그렇게 되면 이란에 대한 이스라엘의 무력행사를 방해하게 되리라 주장했다. 만약 국제사회가 이를 즉각 막지 않는다면, 이스라엘은 단독으로라도 막아야 할 터였다. 이제는 유명해진 그 군사적 방법을 동원해서. 여름이 다가오면서 긴장은 고조되었다. 난 이를 몸소 경험했다. 수상과의 두 차례 비공개 회의와, 국방부 장관과의 세 차례 비공개 회의에서 나오던 나는 다리가 후들거리는 걸 느꼈다. 저들이 하는 말이 진심이었을까? 네타냐후는 정말 오바마 대통령이 루스벨트 대통령과 마찬가지라고 느꼈을까? 루스벨트 대통령은 1944년 아우슈비츠를 폭격하지 않으려 했다. 바라크는 정말 공격 외에는 다른 도리가 없을 때까지 불과 9개월에서 12개월이 남았을 뿐이라고 생각했을까? 바라크는 속을 알기 어려운 인물이었지만, 네타냐후는 완전히 진심이었다. 네타냐후는 자신의 임무는 궁극적인 악으로부터 조국과 서구사회를 구해야 하는 것이라 믿었던 인물인 처칠을 생각하며, 자신이 바로 21세기의 처칠이라 확신하는 듯 보였다.

하지만 네타냐후는 처칠처럼 행동하지는 않았다. 현실에 대한 자신의 극적 인식을 국민과 공유하지 않았으며 나라를 궁극적 시험에 대비시키지 못했다. 이란의 도전을 올바로 인식했다 하더라도, 그리고 재능 있는 인물이었다 하더라도, 그는 정작 제시했어야 하는 큰 그림은 제시하지 못했다. 그가 지도자로 있는 동안, 세계 평화를 위협한다고 간

---

3 zone of immunity, 전함 사이의 전투 용어로, 적이 이 구역 내에 있으면 포격 효과가 떨어지는 구역을 말한다. 이 구역 내에 적이 있으면 포격한다고 해도 적에게 포탄이 제대로 도달하지 않거나 잘못된 목표를 맞추는 결과로 이어진다. 여기서는 은유적으로 사용되었다.

주되는 존재는 테헤란이 아닌 예루살렘인 셈이었다. 그의 행동 때문에 이스라엘 의회와 이스라엘 국민과 세계 사이에는 어마어마한 틈이 벌어졌다.

2012년 여름 나는 『하아레츠』에 이스라엘의 최고 전략가 가운데 몇 명과 진행한 일련의 면담 결과를 발표했는데, 이 면담들은 10년 전 내가 다만 직관적으로 이해했을 뿐인 사항을 사실로 증명해 보였다. 이란은 네타냐후가 지어낸 괴물이 아니었다. 실제 존재하는 위협이었다. 따라서 불안한 여름이 한 번의 공격도 없이 막을 내렸을 때, 난 이것은 일시적 소강일 뿐이라는 사실을 알았다. 이란 위기는 해소되지 않았으며, 단지 뒤로 미뤄졌을 뿐이다. 팔레스타인 전선이 다시 뜨거워진 후, 그리고 이스라엘이 격렬한 선거운동에 돌입한 후, 판세를 바꿀 중대한 결정은 2012년에서 미래로 밀려났다. 하지만 이란은 여전히 이곳에 존재한다. 이란은 이스라엘의 미래에 짙은 먹구름을 드리우고 있다.

2013년 초반은 더없이 좋았다. 이제 이스라엘인들은 이란이라는 딜레마와 그 중요성을 충분히 인식하고도 작정하고 무시했다. 이스라엘의 2013년 선거운동에서는 불과 3개월 전 치러진 미국 대통령 선거에서보다 이란에 대한 이야기가 덜 오갔다. 2013년 봄, 이스라엘에 새 정부가 출범했을 때, 이란은 두드러진 사안이 아니었다. 바라크나 다간, 아슈케나지, 디스킨, 야들린을 비롯해 이란 문제를 다루는 데 앞장선 일부 정부 각료 등 옛 주자들은 다 가고 없었다. 하지만 가장 중요한 한 명이 남아 있었다. 베냐민 네타냐후였다. 그리고 재선된 수상 베냐민 네타냐후와 신임 국방장관 모셰 얄론과 신임 참모총장 베니 간츠를 만나 몇 번 이야기를 나눠보니, 그들에게는 이란이 최고 관심사였다. 오바마에게 기회를 주고 제재를 성사시키고 외교에서 성공을 거두고 나니, 이들은 자신들의 주장이 그 어느 때보다 힘을 얻고 있으며 이제 이스라엘은 도덕적 우위를 차지하고 있음을 실감했다. 더불어 전략 지정학적 변화 역시 실감했다. 곧, 시리아가 무너지고 헤즈볼라가 약해지며 수니파와 시아파 사이의 긴장은 고조되고 있어서, 온건파의 기우에 찬 시나리오는 힘을 잃었다. 네타냐후 일파는 생각했다. 설령 이스라엘이 공격을 감행한다고 해도, 그 반격으로 지구가 멸망할 지경에까지 이르지는 않으리라. 중동 전체가 전쟁의 불길로 뒤덮이지는 않으리라. 그러므로 진짜 문제는 미국이었다. 오바마 정부에 의지가 있는가? 이라크전과 아프가니스탄전을 치르고도 미국이 이란의 핵 계획을 좌절시키는 데 이스라엘이라는 카드를, 군사적 해법이라는 카드, 제재라는 카드를 이용하고, 오바마의 적극적인 외교가 낳은 성과와 테헤란에 내재한 나약을 이용할 것인가?

2013년 6월 14일, 온건파 하산 로하니가 이란 이슬람 공화국 선거에서 승리했다. 3개월여가 지난 9월 23일, 로하니는 UN 총회에서 화해의 메시지를 담은 연설로 감동을 일으켜 미국 외교관, 언론인, 진보주의자 상당수의 마음을 사로잡았다. 11월 24일 스위스 제네바에서 이란과 미국, 영국, 프랑스, 독일, 러시아, 중국 등 여섯 강대국(P5+1) 사이에 잠정 협정이 체결되었다. 그리고 1년 반이 채 지나지 않은 2015년 4월 2일 제네바에서 시작된 협상은 마침내 로잔 선언과 비공식 합의를 이끌어냈다. 3개월 반이 흐른 7월 14일, 빈 협약이 체결되었다. P5+1과 이란 이슬람 공화국은 포괄적공동행동계획JCPOA을 발표했다. 상호 협의에 따른 외교적 방법으로 이란 핵 위기를 해결하자는 계획이었다.

그러므로 며칠 뒤 야간 비행기에 몸을 싣고 벤구리온 국제공항에서 뉴욕으로 날아갔을 적에, 나는 내 손에 쥐고 있는 이 두꺼운 문서가 지극히 길하면서도 그 안에 위험 또한 도사리고 있다는 사실을 알았다. 내 평생 이런 문서는 처음이었다. 이 문서로 내 조국의 미래가 결정되고, 중동이 재편되며, 세계질서가 지대한 영향을 받게 될 터다. 오바마 팀이 진정 세계를 구한 셈인가? 아야톨라의 재깍거리는 (핵)폭탄을 해체하는 데 성공했는가? 우리 시대에 평화를 누리게 될 것인가?

무미건조하고 형식적으로만 보이던 JCPOA는 알고 보니 스릴러였다. 함께 비행하던 벗들은 잠들었지만, 나는 이 159쪽짜리 문서를 손에서 놓을 수가 없었다. 이 문서로 장차 핵 위기가 촉발될 수도 있었다.

맞다, 빛은 있었다. 협상팀은 이란인들을 살살 구슬려 핵무기를 개발하거나 구입하지 않겠다는 데 대략적으로 동의하게 만들었다. 더욱 중요한 성과는, 이란의 기존 핵 프로그램에도 제동을 걸었다는 데 있었다. 아라크의 원자로, 나탄즈의 핵연료 농축 공장, 포르도의 지하 핵 시설은 다가올 10년 동안 세계를 위협하지 못할 터다. 원심분리기 수 감소(1만9000대에서 5060대로)와 농축우라늄 양 감소(8000킬로그램에서 300킬로그램으로), 이미 알려진 핵 시설에 대한 엄격한 감시 프로그램까지 다 참으로 인상적인 성과였다.

하지만 그림자 역시 있었다. 이란 협상팀은 자기네 나라를 절룩거리게 만든 제재 조치를 모조리 거두어들이게 하는 데 성공했다. 베일에 가려 있어 아직 알려지지 않은 핵 시설에 대한 실효성 있는 감시를 막는 데도 성공했다. 그 결과 어떤 일이 벌어질 것인가? 만약 이란인들이 장차 포르도나 나탄즈, 아라크 밖에서 비밀리에 핵 프로그램을 개발하기로 작심한다면, 성공할 가망이 짙은 셈이다. 그런다고 해도 덜미가 잡힐 공산은 크지 않아서, 다시금 제재를 가할 빌미를 찾기도 힘들어지리라. 비밀 경로를 통해 핵폭탄으로 가는 돌파구를 마련할 것인가, 그 결정은 결국 이란의 몫일 뿐, 국제사회의 입김은 미미할 터다.

그리고 어둠이 있었다. 협정을 보면, 국제사회는 이란이 고도의 원심분리기를 개발할 권리를 거듭 인정하고 있다. 이러한 원심분리기의 농축능은 이란이 협정의 일부로 손을 떼고 있던 구식 원심분리기보다 열 배 더 높을 수 있었다. 미국을 비롯해 그 우방국들이 장차 이란이 전보다 훨씬 더 강력하고도 위험한 핵 프로그램을 수립할 수 있도록 허용하는 것을 넘어 보장해주는 꼴이다. 다시 말해, 이란인들은 2025년 혁신적이고 강력하고 합법적인 핵 프로그램을, 그것도 국제사회의 승인과 동의를 등에 업고 수립할 속셈으로 2015년 시대에 뒤떨어진 구식의 불법 핵 프로그램을 포기하고 있다는 뜻이었다. JCPOA가 우리에게 값진 선물을 주었다고는 본다. 5년에서 10년이라는 잠잠한 시간을. 하지만 그 후로 치를 대가는 천문학적 수준이리라. 늦어도 2030년이면 이란은 핵폭탄 수십 개를 생산할 능력을 갖춘 핵 강호가 되어 있으리라.

몇 시간 읽고 나자 난 멈출 수밖에 없었다. 스릴러는 공포물로 변했다. 거의 기함할 정도로 암울한 건 내용뿐만이 아니었다. 분위기 역시 그랬다. 사실, 장면마다 이란은 체면을 세운 반면 미국과 유럽의 체면은 바닥으로 곤두박질쳤다. 이란 국회는 미국 의회보다 더 존중받았다. 게다가 이란은 뉘우치는 기색도 없거니와 앞으로 바뀌겠다는 약속도 하지 않는다. 합의할 적조차 상대를 거만하다시피 한 태도로 대한다.

10킬로미터 상공, 제트 여객기의 어둑한 기내에서 난 유럽을 곧 아수라장이 되게 할, 어쩌면 21세기의 흐름을 바꿀 이 역사적 문서를 쳐다보며 몸을 떨었다.

다른 도리는 없을까? 있을 법도 하다. 2010년 이후 오바마 대통령이 가한 혹독한 제재는 이란에 엄청난 피해를 입혔다. 기름을 거의 수출하지 못했으니 경제는 5년 만에 20퍼센트 가까이 위축되었다. 협상이 진행되는 사이 유가는 2014년 여름 배럴당 107달러에서 2015년 여름 배럴당 45달러로 붕괴해서 이란을 비참한 지경에 빠뜨렸다. 존 케리 국무장관이 그렇게 갈급해 안달복달하지만 않았더라면, 이란의 절박한 처지를 이용해 지금과는 다른, 훨씬 더 구미에 맞는 결과를 얻을 수 있었으리라. 아니면 존 케네디처럼 줄타기 전술을 펼쳐 전쟁은 피하면서도 이란이 핵 프로그램을 포기하도록 유도하는 법도 가능하다.

하지만 좀 더 깊이 들여다보면, 오바마 대통령에게는 달리 대안이 없었다. 이라크 전쟁에서 입은 깊은 트라우마로, 21세기 첫 10년 동안 미국은 군사적이든 비군사적이든 다른 나라와 정면으로 대치할 준비가 되어 있지 않았다. 최고 지도자 알리 하메네이와 대통령 로하니는 이런 사실을 알았다. 그 결과, 미국이 이란을 능가하는 강국이었어도 협상이 진행되는 동안만큼은 이란이 우위를 점할 수밖에 없었다. 의지력과 전략적 간계를 재는 저울은 테헤란 쪽으로 기울어 있었다. 빈 협약을 그 지경으로 만든 원흉은 사실 조지 W. 부시의 역사적 실수인 이라크 전쟁이었다. JCPOA는 부시 행정부와 오바마 행정부, 샤론 정부, 올메르트 정부, 네타냐후 정부가 이란의 핵 위협과 관련해 실패를 거듭한 결과인 셈이다. 미국에는 이란을 멈출 능력이 있었으나, 의지가 없었다. 이스라엘에는 이란을 멈출 의지는 있었으나, 능력이 없었다. 게다가 미국이라는 위대한 민주주의와 이스라엘이라는 변경의 민주주의는 힘을 합쳐 행동 전략을 세우는 데 실패했으니(그것도 황금 시기인 2011년에서 2012년 사이에), 결과는 이렇게 될 수밖에 없었다. 오바마 대통령의 사고, 곧 그의 가치관, 그가 지지하는 세계관, 그가 백악관에 들여온 개인적인 신념에 비춰보면, 이란이 서구사회를 이기는 이 불가사의한 상황에 닥쳐 10년 뒤로 그 해결을 미룬 건 당연하다.

이후 몇 달에 걸친 핵 협정을 둘러싼 공개 토론에서, 나는 다 만났다. 오바마 대통령과 네타냐후 수상, 에후드 바라크 전 국방장관, 모세 얄론 현 국방장관, 모사드 전 수장 메이르 다간, 모사드 현 수장 요시 코헨, 미국 정보기관의 고위 관료들, 이스라엘 정보기관의 고위 관료들, 장성들, 외교관들, 핵 전문가들. 미국 대통령 집무실이며 백악관 서관에서, 나는 총명하고 냉철하며 의도는 좋았던 사람들과 만났다. 이란에 대해 무지하기는커녕 중동이라면 치를 떨 정도로 데이고 아랍 정치라면 신물이 나고 이스라엘 정치는 낮추보고 더 이상의 전쟁은 없게 하리라 작정한 데다, 자신들은 이미 핵이라는 난제를 풀었으며 이란이라는 퍼즐을 재조립하게 해줄 영리한 해법을 찾아냈다고 믿는 자들이었다. 그들의 근거는 알고 보면 대담한 전략적 도박에 뿌리를 내리고 있었다. 첫째, 핵무장에 앞서 이란 정권이 바뀌리라. 둘째, 제재를 철회하고 개혁주의자들을 지원해주며 이란 젊은이들에게 힘을 실어주고 경제에 숨통을 트여주면, 포르도에 이란을 핵보유국으로 탈바꿈시킬 만큼 핵분열성 물질이 축적되기 전에 테헤란에 맥도널드가 들어서게 되리라.

9,600킬로미터 너머 예루살렘에 위치한 수상 집무실에서 내가 만난 사내는 자신의 귀에 역사의 날개가 뇌성처럼 퍼덕이는 소리가 진짜 들렸다며, 역사의 올바른 경로를 바꾸게 될 재앙을 예방하는 일이 자신의 임무라는 확신에 차 있었다. 하지만 네타냐후라는 이 사내가 빈 협약에 누구보다 더 반대했다 해도, 설득력 있는 종합 전략을 동원하지도, 최종 목표가 무엇인지 간명하게 표명하지도 못했다. 좋은 예로, 이란의 위협이 우리 시대를 을러멜 정도로 극단의 전략적 위협이라고 생각했다면, 왜 네타냐후는 팔레스타인 사람들에게 좀 더 너그럽지 못했으며, 왜 미국 대통령을 헐뜯었으며, 왜 의회에서 그처럼 어이없는 연설로 불화를 일으켰는가? 왜 그는 이란을 이스라엘만의 문제로 제한해 군사적 수단으로밖에는 해결할 수 없다고 주장하는 등 당찮은 길을 택했는가?

미국 대통령과 이스라엘 수상을 만났던 한 주가 지나자, 내 머릿속에는 다음과 같은 생각이 떠올랐다. 이 두 지도자는 미래를 나눠 진 셈이다. 오바마의 손에는 다음 5년에서 10년이 달려 있었다. 네타냐후의 손에는 영원이 달려 있었다. 아니, 미국의 우익과 이스라엘의 우익은 그렇게 주장하고 있지만, 오바마는 그들의 시종이 아니다. 하지만 네타냐후 역시 그들이 믿는 바와 달리 처칠이 아니다. 나치를 물리치고자 처칠은 루스벨트의 기분을 들맞춰 자기 뜻대로 넘어오게 했다. 네타냐후는 이와 정반대로 처신한 셈이었다.

결국, 처칠이 희생했던 왕국을 네타냐후는 희생하지 못했다. 이 영국 수상은 적을 무찌르고자 보석 박힌 왕관을 포기했지만, 이 이스라엘 수상은 그 무엇도 포기하려 들지 않았다. 그의 감정적 인색으로 말미암아 스스로 파멸에 이르렀다. 자만심이 도를 넘어 자신이 못 할 일은 없다고 믿게 되었다. 이란의 원심분리기들을 멈출 수도, 그러면서 정착촌 수를 더욱 늘려 백악관 주인을 우롱할 수도 있다고. 팔레스타인 사람들에게 구미가 당길 만한 평화 계획을 제시하지 못했던 까닭에, 네타냐후는 이란에 맞서는 데 꼭 필요한 국제적 정당성을 쌓지 못했다. 스스로 보수적 공화주의자들과 얽혀 있던 까닭에, 미국과 유럽을 비롯해 여타 진보적 우방들의 우정과 공감을 소진했다. 처칠이 되고 싶었던 사내는 처칠처럼 처신하는 법을 몰랐기에 자신이 치러야 했던 처칠식 전투에서 패배했다.

결과는 분명했다. 이란은 핵보유국이 될 수밖에 없다. 그리고 그보다 훨씬 더 전에 지역을 교란하는 난폭한 국가로 자리 잡으리라. 이미 이란인들은 아랍 수도 네 곳을 쥐고 흔들며 (베이루트, 다마스쿠스, 바그다드, 때때로 사나) 중동에서 패권을 잡고 있는 데다, 앞으로 수년 내에는 고도의 재래식 무기에 가공할 핵 보유능력까지 갖추고 무장할 터다.

이란 대통령 로하니가 하메네이의 신권 정체를 고립에서 해방하는 데 성공한 사이, 네타냐후는 이스라엘을 막다른 골목에 몰아넣었다. 네타냐후가 진실을 말해도, 이제 아무도 듣지 않는다. 역사적 전환이 임박해 있다며 경고해도, 그저 흘려들을 뿐이다. 금세기 말 핵폭탄 수백 개로 무장한 채 위협할 이란에 대비해 서구사회를 결속시키기는커녕, 네타냐후는 서구의 여러 국가가 자신과 조국에 등을 돌리게 하는 데 성공했다. 해법을 찾는 데 자신의 귀한 재능을 쓰지 못하고, 결함과 실수가 판을 치게 했다. 네타냐후가 물론 장님은 아닌 까닭에, 현 상황의 위중함을 인식하지 못할 수는 없다. 내면 깊숙이 들여다보면, 그 역시 자신이 인생이란 전투에서 패배했음을 알고 있다.

2015년 3월 3일 이란 협정을 둘러싼 논쟁이 정점에 달해 있던 때, 네타냐후가 워싱턴에 간 까닭이 여기에 있었다. 상원과 하원, 양원 합동 회의에서 그는 부아를 치밀게 하는 전대미문의 연설을 했다. 네타냐후는 멍청이가 아니다. 그는 물의를 빚은 이 연설로 이란과의 협상을 멈출 수도 없는 데다 이스라엘의 입장을 강화하기는커녕 약화시키리라는 사실을 알고 있었다. 하지만 수상의 마음이 추구하는 바는 오직 하나였다. 곧, 역사가 자신을 어떻게 기억할 것인가. 게다가 자신이 1940년대판 처칠이 될 수는 없으리라는 사실을 알았기에(당시 처칠은 재앙을 막았다), 1930년대판 처칠이 되기로 작심했다(당시 처칠은 유화 정책에 반대했다). 이 선택으로부터 요란한 장관壯觀이 필요하다는 생각이 싹텄던 셈이다. 네타냐후가 겨냥하는 관중은 미국 대통령도 미국 의회도 미국 여론도 아닌, 미래 역사가들이었다. 내가 경종을 울렸다. 내가 경고했다. 이란이 핵화를 향해 가고 중동이 핵화를 향해 가고 세계질서가 무너질 때, 당신네는 내가 2015년 봄 미국 국회 의사당에서 한 연설을 상기하리라. 그리고 깨달으리라. 내가 옳았음을. 난 이란의 핵 프로그램을 중단시키지 못했을는지 몰라도, 역사에서 내 입지는 굳혔다. 네타냐후는 분명 내심 이렇게 생각했으리라. 자신이 종말의 예언자로서, 예레미야로서, 1936년 무렵 처칠로서 역사에 자리매김했으리라고.

2015년 여름이 끝날 무렵, 이란과의 협상은 체결되었다. 미 대통령은 이스라엘 수상이 대적할 상대가 아니었다. 오바마는 정치적 완승에 필요한 지지 기반을 넓혀가는 데 성공했다. 워싱턴에서 전개되는 상황을 관찰하다보니, 난 궁금해졌다. 이란 협상을 보강할 만한 조치는 정녕 없을까. 내포된 위험을 최소화하고 긍정적 효과를 극대화하도록 JCPOS의 결함을 보완할 만한 제3의 방법은 없을는지, 나는 가능한 한 여러 전문가를 찾아가 자문을 구했다.

그 가운데 메이르 다간이 있었다. 그가 텔아비브에 위치한 자신의 소박한 아파트 문을 열어 주었을 때, 내 눈앞에는 암으로 피폐해진 사내가 서 있었다. 모사드 전 수장, 메이르 다간은 2016년 4월 세상을 떠났다. 그러나 신체 상태는 화성인을 방불케 할 정도로 형편없었어도, 그의 정신만큼은 또렷해서 명철하게 사고할 수 있었다. 그는 네타냐후를 경멸하고 네타냐후의 군사적 해법을 경멸했는데, 네타냐후는 이스라엘의 실존 자체를 위험에 빠뜨리고 있다고 생각했기 때문이다. 하지만 그가 생각하기에도 역시 빈 협정은 부적절했다. 미국 측이 지나치게 조급히 서명했다고 생각했다. 2010년 자신과 공유했다고 믿은 이해를 존중했어야 했다고. 제재를 원래대로 가함으로써 이란인들이 무릎 꿇고 핵 야망을 완전히 버리기로 합의하게 해야 했다고.

하지만 다간의 말에 따르면, 무슨 까닭에서인지 케리는 서둘렀다. 무슨 까닭에서인지 미국 측은 이란인들이 한발 앞서게 내버려두었고, 이어 또 몇 걸음 더 앞서게 놔두었다. 그러므로 미래는 불 보듯 뻔했다. 다간의 말이다. 이란은 속임수를 쓸 터다. 이란은 100퍼센트 속임수를 쓸 터다. 협약의 보상을 거두어들어야 하니 5년은 기다리겠지만, 이후 한계를 시험하기 시작할 터다. 시간이 더 흐르면, 포복이든 전력질주든 핵 돌파구를 찾으려고 슬슬 행동에 나서기 시작하겠지. 그리고 결정적 순간이 도래하면, JCPOA의 결함이 속속들이 드러나리라. 이란의 군사 시설에 대한 불충분한 감시, 새로운 핵 시설 추정 지역에 대한 불충분한 감시 등, 모사드 전 수장은 말했다. 잊어서는 안 된다, 테헤란에만 해도 수백 킬로미터에 이르는 땅굴이 있다. 게다가 온건해질 가능성도 희박하지만, 이란 정권이 온건해지기는커녕 오히려 강경해진다면, 협약으로 얻은 횡재의 3분의 1을 군비 확장, 지역 전복에 쏟을 터다. 다간의 전망은 단단히 확신에 차 있었다. 이 생지옥 같은 시나리오를 멈추기도 퍽 어렵겠지만, 오바마 행정부가 믿고 싶어하는 낙관적인 시나리오가 효과를 발휘하기란 훨씬 더 어려울 터다.

내가 만난 또 한 명의 정보통은 에후드 바라크였다. 텔아비브에 위치한 번득이는 고급 주거단지에 있는 자신의 호화 아파트에서, 한때 국방장관이었던 그는 평소와 달리 참 말수가 많았다. 그의 의견에 따르면, 빈 협약은 2009~2012년 대이스라엘을 둘러싼 논쟁이 한창이던 사이에 자신이 누차 말하던 그대로였다. 열광적인 태도는 아니었어도, 당시 미국 측은 이스라엘의 예방 조치를 지지하려 했다. 이스라엘이 염두에 두던 군사적 방법은 2010년 가동 준비를 거의 마친 상태여서 2012년이면 투입하기에 마침맞았다. 하지만 참모총장이었던 아슈케나지와 간츠, 모사드 수장이었던 다간과 파르도, 군 정보국 수장이었던 야들린과 코하비, 전 대통령 페레스는 군사적 해결을 막고자 별짓을 다 했다. 그렇게 국방장관 얄론을 비롯해 고위급 각료들의 의지력을 약하게 하는 동시에 네타냐후가 자신의 뜻을 행동으로 옮길 능력이 있는지에 대해 의혹을 제기했다. 따라서 미국 측은 자신들의 방식대로 행동하는 것 외에 달리 도리가 없었던 셈이다. 이 시점에서 바라크는 말했다. 워싱턴에는 군사기술적으로 단칼에 해결할 능력이 있었다. 펜타곤에서는 이미 오바마의 요청에 따라 그런 방법을 개발해놓은 상태였다. 미국은 이란의 핵 프로그램을 하룻밤 사이 쥐도 새도 모르게 무력화할 수 있었다. 게다가 이란인들은 방금 무슨 일이 벌어졌는지도 모를 터라 전쟁조차 없으리라. 사담 후세인과의 이라크전戰보다는 빈 라덴의 제거에 한층 가까운 조치일 터다. 하지만 시대정신이 가로막았기에, 미 행정부에서는 이 가공할 능력의 사용을 진지하게 고려할 수 없었다.

그렇게 12년 동안 이스라엘을 지지하면서 이란을 주요 적수로 규정해 고립시켰던 미국은 이제 이란 문제가 해결되어간다고 믿기로 작정했다. 바라크는 이러한 전략적 돌변이 굉장한 파장을 일으키리라고 주장했다. 그리고 오바마 대통령이 이란은 핵보유국이 되지 않으리라고 말했을 때, 그 말이 진심에서 나왔다는 데 추호의 의심도 없었다고 덧붙였다. 하지만 바라크 자신은 두 눈과 두 귀로 똑똑히 보고 들었다. 레이건 대통령도 약속했다, 파키스탄은 핵보유국이 되지 않으리라, 클린턴 대통령도 약속했다, 북한은 핵보유국이 되지 않으리라. 삶이란 본래 역동적이다. 2020년까지는 어쨌든 이란인들이 협정에 충실하겠지. 자신들이 이룩한 역사적 성취 또는 새로이 누리는 (상대적) 번영을 위태롭게 하지는 않으리라. 하지만 협정이 발효되고 6, 7, 또는 8년 안에 대안을 시험하기 시작할 터다. 세계의 주목이 다른 국제 위기에 쏠려 있을 동안 핵 돌파구를 향해 다시금 돌진하고자 때를 고를 터다. 바라크는 말했다, 자신은 상상한다고. 이란인들은 IAEA 사찰단을 내칠 구실을 찾아서 감시 기구를 무너뜨리리라. 과거 경험을 토대로, 이란인들은 미국도 유럽도 자기네와 맞설 의지가 없다고 추정하리라. 그러니 빈 협약의 결과, 이란이 이제 지역 강국으로 부상할 확률, 중장기 내에 핵보유국으로 급부상할 가능성은 무척 높아진 셈이었다.

내가 만난 세 번째 인물은 나의 벗 아모스 야들린이었다. 그가 군 정보국 수장이었을 적 언론인이었던 나는 그로서는 요주의 인물이었을 텐데도, 우리는 늘 도탑게 지냈다. 본질적으로 우리는 둘 다 제3의 방법을 추구한다. 중도, 곧 서로 대치되는 통찰과 모순되는 사실들을 통합할 길을 모색한다. 따라서 이제 이스라엘의 주요 연구소 가운데 한 곳인 국가안보연구소 소장이 되어 있는 인물로서 그가 나와 만나 빈 협약 이후의 사태를 논의하게 되었을 때, 그와 나의 시각이 아주 비슷하다는 사실에 나는 놀라지 않았다. 그렇게 우리가 다시금 그의 거실에 앉자, 야들린은 주저 없이 점수를 매겼다. 미국 측에 매긴 점수는 단기적으로 보아 B다, 야들린은 말했다. 미국 측이 수중에 있는 제재와 군사적 위협이라는 두 지렛대를 완전히 활용하지 않았어도 이란의 핵 돌파구 모색을 1~2년 늦추는 데는 성공했다. 반대로, 장기적으로 볼 때 점수는 F다. 미국 측은 실패했다. 15년이라는 시간, 아니면 더 짧은 시간 내에 이란은 원심분리기 20만 대와 나탄즈와 포르도 같은 핵 시설 다섯 군데, 원자로 3기를 이용해 핵폭탄에 아주아주 가까이 다가갈 터다. 한때 장군이었던 이 안경잡이는 이어 덧붙였다. 하지만 더 심각한 문제는, 빈 협약으로 이란은 합법성을 획득했다는 데 있다. 이란이 무슨 짓을 벌이든, 그것은 곧 서구사회의 승인과 동의 하에 이루어지는 셈이 될 터다.

야들린은 이어갔다. 자신은 오바마를 이해한다. 그의 전략적 도박이 성공하기를, 로하니의 영향력이 더 커지기를, 이란의 젊은이들이 목소리를 내기를, 이란 사람들이 정권을 바꾸기를 희망한다. 하지만 지배층에 자리 잡고 있는 종교 집단의 권세와 혁명수비대의 엄청난 권력 탓에, 평화롭고 민주적인 스칸디나비아식 시나리오[4]의 가능성은 10퍼센트가량에 불과하다. 이미 돌파구를 찾았거나 돌파구를 향해 잽싸게 포복하는 북한식 비관적 시나리오의 가능성은 20퍼센트 정도다. 가능성 70퍼센트로 가장 그럴 법한 시나리오는 인내라는 전략적 게임이다. 이란인들이 협약을 터무니없이 위반해 미국과 이스라엘의 대응을 정당화할 일은 없을 터다. 그러면서 정밀 미사일 시스템, 원격 조정 무인기, 위성, 고성능 원심분리기 등, 협정에서 허용하는 선에서 모조리 개발할 터다. 중국, 러시아, 심지어 유럽으로부터 선진 무기들을 사들여 중동에서의 영향력을 강화할 터다. 그렇게 인내하다가 협정 항목 상당수가 효력을 잃는 2025년이면 설사 실제 핵폭탄을 제조하지는 않더라도 마침내 일본에 맞먹는 어마어마한 핵 보유능력을 갖추게 되리라. 하지만 이란은 일본이 아니다. JCPOA 덕에 장차 얻게 될 능력으로 이스라엘을 위협하고, 지역을 혼란에 빠뜨리며, 미국과 유럽에서 가장 중요하게 생각하는 이권을 위태롭게 하리라.

　서로 간의 차이와 불화에도 불구하고 메이르 다간과 에후드 바라크, 아모스 야들린은 이란 협정의 후폭풍을 다루는 데 거의 똑같은 제안을 했다. 이들은 다 이스라엘이 미국의 은혜로운 품으로 되돌아가야 한다고 생각했다. 더불어 미국과 이스라엘은 다음과 같은 핵심 사안에 대해 상호 이해에 도달해야 한다고도 생각했다. 빈 협약을 명백히

4　스웨덴, 덴마크, 노르웨이 등 스칸디나비아 3국은 핵의 평화적 사용을 지지하고 있다. 특히 스웨덴은 제2차 세계대전 이후 소련의 위협에 맞서 핵무기 개발을 고려했으나 결국 포기했고, 그 후에도 2010년까지는 원자력발전소마저 단계적으로 정지시키고 더 이상 새로 건설하지 않기로 결정한 바 있다.

위반한다고 간주될 행위에 대한 정의, 협정을 조금이라도 위반할 경우 낱낱이 밝혀낼 수 있도록 필요한 정보 자원 보장, 앞으로 수십 년간 미국의 군사적 제재 태세 유지, 중동에서 이란의 세력 확장 저지 조치, 이란의 정권 교체 촉진, 최신 정밀 미사일 방어망 구축.

워싱턴과 예루살렘, 곧 백악관과 수상 집무실에서 나눈 대화에서, 나는 다간과 바라크, 야들린 등 여러 인사의 생각을 설명했다. 조국을 염려하는 이스라엘의 시민이자 미국을 우방이라 생각하는 한 사람으로서, 나는 양측 정책 입안자들이 서로의 차이를 극복하도록 설득하려 애썼다. 난 빈 협약이 조성한 환경에서 후퇴가 아닌 전진할 길은 JCOPA에 저촉되지 않는 범위 내에서 사실상 협약을 강화할 수 있는 보완 문서를 작성하는 것이라 확신했다. 이것은 협약의 실패 가능성을 줄이고 성공 가능성을 높일 수 있는 원칙을 세우며 원리를 정의함으로써 가능할 터였다. 이 보완 문서는 빈 협약을 둘러치는 골격이 되어 협약을 지탱하고 강화하며 적어도 2040년까지는 그 수명을 연장하도록 고안되어야 하리라.

백악관에서는 새로운 생각에 귀를 기울일 분위기가 엿보였다. 버락 오바마의 국제적 업적을 강화할 요량이라면 더욱이 그래야 하리라. 확신하건대, 2015년 여름 네타냐후가 미국 측과 친선을 도모했더라면 이처럼 보완 문서를 작성해야 한다는 데 상호 이해에 도달할 수 있었으리라. 하지만 예루살렘에서는 내 간청을 귓등으로도 안 들었다. 네타냐후는 저항했다. 마사다 열성분자들처럼, 절대주의적이고 파괴적인 신념을 고수하며 최후의 반항으로 차라리 자결하기를 택했다.

하지만 이란 이야기는 오바마와 네타냐후 간의 증오관계에 국한되지 않는다. 그것을 초월한 핵심은 이란의 핵 위협이 우리 문명을 위협하고 있다는 데 있다. 그런데 우리 문명은 이란의 핵 위협을 다루는 데 실패하고 말았다. 이라크전과 2008~2009년 경제 위기가 숨 쉴 공기를 다 빨아들이는 바람에 서구사회는 의식이 흐려졌고, 문제가 아직 커지지 않았을 때를 놓치지 않고 적기에 철저하게 해결하는 데 필요한 의지력 또는 인지력을 상실해버렸다. 그 결과, 문제는 점점 더 커져 급기야 해결 불가능한 지경에 이르렀다. 그렇기에, 미국과 유럽의 정책 입안자들은 결정적 순간을 미루고 심판의 날을 늦추는 일 외에는 자신들에게 달리 도리가 없다는 그럴듯한 결론에 마음이 쏠렸던 셈이다. 그럼으로써 다시금 2012년과 같은 위기 국면에 서 있는 자신을 발견하기까지 고작 5년에서 10년을 벌었을 뿐이니, 선택은 우리가 지금 폭발시키거나, 폭탄이 나타나게 되거나 둘 중 하나다.

JCPOA의 근본적인 문제는 시간이다. 협상으로 이란의 기술력이라는 시계를 늦춰 테헤란이 핵폭탄에 이르는 시간을 9개월 벌려놓았다면, 서구의 전략적 대응이라는 시계는 훨씬 더 느리게 해 이란 핵화를 처리하는 미국의 능력에 적어도 3~4년 제동을 걸었다. 따라서 마찬가지로 이란이 현 위치에 이르도록 놔둔 허약한 서구 문화도 2020년 또는 2025년, 2030년에나 가서야 정신과 기운을 차릴 터다. 그런 점에서, 네타냐후가 틈만 나면 이야기하고 오바마는 별것 아닌 양 축소하기로 작정했던 악몽에서 멀어지려면, 존 F. 케네디식 단호한 외교로 제3의 방법을 취하는 길밖에 없다.

아모스 야들린에게 작별을 고한 후, 나는 고대 언덕 게제르를 내다본다. 그 아래로는 20개가 넘는 문명이 폐허가 되어 놓여 있다. 그리고 텔아비브의 스카이라인을 내다본다. 텔아비브의 자유로우며 창의적인 문화는 뉴욕의 문화를 닮았다. 오직 서구의 전략적 패권이라는 보호막 아래서만 살아남을 수 있다. 그렇지만 텔아비브는 뉴욕보다 훨씬 더 노출되어 있다. 그렇기에 텔아비브는 디모나뿐만 아니라 중동에 디모나는 오직 한 곳뿐이라는 사실에도 의존한다. 1981년과 2007년 사이만 해도, 텔아비브에는 여전히 이라크나 시리아 같은 나라가 자신들만의 디모나를 세우지 못하도록 막을 능력이 있었다. 그렇게 함으로써, 자신과 더불어 세계 평화까지 유지했다. 하지만 2009~2015년 네타냐후 아래에서, 상황은 더 이상 예전 같지 않았다. 비범했던 능력은 시간이 흐를수록 약화되고 있다. 세계가 변하면서 디모나의 독점은 막을 내릴 수밖에 없다. 2030년에도 텔아비브가 개인주의적이며 쾌락주의적인 삶을 지속할 수 있을까? 2040년, 2050년에도 중동은 텔아비브 문화가 생존하게 내버려둘까? 21세기 중엽 뉴욕은 무슨 일을 겪을 것인가? 다음번 9.11은 핵폭발이 되지 않으리라 누가 장담할 수 있을 것인가?

전조등으로 컴컴한 도로를 밝히며 텔아비브를 향하는 사이, 고대 언덕 게제르 상공에는 최첨단 폭격기들이 날고 있었다.

열일곱

21세기 숙제

2013년 11월 어느 상쾌한 늦가을 저녁, 내 삶은 달라졌다. 이 책이 공식 출판되기 전 자신들이 여는 연례 도서전에서 며칠간만 연설해달라며 나를 초청한 데 응해, 디트로이트 유대인 공동체를 방문한 날이었다. 그날 일은 하나도 잊히지 않는다. 벽돌로 뒤덮인 유대인 공동체 건물(알고 보니 미국에 있는 유대인 공동체 건물 가운데 가장 큰 규모에 속했다)에 들어서 대기실을 찾으니 극진한 환영이 나를 기다리고 있었다. 이어 커다란 무대 중앙에 놓인 연단과 그곳에서 수백 명이 보고 듣는 가운데 감정에 북받쳐 쏟아낸 나의 연설, 나의 책과 나의 민족, 나의 조국에 대한.

연설을 마치고 정중히 안내된 로비에는 남녀 수십 명이 내 책에 서명을 받고자 기다리고 있었다. 놀라움과 기쁨이 북받쳤다. 두 시간 후, 대재앙을 치르고 기력을 회복한 이 도시 한복판의 요즘 유행하는 술집 한 곳에 앉아 있던 나는, 탁자에 설치된 화면에서 내 책 서평을 보았다. 홀로코스트 생존자의 아들로 미국에서 태어난 유대계 작가 겸 비평가, 편집자인 레온 위절티어가 극찬하며 쓴 서평으로『뉴욕 타임스 북 리뷰』전면에 실릴 내용이었다. 한 시간 후에는『뉴욕 타임스』칼럼니스트 톰 프리드먼이 내 책에 칼럼 전체를 할애하기로 했다는 소식을 들었다. 오바마 대통령과 네타냐후 수상이 이 글을 읽을 수밖에 없게 하겠다는 생각에서였다. 이어 난 미국 토크쇼인 찰리 로즈쇼 담당 직원이 나를 출연시키고 싶다며 전화했었다는 소식을 들었다. 자고 일어나니 유명해져 있더라는 내용의 흥미진진한 할리우드 영화처럼, 인생이 하루아침에 뒤바뀐 듯했다. 미국은 나에게 그렇게 문을 열어주었고, 난 미국에 마음을 열었다.

이듬해에는 미국 전역을 종회무진 돌았다. 거의 하루가 멀다 하고 비행기를 타며 뉴욕이나 워싱턴, 시카고, 로스앤젤레스 등 익히 알고 있던 대도심에서 한참 벗어난 곳까지 날아다녔다. 미국인들은 나를 데리고 필라델피아, 애틀랜타, 볼티모어, 마이아미, 샬럿, 휴스턴, 댈러스, 샌안토니오, 뉴올리언스, 덴버, 피닉스, 투손, 라스베이거스, 샌디에이고, 샌타바버라, 샌프란시스코, 새크라멘토, 유진, 시애틀, 선밸리, 미니애폴리스, 클리블랜드, 콜럼버스, 신시내티, 캔자스시티, 로체스터, 웨스트체스터, 저지시티, 루이빌, 사우스벤드, 오마하를 비롯해 수십 곳을 방문했다. 이렇게 해서 난 조직과 연맹, 신도회, 단체 등 미국 유대인 공동체에 대해 알게 되었다. 유대인 변두리 사회와 교외에 위치한 유대인 자치군 클럽, 말끔한 공동체 건물들을 방문해 랍비와 지식인, 거물, 언론인, 공동체 지도자들을 만났다. 수만 명 앞에서 연설하며 수천 명의 질문을 경청했다. 물론 가능한 한 답하려고 애썼다. 유대계 미국인들의 성공담은 유대계 이스라엘인들의 그것 못지않게 인상 깊었다. 나의 증조부모와 조부모, 부모가 유대인의 자주권을 되찾겠다는 시온주의식 기적을 추구했다면 네 세대에 걸친 유대계 미국인들은 미국에서 창조의 기적, 곧 완벽한 디아스포라를 추구했다.

소년 시절 나는 미국에 매료되어 있었다. 레호보트에서의 어린 시절, 내 눈에 미국은 거인들이 거대한 자동차를 몰고 다니는 엘도라도 같았다. 그들은 심지어 달에 가는 법도 알고 있었다. 1969년 브루클린 하이츠에 1년 머물렀을 적조차, 내 시각은 여전히 마법에 사로잡혀 있었다. 이제는 미국이 진짜 엘도라도는 아니라는 사실을 알았어도, 나에게 미국은 여전히 인간성을 수호하는 최후의 보루라고 느껴졌다. 미국은 자유세계의 기둥이라는. 난 유대인의 미국과 더불어 보수와 개혁이 공존하는 미국 유대교 회당에 따스한 애정과 깊은 존경을 더해갔다. 성스러운 땅 팔레스타인의 유대교 회당들보다 내게는 훨씬 더 매력 있게 느껴졌다.

하지만 유대계 미국인들의 파란만장한 인생사를 피부로 느낀 건 2014년에 이르러서였다. 무수한 인생사는 씨실과 날실이 되어 유대인의 미국이라는 웅장한 태피스트리를 엮고 있었다. 감동적이었다. 유대 문화와 미국 민주주의가 결합해 경이를 이룩한 셈이었다. 이 나라는 그 안에 사는 숱한 유대인이 저마다 재능과 기술을 발휘해 과학, 예술, 문학, 사업, 언론 매체, 학계, 영화, 정치, 의학, 법학 등 분야를 막론하고 탁월한 성과를 올릴 수 있도록, 유대인이라는 소수민족이 거대하고도 자치적인, 위풍당당한 공공의 장을 창조할 수 있도록 해주었다. 이스라엘 유대인 공동체가 온갖 역경을 딛고 자주권과 제도적 기관들을 토대 삼아 하나의 국가를 이룩해냈다면, 미국의 유대인 공동체는 자유의지를 가슴에 품고 자발적인 기관들과 공동의 관습을 토대 삼아 유대인의 삶에 자양분을 주고 유대 문화를 보존하는 하나의 시민사회를 이룩해냈던 셈이다. 형제와 누이를 찾아 이역만리에서 날아와, 평행 우주처럼 자신이 사는 정치계와 나란히 존재하는 또 하나의 정치계를 구축한 동기同氣들을 경외의 시선으로 바라보는 사내처럼, 난 이제 유대인의 미국을 진심으로 인정할 뿐만 아니라 심히 존경해 마지않았다. 유대인으로서 이들이 누리는 권력과 기량을 보고 그렇지 못한 민족에게 미안해하기보다는, 소수민족으로서 북미 유대인이 이룩한 역사적 업적을 축하하고 미국과 이스라엘, 여타 세계 각국에 사는 다른 소수민족들이 본받을 귀감으로 인정해주어야겠다는 생각이 들었다.

이들의 인생사에는 마음을 홀리는 데가 있었다. 유대인들이 미시시피 강을 거슬러 올라 미네소타 주도 세인트폴에 정착해 모피와 알코올을 거래하며, 1856년에는 첫 번째 유대교 회당을 짓기까지의 여정(회당 이름은 하르 지온이었다. 눈 내리는 어느 겨울 날, 난 이 아름다운 건축물 안에 모인 유대교도 수백 명 앞에서 연설하는 기쁨을 누렸다. 1951년 독일 건축가 에리히 멘델존이 재설계한 건물이었다). 또한 유대인들은 네바다 남부에서 금광과 더불어 데닝을 개발했으며, 1940년대에는 유대인 갱 단원 몇 명이 라스베이거스를 찾아와 먼지 날리던 도시를 미국의 도박 중심지로 바꿔놓았다(이곳에서 난 보수적이고 회의적인 청중과 만났고 자유주의적 시온주의를 설파하던 난 환영받지 못했다). 더불어 1875년에는 전통적인 유대주의와 변화하는 시대 사이에 벌어져만 가는 간극을 메우고자 히브리유니언대학이 설립되었다. 대학에는 대성당을 방불케 하는 홀이 있어 난 그곳에서 랍비를 지망하는 학생들과 이야기를 나누는 영광을 누렸다. 어깨에 미국 유대인의 앞날이라는 짐을 지고 있는 존재들이었다). 또한 1886년에는 유대신학대학교JTS, 1906년에는 유대인변호협회AJC, 1913년에는 유대인인권보호연맹ADL, 1939년에는 유대박애기구UJA, 1963년에는 미 의회 등에 친이스라엘 정책이 채택될 수 있도록 로비하는 단체인 미국이스라엘공무위원회AIPAC, 2007년에는 아랍-이스라엘, 이스라엘-팔레스타인 분쟁의 평화적 해결에 애쓰는 J Street까지, 이스라엘 문제를 다루고 해결하는 여러 단체가 설립되기까지의 과정. 유대교 회당들은 또 어떻게 지어졌으며 고아원과 무료 급식소, 학교, 병원, 자선 단체, 공동체들은 어떻게 설립되고 조직되었는지. 독일계 유대인 이민자들이 미국을 변화시키는 동안 동유럽에서 대량의 이민자가 유입되고, 세파르디, 러시아, 이스라엘의 이민 물결이 20세기를 채운 과정. 이 모든 사건에서 물론 난 유대인 공동체 사이에서 벌어진, 영적이기보다는 대부분 세속적인 논쟁에 치우친 극한 불화와 분립을 보았다. 하지만 전반적으로 눈에 띄게 힘찬 운동으로서, 거대한 파도처럼 전진 또 전진하는 과정이었다. 전체 상은 흥겹다. 미국이라는 대국에서 안전한 항구를 발견해 그곳으로부터 나아가 탁월한 업적을 세운, 재능 있으나 박해가 끊일 날이 없던 어느 소수민족의 이야기. 그들의 경이로운 사업.

널리 알려지지는 않아도 수치는 충격적이다. 1950년 이후 미국인 노벨상 수상자 315명 가운데 106명이 유대인이다. 유대인은 미국인의 2퍼센트에 불과하지만 미국에서 으뜸가는 자선가 50명 가운데 3분의

1이 유대인이다. 컬럼비아는 물론 하버드, 예일, 프린스턴 같은 일류 대학에서 유대인 학생 수는 대단히 많다(15퍼센트 이상). 유대인들은 우수 박물관, 극장, 오페라 하우스, 병원, 교육기관 위원회에서도 두드러진 위치를 차지하고 있다. 우디 앨런에서 마크 저커버그, 필립 로스에서 제리 사인펠트, 앨런 그린스펀에서 바브라 스트라이샌드, 마이클 블룸버그에서 존 스튜어트까지 유대인들은 미국인들 삶에서 중대한 역할을 담당해왔다. 대법관 여덟 명 가운데 셋이 유대인이다. 1987년 이후 연방준비제도이사회 의장 셋은 다 유대인이었다. 미국은 유대인을 두 팔 벌려 수용했고 유대인은 미국인의 삶에 극적으로 기여해왔다. 유대인은 미국이라는 배필을 만나 거의 모든 분야에서 결실을 거뒀다.

이러한 성공은 경제계, 전문직, 학계에 그치지 않으며, 성과 역시 단지 물질적이며 정량적인 데 머물지 않는다. 미국 전역을 여행하며 난 맨해튼 서부에서는 아름다운 유대교 예배 집단과, 샌프란시스코에서는 젊고 활기찬 유대인 공동체와, 플로리다 올랜도에서는 반년마다 열리는 개혁운동 회의에 수천 명이 참석한 가운데 펼쳐진 열렬한 축하 행사와 마주쳤다. 어디를 가든 역동적인 공동체와 진취적인 여름 캠프, 개척정신을 고취시키는 뜻깊은 유산의 발상지들이 있었다. 난 유대인의 지도력과 공동체 의식, 교육과 소생을 확인했다. 미국에는 소규모에서 대규모에 걸쳐 150개의 연맹이 있다. 유대교 회당과 조직, 공동체 회관을 방문하며 난 인상 깊은 과거와 인상 깊은 현재를 보았고 굉장한 자부심을 느꼈다. 그러리라는 계획도 의도도 없었던 나는 언어도 국적도 다르지만 그럼에도 같은 교인인 사람들 틈에서 나 자신을 발견했다.

하지만 유대인의 미국을 깊숙이 들여다볼수록 내 형제와 누이가 이룩한 기념비적 성공 위로 짙은 구름이 드리우고 있다는 느낌을 지울 수가 없었다. 여러 행사에서 참석자 대부분은 50세를 넘어 머리카락은 온통 잿빛이었다. 젊은이들은 보이지 않았다. 요즘 잘나가는 젊은이들, 곧 유행의 선도자들은 오지 않았다. 잘 조직된 유대인의 삶은 무척 감동적이었으나 노화의 길을 걷고 있었다. 여기서 느껴지는 도전, 곧 이 완벽한 디아스포라가 직면한 도전은 세대 간 분열이다. 보통, 쉰 살이 넘은 유대인은 유대인으로서의 정체성이 강한 데다 젊은 시온주의 국가를 기억하기에, 징징대며 투덜거리기는 할망정 이스라엘국과 민족에 등을 돌릴 수는 없다. 하지만 서른이 안 된 유대인은 다른 세상에 산다. 한편으로 이들 대부분은 언젠가 한번쯤 버스라이트 이스라엘[1]에서 주최하는 관광버스를 타고 둘러보았을는지 모르는 나라, 곧 이스라엘에 여전히 친밀감을 느끼고 있다. 다른 한편으로, 현대 이스라엘의 복잡성은 이들에게는 골치 아프거나 자신들과는 아무 상관없게 느껴진다. 잘 조직된 유대계 미국인들이 보기에 이러한 이스라엘의 복잡성은 짐스럽고 자기네와 동떨어지게 느껴질 뿐만 아니라 그저 이방인들의 문제라고까지 보인다. 대부분에게 이스라엘은 이제 불가해하고 당혹스런 존재다. 이들 대부분은 유대인의 정체성으로부터 멀리 떨어져나가고 있는 모습이다. 그러므로 미국 유대인의 미래는 유대 정체성 측면에서 볼 때 심각한 위험에 처해 있다는 추측도 가능하다.

---

1 Birthright Israel, 1999년 설립되어 이스라엘에 본부를 두고 있는 비영리 교육 단체로, 이스라엘 전역을 도는 열흘 무료 여행을 지원하여 이스라엘 밖에 사는 유대 젊은이들이 유대 역사와 문화에 유대감을 느끼며 유대인으로서의 정체성을 유지하고 강화하도록 고무하고 있다.

유대계 미국인의 미래가 이 책에서 다루어지는 까닭은 크게 두 가지다. 첫째, 전 세계 유대인의 84퍼센트가 미국과 이스라엘에 살고 있으므로 유대 민족의 운명은 대국과 소국인 이 두 민주국가에서 판가름 날 터다. 그렇기에, 유대교의 미래를 진중하는 자라면 이스라엘을 무시할 수 없고 미국과 미국 유대인들을 무시할 수 없다.

　두 번째 이유는 시온주의 자체와 관계된다. 제2차 세계대전이 시작되고 몇 해 지나기 전 다비드 벤구리온은 20세기는 미국 차지가 되고 있다는 사실을 간파하고는 시온주의 운동을 미국에 맞춰 발전시켰다. 1948년, 해리 트루먼의 미국은 이스라엘국을 인정한 첫 번째 국가였다. 1964년 린든 존슨의 미국은 레비 에슈콜의 이스라엘과 돈독한 관계를 구축했다. 1969년 리처드 닉슨의 미국과 골다 메이어의 이스라엘은 이를 전략적 동맹관계로 완성시켰다. 그 후 이스라엘은 외교, 국방, 전략 면에서 미국에 전적으로 의지해왔기에, 미국의 21세기 첫 세대가 유대인과 비유대인과 관련하여 품는 세계관이 무엇보다 내 조국의 미래를 판가름할 지경에 이르렀다.

　유대인의 미래와 이스라엘의 미래를 지키려는 분투가 가자지구 경계나 사마리아 언덕, 나탄즈와 포르도의 핵 시설만을 무대로 삼고 있지는 않다. 스텐퍼드와 버클리, UCLA, 터프츠, 브라운, 듀크 같은 대학 캠퍼스 또한 빼놓을 수 없는 무대다. 그래서 난 이 대학들과 더불어 미국의 다른 대학들을 방문하는 일이 반드시 필요하다고 느꼈다. 노년에 접어든 유대인의 미국은 잘 알았으니, 2015년 초 떠난 나의 2년 여정은 미국 대학 50곳 이상을 방문하며 청년기 유대인의 미국을 알아가는 데 집중되어 있었다.

이 스펙트럼의 급진적 말단에는 바사르대학이 있다. 바사르대학은 1861년 뉴욕, 포키프시에 설립된 명문 여대로(한때 이 대학 평의회에는 이웃에 살고 있던 프랭클린 델라노 루스벨트가 이사로 있었다), 1969년 여대로 전향해 현재 재학생 2500명을 두고 있다. 과거와 마찬가지로 오늘날에도 학생 대부분이 부유층 출신으로, 한 해 등록금 5만 달러를 내고 아름다운 목가적 교정에서 다양한 분야에 걸쳐 훌륭한 교육을 받고 있다. 하지만 지난 몇 년 동안 이 명문대는 극단적 반이스라엘 운동의 온상이 되어왔다. 이 운동은 반유대주의 운동이나 다름없다. 2016년 겨울 마지막 날 바사르에 도착해 보니 지붕에는 여전히 드문드문 세찬 눈보라의 흔적이 남아 있었어도 환한 햇살이 초록 잔디를 덮혀주고 있었다. 나의 첫 의문들은 다음과 같았다. 이 황홀한 교정과 고통에 시달리는 내 작은 조국은 어떤 관계인가? 왜 이 젊고 지적이며 장래가 촉망되는 학생들이, 지중해와 요르단 강 사이, 이곳으로부터 1만 킬로미터 가까이 떨어진 지역에서 과거에 그리고 현재 벌어지고 있는 일에 그토록 격한 감정을 느끼는가?

한 가지 답은 누구도 아닌 유대인 학생들 자신의 고뇌에 있다. 얼마나 많은 유대인이 바사르대학에 다니고 있는지 공식 자료는 없지만, 재학생의 15퍼센트에서 18퍼센트에 이르리라 추산된다. 유대인 학생 대부분은 진보적이다. 대부분은 점령과 정착촌, 이스라엘의 호전적인 정책에 반대한다. 대부분은 미국에 사는 유대인들이 거둔 대성공에 대해 어쩔 수 없는 죄책감에 시달린다. 자신들이 백인에다 부자에 특권층이라는 사실에 대해. 적지 않은 수가 이런 불편한 감정을 극심한 반시온주의 입장으로 발전시킨다. 이들에게 문제는 더 이상 점령이나 비점령,

평화 또는 비평화가 아니다. 문제는 유대인들의 국가로서 이스라엘의 실존 그 자체다. 이보다 좀 온건한 유대인들은 자신들의 시각을 솔직하게 표현하기 두려운 나머지 이스라엘을 공공연히 옹호하기보다는 이 독설에 찬 논쟁에서 한발 물러서 있기를 택한다.

두 번째 답은 유색 인종 학생들이 느끼는 불만에서 찾을 수 있다. 바사르대학은 인권과 소수민족 권리를 옹호한다는 점에서 자신들의 진보성을 자랑스럽게 여기지만, 교정을 보면 소수민족 학생은 아주 적다. 아프리카계 미국인 학생 수를 예로 들면 6.5퍼센트 정도에 불과하다. 의도하지는 않았어도 결과적으로 유색인을 배제함으로써 납득할 만한 적대감을 창출한 셈이다. 자원과 조직 기반이 결핍된 이 소외계층은 자신들의 불만감 대부분을 자원과 번듯한 기반을 갖춘 기득권층에 쏟아붓고 있다. 그 결과가 팔레스타인 민족과의 끈끈한 동질감이다. 이들 대부분은 이스라엘을 오만한 국가, 억압적이고 인종차별적인 국가로 간주하며, 그 행태에서 옛날 흑인 노예를 착취하던 미국 남부 도시를 연상한다. 과거 미국 내에서 이스라엘이 복음주의 우파의 관심사나 다름없었듯, 이제는 급진 좌파의 관심사가 되고 있다. 바사르대학에서 두 진영 간의 긴장은 상대를 인정하지 않는 편협한 분위기는 물론이고 때로는 증오의 불똑심지를 빚기도 한다.

세 번째 답은 교정에 만연한 시대정신에 있다. 소위 올바른 정치관 탓에 미국 학계에는 제3세계 역시 악행을 일삼고 있다는 인식이 만연해 있다. 시리아에서는 수만 명을 몰살하고 사우디아라비아에서는 여성을 억압하며 이집트에서는 동성애자를 투옥하고 가자에서는 기독교인들을 박해하고 이슬람 국가에서는 심지어 야만적 행위가 자행되고 있으니, 그럴 만도 하다. 예루살렘 태생의 미국 작가이자 문화평론가 에드워드 사이드의 영향으로 지적, 정치적, 도덕적 담론은 백인의 악행에만 과도하게 초점이 맞춰져 있다. 따라서 학계에서는 중동을 있는 그대로 바라보기가 어렵다. 학계 사람들은 피해자와 가해자, 식민주의자와 토착 민족, 강자와 약자라는 이분법적 논쟁에 끝도 없이 빠져든다. 이라크 전쟁은 이러한 현상을 악화시켰다. 이라크 전쟁이 남긴 트라우마는 (서구사회가) 힘을 드러내는 일은 무조건 죄악이며, (서구사회가) 힘을 사용한다면 그것은 무조건 범죄라는 인식을 심어주었다. 이 세계관에 따르면 서구사회는 늘 가해자 곧 죄인인 반면, 비서구사회는 본디 약하므로 모든 비행非行에 대한 죄를 면한다는 식이다.

이런 유의 사고방식 속에서라면 이스라엘에는 가망이 없다. 유대인의 정체성 위기, 인종 간의 긴장, 고지식한 정치관의 창궐로 인해 산산조각 난 거울에 비춰 바라본다면, 이스라엘의 점령은 본모습보다 한층 잘못되어 보일 수밖에 없다. 그리고 그 결과는 도덕적 대혼란이다. 바사르대학에 중국(티베트) 또는 러시아(우크라이나)에 항의하는 움직임은 없어도, 세상에 오직 하나뿐인 유대인 민주국가의 정당성과 실존 자체에 대해서는 맹렬한 반대가 존재한다.

바사르 어느 건물에서 만난 유대인 학생 소집단은 내게 퍽 깊은 인상을 남겼다. 이들은 모두 J Street 지지자였다. 하나같이 네타냐후에 반대하고 두 국가 해법을 지지했다. 하지만 이들이 살고 공부하며 정치활동을 하는 곳을 보면 세상으로부터 고립되어 있는 듯하다. 이스라엘을 맹비난하는 일이 이들에게는 오늘날의 대의명분인 셈이다. 이스라엘을 인종차별의 대명사인 남아프리카에 빗대는 일은 규범처럼 되었다. 시온주의는 인종차별적 식민주의로 정의된다. 유대인 입장에서 이 학생들은 다만 특권층 백인으로밖에 보이지 않는다. 자신들의 역사, 권리, 과거의 트라우마, 자신들이 진중하게 여기는 계몽의 가치들을 고려하지도 존중하지도 않는. 이것은 전적으로 반유대주의인가? 난 이 신중하고 불안한 학생들, 게다가 이 책에 자신들의 실명을 거론하지 말아달라고까지 간청한 이 학생들에게 묻는다. 그렇다는 대답이 나오기도 한다. 분명 이스라엘을 겨냥하는 화살이 존재한다. 이스라엘을 지지하기만 해도 그 사람은 자동으로 정당성을 상실한다. 그러므로 반유대주의가 확실하다. 그들의 답이다. 이따금 페이스북에서 이런 글을 발견한다. "유대인은 엿이나 처먹어라", 이따금 이런 욕설도 올라온다, "유대인 새끼." 하지만 반유대주의를 솔직하게 대놓고 표현하는 경우는 드물다. 학생들도 다 동의하듯, 진짜 문제는 직원이든 학생이든 절반 가까이는 BDS(불매, 투자 철회, 제재)를 지지하면서도, BDS의 참뜻을 이해하지 못할뿐더러 다른 나라도 아닌 왜 꼭 이스라엘 물건을 사지 말아야 하는지 그 까닭을 숙고해보지도 않는다는 사실이다. 이들의 말로, 문제는 단일 국가 체제가 초래할 수 있는 재앙에 대해서는 충분히 고려하지 않는 상황에서 단일 국가 해법이 단연 힘을 얻고 있다는 데 있다. 또 다른 문제는 자신을 시온주의라고 밝히는 자는 설사 급진적 자유주의 성향의 시온주의자라고 하더라도 대번에 압제자로, 집단 학살광으로 낙인찍힌다는 사실이다. 게다가 홀로코스트에 대해서는, 곧 유대인들 자신이 역사적 트라우마의 희생자라는 사실에 대해서는 언급조차 해서는 안 된다. 교정에서 존중받을 생각조차 해서는 안 되는 유일한 인종이 있다면 그것은 유대인이다. 그들은 말했다.

난 내가 상처받은 기분이에요. BDS 운동에 반기를 들고자 애썼던 여학생 한 명이 내게 말했다. 그녀는 자신이 이스라엘과 서로 연결되어 있는 느낌이라고 말했다. 이스라엘은 나에게 중요해요. 하지만 이스라엘이 웨스트뱅크와 가자에서 벌이고 있는 일들을 보면 마음이 복잡해진다고. 이어 그녀는 덧붙였다. 이 교정에서는 이런 복잡한 생각과 심정을 표현할 수가 없어요. 입이 봉해진 셈이죠. 바사르에서 이스라엘 학생이라는 사실은 많이 울어야 한다는 뜻이에요. 하루가 멀다 하고 눈물이 흐르죠. 당신네들이 그것을 반유대주의라고 부르든 말든, 우리는 자유를 지향하는 작은 집단이자 친이스라엘 학생들이고 지금 사방으로 포위되어 있으니까요. 공격받고 비난당하며. 흐느낄 때조차 우리는 조롱거리가 되죠. 마치 우리 눈물, 우리 고통이 가식인 양, 눈물을 흘리거나 고통스럽다고 말할 자격도 없는 양.

다른 여학생이 내게 말했다. 진정한 문제는 이곳 교정을 지배하는 정치가 인종 정치라는 사실이라고. 대학 내에는 진보주의적 죄의식이 뿌리 깊이 스며 있다. 아프리카계 미국인 학생 수가 극소수이기 때문이다. 그리고 웬일인지 이스라엘-팔레스타인 분쟁은 백인 대 흑인 사이의 긴장으로 인식되어왔다. 그녀는 감히 말했다. 그래서 우리 유대계 학생들은 설사 진보주의자라 해도 백인 중의 백인으로 간주된다고. 마치 우리가 세계의 부정 대부분에 대해 책임이 있는 악의 특권층에 속한 양.

2016년 겨울 학생자치회에서 BDS 요구 목록 일괄 채택을 표결에 부쳤을 때, 강당은 300명에 육박하는 학생으로 들어찼는데 그 가운데 80퍼센트가 BDS 지지자였다. 세 번째 여학생의 말이었다. BDS 운동은 큰 표차로 가결되었다. 하지만 여기서 시사하는 바가 단순히 이 운동이 절대 다수의 지지를 얻었다는 사실만은 아니었다. 우리가 절대 소수라는 사실 또한 시사했다. 그녀는 말했다. 우리가 이곳에서 어떤 취급을 당하며 사는지를 드러내는 셈이다. 우리를 향한 경멸은 언어폭력을 방불케 한다. 논쟁이 벌어지는 사이에 난 울기 시작했고, 표결 후에는 유대인 학생 12명이 모여 함께 울었다. 이 진보주의 교정에 우리의 이야기, 우리의 진실, 우리의 감정이 들어설 자리가 없다는 사실이 무척 슬프다. 의식 있는 학생들은 우리가 비인간적으로 취급당하고 있다는 사실을 알고 있지만 목소리 내기를 두려워한다. 교직원들도 대부분 마찬가지다. 이 불합리한 운동에 맞설 용기가 없기는 매한가지다.

눈매가 감상적인 학생 한 명이 대화에 합류했다. 그의 말이다. 난 유대인이자 히스패닉이다. 하지만 교정 내 소수민족 운동가 대부분으로부터 배척당하는 까닭이 내가 유대인에게 공감하고 또 반이스라엘 운동을 거부하는 데 있지는 않다. J Street 지지자라면 절반은 파시스트로 인식된다. 반면 진보적 시온주의자는 완전히 인종차별주의자라는 뜻이다. 게다가 이스라엘의 점령을 반대하기로 했다 해도, 그것만으로는 충분하지 않다. 사회적으로 보면 단지 유대인이라는 사실만으로 값비싼 대가를 치르고 있다. 진보 집단으로부터 배척당하기 때문이다. 유대인은 늘 불안에 시달려야 한다. 그것은 상처가 된다. 아주 큰 상처. 아무도 이야기에 귀 기울여주지 않기 때문이다. 유대인으로서의 정체성은 누구로부터도 존중받지 못한다. 나처럼 히스패닉의 피가 절반 섞였다 해도, 백인에다 인종차별주의자, 경멸해 마땅한 존재로 간주된다. BDS에 대한 표결이 시작됐을 때, 난 무척 두려웠다. 자리에 앉아 주위를 둘러봤고 울기 시작했다. 내겐 논쟁하거나 반박할 힘이 없었다. 참석자들의 눈에서 증오를, 언어적 감정적 폭력을 봤지만 내겐 아무 힘이 없었다. 마치 유대인이 중세나 1930년대 초 독일에서 느꼈을 법한 공포가 밀려들었다. 아직도 난 표결 날의 경험을 어떻게 소화해야 할지 잘 모르겠다. 그리고 궁금하다. 내가 살고 있는 미국은 어떤 나라인가? 유대인으로서의 나의 정체성을 어떻게 해야 할까?

바사르는 확실히 스펙트럼의 급진적 말단에 있지만, 프로이트의 주장처럼, 스펙트럼의 끝은 스펙트럼 일체에 대해 꽤 많이 알려준다. 뉴욕 북부에 위치한 이 교정을 찾아와 한나절 동안 보고 들은 바는 최근 BDS 투쟁으로 트라우마를 겪은 다른 대학들에서 보고 들은 바 가운데 지극히 극단적이면서도 제일 무미건조한 경우였다. 나는 UCSD 학생들로부터 이스라엘 아파르트헤이트 주간[2] 사이버 폭력에 시달리고 아동살해자라고 불렸던 경험에 대해 들었다. 2013년 BDS가 승리해 교내 유대인 공동체는 실의에 젖은 나약한 상처투성이 존재로 전락했다는 사실에 대해서도. UCLA에서는, 2014년 봄 BDS 표결이 이뤄지던 길고 끔찍한 밤에 대해 들었다. 그 밤 유대계 학생들은 살벌하리만치 터무니없는 비난에 직면했고, 시련의 밤이 끝나자 안뜰로 나가 자신들을 향한 증오를 실감하며 서로 부둥켜안고 울기 시작했다는 이야기를 들었다. 버클리에서는, BDS 지지자들이 소수민족 연대를 결성한 반면 (소수민족 가운데에는 심지어 유대인과 이스라엘인도 있었다), 대부분 백인

---

2 Israeli Apartheid Week, 매년 전 세계 대학 및 도시 150군데 이상에서 열리는 이스라엘 규탄 행사. 팔레스타인 민족에 대한 이스라엘의 식민정착 사업과 인종차별 정책을 고발하고 비판하는 데 목적이 있다.

에다 유대인인 이스라엘 지지자들은 의식 없는 특권층으로 간주되었다는 이야기를 들었다.

스탠퍼드에서는, BDS가 기술과 기업가 정신이 탁월한 이 대학의 주요 정치 의제가 되어 놀라운 승리를 거둔 과정에 대해 들었다. 평소대로라면 이런 대학에서 이스라엘 같은 신흥국가는 숭배 대상이 되어야 마땅할는지 모른다. 노스웨스턴대학에서 난 영리하게 잘 조직된 BDS 운동의 한복판을 경험했다. 이곳에서 유대계 학생들은 반격에 애를 썼지만 이 승산 없는 싸움에서 철저히 외톨이였다. 사회 지배층에 자리 잡은 유대인들의 지원은 거의 찾아볼 수 없었다. 이들에게는 고군분투하는 학생들을 도울 만한 이해도 개념 도구도, 이 학생들을 무장시킬 만한 진보적 시온주의 담론도 없었다(돕기는커녕 강경 노선을 취하는 이스라엘식 선전으로 상황을 더 악화시킬 뿐이었다). 컬럼비아에서는 여권운동 학생 한 명을 만났다. 홀로코스트 생존자의 손녀인 그녀는 내게 성폭력에 반대하는 집회가 이스라엘을 비방하는 무대로 돌변하는 순간 여성으로서 자신의 안전에 느꼈던 위협에 대해 이야기했다. 미시간대학이 위치한 앤아버에서는, 비탄에 잠긴 학생 일단을 만나 이야기를 들었다. 이들은 BDS와의 투쟁으로 자신들에게는 아무것도 남지 않았고, 오히려 이스라엘에 느끼는 스스로의 감정과 싸우며, 한때는 자신들을 희생자로 봐주었으나 이제는 그 힘을 남용하는 강대국일 뿐인 나라, 곧 미국에 계속 충성해야 할는지 의문만 키우게 되었다고 호소했다.

21세기 미국 학계에서 내가 알게 된 죄상은 크게 셋이다. 특권, 권력, 배타주의. 유대인은 이 세 가지 죄를 다 뒤집어쓰고 있는 셈이다. 유대인들은 권력과 특권을 누리며 오로지 자기네 민족만 중요시한다는 인식이 있다. 미국 교정에서 이스라엘에 반대하는 운동은 다 이 세 가지 죄를 고발하여 반이스라엘 지지자들을 모으고 그럼으로써 시온 주의뿐만 아니라 미국 내 유대인 공동체마저도 고립시키고 약화시키려 한다.

대학 교정은 저마다 하나의 세계다. 그리고 교정들은 강줄기처럼 그 해 그해 바뀐다. 하지만 교정들을 아우르는 유사성 역시 존재한다. 학계를 특징짓는 현상이 분명히 있고 그 안에서 21세기의 첫 세대들이 무르익는다.

지난 몇 년 동안, 유대계 기득권층과 대중매체는 BDS로 인한 불안에 시달려왔다. 이들은 바사르의 BDS 표결과 UC 데이비스 분교의 나치 마크, 클레어몬트 기숙사에서 유독 유대계 학생 방에만 붙어 있던 퇴거 통고, 위스콘신 매디슨 지역 교정에서 벌어진 과격 시위를 보도하고 논의하고 분석하며 비난하고 있다. 어떻게 보면, 불안해야 마땅하다. BDS는 반유대 성향을 노골적으로 드러내는 세련된 증오 집단이다. 최근 몇 년 사이, BDS의 활동은 숱한 교정을 차지하며 크게 증가해왔다. 하지만 대학 교정을 방문할 적마다 BDS의 목소리가 요란하더라도 아직은 주변부에 머물러 있다는 사실이 금세 드러났다. 대부분의 대학에서, 학생들은 BDS가 무언지 들어본 적도 없었다. 제일 급진적이라고 하는 교정에서조차, 이스라엘을 비난하는 데 골몰해 있는 사람 수는 그리 많지 않다. BDS가 그토록 효율적인 까닭은 아프리카계 미국인, 히스패닉, 필리핀계, LGBT,[3] 일부 여권운동가 등 소수 집단들

---

3 lesbian, gay, bisexual, transgender. 여성동성애자, 남성동성애자, 양성애자, 성전환자.

과 맺은 동맹에 있다. 이처럼 소수 집단을 넘나드는 기발한 전략은 두 가지 결과를 낳았다. 곧, BDS 운동 지지자 수가 수십 명에서(골수 반이스라엘 운동가) 수백 명으로(증오와 불안에 찬 소수 집단) 상승한 반면, 진보 성향의 유대계 학생들은 좌절할 수밖에 없게 되었다. 특권층에다 인종차별주의자로 전락했기 때문이다. 도덕적 편 가르기에서 이런 유대인들은 악한으로 내몰렸다. BDS가 히틀러는 아니다. BDS 힘의 원천은 21세기 신세대 대학생 선동에 이스라엘의 흠점과 친유대 미국의 흠점을 이용하는 수완에 있다.

그러므로 BDS가 자양분을 얻는 원천은 크게 두 가지 곧, 시온주의와 진보주의 사이의 긴장 고조 그리고 무지에서 비롯된 무관심인 셈이다. 이 긴장의 원인은 미국의 비정통파 유대계 학생들 가운데 적어도 85퍼센트가 진보 성향이라는 데 있다. 이들 대부분은 오바마를 지지하며 다수는 무소속 진보주의 상원의원 버니 샌더스를 지지한다. 오늘날 이스라엘이 베냐민 네타냐후의 이스라엘이고 유대계 기득권층이 유대계 거물급 카지노 기업가 셸던 아델슨 부류라고 간주되는 순간, 문제는 불거진다. 조지타운, 존스홉킨스, 컬럼비아를 비롯해 대학 수십 곳에서 만난 학생 수천 명은 자신들도 이스라엘을 존중하며 이스라엘과 유대를 맺고 싶지만 막상 이스라엘의 행태를 보면 그럴 마음이 가신다고 주장했다. 이스라엘이 이츠하르와 이타마르에 정착촌을 세우는 데 찬동할 수 없다고. 헤브론과 나블루스에 정착민을 들여서는 안 된다고. 학생들은 소수민족 박해에 분노하고, 이스라엘이 유대교 회당과 국가가 사이의 역기능적 관계를 다루는 방식, 곧 잘못된 방식에 분노한다. 아니, 이들은 이스라엘을 포기하고 싶지 않은 셈이다. 이들 대부분은 시온주의와 유대 교리가 잘 결합된 가정교육을 받았으며 버스라이트에서 주관하는 행사에서 기나긴 시간을 보냈다. 이들은 이스라엘의 첨단기술에 흥미를 느꼈고 텔아비브의 밤 문화에 열광했다. 머나먼 나라 이스라엘은 떠들썩거리며 이들의 음속에 둥지를 틀어 있었다. 게다가 이들 대부분은 간헐적으로나마 부모들은 겪어본 적 없는 무언가를 경험하고 있었다. 반유대주의. 그런 까닭에, 이스라엘이 퍽 매력 있고 유대인의 삶이 퍽 흥미롭다 하더라도, 유대국과 유대계 기득권층이 지난 10년간 보여온 행태는 이들을 주저하게 했다. 이들은 당황하고 격분하며, 간혹 영영 등을 돌리리라 마음먹기도 한다.

이 학생들과의 대화는 이내 감정에 휘둘렸다. 마치 이스라엘이 우리를 전장에 내팽개친 듯하다. 스탠퍼드에서 들은 말이다. 이스라엘이 우리를 저버리고 스스로의 가치를 저버린 듯하다. 샌프란시스코에서 들은 말이다. 이스라엘 정부와 잘 조직된 유대인의 미국이 정신 나간 공화당원으로 전락한 듯하다. 투손에서 들은 말이다. 그 사람들에게 전해주세요, 터프츠에서 학생들은 내게 간청했다. 우리가 생각하는 바를 그들에게 전해주세요, 프린스턴에서 학생들은 내게 부탁했다. 예루살렘에 가서, 뉴욕에 가서, 권력을 쥐고 있는 자들에게 전해주세요. 당신네는 현실과 아예 동떨어져 있다고, 젊은 유대계 미국인들의 가치관과 염려로부터 아예 동떨어져 있다고.

더없이 심각한 분노인 만큼, 분노의 부재 곧 냉소적 무관심은 한층 더 우려를 자아낸다. 일부 정치성 짙은 대학에서 이스라엘은 뜨거운 논쟁거리이지만, 그 밖의 대부분 대학에서 이스라엘은 숫제 관심 밖이다. 지독히도 춥던 어느 겨울 날, 난 미국 동부에 위치한 어느 큰 대학에 도착했다. 드넓은 눈밭이 둘러싸고 있는 이 교정에서 수학하는 학생은 무려 4만 명이었으며, 4500명이 유대계였다. 그리고 유대계 학생들의 주요 관심사는 축구, 동아리 활동, 춤 오래 추기 경연, 성性 따위였다. 그리고 그래도 괜찮았다. 교정 한복판에 으리으리한 사원 같은 경기장이 서 있는 곳에서라면 더욱이. 문제는, 힐렐이나 차바드, 버스라이트 등의 유대인 기관에서 이곳 유대인 학생 가운데 10분의 1도 모집할 수 없어 보인다는 사실이다. 어여쁜 여학생 한 명이 내게 교정을 구경시켜주며 한 말은 이랬다. 유대주의는 자신에게 아주 중요하고 이스라엘도 아주 중요하다. 하지만 함께 방을 쓰고 있는 세 친구에게 이런 말을 하면, 웃음거리가 된다. 친구들은 자신들이 유대인이라는 사실을 안다. 유대인이라는 사실을 자랑스럽게 생각할 정도다. 하지만 친구들 삶을 들여다보면 유대인다운 구석은 거의 없다시피 하다. 필라델피아, 디트로이트, 시카고 교외의 중상류층 유대인 가정에서 성장했다 해도, 유대인으로서의 정체성에는 무관심하다. 우리는 이들을 잃고 있다, 그녀는 내게 말했다. 매해, 이 드넓은 교정에서 유대인 청년 수백 명이 우리를 떠나고 있다. 그들은 유대인이기를 멈추었기 때문이다.

플로리다 중부에 위치한 어느 큰 대학에서 만난 힐렐 임원도 거의 같은 말을 했다. 플로리다는 세계에서 유대인 인구밀도가 가장 높은 지역 가운데 하나다. 이곳 교정 학생 6만 명 가운데 6000명이 유대인이다. 정치적 불길은 잠잠하다. 친팔레스타인 활동은 적은 편이다. 적어도 겉으로는, 만사가 순조로워 보인다. 하지만 정치적 휴면기의 이 교정에서조차 이스라엘은 못마땅한 존재다. 그의 말이었다. 아직은 설는지 몰라도 반이스라엘 분위기는 슬슬 무르익고 있다. 그는 한탄했다. 이보다 한층 더 나쁜 현상은 유대인 학생 대부분이 보이는 무지와 무관심이다. 이들 대부분은 플로리다 남부의 유복한 가정 출신으로, 유대의 중요한 문화와 역사라고는 도통 접하지 못했다. 이들 가운데 무려 80퍼센트는 부모 중 한 명만 유대인이다. 이들은 유대인으로서의 알맹이가 없는 이주 2~3세대다. 자신들이 유대인이라는 사실은 알고 있지만, 유대주의가 무엇인지 겉핥기조차 못 한다. 대부분 이스라엘이 프랑스와 인접해 있으며 웨스트뱅크가 호수 이름인 줄로 안다. 유월절이나 유대교 신년제, 안식일에 대한 기본적인 지식조차 없다. 이들에게서 히브리인다움은 거의 찾아볼 수 없다. 지난 10년간, 히브리어를 공부하는 학생 수는 350명에서 120명으로 떨어졌다. 그러니, 유대계 학생 6000명 가운데 300명만이 차바드나 힐렐의 안식일 예배에 참석한다고 해도 놀랄 일은 아니다. 또한 6000명 가운데 30명만이 버스라이트의 이스라엘 무상 여행에 참가했다고 해도 놀랄 일은 아니다. 이러한 경향이 이어진다면, 2050년에는 유대인 공동체 회관도 연맹도 찾아볼 수 없으리라. 그는 경고했다. 현존하는 유대교 신도 절반이 사라지리라. 미국 유대인의 미래가 사라져가는 모습을 두 눈으로 확인하고 싶다면, 컬럼비아나 버클리까지 갈 필요도 없다. 이곳 플로리다 중부에 오기만 해도 된다. 그가 구슬피 덧붙였다.

우파라면 대부분 목전에 다가선 적은 BDS라 말한다. 좌파라면 목전의 적은 바로 정착촌이라 말한다. 하지만 진실은 한층 더 복잡하다. 이스라엘이 직면한 21세기의 숙제는 우파 또는 좌파가 인정하려 드는 것보다 훨씬 더 광범위하고 난해해 뭐라 딱 잘라 규정하기가 어렵다.

미국 유대인이라는 방에 있는 골칫거리는 하나가 아니라 다섯 가지다. 하나는 이스라엘의 민족-종교적 정책이, 깨어 있는 미국의 가치관과 시온주의의 본모습이라 오인되고 있는 새롭고 못난 얼굴의 시온주의 사이에 깊은 골을 파고 있다는 사실이다. 둘째는 미국에서 비정통파 유대인들이 유대인으로서 정체성을 상실해가는 현상인데, 이는 미국의 유대인 사회가 전반적으로 종교에서 멀어져가는 경향을 반영한다. 셋째는 미국 유대인 공동체를 창출하고 정의하며 보존했던 구래의 관습이 젊은 세대의 생활 방식과 더는 공존하지 못한다는 사실이다. 넷째는 유대인의 성공담에 대해 진보주의 젊은이 대부분이 느끼는 죄책감이다. 다섯째는(어쩌면 가장 큰 골칫거리일 수 있다) 사기를 북돋우고 영감을 일으키는 담론의 부재다. 편협한 민족주의 또는 끈질긴 피해의식에 기반을 둔 담론이 아닌, 비정통파 유대인의 삶에 다시금 의미를 부여해줄 수 있는 그런 담론이 없다.

이 여행에서 난 유대계 학생 수가 많은 편인 대규모 대학에서 심각한 문제는 무관심인 반면, 국제 문제에 대한 인식이 높은 선도적 대학에서 유난히 두드러진 문제는 정치적 긴장이라는 사실을 알았다. 친이스라엘 측 관점에서 점점 더 우려되는 바는, 침묵하는 다수가 유대국에 특별한 감정을 느끼지 않는 반면, 일류 대학 대부분에서 정치적으로 활발한 학생들을 아우르는 경향은 단연 반이스라엘주의라는 데 있다. 정치적 청년층, 곧 장차 워싱턴으로 진출할지도 모를 젊은이들 사이에서, 시온주의 사업에 대한 비판적 태도는 왕왕 뚜렷한 적대감으로 비화되고 있다.

그럼에도 다 잃지는 않았다. 희망을 품을 근거는 여전히 존재한다. 인디애나, 블루밍턴대학교에서 난 유대인의 알맹이를 거의 상실한 채 살고 있는 유대계 학생들을 만났다. 그래도 이들은 여전히 기숙사에서 유대계 학생 구역이라 불리는 곳에 모여 살고 유대인 동아리에 가입하며 서로 유대를 맺고 있었다. 다른 유대인들과 어울려 시간을 보내는 일은 이들에게 유대인으로서 중요한 활동이 되어 있었다. 게다가 이들은 유대인으로서의 의미와 유대사회에 느끼는 소속감을 갈망하고 있었다. 워싱턴, 오리건, 캘리포니아, 텍사스에서 난 유대인의 존재 의미를 되살릴 새로운 사상, 새로운 전망을 열망하는 조용한 외침을 들었다. 앤아버에서는 위기가 닥쳤을 때 슬기롭고 따뜻한 지도력이 발휘할 수 있는 힘을 확인했다. UCLA에서는 영리한 전략으로 음울하게 변해가는 사건들에 아주 효과적으로 대응해 BDS 지지자들을 이겨내는 모습을 확인했다. 슬프지만, 돌아온 반유대주의는 중요한 역할 또한 수행할 수 있다. 곧, 반유대주의를 겪으며 유대 젊은이는 자신의 출신을 상기하고, 건전한 비유대인은 유대국에 대한 정당한 비판이 이스라엘 민족에 대한 구래의 흉측한 증오로 바뀌는 과정을 확인해 경각심을 품을 수 있다.

러트거스, 브라운, 예일, 터프츠, 다트머스 등 어디를 가나, 충격적인 사실 하나는 변함없었다. 오늘날 세계는 유대인으로 존재하기에 참고단한 곳이라는 사실. 담론도 분명하지 않은 데다 어디로 가야 한다는 지침도 없다. 이스라엘도 번듯한 유대계 미국인 사회도 아무 도움이 되지 않는다. 예전에는 유대인으로 존재하는 일이 천부의 운명이었지만, 이제는 전적으로 결정의 문제다. 게다가 거의 매일 의식적으로 내려야 하는 결정. 예전에는 유대인으로 존재하기가 힘들었지만, 오늘날 미국의 신세대 유대인들에게 그것은 지치는 일이다. 직장을 구할 전망, 빚 상환, 배우자 물색은 말할 것도 없고 환경 문제, 사회정의, 무너져 내리는 아메리칸드림 같은 문제와도 씨름해야 하는데, 또 다른 골칫거리를 떠안고 싶은 사람이 누가 있겠는가, 유대인이라고 불려야 하는가 하며 정서적, 지적으로 끊임없이 갈등하고 싶은 사람이 누가 있겠는가?

이러한 피로감은 비단 유대 젊은이들만의 기분이 아니다. 미국에 있는 유대인 공동체 회관이라면 어디서든, 활발한 성원 수는 고령화 더불어 줄어들고 있다. 젊은 피가 수혈되지 않는 까닭에서다. 유대인 조직과 연맹 일부는 후원자 수가 점점 줄어들어 기존 후원자들의 부담이 늘어가는 형편이다. 전통적이고 민주적이던 유대인 공동체의 성격은 (선의와 헌신으로 똘똘 뭉친) 과두 집단의 성격을 띠어가고 있다. 무지하게 활발한 핵심층은 일하기에 지치는 법이 없지만, 피로와 무관심, 냉담에 절은 집단이 늘어나면서 주변을 온통 에워싸고 있다. 영화 「엑소더스」에 열광했던 세대와(이스라엘인은 폴 뉴먼처럼 금발에 파란 눈이 돋보이는 미남으로 그려져야 했다) 「신들러 리스트」에 매료되던 세대가(시대와 상황을 막론하고, 유대인은 늘 희생자다) 지나자 내 것으로 삼을 만큼 단순명료하고 매력 있는 할리우드 소설이 없는 세대가 등장했다. 유대계 미국인의 성공담에 금이 갔다. 200년에 걸쳐 경이를 낳은 공식이 더 이상 통하지 않는 듯하다.

우연찮게 나눈 어느 대화 덕에 나는 이 걱정스러운 사건 전개를 한층 더 잘 이해하게 되었다. 대화를 나눈 사람들은 미국에서도 영향력 있는 유대계 지식인으로 다 연장자들이었다. (투자가이자 자선가, 미술품 수집가, 버스라이트 공동 설립자인) 마이클 스타인하르트는 자신이 자란 곳으로 비종교적 지역인 브루클린에 대해 이야기해주었다. 그곳에서 유대인들은 유대인 틈에 살았기에 준거 틀 역시 거의 늘 유대식이었다. 와튼을 거쳐 월 가로 진출해 있더라도 그들은 계속 유대인 공동체 성원으로 남았다. (정치 이론가이자 역사가, 윤리학자인) 마이클 왈저는 자신이 자란 펜실베이니아의 작은 도시에 대해 들려주었다. 그곳에서 유대계 지역 유지들은 공동체 성원들을 예의 주시하며 살살 구슬려 기부에 후한 분위기를 조성함으로써 자발적 납세라는 훌륭한 관습을 유지했다. (지식인이자 작가, 편집자인) 레온 위절티어는 말했다. 자라는 내내 자신에게는 유대인으로 존재하기란 지적인 귀족이 된다는 뜻, 곧 히브리어를 배우고 성경을 공부하며 히브리 작가의 작품을 읽고, 그러면서도 세속의 교육, 그것도 일류 교육을 추구한다는 뜻이었다고.

미국 대학을 돌며 만난 젊은이는 대부분 유대인 공동체 출신이 아니어서 이 획일적 공동체를 유지하는 복잡한 내부 원리를 모른다. 히브리어도 모르고, 유대 민족의 문화유산이나 시인, 철학자, 작가를 공부한 적도 없다. 게다가 이스라엘을 무조건 찬양하지도 않는다. 더군다나 이들에게는 결정권마저 있다. 언제고 떠날 수 있는 셈이다. 그들의 조부모 세대의 유대인들을 한데 뭉친 요인은 사라졌거나 자신들과는 무관해졌다.

이토록 끔찍하게 전개되는 상황에서 이스라엘이 수행해야 할 역할의 중요성은 가늠하기조차 어렵다. 어찌 보면 BDS의 힐난, 시온주의와 진보주의 간의 긴장, 유대인의 정체성 약화는 어제오늘의 문제가 아니다. 이 문제들은 얼굴을 바꿔가며 시온주의 발생 이후 줄곧 시온주의를 따라다닌 셈이다. 하지만 20세기 유대 민족운동의 극적인 성공이 있게 한 원동력은 바로 이 세 가지 문제를 회피하도록 도운 암묵적인 원칙들이기도 했다. 원칙 역시 세 가지였다. 시온주의의 암묵적 원칙은 첫째, 양성良姓 초강대국(영국을 위시해 프랑스, 미국)과 긴밀한 동맹관계의 형성이다. 둘째, 아랍-이스라엘 분쟁과 관련해 늘 도덕적 우위를 점해야 한다(이에 따라 1937, 1947, 2000년 분할 정책을 받아들였다). 셋째는 늘 깨어 있는 국제 세력과 결부되어야 한다(이에 따라 좌파는 키부츠와 히스타드루트 노동자 협동조합을 통해 국제 사회주의 운동에 동참했고, 우파는 민족주의를 자유주의 및 인권에 맞춰 가다듬는 시온주의 수정론자 야보틴스키식 노선을 택했다). 하지만 21세기에, 이 시온주의 국가는 더 이상 이 원칙들을 고수하지 않는다. 진보적인 미국에 등을 돌림으로써 미국과 맺은 전략적 제휴관계를 흔들어놓았다. 평화과정을 포기함으로써 도덕적 우위를 상실했다. 맹목적인 애국주의에 동조하는 미국 측 짝과 한 패가 됨으로써, 이스라엘의 이미지는 반동 세력과 결부되었다. 이 모든 소행 탓에, 이스라엘은 자기 자신을 위태롭게 하고 있을 뿐만 아니라, 유대 젊은이와 비유대인들이 이스라엘을 아끼고 싶어도 점점 더 그럴 수 없어져만 간다고 느끼게 함으로써 이들의 심정을 착잡하게 만들고 있다.

그러나 갈수록 태산으로, 문제는 여기에 그치지 않는다. 초정통파 유대인을 비롯해 심지어 현대 정통파 유대인들까지도 자신들이 존재하는 데 이스라엘은 필요 없다고 느낀다. 유대인으로서 물려받은 유산과 정체성은 지금처럼 전통을 따르는 반폐쇄적 공동체 안에서 유지할 수 있다고 본다. 게다가 죽이겠다고 덤비는 적도 없는 상황이니, 자신들의 앞날에 치명적인 위험은 없는 셈이라고. 반대로, 비정통파 유대인의 문명을 유지하는 데 이스라엘은 불가결하다. 시온주의 주창자들이 예견했다시피, 뉴욕이나 시카고, 로스앤젤레스에서 비정통파 유대인의 삶을 의의 있게 진작시키려면, 계몽된 텔아비브가, 자유로운 현대 유대인의 정체성이 다가올 수백 년 동안에도 유의미하도록 진화하는 데 동력을 대줄 수 있는 유대국, 곧 유대 민주국가가 있어야 한다.

하지만 지난 수십 년 넘게 이스라엘은 광적 세력에 자신을 내어주면서 시온주의의 이 모든 중요한 임무를 저버려왔다. 여기서 모순은, 이스라엘의 과격 민족주의자들이 유대 민족의 미래를 위태롭게 하고, 초정통파들이 유대교의 미래를 위태롭게 하고 있다는 사실이다. 유대교 재건주의를 비롯해 유대교 보수주의 및 개혁주의의 정당성과 미덕을 인정하지 않는 바람에 이스라엘을 스파르타처럼 맹목적인 애국심과 배타주의에 젖은 수상쩍은 나라로 전락시킴으로써, 과격 민족주의자들은 미국에 사는 자유주의 유대인들이 이스라엘과 동질감을 느끼는 데 걸림돌을 놓고 내가 만난 유대계 학생 수천 명이 유대인다운 삶에서 멀찍이 떨어져나가게 하고 있는 셈이다. 이스라엘은 시온주의를 철저히 고집한다고 하면서 사실상 시온주의를 훼방하고 유대인의 미래를 위험에 빠뜨리고 있다.

시위자 수십 명이 이스라엘 대사의 연설을 방해한다는 데 문제를 국한시킨다면, 유대인과 이스라엘인들은 스스로를 기만하고 있는 셈이다. 주변부에 도사리고 있는 과격주의는 문제일망정 **본질적인** 문제는 아니다. 진짜 위험한 문제는 미국의 주류 젊은이들이 이스라엘을 차츰 외면하고 있다는 사실이다. 이스라엘은 멋지지 않다, 이스라엘은 재미없다. 미국의 젊은이들은 더 이상 이스라엘을 저 멀리 변방에 있는 활기차고 용맹스런 나라로 인식하지 않는다. 유대 좌파와 우파 사이 틈은 날로 벌어지고 있는 데다 이스라엘의 정책은 갈수록 신뢰가 가지 않아 도덕적 피로가 따르는 상황에서, 미국의 유대 젊은이 대부분은 유대국과 유대 민족 편에서 싸울 만한 동기나 확신, 힘을 끌어낼 수가 없다.

샌프란시스코 만을 내다보는 한창 유행인 어느 자연주의 식당에서, 성공한 지역 유지가 된 유대인 한 명이 말했다. 자신의 일흔다섯 살 된 아버지 세계와 열다섯 살의 딸내미 세계 사이의 틈이 걱정된다고. 그리고 말했다. 난 그 둘을 잇는 가교로 금문교처럼 한결같이 튼튼한 다리가 되고자 전력을 다하고 있다. 하지만 틈은 갈수록 넓고 깊어져만 간다. 어떤 때엔 우리에게 미래라는 것이 있기는 한가 의문스럽다. 그는 나지막이 덧붙였다. 유대인들이 사는 미국은 마치 이스라엘이라는 어린 자식을 먹이고 보살피느라 한창 시절 다 보낸 위대한 어머니 같다고. 하지만 관계는 달라지고 있으며 그에 따라 세력균형 역시 바뀌고 있다. 어머니는 늙어가면서 아들의 건강과 기력과 선의에 갈수록 기대고 있다. 하지만 아들은 다루기가 어렵다. 잘 알다시피 여간 어렵지가 않다. 게다가 엄마가 자신을 얼마나 필요로 하는지 알고나 있는지 도통 모를 일이다.

나는 이보다는 훨씬 더 낙관적이다.

미국의 젊은이들을 만나러 다니는 길은 쉽지 않았다. 긴 여정은 겨울에 이루어진 데다 밤에 이동해야 할 때도 많았다. 교정에서 교정으로 불안한 빙판길을 따라. 여러 교정에서 나는 가슴 미어지는 대화를 나누기도, 팽팽한 대립에 처하기도 했다. 이따금 내가 호밀밭의 파수꾼처럼 마지막, 아이들이 벼랑 끝에서 막 떨어지려는 순간 끌어올리고자 애쓰고 있다고 느끼기도 하며. 더 중요하게는, 내가 투쟁하는 까닭에 2030년의 이스라엘은 물론 2050년 유대인의 미국 또한 있다는 생각이 들었다. 그럼에도, 유대인으로서의 삶이 천부적인 나라에서 온 사람으로서, 난 젊은이들이 유대인으로서의 삶이 천부적이 아닌 곳에서 생활하는 모습에 흠뻑 빠져들었다. 그들의 웅변과 현려玄慮, 정직에 감동받았다. 이야기를 나눈 학생들의 고난, 헤쳐나갈 길을 찾는 이들의 모색에 심금이 울렸다. 나의 기이한 고대 민족이 이룬 생의 비약은 아직 사그라지지 않았다.

바사르 방문은 마음을 착잡하게 했지만 다각적이자 열정적인 연설로 마무리되었다. 2년 반 전 디트로이트 JCC에서 누린 환영의 분위기와는 사뭇 달랐다. 이곳 청중은 젊고 비판적인 급진적 자유주의자였다. 나 역시 점령에 반대한다, 그들에게 말했다. 정착촌은 이스라엘이 초래한 재앙 가운데 최악이라고 생각한다. 하지만 현 이스라엘 정부의 정책이 다 혐오스럽다고 해도, 이스라엘을 포기하지도 이스라엘을 식민주의의 괴물이라고 간주하지도 말라. 결국 세상사에 미숙하기는 우리도 마찬가지 아닌가. 우리는 박해받는 한낱 소수민족일 뿐으로, 인류에 기여한 바도 참 크지만 인류 대부분으로부터 아주 몹쓸 대접을 받았다. 우리는 제국주의 세력이 머나먼 대륙의 땅덩어리를 차지하겠다고 파견한 종족이 아니다. 우리는 조상의 땅에 돌아왔다. 달리 도리가 없었기 때문이다. 우리는 우리 자신을 구해야 했다.

이들을 설득해냈을까? 분명 전부는 아니리라. 하지만 연설을 끝내자 존경의 침묵이 흘렀고 앞서 이야기 나눈 몇 명은 다가와 고맙다는 말을 건네기도 했다. 감동받은 기색이 역력했다. 어느 젊은 교수는 바사르에서 이런 말은 들어본 일이 없다고 했다. 그리고 덧붙였다. 이 교정에, 시온주의에도 진보적 차원이 있다고, 시온주의 역시 진보적으로 정당하다고 생각하는 사람은 자신이 알기로는 없다고.

맨해튼으로 차를 몰아오는 길, 그간 만났던 학생들을 떠올렸다. 학생들은 미국에 정착한 유대인들과 이스라엘이 존경스러우면서도 안타깝다고 느끼고 있었다. 우리는 다 난민일 뿐이다. 난 생각했다. 과거에는 재난과 재앙, 돌연한 사태沙汰 따위가 벌어졌다. 우리 영혼을 구하려면 탈출할 수밖에 없었던 상황. 일부는 서쪽, 곧 기회의 땅으로 가는 배에 올랐다. 일부는 동쪽, 곧 약속의 땅으로 가는 배에 올랐다. 100년 동안, 이 두 형제는 경쟁했다. 1930년대 초에는 동쪽으로 향한 자들이 옳게, 서쪽으로 향한 자들은 그르게 보였다. 1940년대 초에는 그 반대가 되었다. 하지만 진실로 양편 다 옳았다. 다 자신들이 선택한 땅에서 기적을 낳았다. 21세기, 이 기적은 전적으로 상대편에 달렸다. 미국 유대인이 없이는 우리에게 삶은 없으리라. 우리가 없이는 미국 유대인의 삶 역시 없으리라. 이스라엘이 기필코 바로 서야 하는 까닭이 여기에 있다. 미국 유대인 사회에 근본적인 변화가 불가결한 까닭이 여기에 있다. 21세기 시온주의는 새로운 전망을 내놓아야 한다. 새로운 담론을 펼치고, 미국에 사는 유대인 청년은 물론 이스라엘 신세대들을 고무시킬 새로운 정신을 창출해야 한다. 이보다 더 중요한 일은 없다. 우리 미래는 오로지 여기에 달려 있다.

열여덟

해안의 요새

여름마다 나의 가족은 영국으로 여행을 떠난다. 어쩌면 우리의 뿌리가 그곳에 있기 때문인지도 모른다. 어쩌면 영국이 우리 조국과 정반대이기 때문인지도 모른다. 초록의 고요함. 이스라엘이 광란과 끊임없는 변화라면, 영국은 평온과 지속성이다. 비행기가 런던 히스로 공항으로 하강하면서, 부당하지만 깊은 귀향감이 나를 엄습한다. 그리고 아내와 세 아이를 차에 태우고 서머싯과 도싯을 지나는 동안, 평온감은 깊어진다. 양 떼들, 마을 선술집들, 고대 교회들. 사우스데번 해안가에 빌린 석조 오두막에 도착하자 난 완벽한 행복감에 젖는다. 부슬비 속, 나는 아내 팀나 그리고 세 아이 타마라, 미하엘, 다니엘과 집 앞 들판 너머 하얀 절벽 끝에 서서 회녹색 바다로 뻗어 내려가는 짙은 초록빛 계곡들을 내다본다. 영국이다. 수 세기 동안 이곳을 침공하는 데 성공한 외세는 없었다. 영국에는 확고한 정체성으로 인한 깊은 평온과 더불어, 우리가 누려본 적 없으며 앞으로도 결코 누릴 수 없을지 모르는 모든 것이 있는 듯하다. 그것은 평화다.

우리의 역사는 더 유구하다. 난 아이들에게 말해준다. 우리가 성서를 기록할 당시, 이 초록 섬의 민족은 문맹 야만인이었다. 하지만 우리 역사는 "네 고향을 떠나라"[1]의 역사다. 고향 땅을 떠나 약속된 땅에 정착하는 이야기다. 그리고 약속된 땅은 그 자체로 하나의 무더기다. 한 켜의 삶은 다른 한 켜의 삶 위에 자리 잡고 있으니, 파괴를 딛고 있는 셈이다. 맞다, 런던이 여전히 습지에 불과했을 때 우리 유대인에게는 예루살렘이 있었다. 하지만 영국인들에게는 우리가 꿈에나 그릴 수 있는 것이 있다. 이들은 평온 속에 태어나 평온 속에 죽는다. 세계대전조차 이들의 존재를 위협하지 못하지만, 우리는 언제나 불안에 시달린다. 우리는 거대한 불길 사이에서 살기 때문이다. 우리는 재앙 사이에서 번창한다. 우리가 그토록 민첩하고 활기차며 창의적인 까닭이 여기에 있다. 우리가 그토록 신경과민에 시끄럽고, 견딜 수 없이 고약한 까닭이 여기에 있다. 우리는 연기 뿜는 화산의 불길한 그림자 밑에서 산다.

영국은 내 조상들에게 후했다. 대영제국은 허버트 벤트위치에게 문을 열어주었으며, 1500년 이상 유대인들이 지구상 어느 곳에서도 누릴 수 없었던 권리와 자유, 기회를 주었다. 벤트위치의 두 아들에게는 최상의 교육을 받게 해주었으며 이런 기회는 돈이 있으면 접근할 수 있었다. 20세기 첫 25년 동안, 대영제국은 해방 유대인 수만 명이 자애로운 왕정의 비호 아래 자유롭고 존엄하게 살 수 있게 해주었다. 이 섬나라

1 야훼께서 아브라함에게 말씀하셨다. "네 고향과 친척과 아비의 집을 떠나 내가 장차 보여줄 땅으로 가거라. 나는 너를 큰 민족이 되게 하리라……."(구약성서 창세기 12:1~2)

역시 반유대주의로 물들어 있기는 했으나, 유대인들은 사업과 과학, 심지어 정치계에서조차 성공을 누렸다. 이들 가운데 다수는 영국 상류 지성계와 능력 위주의 엘리트 사회에 속했다. 100년도 더 전에 벤트위치 가족은 우리와 비슷한 휴가를 보냈다. 어떤 여름은 저 아래 콘월에서 지냈으며, 어떤 여름은 저 위 레이크 디스트릭트에서 지냈다. 하지만 벤트위치 가족은 켄트 해안에 위치한 가족 소유의 카르멜 저택에서 휴가의 대부분을 즐기곤 했다. 그들은 에드워드 7세 시대풍의 화려한 저택에서 버지니아 울프의 『등대로』에 나오는 램지 가족처럼 살았다. 벤트위치 가족의 여름휴가는 램지 가족의 여름휴가와 똑같았는지도 모른다. 팀나가 임대 오두막의 주방을 차지하고 아이들은 요란한 게임에 마음놓고 빠져 있는 사이, 난 나의 영국계 유대인 조상과 벤트위치 가족, 그리고 나 자신에 대해 생각한다. 내 증조부가 영국의 초록 해안에서 우리를 끌어내 팔레스타인의 황량한 해변에 정착시키지 않았더라면 난 어떻게 되었을까? 허버트 벤트위치가 시온 산에 대한 강박적 동경에 압도되지 않았더라면 내 어머니와 나 그리고 내 자녀들의 운명은 어떻게 되었을까?

난 옥스퍼드대학 문학교수나 BBC 방송국 프로듀서가 되어 있었으리라 생각하고 싶다. 또한 햄스테드에는 고급 주택이, 웨스트 도싯에는 이엉지붕을 인 오두막이 있었으리라 생각하고 싶다. 내 삶은 이스라엘에서의 삶보다 훨씬 더 편안하며 훨씬 더 안전했으리라. 시와 음악에 쏟을 수 있는 여가시간이 더 많았으리라. 내 아이들의 미래에는 먹구름이 끼지 않았으리라. 하지만 내 내면의 삶도 더 풍요로웠을까? 내 삶의 경험에 더 많은 의의가 있었을까?

인구통계는 잔혹하다. 내 증조부가 켄트 해안에서 여가를 즐기던 당시, 유대인은 영국 인구의 1.2퍼센트였다. 오늘날엔 0.5퍼센트 미만이다. 인구통계를 더 잔혹하게 만드는 일은 20세기 전반, 동유럽 유대인 수만 명이 영국으로 이주했다는 사실이다. 이들 가운데 다수는 정통파 유대인이었으며 그 아들딸들은 현재 맨체스터 유대인 공동체의 3분의 1과 런던 유대인 공동체의 5분의 1을 이룬다. 오늘날 유대인의 절반 미만이 1920년 영국계 유대인의 후손이다. 그러므로 허버트 벤트위치가 대표하는 영국계 유대인 공동체의 소멸률은 엄청난 셈이다. 지난 100년 동안 영국에 사는 전통 유대인 중 4분의 3이 유대인으로서의 삶을 포기했다.

19세기와 20세기 초반 영국계 유대인 공동체는 비범했다. 유대인의 재능과 영국의 문화가 결합해 걸출한 시인과 작가, 극작가, 예술가, 음악가, 과학자, 변호사, 은행가, 사업가, 정치가, 혁명가를 낳았다. 영국 유대인은 노벨상을 열두 번 이상 수상했다. 이들은 전설적인 부를 창출했다. 영국 유대인들은 영국의 공적 담론을 뒤집어놓은 모든 과격 운동에서 두드러진 면모를 보였다. 하지만 이런 창의적 공동체가 빠르게 수축하고 있다. 낮은 출산율과 높은 종족 간 혼인율은 비정통파 유대인의 소멸로 이어지고 있다. 유대인적 삶과 유대인적 정체성에 점점 흥미를 잃어가는 듯 보인다. 그러니 영국에서 태어난 허버트 벤트위치의 자손은 유대인이 아니며 내 아내의 영국인 할아버지 자손 역시 유대인이 아니다. 영국에는 여전히 로스차일드가家와 골드스미스가, 밀리밴드가가 있으나 한두 세대 후면 이들 역시 자신을 유대인이라 여기지 않을 터다. 그러니 데번의 잿빛 절벽을 내다보면서, 난 증조부가 나를 이 해안에서 끌어내지 않았더라면 나 역시 절반뿐인 유대인으로 남았으리라 생각한다. 타마라와 미하엘, 다니엘은 자기네가 유대인이라는 생각을 전혀 하지 않았으리라. 햄스테드와 도싯에서의 우리의 개인적 삶은 충만하고 평온했겠지만, 우리가 속한 집단은 우리 주위에서 전부 사라져갔으리라.

맞다, 미국이 있다. 북미에는 여전히 활기찬 비정통파 유대인 공동체가 있다. 미국에서라면 난 컬럼비아대학교에서 학생들을 가르치거나 『뉴욕 타임스』에 기고하며 당당한 유대인으로 살 수 있었을지 모른다. 미국으로 이주한 허버트 벤트위치의 두 딸처럼, 난 그곳에서 내 정체성을 지킬 수 있었을지 모른다. 하지만 미국의 인구통계 역시 잔혹하다. 논란이 많은 수치이지만, 대략적으로 1950년 당시에는 미국인의 3퍼센트가 유대인이었다. 1980년대에는 2.4퍼센트였으며 2010년에는 2퍼센트 미만으로 떨어졌다. 2050년 무렵이면 유대인은 미국 인구의 1퍼센트에 불과할 터다. 지난 50년간 비정통파 영국 유대인의 수를 감소하게 만든 원인인 안락한 환경은 마찬가지로 다음 50년에 걸쳐 미국 비정통파 유대인 수의 감소를 초래하리라 예상된다. 21세기, 북미 유대인의 출산율은 낮으며 종족 간 혼인율은 높다. 유대인 인구는 노령화되고 있다. 유대인 공동체에 가입한 유대인 가운데 정통파나 비정통파 혹은 그저 고령의 유대인 수가 점점 늘어나고 있다. 젊은 세속적 유대인 대부분은 이스라엘이나 종교 조직에 부모들이 갖는 만큼의 관심이 없다. 이들은 유대인다운 정체성의 중심에서 떨어져나가고 있다. 비유대인의 공간으로 사라지고 있다. 허버트 벤트위치의 미국인 자손들을 보면 그 부모도 유대 법을 지키지 않았을뿐더러 이들 스스로도 더 이상 자신을 유대인이라 여기지 않는다. 나의 세속적 영국 유대인 가족에서도 나의 세속적 미국 유대인 가족에서도, 종점을 볼 수 있다. 유대 민족의 최후를 그려볼 수 있다.

그러니 탐라와 미하엘, 다니엘이 바닷가에 외로이 서 있는 하얗게 회칠한 어부 오두막을 향해 걸어내려가는 모습을 보며, 나는 나 자신과 갈등한다. 나의 일부는 영국이 저 아이들의 집이기를, 아이들 역시 『등대로』에서처럼 황홀하게 살기를 바란다. 하지만 난 우리가 이 길을 따라갈 수 없다는 사실을 이해한다. 세월이 흐르면서, 우리 종족은 이 싱그러운 초록의 목초지에서 살아남을 수 없을지도 모른다. 홀로코스트도, 대학살도, 공공연한 반유대주의도 없지만, 이 섬나라는 우리를 슬며시 죽이고 개화한 유럽도 우리를 슬며시 죽이며 민주주의 미국도 우리를 슬며시 죽인다. 인자한 서구 문명은 비정통파 유대교를 파괴한다.

켄트 해안을 떠나 야파 해안을 향한 허버트 벤트위치의 미친 듯한 여정이 필연적이었던 까닭이 여기에 있다. 이 완만한 영국 언덕들과 해묵은 영국 오두막들은 우리를 위한 것이 아니다. 이곳의 지속적인 역사와 확고한 정체성과 깊은 평온은 우리를 위한 것이 아니다. 우리는 떠도는 민족, 불안한 민족이기 때문이다. 비정통파 유대인들을 한 장소에 집결하는 일이 절실했던 까닭이 여기에 있다. 비정통파 유대인들을 집결할 수 있는 한 장소가 바로 이스라엘 땅이었다. 따라서 야파는 불가피했다. 우리는 야파 주위에 유대 민족의 집을 지어 스스로를 구해야 했다.

데번으로 돌아온 후 며칠이 지나 난 고대 항港 야파를 걷는다. 한때 이곳은 오렌지 수출항이었고, 그 후엔 이주자들의 항이었으며, 그 후엔 어항이었다. 최근 몇 년간은 휴양지였다. 난 해묵은 창고 안에 차려진 넓은 술집을 찾아 좋아하는 싱글몰트를 홀짝이며 앉아 있다. 잘생긴 젊은이들이 먹고 마시며, 즐겁게 노는 모습을 지켜본다. 이스라엘의 소문난 밤 문화의 달콤한 속삭임을 엿듣는다.

이스라엘의 유대인 인구통계는 디아스포라 유대인 인구통계의 거울상이다. 1900년에는 7만 명이 야파지역에 거주했다. 21세기 두 번째 10년이 되면 같은 지역에 100만 이상이 산다. 1897년에는 50만 명이 팔레스타인에 거주했다. 오늘날 이 땅에는 1100만 이상이 산다. 영국 인구가 60퍼센트 증가하고 미국 인구가 300퍼센트 증가하는 사이, 이스라엘 땅 인구는 2100퍼센트 증가했다. 더욱 극적인 현상은 이스라엘의 유대인 인구 증가였다. 1897년 이곳에는 유대인 5만이 살았다. 현재 유대인 인구는 600만에 육박한다. 영국 유대인 수가 20퍼센트 증가하고 미국 유대인 수가 35퍼센트 증가하는 사이, 이스라엘 유대인 수는 1만2000퍼센트 증가했으며 대부분 정통파 인구였다.

디아스포라와 유대인 인구통계를 대조하면 놀라운 결과가 나온다. 1897년, 팔레스타인에 거주하는 유대인은 세계 유대인의 0.4퍼센트에 불과했다. 1950년, 우리는 세계 유대인의 10.6퍼센트를 차지했다. 1980년에는 25.6퍼센트였다. 이제 우리는 45퍼센트를 웃돈다. 전 세계 유대인 대부분을 이곳 약속의 땅에 모으겠다던 역사적 프로젝트는 상상을 초월한 성공을 거두었다. 오늘날, 이스라엘 유대인 공동체는 전 세계에서 가장 크다. 현 추세를 본다면 2025년 무렵에는 세계 유대인 태반이 이스라엘에 있을 가능성이 크다.

20세기 이스라엘 땅으로의 유대인 대량 이주는 시온주의가 거둔 가장 큰 승리였다. 이는 시온주의의 진단이 정당했음을 입증했고 시온주의의 예후에 희망을 주었다. 시온주의의 또 다른 승리는 이스라엘 유대인의 굉장한 출산율이었다. 2012년 미국의 출산율은 2.05명이었으며, 영국의 출산율은 2.0명, 이탈리아의 출산율은 1.4명, 독일은 1.36명이었다. 그에 반해 이스라엘의 출산율은 2.96명으로 충격적인 수준이었다. OECD 국가 가운데 단연 최고였다. 유럽은 빠르게 노화하고 있는 반면, 이스라엘은 청춘이다. 디아스포라의 비정통파 유대인들은 노화하고 있는 반면, 이스라엘 유대인들은 짝을 지어 번성하고 있다. 유럽인 절반이 40세 이상인 반면, 이스라엘인 절반은 30세 이하다. 이들은 우리의 도시에 생기를 불어넣으며, 야파 항에 위치한 이 술집 주위에서 내가 보고 있는 모든 것에 생기를 불어넣는다.

나는 종종 시온주의의 첫 잘못은 늦었다는 데 있다고 생각해왔다. 20년만 일찍 일어났어도 그 운명은 완전히 달라졌으리라. 1917년에 성취한 일을 1897년에 성취했더라면, 그리고 1947년에 성취한 일을 1927년에 성취했더라면, 현시대에 가장 정당한 민족운동이 되었으리라. 600만 인명의 살생을 방지하는 민족운동이 되었으리라.

시온주의의 임무는 명확하며 단순했기 때문이다. 곧 유대 민족의 구원이 전부였다. 현대 유럽의 악과 맞서는 데 현대 유럽의 힘을 활용하자는, 곧 유럽의 광란으로부터 유럽 유대인을 보호하는 데 유럽의 부와 과학, 제국주의를 이용하자는 사상이었다. 1897년의 시온주의에 그토록 마음을 움직이는 힘이 있었던 까닭이 여기에 있다. 이는 이를테면 반反메데이아[2] 운동이었다. 유럽의 자궁에서 나온 유대인들이 사랑하는 어머니가 자기네에게 등을 돌리고 있다는 사실을 불현듯 깨닫고 시작한 혁신적 운동이었다. 시온주의는 유대인 나름의 위대한 십자군 운동이었던 셈이다. 하지만 극단적이며 피에 굶주린 신도들의 십자군이라기보다, 아이들의 십자군이었다. 유럽이 자신들을 유린하기 전 탈출하고자 애썼던, 유럽의 어린 자식들의 길고 슬픈 행진이었다. 하지만 이 십자군은 늦게 일어났다. 메데이아가 눈에 광기를 번득이며 칼을 휘두를 때 시온주의는 임무를 수행하기에 아직 너무 약했다. 1930년대와 1940년대, 야파 주위에 세워진 피신처만으로는 난민 수백만을 흡수할 수 없었다. 그렇게 유럽 유대인들은 거의 사라졌다. 이 유대인 구원 운동은 유대인 열에 하나만을 죽음에서 구할 수 있었을 뿐이다. 시온주의는 600만 유대인을 구하고자 탄생했으나 끝내 구할 수 없었다.

시온주의의 두 번째 잘못은 맹목이었다. 1897년, 팔레스타인에는 45만 아랍인이 살고 있었다. 소도시 열두 곳과 마을 수백 곳에서, 이들은 뿌리 깊은 공동체를 이루고 충만한 삶을 영위하고 있었다. 이 땅이 자신들에게 속해 있듯 이 땅에 속해 있었다. 그러니 시온주의가 야파를 택했을 적부터, 시온주의에는 이미 금이 갔던 셈이다. 시온주의 운동은 자신의 것으로 삼고자 하는 땅에 이미 다른 사람들이 거주하고 있다는 현실을 직시하지 않으려 했다. 윤리의식이 결핍되어 있던 까닭에 유대 민족의 고대 조국이 이제는 다른 민족의 집이라는 사실을 깨치지 못했다. 인식의 결핍으로 말미암아 부정한 행위가 이 사업의 중

---

2 메데이아는 그리스 신화 및 여러 비극작품에 등장하는 여자 마법사로, 남편의 배신을 확인하자 이에 복수하고자 주변 인물들은 물론 결국 제 자식까지도 죽임으로써 광포한 악녀의 전형이 되었다.

요한 일부가 되리라는 사실을 파악하지 못했다. 하지만 시온주의의 맹목은 우연이 아닌 필연이었다. 야파 항에 내리던 시온주의자들이 자기네 꿈을 실현하기 위해서는 팔레스타인 사람 수만 명을 내쫓아야 한다는 사실을 알았더라면, 꿈을 꿀 수조차 없었으리라. 유대 민족국가의 설립이 토착민과의 백년 전쟁을 초래하리라는 사실을 알았더라면, 국가를 설립할 수 없었으리라. 이 땅에 정착한 유대 민족을 보호하기 위해서는 핵이라는 우산이 필요하리라는 사실을 알았더라면, 민족을 정착시킬 수 없었으리라. 1897년 시온주의자들의 맹목에 악의는 없었다. 옛말에도 있듯이, 불난 집에서 뛰어내리는 사람은 맹목이라 자기가 떨어질 자리에 걸어 다니는 사람들을, 자기 밑에 깔려 뼈대가 부러질 사람들을 보지 못하는 법이다. 그럼에도, 맹목은 맹목이다. 시온주의의 맹목은 시온주의 프로젝트의 정당성과 시온주의가 성공할 가능성을 깎아내렸다.

시온주의의 세 번째 잘못은 환경 파괴였다. 유대 민족의 원대한 과업은 이 성지의 많은 부분을 훼손해서 환경 재앙을 초래했다. 이 조그맣고 연약한 나라를 이주자 수백만 명으로 넘쳐나게 한 결과는 참혹했다. 시온주의는 인구과소의 성스러운 유적지를 인구과잉의 난민수용소로 바꿔놓았다. 공격적인 개발은 성서의 언덕과 평원 그리고 계곡들을 상업적 도시 국가라는 콘크리트 담요 아래에 묻어버렸다.

언제나 그렇지는 않았다. 첫 15년 동안 시온주의는 이 땅을 달래주었다. 초기의 개발은 초록의 친환경적 개발이었다. 척박한 나라를 오렌지 과수원과 밀밭과 소박한 마을들로 살찌웠다. 하지만 1948년 이후, 추세는 뒤집혔다. 좁고 긴 땅덩이에 수백만 명을 정착시키려면 땅을 학대하는 수밖에 없었다. 오렌지 과수원은 송두리째 뒤엎어졌고, 마을은 도시화되었으며, 논밭은 추한 주택 프로젝트 차지가 되었다. 사막을 밀어내는 과정으로 시작했던 일은 도시라는 사막을 창출하는 과정으로 변했다. 1897년 약속의 땅은 거대한 부동산 개발 사업 현장이 되어버렸다.

그렇지만, 이 모든 사실에도 불구하고 시온주의는 기적이다. 19세기 온갖 원대한 꿈 가운데, 헤르츨의 꿈만이 유일하게 실현되었다. 1897년의 유토피아적 사상 가운데, 시온주의만이 아직까지 완전히 부정되지는 않은 유일한 사상이다. 20세기 모든 혁명 가운데 시온주의 혁명만이 지금까지 살아남은 단 하나다. 역설적이게도 시온주의는 뒤이은 그 온갖 열광적 사상 가운데서도 가장 과대망상적이다. 시온주의는 단지 정치체제를 개혁하거나 사회경제적 질서를 변형하겠다는 수준이 아니었다. 단지 러시아 황제를 교체하거나 파시즘 같은 총통제를 강제하겠다는 수준이 아니었다. 시온주의의 목표는 민족을 한 대륙에서 다른 대륙으로 옮기고, 한 나라를 정복하고 민족을 모아 국가를 설립하며, 언어를 되살리고 절망한 민족에게 희망을 심어주는 일이었다. 그리고 온갖 역경에도 불구하고, 시온주의는 성공했다. 불가능한 일을 성취했다.

시온주의는 하지만 재앙으로 끝날 수도 있다. 오만하고 어리석을 행위라 판명될 수도 있다. 세계 유대인의 절반을 이 지반 불안정한 땅에 집결하는 일에는 어마어마한 위험이 내포되어 있다. 그럼에도, 운명에 도전하는, 자신의 운명을 자기 손에 맡기는 이 행위에는 분명 정당한 무언가가 있다. 만약 시온주의를 욕구하는 마음이 그토록 지독하지 않았더라면, 적을 기만할 수도, 동맹국을 조종하거나, 갖은 호기를 활용할 수도 없었으리라. 무에서 유를 창조해, 현시대에 유대인의 대太귀환이라는 성서적 장관을 펼칠 수 없었으리라.

그러면 시온주의 첫 100년 동안 이 땅에는 무슨 일이 벌어졌는가? 우리는 이 땅에 어떤 영향을 미쳤는가? 우리는 어떤 면에서 성공했으며 어떤 면에서 실패했는가? 이 질문에 답하고자, 난 아파 항을 떠나 증조부의 발자취를 따라 여정을 시작한다. 증조부가 1897년 4월 방문했던 장소들은 어떻게 되었는가? 되살리고 싶어했던 이 황량한 조국과, 구하고 싶어했던 박해받는 민족은 어떻게 되었는가?

허버트 벤트위치와 달리, 난 미크베 이스라엘에서 멈추지 않는다. 야파에서 난 1897년에는 없었던 곳인 홀론, 바트얌, 아주르 같은 텔아비브 위성도시들을 지나 리숀레지온으로 간다. 도중에 있던 텔엘카비르, 야주르, 바이트다얀 같은 팔레스타인 마을들은 1897년 이후 파괴되고 없다. 고속도로는 몇 차로씩이나 되며, 교차로는 차들로 혼잡하다. 오렌지 선적항이던 곳과 유대 지방 최초의 유대인 식민정착촌이던 곳 사이에는 더 이상 야생화 들판도, 초원이나 목초지도 없다. 낙타도, 양떼도, 유목민 베두인족도 없다. 팔레스타인은 이주자들을 위한 대량의 주택으로 가득 찼으며, 시온주의가 야파의 남쪽과 동쪽으로 뻗어 있는 흉측한 주택단지들에 꾸역꾸역 밀어넣었던 유대인 생존자 수백만 명으로 들끓는다. 1897년 그 봄날 아침 토머스쿡 마차들이 가로지르던 16킬로미터가량 되는 노선은 이제 진땀나게 북적거리는 도시들로 꽉 들어차 있다.

1897년 4월 증조부가 리숀레지온에 도착했을 때, 리숀레지온에는 대략 가족 100가구와 집 50채, 마구간 30채, 도로 셋이 있었다. 시온주의의 첫 식민정착촌은 약 6제곱킬로미터의 포도밭으로 둘러싸여 있었다. 농부들은 그 안에 고품질 포도나무를 100만 그루 이상 심었다. 포도주 양조장은 전설적이었다. 중동 최대 규모였을 뿐 아니라 세계에서 가장 우수한 양조장 가운데 하나였다. 언덕 꼭대기에는 인상적인 유대교 회당 하나가 서 있었으며, 좁은 길들을 따라 멋진 식민 주택들이 늘어서 있었다. 이 조그마한 식민정착촌에서는 세계 최초로 히브리인만을 위한 학교를 설립하고 세계 최초로 히브리인만의 시청과 팔레스타인 최고의 관현악단을 설립했다. 비록 아직 유아기에 불과했지만, 리숀레지온에는 분명 촉망되는 미래가 있었다. 1897년 증조부를 감동시켰던 것처럼, 리숀레지온은 이듬해 방문한 헤르츨 박사 역시 감동시켰다. 이 시온주의 창립자는 리숀레지온에서 이렇게 적었다. "어쩌면 이곳에서 우리의 불행한 형제들을 위한 축복이 싹틀는지 모르겠다."

사실, 실제로 이곳에서 우리의 불행한 형제들을 위한 축복이 **싹트기**는 했다. 70개국 유대인들이 리숀레지온으로 피난했다. 1897년 500명이던 도시 인구는 오늘날 25만 명으로 증가했다. 이스라엘에서 네 번째로 큰 도시인 이곳에는 이제 초등학교 40곳과 빠르게 성장하고 있는 대학 하나, 교향악단 하나, 호황을 누리고 있는 상업지구 하나가 있다. 지난 25년 동안에만 주민 수가 2.5배 증가했다. 아파트 평균 크기는 107제곱미터이며, 아파트 평균 가격은 30만 달러, 가구당 평균 지출은 한 달에 4300달러다. 거의 모든 가구에 컴퓨터와 휴대전화, 자동차가 있다. 이 중산층 도시는 또한 중도 이스라엘의 도시다. 보수적이지도 자유주의적이지도 않으며, 아슈케나지도 세파르디도 아니고, 종교적이지도 세속적이지도 않다. 근면한 이주자들과, 소비적이며 이제 여러 자녀의 부모가 된 그 2세대들이 거주하는, 다가올 3000년대에 걸맞은 전형적인 이스라엘 도시다.

고속도로에서 난 서西리숀 방향으로 우회전한다. 1985년까지 이곳에는 아무것도 없었으며, 오직 허버트 벤트위치가 1897년 멀리서 바라본 모래 언덕들만이 자리하고 있었다. 100년 가까이 아무것도 변하지 않았다. 하지만 1990년대 소련이 붕괴하면서 100만 이주자가 밀려들었고 이들을 어서 정착시켜야 했다. 10년도 채 되지 않아 모래밭은 포장되었으며, 20년도 채 되지 않아 이 새로운 서리숀은 구舊리숀보다 더 커졌다. 백 살이 된 시온주의는 강력해져 있었다. 무에서 유를 창조하는 기적을 다시 한번 펼쳤다. 현대 이스라엘 도시가 또 하나 탄생한 순간이었다.

창공 아래, 다급하고 거대한 요구에 맞춰 다급하고 거대하게 지어진 아파트 단지가 서 있다. 단지는 효율적이며 상업적이지만, 영혼이 없다. 거리는 제도대에서 바로 솟아오른 듯 보인다. 이곳에 풍요로운 느낌은 있지만, 평화로운 느낌은 없다.

이웃 도시 레호보트와 마찬가지로, 리숀레지온 역시 2~3세대에 걸쳐 자기 정체성과 성격을 유지했다. 오렌지 과수원들이 해묵은 포도밭을 대체하면서, 도시는 번창하는 감귤 농업 식민정착촌이 되었다. 하지만 1948년 이후, 1950년대와 1970년대, 1990년대 세 차례에 걸쳐 인구통계가 출렁였다. 지역 정체성은 지워졌으며, 고유의 성격은 사라졌다. 이제 이 용광로는 이념이 아닌 경제에 치중했다. 그럼으로써 온갖 민족성과 정체성을 뒤죽박죽 섞으며 하나의 거대한 쇼핑몰 지붕 아래에 이주자들을 아우르게 되었다.

에후드 바라크는 한때 이 나라를 정글 속에 있는 빌라라고 정의했다. 하지만 진짜 이스라엘은 빌라가 아니라 쇼핑몰이다. 값싸고 시끄러우며 활기찬 쇼핑몰. 이 쇼핑몰은 이스라엘의 상황 곧, 비정상非正常의 역사를 지나 비정상의 미래에 임박해 있는 비정상의 환경 속에서 정상인 척 삶을 영위해가려는 절박한 노력을 상징한다. 그리고 서西리숀은 쇼핑몰이 전부다. 소비는 이 도시의 박동하는 심장이다.

난 시네마시티로 걸어 들어간다. 극장 26곳으로 이루어진 이곳은 리숀레지온이 꿈꾸는 캘리포니아를 펼쳐 보여주는 호화로운 사원 같은 곳이다. 복도를 따라 슈퍼맨, 배트맨, 찰리 채플린, 험프리 보가트 밀랍像이 서 있다. 벤앤제리스 아이스크림, 도미노 피자, 코카콜라가 있다. 디젤 청바지와 GAP 캐주얼 스웨터와 A&F 재킷을 입은 젊은 이들이 낑낑대며 거대한 팝콘 통을 나른다. 그럼에도, 20세기의 참상이라는 프리즘을 통해 바라보면 주변의 모든 것은 연민만을 불러일으킬 뿐이다. 리숀레지온은 생명 구조 프로젝트이기 때문이다. 비록 그렇게 보이거나 들리지는 않아도, 이곳은 난민 재활 도시다. 난 서리숀을 떠나 라믈레를 향해 간다. 1897년, 라믈레는 회교 사원과 교회, 여관, 시장으로 유명한, 인구 6000의 아랍 마을이었다. 이곳의 여러 호텔은 야파에서 예루살렘으로 가는 순례자들을 만족시켰다. 오늘날 라믈레는 인구 7만5000명이 사는 불행한 이스라엘 도시다. 이 가운데 5만8000명은 유대인, 1만2500명은 이슬람교도, 4500명은 기독교도다. 1897년 이곳에 살았던 아랍 이슬람교도 자손들은 거의 전부 1948년 강제 추방되었다. 오늘날 이슬람교도 주민은 주로 베두인족과 팔레스타인 사람들로, 이들 조상은 이스라엘 설립 초 자기네 마을에서 이곳으로 이주된 사람들이다.

라믈레를 물려받은 유대인은 대부분 이주자로, 이들 가운데 30퍼센트 가까이는 1990년대와 2000년대 사이 우즈베키스탄과 카자흐스탄, 에티오피아를 떠나왔다. 이 음울한 주택 프로젝트의 주민 대다수는 젊고 가난하다. 3분의 1은 복지수당에 의지해 근근이 살아간다. 사회경제 척도 1~10으로 본다면, 라믈레는 4로 비참한 수준이다.

멋진 팔레스타인 주택 몇 채는 이제껏 남아 있다. 허물어져가는 황폐한 모습이지만 역사 유적도 몇 군데 남아 장관을 이루고 있다. 시장은 활기차며 주변에는 훌륭한 민속 식당도 간혹 보인다. 해묵은 이슬람 공동묘지 옆에는 중산층의 전문직 사람들을 끌어당기려는 현대식 신新지구 옆으로 쇼핑몰 하나가 신설되고 있다. 하지만 대체로 라믈레는 자기 자신도 우울할 뿐 아니라 이를 지켜보는 사람마저 우울하게 만든다. 아랍 정체성을 상실한 후에도 라믈레는 결코 이스라엘다운 유의미한 정체성을 획득하지 못했다. 리숀레지온은 주민들에게 소비지상주의라는 허영이라도 선사하지만, 라믈레는 그마저도 실패한다. 이 도시는 1948년의 대재앙으로부터 결코 진정으로 회복되지 못했다.

팔레스타인 사람들은 허버트 벤트위치가 토머스쿡 마차 속에 치명적인 세균도 함께 태워왔다고 주장할는지 모른다. 16세기 남미를 정복한 스페인 사람들처럼 허버트 벤트위치 자신은 인식하지 못했으나, 세균은 팔레스타인의 면역 체계와 문명을 파괴하고, 구래의 라믈레를 초토화했다. 논쟁하려는 의도는 아니지만, 난 결국 그 치명적 세균이 시온주의 본래의 꿈 역시 공격했다는 사실을 덧붙이고 싶다. 1897년만 해도 여전히 그 꿈을 현실로 이루겠다는 계획을 그려볼 수 있었지만, 1950년에 와서는 이런 기본 계획의 구상 가능성을 찾아볼 수 없었다. 욕구 뒤에는 또 다른 욕구가 따랐다. 쾌락은 또 다른 쾌락을 원했다. 위험은 또 다른 위험을 동반했다. 이 순진한 정복자들은 자신들이 저지른 행위의 결과에 휘말려버렸다. 이들을 유럽에서 라믈레로 데려온 역사적 필요는 누구도 막을 수 없는 대파괴를 일으켰다. 처음에는 토착문화를 파괴하고 그다음엔 개척 문화를 파괴하더니, 정체를 알 수 없는 불쾌한 이스라엘 도시들을 창조했다.

난 흰색 119탑 계단을 오른다. 이스라엘 해안의 전경은 압도적이다. 도시와 도시, 구역과 구역, 건물과 건물, 아파트와 아파트가 다닥다닥 붙어 있다. 300만 명에 가까운 사람을 텔아비브 주변 3000제곱킬로미터 공간에 틀어넣은 셈이다.

어쩌면 다른 도리가 없었는지 모른다. 현시대 세속적 유대인의 실존을 유지하려면 우리는 한 장소에 집결해야 했다. 오늘날 이러한 인구 집결은 불가피한 일일 뿐 아니라 이스라엘이라는 나라의 본질이기도 하다. 우리 유대인들은 떼 지어 모여 살 필요가 있어 보이기 때문이다. 심지어 서로 싸우는 한이 있더라도 붙어 살아갈 필요가 있다. 이는 마치 우리가 낱낱으로는 살아갈 수 없는 듯, 서로 떨어져 있으면 증발해버릴까봐 두려워하는 듯 보이게 한다. 그러니 우리는 사적 영역은 인정하지 않는다. 개인과 공동체를 구분하지 않는다. 키부츠와 모샤브와 주택단지 속에서, 다시 말해 하데라에서 게데라까지 그리고 서리숀에서 동리숀까지 빽빽하게 들어찬 사람들 속에서 공동체를 이루어 집단

생활을 하며, 매서운 추위에 맞서 서로를 덥혀준다.

난 라믈레를 떠나 리다로 간다. 기차역은 여전히 1891년 프랑스가 터키인들을 위해 지어준 그 석조 터미널에 위치해 있다. 1897년 봄 영국계 유대인 순례자들이 예루살렘행 기차를 기다리던 그곳에 이제는 미소 띤 이스라엘 병사들이 이스라엘제鄭 공격용 소총을 멘 채 콜라 캔과 초콜릿 바를 들고 서 있다. 초정통파 사내 두 명이 요즘 사건에 대해 열띠게 토론하고 있다. 한 젊은 연인이 러시아어로 두런두런 다투고 있다. 꽉 끼는 청바지에 머릿수건을 두른 젊고 아름다운 이슬람교 여인 한 명이 지나간다.

냉방 장치가 되어 있는 객차 전망창을 통해 나는 라믈레와 리다, 유대 평원을 내다본다. 철도 동쪽은 텔게제르다. 서기전 3400년 이곳에 고대 도시 게제르가 있었다. 서기전 1700년 이곳에 부유하며 강력한 가나안 도시가 있었다. 서기전 10세기에는 고대 히브리 도시가 있었고, 아부슈샤라는 이름의 19세기 팔레스타인 마을이 있었다. 1923년, 증조부 벤트위치는 이곳에 대저택을 구입했다. 1948년에는 이스라엘 방위군 기바티 여단이 아부슈샤 마을을 정복해서, 가는 곳마다 죽이고 쫓아내고 불살랐다. 요즘엔 텔게제르 남쪽 산등성이에 카르메이요 세프라는 이스라엘 생활공동체가 있는데, 아모스 야들린과 더불어 레호보트 오렌지 재배자 손주들이 이곳에서 풍요롭게 살고 있다. 이들은 곧 성공한 이스라엘이다. 고대라는 우울한 무덤을 마주하고 있는 화려한 집들이다.

F-16 폭격기들이 또 다른 전쟁을 준비하며 상공을 비행한다. 여기에 또 다른 비극적 승리가 있다. 맹목이 걷히고 마침내 팔레스타인 마

을들이 보였을 때, 유대인들은 자신들이 어떤 드라마에 갇혀 있었는지 알아차렸으면서도 움츠러들지 않았다. 공황에 빠지지도, 물러서거나 무너지지도 않았다. 오히려 철벽을 세웠다. 그리고 이 철벽 안에, 유대인들은 자기네 민족국가를 세웠다. 이 벽 안에서 히브리어를 되살리고 활기찬 이스라엘 문화를 창출했다. 이 벽 안에서 음악과 연극, 예술과 영화를 만들었다. 이들은 사랑했으며 결혼해 자녀를 낳았다. 운명을 똑바로 보고 해야 할 일을 했으며 100년이 넘도록 경계를 늦추지 않았다.

철도를 따라 경작된 밭이나 포도나무가 즐비하며 짱짱하게 묶은 목화 꾸러미들이 줄줄이 쌓여 있다. 산등성이 너머로는 비밀 미사일 기지가 있다.

그러니 만약 가상의 궁극적 시온주의 의회에서 연설한다면, 난 뭐라고 말할 것인가? 아마도 필요는 진정이었다고 말하리라. 통찰은 천재적이었다고. 전망은 인상적이었다고. 야심찼을 뿐 정신 나간 생각은 아니었다고. 그리고 집요함은 유일무이했다고 말하리라. 시온주의는 한 세기가 넘도록 비범한 결단력과 상상력, 혁신을 보여주었기 때문이다. 적응력과 융통성, 결의는 굉장했다. 하지만 시온주의는 늦었고 홀로코스트는 이를 압도했던 까닭에, 동유럽 유대 민족을 이 땅에 대량 이주시킨다는 전제는 결국 잘못으로 판명되었다. 마찬가지로 아랍인의 저항이 미미하리라는 전제 역시 마찬가지였다. 따라서 시온주의는 원래 의도했던 모습이 되지 못했다. 수에즈 운하나 파나마 운하, 혹은 네덜란드 간척 사업처럼 잘 계획된 웅장한 토목 사업이 되지 못했다. 인간성의 최악을 드러내는 참상 하나를 이성적으로 해결하는 숭고한 진보적 사업이 되지 못했다. 현대 의학이 결핵과 소아마비를 해결하듯 반유대주의를 근절하거나, 현대 의학이 유아 사망 문제를 해결하듯 유대 민족의 문제를 해결하지 못했다. 그러기는커녕, 시온주의는 극심한 도전에 불완전한 해법을 급조하고, 새로운 욕구를 다루며, 새로운 상황에 적응하고, 새로운 현실을 창출하는 데 급급한, 걷잡을 수 없는 과정이 되었다. 근본적으로 구제 불능인 상황을 이렇게 저렇게 방식을 바꿔 처리해가며, 스스로를 곰비임비 변신시켰다. 시온주의는 20세기 내내 이런 식으로 발걸음을 옮겼으며 이런 식으로 이 땅을 빚었다. 기차가 유대 구릉지로 다가가면서 보이는 풍경이, 한 조각 위에 다른 한 조각, 하나의 급조된 해법 옆에 다른 하나가 붙어 있는, 되는대로 이어 붙인 조각보처럼 생긴 까닭이 여기에 있다.

초정통파 지역으로 변하고 있는 개발도시 베이트셰메시를 지나 소레크 그르게로 기차는 미끄러지듯 들어간다. 선로 양편으로는 바위 언덕들이 솟아 있다. 민둥민둥한 비탈이 있는 반면, 울창한 시온주의 소나무 숲이 빽빽함 속에 팔레스타인 마을 폐허들을 숨겨주고 있는 비탈도 있다.

이스라엘의 실존은 이제 확실한가? 이곳에서 우리의 실존은 확고한가? 유대 민족을 한 지역에 집결하는 일은 꼭 필요했으나 위험했다. 만약 또 다른 역사적 재앙이 이곳을 덮친다면, 그것은 마지막 재앙이 될 수도 있다. 시온주의 창시자들은 이를 깨달았다. 자신들이 세계에서 가장 불행한 민족 가운데 하나를 세계에서 가장 위험한 지역 가운데 하나로 끌어들이고 있다는 사실을 알았다. 이들이 자신에게 그리고 타인에게 그토록 요구가 많았던 까닭이 여기에 있다. 그토록 기지 넘치고 기민하며 절도 있게 굴었던 까닭이 여기에 있다. 자기네 임무가 초인적이며, 자기네에게 맡겨진 책임 또한 그러하다는 사실을 알았다. 하지만 여러 해 동안, 이처럼 고도의 혁명적 규율을 견지하기란 불가능했다. 한결같은 태도로 헌신하고 전념하며 정확하게 행동하기란 불가능했다. 후세대들은 역사적 통찰과 책임감을 잃었다. 시온주의의 성공 신화에 속아 넘어가 시온주의의 업적에 내포된 실존의 위험을 꿰뚫어보지 못했다. 심연 위를 줄 타고 건너는 데 요구되는 집중력과 신중함을 점차 잃어갔다. 결의는 약해지고 지혜는 소멸되면서, 이 아이들의 십자군 운동을 이끌 만한 책임 있는 어른은 더 이상 존재하지 않았다. 처음 수십 년 동안 대부분의 일을 바로잡았던 운동이 최근에는 거의 모든 일을 그르치고 있다.

열차가 예루살렘에 도착하자 허버트 벤트위치는 예루살렘 구래의 매력적인 기차역을 벗어나 유대인들에게 가장 성스러운 장소인 성전산 서쪽 벽(제2성전의 잔해)으로 서둘러 내달렸다. 역에 도착하자 난 예루살렘의 매력 없는 신설 기차역을 벗어나 서둘러 이스라엘인들에게 가장 성스러운 장소로 내달린다. 야드 바셈 곧, 홀로코스트 역사박물관이다.

입구에 서자 난 숨이 멎는다. 벽면에선 아이들의 유령 같은 흑백 이미지들이 교사를 위해 바이올린을 켠다. 연인들은 눈 위를 뒹군다. 유대인 슈테틀, 전차. 원무를 추는 젊은이들. 인형을 안고 있는 한 소녀. 작별의 손을 흔드는 두 소녀.

박물관은 강화 콘크리트로 된 삼각 구조로, 벙커처럼 산속에 자리 잡고 있다. 터널 같은 주±복도 양편에는 역사를 말해주는 어두운 화랑이 있다. 기독교의 반유대주의, 나치의 반유대주의, 크리슈탈나흐트.[3] 불타는 책, 불타는 유대교 회당, 감금. 인종차별법, 노란 별, 게토. 목매달아 죽이고, 총을 쏴 죽이고, 가스로 죽이는 모습. 수천, 수만, 수십만, 570만. 이 삼각 터널 양편에는 또한 시온주의의 궁극의 논거가 있다. 포네리, 바비야르, 마이다네크, 부헨발트, 소비보르, 베르겐벨젠, 다하우, 트레블링카, 아우슈비츠 대학살. 1944년 아우슈비츠를 폭격하지 않으려 했던 미국 대통령 프랭클린 델라노 루스벨트를 상기하며 짓는 폴란드 외교관 얀 카르스키의 잊을 수 없는 표정. 그리고 믿기 어려운 수치들이 산재한 옅은 노랑의 유럽 지도. 네덜란드 유대인 14만 명 가운데 1만2000명이 죽었다. 루마니아 유대인 81만7000명 가운데 38만 명이 죽었다. 헝가리 유대인 82만5000명 가운데 56만5000명이 죽었다. 소련 유대인 302만 명 가운데 99만5000명이 죽었다. 폴란드 유대인 332만5000명 가운데 300만 명이 죽었다.

하지만 가장 충격인 수치는 3만3771명이다. 1941년 9월 29일에서 30일 사이, 키예프 유대인 3만3771명 전원이 바비야르 숲에서 사살되었다. 이들을 협곡 옆에 서게 해 사살한 다음 협곡에 처박아 묻어버렸다. 이틀에 걸쳐 한 숲에서 저질러진 이 한 번의 대량 학살로, 이스라엘의 모든 전쟁을 통틀어 살해된 유대인보다 더 많은 수의 유대인이 살해된 셈이었다. 바비야르에서의 48시간 동안, 시온주의 투쟁의 첫

---

3 Kristallnacht, 영어로는 'Crystal Night'라는 의미로, 1938년 11월 나치 준군사 조직과 독일 시민들이 유대인들에게 저지른 대학살을 일컫는다. 이 과정에서 유대인 소유의 상점과 건물, 유대교 회당의 유리창이 부서져 거리에 유리 조각들이 흩어졌고, 여기서 이름이 유래했다.

120년 동안 총살된 유대인보다 더 많은 수의 유대인이 총살당한 셈이었다. 그러니 유럽의 참상을 보여주는 이 터널이, 그 끝에 가서는 짙은 초록의 예루살렘 산악림을 굽어보는 밝은 테라스로 이어지는 데에는 충분한 이유가 있는 셈이다. 그렇게 야드 바솀의 테라스에 서자, 난 이스라엘을 자랑스럽게 느끼지 않을 수 없다. 난 이스라엘에서 태어나 이스라엘인으로 살고 있으며 이스라엘인으로서 죽어야 하리라.

야드 바솀을 떠나, 난 기바트샤울로 향했던 증조부의 발자취를 따라 간다. 시온주의가 1948년 전쟁에서 패배하지 않도록 그리고 팔레스타인 유대인들이 팔레스타인식 바비야르의 운명을 되풀이하지 않도록, 벤구리온은 그해 4월 선제공격을 가하라고 하가나에 지시했다. 예루살렘으로 가는 길을 막고 있는 팔레스타인 마을들을 정복하라고 유대인 무장 병력에 명령했다. 훌다, 데이르무세인, 바이트마시르, 사리스, 알콰스탈 같은 마을들이었다. 하가나에 동조해, 민족주의 준군사 조직 이르군과 스턴갱은 나름의 공세에 나섰다. 1948년 4월 9일 새벽, 이들은 서예루살렘 마을 데이르야신을 공격했다. 적어도 팔레스타인 사람 100명이 살육되었다. 난사당해 벌집처럼 되어버린 시신들은 이 난장판을 치우라고 파견된 열일곱 살 청년들로 이루어진 소대 하나가 매장했다. 젊은이들 가운데 한 명은 허버트 벤트위치의 손자였으며, 청년은 죽는 날까지 자신이 목격한 참상의 기억에 시달렸다. 하지만 이스라엘 국은 이 트라우마에 실용적으로 대처했다. 1951년, 팔레스타인 마을 데이르야신의 잔해를 크파르 샤울이라는 폐쇄형 정신병원으로 탈바꿈시켰다.

나는 하얀 철문으로 다가가 경비에게 들어가도 되겠느냐고 묻는다.

여자는 거절한다. 그래서 난 울타리를 따라 걷다가 틈을 발견하고는 그 사이로 숨어든다. 해묵은 팔레스타인 석조가옥 한 채는 이제 작업치료[4]용 목공소다. 또 다른 팔레스타인 석조가옥은 개방 병동이다. 훨씬 더 많은 수의 팔레스타인 석조가옥은 이제 자신과 다른 사람에게 위협이 되는 환자들을 위한 폐쇄 병동이 되어 있다. 충격스러운 사실은 환자가 대부분 유대교도라는 점이다. 남자 대부분은 흰색 야물커를 쓰고 있으며 여자 대부분은 머리를 가리고 있다. 여기저기 현대식 병동이 보태졌지만, 대체로 마을은 여전히 예전 모습 그대로다. 역설적인 점은 팔레스타인 마을 대부분이 파괴된 상황에서, 나머지 몇 안 되는 마을 가운데 하나가 이스라엘이 일으킨 팔레스타인 재앙을 정통으로 상징하는 마을이라는 사실이다. 이곳의 고요한 석조가옥들은 여전히 이야기를 전한다. 이곳이 어떤 곳이었으며 유대인들이 미쳐 날뛰었을 때 이곳에 무슨 일이 일어났는가를.

데이르야신의 산봉우리는 이제 초정통파 지역 하르노프의 간선도로인, 카블란 가街와 카체넬레보겐 가로 둘러싸여 있다. 노동당 이스라엘은 이 오염된 등성이에 무언가 짓기를 꺼렸으나, 새로운 이스라엘은 거리낌이 없었다. 리쿠드와 샤스 연정은 데이르야신 부동산의 잠재력을 알아보고 이를 활용했다. 내가 들어온 크파르 샤울 울타리 틈새에서 몇 발자국 떨어진 곳에는 네르-하임 예시바의 천박한 기념비적 사당과, 레브 아론 예시바의 천박한 기념비적 사당이 있다. 이들 사이에는 오로트 하테슈바 예시바와, 대大예시바인 네티베이 하탈무드와, 소

---

4 육체 작업을 이용한 신체나 정신의 치료.

예시바인 미슈칸 하토라의 거대한 기숙사 건물이 있다. 예시바와 유대교 회당과 종교적 학교 20곳 이상은 데이르야신의 북쪽 비탈에 서 있으며, 20곳 이상은 동쪽과 서쪽 비탈에 서 있다. 수만 제곱미터를 차지하는 종교 시설 학생들은 일하지도, 세금을 내지도, 병역 의무를 다하지도 않는다. 원대한 꿈과 열렬한 노력과 끔찍한 죄가 있은 후, 시온주의는 데이르야신 땅에 새로운 초정통파 게토를 설립한 셈이었다.

난 데이르야신에서 이스라엘 민족의 기념지인 헤르츨 산으로 향한다. 이스라엘국에서 이곳은 워싱턴 기념비와 링컨 기념관과 알링턴 국립묘지를 한데 합친 곳이나 다름없다. 과거에 이곳은 팔레스타인 샤라파 산이었으며, 팔레스타인 석조가옥 몇 채와 채석장 몇 곳이 서예루살렘의 인상적인 산정 위에 군데군데 흩어져 있었다. 1948년 4월, 이르군 분대가 이곳에 자리 잡고 데이르야신을 향해 기관총을 빗발치듯 쏘아댔다. 16개월 후, 테오도어 헤르츨은 바로 이 산에 묻혔다. 헤르츨의 장엄한 국장國葬은 전쟁의 종결과 유대 민족운동의 승리를 알리는 상징으로 여겨졌다. 직면한 모든 장애에도 불구하고, 1897년 시작한 위대한 여정이 마침내 종착역에 이르렀다. 꿈은 성취되었다. 시온주의는 시온 산에 도달했다.

이곳 구조에는 절제된 위엄이 있다. 헤르츨의 꾸밈없는 검정 화강암 무덤은 평평하며, 정원들과 정원 사잇길들, 철제 울타리가 이루는 불규칙한 타원에 에워싸여 있다. 모퉁이 한 곳에는 헤르츨 가족과 시온주의 운동 지도자들의 무덤이 있다. 다른 모퉁이에는 우파 수정주의자이자 철벽의 예언자인 블라디미르 야보틴스키의 무덤이 있다. 세 번째 모퉁이에는 이스라엘의 역대 대통령과 수상, 의회 대변인들이 누워 있다. 상징은 분명하다. 곧 이곳, 이 산정에서, 시온주의는 이스라엘다움에 통합되며 이스라엘다움은 그 안에 시온주의를 포함한다는 의미다. 헤르츨의 전망으로부터 이스라엘국의 현실이 도출된 장소가 바로 이곳이다. 이 상징적 장소는 소박하면서도 근엄하다. 이곳의 힘은 공화주의의 소박함과 검약, 금욕주의에 있으며, 넓은 자갈길과 성긴 지중해 관목에 있다. 이곳은 기하학적이며 이성적인 공간으로, 신비주의나 메시아신앙, 혹은 맹목적 애국주의의 기미란 찾아볼 수 없다. 이곳에 인간보다 큰 인공물은 없다. 헤르츨 산은 기념물답지 않은 기념물이다.

이곳에 있는 국군 묘지 역시 민주적이며 차분하다. 전몰 병사 무덤에는 이름이 새겨져 있는 거창한 비석이 없다. 거의 모든 구획에서 장군은 상병 옆에 묻혀 있다. 영웅다운 행위와 조국을 찬양하는 애국적 문구는 전혀 새겨져 있지 않다. 망자에게서 개성을 박탈하려는 어떤 시도도 없다. 반대로 작은 석판이 있어 석판마다 밑에 누워 있는 자가 한 명의 인간이라는 사실을 강조한다. 이 간단한 비명은 전쟁에서의 죽음을 신성한 일로 미화하는 대신 있는 그대로 드러낸다. 생명의 끝이자 끔찍한 일로.

헤르츨 산은 내 어린 시절의 이스라엘이다. 1967년 이전의 사회민주주의 이스라엘이다. 이런 이미지로 창조되었으며 이런 이미지를 보존한다. 곧, 이 나라는 세속적이기도 하고 평등을 추구하기도 하며 음울하기도 한데, 혹독하면서도 인간적이고 집단적이면서도 감성적이라는 이미지다. 인기를 노린 저속한 민족주의도 종교적 허식도 없다. 조용하고 위엄 있게 선언한다. 이 산정에 선지자가 있다. 그 휘하에 사도들이 있다. 그 휘하에 국가 지도자들이 있다. 그 휘하에 병사들이 있다. 수고한 자들, 완수한 자들, 궁극의 대가를 치른 자들이. 야드 바셈과 데이르야신 둘 다 끔찍한 질문을 던진다. 우리는 살아남을 터인가? 우리는 과거를 극복할 터인가? 헤르츨 산은 우리가 그러하리라고 답한다. 우리는 과거에 머무르지 않으므로, 살아남으리라. 우리는 야드 바셈과 데이르야신을 성공적으로 은폐했으므로, 살아남으리라. 우리는 정당하고 강하며 현대적이므로, 살아남으리라. 우리 이스라엘의 서사는 미래 지향적이다. 연대와 진보와 용기로 우리는 이 정상을 이스라엘이라는 주권국가의 지배 아래 둘 수 있다.

1897년 유월절에 허버트 벤트위치가 도착했던 이 구래의 아름다운 기차역에서 몇백 미터 떨어진 곳에 예루살렘 시네마테크라는 인상적인 건물이 서 있다. 이스라엘의 해체적 서사를 탐구하려고 나는 내리 아홉 시간을 홀로 앉아 있다. 1896년 뤼미에르 형제가 보았던 그 땅을 본다. 마약상들이 파다한, 북적거리는 시장들. 1913년 시온주의 영화 촬영팀 또한 보았던 그 땅을 본다. 지크론야아코브의 포도밭들, 페타티크바에서의 오렌지 포장, 네스지오나에서의 채밀, 리숀레지온의 어마어마한 포도주 양조장. 난 야코브 벤도브가 촬영한 1921년 개척자 장면을 본다. 망치를 든 소녀들이 돌을 깨고 곡괭이를 든 소년들은 바위를 부수는 장면을 보며 난 운명에 도전하는 자들의 고독을 느낀다. 이들은 황무지를 경작하고 나무를 심고 물을 주며 코작 댄스를 춘다. 1935년 헤르만 러스키는 한 근육질의 사내가 납작한 모자를 쓴 채, 김이 나는 아스팔트 더미를 삽으로 퍼올리고 도로를 포장하고 도시를 건설하는, 영웅 신화를 방불케 하는 모습을 촬영했다. 1946년 러스키는,

트라우마를 겪은 사람들의 정수를 보여주는 모습을 포착했다. 젊은 생존자 하나가 들판에서 일하며 희망과 소속감을 찾는 모습을. 1964년 아담 그린버그는 수도공사의 송수관 건설을 촬영했다. 헬멧과 선글라스를 쓴 이스라엘인들이 갈릴리 호에서 사막으로 물을 운반하게 될 거대한 관을 놓는 모습을.

나는 강당의 어둠 속에 앉아 우리가 거쳐온 변신과정을 지켜본다. 언뜻 보기에는 이 시온주의 대하소설에 등장하는 여러 주인공 사이에 닮은 점이 전혀 없는 듯하지만, 사실 공통점이 상당히 많다. 모두 이 땅에 매료되었고, 애정과 절박함으로 이 땅을 움켜잡고 있다. 우리가 이 세상의 궁극적 희생자라고 말하지는 않으나, 우리가 **그렇다**라는 사실은 아주 잘 알고 있다. 이 땅이 우리에게 마지막 희망이라고 말하지는 않으나, 그렇다는 사실을 매우 잘 알고 있다. 나약과 수치, 박해가 모두 이 땅에 있으며, 심연에서 일어나 책임을 떠맡는 일도 이 땅에 있다. 1921년의 바위 부수기와 1935년의 도로 포장 그리고 1964년의 송수관 놓기. 도로 포장, 건설, 굴착. 사막을 밀어내고 오렌지 과수원을 조성하면서, 시온 산 유대인들은 힘든 노동으로 슬픔을 달래며 절대 뒤돌아보지도, 피해의식의 유혹에 굴복하지도 않는다.

이 기록물들에는 두 종류의 서사가 있다. 개척자 서사는 단순 명료하다. 동원, 희생, 혁명에 대한 열의. 하지만 부르주아 서사는 훨씬 더 복잡하다. 겉보기에 리숀레지온 오렌지 재배자나 텔아비브 상인은 개인의 이익과 행복만을 추구하고 있으나, 그렇게 해서 각자 이 혁명에 능동적으로 참여하게 되었던 셈이다. 나라를 건설하면서 동시에 스스로를 세우는 이중의 역할을 맡았던 셈이다. 부르주아 혁명의 수명은 개척자 혁명의 수명보다 훨씬 더 길었다. 부르주아 혁명은 이스라엘을 서구사회에 통합해 세계 경제의 일부가 될 수 있게 했다. 시온주의 사업을 마르크스주의 사업보다 가혹하지 않게 만들었다. 화면 속 인물들은 성실하면서도 쾌활하다. 시온주의는 하나의 무도회다. 파티, 축하, 놀라운 푸림 행렬이 펼쳐지는. 카니발이 이어지는 느낌이다.

기록물들에서는 이런 사실을 완벽하게 실증한다. 시온주의의 비밀은 그 안에 개척자의 특성과 부르주아의 특성을 모두 유지할 수 있는 능력에 있었다. 20세기의 여타 위대한 혁명들이 실패한 상황에서 시온주의가 성공한 이유가 여기에 있었다. 시온주의에는 언제나 융통성과 적응력과 삶의 환희가 있었다. 시온주의는 실용적이며 합리적이었고 눈에는 생기가 돌았다. 애초부터 인간 본성을 이해해서 이를 강력한 에너지원으로 바꿔놓았다. 시온주의는 늘 삶을 찬양했다. 그러니 애초에 텔아비브는 지중해 해안에 세워진 대도시 설정의 영화 촬영장으로 등장했지만, 촬영장은 점차 실제 대도시가 되어갔다. 애초에 이스라엘은 민족국가를 설정한 영화 촬영장에 불과했지만, 별안간 실제 민족국가가 되어 있었다. 허황된 꿈은 매번 뚜렷한 현실로 뒤바뀌었다. 현실은 매번 꿈과 모순되며 실망과 고통을 안겨주었다.

오랜 시간 영화를 보며 내가 포착한 건 급수탑들이다. 유대 민족운동은 급수탑을 이용해 이 땅을 장악하려 했다. 하지만 유토피아를 상징하는 급수탑은 이내 탑과 벽으로 둘러싸인 정착촌의 감시탑과 방책防柵들로 교체되었다. 1930년대 후반 아랍인들에게 공격당하면서 이 새로운 정착촌들은 조립식 요새가 되어 유대인들이 이 땅에 정착하도록 해주었다. 정착촌이라는 혁신적인 방법으로 시온주의는 패권을 잡아

이스라엘 국경을 정할 수 있었다. 탑과 벽이라는 천재적 발상은 슬펐다. 발상은 모든 마을을 요새로 만들었다. 애초에 꾸었던 꿈은 이후 나무 벽과 나무 탑이 되어버린 채, 위협적인 어둠 속으로 한 가닥 외로운 빛줄기를 쏘았다.

스코푸스 산 정상에 서서 예루살렘 시를 관찰하며, 난 자신에게 이스라엘의 유서 깊은 질문을 던진다. 무엇이 되어 있을까? 100년이라는 시간이 흐른 후 이스라엘국은 이곳에서 무엇이 되어 있을까? 우리는 여전히 존재하고 있을까?

이곳은 1897년 허버트 벤트위치가 자신이 갈망한 도시에 작별을 고한 바로 그 장소다. 당시, 예루살렘에는 유대인 2만8000명과 기독교인 8700명, 이슬람교도 8500명이 살고 있었다. 오늘날에는 거의 유대인 50만과 이슬람교도 30만, 기독교도 1만5000명이 산다. 1967년 이후 예루살렘 인구 가운데 이슬람교도의 비율은 21퍼센트에서 36퍼센트로 증가했다. 같은 기간, 다수 민족인 유대인은 1897년 수준인 62퍼센트로 감소했다. 마치 시온주의가 아예 발생한 적도 없는 듯했다.

예루살렘은 이스라엘이 아니다. 시온주의는 늘 예루살렘을 갈망했으나 진정한 활동 마당은 계곡과 사막, 텔아비브에 있었다. 시온주의를 정말 흥분시켰던 것은 마을과 키부츠와 새로운 히브리 도시들이었다. 이스라엘은 결코 예루살렘에 속한 현상이 아니었으며 예루살렘은 결코 이스라엘에 속한 현상이 아니었다. 하지만 나라 전역에 걸쳐, 인구통계는 시온주의에 역행하고 있다. 이미 오늘날, 이스라엘과 점령지 주민 46퍼센트는 팔레스타인 사람이며 전체 인구에서 차지하는 이들의 비율은 2020년까지 50퍼센트, 2040년까지 55퍼센트로 상승하리라 예상된다. 예루살렘의 인구통계는 훨씬 더 현저한 변화를 보인다. 소수민족인 팔레스타인 사람들 수가 급속히 증가하고 있으며, 예루살렘 유대인 가운데서조차 30퍼센트는 비시온주의 초정통파다. 유대인 학령아동 가운데 40퍼센트 미만이 세속적 민족 종교학교에 등록해 있는 반면, 60퍼센트 이상은 하레디[5] 초정통파 학교에 다닌다. 그러니 만약 현 추세가 지속된다면 시온주의는 예루살렘에서 승산이 없다. 시온 산의 미래는 비시온주의다.

나는 스코푸스 산을 떠나 베이트엘로 향한다. 야곱이 층계 꿈[6]을 꾼 장소인 성서의 베이트엘로 추정되는 이 고고학적 유적은 증조부에게 격렬한 종교적 감정을 불러일으켰다. 하지만 유적은, 이스라엘 점령자들이 점령지 팔레스타인 사람들의 분노로부터 이 길을 지나는 여행객들을 보호하고자 세운 조립식 시멘트 벽과 시멘트 탑 사이에 묻혀 그 모습을 거의 알아볼 수 없다. 베이트엘에서 난 증조부의 발자취를 따라 실로로 향한다. 증조부의 시선을 끌었던 비잔틴 양식의 교회 유적은 검에 의존해 살기로 한 자들이 세운 높은 울타리로 둘러싸인 이스라엘 정착촌 건너편에 있다. 베이트엘에서나 실로에서나, 이스라엘이 점령을 끝내게 되는지 아니면 점령이 이스라엘을 끝내게 되는지 의문이 인다. 같은 의문은 나블루스 전역과 도탄 계곡에서도 일어난다. 유

---

5 Haredi, 정통파 유대교의 한 갈래. 현대의 세속 문화를 거부하는 엄격한 정통 유대교로 초정통파에 속한다.
6 구약성서 창세기 28장에 등장하는 일화로, 야곱의 꿈에 하늘과 이어지는 층계가 나타난다. 이 층계는 야곱이 속한 지상과 천상을 연결해주며, 야곱의 후손이 선택받은 민족으로 지상에 번창하리라는 신의 약속을 상징한다.

대국이 유대인 정착촌들을 파괴할 터인가, 아니면 유대인 정착촌들이 유대국을 파괴할 터인가? 이 기로에서 길은 오직 네 갈래뿐이다. 점령지에서 인종 청소를 실시하는 범죄 국가로서의 이스라엘, 인종차별주의 국가로서의 이스라엘, 두 민족 국가로서의 이스라엘, 또는 비통하기 그지없으나 이 땅을 나누는 경계로 후퇴하는 유대 민주국가로서의 이스라엘. 난 유대인 대다수가 네 번째 길을 택하리라 믿는다. 하지만 이 대다수에게는 확고하거나 단호한 의지가 없다. 이스라엘 정치 세력에는 이 고통스러우며 위험한 후퇴를 이끄는 데 필요한 의지가 없다. 이스라엘공화국에 이 땅을 분할할 만한 역량이 있는지도 의문스럽기는 마찬가지다. 1897년 허버트 벤트위치가 가로질렀던 지역인 사마리아는 이제 기념비적 정착 사업처럼 보인다. 시온주의 내부에는 자기 자신으로부터 스스로를 구원할 힘이 없다. 자신이 웨스트뱅크에 빚어낸 비참한 현실에서 헤어나지 못하고 있다.

난 증조부가 걸었던 길을 벗어나 발하조르 산으로 향한다. 몇 년 전, 난 이스라엘에는 이스라엘을 다른 어떤 나라와도 다르게 만드는 두 요소가 있다고 주장하는 에세이를 썼다. 점령과 위협이 그것이다. 21세기, 우리처럼 다른 민족의 땅을 점령하고 있는 나라는 없으며 우리처럼 위협받고 있는 나라도 없다. 이제 IDF 버스 한 대가 나를 사마리아에서 가장 높은 곳으로 데려다주는 동안, 난 점령과 위협을 똑똑히 확인할 수 있다. 이스라엘 상공을 감시하는 레이더 기지에서, 난 유대국을 조여오는 위협의 동심원들에 대해 생각한다.

가장 바깥에 있는 원은 이슬람이라는 원이다. 이스라엘은 대다수

이슬람인 사이에 종교적 적대감을 불러일으키는 유대 국가다. 예루살렘과 웨스트뱅크 점령은 이 적대감을 증폭시키지만, 유대국과 이슬람 세계 사이에 내재적 긴장을 조성하는 이러한 상황은, 이슬람교에서 신성시하는 땅에 이슬람교도들에 둘러싸여 있는 비이슬람 주권국으로 존재하는 이스라엘로서는 실존 자체인 셈이다. 수년 동안 이스라엘은 이 종교적 긴장에 현명하게 대처했다. 온건한 이슬람 국가들과 동맹을 맺는 동시에 다른 국가들과는 비밀리에 상업적인 관계를 유지했다. 전략적 동반관계를 형성해서 상호 이익을 존중하는 분위기를 조성했으며 지역 분쟁이 종교 분쟁으로 변질되지 않도록 신중을 기했다. 하지만 수년 사이 이슬람 과격파가 패권을 장악하면서 이스라엘은 이슬람 동맹국 일부를 잃었다. 유대 극단주의와 이슬람 광신주의는 서로의 양분이 되었다. 일부 이슬람 국가에서는 이스라엘에 대한 적대감이 격심해졌다. 반유대주의의 깊은 정서는 오늘날 서아시아와 북아프리카 정치 풍토에서 빼놓을 수 없는 부분을 차지한다. 대량 이주와 무시무시한 테러로 말미암아 유럽 역시 전대미문의 도전을 받고 있다. 이는 언제든 불길로 치솟을 수 있다. 이란은 커다란 위협이지만, 여타 이슬람 세력도 마찬가지다. 15억 이슬람교도라는 거대한 원이 유대국을 에워싼 채 미래를 위협하고 있다.

중간에 있는 원은 아랍이라는 원이다. 이스라엘은 아랍세계의 중심에 세워진 유대 민족국가다. 아랍 민족운동은 이스라엘의 설립을 막으려 애썼으나 결국 실패했다. 아랍 국가들은 이스라엘을 파괴하려 애썼으나 결국 실패했다. 말하자면, 중동에 있는 비아랍 민족국가라는 이스라엘의 실존 자체가 아랍 민족주의의 실패를 말해주는 증거인 셈이었다. 20세기 마지막 25년 동안 아랍 민족주의가 약해지고 부패하면서, 아랍 민족주의는 마지못해 불만을 제쳐두고 겉으로나마 이스라엘을 인정해야 했다. 이로써 이스라엘-이집트 평화협정과 이스라엘-요르단 평화협정이 성사되었으며 지역은 안정되었다. 하지만 아랍의 각성은 모든 상황을 바꿔놓고 있다. 온건하지만 부패한 정권들이 새로운 정권들로 교체되면서, 대중 사이에 긴장감이 높아지고 이스라엘에 대해 강경 노선을 취하라는 요구가 만연해 있다. 아랍과 이스라엘 사이에 대전쟁이 임박한 것은 아니지만 안정적인 상황은 언제 깨질는지 모른다. 밝은 측면도 있다. 이제 갈릴리를 침공할 수 있는 시리아 군대는 없으며 텔아비브를 조준하고 있는 이라크 미사일도 없다. 온건한 수니파 아랍 지도자 대부분은 이란과 이슬람 과격주의를 두려워하여 이스라엘을 이제 전략적 협력자로 바라보고 있다. 어두운 측면이라면 아랍 젊은이들에게는 희망이 거의 없다는 사실이다. 이들이 내릴 수 있는 정치적 선택은 암울하다. 반동 군주제, 군사독재 체제, 이슬람 신권 체제, 아니면 피비린내 나는 혼돈. 시리아의 인재人災와 이슬람국의 등골 오싹한 지배력은 스스로를 증명하며 새로운 위험으로 부상하고 있다. 이스라엘은 세계 최악의 지역 중 한 곳에서도 그 한복판에 자리해 있는 셈이다. 평화는 살얼음 위에서 스케이트를 지치고 있다. 안정적인 상황은 언제 깨질는지 모른다. 3억5000만 아랍인이라는 넓은 원이 시온주의 국가를 둘러싼 채 실존을 위협하고 있다.

세 번째 원은 팔레스타인이라는 원이다. 이스라엘은 구래의 팔레스타인이 허물어진 자리에 세운 정착민 국가다. 팔레스타인 사람 대다수는 이스라엘을 느닷없이 굴러들어와 약탈을 일삼는 식민 집단으로 이 땅에 설 자리가 없는 존재라 여긴다. 따라서 팔레스타인 사람 대다수의 마음속에는, 자신들 사회를 산산조각 내고 마을을 파괴하고 도시에서 주민들을 쫓아내어 자신들 대부분을 난민으로 만들어놓은 이 정치운동을 뒤집어버리고 싶은 근본적 소망이 있다. 이스라엘이 압도적 힘을 행사하고 있는 한, 보통의 순한 팔레스타인 사람들은 자신들의 소망을 숨기다 못해 심지어 억누를 수밖에 없다. 하지만 이스라엘이 잠시라도 약해지는 날이면, 이 억제된 소망은 격렬히 분출하리라. 그리고 아랍 팔레스타인 사람 수가 유대 이스라엘인 수를 넘어서면서 팔레스타인 사람들은 진정한 힘으로 무장해 돌아오리라. 유대국은 내게 그 무엇보다 신성한 대상이다. 하지만 현재처럼 이스라엘이 (이 땅 인구의 절반 가까이 되는) 수백만 팔레스타인 민족을 지배하는 상황이 이어진다면, 우리는 두 가지 끔찍한 결정 가운데 하나를 내려야 한다. 팔레스타인 민족에게 정치권을 주어 이스라엘이 유대 국가이기를 포기하든가, 지금처럼 이들의 권리를 인정하지 않아 이스라엘이 민주국가이기를 포기하든가. 우리 인접국에서 비롯된 현 상황은 또한 우리 내면마저 위태롭게 하고 있다. 1000만 팔레스타인 사람이라는 안쪽 원이 이스라엘을 둘러싼 채 실존을 위협하고 있다.

최근 이 세 가지 위협의 동심원은 하나로 합쳐졌다. 이슬람 세력이 강해지면서 팔레스타인과 이스라엘 온건파는 약해졌고 포괄적 평화에 이를 가능성은 감소했다. 동시에, 남레바논과 가자지구에서의 이스라엘 단독 철수는 로켓과 미사일로 이스라엘을 주기적으로 뒤흔드는 테러리스트 단체들에 멍석을 깔아주었다. 여기서 문제점은 이렇다. 만약 이스라엘이 웨스트뱅크에서 철수하지 않는다면 정치적으로나 윤리적으로나 파멸하겠지만, 만약 철수한다면 웨스트뱅크 정권에 맞서야 할 수도 있다. 이 정권은 이란의 지원과 이슬람 조직의 격려를 등에 업고 미사일로 이스라엘의 안보를 위협할 수도 있는 집단이다. 점령을 종식시킬 필요성은 그 어느 때보다 크지만, 그에 따른 위험 또한 마찬가지인 셈이다.

이제까지 시온주의는 겹겹으로 에워싼 이 세 가지 위협에 효과적으로 대처해왔다. 현명한 외교로, 이슬람이라는 원이 이스라엘의 숨통을 조일 수 있는 정치력을 갖춘 집단으로 굳어지지 못하도록 막았다. 군사력으로, 아랍이라는 원이 전장에서 이스라엘을 물리칠 만한 능력을 얻지 못하도록 막았다. 고도의 지성으로, 팔레스타인이라는 원이 테러로 이스라엘의 안정을 해치지 못하게 막았다. 하지만 압력은 이스라엘의 철벽을 서서히 압박해오고 있다. 이란의 핵폭탄이나 새롭게 밀려드는 아랍 과격주의, 또는 팔레스타인 위기는 이 철벽을 무너뜨리는지 모른다. 단일 국가라는 되돌릴 수 없는 해법을 택한다면 상황은 한층 더 악화될 수도 있다. 따라서 다가올 10년 이스라엘이 직면할 도전은 건국 첫 10년 동안 직면했던 도전만큼이나 극적인 셈이다. 건국 70년 후 이스라엘이 직면한 도전은 그 원년에 직면했던 도전만큼이나 극적이다. 바알하조르 산 정상에 보면 우리는 분명 결정적 시험에 가까워지고 있다.

나는 웨스트뱅크에서 가장 높은 지점인 이곳을 벗어나 타보르 산을 향해 북쪽으로 차를 몰아간다. 산 정상에 이르자 차에서 내려 프란체스코 수도원 주위를 걸으며 허버트 벤트위치가 1897년 사마리아를 여행한 후 가로질렀던 계곡을 살펴본다. 당시 이곳에는 단 한 명의 유대인 시온주의자도 살지 않았다. 습지와 자급자족 농민, 베두인족이 전부였다. 시온주의는 습지에서 물을 빼내고 아랍 농부들을 내쫓았으며 베두인족을 위협해 몰아냈다. 시온주의는 새로운 사회주의 유대인 노동자를 길렀다. 길고 고되고 폭력적인 과정을 거쳐, 유대 민족운동은 메기도 동쪽으로 뻗어 있는 땅을 정복해 활력을 불어넣었다. 그렇게 난 지금 서쪽과 동쪽으로 있는 계곡들 안쪽으로 이스라엘 마을들이 번창하고 있는 모습을 본다. 하지만 서북쪽에 위치한 산들 위에는 이스라엘 아랍인들이 번창하고 있다. 유대인의 나사렛 엘리트는 아랍인의 나사렛과 겨루고 있으며 지고 있는 상황이다. 100년 동안 투쟁한 결과는 엄연하다. 곧 시온주의는 이 계곡들을 획득했으나 저 산들은 여전히 팔레스타인 수중에 있다. 웨스트뱅크와 해안 평야, 하下갈릴리와 이즈라엘 계곡, 상갈릴리와 훌라 계곡 사이의 관계도 마찬가지다. 산에는 유대인이 점처럼 드문드문 찍혀 있으나 평야에는 무리를 이뤄 웅숭그리며 모여 있는 모습이다. 온갖 노력에도 불구하고, 시온주의는 네게브 산이나 갈릴리 산이나 중앙 산을 정복하지 못했다. 시온주의는 여전히 해안에 머무는 현상으로 그 긴 덩굴을 계곡 안으로 뻗치는 형상일 뿐이다. 메기도와 나사렛 너머에 있는 마을들에서 보이는 하얀색 회교 사원 첨탑들을 보면 상황은 분명해진다. 사라지고 있던 아랍인들이 돌아와 있다.

그러나 이스라엘국은 아직도 아랍 시민을 인정하지 않으려 한다. 인구의 5분의 1을 차지하고 있는 이들을 올바로 통합할 방법을 여태 못 찾았다. 이와 같은 엄청난 도덕적, 정치적 실패는 외적 위협으로 이루어진 세 개의 원에 내적 위협이라는 네 번째 원이 된다. 1948년 내쫓

기지 않은 아랍인들은 수십 년간 시온주의의 압박을 받아왔다. 유대 국은 아랍인 땅 대부분을 몰수했으며, 권리 대부분을 짓밟았고, 진정한 평등을 용인하지 않았다. 최근 억압은 줄어들었어도 이스라엘 아랍인들에게 완전한 권리를 부여할 진실한 시민계약으로 대체되지는 않았다. 여태껏 아랍 소수민에 대한 유대 민주국가의 책임과, 유대 민주국가에 대한 아랍 소수민의 책임에 대해서는 어떤 정의도 내려지지 않았다. 한편에서 보면 이스라엘에 아랍인들을 위한 진정한 평등은 없으나, 다른 한편에서 보면 정부는 이들 소유지에 법을 강제하지만은 않을뿐더러 이들이 자기네 도시와 마을에서 부분적으로나마 무정부 상태로 살게 해주고 있다. 그 결과 무법 지대라는 위험한 상황이 연출되었다. 이스라엘 팔레스타인 사람들 대부분은 중앙 정부를 존중하지도, 자신들이 정부에 소속되어 있다고 느끼지도 않는다. 이스라엘 밖에 있는 팔레스타인 사람들과 이스라엘을 둘러싸고 있는 아랍인들에게 느끼는 이스라엘 팔레스타인 사람들의 유대감은 이들 상황이 북미나 서유럽 소수민족의 상황과는 근본적으로 다르다는 사실을 말해준다. 비록 이들이 유대 국가 내에서는 소수민이더라도, 이스라엘 유대인들을 지역 소수민으로 만드는 주변의 압도적 다수와 불가분의 관계에 있다. 이러한 복잡성은 아예 다루어진 바 없으며, 이스라엘 내에서 다수와 소수 사이의 관계는 아예 정의된 바 없다. 당분간은 이스라엘 팔레스타인 사람들이 실제 누리고 있는 경제적 혜택과 시민권이 평화를 지켜준다. 비록 대놓고 인정하지는 않지만, 이스라엘 팔레스타인 사람들은 여러 면에서 자신들이 이집트와 요르단, 시리아에 있는 형제자매들보다 훨씬 더 나은 생활을 하고 있다는 사실을 충분히 인식하고 있다. 하지만 정치라는 폭탄의 도화선은 타들어가고 있다. 아랍 소수민의 수가 증가하고 자신감이 신장되면서 유대 민족국가라는 이스라엘의 정체성은 위협받고 있다. 만약 이 중대한 문제가 조만간 해결되지 않는다면, 혼란은 불가피하다.

나는 타보르 산에서 갈릴리 호로 여정을 이어간다. 벤트위치 사절단은 티베리아스 호[7] 남쪽에 흰색 천막을 쳤었다. 난 남쪽으로 차를 더 몰아, 요르단 강을 건너 호수 남단에 이른다. 이곳에 1909년 세계 최초의 키부츠 데가니아가 설립되었다. 이곳에서 시온주의는 유토피아와 민족주의, 식민주의를 아우르려 애썼다. 인간의 기막힌 실험이 이 호숫가에서 이루어졌다. 바로 유대 민족을 구원할 민주적 방식의 공산주의를 창안하는 일이었다. 설립되고 39년이 지나 데가니아는 시리아 침략군에 공격당했다. 공습과 포격, 장갑차 공격이 있었다. 코뮌을 방어하는 키부츠 성원과 병사들은 대전차 바주카포로 전차와 소총, 화염병을 저지했다. 이들 가운데 52명이 전투 중에 목숨을 잃었으며 공동묘지에 묻혔다. 전투 중 포획된 소형 시리아 전차가 키부츠 입구에 서서 이들의 희생을 기념하고 있다.

유토피아의 꿈과 급성장하는 코뮌의 현실은 우리에게 1948년 전쟁과 같은 도전을 견뎌낼 정신력을 키워주었다. 이제는 유토피아도 코뮌도 없으며 단지 그 가공할 정신력의 한낱 껍데기만 남아 있을 뿐이다. 이렇게 정신력을 잃은 상태로 우리는 이곳에서 살아남을 수 있을 터인가? 데가니아의 옹호자들이 자기네 키부츠 꿈을 위해 투쟁했던 것처럼

7 갈릴리 호의 별칭.

우리도 우리의 진부한 이스라엘을 위해 투쟁할 수 있을 터인가? 이슬람과 팔레스타인이라는 외적 위협의 원과 이스라엘 자체가 품고 있는 내적 위협이라는 원 안에, 정신력이라는 위협이 놓여 있다. 그리고 이스라엘의 집단정신은 어쩌면 더 이상 이스라엘의 비극적 상황에 적합하지 않을는지 모른다.

허버트 벤트위치는 배를 타고 갈릴리 호를 건넜다. 나는 차를 몰고 이 호수를 건넌다. 티베리아스와 타브가, 카페르나움을 지나. 예수가 가르침을 받았다고 전해지는 이 고대 어촌에서 북쪽으로 몇 킬로미터를 가면 로시피나라는 식민정착촌이다. 1897년 이곳은 이츠하크 에프스테인이라는 교사가 살던 곳으로, 그는 유대인과 아랍인을 화합하고자 애썼던 인물이다. 10년 후 이곳은 하임 마르골리스 칼라바리스키라는 농학자가 살던 곳으로, 그는 평화를 믿은 최초의 시온주의 지도자였다. 1920년대 후반이 되면 로시피나는 기데온 메르라는 의사가 살던 곳으로, 그는 자신의 병원에서 말라리아에 시달리는 아랍 이웃들을 치료해주곤 했다. 하지만 1937년 로시피나는 최초의 유대인 테러리스트, 슐로모 벤요세프를 낳았다. 그는 가나안 산 정상을 오르는 아랍 버스 승객들을 살해하려다 영국인에게 잡혀 교수형에 처해졌다.

구舊로시피나 지역 자갈길을 걸으며, 난 시온주의 대하소설이 어떤 식으로 형태를 잡아갔는지 생각한다. 인본주의였던 초기의 모습이 어떻게 가차 없이 잔혹한 호전적 모습으로 변질되었는지 생각한다. 영혼을 더럽히지 않고 100년의 투쟁을 이끌기란 불가능하다. 로시피나 테러리스트와 데이르야신 대학살을 보라. 우리가 최근 겪어온 도덕적 타락을 보라.

이스라엘의 실존을 위태롭게 하는 여섯 번째 위협은 단연 도덕적 위협이다. 1967년 이스라엘이 웨스트뱅크와 가자를 점령한 직후, 일부에서는 점령이 우리를 타락시키리라 경고했다.

점령은 정말 우리를 타락시켰다. 하지만 진실을 더 파고들어가면 점령의 시작은 1967년 점령지들이 아니라 1937년 로시피나다. 타락은 끝없는 전쟁이라는 수렁에 빠진 나라에 붙어다니는 그림자다. 놀라운 점은, 이스라엘인들은 한편으로는 줄곧 전쟁 상태에 머물면서도 다른 한편으로는 대체로 민주적 가치와 민주적 제도를 옹호해왔다는 사실이다. 오랜 세월, 이스라엘인들은 군국주의나 파시즘에 빠지지 않았다. 대다수는 인권을 존중했으며 자유민주주의를 지지했다. 하지만 최근 이스라엘 민주주의의 핵심을 짓누르는 세력이 힘을 얻고 있다. 초정통파 소수민과 러시아 소수민은 민주주의의 가치를 당연히 받아들이던 집단이었으나 이제는 더 이상 그 가치를 고수하지만은 않는다. 소수민이던 아랍인 수가 증가하면서 이스라엘인들은 공포를 느끼고 공포는 다시 외국인 혐오와 인종차별주의를 유발한다. 계속되는 점령과 계속되는 분쟁, 인도적 시온주의를 파괴하는 사회적 관례를 배경으로 어두운 세력들은 아무런 장애 없이 이 나라를 위협하고 있다. 1930년대 우파 비주류를 끌어당기는 데 불과했던 반反 파시스트 사상은 이제 집권당의 일부 주도적 정치인들 사이에서 지지를 얻고 있다. 상황이 온통 암울하지만은 않다. 이스라엘에는 아직 지각 있는 중산층이 있다. 하지만 악의 바람이 창을 뒤흔들고 있다. 21세기 두 번째 10년을 바라보는 지금, 구래의 진보적 민족주의 우파는 급진적 과격 민족주의 우파로 대체되었다. 유대인을 겨냥한 테러가 다시 모습을 드러냈다. 비판적 자유 매체나 대법원 등 민주적 기관마저 공격하는 전대미문이 사태가 벌어지고 있다. 대중영합주의가 흉측한 머리를 들어올리고 있다. 이스라엘의 영혼은 엄중한 시험대에 올라 있다. 상황은 아주 분명하다. 100년 전쟁과 50년 점령으로 이스라엘은 심각한 도덕적 위기에 직면해 있다. 100년을 끌어온 전쟁은 이제 그 대가를 치르고 있다. 온화한 민주국가라는 이스라엘의 정체성은 점차 무너지고 있다.

나는 로시피나를 떠나 요르단 강을 따라 북쪽으로 향한다. 허버트 벤트위치가 말을 타고 이곳 훌라 계곡을 지나가던 당시, 계곡 안에는 아랍인들이 있었으며 얕은 호수도 하나 있었다. 1947년과 1948년 사이 아랍인들은 내쫓겼으며 1953년에서 1957년 사이 호수는 농업 정착을 위해 배수되었다. 내가 태어나기 10년 전, 시온주의는 이 계곡에서 두 가지 커다란 장애에 직면했으나 극복했다. 일련의 군사 작전으로 팔레스타인 사람들을 제거하고 대규모 토목 사업으로 호수를 제거해서, 지역 전체를 싹 쓸어버리고 그곳에 참전 개척자들과 신규 이주자들을 정착시켰다. 낙후된 팔레스타인을 밀어내고 현대적 이스라엘을 들여놓은 셈이었다. 시온주의는 그 젊은 혈기로 새롭고 강력한 히브리인으로서의 정체성을 정비함으로써 이러한 이중의 조치에 성공했다.

히브리 정체성은 곧 혁명성이었다. 이 정체성은 자기 자신을 유대교와 유대 디아스포라, 유대인의 소극적 실존에 맞서는 반란이라 정의했다. 히브리 땅과, 히브리 언어와, 히브리인의 미래에 대한 확신에서 자기 모습을 찾았다. 성서를 숭앙한 반면 성서 시대 이후에 이루어진 유대인의 역사와 전통은 무시했다. 진보와 행동과 삶에 대한 세속적 태도를 진중珍重했다. 정체성의 여러 얼굴 가운데 하나는 사회주의적 민주주의이며 다른 하나는 자유주의적 민주주의이지만, 둘 다 교권에 반대했으며 지역성이 없었다. 둘 다 집단적 투지와 계몽을 결합했다. 시온주의가 히브리 정체성이 정당하다고 믿을 수 있었던 까닭이 여기에 있으며, 그 정당성을 납득시킨 방법이기도 하다. 갈 길은 멀다. 시온주의는 주장한다. 하지만 우리는 이 길을 걷고 말리라, 노랫가락을 흥얼거리며 걷고 말리라. 먼 장래의 일이 아닌 현재 바로 이곳과 관계하는 일이라 믿으며 걷고 말리라. 신에게 달린 일이 아닌 우리 자신에게 달린 일이라 믿으며, 모든 일을 우리 손으로 처리하는 이 새로운 세속 종교를 믿으며, 아랍인들을 몰아내고 호수를 비우고 산맥을 움직이는 우리의 능력을 믿으며.

히브리 정체성은 20세기 첫 30여 년 동안 활기를 띠었으나 이어지는 30여 년 동안에도 여전히 지배력을 유지했다. 1938년 아랍 봉기와 1948년 팔레스타인 민족과 1967년 아랍 국가들을 제압한 실제 힘도 여기에 있었다. 국가를 세워 유지하고 이주자들을 흡수해 이 땅에 정착시킨 힘이었다. 어떤 면에서는 냉혹한 정체성이었다. 이스라엘인들을 디아스포라에서 분리시켰으며, 유대인으로서의 뿌리를 절단해 이스라엘인들에게 아무런 전통도 문화적 연속성도 남겨두지 않았다. 어떤 면에서는 이스라엘인들에게 억압과 부정否定에 바탕을 두고 인위적 실존을 강제한 인공의 정체성이었다. 유대인이 지녔던 영혼의 깊이와 풍요로움은 상실되었다. 하지만 시온주의 혁명이 성공하려면 혁명적인 히브리 정체성이 불가피했다. 이러한 혁명성으로 시온주의 운동은 이스라엘의 상황에 들어맞는 과대망상 같은 개념을 실행할 수 있었다. 이러한 혁명성 덕분에 이스라엘은 패권을 잡아 이제껏 살아남을 수 있었다. 이 모든 일은 무게 잡고 엄숙한 분위기가 아닌 즐거운 분위기에서 이루어졌다. 이러한 정체성 덕분에 이스라엘인들은 수 세대에 걸쳐 자신들이 걸어야 할 이 긴 길을 흥겹게 낙천적으로 걸어올 수 있었다. 우리는 길을 나선다, 이스라엘인들은 흥얼거렸다. 우리는 길을 나선다, 야호, 야호.

20세기 마지막 30여 년간, 히브리 정체성은 희미해졌다. 21세기 초에 와서는 해체된 듯 보이기도 한다. 점령과 세계화, 대량 이주, 비온주의 소수민의 부상으로 히브리인들의 패권은 침식되었다. 좋든 싫든 비교적 엄격하던 삶의 방식이 방종한 다원주의로 대체된 셈이다. 민족주의와 보편주의 사이의 균형이 깨졌다. 디아스포라와 종교에 대항하는 세속적 반란이 사라졌다. 세속적 신념은 약해졌고, 진보는 둔화됐으며, 집단 서사는 해체되었다. 호수 바닥에 시나브로 침투하기 시작하는 훌다 호의 염수처럼, 유대교와 배타적 지역주의와 아랍주의가 복귀했다. 이 계곡에 저질러진 잔혹한 행위가 역전된 바와 같이, 유대인의 집단정신에 저질러진 잔혹한 행위 역시 마찬가지였다.

이스라엘인들의 자신감을 바탕으로 번창하던 사업은 실존적 문제라는 먹구름에 뒤덮였다. 성공할 터인가 실패할 터인가? 번창할 터인가 멸망할 터인가?

이스라엘 성공의 절정기는 1950년대였다. 그때 이 허청거리던 젊은 나라는 온갖 역경을 딛고 나라를 건설해내어 불과 얼마 되지도 않는 기간에 자기 국민보다 더 많은 이민자를 흡수했다. 이러한 성공의 바탕에는 개인과 소수민족에 대한 사회주의적 시온주의의 억압이라는 병폐가 깔려 있었다. (마땅히) 소수민족은 1970년대와 1980년대, 1990년대 들고일어났고, 이로써 통합되었던 사회는 분열되어 중심을 잃고 비틀거리게 되었다. 한 세대 만에 이스라엘은 적어도 겉으로는 완고하며 획일적으로 보이는 사회에서, 다름이 곧 정체성이 되는 여러 종족이 각양각색을 띠고 뒤죽박죽 섞여 있는 만화경 같은 사회로 변했다. 종족 분열, 사회 균열과 더불어 공통된 목표의식의 부재는 21세기 이스라엘이 겪는 정치적 위기의 핵을 이루고 있다. 따라서 이스라엘이 직면하고 있는 일곱 번째 위협은 무너져가는 정체성이라는 위협이다. 내가 지나친 키부츠들은 모범적인 이스라엘의 풍경을 보여주는 도화지 같다. 유칼립투스와 꼿꼿한 사이프러스들, 경작된 밭과 곡물 저장고들. 하지만 그 안을 들여다보면 상황은 바뀌어 있다. 공동식당과 탁아소, 칠면조 우리들은 텅 비어 있다. 한때 이곳에 있던 이스라엘다움은 더 이상 이곳에 없다. 이 계곡에 정착해 빠르게 일어섰던 히브리 문화는 사라졌다. 형태를 바꾸고 성격을 바꾸어 아직 정체를 알 수 없는 무언가로 변해버렸다. 계곡을 떠나면서 내 뇌리에는 이 정체성 문제에 열쇠가 있다는 인식이 새겨진다.

시온주의 혁명의 중심에는 정체성 혁명이 있었다. 정체성 혁명은 매력적이지만 위험하다. 마치 성전환과도 같다. 우리의 경우, 수술은 성공한 듯 보였다. 결과는 대단했다. 하지만 환자는 바뀐 모습이 영 편하지 않아 안절부절못했다. 이제는 전부 엉망이 되어가고 있다. 맹렬한 기세로 새롭게 일어나고 있는 우리의 정체성은 수다한 정체성들로 분열하고 있으며, 이 가운데 일부는 허약하고 혼란에 빠져 있다. 이따금 우리는 자기 자신을 더 이상 못 알아보기도 한다.

허버트 벤트위치는 요르단 강을 타고 헤르몬 산등성이까지 거슬러 올라갔다. 난 한층 더 야심차다. 내 목표는 정상이다. 십자군 요새였던 칼라트님로드와 드루즈파 마을인 마이달샴스와 이스라엘 정착촌 네베 아티브와 스키장 케이블카 정상을 지나 이 땅에서 가장 높은 곳으로, 해발 2800미터에 위치한 헤르몬 산 꼭대기, 곧 폐쇄된 군사기지에 도달한다.

이슬람, 아랍, 팔레스타인, 내부, 정신, 도덕, 정체성이라는 일곱 가지 위협의 원들. 이 땅을 택해서 우리는 자기 자신을 이 일곱 가지 위협의 동심원 중심에 꽂아놓았던 셈이다. 하지만 21세기에 특히 위험한 인자는 이곳에 도착한 이후 우리를 뒷받침해주던 세력들이 점점 약해지고 있다는 점이다. 서구사회는 경제적, 정치적 측면에서 상대적으로 쇠퇴하고 있다. 디아스포라 유대인들은 인구통계에서 밀리고 있다. 이스라엘과 서양의 개화한 유대인들 사이의 협력관계는 버름해지고 있다. 동시에, 서양 열강은 중동에 질서를 유지할 만한 능력을 잃어가고 있으며, 제3세계에서 핵무기 확산을 방지할 능력 역시 매한가지다. 중동에서 이슬람 광신주의가 부상하고 있는 반면, 이스라엘 편이 되어줄 서구 세력은 줄어들고 있다. 이스라엘의 점령 정책과 유대 극단주의, 종교 근본주의자들 탓에 그나마 남아 있는 우방 가운데서도 이스라엘을 지지하는 수가 줄어들고 있다.

1967년 이스라엘은 헤르몬 산을 정복해서 정상에 전략적으로 불가결한 정보 기지를 건설했다. 1973년 10월 6일, 시리아가 이 기지를 정복해 복무자들을 포획했다. 2주 후 이스라엘인 수십 명이 이 가파른 비탈에서 목숨을 바쳐 싸웠고 그 결과 이스라엘은 이 중요한 산에 대한 지배권을 되찾을 수 있었다. 이제 공상과학소설에나 나올 법한 이 산악의 기지에는 최첨단 기술이 사용되고 있다. 헤르몬 산에 위치한 이 최첨단 요새 덕분에 이스라엘은 시리아를 비롯해 그 너머까지도 감시할 수 있다.

어떤 의미에서는, 이스라엘 자체가 요새다. 십자군 전사들처럼 우리는 동쪽을 바라보는 벼랑 위에 살고 있다. 하지만 이스라엘이라는 요새의 힘은 바로 요새처럼 보이거나 요새처럼 처신하거나 스스로를 요새라 느끼지 않는다는 사실에 있다. 탑과 벽에 의지했을 적에도 우리는 기독교 기사들과 그리 다르지 않았다. 우리에게도 종교적인 헌신과 비슷한 헌신이 있었다. 우리도 빈곤과 겸손, 규율을 믿고 따랐다. 엄격한 규율에 맞춰 생활했으며 이로써 우리는 이 땅을 정복하고 이 땅에 정착하며 이 땅을 지켜낼 수 있었다. 하지만 지난 30여 년간 우리의 요새는 대단한 성공을 거두어 어느 순간 이곳이 요새라는 사실을 느끼지 못하게 되었다. 우리는 5년마다 새로운 발명품을 내놓았다. 디모나, 모사드, 공군, 신베트, 애로 미사일, 아이언 돔. 이 발명품들에는 한 가지 공통분모가 있었다. 정상 상태가 창출해낸 힘은 다시 정상 상태가 영속될 수 있는 원동력이 되었다. 자유사회와 자유시장 덕분에 우리는 적들보다 우위에 설 수 있었다. 우리에게는 더 이상 탑과 벽의 정신이 필요치 않았다. 그 반대였다. 요새를 지키려면 집단적 금욕이 필요했던 십자군 전사들과 달리, 우리에게는 해방과 자유가 힘의 원천이었다. 이스라엘이라는 요새는 우위를 영속하게 해주는 요새화하지 않은 요새가 되었다.

하지만 시대는 변하고 있다. 서구의 점진적 몰락과 중동의 혼란은 시리아와 아프리카를 가르는 균열 양편에 있는 지각판들을 이동시키고 있다. 1897년 4월 30일 허버트 벤트위치가 남기고 간 이 땅을 내다보며, 난 우리가 얼마나 오래 우위를 점할 수 있을지 생각해본다. 한 세대? 두 세대? 세 세대? 사반세기? 반세기? 한 세기 가까이? 결국 검을 쥔 손아귀의 힘은 분명 약해질 터다. 결국 검 자체가 녹슬어버릴 터다. 주변 세계에 창을 들이댄 채 100년 넘게 버틸 수 있는 나라는 없다.

유대인으로서, 우리가 이다지 운이 좋았던 적은 없다. 20세기는 유대 민족의 극적인 역사 가운데서도 가장 극적인 세기였다. 세기 상반기는 사상 최악이었다. 우리는 민족의 3분의 1을 잃었다. 유대인 세 명당 한 명꼴인 셈이었다. 하지만 하반기는 경이로웠다. 북미에서는 완벽하게 자리 잡았으며, 이스라엘 땅에는 현대적 유대 주권국을 세웠다. 유럽과 남미에서 유대인은 잘 살고 있으며, 현재 미국과 캐나다, 이스라엘에 살고 있는 유대인들은 증조부들이 꿈밖에 꿀 수 없었던 일들을 누리고 있다. 평등, 자유, 번영, 인간의 존엄성. 박해받던 민족인 우리가 이제는 해방 상태다. 가련했던 민족이 이제는 당당하다. 우리는 자아를 실현하며 충만하게 살아갈 능력을 얻었다. 유대 역사상 전례 없던 르네상스로 유대인들은 세 세대에 걸쳐 스스로 유대인의 운명에서 벗어났다고 믿을 수 있었다. 미국에서는 자유로우며 능력을 중시하는 잘 조직된 유대인 공동체 설립이라는 놀라운 사업이 성공해 이러한 믿음을 심어주었다. 이스라엘에서는 시온주의가 놀라운 성공을 거두어 심어주었다. 민족해방운동으로 유대인은 그동안 박탈당했던 기본권을 회복하고 짧았던 수명을 연장했다. 유대인은 민족해방운동을 통해 땅을 정복하고 민족을 해방했으며 역사상 유례없는 혁명을 수행했다.

그 어느 곳보다 혁명이 뚜렷이 확인되는 곳은 텔아비브 항이다. 1932년 봄, 야르콘 강 남쪽에서는 유대인 올림픽대회인 마카비아 대회가 최초로 개최되었다. 경기장 하나가 몇 주 만에 급조되었고, 이곳에 수천 명이 모여 20세기 유대인의 상징과도 같은 운동선수들을 구경했다. 총 25개국에서 온 운동선수들은 이곳 팔레스타인에서 자신들이 탄탄한 근육질과 강인함을 갖춘 새로운 유대인이라는 사실을 증명하고 있었다. 마카비아 경기장 남쪽에서는 1934년 봄, 텔아비브 최초의 국제 박람회인 레반트 페어가 개최되었다. 바우하우스 양식의 독특한 복합단지가 세워진 지 8개월 만에, 이 안에서 36개국에서 온 220개 회사가 자기네 상품을 보여주며 텔아비브의 현대성을 인정했다. 6만 명이라는 어마어마한 관람객이 이 경이를 보러 왔다. 동방 한가운데에 위치한 야르콘 남쪽 제방 위에서, 레반트 페어의 상징인 날아가는 낙타가 근동과 유럽을 연결해주는 박람회의 탁월한 건축과 상업성을 증명했다. 레반트 페어 단지 서쪽에서는 1936년 여름 시온주의 최초의 항구가 개항했다. 몇 주 만에 세관 건물과 함께 창고 여러 채와 목조 잔교가 지어졌다. 이 잔교 위에서 최초의 히브리 부두꾼이 최초의 시멘트 자루를 최초의 히브리 도시에 조성된 최초의 항구로 날랐다. 수천 명이 이 부두꾼 주위에 모여 감격에 벅차 희망에 찬 국가 "하티크바"를 불렀다. 6개월 후, 이들은 급하게 지은 한 강당에서 다시 "하티크바"를 불렀다. 안에서는 팔레스타인 필하모닉 오케스트라의 첫 연주회가 열리고 있었다. 파시스트에 반대하는 거장 아르투로 토스카니니가 파시 즘에서 살아남은 생존자 65명을 지휘했다. 그렇게 텔아비브 해안에서 는 브람스와 멘델스존, 슈베르트가 울려 퍼져 관람객들의 눈물을 숱하 게 자아냈다. 2년 후, 전前 러시아 혁명가 한 사람이 이 급조된 강당 북 쪽으로 100미터 정도 거리에 기념비적인 발전소를 개소했다. 이 영리한 핀하스 루텐베르크와 동료 1000명은 밤낮없이 일해 불과 9개월 만에 이 리딩 발전소를 건설해냈다. 발전소는 이 땅의 전화電化를 가속화하 고 빠르게 성장하는 텔아비브에 전력을 공급했다. 동시에 발전소 북쪽 에는, 히브리 도시에 세워진 최초의 공항에 최초의 활주로가 깔렸다. 1938년 가을에는 최초의 국제선 여객기가 이륙했다. 텔아비브-하이 파-베이루트 경로였다. 1제곱킬로미터 공간에 불과한 한 지역에서 6년 만에 중요한 사건 여섯 건이 일어난 셈이었다. 하나하나가 전설적이었 다. 텔아비브 북단에 자주적이고 현대적이고 창의적이고 활기차며, 삶 을 사랑하는 유대인의 실존을 위한 토대가 놓였다.

나는 공항을 떠나 남쪽으로 걷기로 한다. 활주로와 바다 사이에 난 산책로 위에, 첨단기술을 즐기는 한 무리가 즐거운 나들이 중이다. 빨 간 헬멧을 쓴 남자와 여자 20명이 빨간 바퀴의 세그웨이를 타고 간다. 이들 뒤에는 민소매 상의와 라이크라 반바지 차림의 사람들이 자전거 를 타고 간다. 이른 아침 조깅하러 나온 사람들은 좀더 느긋하다. 화사 한 조깅복 일색의 부부와 남녀 동성애자들. 스케이트를 신은 늘씬한 여성들, 고집불통으로 보이는 연금 수령자들, 아마추어 낚시꾼들. 지 중해 해안의 이스라엘 센트럴 파크는 중동의 햄스테드 히스인 셈이다. 자유로운 사회만이 시민들에게 용인할 수 있는 차분함과 평온함이 가득한. 이곳에는 유대인들이 2000년 가까운 세월 동안 느껴본 적 없는 행복감이 있다.

1930년대 백 수십만 제곱미터에 불과한 이곳에서 첫발을 내디딘 이 여섯 개 대규모 사업이 현대 텔아비브의 기반을 다졌다. 이 사업들은 진취성과 대담성, 민활성, 창의성, 독창성, 할 수 있다는 정신을 공유했으나, 각자 개성이 뚜렷했다. 처음 두 사업인 마카비아와 레반트 페어는 희망찬 사건이었다. 우리는 이곳에 왔고, 이곳을 뒤바꿔놓았으며, 승리했다. 그러나 뒤의 네 가지 성과인 항구와 오케스트라, 발전소, 공항은 위험에서 비롯된 성과들이었다. 곧, 1930년대 후반 몰려드는 먹구름 아래 발생했다. 독일의 위협과 아랍의 위협, 다시 말해 유럽에서는 재앙이 예상되었으며 팔레스타인에서는 전쟁이 시작되고 있었다. 첫 두 가지 세속적 기적은 확 트인 지평선을 마주하고 발생했던 반면, 뒤의 네 가지는 양편에서 공격해 들어오는 잔혹한 역사에 직면해서 발생했다.

애초부터 시온주의를 특징지었던, 할 수 있다는 정신과 넘치는 에너지는 1936년에 이르러 극적으로 전환되었다. 그때부터 팔레스타인에서의 유대인의 삶은 고통스러운 싸움이었다. 운명에 대항해 신념을 동원하고, 운명과 씨름하며, 운명에 맞서 대응해야 하는. 그렇게, 항구를 건설하고 멘델스존을 연주하고 발전소를 세우고 활주로를 놓고 있던 시온주의는 이미 영웅적이면서도 비극적이었다. 야르콘 어귀에서 자신이 갇힌 비극과 씨름하며 그에 맞서 기적 같은 투쟁을 시작한 셈이었다. 이곳에서 온갖 역경에 맞선 대응이 시작되었으며 온갖 역경을 헤치고 행복이 시작됐다.

발전소는 나를 매료시킨다. 나중에 흉한 구조물들이 추가되기는 했으나, 1938년 원래의 건물은 그야말로 소박하면서도 위풍당당하다. 로텐베르크의 건축가들이 발전소 건설에 택한 이 기념비적이며 국제적인 양식은 현대적 힘을 상징한다. 1930년대의 온갖 혼란에도 불구하고, 팔레스타인을 전화할 준비를 마친 발전소 터빈들은 야크론의 북쪽 제방 위에 불과 몇 달 만에 세워진 진보라는 사원 안에 안전하게 숨어 있었다. 하지만 텔아비브 항 이야기는 훨씬 더 의미심장하다. 아랍 반란이 텔아비브를 그 생명선인 야파 항과 단절시킨 직후, 텔아비브는 새로운 항구와 목조 잔교를 건설했다. 잔교는 건설 당일 밤 파도에 쓸려가기는 했지만, 텔아비브는 튼튼한 철조 잔교로 이를 대신했다. 하지만 이것만으로 충분하지는 않았다.

텔아비브는 부두를 조성하고 더 많은 잔교를 건설했다. 반란군에 포위된 지 6개월 만에, 텔아비브는 자신의 항에서 버킹엄 궁전으로 첫 오렌지 상자를 수출했다. 이로써 자신을 멸절하려 드는 자들에 대항한 시온주의의 행동 방식을 분명하게 드러낸 셈이었다. 테러에 테러로 대응하지 않고 건설로 대응한다. 살려는 의지가 자신을 둘러싼 죽음을 극복하리라 믿으며 단호하게 싸우는 젊은 나라다.

난 발전소에서 지중해로 떨어지는 온수 폭포 옆에 서 있다. 다른 한 무리가 자전거를 타고 지나가는 사이, 난 우리 안에 여전히 텔아비브 항을 건설했을 때와 같은 견인불굴의 의지가 있을지 생각해본다. 우리를 겹겹이 조여오는 이 일곱 가지 위협에 맞서려면, 일찍이 우리에게 있었던 바로 그 지혜와 정력과 헌신이 필요하다. 진취성과 대담성, 민활성, 창의성, 독창성, 할 수 있다는 정신이 필요하다. 개개인으로 보면 우리는 할 수 있다는 정신으로 대표되는 이 모든 특성을 갖췄다. 우리의 출발이 그리도 탁월하고 우리의 재간 또한 예사롭지 않았던 까닭이 여기에 있다. 하지만 하나의 집단으로 보면, 우리는 한때 우리의 일부였던 이러한 특성들을 상실해버리지 않았나 싶다. 우리 민족국가가 제 기능을 못 하고 우리 정치가 끔찍한 지경인 까닭이 여기에 있다. 오늘날 우리 사회는 자유롭지만 양극화되어 있다. 따라서 결정적 문제는 이곳에 일어난 자유사회가 자신을 위태롭게 하는 외적, 내적 위협들을 견뎌낼 만한 힘을 산출해낼 수 있을지 여부다.

과거의 경험은 고무적이다. 몇 번이든 우리는 도전에 성공적으로 맞섰다. 이러한 위협 극복 방식은 21세기 초 텔아비브 항에서도 반복되었다. 2002년 테러 물결이 이스라엘을 뒤흔들었다. 매달 수십 명이 자살폭탄 테러로 목숨을 잃었다. 나라는 경직되었으며 경제는 서서히 기능을 멈추었다. 거리에 유혈이 낭자하는 사이, 수년간 방치되어온 이 역사적 항구에 다시 활기를 불어넣겠다는 새로운 계획이 일어났다. 기능을 잃은 창고들은 2년 만에 인기를 더해가는 휴양단지로 변했다. 상점과 찻집, 식당, 술집, 나이트클럽들로 채워졌다. 시온주의 정신이 아랍 반란에 승리한 바로 그 장소에서, 이스라엘 정신은 그 70년 후 두 번째 인티파다에 맞서 승리했다. 그러니 이제 도전은 우리 내부의 나약에 맞서 승리하는 일이다. 희망을 품을 만한 타당한 근거도 일부 있다. 만약 초정통파 공동체가 다가올 수십 년 안에 우리의 현대사회로 통합될 수 있다면, 1990년대 러시아인 이주가 그랬던 것처럼 에너지를 분출시키리라. 만약 이스라엘 내 아랍인들을 우리의 사회적, 정치적 직물에 편입시켜 이들이 누려 마땅한 평등을 부여한다면, 이들은 이슬람 아랍국들과 과격한 팔레스타인 정치운동이 무엇을 제공하든 민주주의 이스라엘이 제공할 가치들에 더 솔깃할는지 모른다. 만약 연안지역 천연가스에(이는 조만간 이스라엘을 에너지 강국 대열에 올려 지금보다 훨씬 더 부유하게 만들어줄 자원이다) 제대로 된 투자가 이루어진다면, 이스라엘 공화국을 부흥하게 할 진정한 내적 혁명에 필요한 자금을 제공할는지 모른다. 초정통파와 현대 정통파, 러시아인 이주자들이 유대 민주국가의 규범과 정신을 점점 더 수용하게 되면서, 민주주의에 반하는 세력들은 주저앉을는지 모른다.

난 야르콘 강을 건너 항구로 들어간다. 아침이지만 목조 바닥의 찻집들은 북적거린다. 주위엔 온통 잘생긴 남녀와 매력적인 소년 소녀, 젊은 가족과 젊은 독신자들이다. 유럽식 아침 식사를 하는 사람도, 친환경적인 또는 이스라엘식 아침을 먹는 사람도 있다. 더블에스프레소나 캄파리, 샴페인을 홀짝거린다. 자전거, 스쿠터, 스케이트보드, 유모차들. 알록달록 알루미늄 재질의 헬륨 풍선 다발이 태양빛에 반짝인다. 즉흥 아코디언 연주회. 이 얼마나 다채로운가. 푸른 지중해를 배경으로 펼쳐진 이주자들의 사회이자 전사들의 사회. 유대인의 역사와 이스라엘인의 현재 그리고 푸른 하늘. 고통의 유전자가 이곳에서 홀연 쾌활한 기운을 띠기 시작한다. 토라 학습에 매달리던 유전자가 홀연 창조하기 시작한다. 벼랑 끝 삶, 물가의 삶.

난 목조 바닥을 걷는다. 요즘 한창 유행인 요가 클럽을 지나친다. 한 날씬한 아이 엄마가 꽉 끼는 고급 청바지에 빨간색 올스타 스니커즈를 신고 걷는다. 안으로 들어가자 여자는 밀고 있던 유모차를 10여 대 되는 유모차들 옆에 세우고는 출산 후 요가 클럽에 모인 엄마들 수십 명과 섞인다. 이곳에는 활력이 있다. 희망적인 인구 변동이 있다. 거의 멸종 직전이던 종이 스스로를 부활시키고 있다. 상처 입은 종족이 스스로를 달래고 있다. 유럽의 자유사회들과는 달리, 이스라엘 자유사회는 재생된다. 우리는 불평불만과 방탕의 사회가 아니며 훈훈한 가족의 사회다. 아이들을 사랑하고 아이들을 온전하게 길러내 가혹한 사회에 내놓는다. 바다를 면한 이 다채로운 깔개 위에서 기어다니던 아이들을.

그리고 여기 나의 아이들이 내게 다가오고 있다. 스무 살 된 딸 타마라가 일곱 살 난 동생 미하엘과 세 살 난 다니엘을 데려오고 있다. 화려한 바디슈트 차림의 뱃사공 두 명이 바다 멀리 배를 저어가고 있는 사이 다니엘이 뱃사공들에게 소리친다. 마이클은 손을 흔든다. 타마라는 웃는다. 방파제를 따라 걸어 돌아가는 지금, 다니엘은 내 목마를 타고 있다. 이 모두가 여기에 있다. 잘못된 위치에 급하게 항구를 건설한 비합리적 사업, 이 얕은 항구를 수심 깊은 항만으로 바꾸지 못한 무능력, 겨울 쇄파를 제대로 막아내지도 못할 만큼 왜소한 인공 방파제를 만든 무능력. 전부 애당초 존재해서는 안 되는 일이었다. 이 사업은 지리적으로 불완전했으며 경제적으로 몰지각했고 계획도 제대로 이루어지지 않았었다. 하지만 사업은 상상력을 자극했기에, 수천 명이 자기네 수중에 있지도 않은 자금을 텔아비브 항 지분에 투자했다. 사업은 깊은 심리적 욕구에 부합했기에, 수천 명은 항구를 짓고 이곳에서 일하며 땀 흘려 어려운 살림살이를 이어갔다. 이렇게 폭발한 에너지는 사업의 결함을 압도하는 무언가를 창출했다. 그러니 그 의도된 역할을 수행한 기간은 단지 3년에 불과한데도, 텔아비브 항은 우리의 독립성과 혁신과 활력을 상징하는 우상이 되었다. 모든 세대와 모든 이주 집단의 모습에서 이 항구의 새로운 의미를 확인할 수 있다. 따라서 이제 텔아비브 항은 신나는 축제의 장으로, 이스라엘인 수천 명이 이곳에서 삶을 찬양한다. 삶을 탐닉한다. 그리고 미하엘은 내 앞에서 마음껏 뛰어다닌다. 다니엘은 어깨에서 내려달라고 하더니 형과 달리기를 겨룬다. 타마라도 어린 동생들과 어울린다. 이어 황금빛 물결이 항구에 넘치는 가운데, 허버트 벤트위치 손녀의 손주들이 목조 바닥을 신나게 뛰어다닌다. 세상천지 아무런 걱정 없이. 유대인이라는 멍에 없이. 마치 박해 따윈 없었으며 앞으로도 없을 것처럼. 마치 홀로코스트 따윈 없었으며 앞으로도 없을 것처럼. 이 땅은 우리 발아래 굳건하게 버티고 있다. 우리에겐 이제 집이 있다.

우리 이스라엘인들은 초인적 임무에 직면해 있다. 이곳에서 살아가려면 우리는 나라를 재정립하고 땅을 분할해 새로운 유대 이스라엘의 서사를 고안해내야 하리라. 망가진 국가를 복구해 갈가리 찢긴 사회를 통합하고 신뢰할 만한 엘리트층을 빚어내야 하리라. 점령을 종식시킨 다음, 새로이 그려진 국경에 이전과는 다른 견고하고 정당한 철벽을 구축해야 하리라. 이 같은 혼란은 쉬이 전염된다. 2015~2016년, 혼란은 중동에서 유럽으로 번졌다. 유럽연합이 시리아와 이라크, 리비아에 대해 믿음직한 외교 정책을 펴지 못하는 바람에 시리아와 이라크, 리비아는 베를린과 브뤼셀, 파리로 파고들었다. 난민을 비롯해 망명을 바라는 사람들은 아랍세계를 더는 신뢰하지 않게 되었는데도, 이들로 이루어진 이민 물결은 유럽의 질서와 가치관을 부지불식간에 훼손하여 외국인 혐오증을 고조시키는 등 극우 세력을 강화했다. 이슬람국이 유럽 땅에 자행한 끔찍이도 잔혹한 테러 행위로 인해 상황은 한층 더 악화됐다. 이스라엘과 맞닿은 지역을 넘어 앞서 수년간 평화와 안정을 누렸던 대륙, 곧 이스라엘의 어머니 대륙조차 안보 부재의 불안한 상황으로 뒤숭숭해지기 시작했다. 동시에, 미국 역시 심한 변화를 겪었다. 2016년 대통령 선거운동에서 드러났듯, 숱한 미국인이 중동에 신물 나고 미국의 세계 경찰 노릇에 신물이 나 이제는 자국 내 문제에 집중하기를 바라면서, 분리주의, 고립주의 세계관이 득세해 있다. 상황은 분명하다. 무질서가 새로운 질서가 되었다. 힘없는 국제사회는 미국과 유럽연합의 무른 외교 정책과 맞물려 이스라엘을 에워싼 무질서 상황을 만성화하고 적어도 겉보기에는 고질화하고 있다.

이스라엘 역시 자유민주주의의 소중한 가치들을 훼손하는 심각한 무질서를 겪어왔다. 유대 민족국가의 정당성을 의심하는 급진좌파의 끈질긴 공격과 공공질서를 뒤흔드는 과격민주주의 우파의 끈질긴 공격은 사면초가에 몰린 마당에 또 달리 시급한 난제가 되어 있다.

이 우두망찰할 새 시대에 좋은 소식이라면 이스라엘이 이웃 국가들보다는 강해지고 있다는 사실이다. 첨단 기술 활황, 연안에서 발견된 천연가스, 탄력적 국가 경제 덕에 인도, 중국은 물론 심지어 중동 기업들과도 획기적 통상관계를 구축했다.

동시에, 물밑 활동 역시 아주 중요하다. 제3부문을 비롯해 공민의식이 투철한 개개인들이 내부 균열의 많은 부분을 메워주어야 한다. 이스라엘 정치는 점입가경으로 치닫고 있어도, 이스라엘 사회는 풍요롭고 경제는 호황이며 진취의 기상은 낭항한 구석마저 있다. 분쟁이 있고 시급한 난제가 태반이어도, 여러 나라를 조사한 결과를 보면 이스라엘인들은 세계에서 가장 행복한 국민에 속한다. 나쁜 소식은 이슬람 과격화라는 지역의 조류에 맞서, 이스라엘은 계몽의 섬이 되어야 하리라. 일곱 가지 위협의 원에 맞서, 이스라엘은 확고한 윤리의식을 토대로 진보하고, 서로 끈끈히 결속하는 가운데 창의력을 발휘하며, 또한 강인해져야 하리라. 야르콘 어귀를 현대화하겠다는 대담한 계획으로 이곳에 시작한 일들을 이제 새롭게 발전시키는 길 외에 우리에게 다른 도리는 없다. 우리는 실존을 위해 격렬하게 투쟁하고 있다.

타마라가 미하엘과 다니엘을 집에 데려간 후, 난 야파 항으로 이동한다. 최근, 이 항구 역시 재건되었다. 갤러리, 레스토랑, 술집들이 늘비하다. 미래를 연상케 하는 금속 건축물이 해묵은 아랍 창고들을 밀어냈다. 하지만 목조 어선 수십 척 또한 1897년 4월 허버트 벤트위치가 하선했던 해묵은 부두 뒤편 잔잔한 수면 위에서 여전히 흔들거리고 있다.

우리는 어쩌면 이곳에 와야만 했는지도 모른다. 그리고 이곳에 왔을 때 우리는 기적 같은 일들을 해냈다. 결과야 어떻든, 우리는 상상을 초월한 일들을 해냈던 셈이다. 우리의 연극은 성대하기 그지없는 현대극이었다. 펼쳐진 드라마는 기가 막혔다. 하지만 마지막에 가서야 그 시작의 의미를 정확하게 파악할 수 있을는지 모른다. 우리의 주인공들이 어떤 결말을 맞는지 알게 된 후에야 주인공들이 옳았는지 틀렸는지, 주인공들이 비극적 운명을 극복했는지 아니면 비극적 운명에 굴복했는지 알게 되리라.

이곳에 유토피아란 없으리라. 이스라엘이 원래 의도한 바대로 이상적인 나라가 되지도 못할 터며, 유럽에서 떨어진 유럽이 되는 일도 없으리라. 이곳에 런던은 없을 터며, 파리도 빈도 없으리라. 하지만 이 땅에서 진화해온 현실은 무시할 수 없다. 일련의 대규모 반란은 이곳에 활기차게 살아 있는 그야말로 매력적인 진정한 자유사회를 창출해냈다. 이 자유사회는 창의적이고 정열적이며 광적이다. 우리는 고아다. 우리에게는 왕도 아버지도 없다. 우리에게는 일관성 있는 정체성도 연속된 과거도 없다. 어떤 의미에서 보면 우리에게는 시민문화 자체가 없는 셈이다. 우리의 교양은 야생의 반쯤은 미개인 같은 교양이다. 어디에도 얽매여 있지 않은 천박한 젊은이의 교양이다. 우리는 과거도 미래도 권위도 존중하지 않는다. 우리는 불손하다. 우리는 뼛속까지 무정부주의자다. 그럼에도, 우리는 세상천지 혈혈단신인 까닭에 서로 끈끈하게 단결한다. 우리는 고아이기에 전우이자 운명의 동지다.

당시엔 언젠가 평화로워지리라는 희망이 있었으나, 앞으로 이곳에 평화는 없을 터다, 적어도 당분간은. 당시엔 평온해지리라는 희망이 있었으나 앞으로 이곳에 평온함이란 없을 터다. 맞다, 우리가 집을 지은 건 사실이지만 그 기반이 흔들리고 있다. 그러니 우리가 이 땅에서 실제 얻은 건 결국 끊임없는 모험인 셈이다. 오디세이. 유대국은 다른 어떤 나라와도 닮지 않았다. 이 나라에서는 결국 안보도 행복도 마음의 평화도 누릴 수 없다. 이 나라에는 벼랑 끝 삶에서 오는 극도의 긴장이 있을 뿐이다. 위험하고, 탐욕스럽고, 극단적인 삶에서 오는 아드레날린의 분출이. 만약 오늘 밤 베수비오 같은 화산이 폭발한다면 이것이 바로 그 용암에 파묻힐 존재의 모습이다. 살아 숨 쉬는 민족. 무덤에서 살아 나와 죽음에 둘러싸였으나 그럼에도 더할 나위 없는 장관의 삶을 보여주는 사람들. 세상 끝까지 삶이라는 춤을 추는 사람들.

난 다른 술집에 들어가 바에 앉아 싱글몰트를 홀짝이며, 『세 가지 죄악과 하나의 기적』을 다시 읽는다. 창을 통해 이 고대 항구를 보고 식당에 앉아 있는 사람들과 갤러리로 걸어 들어가는 사람들, 잔교를 돌아다니는 사람들을 다시 한번 지켜본다. 난 생각한다. 결국, 시온주의는 유대인의 생명력을 되살리자는 사상이었다. 이스라엘 이야기는 모든 역경에 맞선 생명력의 이야기다. 그러니 그 정신의 이중성이 놀라울 따름이다. 우리는 상상할 수 있는 한 최고로 따분하면서도 껄끄러운 민족이다. 우리는 청교도주의나 감상벽은 견디지 못한다. 언쟁이나 고귀한 개념 따위에 의지하지 않는다. 그럼에도 우리는 하루하루 경이로운 역사의 미래상에 동참하고 있다. 우리 자신보다 훨씬 더 큰 사건에 참여하고 있다. 우리는 우리가 이해하지도 못하고 파악할 수도 없는 서사 영화에 출연한 오합지졸이다. 대본 작가는 미쳐버렸다. 감독은 달아났다. 제작자는 파산했다. 하지만 우리는 여전히 이곳, 성서의 땅이라는 영화 촬영장에 있다. 카메라는 여전히 돌아가고 있다. 그리고 전경을 촬영하다 문득, 우리가 이 해안에 집결하는 모습을 잡는다. 이 해안에 매달리는 모습을. 이 해안에서 살아 숨 쉬는 모습을. 어떤 난관에 부딪히더라도.

감사의 말

이 책은 나의 아내이자 나의 사랑, 나의 영감인 팀나 로젠하이머가 없었다면 쓸 수 없었으리라. 이 책을 쓰는 일은 아내에게는 남편의 부재이며 다섯 살 아이에게는 아버지의 부재였으나, 내 인생의 동반자는 나에게 용기를 북돋워주며 다정하고 따스하게 곁을 지켜주었다. 아내에게 진 빚은 평생을 갚아도 모자랄 터다.

갈리아 리히트는 글쓰기 동반자였다. 갈리아는 연구와 초기 편집의 많은 부분을 맡았으며, 글에 생동감을 불어넣어주었다. 이 책에 가치가 있다면 그것은 상당 부분 갈리아 덕분이다.

신디 슈피겔은 자비로운 랜덤하우스 사의 편집자로 대담하게도 내가 자신이 필요로 하는 책을 써낼 수 있다고 믿으며 나를 신뢰해주었다. 신디의 지원과 안내로 난 이 여정을 무사히 마칠 수 있었으며, 신디의 뛰어난 전문성과 감수성 덕분에 초고에 부족했던 형태와 정확성이 채워졌다.

이 아이를 세상에 내보내준 산파는 두 명 더 있다. 티나 베네트는 나의 다정한 대리인일 뿐 아니라 수호천사이기도 하다. 티나는 우아한 태도로, 온갖 장애와 난관에 부딪히는 내내 이 책과 나를 도와주었다. 주디 프리드것은 내게 헌신하는 비서이자 든든한 버팀목이었다. 주디는 내게 부족한 규율과 질서정연함을 갖추고 불철주야 일해서 이 모두를 현실로 실현해냈다.

이 책은 유대인과 아랍인, 남성과 여성 등 이스라엘인 수백 명과 진행한 면담 및 토론을 바탕으로 하고 있다. 이들은 너나없이 집을 공개하고 마음을 열어 이스라엘인으로서의 경험을 공유해주었다. 그 수가 아주 많아 여기에 일일이 열거할 수는 없으나, 한 분 한 분께 마음속 깊이 감사드린다. 그들과 친밀하고 진실한 대화를 나눈 덕분에 난 조국에 대해 귀중한 통찰을 얻을 수 있었다. 우리의 사랑하는 그리고 고통받는 조국에 대해.

옮긴이의 말

안에 담아두고 있으면 거기에 매몰되어 버릴 듯 강렬한 기억이 있다. 그것을 꺼내어 찬찬히 살펴보지 않고는 도저히 살아갈 수 없는. 객관화를 통한 자기 극복이라고 할까.

개인사든 국가사든 세계사든 이런 분석을 통한 치유와 발전의 모색이 있다고 생각한다.

이 자전적 글에서 그런 절박한 노력을 보았다. 내면에 자리를 틀고 자신을 집어삼킬 듯한 모순의 역사를 필사적으로 끄집어내려는. 그럼으로써 정당하게 숨 쉬고 싶은 갈망을.

결국 그조차 바라보는 눈은 나의 것이므로 완전한 객관이란 요원할는지 모르지만, 양심의 존재를 믿으며 그 험난한 여정을 따르려 하는 자아의 극기가 뭉클한 작품이었다.

　발가벗음을 무릅쓰고 진실과 진정에 다가가려는 노력은 아름답다. 역작을 내주신 저자와, 멋진 기회를 주신 조영학 선생님, 믿고 맡겨주신 글항아리 강성민 대표님, 부족한 번역 문체에 칭찬과 조언으로 힘을 실어주신 이은혜 편집장님, 그리고 인생의 든든한 멘토 마르첼리노 님께 깊이 감사드리며…….

최로미

약속의 땅 이스라엘

1판 1쇄	2016년 11월 7일
1판 3쇄	2023년 11월 7일
지은이	아리 샤비트
옮긴이	최로미
펴낸이	강성민
편집장	이은혜
기획	노만수
편집	김지수
마케팅	정민호 박치우 한민아 이민경 박진희 정경주 정유선 김수인
브랜딩	함유지 함근아 박민재 김희숙 고보미 정승민 배진성
제작	강신은 김동욱 이순호
독자모니터링	황치영

펴낸곳	(주)글항아리 | **출판등록** 2009년 1월 19일 제406-2009-000002호
주소	10881 경기도 파주시 심학산로 10 3층
전자우편	bookpot@hanmail.net
전화번호	031-955-8869(마케팅) 031-941-5159(편집부)
팩스	031-941-5163

ISBN	978-89-6735-387-2 03900

잘못된 책은 구입하신 서점에서 교환해드립니다.
기타 교환 문의 031-955-2661, 3580

www.geulhangari.com